이 책은 바울의 선교와 그가 세운 교회들의 생활상에 관한 탐구다. 이 획기적 기획의 배후에는 신약성경의 '사상 세계'에만 몰두하던 당시 학계의 '비현실성'을 반성하고, 우리의 이해 속에 현실적 구체성을 회복하려는 의도가 놓여 있다. 그래서 저자는 '사회 세계'에 주목한다. 당시의 사회 현실에 대한 이해를 바탕으로, 바울 공동체의 '도시 중심적' 성격을 관찰하고, 당시 신자들의 '사회적' 위상을 따진다. 또 당시 사회의 맥락에서 교회의 형성과 운영 및 다양한 의식이 어떤 의미였을지 추적하며, 신자들의 신학 혹은 신념들이 이런 '사회 세계'에서 어떤 의미였을지 묻는다. 당시 교회가 살았던 현실을 촘촘히 더듬으면서 그들이 구축하고자 했던 새로운 세계를 제대로 이해하려는 노력이다. 상황이 많이 달라지긴 했지만, 복음이 신학으로 쉽게 환원되는 우리 풍토 속에는 여전히 '비현실성의 공기'가 짙게 흐른다. '사회 세계'에 대한 관심을 복음의 초월성에 대한 부정으로 속단하는 경향도 만만치 않다. 그런 점에서 이 중요한 책의 번역은 많이 늦었지만 여전히 시의적절하다. 25년 전 저자의 제자로서 배웠던 얼마 동안의 경험은 지금도 강한 인상으로 뇌리에 남아 있다. 끝내 동의하기 어려운 대목도 많았지만, 기독교 신앙과 신약성경의 현실성을 깨우치는 과정에서 매우 유익한 자극이었다. 이 책을 읽는 많은 독자가 나와 같은 유익한 경험을 하게 될 것이다.

권연경 숭실대 기독교학과 교수

한 마디도 허투루 쓰지 않은 놀라운 책이다. 서양의 신학교에서 신약 개론과 바울 서신 개론의 교과서로 오랫동안 사용된 이 책을 이제 우리말로 읽을 수 있게 되어 무척 반갑다. 이 책은 사회사적 연구의 지평을 열어 현대 신약학의 지형을 크게 바꾸어 놓았는데, 이 책을 출발점으로 수많은 학자가 사회사적 성경 이해의 폭을 넓히고 깊이를 더하며 신약학을 발전시켰기 때문이다. 저자 웨인 믹스는 로마서 16장에 나열된 이름들에서, 그리고 고린도 교회에서 고기를 먹는 행위에서 사회적 함의를 읽어 낸다. 당시, 세례를 비롯한 교회의 의식은 단순한 상징 행위에 그치지 않고 사회적 실체의 변화를 낳았다. 바울 서신에 나오는 신학적 담론과 교회의 예전은 모두 당시의 역사, 문화, 사회적 층위와 분리될 수 없다. 믹스는 부유하는 난해한 신학 개념들을 이해하려 애쓰느라 붕 떠 버린 신약성경 독자들의 발이 1세기 지중해 세계 한복판을 디딜 수 있도록 도와준다. 그리하여 독자들은 도시에서 번성한 초기 기독교 운동의 실제 모습을 '보고 만지면서' 신약의 구절과 단어 하나하나가 생생하게 다가옴을 느낄 수 있게 된다. 일찌감치 고전의 반열에 오른 이 책은 현대 신약학의 성과를 이해하기 원하는 신학도와, 깊이 있는 성경 공부를 원하는 신자 모두의 필독서다.

김선용 신약학 독립연구자, 번역가

길을 잃었을 때는 출발점으로 돌아가야 한다! 오늘날 1세기 교회에 대해서 관심이 증가하는 것은 당연하고도 반가운 일이다. 상상하기조차 힘든 척박한 상황 속에서 어떻게 기독교가 탄생하고 교회가 퍼져 나갔는가? 이는 세속화되고 물화되어 위기를 겪고 있는 현대 교회의 그리스도인들에게 중요한 물음이다. 이런 맥락에서 웨인 믹스의 고전적인 책이 재출간된 것은 환영할 만하다. 그는 사회학적 이론이나 성서비평학에 무지하지 않다. 그러나 1세기 교회와 가장 근접한 문헌인 신약성경을 연구의 자료로 삼은 그의 방법론으로 인해, 1983년 출간 이후 이 분야의 연구가 진척·축적되었음에도 불구하고, 이 책은 여전히 1세기 사회를 이해하는 데 유효하다. 출간 20년이 지나서 낸 2판에 별 수정이 없는 이유다. 이 책은 1세기 교회의 사회사에 대한 단순한 호기심 충족을 넘어서, 우리가 현재 당면한 문제를 풀어 가는 일에 통찰력을 제공한다. 그들을 잘 이해할수록 우리가 가야 할 길도 선명해진다.

김형국 하나복DNA네트워크 대표, 신약학 박사

모든 역사적 사건은 일회적이다. 사회학의 이론은 사회의 현상들을 일반화시켜서 이해하려는 시도다. 그래서 역사와 사회학의 만남은 조심스럽다. 2천 년 전의 역사는 당연히 자료가 제한될 수밖에 없고, 그 공백을 사회학 이론의 적용으로 메우려는 유혹을 떨치기는 쉽지 않다. 믹스는 처음 그리스도인의 역사에 접근하기 위해 사회사적 자료와 사회학 이론의 영역에 과감히 발을 내디디면서도, 역사학자의 엄밀성을 잃지 않고 있다. 이런 과감성과 신중함의 조화가 이 책을 고전의 반열에 올려놓았다.

'지중해 연안의 도시들'이라는 환경에 초점을 맞춘 것도 큰 공헌이다. 원서 부제에 나오는 '사회적 세계'라는 말에는 이중적 의미가 있다. 사도 바울이 활동했던 세계의 사회적 역동을 분석하기도 했지만, 처음 그리스도인들이 만들어 낸 사회적 세계, '종교'의 영역에 머무르지 않고, 그들의 사회적 태도와 관계, 세계관과 상상력을 바꾸어 놓았던 한 세계의 건설에 관한 이야기이기도 하다. 이 책이 단순히 신약성경의 배경 지식에 머무르지 않고 그 삶과 신앙의 핵심에 다가갈 수 있는 길을 다른 방법으로는 이르기 힘든 지점까지 안내해 주는 책으로 평가받는 이유다.

박영호 미래목회와말씀연구원 원장, 포항제일교회 담임 목사

이 책은 바울계 기독교의 기원과 구성에 대한 사회사적 연구의 고전으로 오랫동안 각광받아 왔다. 이 책이 나온 지 수십 년이 흘렀음에도 여전히 참신한 독서의 쾌감과 계몽의 각성을 타전하는 데는 나름의 이유가 있다. 이른바 사회과학적 또는 사회학적 접근 방법이 성경 연구에 끼쳐 온 도전과 긍정적 기여에도 불구하고, 적잖은 사례에서 보듯, 오늘날 사회 구성체에서 추출한 생경한 전문 용어와 이론적 틀이 성경 텍스트를 압도하여 그 속에 성경적 세계를 끼워 맞추려는 견강부회의 무리수를 범하기 쉬운데 이 책 이전과 이후 바울계 기독교를 다루는 데서도 이런 패착이 적지 않았다. 이에 비해 이 책은 일차 증거 자료를 신중하게 분석하고 당시의 폭넓은 배경사적 지식을 동원하여 바울계 기독교의 구성원과 조직 구성체를 당대의 사회적 맥락에서 풍성하게 조명하되, 그 안에 내장된 종교적 상징 체계의 특수성도 놓치지 않는다. 여기에 오늘날 사회학적 이론의 얼개나 전문 용어 등은 이러한 바울의 도시 선교와 '에클레시아'의 실체를 더 세밀하게 규명하여 증폭시키는 보조 장치로 기능한다. 이는 그의 '절충주의' 내지 '온건한 기능주의'의 겸손한 접근법이 특출하게 빛을 발하는 결실로 나타난 것이리라. 앞으로도 그 고전의 반열에서 명멸하는 이 책의 학문적 기품은 지속될 것이다.

차정식 한일장신대 신학과 교수, 한국신약학회 회장

1세기 기독교와 도시 문화

IVP(InterVarsity Press)는
캠퍼스와 세상 속의 하나님 나라 운동을 지향하는
IVF(InterVarsity Christian Fellowship)의 출판부로
생각하는 그리스도인을 위한 문서 운동을 실천합니다.

The First Urban Christians
Preface to the second edition ⓒ 2003 by Yale University
ⓒ 1983 by Yale University
Originally Published by Yale University Press.
All rights reserved.

This Korean translation copyright ⓒ 2021 by Korea InterVarsity Press
156-10 Donggyo-ro, Mapo-gu, Seoul 04031, Republic of Korea.
This Korean translation rights arranged with Yale Representation Limited
through EYA(Eric Yang Agency).

이 한국어판의 저작권은 EYA(Eric Yang Agency)를 통하여
Yale Representation Limited와 독점 계약한 IVP에 있습니다.
신 저작권법에 의하여 한국 내에서 보호받는 저작물이므로
무단 전재와 복제를 금합니다.

1세기 기독교와 도시 문화

바울 공동체의 사회 문화 환경

THE FIRST URBAN
CHRISTIANS

웨인 믹스 | 박규태 옮김

IVP

저자의 일러두기

각주에서 내가 인용한 작품을 밝힐 때는 저자의 이름과 작품이 원어로 처음 출간된 연도를 밝혔고, 내가 다루는 논점에 중요한 의미가 있는 개정판의 경우에는 개정판 출간 연도를 밝혔다. 따라서 독자는 학계 토론이 진행된 순서에 관한 정보도 어느 정도 얻을 수 있을 것이다. 하지만 각 작품에서 참고한 페이지를 밝힐 때는 가장 쉽게 접할 수 있는 판본의 페이지를, 즉 논문집이나 영역본이 있으면 그 페이지를 제시했다. 참고 도서에 적어 놓은 문헌은, 실제 참조한 문헌과 원서가 다를 경우, 항상 실제 참조한 문헌을 적어 놓았다.

옮긴이의 일러두기

1. 번역 저본은 2003년에 미국 예일 대학교 출판부에서 출간한 *The First Urban Christians*의 2판이다. 1판은 1983년에 출간되었다.
2. 성경 본문은 이미 나와 있는 한국어판 성경 본문을 그대로 옮기지 않고 저자가 제시한 본문을 직접 번역하여 실었으며, 책 뒤쪽에 저자가 언급한 인물을 따로 모아 간단히 소개해 두었다.

동료요 멘토이자 친구인
한스 빌헬름 프라이에게
이 책을 바칩니다.

차례

2판 서문	13
1판 서문	21
들어가는 글	25
초기 기독교를 사회적 관점에서 서술하는 이유	26
몇 가지 반론	28
바울계 기독교	37

1장 | 바울계 기독교의 도시 환경 41

바울과 도시	42
시골에서 도시로	45
폴리스에서 제국으로	47
도시 사람들	51
도시 대 시골	54
국제도시	55
이동성	58
그리스-로마 도시의 여성	73
관계	80
도시의 유대교와 바울계 기독교	95
바울계 기독교의 도시	113

2장 | 바울계 그리스도인들의 사회 내 수준   139
   '프롤레타리아'인가, '중류층'인가?   140
   사회 계층 측정하기   145
   인물 연구에서 얻는 증거   150
   간접 증거   169
   뒤섞인 계층, 모호한 지위   189

3장 | '에클레시아'의 형성   193
   환경에서 찾아본 여러 모델   196
   교제와 그 경계   217
   온 세계를 아우르는 한 백성   266

4장 | 통치   275
   분쟁 처리   277
   추론   317

5장 | 의식   337
   작은 의식   343
   세례: 입교 의식   359
   주의 만찬: 연대를 다지는 의식   376
   알려지지 않고 논쟁의 대상인 의식   384

6장 | 믿음의 패턴과 삶의 패턴   389
   한 하나님, 한 주, 한 몸   391
   묵시와 혁신의 관리   403
   십자가에 못 박혀 죽은 메시아   421
   악과 그 반전   429
   상관관계   442

   약어   447
   참고 도서: 인용한 2차 저작   450
   보충 참고 도서   486
   주요 인물 소개   491
   성경 찾아보기   499
   현대 저자 찾아보기   510
   주제 찾아보기   518

2판 서문

내가 『1세기 기독교와 도시 문화』(The First Urban Christians)를 썼을 때만 해도, 신생 기독교 운동의 사회사(社會史)라는 개념은 낯설었다. 물론 이전에도 기독교 분파의 기원이나 그 결과적 성공을 이런저런 사회 이론에 기초하여 **설명하려는** 시도들이 있었지만, 그 결과들은 아주 오래 견딜 수 있을 만큼 탄탄한 설명이 아니라는 것이 드러났다. 내가 하고 싶었던 일은 다만 신생 기독교 운동의 사회 속 형태들, 사회 환경, 그 환경 속에 관습으로 깊이 뿌리박힌 문화적 전제들, 이 운동에 속한 몇몇 그룹이 만들어 내던 독특한 하부 문화를 가능한 한 자세히 **묘사하는** 것이었다. 이런 생각은 상당한 회의에 부닥쳤다. 내 동료 가운데는 그 일이 불가능하다고 생각한 이도 많았다. 다른 이들, 주로 신학자들은 그 일이 무의미하거나 위험하다고 생각했다. 내가 보기에도 비관적 태도를 취할 이유는 많았다. 바로 이 프로젝트에 매달려 연구와 집필에 집중했던 7-8년 동안, 그 일을 그만두고 더 쉽고 관행적인 주제로 옮겨 가고픈 유혹을 종종 받았다. 하지만 또 다른 사람들, 특히 이 책 초판 서문에서 언급했던 선구자들과 동료들은 이 박진감 넘치는 추적 작업을 계속하게 도와주었다. 내가 계속 프로젝트를 진행할 수 있었던 또 다른 요인은 호기심에서 비롯된 나의 순전한 고집이었다. 그리고 이 호기심이 결국은 내가 역사가가 되려고 노력하게 된 확고부동한 이유다.

초판을 낸 뒤로 20년이 흘렀다. 1970년대에 초기 기독교의 사회 세계를 연구하기 시작했던 우리는 이제 혁신가라기보다 시대에 뒤떨어진 사람처럼 보이는 것 같다. 우리가 초기 기독교의 사회 세계를 궁구하기 시작한 뒤로 상당히 많은 책과 논문이 기독교 운동의 초기 정황 및 형성과 관련된 몇몇 측면을 탐구했다. 이 책 뒷부분에서 제시한 보충 참고 도서에는 그 가운데 일부만 선별하여 실어 놓았다. 그 가운데 많은 논문이 내가 이 책 초판에서 탐구했던 것보다 더 어려운 영역에 용감히 뛰어들었다. 많은 경우 1세기 기독교의 다양한 그룹들에 관한 남은 증거는 잘해야 단편적인 데다가 이를 분석하는 일도 쉽지 않다. 바울과 그의 측근 동역자, 제자들이 썼다는 서신(사도행전—바울과 그 동역자들이 활동한 때로부터 불과 한 세대 뒤에 쓴 것으로 그들의 활동을 담은 첫 역사 기록—에서 이 서신들에 대한 추가 정보를 얻을 수 있다)은, 빨라야 트라야누스 시대 전에 있었던 기독교 운동의 일부에 관해서만 더 풍부하고 직접적인 증거를 제공한다. 예를 들면 복음서의 사회 배경을 다루는 연구는 추측에 더 의존할 수밖에 없다. 그것이 바로 이 책—바울을 연구한 다른 많은 학자들의 통찰을 모아 놓은—에 기록해 놓은 연구 결과가 실질적 수정 없이 다시 출간해도 될 만큼 여전히 탄탄해 보이는 이유다. 이 책의 재출판이 적절해 보이는 또 다른 이유는 이 책이 다행히도 한 학문 분야의 연구 양식이 새로운 방향으로 막 바뀌어 가던 순간에 나왔기 때문이다. 그리하여 이 책은 많은 학생에게 신약 연구사에서 일종의 이정표 역할을 하게 되었다.

첫 그리스도인을 생각하면 시골 풍경 속에서 살아가는 목자와 농부와 순박한 어부의 이미지가 가장 먼저 떠오른다. 이런 이미지가 복음서에 있는 예수의 비유에서 등장하며, 농경을 바탕으로 한 미국인의 오랜 신앙 정서와 어린 시절 많은 그리스도인에게 익숙했던 주일학교 교실과 공과 책을 장식한 예술 작품은 그런 이미지를 강화해 주었다. 그 그림에 무엇이든 진실이 들어 있었을 수도 있지만, 콘스탄티누스 대제가 회심한 뒤에 로마 제국의 공인 종교가 된 기독교는 그런 이미지와 전혀 다른 모습이었다. 우리에게 이 운동의 첫 10년에서 나온 증거가 더 있다면, 심지어 그와 같은 초창기에도 이 운동이 처해 있던 환경이 우리가 상상한 것만큼 전원의 분위기가 물씬 풍기는 환경은 아니었음을 발견할지도 모른다. 근래에 나온 어떤 연구의 결과는 예수에게 친숙한 안마당이었던 갈릴리 지역들이 오로지 시골이었는지, 예수와 그의 첫 제자들에게 '임차농'이라는 이름표를 붙이는 것이 과연 적절한지 의문을 던질 만한 이유를 분명하게 밝혀냈다. 이 지역은 알렉산드로스 대왕과 그 후계자들, 그리고 뒤이어 로마 사람들에 의해 도시화되었는데, 이런 도시화는 우리가 이전에 생각했던 것보다 훨씬 이른 시기부터 이 운동에 영향을 주었을 수도 있다. 어쨌든 기독교는 도시 종교로서 제국 전역에 퍼졌고, 기독교가 도시 종교로 형성되는 과정에 관하여 우리가 가진 최초의 확실한 증거는 바울과 관련된 문서들이다.

이제는 1장에서 "바울계 기독교의 도시 환경"을 묘사한 내용에 덧붙일 내용이 더 많아졌다. 고고학자의 삽을 통해 그리고 박물관 지하에서 새 자료가 계속 나오고 있다. 에베소를 예로 들겠다. 이곳은 우리가 관심이 있는 곳 중에서 시각적으로 가장 극적인 장소이며 가장 많은 연구가 이루어진 곳이다. 거기서 계속 진행 중인 발굴 및 재구성 작업은 바울이 아시아 속주에서 펼친 활동의 중심지였던 그 대도시의 삶의 모습을 더욱더 상세하게 보여 준다(물론 오늘날 그곳을 찾는 이들이 보는 대다수 유적은 바울 시대 이후에 만들어진 것이다). 그곳에서 나온 명문(銘文, 새김 글)을 체계 있게 정리하여 내놓은 출판물은 그 도시에 있던 다양한 그룹의 예배, 경제, 사회 상황을 풍성히 통찰할 수 있는 자료를 제공한다. 예를 들면 에베소에 있던 모임들은 내가 이 책 3장에서 바울계 그룹들과 자발적 조합들을 비교한 결과를 강조하고 확장할 수 있는 방대한 기록을 남겼다. 마찬가지로 다른 발굴 장소들도 유용한 정보를 내놓고 있으며, 로마 제국 사회사를 연구하는 역사가들은 계속해서 당시 사회상을 더 큰 그림으로 수정하고 있다. 이들은 그 과정에서 고대 도시 사회의 일반 구조에 관해 제기되는 새로운 이론적 질문을 고려해야만 한다.

고대 도시가 우리가 오늘날 알고 있는 도시와 아주 많은 점에서 달랐음은 강조하고 또 강조해도 부족하다. 따라서 우리는 우리가 묘사하는 내용에 연대 착오적 내용이 아주 쉽게 끼어들 수 있음을 늘 유념하고 또 유념해야 한다. 또한 차이점들을 정교하게 일반화한 내용도 종종 오류를 일으킨다. 예를 들면 사회학자들이 "산업화 이전 도시"를 묘사하는 내용은 보통 중세 후기나 근세 초기의 유럽 상황에서 나온—즉 산업혁명 직전의 상황에서 나온—증거를 그 기초로 삼는다. 우리가 관심을 가진 시대에 로마 속주의 도시들은 시대 구분상 확실히 "산업화 이전"에 속하지만, 가령 16세기 파리와는 완전히 다르다. 물론 이것이 16세기 파리에 관한 연구가 로마 속주 도시에 관하여 좋은 질문을 제시할 수도 있음을 부인한다는 의미는 아니다. 실제로 심지어 현대의 "개발도상" 사회에서 도시와 그 주위의 농경 지역이 어떤 관계에 있는지 다룬 연구 결과도 로마 제국의 농촌 지역과 도시 지역의 공생 관계를 꿰뚫어 보는 중요한 통찰과 그런 관계를 탐구할 방향을 제시할 수 있다. 고대 '폴리스'(*polis*)와 '코라'(*chora*: 폴리스 외곽 지역—역주) 사이에는 실제로 갈등이 있었지만, 어쩌면 나는 그런 갈등을 지나치게 강조하고 이 둘의 상호 의존 관계는 충분히 강조하지 않았는지도 모르겠다. 도시와 시골의 관계를 상세히 설명하는 것이 유익할 수도 있으나, 사실 그런 관계는 바울 시대보다 한 세기쯤 뒤에 이루어진 기독교의 확산에 더 중요한 요인이 된다.

지난 수십 년 동안 진행된 로마 도시의 삶에 관한 연구에서 유대인 공동체가 그 도시의 문화에 어떻게 적응했는지에 대한 연구보다 더 집중적으로 연구된(그리고 자극적 결과를 낳은) 분야는 결코 없었다. 그리고 그 도시들에서 바울계 그룹들이 어떻게 형성되었는지를 이해하고자 할 때도 이보다 더 중요한 연구 분야는 없을 것이다. 하지만 그 연구가 나아가고자 했던 방향은 이미 1980년대에도 뚜렷했으며, 그 과정에서 추가된 정보와 해석 전략의 발전은 내가 이 책 1장에서 설명하고 다른 장에서도 계속 활용하는 그리스-로마 도시 속 유대인에 관한 서술을 밑받침하고 확장해 줄 뿐이다.

좀더 복잡하고 미묘한 이야기가 펼쳐지겠지만, 여성의 신생 기독교 운동 참여를 포함하여 고대 사회에서 여성이 수행한 역할을 다루는 연구를 놓고도 같은 말을 할 수 있을 것이다. 페미니스트의 초기 기독교 문헌 해석은 예상치 못한 곳에서 여성들이 펼친 활동에 대한 수많은 증거를 제시했을 뿐 아니라, 우리가 이런 증거의 중요성을 더 예리하게 느끼게끔 만들어 주었다. 더 나아가 고대 사회에서 발견되는 성(gender)의 구성과 몸의 개념에 대한 탐구는 역사가들이 이해하고 싶어 하는 사회 세계의 몇몇 기본 측면에 관해 새롭게 생각할 수 있는 길을 제시했다. 그렇지만 나 역시 초기 페미니스트 해석에 소소하나마 몇 가지 공헌을 했다고 어느 정도 자부하며, 설령 일부 세부 내용에 덧붙이거나 바로잡아야 할 곳이 있을지라도, 공동체 내부의 성 문제와 관련하여 뒤에 서술해 놓은 큰 줄거리를 수정해야 할 이유는 없다고 본다. 여기서 분명히 중요한 점은 바울의 선교와 이를 통해 형성된 그룹 안에서 여성의 역할이 굉장히 두드러진다는 것이며 최근까지만 해도 현대 학자들은 이러한 여성의 역할을 무시해 왔다는 것이다.

과거를 보는 눈은 세대마다 다르다. 우리가 보는 것 가운데 많은 부분은 이를테면 우리 자신의 문화적 상식에 따라 형성된 우리 자신의 소원이나 반감, 편견과 맹점의 반영일 수밖에 없다. 오래전에 세상을 뜬 사람들을 이해하려는 수고는 절대 끝이 없다. 이는 그들이 남긴 자취가 변하기 때문이며(새로운 사실이 밝혀지고, 오래전에 밝혀진 사실도 직소 퍼즐에서 차지하던 위치가 바뀜에 따라 변화를 겪는다) 우리도 변하기 때문이다. 우리가 겪는 여러 형태의 변화 가운데 하나가 인간 행동을 다룬 이론의 발전이다. 이 책을 처음 썼을 때만 해도 나는 사회 이론이 초기 기독교 운동을 일러 줄 수 있을 만큼 정교한 모델을 만들어 낼 능력이 있는지에 상당한 의심을 품었다. 지금 나는 오히려 그때보다 훨씬 더 회의적이다. 나를 비판하는 일부 학자는 내가 아마추어 사회과학자라며 비난했다. 이는 곧 내가 특정 이론의 시각을 채택하여 모든 데이터를 그 이론의 맷돌로만 갈아 버리기를 거부했다는 뜻이다. 흥미로운 점은 이런 주장을 가장 혹독하게 펼친 이들도 사회과학의 아마추어였다는 것이다. 왜냐하면 그들도 나처럼 성서학자였기 때문이다. 오히려 내 책을 우연히 접한 사회학자들과 인류학자들은 내가 취한 절충주의가 매우 정상이라고 본 것 같다.

사실 나는 기독교가 왜 발생했으며 왜 "성공했는지" 모른다. 우리는 모두 그런 사실을 설명하고 싶어 한다. 그러지 못한다면 우리는 적어도 브리스가의 공방(工房) 위에 있던 자그마한 방이나 가이오 집의 큰 식당에서 동호회처럼 모인 모임에서 정확히 어떤 일이 일어났으며 **그 의미가 무엇이었는지** 자신 있게 이야기할 수 있었으면 하고 바란다. 정보는 절대로 충분하지 않으며, 우리가 가지고 있는 정보도 해석하기 어려울 때가 종종 있다. 우리에게는 아귀가 다 들어맞게 해 줄 어떤 열쇠와, 우리에겐 낯설기만 한 로마 속주의 도시(혹은 그런 시간의 경계를 초월한 어떤 "지중해 문화")에 있던 사회가 독특하게 지니고 있던 모든 것을 집약해 줄 이론적 틀(rubric)을 찾고픈 유혹이 크다. 하지만 그런 열쇠는 없다. 후견인-피후견인 관계가 그런 열쇠가 아니며, 명예-수치 사회도 그런 열쇠가 아니다. 지위의 불일치, 일상사가 된 성령의 은사, 인간을 서로 쌍을 이루는 두 부분(영과 육―역주)으로 구성된 존재로 보는 견해, 시장경제 이전의 경제에서 이루어지는 합리적 선택, 집단 체계의 역학도 그런 열쇠가 아니다. 이런 환유어(metonymy) 그리고 그와 비슷한 것 가운데 일부 혹은 심지어 전부가 대변하는 관점이 사실은 이미 주어진 일부 증거를 우리가 새로운 각도에서 보게끔 도와주거나 또는 우리가 그 존재를 몰랐던 증거를 발견하게 도와줄지도 모른다. 그럴지라도 그런 생각은 여전히 추상적이어서 1세기 사람들이 여기저기에 남겨둔 수수께끼 같은 자취에 오랫동안 몰두하며 탐구하는 것을 결코 대신하지는 못한다. 그렇게 몰두하며 탐구해야만 나중에 "기독교"가 될 운동이 계속 이어 갈 모양을 갖추기 시작한 도시에서 꾸려 나간 삶을 구성하는, 다양하고도 복잡하며 역동성이 넘치는 인간관계를 비로소 얼마도 이해할 수 있다. 그 이야기를 하나로 모으는 일은 결국 과학보다 예술에 가깝다. 내가 아는 과학자들은 그들이 탐구하는 과학 속에도 많은 예술이 존재함을 기꺼이 인정한다. 나는 새 표지를 입고 나온 이 책이 독자들을 계속 독려하여 풍부한 상상을 동반한 연구 작업에 동참하게 하고, 종국에는 독자들이 고대 그리스도인을 이전보다 좀더 잘 알게 되었다고 말하게 되길 소망한다.

1판 서문

내가 학생을 가르치는 길에 들어선 첫해의 일이다. 나는 전문대학원과 대학원에서 7년 동안 연구해서 알게 된 현대 신약학의 훌륭한 성과를 다트머스 칼리지(Dartmouth College)의 학생들에게 전하고자 열을 올렸지만 그중 몇 명은 그 내용을 결국 이해하지 못했다. 그 학기가 끝날 무렵에는 나 자신이 그 학생들이 던진 질문 가운데 일부를 붙들고 씨름하게 되었다. 나는 그 질문에 답하려고 18년의 세월을 보냈다. 만약 이 책이 명쾌한 답변을 제시하는 성과를 낸다면, 누구보다도 먼저 인디애나 대학교와 예일 대학교에서 만났던 학생들과 그 후배들에게 감사를 전한다.

그렇다고 해서 내가 신약 비평의 여러 방법론과 연구 결과를 모두 포기했다는 의미는 아니다. 그와는 반대로 나는 보편적 관점과 다른 관점에서 보면 그런 방법론과 연구 결과가 초기 기독교 운동 가운데 몇몇 부분의 진정한 사회사에 대한 자료를 제공할 수 있다고 믿는다. 내가 여기서 서술하고자 하는 것이 바로 그러한 사회사다.

만약 내가 이전 학자들의 연구에 진 빚을 모두 나열하고자 했다면 참고

도서의 분량이 엄청났을 것이다. 나는 그런 방해물을 본문에서 제거하려고 노력했으며, 각주에서는 가장 중요한 이차 문헌과 내가 직접 의존한 자료만 언급했다. 전문가는 자기 분야와 밀접하게 관련된 다른 많은 문헌도 알고 있겠지만, 더 상세한 내용을 원하는 일반 독자는 내가 인용한 자료들을 보면 된다. 일러두기에 나의 인용 방법에 대한 설명을 달아 두었다. 고대어와 현대어 자료의 번역은 달리 밝히지 않는 한 내가 직접 번역한 것이다.

예일 대학교에서 허락해 준 1975-1976년과 1980년의 안식년 덕분에 이 책을 집필하는 데 필요한 연구를 할 수 있었다. 미국 국립 인문학 기금(National Endowment for the Humanities)과 존 사이먼 구겐하임 기념 재단(John Simon Guggenheim Memorial Foundation)에서 각 안식년을 지원해 주었다. 이 세 기관 모두에 감사의 말을 전한다.

예일 대학교를 비롯해 다른 곳에서 만난 많은 동료와 나눈 대화는 이 프로젝트의 초점과 이유를 제시했다. 특히 미국종교학회(American Academy of Religion)의 초기 기독교 사회 세계 연구 그룹에서 그리고 국제성서학회(Society of Biblical Literature)에서 나눈 토론과 대학 교육자를 위한 두 번의 하계 세미나에서 나눈 토론이 많은 도움이 되었다. 두 번의 세미나는 1977년에는 예일 대학교가, 1979년에는 미국 국립 인문학 기금이 후원했다. 내 동료인 에이브러햄 맬허비(Abraham Johannes Malherbe)와 내 아내 마사 믹스(Martha F. Meeks)는 원고를 전부 읽고 더 나은 책을 만들기 위해 귀중한 제안을 아끼지 않았다. 램지 맥멀런(Ramsay MacMullen)도 1장을 읽고 같은 일을 해 주었다. 아내는 조사도 하고 지도도 그려 주었다. 이들의 아낌없는 지원과 다른 많은 것에 대해 감사를 전한다.

출판 전문가요 탁월한 능력을 갖춘 예일 대학교 출판부 사람들, 특히 편집장 찰스 그렌치(Charles Grench)와 혀를 내두를 만한 정확성을 보여 준 교열 담당 편집자 앤 호손(Ann Howthorne)은 이 책을 초고 상태보다 훨씬 잘

읽히도록 다듬어 주었다. 색인을 작성해 준 데이비드 쿡(David Kuck)과, 알프레드 휘트니 그리스월드 인문학 기금(Alfred Whitney Griswold Fund for the Humanities)에도 감사의 말을 전한다.

1982년 부활절에

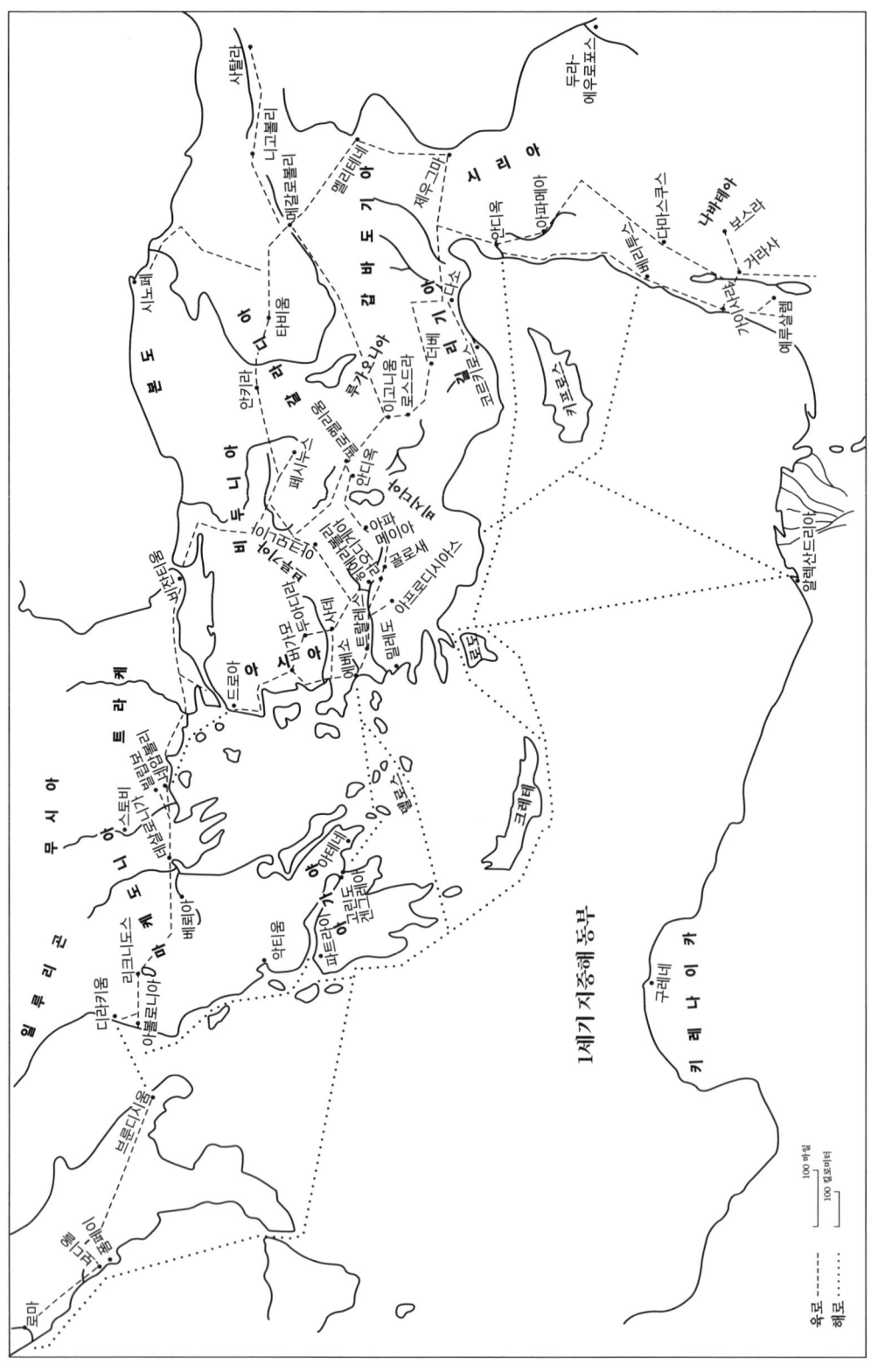

들어가는 글

로마 제국 초기 수십 년 동안 유대교에 새 분파가 나타나 (비록 신자의 수는 많지 않았지만) 지중해 동쪽 도시들을 통해 급속히 퍼져 나갔다. 이 분파는 이민자와 무역상이 이곳에서 저곳으로 전하던 "동방의" 많은 종파 가운데서 두드러지지 않았다. 중요한 인물 가운데 이 분파에 주목한 이도 거의 없었다. 그 시대 저술가들은 이 분파의 발현을 알아차리지 못했다. 그러나 이 분파는 이를 탄생시킨 유대인 공동체에서 떨어져 나가, 심지어 이 유대인 공동체와 대립하는 새 종교가 된다. 몇 세기 뒤에 이 분파는 로마 제국의 가장 유력한 종교가 될 뿐 아니라 제국 황제의 특별한 후원을 받는 종교가 된다.

기독교의 기원은 2세기 이래로 강한 호기심을 불러일으켰다. 현대에 이렇게 집중적으로 연구 주제가 된 고대 현상은 없다. 그러나 기독교의 시작과 기독교가 초창기에 이룬 성장은 많은 측면에서 수수께끼로 남아 있다. 여기에는 여러 가지 이유가 있다. 자료가 거의 남아 있지 않으며, 남아 있는 자료도 거의 다 이 분파가 자신들의 목적 때문에 작성한 내부 문헌이다. 이 자료들은 문학, 언어, 역사와 관련하여 해석자에게 여러 가지 복잡한 수수께끼를 안겨 준다. 게다가 이런 문서들은 나름대로 독특한 역사를 갖고 있다. 일부 문서는 후대의 기독교 운동이 통일된 "보편적", "정통적" 자기 인식을 획득하고 보존하려고 투쟁하는 과정에서 억압되었고, 또 다른 문서들은 이 운동이 정립한 새 정경의 일부가 되었다. 후자를 사료(史料)로 채택하려면 (서구의 문화 정체성을 비롯해 다수의 개인적 신앙과 합쳐진) 전승들의 복잡한 거미줄에 얽혀 있는 이 자료들을 거기서 풀어 내는 노력을 해야 한다.

초기 기독교를 사회적 관점에서 서술하는 이유

그러나 이 요인이 근래 신약성경과 초기 기독교를 다룬 많은 학술 문헌에 널리 퍼진 비현실적 분위기를 모두 설명해 주지는 않는다. 이런 불편함을 뚜렷이 보여 주는 증상이 바로 신약 연구가 다른 역사 학문, 곧 로마 제국 연구뿐만 아니라 심지어 교회사 연구와도 분리되어 있다는 점이다.[1] 일부 신약학자는 비평적 역사 연구에서 신학 실증주의로 물러나기 시작했다. 다른 학자들은 이제 더 이상 역사 연구를 하지 않고, 오히려 정경 본문들에 대한 문학적 해석 또는 문학적-철학적 해석만을 선호한다. 더구나 자신을 여전히 역사 비평가라고 여기는 학자들은 오로지 신학 개념이나 조밀한 신화의 복합체, 또는 순전히 개인적인 "자기 이해"로만 구성된 이상한 세계를 묘사하는 논문으로 여러 학술 저널을 채우고 있다. 만일 우리가 "1세기에 평범한 그리스도인이 된다는 것 또는 그런 그리스도인으로 산다는 것은 어떤 것일까?"라고 묻는다면, 그냥 모호하고 머뭇거리는 대답만 돌아올 것이다.

분명 평범한 그리스도인들은 우리가 지금 읽고 있는 텍스트들을 쓰지 않

---

1 이를테면 Hengel 1979, vii-viii; Bruce 1976; Malherbe 1977a, 1-4; Kennedy 1978; Meeks 1978; Judge 1972이 제기한 불만을 보라.

왔고, 그 안에서도 거의 등장하지 않는다. 그렇지만 그 텍스트들은 어떤 의미에서 그들을 **위해** 쓰였고, 또 어떤 방식으로 그들이 사용했다. 우리가 그들의 세계를 보지 못한다면, 우리는 초기 기독교를 이해한다고 주장하지 못할 것이다.

우리는 평범한 초기 그리스도인을 개개인으로 만나지 않기 때문에 그들이 속한 집단을 통해 그들을 인식하고, 텍스트에 나타난 전형적 사례를 통해 그들의 삶을 엿보아야 한다. 최근에는 초기 기독교를 연구하는 다수의 역사가가 바로 이런 일을 이루려는 소망을 품고 사회학자나 인류학자가 사용할 법한 방법들을 활용하여 첫 그리스도인 그룹들을 묘사하는 작업에 뛰어들었다.[2] 이 학자들은 고언어학, 문학 분석, 전승사 연구, 신학적 통찰이 앞서 가져다준 성과를 저버리지 않으면서도 사상사에서 제시하는 추상적 개념과 실존주의 해석학의 주관적 개인주의에 대응할 "해독제"를 사회사에서 찾으려고 노력했다.

사회사를 쓰려면 기독교 운동이 탄생한 바로 그 환경에서 보통 사람들이 꾸려 나간 삶의 패턴에 예전보다 더 많은 관심을 기울여야 한다. 그 환경을 "그리스인들의 불멸성 개념", "로마인들의 천재적 조직력", "헬레니즘 정신", 이런저런 것에 대한 "유대교의 가르침", "신비 종교"와 같이 모호한 일반성의 관점에서 묘사하거나, 고대의 귀족 저술가들이 되풀이했던 일반화와 추상화를 재생하는 것으로 만족해서는 안 된다.[3] 오히려 우리는 자료와

---

2 이처럼 사회학이나 사회사 차원의 연구가 다시금 새롭게 관심을 끌고 있음을 보여 주는 많은 사례는 이 책 참고 도서에 실려 있고, 이 책 전체에서 두루두루 언급했다. 이런 학계의 연구 역사를 간략히 살펴본 자료를 보려면 Keck 1974; J. Z. Smith 1975; Scroggs 1980; Theissen 1979, 3-34; Schütz 1982을 보라.
3 최근 Averil Cameron (1980, 61-62)은 내가 "그리스-로마 사회 전체에서" 여성이 감당했던 역할에 관하여 부주의하게 일반화했다고 아주 적절하게 비판했다. 내가 나보다 많이 안다고 추측한 몇몇 유력한 문화사가(文化史家)들이 한 말을 내 말로 고쳐 썼다고 변명한들 딱히 도움이 되지 않을 것이다. 이는 이러한 유혹이 널리 퍼져 있는지 그리고 우리가 이런 유혹에 빠지지 않도록 얼마나 경계해야

우리 능력이 허용하는 한, 특정한 시간과 특정한 장소의 삶이 지닌 재질을 파악하는 데 주력해야 한다. 초기 기독교를 연구하는 사회사가가 그다음으로 해야 할 일은 그 시대 지도자와 저술가의 사상이나 자기 이해뿐만 아니라 그 환경 속에서 살던 평범한 그리스도인의 삶을 서술하는 것이다. 이것이 앞으로 이 책에서 초기 기독교 운동의 한 구별된 부분에 관해 수행할 이중 과업이다.

몇 가지 반론

모든 사람이 초기 기독교의 사회사를 새롭게 서술하려는 시도를 반기지는 않는다. 다수의 학자, 그 가운데서도 주로 신학자들은 사회학을 통해 종교 현상을 해석하면 불가피하게 환원주의로 흐를 수밖에 없다고 경고했다. 예를 들면 사회사가가 종교 텍스트를 상대로 제시하는 질문은 그 텍스트에 나타난 내용이나 "의도"와 상반되는 무언가, 적어도 다른 무언가를 그 안에서 끄집어내려고 한다. 이런 종류의 접근법은 종종 종교 현상을 종교와 상관없는 원인으로부터 비롯된 결과로 취급함으로써 그 현상만이 가진 독특성을 부정한다. 반론을 제기하는 이들에 따르면 이런 식으로 사회과학자는 종교의 의미를 축소하는 식으로 "설명"하거나, 종교적 신념은 사실 집단의식이나 개인의 몽상이 투사된 것이라고 주장하거나, 전능하신 하나님을 믿는 믿음은 세력을 잃은 집단이 느끼는 박탈감을 보상해 주는 것에 불과하다고 주장하곤 한다. 사회학에 기대는 해석자는 이런 설명을 제시하면서 자신이 제시하는 증거에 자신의 신념 체계를 강요하고, 종교 행위의 의미에 관해 거기에 참여한 이들보다 자신이 더 많이 안다고 묵시적으로 또는 명

하는지를 보여 줄 뿐이다.

시적으로 주장한다.

이러한 추론을 하는 데는 그럴 만한 이유가 있다. 초기 기독교를 철저하게 사회학의 시각에서 해석하려는 시도 가운데 가장 유명한 두 가지도 사실은 환원주의적이었다. 이 두 가지 시도 가운데 하나가 마르크스주의의 해석인데, 이 해석은 카를 카우츠키(Karl Johann Kautsky)가 쓴 『기독교의 기원』(The Foundations of Christianity)에서 시작되었다. 또 다른 하나는 20세기 초에 활동한 신약학 분야의 시카고학파 해석이다.[4] 마르크스주의자들은 기독교의 뿌리를 고대 사회 계급 투쟁에서 찾으려고 했다. 종교적 신념과 개념은 이데올로기에 속한 것으로 치부되었다. 그리고 이데올로기는 그 바탕에 자리한 경제적 원인에서 비롯된 2차 형성물(적어도 마르크스주의자의 비판을 있는 그대로 제시한 대중적 버전에 의하면)일 뿐 아니라, 자생적인 것처럼 가장하여 그 사회적 뿌리를 **숨긴다**. 시카고학파도 마르크스주의자와는 다소 다른 이유에서 신학 개념을 거의 사용하지 않았다. 이를테면 셜리 잭슨 케이스(Shirley Jackson Case)는 "초기 기독교의 각 단계는 그 시대의 요구에 부응하여 등장했으므로" 1세기 기독교의 "정수"는 "그 내용 전체"였다고 주장했다.[5] 케이스는 초기 그리스도인의 개념과 가치와 관습은 그저 그 당시 사회에 나타난 "요구"에 대한 반응이었다고 설명했다. 그러나 이러한 극단적 해석들조차도 (분명 환원주의적 해석이긴 하지만) 가치가 없는 것은 아니다. 더 근래의 마르크스주의 역사가들은 사회 구조와 신념 체계 사이의 변증법이라는 훨씬 더 복잡한 개념을 채택하여 우리가 고대 사회, 특히 초기 기독교의 사회 정황을 이해하는 데 크게 이바지했다.[6] 시카고학파도 초기 기독

---

4   Keck 1974을 보라.
5   Case 1913, 78.
6   예. Kreissig 1967, 1970, 1977; Ste. Croix 1975; Kippenberg 1978. Kowalinski 1972이 옛 소련과 동유럽 학계의 초기 기독교 연구를 논평한 글에는 그다지 흥미로운 요소가 없다. 하지만 그가 어느 쪽에도 치우치지 않은 관찰자는 아니다. 또한 Scroggs 1980, 177-179와 Theissen 1979, 25-30를 보

교를 연구하는 역사가를 위한 강령을 썼는데, 이 강령은 여전히 깊은 인상을 주긴 하지만 아직 실현되지 않은 상태다. 케이스의 기능주의가 지닌 순진함이 나중에 기능주의 이론이 일반 사회학에서 더 큰 성과를 이루는 것을 방해하거나, 또는 이를 더 신중하게 사용할 때의 해석 능력을 우리가 부정하도록 만들어서는 안 된다. 사실 케이스와 시카고학파에 속한 그의 동료 학자들에게서 가장 놀라운 점은 그들이 사회학 이론에 대해 무관심하다는 점과 사회학을 활용한 구체적 분석 방법을 개발하지 못했다는 점이다.[7] 그때 이후로는 사회과학자들도 참여자의 관점과 관찰자의 관점 간의 대립 문제, "잠재적" 기능과 "현시적" 기능의 문제, 서로 다른 문화 간의 소통 문제, 문화의 인지적 요소와 구조적 요소 사이의 변증법 문제에 대해 점점 더 예민하게 느끼게 되었다. 신학자들이 사회과학에서 가장 싫어하는 것은 더 이상 이 학문이 지닌 특징이 아니다.

더 나아가 사회사가의 눈에 있는 티를 제거하려는 신학자는 먼저 자신의 눈에 있는 들보를 조심해야 한다. 정경 본문을 신학으로 해석하는 것만이 정당하다고 주장하는 것은 분명 또 다른 환원주의일 뿐이다. 사실 이러한 정경 본문이 모두 신학 사상에 관한 것이라는 주장은, 다음과 같은 내용을 포함하여 다양한 종류의 혼란을 은폐한다. 첫째, 이런 주장은 의미가 다른 문맥을 서로 구분하지 못하며, 본문의 서로 다른 용법을 구분하지 못한다. 어떤 본문(또는 다른 현상)이 "의미하는" 것은 적어도 해석자가 알고 싶어 하는 것에 따라 상당히 달라진다. 만약 해석자가 그 본문을 성경으로 받아들이는 어떤 공동체 구성원에게 행위나 믿음의 규범 역할을 할 수 있는 언어 패턴을 발견하고자 한다면, 그 정경 전체와 그 공동체의 해석 전통 전체

라. Dupré 1980은 마르크스와 근래에 등장한 마르크스주의자들의 이데올로기 문제를 간결하면서도 유익하게 논한다.
7   참고. Keck 1974, 437.

가 모두 그 텍스트의 문맥이라고 주장하는 것이 적절할지도 모른다. 만일 그 해석 전통이 허용한다면 그 해석자는 역사와 관련된 질문을 모조리 무시할 수도 있다. 그는 자신이 역사가에게 배워야 할 것은 초기 그리스도인들이 하나님과 그리스도와 구원 등에 관하여 명시적으로 믿었던 바뿐이라고 주장할 수도 있다. 이런 식으로 그가 근시안적으로 자신을 속이려 하는지 여부는 신학적 방법의 문제이지 역사 연구 방법의 문제는 아니다. 반면 그 해석자가 순전히 호기심에서 초기 그리스도인들이 어떤 사람들이었는지 그리고 그들의 글이 처음으로 쓰였을 때("신약" 정경이 **생겨나기** 전에) 무엇을 하고 있었는지 알고자 한다면, 그들이 분명하게 천명했던 믿음에 관한 내용으로 질문의 범위를 국한하는 것은 상당히 이상하고 오해의 소지가 있다. 어쨌든 신학자가 나서서 해석자가 던질 수 있는 질문을 규정할 이유는 없는 것이다.

둘째, 신학적 환원주의는 종교가 무엇인지 정의한 모델, 즉 항상 명확해야 하고 비판에 열려 있어야 하는 모델을 은폐한다. 문제를 더 어렵게 만드는 것은 카를 바르트(Karl Barth)와 디트리히 본회퍼(Dietrich Bonhoeffer)가 특별한 역사 정황에서 제시하여 논쟁을 몰고 온 주장에 영향을 받은 일부 신학자들이 '종교'라는 단어를 규범적 기독교를 가리키는 말로 사용하길 주저한다는 점이다. (이러한 주저함 때문에 그들은 바르트와 본회퍼가 강조하는 점을 놓친다. 하지만 그것은 또 다른 문제다.) 그러나 이런 부류의 비평가들은 암묵적으로 존재하는 두 가지 종교 모델 가운데 하나만 활용하는 것 같다. 즉 그들은 독특한 사상 모음 혹은 근저 상태나 일련의 성향을 나타내는 상징 모음만을 종교로 본다. 이 문제는 나중에 다시 다루도록 하겠다.

셋째, 신학적 비평가들은 종종 언어의 의미를 명백하게 발화된 의미, 곧 "분명하게 드러나는 의도"로 축소하려는 성향을 보인다. 그러나 내가 어떤 문장에서 '하나님'이라는 말을 쓸 때 나는 하나님에 관한 정보를 전달하거나 하나님에 대한 믿음을 장려하는 것 외에 다른 다양한 일을 할 수 있다. 내가 경건한 사람임을 내보임으로써 다른 이들의 환심을 사려 할 수도 있고, 선지자 같은 말로 청중을 위협할 수도 있다. 아니면 욕설을 퍼부어 그저 분노나 경악을 표현하는 것일 수도 있다. 자, 그렇다면 내가 이런 식으로 하는 말은 내가 속한 공동체가 하나님에 관해 어떤 믿음을 가지고 있거나 가졌다는 것을 전제하며, 그런 믿음이 없다면 내가 하는 말은 지금 지닌 의미를 가질 수 없을 것이라고 주장할 수 있다. 따라서 그런 믿음도 내가 전달하려는 의사의 "중층 기술"(thick description) 가운데 일부일 것이다. 그렇지만 어디까지나 그것은 일부에 불과하다. 우리는 분명 초기 그리스도인이 믿은 것과 말한 것에 관심이 있다. 하지만 우리는 또한 그들이 한 말을 통해 그들이 한 일을 비롯하여 그들이 한 또 다른 일들에도 관심이 있다.

신학자들만이 사회사에 의심의 눈길을 보내는 것은 아니다. 수많은 고언어학자와 현재 활동 중인 주해가와 일반 역사가도 의구심을 품는다. 그들이 주로 반대하는 대상은 사회사가가 과거로부터 나온 증거에서 발견되는 많은 빈틈을 채워 넣는 방법이다. 사회학을 활용하는 해석자들은 (그들이 추정하는) 인간 행위의 규칙성에 기초하여 어떤 일이 **반드시** 일어났고 어떤 조건이 **반드시** 형성되었다고 추론하고픈 유혹을 받는다. 그들은 이런 유혹에 넘어가는 만큼 과거를 근대화한다. 그들은 자신들이 생각하는 이미지대로 과거의 사람들을 재창조한다. 이는 그들이 추정하는 행위 법칙이, 고대 문화와 근본부터 다를 우리 자신의 문화 혹은 다른 현대 문화에서 관찰한 것에 기초하기 때문이다. 주해에 기반을 둔 비평가들은 이런 위험을 피하고자 역사가의 임무는 오직 사실, 즉 텍스트가 말하는 것과 기념비가 보여 주는 것만 보고하는 일이라고 역설한다. 이것도 어느 정도는 각자의 취향 문제다. 일부 학자들은 다른 학자들보다 일반화를 더 편하게 여기며, 자신들이 틀렸을 가능성에 신경을 덜 쓸 것이다. 그러나 이것들은 중요한 경고다. 위대한 이론과 증명되지 않은 "법칙"을 조심해야 할 이유가 바로 여기에 있다. 우리는 관찰된 사실을 가능한 한 꼼꼼히 살펴보아야 한다.

어려운 점은 해석이 없는 사실이 없다는 데 있다. 모든 관찰에는 관점, 연관성의 집합이 존재한다. 순수한 경험주의자는 무의미한 인상에 빠져들 것이다. 심지어 고대 언어로 된 문장 하나를 우리의 언어로 번역하는 단순한 작업에도 원 문장과 우리 문장의 사회적 맥락을 어느 정도 이해하는 일이 필요하다. 도움이 될 만한 사전과 문법책을 활용할 때에도 이것들이 유동적·사회적 매체인 언어의 유물을 나열한 목록일 뿐임을 이해하지 못하면 우리는 오류를 범하고 만다. 이 점을 인식하지 못한 번역은 단지 이쪽 관(棺)에 있는 유골을 저쪽 관으로 옮겨 놓는 행위에 불과하다. 어떤 이론도 없이 사실만 모으는 것은 이론을 우리의 (추정상) 상식으로 대체한다는 뜻일 때가 아주 많다. 그런 대체는 자기 이론을 따르는 사회과학자와 마찬가지로 과거를 근대화한다. 우리의 상식도 문화가 만들어 낸 것이기 때문이다. 분명하게 밝힌 이론은 다른 이가 그 이론이 잘못된 것임을 논증할 수 있다는 이점이 있다.

따라서 우리는 사회사를 서술할 때 사회과학자들의 길잡이 역할을 하는 이론들을 무시할 수 없다. 그렇다면 우리는 서로 경쟁하는 사회학파나 인류학파나 사회심리학파 중 어디에 주목할 것인가? 이론적 제안은 우리 탐구의 어느 수준에서 어느 정도의 규모로 이루어져야 유용할까? 우리 연구 대상이 다루기 어려운 특수성을 가졌다는 인식을 해치지 않으면서도 우리가 제시하는 이론이 대체로 얼마만큼 일관성을 가지길 바라는 것이 합리적일까? 사회 운동을 다룬 이론 가운데 우리도 그 방법을 따를 것을 고려할 정도로 탁월한 포괄적 이론은 없다. 설령 그런 이론이 있다 할지라도 우리는 그 이론을 의심해 보아야 한다. 기독교는 심지어 우리가 그 모습을 파악할 수 있는 가장 이른 순간에도 이미 여러 복잡한 사회 안에서 형성된 복잡한 운동이었다. 이러한 기독교의 전체 모습을 파악하기에 적절한 사회 이론은 어떤 것일까?

이 연구에서는 우리가 사용하는 이론을 경험 과학에서처럼 무언가를 생성하는 방식보다는 무언가를 제안하는 방식으로 사용하겠다. 막스 베버(Max Weber)가 오래전에 지적했듯이 역사와 관련된 가설들은 과학 법칙과 같은 방식의 입증 방법을 허용하지 않으며, 통제된 실험은 역사 탐구에 부적절한 모델일 수밖에 없다.[8] 초기 기독교가 직면했던 사회 정황과 사회 형태를 탐구할 때 우리는 인간의 일반적 행동에 관한 법칙을 발견하거나 검증하려는 노력을 하지 않는다. 오히려 1세기 후반에 나타난 일련의 특별한 현상을 이해하는 데 노력을 집중한다. 물론 여기서 말하는 '이해하다'라는 말을 베버가 사용한 특별한 의미로 받아들일 필요는 없다. 우리 주장은 클리포드 기어츠(Clifford Geertz)가 사회인류학자의 임무를 민족지학자(ethnographer), 즉 문화 서술가로 묘사한 것과 비슷하다. 서술은 해석이다. 서술이 해석하는 것은 "담화의 흐름"이며, 그 흐름에서 서술은 "'언급된' 것을 구출하고자" 노력한다. "그것을 사멸해 가는 상황으로부터 구출하여 읽을 수 있는 표현으로 고치는" 것이다.[9] 이러한 목적을 달성하려면 해석을 구성하고 그 구성을 비판할 수 있는 이론이 필요하다. 그러나 이 이론은 "과학의 경우처럼 상상력이 풍부한 추상적 개념으로 치우치기보다는 오히려 현실에 기반을 두어야 한다."[10] 피터 브라운(Peter Brown)이 그가 쓴 훌륭한 소논문에서 말했듯이 사회과학을 대하는 역사가의 태도는 조사 중인 민

---

8 Weber 1922, 98; 참고. Geertz 1973, 5와 22-23. 일부 영역에서는 엄격하게 해석된 과학적 방법을 밑도 끝도 없이 신뢰하는 태도가 여전히 이어지고 있다(Jewett 1979의 과장된 주장들을 보라). 그러나 최초의 패러다임인 자연과학자들 가운데에는 보통 그런 태도가 존재하지 않는다. 참고. Garfinkel 1981, 135와 여러 곳.
9 Geertz 1973, 20-21.
10 Ibid., 24.

족지학자에게 이웃 부족을 다음과 같이 묘사한 아프리카 부족 추장의 태도와도 같다. "그들은 우리의 원수입니다. 우리는 그들과 혼인합니다."[11]

요컨대, 앞으로 이 책에서 사용할 사회과학 적용 방식은 절충 방식이다. 나는 필요하다면 내 이론도 적절한 곳에 조금씩 활용할 것이다. 이러한 실용적 접근법은 순수주의자들에게는 불쾌할 것이며, 그 결과는 거친 구석도 많고 일관성이 모자란 부분도 있을 것이다. 그럼에도 사회 이론의 현재 상태와 초기 기독교 연구자들이 사회 이론을 초보적으로 활용하는 상태를 고려하면 절충주의가 정직하고 신중하게 연구를 진전시킬 수 있는 유일한 방법 같다. 나는 빅터 터너(Victor Turner)가 이 분야에서 이론이 인류학자에게 어떻게 작용하는지에 관해 한 말에서 용기를 얻었다.

비록 우리가 여러 이론을 이 분야로 가지고 들어오지만, 이 이론들은 오직 사회 현실을 조명할 때만 비로소 쓸모 있는 이론이 된다. 더구나 우리는 어떤 이론가가 제시하는 체계 전체가 아니라 오히려 여기저기 흩어진 그의 생각, 체계적 맥락과 무관하며 여기저기 흩어진 데이터에 적용된 그의 번뜩이는 통찰력이 사회 현실을 조명하는 경우를 매우 자주 목격한다.…이론과 이어진 논리 체계가 아니라 직관이 이런 분야의 경험에서 살아남는 경향이 있다.[12]

하지만 비록 우리의 길잡이가 되어 줄, 인간의 사회 행위에 관한 포괄적 이론이 존재하지 않을지라도, 이 책의 관점을 수용하는 점점 더 많은 사회과학자와 종교사학자가 공유하는 한 부류의 시각들이 있다. 이런 시각들은 사회를 개인의 정체성과 사회 형태가 상징이라는 수단을 통해 일어나는 상

---

11 Brown 1970, 17.
12 V. Turner 1974, 23.

호 작용을 통해 계속 서로를 만드는 과정으로 본다. 기어츠가 표현하듯이 문화는 "의미의 그물들"로 구성되어 있다.[13] 더구나 사회 구조와 상징 구조 사이에는 실재하지만 복잡한 관계가 있는데, 종교가 그 문화 그물에서 없어서는 안 될 부분을 차지한다. 하지만 종교가 거기서 무슨 역할을 하는지 미리 단정하는 일은 필요하지도 않고 현명하지도 않다. 왜냐하면 종교는 수많은 역할을 하기 때문이다. 심지어 기어츠의 유명한 다이어그램 곧 "세계관"과 "에토스"(ethos)를 종합한 신성한 상징 다이어그램도 오해의 소지가 있다. 왜냐하면 이 도표는 종교의 기능이 늘 통합을 지향한다는 암시를 담고 있기 때문이다.[14] 사실 종교는 파괴를 불러오거나, 또는 역설적으로 파괴 운동을 통합하여 완전하게 할 수도 있다.

나는 종교를 하나의 의사소통 체계로, 특정 사회의 문화와 여러 하위문화를 구성하는 다수 체계의 부분 집합으로 보는 이러한 일반적 맥락에서 "온건한 기능주의자"의 입장을 취한다.[15] 다시 말해, 우리가 초기 기독교 운동에 관해 던져야 할 질문은 초기 기독교가 어떻게 작동했는지를 묻는 것이다. 우리가 사용하는 일차 자료 텍스트 전체와 관련하여 던져야 할 포괄적 질문은 단순히 각 텍스트가 말하는 바뿐만 아니라 각 텍스트가 행하는 바에 대한 질문이다. 물론 언어의 기능은 대부분 무언가를 말하는 것이지만, 그것은 그 상호 작용의 일부일 뿐이다. 우리는 이러한 온건한 형태의 기능주의자 관점을 채택함으로써, 종교의 기능에 대한 뒤르켐(David Émile Durkheim)의 이론을 통째로 들여올 경우에 발생할 환원주의를 피할 수 있다. 우리는 원칙상 우리가 관심을 두고 있는 독특한 그룹들의 특수성에 늘

---

13 Geertz 1973, 5.
14 Geertz 1957.
15 참고, Gellner 1962. 그는 Peter Winch 같은 비판자에 맞서 "온건한 기능주의"를 변호하면서, 사회의 **모든** 요소가 기능적이라고 주장하는 "강한 기능주의"가 사회과학자들 가운데서 지지를 잃어버린 데는 그럴 만한 이유가 있다고 지적한다.

열린 태도를 유지할 수 있으며, 이 그룹들의 신념과 개념을 무시할 필요가 없다.[16]

따라서 내가 앞서 언급한 회의론을 품고 있는 신학자들에겐 이런 식의 사회 서술이 유용할 수도 있다. 이 책은 신학 범주들을 사회를 해석하는 틀로 사용하는 것을 일부러 회피한다. 하지만 나는 그런 이유로 사람들이 이 책을 신학에 반대하는 것으로 간주하지 않기를 바란다. 그런데도 근래 조지 린드벡(George Lindbeck)이 지적했듯이 신학 담화 속에 은연중에 널리 퍼진 종교 모델이 "인지주의-명제"(cognitivist-propositional) 모델이거나 "경험-표현"(experiential-expressive) 모델인 이상, 사람들은 이 책을 신학에 반대하는 것으로 볼 것이다. 하지만 린드벡 자신도 신학자들에게 여기서 제시한 모델과 유사한 "문화-언어"(cultural-linguistic) 모델을 채택할 것을 독려한다.[17] 만약 그렇게 한다면 신학자들은 이렇게 바울 기독교를 탐구하는 가운데 원재료를 발견할 수도 있다.

바울계 기독교

신약학계는 이번 세기에 초기 기독교 내에서 엄청난 다양성을 발견했다.[18] 우리의 "중층 기술"이 "현미경으로 들여다보듯이" 세밀해야 한다는 기어츠

---

16 여기서는 Gellner가 도움을 준다. 그는 "한 사회의 개념들이 어떻게 **작용**하는지 이해하는 것은 그 사회의 제도를 이해하는 것"이라고 말한다. 하지만 Winch의 견해와는 정반대로, "한 사회의 개념들을 (그 사회 구성원들이 이해하는 방식대로) 이해하는 것이 그 사회를 이해하는 것이라고 말하는 것은 옳지 **않다**. 개념은 실재를 드러내는 만큼이나 쉽게 감출 수 있으며, 어쩌면 실재의 일부를 감추는 것이 개념이 지닌 기능의 일부일지도 모른다"(1962, 115와 148, n. 1).
17 아직 출간되지는 않았지만 임시로 "Theories of Religion and 'Method in Theology': An Encounter with the Thought of Bernard Lonergan"이라는 제목을 붙인 책에서 그는 이런 제안을 한다. 친절하게도 Lindbeck은 그 제자들과 동료들이 토론에 책 원고를 충분히 활용하게 해 주었다.
18 예. Koester 1965.

의 충고에 귀를 기울이려면, 우리는 초기 기독교에서도 상당히 일관성 있고 식별 가능한 한 부분을 선택해야 한다. 몇 가지 이유에서 가장 좋은 선택은 다소의 바울과 그를 도운 폭넓은 동역자 그룹이 펼친 광범위한 선교 활동과 그들이 지중해 연안 동북 지역에 흩어져 있는 여러 도시에 세운 교회들을 고르는 것이다. 첫째, 이것들은 그 자체로 매력이 넘친다. 둘째, 이것들은 초기 기독교 운동 중에서도 관련 기록이 가장 많이 남아 있다. 우리에게는 적어도 그 핵심 인물이 쓴 것이 확실한 서신이 일곱 개나 있다(물론 그들이 받은 형태의 서신에는 다른 서신의 조각들이 포함되었을 수도 있다). 이 서신들은 현존하는 모든 기독교 문헌을 통틀어 가장 이른 시기의 것이다. 이 서신들이 특히 사회사 탐구에 유용한 이유는 이들이 지닌 두 가지 특징 때문이다. 첫째, 각 서신은 한 지역 교회의 삶이나 지도자들의 선교 전략에서 나타나는 어떤 특정 이슈에 반응한다. 둘째, 이 서신들은 전승 자료를 자주 인용하는데, 이런 자료는 바울 공동체들이 공유했던 제의, 규칙, 권면, 공식화된 신념 등을 어렴풋이나마 보여 준다. 게다가 사도행전에는 아마도 바울학파의 측근은 아니었을 누군가가 바울의 죽음 이후 약 20-30년 안에 바울의 선교에 관해 길게 서술한 글이 들어 있다.

바울 서신과 사도행전을 보면 바울 기독교가 어느 한 사람이 아니라 동역자들로 구성된 거대한 그룹의 작품임을 알 수 있다. 더구나 바울이 썼다고는 되어 있지만 현대 학자들이 그 저자를 놓고 논쟁을 벌이는 서신이 신약 정경에 여섯 편이나 있다. 이 여섯 서신 가운데 골로새서와 에베소서는 바울의 제자들이 썼을 가능성이 아주 높다. 데살로니가후서도 그랬을 가능성이 높다. 이러한 위명(僞名) 서신들은 이 바울계 집단이 자의식을 품고 바울에게 "창시자"나 지도자의 권위를 지닌 지위를 부여한 운동이었다는 증거를 제공한다. 기독교 안에서 일어난 이 독특한 운동은 사도 바울이 죽은 뒤에도 한동안 자신들의 고유한 정체성을 지켰을 개연성이 있다. 물론 방금 언급한 서신들의 저작 연대를 확정 짓기 어렵기 때문에 이 서신들을 이러한 정체성을 밝히는 증거로 활용할 수는 없다. 이보다 문제가 되는 것은 정경의 나머지 서신—디모데와 디도에게 보낸 소위 목회 서신—을 비롯해 바울행전, 바울이 세네카와 주고받았다는 가짜 서신, 몇몇 바울의 묵시록, 고린도3서같이 바울이 썼거나 바울에 관하여 쓴 것으로 추정하는 다양한 작자 미상의 작품을 증거로 활용하는 것이다. 종종 목회 서신을 비롯해 바울과 테클라 행전(Acts of Paul and Thecla)과 같은 작품은 2세기에도 이어진 바울학파의 산물로 보인다. 하지만 이런 작품들은 모두 바울의 널리 알려진 명성 때문에 혹은 (좀더 드문 경우로) 특정 가르침 때문에 대교회(the great church: 소위 정통 교회—역주)뿐 아니라 "이단" 운동에서조차 바울이라는 인물을 후견인으로 여기며 천천히 진행되었던 발전 과정을 보여 준다.[19] 따라서 이런 작품들은 사회적 연속성에 대한 증거나 바울계 그룹들의 전승에 대한 독립된 증거로서 신뢰할 수 없기에, 여기에서는 이 작품들을 자료로 사용하지 않는다.

바울계 기독교가 우리가 탐구하기에 적합한 주제인 세 번째 이유는 바로 이 기독교가 철저히 도시 기독교였기 때문이다. 그런 측면에서 바울계 기독교는 기독교 운동의 성장을 주도적으로 이끌었다. 왜냐하면 기독교는 팔레스타인의 농촌 문화에서 탄생하긴 했지만, 콘스탄티누스 대제 시대 이후까지 로마 제국의 여러 도시에서 가장 큰 성공을 거두었기 때문이다.[20] 그렇다고 바울계 기독교가 1세기에 존재했던 모든 도시 기독교의 전형이었다는 말은 아니다. 바울계 기독교가 몇 가지 측면에서는 독특했음을 보여 주는 표지가 많다. 그러나 우리는 사실 당시 기독교 운동의 다른 형태들이 얼마

---

19 Rensberger 1981과 Lindemann 1979을 보라.
20 시골과 도시 정황에서 작동하는 서로 다른 "사회-생태 요인"에 관해서는 Theissen 1973과 1975의 의미심장한 제안을 보라.

나 많은 기본 특징을 널리 공유했는지 자신 있게 말할 수 있을 만큼 당대의 기독교 운동의 여러 형태에 관해 충분히 알지 못한다. 그렇지만 우리가 알고 있는 하나의 기독교 형태만큼은 가능한 한 꼼꼼히 서술하려고 노력하는 것이 좋겠다.

일부 학자들 사이에서는 "초기 기독교의 사회 세계"를 이야기하는 것이 관례가 되었고,[21] 이제 이 말은 이 탐구의 대상을 유용하게 묘사하는 용어가 되었다. 이 용어는 이중 의미를 지니고 있는데, 초기 기독교 그룹들의 환경을 가리킬 뿐 아니라 그들이 인식한 세계와 그들이 자신들만의 특별한 언어와 다른 의미 있는 행동을 통해 형태와 의미를 부여한 세계를 가리킨다. 하나는 그들이 로마 제국에 살고 있던 다른 사람들과 공유한 세계이고, 다른 하나는 그들 자신이 건설한 세계다.[22] 우리는 이제 바깥의 시각, 곧 바울계 그룹들의 생태를 다루는 것으로 시작하여 그들의 삶을 형성한 의미 있는 행동 패턴들을 향해 나아갈 것이다.

---

21 미국종교학회(AAR)와 국제성서학회(SBL)가 구성한 연구 그룹은 1973년부터 시작하여 몇 해 동안 이 표제를 내걸고 모임을 가졌다. 이 그룹 설립자 가운데 한 사람인 John Gager는 이 표제를 그의 선구적 연구서(1975)의 부제로 사용했다.
22 후자는 Berger and Luckmann 1966에서 말한 것과 같은 의미다.

1장

바울계 기독교의 도시 환경

바울과 도시

바울은 도시 사람이었다. 도시의 숨결이 그의 언어를 통해 전해진다. 예수가 말씀하신 씨 뿌리는 자와 가라지 비유, 임차농들, 진흙으로 지붕을 만든 움막은 거름과 흙이 뒤섞인 냄새를 물씬 풍기며, 그리스어로 기록된 글에서 팔레스타인 지역 마을에서 사용하던 아람어가 종종 느껴진다. 한편 바울이 감람나무나 정원의 은유를 사용할 때는 그리스어가 유창하게 흘러나오고, 농촌보다는 학교 교실이 떠오른다. 바울은 김나시움(gymnasium: 체육관—역주)이나 경기장, 또는 공방에서 가져온 그리스어 수사의 전형적 표현에 더 익숙한 사람 같다.[1] 더구나 바울은 도시에 의존하여 생계를 꾸려 가던 이들 가운데 한 사람이었다. 바울은 적어도 부분적으로나마 "자신의 손으로 직접" 일을 하면서—사도행전에 따르면 천막을 만들면서—생계를 꾸렸다. 그는 일종의 씁쓸한 자긍심을 가지고 자신을 변호하거나 교훈을 줄 목적으로

---

[1] Oscar Broneer(1962, 1971)는 자신의 발굴을 통해 그 생생한 모습이 세상에 드러난 이스트미아 경기를 분명 바울이 직접 보았으리라고 생각했다. 그러나 김나시움을 활용한 사례와 은유는 그리스-로마의 도덕주의자 사이에 널리 퍼져 있었기 때문에 여기서 그런 결론을 끌어내기는 불가능하다. Pfitzner 1967을 보라. 바울이 구사한 언어와 당시의 전문 수사학과 및 철학과가 구사한 언어의 관계를 더 깊이 알아보려면 Judge 1968, 1972, 29-32; Malherbe 1977a, 29-59를 보라.

자신이 섬기는 교회에 이 사실을 몇 차례 되새겨 준다.[2] 이렇게 장인의 삶을 살던 그는, 노예든 자유인이든, 고대 사회 피라미드의 맨 밑바닥에 속한 농사꾼들과 달랐고, 자기 소유의 농지에 의존하여 부와 지위를 누리던 극소수의 행운아들과도 달랐다. 도시 수공 노동자 가운데는 노예와 자유인이 있었으며, 이들의 지위와 재산은 극도로 가난한 이로부터 상당히 안락하게 살던 이에 이르기까지 그 차이가 꽤 컸지만, 모든 이가 철저히 도시에 속해 있었다. 이들은 농사꾼처럼 도시를 적대시하거나 두려워하지도 않았고, 귀족들처럼 자신만만하게 '폴리스'와 '코라'를 지배하는 권력을 행사하지도 않았다. 바울은 수사를 동원하여 자신이 위험에 처했던 지역을 열거하면서 이 세계를 도시와 광야와 바다로 나눈다(고후 11:26). 그의 세계에는 생산을 담당하던 교외 지역인 '코라'가 포함되지 않으며, 도시 밖에는 아무것도 없다. 즉 그곳은 '에레미아'(erēmia: 황무지, 불모지—역주)다. 바울이 그리스어를 할 줄 안다는 것에 놀란 천부장에게 바울이 자기가 "유명한 대도시 시민"이라고 자랑하는 모습을 그린 사도행전 저자는 전혀 틀리지 않았다(행 21:39).

실제로 바울의 세계가 로마 제국의 여러 도시만으로 구성되어 있었다면, 그가 로마 그리스도인들에게 펼친 엄청난 주장을 이해하기가 훨씬 더 쉬울 것이다. "나는 예루살렘에서 멀리 일루리곤에 이르기까지 그리스도의 복음을 풍성히 전했다." 그 결과 "나는 이 지역에서 더 이상 사역할 곳이 없다"(롬 15:19b, 23a). 그러나 (루터가 의역하듯이) "모든 것을 그리스도의 복음으로 가득 채우고자"[3] 그가 행한 일은 그저 지중해 동북 연안 지역의 전략 요

---

2 Hock 1978과 1980은 바울의 일이 가지는 의미를 특히 헬레니즘 시대에 교사를 지원할 적절한 수단을 다룬 전통적 토론을 참조하여 다룬다. Theissen 1975a는 완전히 다른 초기 기독교 선교의 두 유형, 곧 농촌 선교와 도시 선교의 "생태 환경"과 바울의 일을 연계했다.
3 이 표현은 독특하다. 루터는 아마도 행 5:28—"너희가 예루살렘을 너희 가르침으로 가득 채웠도다(πεπληρώκατε)"—을 생각하고 있었을 것이다. 그러나 롬 15:19에서는 이 동사가 암시하는 직접 목적어가 분명 τὸ εὐαγγέλιον(복음)이다. 따라서 이 동사는 골 1:25처럼 '끝내다, 완성하다'라는 의미임이 틀림없다.

충지인 몇몇 도시에 흩어져 있던 가정에 소모임을 만든 것뿐이었다. 이 소모임은 서신 왕래와 공식 방문 그리고 여행하는 그리스도인과의 잦은 접촉을 통해 다른 소모임은 물론 바울 및 그의 동역자들과도 연결되어 있었다. 바울은 각 지역에서 유망한 사람들을 독려하여 근처 마을에 새 모임을 만들도록 했다. 그가 펼친 선교 활동의 지리적 패턴과 선교 방법은 나중에 다시 살펴보겠다. 다만 여기서 강조하고 넘어갈 점은 바로 바울 무리의 선교가 처음부터 끝까지 도시에서 펼쳐진 운동으로 인식되었다는 것이다.

예리한 독자라면 바울이 갈라디아서 1:15-17에서 자신의 회심을 회상하는 내용을 떠올리며, 그가 "이방인들에게 [하나님의 아들을] 전하라"는 이상한 계시를 받았을 때 그 도시를 떠나 아라비아로 가지 않았느냐고 반문할 수 있다. 하지만 "아라비아"는 사람들이 낭만적으로 상상하는 모래사막이 아니라, 다마스쿠스 경계까지 닿아 있는, 심지어 어쩌면 다마스쿠스까지도 포함한 나바테아 왕국이었다.[4] 우리는 이 사실을 다마스쿠스에서 바울을 체포하고자 했던 자가 바로 나바테아 왕 아레타스 4세가 임명한 행정장관이었다는 사실을 통해 알고 있다(고후 11:32). 따라서 바울이 관헌에게 이러한 적대감을 불러일으킨 것은 분명 그가 사막에서 묵상을 하거나 이 동네 저 동네를 떠돌아 다녔기 때문이 아니라, 페트라, 거라사, 빌라델비아, 보스트라와 같이 그 당시 상당히 번성했던 헬레니즘 도시에서 복음을 전했기 때문이다(이 도시들은 최근에 발굴되었다).[5]

---

4 Bietenhard 1977, 256-258. Lightfoot 1880, 88가 지적했듯이, 이것은 Justin *Dial*. 78.10도 이미 주장했었다. 물론 심지어 이 위대한 주석가도 "하나님과 자기 자신의 영혼과 친밀한 사귐을 나누고자" "외부 세계와 담을 쌓으려고 시내 광야로 이끌려간 옛 엘리야처럼" 바울을 낭만적 시각으로 보는 견해에 굴복했다(88-90).
5 Betz 1979, 73-74. John A. Bailey, "The City in the Bible"은 이 점을 훌륭하게 지적했는데, 친절하게도 그는 이 원고를 내게 보여 주었다.

시골에서 도시로

바울만 이렇게 도시에 매달린 것은 아니다. 바울이 회심하기 전에도 메시아 예수를 믿던 이들은 이미 그들이 속한 새 분파의 메시지를 그리스-로마 도시의 유대인 공동체에 전했다. 바울이 "열심"을 내서 그들을 공격하게 된 것도 그들이 다마스쿠스에서 거둔 성공 때문이었고, 바로 그곳에서 그의 삶에 기이한 반전(우리는 이것을 회심이라고 부른다)이 일어났다(갈 1:13-17).[6] 그러나 이보다 더 중요한 사실은 이 운동이 오론테스강 가에 위치한 도시 안디옥의 유대인 공동체에서 이미 일어났고, 예루살렘에서 강제로 쫓겨난 "그리스파" 가운데 어떤 키프로스 사람과 구레네 사람이 처음으로 유대교 울타리를 넘어 이방인들에게 접근했다는 것이다(행 11:19-26).[7] 바울은 나바테아 왕국에서 3년의 시간을 보냈지만 지속적 성과를 얻지 못했고, 다소 수치스러운 방법으로 다마스쿠스를 탈출한 후(고후 11:32), 예루살렘에서 교회 지도자들과 잠시 만났다(갈 1:18-19). 그가 "시리아와 길리기아 지역에서" 보낸 12-14년의 기간 가운데 대부분을 안디옥에서 보낼 만큼(갈 1:21; 참고. 2:1-14; 행 11:25-26; 13:1) 안디옥은 그의 활동 중심지가 되었다.[8] 로마와 페르시아 변경

---

6   더 자세하고 극적인 행 9장의 기사는 다마스쿠스가 중심임을 확인해 준다. 사도행전 저자가 바울이 예루살렘과 긴밀한 관계에 있었음을 강조한 것은 십중팔구 바울이 살아 있을 때 이미 널리 사람들 사이에 회자되던 기록을 사용했기 때문일 것이다. 그러나 바울은 갈 1:16-2:10에서 자신이 예루살렘과 긴밀한 관계에 있다는 점을 강력히 부인한다. 분명 사도행전 저자는 갈라디아서를 접하지 못했으며(그가 바울 서신 가운데 어느 하나라도 알고 있었는지는 여전히 학계의 쟁점이다), 바울이 예루살렘 사도들에게 의존했다는 소문은 이방인이 하나님 백성에 더해짐에 따라 "하나님 말씀이 성장"하는 데 예루살렘이 중심축이 되었다고 보는 사도행전 저자의 신학적 메시지와 잘 들어맞았다. Haenchen 1959, 283와 1966, 268; Jervell 1972, Dahl 1976a가 학계의 통설에 도전하며 새롭게 수정한 견해와 Adams 1976, 296-305가 사도행전의 사회적 맥락과 기능에 관하여 내놓은 중요한 제안을 보라.

7   이 본문을 다룬 여러 표준 주석 외에도 Meeks and Wilken 1978, 13-16를 보라.

8   연대를 확실하게 알기는 불가능하다. 갈 2:1이 말하는 14년에는 1:18이 말하는 "3년"이 포함될 수도 있고 그렇지 않을 수도 있다. 고대에는 기간을 계산할 때 때로는 기간의 첫 단위와 마지막 단위의 전체를 포함시켰다. 이 때문에 전체 기간은 각각 12년과 2년보다 좀더 길 수도 있다. 이 문제는 Schlier

사이 그리고 팔레스타인과 소아시아 사이의 정치, 군사, 상업 교류의 중심지였던 안디옥은 로마 제국에서 가장 중요한 서너 도시 가운데 하나였고, 크고 활력 넘치는 유대인 공동체의 본거지였다. 이 도시에서 우리가 바울계 기독교라고 부르는 선교 활동과 선교 조직의 형태가 형성되었다. 하지만 이는 이 운동이 도시에서 확장된 대부분의 경우에 나타난 특징이었을 것이다. 거기서 바울은 바나바와 다른 이들의 동역자로서 견습 기간을 보냈다.[9] 안디옥은 또한 교회 안에서 유대인과 이방인의 논쟁이 처음으로 터져 나온 곳이었다. 바울은 이 문제와 관련하여 급진적 입장을 취했고, 결국 베드로뿐만 아니라 바나바와도 관계를 끊게 되었다(갈 2:11-14). 그리고 그의 이러한 급진적 입장은 그가 나중에 줄곧 서쪽으로 나아가 소아시아를 거쳐 그리스 본토까지 전개한 선교에 독특한 신학적 틀을 마련해 주었다.

그리하여 예수가 십자가에 못 박혀 돌아가신 지 10년도 지나지 않은 이른 시기에 팔레스타인의 농촌 문화는 뒤안길로 사라졌고, 그리스-로마의 도시가 기독교 운동을 지배하는 환경이 되었다. 이런 상태는 "그리스파"가 예루살렘에서 흩어진 때부터 콘스탄티누스 대제 시대 이후 상당한 시간이 흐를 때까지 유지되었다.[10] 이 운동은 로마 제국 사회에서 가장 중요한 경계

1971 *ad loc.*; Koester 1980, 534-537; Caird 1962을 비롯하여 모든 주요 주석과 바울의 연대를 다루는 저서들이 논한다. 최근 들어 Jewett 1979은 달 수까지 꽉 채운 만 17년이라는 의미만 가능하다고 주장했다. Lüdemann 1980*a*는 Jewett의 견해에 반대하면서도 정작 자신은 흥미롭게도 갈 2:1-10과 11-14의 사건 순서를 뒤집는다. Jewett와 Lüdemann의 견해는 모두 설득력이 없다.

9 Ollrog 1979, 9-13에 있는 중요한 논의를 보라.

10 2세기 초, 소(小)플리니우스는 기독교가 비두니아에서 "도시는 물론이요 마을과 농장까지" 침투했음을 주시할 필요가 있다고 생각했다(*Ep*. 10.96.9, trans. Radice 1969). 그 세기가 끝날 무렵 북아프리카에서 테르툴리아누스는 사람들이 이해해 줄 만한 과장을 사용하여 다음과 같이 자랑했다. "사람들은 이 나라가 우리에게 에워싸였다고 소리 질러 선포한다. 시골에도 마을에도 섬에도 그리스도인이 있다. 성과 나이와 처지를 불문하고 그렇다! 서열을 불문하고 모두 이 이름으로 넘어오고 있다"(*Apol*. 1.7, trans. T. R. Glover in the Loeb ed.): 참고. *Apol*. 37.4. 두 사례가 일러 주는 요지는 기독교 같은 신흥 종교가 뜻밖에 나라 전체로 확산되면서 이런 종교를 특히 위험한 것으로 주시하게 되었다는 점이다. 기독교는 팔레스타인에서 처음 등장했지만, 그 후에는 도시 현상이라는 특색을 두드러지게 보여 주었다. 지금은 이 점이 사람들에게 널리 알려져 있다. 내가 살펴볼 수 있는 범위 안에

선 곧 농촌 사람과 도시에 사는 사람 사이에 존재했던 경계선을 넘어섰는데, 이는 매우 중대한 결과를 가져다주었다.[11]

폴리스에서 제국으로

지중해 세계 도시들은 알렉산드로스 대왕부터 콘스탄티누스 대제에 이르기까지 여섯 세기 반에 걸쳐 일어난 엄청난 정치 및 사회 변화의 선두에 있었다. 페리클레스 시대의 아테네는 서방 세계에 직접 민주주의라는 이상을 가져다준 폴리스가 제국의 야망을 채우는 도구로 바뀔 수 있다는 역설을 이미 발견했다. 필리포스는 "자유" 도시 동맹들을 식민지로 삼고 조종하는 것에 대한 교훈을 잘 습득했다. 그러나 아버지보다 유명한 그의 아들은 아테네를 새로운 문화 비전을 이끌 견인차로 삼았다. 도시화는 그리스화(hellenization)의 수단이 되었다. 알렉산드로스 대왕의 후계자들도 같은 정책을 추구했다. 그들은 도시를 세우거나 다시 짓고, 거기에 정식으로 등록된 시민 단체로 이루어진 그리스식 기관(*dēmos*), 평의회(*boulē*), 그리고 자녀들을 위한 김나시움 중심의 교육 체계를 세웠다. 이처럼 그들은 이런 기관들이 동방의 야망 있는 사람들 사이에서 가졌던 명성을 활용해서 새 도시들이 이

서 볼 때 Schille 1967, 69만이 신약성경 시대에는 기독교가 도시 현상이 아니었다고 주장하면서 우리가 그런 인상을 받는 이유는 오로지 사도행전 저자가 활용할 수 있었던 전승이 "대도시 중심"에서 수집한 것이었다는 우연 때문이라고 역설한다. 그러나 그는, 독창적이지만 철저히 가설에 의지하여 재구성한 선교 패턴에 근거하여 이런 주장을 펼친다. 그는 5-7명의 복음 전도자로 구성된 작은 "단체들"이 갈릴리뿐 아니라 바울계 선교사가 활동하던 전 지역에 걸쳐 "작은 고을과 마을"에서 복음을 전했으며, 이런 선교 패턴이 제도화된 통일 패턴이었다고 주장했다. 여기서 우리는 Theissen 1975*a*가 갈릴리 및 유대에서 이루어진 선교의 "생태"와 바울 및 다른 "공동체 조직자들"이 수행한 선교의 생태가 본질상 서로 달랐음을 지적함으로써 결정적 진전을 이룩할 발걸음을 내디뎠음을 알 수 있다.

11 MacMullen 1974, 특히 28-56가 생생히 묘사해 놓은 내용을 보라. Ste. Croix 1975, 8-9 그리고 W. H. C. Frend의 몇몇 작품, 특히 1952이 농촌과 도시의 갈등을 해석의 열쇠로 사용한 점을 비교해 보라. 간략한 개관을 보려면 Frend 1979를 보라.

도시들을 세우고 후원해 주는 왕에게 확실히 의존하게 만들었다.

그러다 곧 이탈리아 군대가 이탈리아 상인들을 따라 에게해와 그리스 본토와 소아시아의 도시로 들어갔다. 그 결과가 처음에는 도시 생활을 번성하게 하는 데 도움이 되지 않았다. 셀레우코스 왕가와 프톨레마이오스 왕가, 그리고 본도와 버가모처럼 두 왕가를 본받은 지역 분봉왕들의 탐욕스럽고 그칠 줄 모르는 대결은 도시들을 잇달아 황폐하게 만들었다. 이제 로마 사람들은 내전을 외부로 확대하여 불안정한 지역에 전쟁을 일으켰다. 하지만 회복이라는 핑계 아래 로마 공화정을 끝장내고 제국의 모양새를 갖추는 일에 박차를 가했던 옥타비아누스의 승리는 도시 생활에 전례 없는 안정과 호기를 안겨 준 시대를 열어 주었으며, 이 시대는 이후 한 세기 동안 지속되었다.

로스토프체프(Rostovtzeff)는 이렇게 써 놓았다. "로마 제국은 자치도시들의 연방이 되었다."[12] 아우구스투스의 평화(*pax*)는 알렉산드로스 대왕이 꿈꾸던 화합(*bomonoia*)보다 현실성이 있었지만, 아우구스투스의 정책에서도 그리스식 도시들이 중심 역할을 했다. 카이사르와 안토니우스는 식민지가 상당히 쓸모 있음을 일찌감치 깨달았다. 식민지들은 퇴역 군인에게 보상을 제공하고, 위험 지역에 잠재적 군사력을 공급했으며, 동부 지역의 경제를 되살렸다.[13] 아우구스투스는 퇴역 군인을 파견해 식민지를 세웠을 뿐 아니라 다른 도시들을 세우고 다시 짓는 헬레니즘 시대 군주들의 관행을 따랐다. 그 결과, 동부 지역 지도에는 세바스토폴리스와 세바스테이아 같은 이름이 겹쳐 등장했다.[14] 아우구스투스의 후계자들이 그리스풍을 좋아한 열정의 정도는 황제마다 달랐으며 그 특별한 열정은 하드리아누스 때 끝났다.

---

12 Rostovtzeff 1957, 1:49.
13 Bowersock 1965, 62-72.
14 Magie 1950, 1:472.

이 후계자들은 로마 속주를 계속 확장하면서 도시에 특허장을 주는 정책을 추구했다.[15]

도시를 형식상 재건하는 일보다 훨씬 더 중요한 것은 초기의 최고 권력자가 속주의 도시 사람들에게 전체적으로 안정되고 안전한 분위기를 조성해 주는 일이었을 것이다. 이로써 지방 정부가 강화되었다. 법정에 제소하는 일이 늘어나면서 지역법도 재판 규범으로 인정해 주었지만, 속주 총독이나 황제에게 직접 항소할 수 있는 길이 보장되면서 사법의 일관성도 증진되었다. 이는 심지어 사회 지위가 낮은 사람들 가운데에서도 정말 정의를 획득할 수 있으리라는 기대, 혹은 적어도 소망을 더 널리 퍼뜨렸다.[16] 도로가 건설되고 유지되었다. 지중해의 해적도 거의 소탕되었다. 자유시가 스스로 주화를 발행하는 것이 허용되었다. 조세 행정도 안정되어 세금을 더 공평하고 효과 있게 거두었으며, 심지어 일부 사례이긴 하지만, 잠시나마 세금을 깎아 주기도 했다. 그리스식 지방 행정과 교육 제도가 적극 권장되었고, 부유한 시민들이 도시에 기부하는 것도 적극 권장되었다.[17] 사실 이러한 기부 능력은 개인과 집안이 명성과 사회 권력을 얻을 수 있는 주요 수단이 되었다.

로마 최고 권력자와 동방 속주에 있는 그리스 도시의 동맹도, 비록 복잡 미묘하긴 했지만, 개인과 계급의 관계에 중요한 변화를 가져왔다. 예를 들면 바워속(Bowersock)은 아우구스투스가 이미 카이사르와 안토니우스가 대외 관계에 따른 여러 목적에 활용했던 후견 체계를 아주 노련하게 활

---

15 Rostovtzeff 1957, 1:130-191 그리고 다른 여러 곳.
16 자유시 크니두스의 시민인 유볼루스는 시 법원이 그에게 살인죄로 유죄 판결을 내릴 것처럼 보이자 아우구스투스 황제에게 상소했다. 아시아 속주 총독에게 제출한 그의 상소는 성공적이었다. Magie 1950, 1:480가 논한 *IG* 12.3, 174(=*IGR* 4.1031b). 이 파피루스는 로마령 이집트에서 심지어 아주 지위가 낮은 사람들도 놀라우리 만큼 많은 소송을 제기했음을 보여 준다.
17 이러한 모든 진전을 살펴보려면 Rostovtzeff 1957; Magie 1950; Levick 1967; Bowersock 1965이 제시하는 풍부한 증거를 보라.

용하여 동방 도시의 상류층과 자신 사이에 친밀한 의존 관계를 구축했음을 보여 주었다. 이 원수(princeps, 元首)는 지역 귀족들이 자신에게 바친 충성과 공식 영예에 대한 보답으로 그들을 보호해 주었을 뿐 아니라, 그들의 사업과 그 자식의 사업이 더 윤택해지고 번창하게 만들어 주었다. 아우구스투스는 새 속주에 보낼 정무관을 고를 때면 동방에 후견 관계(clientela)가 있는 사람—위험한 존재가 될 만큼 큰 인물은 아니어도 충분히 무게를 지닐 만한 사람—을 골랐다.[18] 종종 이런 제국 관리들은 그리스인, 즉 공화정 말기에 유력한 로마인과 친분을 나누거나 그런 로마인의 피후견인이 되었던 이들처럼 잘 교육받은 그리스인, 웅변가, 철학자였다.[19] 이처럼 로마의 정책은 그리스 도시에 사회 변동과 경제 변동이 일어날 호기(好機)를 가져다주었다. 분명 이런 연관 관계는 도시 귀족에 국한되었으며, 결국 그런 호기도 주로 일부 부자에게 더 부유해지고 더 큰 권력을 가질 기회를 제공하는 데 그쳤다. 하지만 로마인들은 새로운 질서를 이롭게 하는 데 도움이 되는 특별한 기술—처음에는 교육 기술, 그리고 시간이 흘러감에 따라 군사 관련 기술—에 대해 보상해 주려고 노력했으며, 부유하고 높은 지위에 있는 자들만 이를 누렸던 것은 아니다. 이와 같이 변화를 가져다줄 원천이 유입되었고, 이는 사회 내 각 그룹 사이에 새로운 긴장을 초래할 수밖에 없었다.

강력한 지역 군주가 있어 따로 속주를 조직하지 않아도 되거나, 아직은 로마가 속주를 조직하는 것이 적절치 않았던 지역에서는 원주민 출신의 왕이 로마 원수의 피후견인이 되었다. 완전한 성공을 거둔 예는 아니지만, 헤롯이 그런 사례에 해당하는 유명한 인물이자 전형이다.[20] 헤롯은 자신이 다스리는 영토 안에 세바스테와 가이사랴 마리티마를 비롯해 다른 고을을 세

---

18 Bowersock 1965, 29. 또한 Badian 1958을 보라.
19 Bowersock 1965, 30-41.
20 Ibid., 42-61; 헤롯을 다룬 부분은 54-57.

우고 열심히 재건했으며,²¹ 안디옥과 다른 외국 도시에 온정을 베풀었다.²² 이는 피후견인인 왕들도 로마의 제국주의와 헬레니즘과 도시화를 촉진하는 데 커다란 도움을 주는 동시에 자신들의 야망도 키워 나갔음을 잘 보여 준다.

도시 사람들

로마가 동방에 들어와서 그 지역 도시에 적극 관심을 보인 결과, 도시 사회는 이전의 헬레니즘 시대보다 좀더 복잡해졌다. 아주 오랜 세월에 걸쳐 외인(外人) 집단은 각 도시로 모여들었다. 상인과 장인이 군대를 따라서 혹은 더 좋은 시장이나 더 좋은 교통 접근성을 좇아 도시로 모여들었으며, 전쟁 포로로 잡히거나 해적에게 잡혀 노예로 팔렸다가 자유인이 된 사람, 정치 유랑자, 용병도 도시로 모여들었다. 시민이 아닌 거주자, 곧 거류민(metoikoi, 居留民)은 종종 그 지역에서 그들이 본디 섬기던 신들을 예배하는 종파를 만들거나 최소한 종교적 격식이라도 갖춘 자발적 조직을 형성하여 민족 정체성을 유지했다. 이에 대한 한 예가 바로 베리투스의 포세이돈 숭배자 협회였다. 이 협회는 델로스섬에 있는 유명한 라이언 테라스 옆에 훌륭한 동호회 회관을 세웠다.²³ 물론 로마 정착민들은 이런 그룹 가운데서도 금세 특권을 누리는 지위를 갖게 되었지만,²⁴ 그들과 다른 이들의 정확한 관계는 각양각색이었다. 바바라 레빅(Barbara Levick)이 꼼꼼히 분석한

---

21 Josephus, JW 1.403-421.
22 Ibid., 422-428.
23 Bruneau 1970, 622-630.
24 예를 들어 델로스섬에 있던 이탈리아인 협회가 많이 논의되었다. Bruneau 1970, 585-587가 요약해 놓은 증거를 보라. 제국 동부 지역 속주에 있던 로마인 협회를 가리키는 명칭인 '콘벤투스 키비움 로마노룸'(conventus civium Romanorum)과 다른 용어들을 보려면 Magie 1950, 1:162-163, 2:1051-1052, nn. 6, 7이 인용하는 증거를 보라.

갈라디아의 비시디아 같은 로마 식민지에서도 "로마 정착민과 원주민의 관계에서…일관된 패턴을 찾아볼 수 없다. 그들의 관계는 엄밀히 말해 그때그때 상황에 따라 달랐다. 그리고…철저히 징벌이나 편의에 따라 좌우될 수도 있었다."[25] 둘 혹은 심지어 세 거류민 조직체가 나란히 존재할 수도 있었고, 그리스 시민과 로마 시민이 온전히 하나가 될 수도 있었다. 거류 외인 가운데 로마 시민 및 그 도시 시민과 나란히 특별한 지위를 차지한 그룹이 하나 있었는데, 그들이 바로 유대인들이었다. 그들은 보통 독특한 공동체를 형성했으며, 그 공동체의 율법과 제도로 다스림을 받았고, 완전한 시민권을 가진 시민과 동등한 대우를 받으려고 투쟁하곤 했으며, 때로는 그런 투쟁이 성공했다.

도시에 있는 서로 다른 그룹들은 그리고 각 그룹에 속한 서로 지위가 다른 사람들은 로마의 지배권으로부터 각기 다른 대우를 받았다. 아울러 그들은 자기네 고을에 존재했던 그 힘 있는 권력에 각기 다른 감정과 전략으로 대응했다. 로마의 정책은 귀족층을 지지하고 장려하는 것이었으므로 특권층보다 하층 계급 가운데서 반(反)로마 감정이 나타날 가능성이 높은 것은 당연한 일이었다. 하지만 문제가 늘 그렇게 간단하지만은 않았다.[26] 로마의 호의를 두고 새롭게 벌어지는 이 중요한 각축전에서 도시 원로원 계급에 속한 이들이 모두 똑같이 성공을 거두지는 못했을 것이며, 모든 이가 이러한 게임을 즐기지도 않았을 것이다. 하층 계급 가운데 다수는 로마의 통치 아래서 자신들의 처지가 확실히 나아졌음을 깨달았다. 그리고 심지어 일부 개인과 그룹은 옛날에는 거의 꿈도 꾸지 못했던 일, 곧 자기 아버지의 계급보다 더 높은 계급으로 올라가려는 야망을 이룰 기회를 로마인들이 의도치

---

25 Levick 1967, 71.
26 참고. Bowersock 1965, 101-111.

않게 제공했음을 간파했다. 예를 들면 레빅은 보잘것없는 이탈리아 하층 계급 출신인 퇴역 군인 두 명의 이력을 추적했는데, 이들은 비시디아 안디옥 식민지에서 그들의 자손을 로마 원로원으로 진출시킬 호기를 발견했다.[27] 이런 사회 지위 상승은 여전히 드물었다. 그러나 고향에 계속 머물던 사람보다는 이탈리아는 물론 동방에서 새 도시로 이주해 온 사람들에게 이러한 기회가 조금 더 주어졌다. 지역에서 권력을 잃고 쫓겨난 비주류 집단의 각 구성원도 고위직에 있던 로마 후견인들의 재빠른 지원에 힘입어 출세할 길을 마련할 수 있었다. 아마도 가장 유명한 예는 알렉산드리아에서 가장 유명하고 부유했던 유대인 가문의 후예이자 위대한 유대교 변증가였던 필론의 조카 티베리우스 율리우스 알렉산더가 아닐까 싶다. 그의 이름은 그의 집안이 품었던 야망의 정도와 그것을 이루는 방법을 잘 보여 준다. 그는 팔레스타인의 행정장관이 되었고, 이어서 이집트 총독이 되었으며, 그 과정에서 유대교를 저버렸다.[28] 더 나아가 한 도시의 유대인 공동체 전체는 (때로는 그 지역의 적대감에 직면하여) 황제의 보호를 이끌어 낼 수도 있었다.[29] 그리고 유대인도 로마군이나 로마 행정당국에 특별히 기여한 일이 있으면, 유대교에 바치는 충성을 저버리지 않고도 그들이 탐내던 로마 시민권(*civitas Romana*)을 보상으로 얻을 수 있었다. 사도행전 22:28의 내용이 정확하다면 바울의 아버지도 그렇게 시민권을 얻었을 것으로 보인다.[30] 두 세기 이후에

---

[27] Levick 1967, 103-120.
[28] Burr 1955; E. G. Turner 1954; Smallwood 1976, 258.
[29] 이 책 108-112를 보라.
[30] Bruce 1977, 37는 바울의 아버지나 할아버지가 로마군 작전에 필요한 천막을 공급했을 수도 있다는 Sir William Calder의 의견을 인용한다. 다른 이들은 사도행전의 내용이 개연성이 없다고 본다. 아우구스투스나 티베리우스가 그 시민권을 부여했어야 하는데, 두 사람은 여행자들(*peregrini*)에게 시민권을 부여하길 꺼렸던 인물로 유명하다. 가령 Goodenough 1966, 55-56도 같은 견해다. 하지만 사도행전의 주장이 종교적 목적에서 나온 허구라 하더라도, 이러한 주장은 1세기 끝 무렵에는 이런 시민권 부여가 도저히 말도 안 되는 일은 아니었음을 보여 준다.

는 유대인이 소아시아 서부 여러 도시에서 시민권을 얻고, 심지어 그 지방의 공직에 오르는 일이 상당히 흔해졌다.[31]

도시 대 시골

도시의 숫자가 늘고 그 힘이 커지면서 시골에 대한 도시의 관계는 더욱더 양가성을 띠게 되었다. 도시와 시골은 서로 의존했지만, 물리적 이점과 사회적 이점을 모두 따져 볼 때 양자의 공생 관계는 오로지 도시에만 유리한 관계였다. 원수정(元首政) 때도 농업은 계속 제국 경제 전체의 기초였지만, 농산물을 생산하는 토지 소유권은 점점 더 소수의 소유주에게 집중되었다. 이 소유주들은 도시나 그 외곽에 있는 저택에서 살았다. 자신이 소유한 땅에서 살던 소규모 독립 지주들조차 사라지기 시작했는데,[32] 이들은 남의 땅을 빌려 농사 짓는 임차농이나 노예로 전락하거나, 도시로 가서 노동자로 근근이 먹고살거나 군대에 입대했다. 램지 맥멀런(Ramsay MacMullen)은 소소한 단편 증거 수천 개를 조사한 후 사람들의 경험을 이렇게 묘사했다.

이처럼 도심지와 시골 중심지의 경제적 유대 관계는 아주 긴밀하다. 이들은 서로 친밀하지는 않다. 도시는 시골을 바라보면서 볼품없고 미개하고 무식하며 문명과 거리가 멀다고 생각하고 시골은 도시를 바라보면서 사람을 당황하게 하고 부당한 이득을 취하며 오만하다고 생각한다. 도시로 이주한 농민은 도시의 생활 방식과 위험에 마음이 눌려, 자신과 같은 동네에 살다가 도시에

---

31 이 장 뒷부분에서 논의할 내용을 보라.
32 Rostovtzeff 1957은 첫 두 세기 동안에 이루어진 발전을 요약한다: 1:343-352. 이 새로운 상황을 "자본주의식 농업"이라고 부르는 Rostovtzeff의 시대착오적 발상을 반박한 글을 보려면 Humphreys 1969의 중요한 서평과 함께 Polanyi, 1968 그리고 Finley 1973을 보라. 그러나 Frederiksen 1975의 Finley에 대한 비판도 보라.

먼저 와서 정착한 친척이나 이주자를 찾는다. 시골에 가서 지대(地代)나 세금을 걷는 이는 자신을 원수처럼 대하는 사람들을 마주한다. 이들은 시골 사람들이 자신을 속이거나 심지어 힘으로 자신에게 저항하리라는 것을 예상할 수 있다. 그들은 자기 나름의 야만성으로 대응한다.[33]

도시는 권력이 있는 곳이었다. 아울러 도시는 변화가 일어날 수 있는 곳이었다. 맥멀런은 시골 동네의 보수주의가 그 동네의 "중심 특징"임을 강조한다. "시골 동네들과 그곳에 사는 사람들은 겨우 생계를 유지하는 수준을 유지하였기에 아무도 변화를 시도하려 하지 않았다."[34] 설령 어떤 시골 사람이 특별한 일이 생겨 변화를 모색해야 할 상황—느닷없이 재산을 상속받거나, 어떤 종교가 제시한 비전에 빠지거나, 그런 경우는 거의 없겠지만 근검 절약하고 머리를 잘 굴리고 부지런히 일하여 제법 큰돈을 저축하게 되는—을 맞는다면 그는 틀림없이 도시에서 새로운 삶을 일구려 할 것이다.[35]

국제도시

시골의 보수주의가 시골의 다양성을 지켜 주었다면, 도시의 변화는 그리스-로마의 공통된 문화가 나아가는 방향으로 진행되었다. 이런 현상은 언

---

33 MacMullen 1974, 15-16.
34 Ibid., 27.
35 북아프리카 막타르에서 나온 3세기 비문에 새겨진 Horatio Alger식 이야기(가난한 소년이 근면과 성실로 성공한 이야기-역주)는 근면한 농장 노동자가 성공하여 집과 농장을 소유하고 "시 원로원 의원이 되었다"고 말한다(MacMullen 1974, 43가 인용한 CIL 8.11824). 도마복음의 예수의 비유를 보면 묻힌 보화를 발견한 자가 돈을 빌려주는 자가 된다(도마복음 어록 109; 50:31-51:4). 예수의 제자였던 시골 사람들 가운데 우리가 신뢰할 만한 정보를 가진 이들은 나중에 도시로 갔다. 하지만 그들을 농부로 묘사하지 않고 대개 배와 집과 품꾼까지 거느런 어부로 묘사한다는 점에 주목하라(막 1:16-20과 병행 본문; 참고, Wuellner 1967). 하지만 여러 도시를 여행하는 경우 베드로는 틀림없이 사람들의 재정적 도움을 받았을 것이다. 그는 수공업 장인인 바울만큼 자유롭지 않았다(고전 9:4-6).

어에서 가장 또렷하게 드러났다. 바울이 선교했던 지역 대부분을 오늘날 여행하는 사람은 도시에만 머물면 영어나 독일어로도 편하게 의사소통을 할 수 있을 것이다. 하지만 같은 지역의 시골에 가서 의사소통을 하려 할 때는 여러 언어를 알아야 하며, 심지어 여러 언어를 알아도 그 지역 고유의 발음이나 관용어 때문에 아무리 노력해도 의사소통이 안 될 수 있다. 이와 마찬가지로 로마 제국 동부의 속주 도시 지역에서는 그리스어가 널리 통용되었지만, 도시 성벽을 벗어나서는 그리스어가 널리 사용되지 않았다. 사도행전 저자는 바울과 바나바가 진짜 외진 동네 사람을 만나는 장면을 묘사할 때 이 사람들이 놀라 루가오니아 방언으로 소리를 질렀다고 말한다. 그들은 아예 기적을 행한 이 두 사람을 그리스 신 제우스와 헤르메스로 여겼다. 루스드라도 어쨌든 로마 식민지였다.[36] 신약성경에 실린 모든 문서와 기독교 첫 두 세기의 다른 문헌 가운데 거의 대부분이 그리스어로 기록된 것은 결코 우연이 아니다. 하지만 갈릴리 시골 동네에서는 여전히 아람어를 주로 썼을 것이다. 새로운 도시 방식의 기독교가 마침내 시골 문화 속으로 파고 들어가면서, 아이러니하게도 이제는 그리스어로 기록한 문서를 시리아 농촌 지역에서 쓰는 방언인 아람어를 비롯하여 여러 토착 언어로 번역해야 했다.

    언어만 공유한 것이 아니었다. 도시 사람들은 삶의 많은 영역에서 같은 양식을 사용했다. 로마 제국 동부 전 지역에서 나온 명문(銘文)은 정형화된 문구를 사용한다. 예를 들면 시 의회는 법령을 반포했으며, 모임들은 그들의 후견인을 칭송했고, 알렉산드리아에서 데살로니가에 이르기까지 유족들은 세상을 떠난 친족을 똑같은 방식으로 추도했다. 아테네에서 안디옥에 이르기까지 학생들은 똑같은 수사학 안내서에서 문체를 배웠다. 도자기와 유리 제품, 가구, 마루와 벽 장식, 조각과 그림의 양식도 이 도시에서 저 도

---

[36] 행 14:8-18; 참고. Levick 1967, 29-41.

시로 퍼졌다. 오늘날 발굴된 유적지를 방문하는 사람도 지중해 연안 전역에 걸쳐 도시를 어떻게 설계해야 하고 어떤 종류의 건축물이 도시에 우아함을 더해 줄 것인가에 관하여 공통된 인식이 존재했음을 발견할 수 있다. 그렇다고 해서 이런 유사점이 각 지역 사이의 중요한 차이점을 압도하지 않았다. 아무리 졸려 눈앞이 흐려진 여행자라도 자신이 다소가 아니라 고린도에, 비시디아 안디옥이 아니라 빌립보에 왔다는 생각은 단 한 순간도 하지 않을 것이다. 그러나 각 도시에 다다른 여행자는 중요한 신전, 정부 건물, 아고라(agora: 고대 그리스 도시의 공공 광장으로, 이 광장에서 시민 활동이 이루어졌다―역주)나 포룸(forum: 로마의 공공 광장―역주), 김나시움 및 팔라이스트라(palaestra: 고대 그리스의 권투와 레슬링 훈련 학교―역주), 극장, 공중 욕장, 심지어 여관, 선술집, 가게를 별 어려움 없이 식별했을 것이다.

따라서 도시는 새 문명을 경험할 수 있는 곳이었다. 여기서 새 문물을 가장 먼저 만나곤 했다. 도시는 어디가 되었든 변화를 만날 수 있고, 더 나아가 변화를 추구할 수 있는 곳이었다. 도시는 제국이 있는 곳이자 미래가 시작되는 곳이었다. 도시 거주자가 된다는 것은 움직임에 휩쓸린다는 것을 의미했다. 맥멀런이 표현하는 것처럼[37] 그것은 그저 농부가 물건을 사고팔거나 혹은 관원에게 무언가를 항의하려고 자신이 사는 동네에서 옆 동네나 도시로 갔다가 다시 돌아오는 "브라운 운동"(Brownian movement: 스코틀랜드 식물학자 로버트 브라운이 발견한 운동으로 액체나 기체 안에서 작은 입자들이 이리저리 떠돌며 움직이는 것을 가리킨다―역주) 정도가 아니라, 오히려 사람들이 큰 물결처럼 밀려드는 것, 상인이 위험을 무릅쓰고 여행하는 것, 심지어 관습과 사고방식과 지위의 불규칙한 움직임을 의미했다.

---

37 MacMullen 1974, 22.

이동성

마르틴 헹엘(Martin Hengel)은 "초창기 기독교의 모든 역사를 이끄는 흐름은 기독교 초기 120년 동안 지중해 지역에서 나타난 기독교 신앙의 저항할 수 없는 확장이다"라고 썼다.[38] 이러한 확장은 물리적 차원과 사회적 차원에서 모두 개인이 자유로이 이동할 수 있었던 점과 밀접한 관계가 있다. 전자가 더 단순하지만 그 중요성은 더 현저하다.

로널드 혹(Ronald Hock)은 사도행전이 대략 이야기하는 순회 여정만을 토대로 바울이 거기서 말한 선교 활동 기간에 거의 1만 6천 킬로미터를 여행했다고 계산했다. 바울은 여행 도중 "관원, 상인, 순례자, 병자, 서신을 전달하는 자, 유람객, 도망친 노예, 도망자, 죄수, 운동선수, 장인, 교사, 학생"을 상대하며 바쁜 시간을 보냈다.[39] 우리는 바울 자신, 동행한 동료 외에도 바울 대신 특별한 사명을 띠고 파송을 받은 동역자—이를테면 데살로니가에 보낸 디모데(살전 3:2-6), 고린도에 보낸 디모데와 디도와 익명의 두 "형제"(고전 4:17; 16:10; 고후 2:13; 7:6-16; 8:6, 16-24), 교회가 바울에게 보낸 사절(고린도에서 보낸 스데바나, 브드나도, 아가이고, 고전 16:17; 참고. 7:1; 빌립보에서 보낸 에바브로디도, 빌 2:25; 4:18), 안부 인사와 소식을 전하러 간 여행자(글로에의 집 식구들, 고전 1:11)—의 이야기를 종종 듣는다. 바울이 로마의 그리스도인들에게 보낸 서신 마지막 장은 특히 주목할 만하다. 로마서 마지막 장은 겐그레아(고린도에 있는 여러 항구 가운데 하나)에 있는 교회의 중요한 일원이자 바울과 다른 이들의 후견인이었던 뵈뵈를 추천하는 글로 시작한다(그 당시 뵈뵈는 바울이 쓴 서신을 들고 제국의 수도로 가는 중이었다).[40] 거기에는 이름을

---

[38] Hengel 1971a, 15.
[39] Hock 1980, 27; 참고. Casson 1974, 128-137.
[40] 뵈뵈의 역할에 관해서는 이 책 160-162를 보라.

하나하나 열거하며 스물여섯 사람과 몇몇 무리에게 안부를 전하는 내용이 나오는데—물론 바울은 그 전에 로마를 방문한 적이 없었다—이 가운데 일부는 바울이 그저 말로만 전해 듣고 직접 만난 적은 없는 로마인이었을 것이다. 일례로 아리스도불로와 나깃수의 식구들이 그랬을 것이다. 그러나 대다수는 필시 로마 제국 동부 지역 여러 도시에서 로마로 이주해 왔을 것이다. "아시아에서 그리스도께 처음 돌아온 사람"인 에배네도(롬 16:5), 본디 본도 사람이나 로마(행 18:2)와 고린도와 에베소에 살면서 일하다가(행 18:1-3, 19-21; 고전 16:19) 다시 로마로 돌아온 브리스가와 아굴라가 그런 예다.[41]

이 여행 가운데 일부는 구체적으로 기독교 선교를 위한 것이었지만, 이러한 선교의 많은 부분은 다른 이유로 여행하는 이들을 통해 이루어졌다. 이 두 가지는 모두 가능했으며, 신약성경 저자들도 그 점에 대해 놀라지 않았다. 로마 제국 사람들은 그 이전 사람들보다(또는 그 후부터 19세기 전까지 사람들보다) 훨씬 더 넓은 지역을 더 수월하게 여행했기 때문이다.[42] 당시에는 장인이 자기 연장을 갖고 이곳저곳으로 옮겨 다니면서 자신이 가는 고을에서, 가령 가죽 공장(工匠)들이 모여 일하는 거리나 구역을 찾아가는 것이 보통이었기에, 바울도 그런 방식으로 자신에게 필요한 것을 거의 자급자족했으며 이를 아주 뿌듯하게 여겼다.[43] 두아디라(소아시아) 출신으로서 자주색 물품을 취급하면서 빌립보(마케도니아)에서 바울을 만난 루디아(행 16:14)와 같은 상인들에게는 직업상 여행이 필수적이었고 위험도 감내해야만 했다. 여행과 그에 따른 위험—산적의 약탈, 해적, 난파, 여로에 겪는 고

---

41 롬 16장의 중요성에 관해서는 Malherbe 1977a, 64-65를 보라. 물론 일부 비평가가 주장했듯이 만약 롬 16장이 본디 에베소에 써 보낸 또 다른 서신의 전부 혹은 일부라면 이 증거의 비중은 달라질 것이다. Kümmel 1973, 317-320의 논의와 참고 문헌을 보라. 나는 Gamble 1977이 16장으로 구성된 이 서신 전체의 통일성을 설득력 있게 입증했다고 판단한다. 또한 Aland 1979을 보라.
42 Friedländer 1901, 268-322.
43 참고. Hock 1980, 26-31, 특히 27-28, 30-31.

초―이 주는 불안도 여행자들이 두려워하던 것 중 하나였는데, 이러한 두려움 때문에 그들은 종종 점성술사나 해몽가를 찾아갔다.[44] 하지만 이러한 불안은 극복하지 못할 일이 아니었다. 브루기아에서 로마를 일흔두 번이나 다녀왔다는 사실을 적어 놓은 어떤 상인의 묘비는 그리 독특한 사례가 아니었다.[45]

이렇게 활발한 여행이 가능했던 것은 로마 제국이 매우 유용한 두 가지 방법을 사용했기 때문이다. 로마군의 존재는 지상의 산적과 바다의 해적을 최소한으로 줄이는 데 기여했으며,[46] 제국 정부는 제국 전역에 걸쳐 도로 체계를 관리하는 책임을 맡았다. "로마의 아시아 통치에 대한 최초의 공식 기록"은 마니우스 아퀼리우스가 세운 이정표다. 그는 로마가 버가모의 마지막 왕에게서 이 지역을 넘겨받은 뒤 이 속주를 새롭게 조직한 인물이었다.[47] 클라우디우스 시대에 이르러서는 황제가 제국 전역에 걸쳐, 심지어 원로원 속주에서도 자신이 보낸 징세관(procurator)을 통해 도로 보수를 책임졌다.[48] 물론 이 중 많은 도로는 로마가 동쪽으로 확장하기 전부터 이미 수 세기 동안 사용해 왔지만, 이제는 로마의 행정 계획과 토목 공사 역량 덕분에 더욱 중요하고 유용한 시설이 되었다. 이런 도로는 2세기 웅변가인 아일리우스 아리스티데스가 로마를 칭송한 여러 가지 이유 가운데 하나였다.[49] 현대 여행

---

[44] MacMullen 1971, 109. 그가 인용하는 자료들—주로 베티우스 발렌스, 아르테미도로스, 클라우디오스 프톨레마이오스—은 모두 2세기의 자료지만 바울이 고후 11:23-27에서 제시한 위험 목록과 유사한 부분은 이에 대한 기대가 거의 변하지 않았음을 보여 준다.

[45] *IGR* 4,841.

[46] 폼페이우스는 마르쿠스 안토니우스(삼두 정치 시대를 이끈 인물 중 하나인 안토니우스의 조부)와 함께 기원전 102년부터 몇 차례에 걸쳐 해적 소탕을 시도했다. 그러다 마침내 기원전 67년에 시작한 작전을 통해 지중해 전역의 해적을 소탕했으며, 이 해적들을 식민지에 많이 정착시켰다. 이 정착지 가운데 몇 곳은 바울의 고향인 길리기아에 있었는데, 길리기아는 그 전에 해적으로 특히 악명이 높았다. Magie 1950, 1:283-300.

[47] Magie 1950, 1:41.

[48] Ibid., 547.

[49] *Or. Rom.* 26.33.

객도 영국에서 북아프리카까지 이 길의 유적을 볼 수 있는데, 아리스티데스만큼 빼어난 웅변으로 이 길을 칭송하진 못하더라도 그에 못지않게 큰 감명을 받을 것이다.[50]

동과 서를 잇는 가장 중요한 주요 도로 두 개가 지나가는 길목만 대충 살펴보아도 이 길목이 바울의 선교에서 가지는 중요한 의미를 금세 알아차릴 것이다. 소아시아를 관통하는 '공로'(koinē hodos, 共路)가 에베소에서 트랄레스를 지나, 멘데레스 계곡을 넘어 라오디게아, 아파메이아, 비시디아 안디옥, 필로멜리움에 이르렀으며, 루가오니아를 가로질러 이고니온에 이르고, 여기서 아래로 내려가 라란다와 길리기아문(門)을 거쳐 다소에 이른 뒤, 시리아 안디옥에 이르거나 이곳을 가로질러 유프라테스강 가에 있는 제우그마에 이르렀다.[51] 여기서 이 지명을 역순으로 따라가면 사실상 바울계 그룹들이 안디옥에서 에게해에 이르기까지 뻗어 나간 경로가 된다. 저 멀리 서쪽으로 가면 로마와 로마 제국 동부의 주요 교통이 에그나티아 가도(街道)를 통해 이루어졌다. 이 길은 그리스의 아드리아 해안 지대에서 두 갈래로 뻗어 나갔는데, 하나는 디라키움(오늘날 알바니아의 두러스)에서 시작되었고 다른 하나는 남쪽으로 80킬로미터쯤 떨어진 아폴로니아(오늘날 알바니아의 포얀)에서 시작되었으며, 이 두 길은 클로디아나에서 만났다. 그런 다음 게누소스 계곡을 넘고 강을 가로질러 칸다비아에 이른 뒤, 뤼크니티스호(湖) 북변을 지나 뤼크니도스에 이르렀다. 여기서 다시 산맥을 가로질러 헤라클레아와 에데사에 이른 뒤, 아래로 내려가 루디아스 계곡에 이르고, 악시우스를 가로질러 데살로니가에 이른 다음 빌립보까지 나아갔다. 빌립보에 이른 사

---

50 도로 체계와 여행 수단을 개관한 글을 보려면 Casson 1974; Charlesworth 1926; Chevallier 1972; Friedländer 1901, 268-322; Herzig 1974 (이탈리아만 다룬다); McCasland 1962; Radke 1973, col. 1666-1667; Ramsay 1904을 보라. 또한 Rostovtzeff 1957, 2:609-610, n. 24가 증보하여 제시한 참고 문헌을 보라.

51 Charlesworth 1926, 82-83; Magie 1950, 1:40.

람은 뭍길을 통해 비잔티움까지 계속 가거나, 배를 타고 드로아를 가로질러 빌립보의 항구인 네압볼리로 갈 수 있었다.[52] 바울계 그룹들이 머물렀던 가장 중요한 두 곳인 데살로니가와 빌립보는 에그나티아 가도에서 대단히 중요한 곳이었다. "실제로 로마 시대 빌립보의 모든 역사는 이 도시가 에그나티아 가도에 자리하고 있었다는 점과 직결된다고 말해도 과언이 아니다."[53]

활발한 해상 교역도 초기 그리스도인들이 자유롭게 이동하는 데 적잖이 이바지했다. 11월 중순부터 이듬해 3월 초에 열리는 이시스의 배 축제 전까지 이어지는 위험한 겨울철을 제외하면,[54] 바닷길 여행이 뭍길로 여행하는 것보다 빠르고 저렴했다. 찰스워스(Charlesworth)는 고대의 배가 하루에 160킬로미터를 항해할 수 있었다고 추산한다.[55] 뭍에는 아우구스투스가 페르시아를 모델로 삼아 사람들이 하루에 40-48킬로미터를 이동할 것을 예상하여 역참(驛站)을 세웠으며, 여기에는 새로운 말로 갈아탈 수 있는 환승마소(mutationes)도 있었다.[56] 일반 여행자들은 나귀나 말 또는 마차를 빌리는 삯을 놓고 흥정을 벌여야 했기 때문에 여행하는 데 훨씬 더 시간이 걸렸다.[57] 바울과 동역자들을 포함하여 대다수 여행자는 걸어서 여행했을 것이며 그 이동 속도는 훨씬 느려서, 기껏해야 하루에 24-32킬로미터쯤 이동했을 것이다.[58]

제국의 군사 활동과 행정 활동을 제외하면 이런 길을 통한 여행은 개인

---

52 Charlesworth 1926, 115-116.
53 Collart 1937, 522; ch. 5 전체를 보라.
54 Friedländer 1901, 282.
55 Charlesworth 1926, 258. 하지만 속도는 여행 방향과 계절과 배 유형에 따라 큰 차이가 있었다. Casson 1974, 152, 158를 보라.
56 Casson 1974, 182-188.
57 Friedländer 1901, 279-280.
58 Casson 1974, 189; Chevallier 1972, 191-195는 여행 계획 사례를 훌륭하게 모아 제시하는데, 대부분은 리비우스의 글에서 가져온 것이다.

의 상거래나 더 나은 직업 활동을 목적으로 할 때가 많았다. 당연하게 상거래가 활성화되면 곧바로 외래 종교가 활성화되었고 기독교가 이런 기존 패턴을 그대로 되풀이한 것도 그리 놀랍지 않다. 바울계 회중은 소아시아를 관통하는 남방 길을 따라 생겨났는데, 이 길은 "교역 기회가 풍성했던 지역을 관통하여 지나갔다."[59]

장인과 상인의 이동이 종교 제의의 이동을 촉진하는 방식은 다양했다. 헬레니즘 세계에서 가장 흔히 볼 수 있는 이동 경로는 이미 언급했다. 즉 어떤 도시에 정착한 외인들은 같은 나라에서 온 이웃을 발견하면 그들이 본디 섬기던 신들을 섬길 신당(神堂)을 세웠다. 이 외인들의 숫자와 결집이 도시 차원의 인정을 요구할 수 있는 수준에 이르면, 이제까지는 보통 적절한 그리스 신전에만 제한되고 그들이 사는 그리스 도시 환경에 다른 여러 방식으로도 동화된 그들의 제의가 그 지방의 공식 종교 체제의 일부가 되었다. 킨토스산의 하부 비탈에서 신성한 섬 델로스의 극장과 항구를 내려다보는 시리아와 이집트 신들을 위한 장엄한 신전들은―이 신전들처럼 로마 식민지 빌립보의 포룸 위에 자리하고 있지만 이보다 덜 웅장한 신전들과 마찬가지로―이런 과정을 잘 보여 준다.[60] 겐그레아의 이시스 신전―신전 발굴자들이 확인해 준 내용이 옳다면 아풀레이우스의 글에 나오는 주인공 루키우스가 이시스를 섬기는 종교에 입교한 바로 그곳―이 남쪽 부두의 상점과 창고 가운데 자리를 잡은 것은 중요한 상징적 의미가 있다.[61]

---

59 Charlesworth 1926, 82-83.
60 이러한 외래 종교의 도입 과정에 관한 고전적 묘사는 Nock 1933a, 48-65에서 볼 수 있지만, 이제는 중요한 부분을 수정한 자료를 보려면 MacMullen 1981을 보라. 또한 J. Z. Smith 1971의 언급들도 보라. Nock은 50-55에서 델로스섬의 세라피스 숭배 신앙을 논한다. Bruneau 1970; Fraser 1960이 고고학적 증거를 충실히 논한 내용도 보라. 빌립보에 관해서는 Collart 1937, 389-486를 보라.
61 Scranton-Shaw-Ibrahim 1978, 53-90; Ibrahim-Scranton-Brill 1976. 4세기에 지진으로 신당이 부서진 후, 그리스도인들은 그 신당을 넘겨 받아 장엄한 바실리카를 세웠다. 그러나 그때까지 그곳은 용도상 성스러운 장소였으며, 그 장소는 그리스도인이 그 전에 가졌던 지위에 관해서는 아무것도 일

새로운 종교는 좀더 조용하고 눈에 띄지 않는 방식으로, 도시로 이주해 오는 사람들과 함께 유입되었다. 이런 종교는 그들이 취급하던 상품과 함께 소개되거나 그들이 일하는 공방에서 떠들어 대던 잡담의 소재가 되었다. 가장 유명한 사례는 바로 로마 황제 클라우디우스 시대에 메소포타미아 지역의 작은 왕국 아디아베네를 다스리던 왕가의 개종에 관한 요세푸스의 기록이다. 왕세자였던 이자테스는 자신을 보호할 목적으로 유폐 생활을 했다. 그렇게 유폐 생활을 할 때 "아나니아라는 한 유대인 상인이 왕[이자테스]의 아내들을 찾아와 그들에게 유대 전통의 방법을 따라 하나님께 예배하기를 가르쳤다. 이 상인은 이 아내들의 주선으로 이자테스를 알현하게 되었고, 역시 아내들의 도움을 받아 이자테스를 설득하는 데 성공했다."[62] 이자테스는 아디아베네로 다시 부름을 받아 왕위에 올랐는데, 이때 아나니아를 함께 데려와 자신의 교사(*didaskalos*, §46)로 삼았다. 그때 이자테스는 어머니 헬레나도 "마찬가지로 다른 유대인에게 가르침을 받아 그들의 율법에 설득당했음"을 알았다(§35). 또 다른 유대인, 곧 갈릴리의 엘르아살이 이자테스에게 와서 훨씬 더 엄격한 토라 해석을 가르치고 할례를 받으라고 설득하면서 이자테스는 완전히 개종했다(§§43-47). 요세푸스는 엘르아살 그리고 헬레나의 익명의 스승도 상인이었는지 언급하지 않지만, 이들이 전문 선교사였음을 일러 주는 단서는 없다. 이들은 자신들의 상거래와, 도시로 이주한 철학자 및 소피스트들이 오래전부터 사용해 온 방법을 결합하여 부유한 집안의 선생이 되었다.[63] 이 경우에 그들의 가르침은 '톤 테온 세베인, 호스 이우

러 주지 않는다.
62 *Ant*. 20.34. 롭(Loeb) 총서 번역본은 Louis Feldman이 번역했는데, 그는 §17부터 §53까지 이어지는 기사 전체에 아주 유익한 주를 달았다. 또한 Neusner 1964를 보라.
63 Hock 1980, 50-59는 교사의 이런 후원 요구와 다른 생계 유지 수단—수업료 부과, 구걸, 노동—을 예리하게 구분한다. 그는 Judge의 견해를 반박하면서 바울이 자신은 자기 손으로 직접 일한다는 점을 강조함으로써 후원을 거부했다고 주장한다(65). 그 상황은 십중팔구 좀더 복잡했을 것이다. 아나니아는 상인(ἔμπορος)에서 왕의 집안에 교사(διδάσκαλος)로 올라갈 기회를 활용했다. 바울도 그들

다이오이스 파트리온 엔'(*ton theon sebein, hōs Ioudaiois Patrion ēn*) 즉 "유대 전통을 따라 하나님께 예배하는 것"이었다.

개인의 여행을 통해 종교를 퍼뜨린 또 다른 사례는 중개 과정을 암시한다. 1세기에 오푸스의 크세나이네토스는 어느 날 (사사로운 일 때문이 아니라) 그가 사는 도시에서 그에게 맡긴 임무(*presbeia*)를 수행하러 데살로니가를 방문했다. 세라피스신이 꿈에서 그에게 나타났는데, 이는 분명 그가 던진 질문에 대한 응답이었다(질문의 내용은 이 일을 기록해 놓은 명문의 서두 부분이 깨져 사라져 버렸다). 세라피스는 크세나이네토스에서 자신과 누이 이시스를 오푸스로 데리고 올 것과 크세나이네토스의 정적인 에우리노모스에게 (크세나이네토스가 그의 베개 밑에서 발견할) 서신을 전해 줄 것을 명령했다. 이 사절은 "놀라고 황망해하며" 잠에서 깨어났다. 그는 다시 잠이 들었지만 똑같은 꿈을 꾸었다. 그는 이번에는 잠에서 깨어나 베개 밑에서 신이 약속한 서신을 발견했다. 그는 신의 명령에 순종했다. 에우리노모스는 이전에 정적이었던 이가 들려주는 이 기적 같은 이야기를 증명할 서신을 보고 오푸스에 이시스와 세라피스를 숭배할 종교를 세우는 데 동의했다.[64]

로마 제국의 사회적 이동성을 이야기하는 데는 더 많은 문제가 있으며, 이런 이동성이 종교의 변화에서 차지하는 중요성을 평가하는 일에도 더 많은 어려움이 있다. 고대사를 연구하는 역사가들이 제국의 경제와 사회 변화 과정을 (제국의 위대한 정치인과 문인들의 이력보다) 제국 속주의 도시에 사는 일반인들과 관련지어 진지하게 서술하기 시작한 지는 불과 몇 년 되지 않았다. 이 사회사가들은 하나같이 우리가 그런 변화와 관련하여 현대 산업 사

이 그의 자급자족(αὐτάρκεια)을 받아들이지 않을 때는 몇몇 형태의 생계 지원을 받았다. Hock은 견유학파 시몬이 운영하던 유명한 신발 수선 가게를 모델로 삼아 바울의 천막 가게도 그 자체로 그의 전도와 교리 교육 활동의 중심지였을 수 있다는 흥미로운 제안을 한다(37-42).
[64] *IG* 10.2.1, No. 255 (plate 10); Merkelbach 1973, 49-54가 논하는 내용.

회에서 당연하게 받아들이는 인식과 태도가 그리스-로마 사회의 조건에 대부분 들어맞지 않는다고 경고하는데, 이러한 경고는 더욱더 설득력을 얻고 있다. 고대 지중해 세계에는 산업 민주주의 사회에서 개인이 발전을 이룩하려면 따라야 할 교훈과 관행의 전제가 되는 극도의 개인주의에 상응하는 요소도 없고 전통적 마르크스주의가 내거는 분석에 필수불가결한 계급 구조에 상응하는 요소도 없다.[65] 우리가 그리스-로마 사회에서 그 수가 지극히 적은 엘리트 계층 너머를 바라보면 어떤 움직임도 보이지 않으며 (어쩌면 더 중요하게는) 그런 움직임을 기대하기도 어렵다. 케임브리지 대학의 사회사학과장이었던 고(故) 아놀드 존스(Arnold H. M. Jones)는 그 상황을 이렇게 적절하게 요약했다.

내가 살펴본 로마 원수정 사회는 여러 계층으로 나뉘어 있었고 안정적이었다. 물론 한 계급에서 다른 계급으로 옮겨 가는 일도 있었다. 극소수이긴 했지만 십부장이 기사 계급과 원로원 의원 반열로 옮겨 가는 일도 꾸준히 벌어졌다. 그러나 그런 일은 분명 가뭄에 콩 나듯 일어났을 것이다. 세베루스 시대에도 원로원 의원은 겨우 600명이었으며, 기사 지위에 있는 군인은 통틀어도 여전히 200명이 채 되지 않았음을 유념해야 한다. 성공하고 출세한 수많은 평민은 십부장 반열로 올라갔다. 군인이 기사 계급이나 심지어 원로원 의원 반열로 올라갈 수도 있었다. 그러나 대체로 계급은 대를 이어 물려받았다. 부유한 지주 집안은 대대로 시 의회에서 봉사했다. 군인 집안 자손은 아버지의 대를 이어 로마군 군단과 보조 부대(*auxilia*)에서 근무했다. 농지를 소유한 농부는 조

---

65 Finley 1973은 이 두 가지 점을 탁월하게 강조한다. 그는 개인주의를 배척하는 위계 구조 사회를 다루면서 Dumont의 인도 연구와 비교한다(43-44). 아울러 그는 계급 개념을 적용할 수 없음을 언급하면서 Georg Lukács를 인용한다(50).

상이 물려준 재산을 경작했고, 임차농 역시 조상의 뒤를 따랐다.⁶⁶

이렇게 비(非)엘리트 계층의 이동이 일어나고 그 자취를 고대 도시의 돌과 기록에 남긴 곳에서는, 우리가 보기에는 이상한 방식으로 그리고 우리가 보통 생각하는 계급 및 지위 범주와 맞지 않는 방식으로 이러한 이동이 이루어졌다. 그뿐만 아니라 이러한 비엘리트 계층의 이동은 고대의 몇몇 범주를 뒤죽박죽으로 만들어 결국에는 불확실성과 긴장을 만들어 냈다.

군대가 신분 상승의 수단이었음은 이미 언급했다. 특히 동부에 위치한 새 로마 식민지에 정착한 일부 퇴역 군인에겐 더더욱 그랬다. 하지만 우리가 가진 자료만을 토대로 판단한다면 이런 종류의 경력은 첫 세대 그리스도인들과는 거의 또는 아예 상관이 없었다. 물론 나중에는 군대에 속한 그리스도인들이 제국과 교회 지도자들에게 문제가 되기도 했다. 다음 장에서 살펴보겠지만 초기 그리스도인들과 더 밀접하게 연관된 문제는 장인과 상인, 노예와 자유인, 여성의 지위 및 그들에게 주어진 기회에 관한 것이었다.

낮은 계급에 속한 사람에게 가장 큰 신분 변화는 노예 신분에서 자유의 몸이 되는 것—혹은 그 정반대—이었다. 그렇다고 모든 자유인의 처지가 노예보다 나았다는 말은 아니다. 결코 그렇지 않았다. 노예를 소유한 노예도 있었고, 합법적이진 않지만 사실상 자기 소유의 사업을 하면서 엄청난 돈을 주무른 노예도 있었고, 숙련된 기술이 필요한 직업을 가진 노예도 있었다. 그런가 하면 굶어 죽는 자유인 노동자도 있었다. 그럼에도 노예는 자유인이 되고자 고되게 일했으며, 종종 자유를 얻기도 했다.⁶⁷ 말린 플로리

---

66 Jones 1970, 89; 참고. MacMullen 1974, 97-120; Finley 1973, 35-61.
67 고대 노예제를 다룬 문헌은 방대하다. 다른 문헌보다 중요한 개론서 가운데 몇 가지를 꼽자면 Barrow 1928; Buckland 1908; Westermann 1955; Bömer 1957-1963; Vogt 1971이 제시하는 참고 문헌이 있다.

(Marleen B. Flory)가 로마의 큰 집안(*familiae*: *familia*는 피붙이뿐 아니라 노예까지 아우르는 운명 공동체를 말한다―역주) 세 곳이 남긴 수많은 비문(碑文)을 조사한 결과를 보면, 이런 사람들의 비문에는 이러한 법적 신분의 변화는 물론 이러한 신분 변화를 위해 사용한 수단의 중요성이 잘 나타나 있다.[68] 이를테면 어떤 외과의사는 "그가 자유를 얻고자 5만 세스테르티우스를 지불했다"고 떠벌린다.[69] 노예와 자유인(혹은 자유인이 된 사람) 간의 신분 차이는 가령 성별에 따른 위계 구조 같은 것을 무시할 수 있었다. 따라서 플로리는 여성의 이름이 남편 이름 앞에 등장하는 경우 대체로 그 여성은 이미 자유를 얻었지만 남편은 아직 노예였음을 발견했다. 마찬가지로 자유인으로 태어난 아들의 이름이 아버지(노예)와 어머니(노예였다가 자유인이 된 사람)의 이름보다 앞에 올 수도 있었다.[70] 이 노예들과 예전에 노예였던 이들은 분명 그들 사이에 지위의 차이가 있음을 깊이 인식했으며, 이러한 지위의 차이는 로마 사회의 더 높은 계급에도 존재했던 특징이다.[71] 이들은 자신의 노예들(*conservi*)―주인 침실에서 시중 드는 노예(*cubicularius*), 주인의 자녀를 가르치는 노예(*paedagogus*), 간호 노예(*nutrix*) 같은 이들―대다수보다 자신이 위에 있음을 시사하는 직업 칭호를 자신들의 비문에 포함시켜 이러한 신분의 차이를 드러냈다.[72] 물론 플로리의 표본이 제시하는 지위 인식의 정도는 예외적일 수도 있다. 왜냐하면 이런 가문은 아주 예외적인 집안이었기 때문이다. 이 세 가문 가운데 하나는 황후 리비아의 집안이었다. 게다가 그리스어를 사용한 제국 동부 지역을 연구한 자료에는 이와 비교할 만한 자료가 없다. 그렇지만 다음의 두 가지 내용은 일반화해도 무리가 없을

---

[68] Flory 1975.
[69] Ibid., 112. *CIL* 11, 5400를 언급한다.
[70] Ibid., 8-9, 59-79.
[71] 이런 "세세한 지위 구분"을 잘 설명한 내용을 보려면 MacMullen 1974, 특히 88-120를 보라.
[72] Flory 1975, 93-130.

것 같다. 하나는 집안의 규모를 불문하고 모든 집안에는 각 집안이 진지하게 여기는 비공식 서열이 있었다는 것, 다른 하나는 노예와 자유인을 가르는 기준이 사회에서 한 사람의 위치를 인식하는 데 늘 중요한 근간이 되었다는 것이다.

노예 출신 자유인은 사회에서 독특한 자리, 곧 노예와 자유인 사이에 존재하는 과도적 범주를 차지했다. 노예 출신 자유인 남자(*libertus*)나 노예 출신 자유인 여자(*liberta*)는 분명 노예보다 지위가 높았지만, 법적 차원과 비공식적 차원에서 여러 방식으로 (이제는 후견인이 된) 이전 소유주에게 여전히 매여 있었으며, 본디 노예 출신이라는 더 널리 알려진 낙인을 무덤까지 가지고 갔다. 그러나 노예 출신 자유인에게도 특별한 기회가 주어졌다. 노예들은 나중에 해방되면 스스로 사업이나 직업을 영위할 수 있게 해 줄 특별한 기술을 배우곤 했다. 당연히 많은 수는 아니었지만, 스토아철학자인 에픽테토스처럼 유명한 이도 있었다. 아울러 부유한 집안의 주인이 노예와 자유인을 대리인으로 사용하여 온갖 거래를 하는 일도 흔했으며, 특히 지체 높은 이가 직접 관여하는 것이 부적절한 일에서는 그런 경우가 더 잦았다. 그 결과, 노예 출신 자유인도 상당한 재산과 기술을 축적하여 이를 더 많은 돈을 버는 데 활용할 수도 있었다. 따라서 맥멀런이 제조 활동이나 상업 활동을 통해 상당한 부를 얻은 극소수 사람 가운데 "노예 출신 자유인이 두드러졌음"을 발견한 것도 이상한 일은 아니다.[73] 더군다나 노예 출신 자유인이 해방된 뒤에 아들이 태어났다면 그 아들은 태생적 자유인(*ingenui*)이므로 아버지에게 일시적으로 주어졌던 노예 낙인을 피할 수 있었으며, 그 아버지가 소유한 부에 사회가 인정하는 영예까지 추가할 수 있었다.[74]

---

73 MacMullen 1974, 100. 노예 출신 자유인들이 증가함에 따라 (풍자 작가들이 우리의 생각을 유도했듯이 비단 유산만이 아니라) 상거래의 중요성이 높아진 것에 관해서는 Mrozek 1975을 보라.
74 Gordon 1931은 이탈리아 고을의 더 낮은 귀족을 다룬 명문 천여 개를 상세히 살핀 연구를 통해 지

내가 간략하나마 이렇게 노예 출신 자유인에 초점을 맞춘 것은 우리가 바울계 그리스도인 가운데 그런 범주에 속하는 특별한 사람들을 알고 있기 때문이 아니라(하지만 몇몇 사람은 십중팔구 그런 범주에 속했으리라는 점을 뒤에 가서 살펴보겠다), 이들이 사회 안에서 일어나는 신분 변동과 이 때문에 나타나는 사회적 지위 표지의 부조화를 생생하게 보여 주는 사례이기 때문이다. 이후에 이어질 장들은 이런 사회적 지위 변동과 부조화가 바울계 기독교가 그 구성원을 얻게 되는 집단에서 중요했을 수 있음을 보여 주는 증거를 제시할 것이다. 하지만 로마 사회 안에서 식별 가능한 가장 변동이 심한 범주인 노예 및 노예 출신 자유인으로 구성된 특별한 그룹이 있다. 그리고 그중에는 우리가 아는 대로 바울계 집단에 속하는 그리스도인들도 있었다. 이들은 "카이사르 집안"(*familia caesaris*)에 속한 사람들이었다.[75] 평범한 부자들도 사업에 따르는 많은 책임을 자신들이 부리는 노예와 노예 출신 자유인에게 넘겼는데, 아우구스투스와 그의 후계자들도 제국의 사업을 경영할 때 그들의 집안을 활용했다.[76] 클라우디우스는 이런 관습을 더욱 크게 확장시켰다. 그 뒤로 도미티아누스와 트라야누스와 하드리아누스가 노예 출신 자유인의 힘을 감소시키려는 조치를 취할 때까지 거의 한 세기 동안 카이사르 집안이 로마 못지않게 속주에서도 사실상 제국의 공무를 담당했다.[77] 그 결과, 황제에게 속한 노예 출신 자유인 몇 명이 엄청난 권력을 쥐게

체 높은 자 가운데 노예 출신 자유인의 자손이 많다는 타키투스의 주장(*Ann* 13.27)이 사실임을 확인했다. Gordon은 오스티아, 보디올, 카푸아 같은 큰 상업 중심지의 관리 가운데 3의 1정도가 노예 출신 자유인의 자손이라는 표지를 보여 주었음을 발견했으며, 이탈리아 전체 귀족 가운데 5분의 1이 노예 출신 자유인의 자손이었을 것으로 추산했다. 또한 Finley 1973, 77가 논한 내용을 보라. 그는 Gordon이 제시한 수치가 실제보다 두 배 높다 하더라도 Gordon이 제시한 결론은 여전히 유효하리라고 말한다.

75 빌 4:22, 그리고 이 책 2장의 '간접 증거'를 보라.
76 이러한 비교는 Friedländer 1901, 33의 것이다. 또한 Westermann 1955, 109-113를 보라.
77 참고. Magie 1950, 1:540-541.

되었고, 카이사르 집안의 많은 구성원이 기사가 거치는 공식 '쿠르수스 호노룸'(*cursus honorum*: 영예로운 승진 과정 – 역주)과 비슷하게 한 분야에서 경력을 쌓으면서 점차 높은 단계로 올라갈 호기를 잡게 되었다. 근래에 명문으로 남아 있는 증거를 깊이 다룬 몇몇 연구서는 (카이사르 집안에 속한) 황제의 노예들이 쉴 새 없이 상위 신분으로 올라갔음을 보여 주는 증거를 제시했다.[78] 노예들이 사회에서 행사하는 힘이 커졌음을 가장 또렷하게 보여 주는 예는 집안 가솔 가운데 노예로 태어난 이들이 자유인으로 태어난 아내와 혼인하는 것이었다. 이는 사회의 다른 곳에서는 보기 드문 유형의 혼인이었다. 폴 위버(Paul R. C. Weaver)는 노예와 노예 출신 자유인을 합산하여 카이사르 집안의 남자 구성원 중 거의 3분의 2가 자유인으로 태어난 아내와 혼인한 것으로 집계했다. 한편 이와는 달리 위버는 카이사르 집안과 무관한 약 700개 명문으로 구성된 대조군에서 고작해야 평범한 노예의 아내 중 10퍼센트 정도가, 그리고 평범한 노예 출신 자유인의 아내의 15퍼센트 정도가 태생적 자유인인 것으로 추산한다.[79]

노예 출신 자유인의 득세는 자신이 이들보다 낫다고 생각하던 많은 사람에게 깊은 분노를 불러일으켰다. 소(小)플리니우스는 노예 출신 자유인이자 클라우디우스 황제의 재정 비서였던 팔라스가 죽은 뒤 반세기가 지난 뒤에 팔라스 상(像)을 보기만 했는데도 그 안에서 독한 분노가 일어날 정도였다. 플리니우스는 원로원이 팔라스에게 수여하기로 한 영예에 격분하여 친구 몬타누스에게 한 통도 아니고 두 통이나 서신을 보내 다음과 같이 울분을 터트렸다. "팔라스가 경멸하지 않은 영예라면 틀림없이 아주 싸구려 영예일 걸세. 그런데도, 훌륭한 집안 사람이 노예 출신 자유인에게 수여되고

---

[78] Boulvert 1970, 1974; Chantraine 1967. 가장 명쾌하면서도 시사하는 바가 많은 연구서는 Weaver 1972다. 또한 그의 간결한 요약서 1967도 보라.
[79] Weaver 1972, 112-161, 179-195.

노예에게 약속된 특별함을 보고 자신도 그것을 얻고 싶다는 야심에 불타는 모습을 볼 수 있었네."[80] 이 시기까지 그들의 신분보다 위로 올라간 노예 출신 자유인의 힘이, 특히 그들이 황실의 지배층 안에서 발휘하는 힘이 급격히 줄어들었다. 그러나 이런 불만은 그 이전에도 널리 퍼져 있었다. 이를테면 필론은 헬리콘을 가리켜 "역겹고 지긋지긋한 노예요, 이치에 맞지 않게 황제 집안에 슬그머니 자리 잡은 자"라고 묘사하면서 칼리굴라가 유대인을 적대시한 것이 바로 헬리콘 때문이라고 비난했다.[81] 네로가 다스리던 시기에는 페트로니우스가 노예 출신 자유인 트리말키오의 만찬을 신랄하게 풍자하는 작품을 쓰기도 했다. 비판자들이 벼락출세한 이들에게 격분했던 이유는 그들이 사회적 경계를 넘었기 때문이었다. 이런 이들은 그들의 교육, 지성, 숙련된 기술, 힘, 부에 상응하는 지위를 가져야 한다고 감히 주장했지만, 그들의 태생, 출신, 법적 지위에 따르면 그런 지위는 그들에겐 금지된 것이었다. 당연한 일이겠지만 이런 상황에 가장 격렬하게 불만을 토로한 이들은 지위의 불일치 때문에 고통과 경멸을 겪은 이들이었다.[82]

우리는 카이사르 집안이라는 특별한 사례로부터 지위의 불일치에 대한 좀더 일반적인 현상으로 다시 옮겨 가고자 한다. 어느 사회에서든 개인이나 가족 혹은 다른 그룹의 지위는 지위를 나타내는 서로 다른 많은 단서들의 복합물로 결정된다. 예를 들면 토니 레이크만스(Tony Reekmans)는 유베

---

[80] *Ep.* 8.6, trans. Radice 1969; 참고. 7.29와 Sherwin-White 1967, 84의 논의.
[81] *Leg.* 166-173 (인용문은 166에서 발췌), trans. F. H. Colson in the Loeb ed.
[82] Sherwin-White 1967은 이 속주 출신인 플리니우스와 타키투스가 모두 "클라우디우스 시대 원로원 의원들이 새 이주자이자 외인이라고 싫어했던 계급 사람"이었다고 지적한다(85). "플리니우스 같은 이들은 그들 자신이 고귀한 혈통이 아님을 알았기 때문에 그 사회에서 낮은 계급에 있다가 더 높은 계급으로 올라간 이에게 훨씬 더 적대감을 드러냈다"(86). 이보다 훨씬 생생한 사례는, 부유하고 예리했으며 아주 훌륭한 교육을 받았고 자신이 속한 공동체의 지도자였지만 여전히 유대인이었던 필론이다. 그가 *Legatio ad Gaium*을 썼을 때 칼리굴라가 몰고 온 위기는 이미 과거사가 되었지만, 클라우디우스는 유대인을 완전한 알렉산드리아 시민으로 만들어 달라는 유대인의 끊임없는 요청을 단호하게 거부했다.

날리스의 풍자 작품에서 그 사회에 존재했던 일곱 가지 범주를 추출했는데, 각 범주에는 예로부터 전통으로 내려온 위계 구조가 있다. 그 일곱 가지 범주는 언어와 출생지, 공식 서열(ordo), 개인의 자유 혹은 예속, 부, 직업, 연령, 성별이다.[83] 물론 이 범주는 로마에만 직접 적용되지만, 제국의 속주에서도 이와 비슷한 요인들이 중요한 의미를 지녔다. 로마의 상류층 사람들이 유베날리스의 풍자 작품을 읽고 즐거워한 이유는 바로 (모제스 핀리가 딱 맞게 쓴 표현처럼) "범주들의 십자 교배" 때문이다. 사회학자들은 그것을 지위의 불일치 혹은 지위의 부조화라고 부른다.[84] 이런 십자 교배는, 상충하는 범주의 숫자, 사람들이 널리 취하는 태도에서 이런 범주들이 지닌 상대적 비중, 각 범주에서 한 단계와 다음 단계 사이의 거리 등에 따라 신분이 변동된 사람이나 그룹 안에서 그리고 다른 이들—특히 그렇게 변동된 사람과 실제적 또는 잠재적 경쟁자인 사람들—안에서 다양한 강도의 감정과 반응을 만들어 낸다. 이런 감정이 종종 종교적 표현이라는 형태로 나타난다고 혹은 (그 반대로) 모종의 종교적 상징, 신념, 사고방식이 (다른 요인들과는 다른 방식으로) 사회 계급 사이의 이동성을 촉진하거나 억제하거나 그 이동 통로를 만들어 주었으리라고 추정할 수 있다.

그리스-로마 도시의 여성

심지어 이웃들이 뒤에서 뱉어 내는 악평을 감내하고라도, 그리고 어쩌면 가족 내부와 자기 내면에서 일어나는 상당한 갈등을 참아 내고라도 더 나은 삶을 살고자 계급을 갈라놓는 경계를 넘어 다른 범주로 건너간 사람 가운

---

83 Reekmans 1971. 특히 124에 있는 표를 보라.
84 지위 불일치의 문제는 다음 장에서 더 상세히 다룰 것이다.

데는 여자도 아주 많았다. 세라 포머로이(Sarah Pomeroy)는 여성의 관점에서 황제의 노예와 노예 출신 자유인이 상위 신분 사람과 혼인하는 현상을 관찰한다. 자유인으로 태어난 여자가 왜 황제의 노예나 노예 출신 자유인과 혼인했을까? 그 이유는 몇몇 사회 범주(자유, 가문의 혈통)에서는 여자가 위에 있었지만, 다른 범주(돈, 영향력, 어쩌면 교육 수준이나 직업)에서는 그 노예나 노예 출신 자유인이 위에 있었기 때문일지도 모른다.[85] 카이사르 집안을 벗어나면 노예로 태어난 여자가 자유인 남자와 혼인하는 경우가 그 반대의 경우보다 훨씬 흔했다. 위버는 무덤 명문 700개로 이루어진 대조군에서 노예 출신 자유인 여자가 노예 출신 자유인 남자보다 보통 이른 나이에 노예에서 해방되었으며, 이런 조기 해방은 혼인 때문일 때가 잦았음을 발견했다. 실제로 여자 노예 가운데 29퍼센트가 그들의 후견인과 혼인했다. 혼인은 여자 노예가 자유와 더 높은 지위를 얻으려고 가장 널리 사용한 방법 가운데 하나였다.[86]

상위 신분으로 이동한 여자들은 틀림없이 자신들이 사회 구성원 대다수가 신성하게 여기던 경계를 넘어갔음을 항상 되새겼을 것이다. 가족의 위계 구조를 보면 부모가 자녀보다, 주인이 노예보다 위에 있었던 것과 마찬가지로 남자가 늘 여자보다 위에 있었다. 이런 위계 구조가 법과 관습에 단단히 자리 잡고 있었으며, 수사에 능한 도덕주의자와 풍자 작가들은 이런 위계 구조가 침식당하는 것을 개탄했다.[87] 그래도 현실에서는 일부 여성들이 이런 구조를 부수고 앞으로 나아갈 기회를 더 많이 얻었다. 공화정 말기부터는 전통으로 내려오던 로마의 가부권(*patria potestas*, 家父權)의 절대성이 약

---

[85] Pomeroy 1975, 196.
[86] Weaver 1972, 193-194; 참고. Pomeroy 1975, 195-196.
[87] 이런 예는 아주 많다. 루터가 "가정 규범"(Haustafel)이라고 부른 초기 그리스도인의 권면 패턴을 연구한 이들은 우리 연구에 도움이 되는 방식으로 이것들을 정리하여 목록으로 만들었다. 특히 Balch 1981을 보라.

해졌다. 헬레니즘 시대에 동방과 이집트의 여왕들은 "남성 같은" 야망과 무자비함의 행동 방식을 보였으며, 율리우스-클라우디우스 집안 여자들도 이 방식을 금세 물려받았다. 심지어 여성을 남성과 동등하게 여기는 것을 정당화한 이론들도 있었다. 스토아주의자들은 안티스테네스가 말했다는 견유학파의 경구, 곧 "미덕은 남자에게나 여자에게나 똑같다"를 받아들였으며,[88] 클레안테스는 이 주제를 다룬 책을 썼다고 한다.[89] 그러나 후기 스토아주의자들은 말할 것도 없고 초기 스토아주의자들의 제자 가운데도 여성은 거의 없었다. 실제로 무소니우스 루푸스는 "여자도 철학을 공부해야 한다"고 독려하는 논문들을 썼으며, 직업 문제를 제외하고는 딸도 "아들과 같은 교육을 받아야" 한다고 썼지만, 그의 목표는 여성을 집안 살림을 더 훌륭히 관리할 사람으로 만드는 것, 즉 전통 대대로 내려온 여성의 역할을 더 잘하게 하는 것이었다.[90]

일부 여성에겐 이런 전통적 역할이 너무 한정적으로 여겨졌다. 당연한 일이겠지만 이런 경우의 대다수는 상류층에서 발견되는 사례이며, 상류층의 환경은 상류층 여성에게 더 큰 자유를 주었다. 심지어 여자는 영혼과 정신이 남자보다 뒤떨어진다고 굳건히 믿었던 필론조차도 무섭고 강력한 황후 리비아는 예외라고 인정했다. 리비아는 그가 받은 가르침(*paideia*) 덕분에 "그 논리 능력만큼은 남성이 될" 수 있었다.[91] 신분이 낮은 여성에게도 기회가 부족하지는 않았다. 명문은 여자들이 상업과 제조업에 종사했으며, 같은 직종에 종사하는 남자들처럼 자신이 번 돈을 그 도시에서 자신이 인정받게 해 줄 방식으로 사용했음을 보여 준다. 포머로이는 동방 속주 출신 자

---

88 Diogenes Laertius 6.12.
89 Ibid., 7.175.
90 Lutz 1947, 38-49에 있는 원문과 번역문을 보라.
91 ἀρρενωθεῖσα τὸν λογισμόν (*Leg.* 319-320). 필론이 줄곧 여성을 혐오했음은 Meeks 1974, 176-177와 거기에서 제시하는 참고 문헌을 보라.

유인 여자들이 종종 "자주색 염료와 향수" 같은 사치품 거래에 종사했다고 말한다.[92] 이는 사도행전에 등장하는 "자주색 물품 상인" 루디아를 상기시킨다.[93] 폼페이에서는 벽돌 제조와 관련된 일을 하여 돈을 번 에우마키아라는 여성이 큰 건물 한 채를 지을 만한 돈을 내고 이를 장인 협회에 기증했다. 에우마키아는 공중 사제(*sacerdos publica*)라는 칭호를 얻었다. 마미아라는 또 다른 여성은 아우구스투스의 수호신(Genius) 신전을 지었다.[94] 폼페이에는 토지를 소유하고 온갖 사업에 종사하는 여성들이 있었다는 증언이 있다. 더구나 맥멀런은 여성들이 소송 당사자로 등장하는 경우가 더더욱 잦아짐을 지적한다. 하지만 여성이 펼친 가장 위대한 활동은 우리가 주로 관심을 가지는 시기 직후에 시작되었다.[95] 맥멀런에 따르면, 이탈리아 전역과 그리스어를 사용하는 로마 제국의 여러 속주에서 그 도시의 후원자이자 관리로서 그 도시에서 수여한 영예를 받은 인물로 주화와 명문에서 언급된 여성이 적지만 유의미한 숫자에 이르렀다.[96]

그렇게 잦지는 않았지만 여성도 남성처럼 동호회에 참여했다. 이런 동호회는 보통 남성들의 동호회와 동일한 것이었다. 여성 사제들로 구성된 모임을 제외하면 오로지 여성만 참여하는 동호회가 존재했다는 증거는 사실상 없기 때문이다.[97] 로마 시대가 오기 오래전에 그리스에서 결성된 모임의 구성원 명단을 보면 여성이 남성과 나란히 등장하며, 대개 여성의 비율은 상

---

92 Pomeroy 1975, 200.
93 행 16:14. 사도행전 저자는 루디아가 노예 출신 자유인 여성이라고 말하지는 않지만, 본디 지명이었을 그의 이름은 아마도 노예 혈통이 남긴 흔적이 아닐까 싶다.
94 MacMullen 1980, 209, 214가 인용한 *CIL* 10,810, 811, 812, 813 (Eumachia), 816 (Mamia). 또한 에우마키아에 관해서는 Pomeroy 1975, 200를 참고하라.
95 MacMullen 1980, 210. 그는 *Cod. Just.*에 나오는 여자들의 상소에 대한 "수백" 개의 답변을 언급한다. "하드리아누스에서 시작하여 디오클레티아누스에 이르는 기간에 고유한 권리를 가진(*sui iuris*) 25세 이상 여성이 전체 칙령 수신자 가운데 5분의 1을 차지한다."
96 Ibid.
97 Poland 1909, 289-291.

당히 낮았다. 하지만 이런 모임의 구성원이 된다는 것이 사회에서 어떤 의미가 있었는지 밝혀내기는 쉽지 않다. 아티카에서는 남녀 혼성 그룹이 대부분 아르테미스나 그와 연관된 신과 관련되었지만, 아티카 밖에서는 대부분 가족 모임이었다.⁹⁸ 로마 제정 시대에 여자들이 남자들의 동호회를 설립하거나 후원하는 데 힘을 보태 달라는 요청을 받을 때가 자주 있었다는 점이 더 중요한 의미를 가질 수도 있다. 이런 후원에는 후원자의 집에서 또는 모임 목적으로 세우거나 얻은 특별한 건물에서 모임 장소를 제공하는 일이나 잔치 비용, 희생 제사 비용, 구성원의 장례 비용을 포함하여 그 모임에 필요한 다른 경비를 기부하는 일도 포함되었다. 맥멀런은 오직 이탈리아와 라틴어를 사용하던 속주에서 나온 증거만을 인용하여 "콜레기아'(*collegia*: 동업자들의 모임–역주)가 찾던 보호자와 기부자 가운데 10분의 1은 아마도 여성이었을" 것이라고 추정한다.⁹⁹ 포머로이는 맥멀런이 말하는 수치의 절반으로 생각한다.¹⁰⁰ 이런 여성들은 귀족 출신이 아니라 에우마키아처럼 장사를 하여 돈을 번 여성일 경우가 많았다.

여자는 종교 관련 일에서도, 다시 말해 오로지 혹은 주로 여성이 행하는 제식 행위는 물론이고 남성과 여성이 모두 관심을 가졌던 국가나 도시 및 사인(私人)의 제식 행위에도 적극 참여했다. 여러 명문은 고대에 있던 많은 종류의 제식 행위에 관여한 여성 사제들을 기린다.¹⁰¹ 헬레니즘 시대와 로

---

98 Ibid., 282-289 (구성원 숫자를 다룬다), 289-298 (이 쟁점을 논한다). 또한 그가 518에서 언급한 말을 보라.
99 MacMullen 1980, 211.
100 Pomeroy 1975, 200.
101 가령 Poland 1909, 290를 보라. 로마는 물론 그리스에서도 여성이 행하는 제식 행위와 남성이 행하는 제식 행위 사이에 존재했던 전통적 구분에 관해서는 Bömer 1957-1963, 4:217를 보라. Pomeroy 1975, 205-226는 로마시에 존재한 여러 종교에서 여성이 감당한 역할을 간략하게 개관한다. 심지어 미트라교 신자 가운데에도 여성이 종종 깜짝 등장하는 점을 보려면 MacMullen 1981, 101, 193-194, n. 31을 보라.

마 시대 여성들은 지중해 도시들을 통해 퍼져 나간 동방 종교와 이집트 종교가 만들어 낸 혼합 종교에 특히 매료되었던 것으로 보인다. 보수 성향의 역사가들과 풍자 작가들은 이런 혼합 종교가 인습에 매이지 않은 여자들의 미신과 무책임에 의지하여 무성히 성장한다고 비판하곤 했다. 유베날리스가 쓴 여섯 번째 풍자시가 그 극명한 예다. 플루타르코스는 남편이 이러한 속임수로부터 아내를 보호하려면 철학뿐 아니라[102] 완력도 사용해야 한다고 촉구했다. 그는 그 이유를 이렇게 설명했다. "아내라면 그 남편이 믿는 신들만을 알고 예배하며, 온갖 괴이한 제의와 요상한 미신은 아예 초장부터 봉쇄하는 것이 적절하다. 이는 여자가 숨어서 은밀히 행하는 제의는 어떤 신도 좋아하지 않기 때문이다."[103]

이런 불평 뒤에는 진실도 일부 존재할 것이다. 앞서 언급했듯이 아디아베네의 왕 이자테스의 아내들과 어머니는 이자테스가 유대교로 개종하는 데 상당한 역할을 했으며, 요세푸스는 유베날리스가 묘사한 내용과 비슷한 로마 여자들의 거짓 개종 이야기 둘을 들려준다. 하나는 이시스 숭배 종교로 거짓 개종한 이야기이고, 다른 하나는 유대교로 거짓 개종한 이야기다.[104] 이시스 숭배는 특히 여자들이 좋아했다. 한 신전(aretalogy, 神傳)은 이시스가 이렇게 말했다고 기록해 놓았다. "나는 여자들이 신이라고 부르는 자다."[105] 하지만 전통을 앞세우는 비판자들의 독설은 분명 여자들이 새 종교의 주된 열성 신자가 되는 정도를 과장했다.[106] 비문으로 남아 있는 증거는 여자들이 이런 종교 혁신을 이끌었다는 견해를 뒷받침하지 않는다.[107]

---

102 *Coniug. praec.* 145B-E.
103 Ibid., 140D, trans. F. C. Babbitt in the Loeb edition.
104 Josephus *Ant.* 18.65-84.
105 ἐγώ εἰμι ἡ παρὰ γυναιξὶ θεὸς καλουμένη; the "Memphite archetype"(Harder 1944), 10행(여기서부터는 M으로 인용-). Heyob 1975을 보라.
106 참고. Georgi 1976, 37, 그리고 특히 Becher 1970.
107 MacMullen 교수는 자신이 직접 증거를 검토한 결과를 내게 이렇게 알려 주었다.

또한 여자들이 새 종교에 참여하는 것이 여자가 사회에서 보통 맡던 역할에 의미심장한 변화가 있었음을 나타내는지 여부를 말하기 어렵다. 사실 사람들은 이시스가 "여자들이 펼친 운동의 후원자"였다는 요하네스 라이폴트(Johannes Leipoldt)의 주장을 널리 받아들여 왔다.[108] 옥시링쿠스 파피루스(POxy.) 1380, 214-216행에 나오는, 이시스에게 올리는 기도가 종종 인용되곤 한다. "당신은 여자의 힘을 남자의 힘과 같게 지으셨나이다." 그러나 이시스 숭배 종교도 이 여신을 배우자의 본보기이자 혼인의 보호자이며[109] 순결을 옹호하는 이로 강조했다.[110] 이 종교는 여성과 남성의 평등을 강조했지만, 그럼에도 남성 사제 숫자가 여성 사제 숫자보다 많았던 것 같고, 사제의 서열도 남성이 여성보다 위인 경우가 대부분이었던 것 같다.[111] 이런 몇몇 신흥 종교는 (특히 그 종교가 그 지역 제도권 종교의 일부로 자리 잡기 전에는) 여자에게 남자와 나란히 종교 내부 직무를 맡을 수 있는 자유를 (더 오래된 국가 종교들이 허용했던 것보다) 상당히 많이 허용했을 개연성이 높다. 이런 자유는 다시 반대자들의 독설을 더욱더 강렬하게 만들었다. 반대자들은 외래 미신이 집안의 올바른 규율에 은밀한 위협이 되며, 그에 따라 사회 전체 구조마저 위태롭게 한다고 묘사했다.[112] 물론 이런 종교도 그 존재가 더욱더 분명히 드러나고 더 든든히 자리 잡아 그 도시 고위층에서도 신자들을 끌어

---

108 Leipoldt 1954, 9. 이를 받아들인 이들 가운데는 Becher 1970, 85도 있다.
109 POxy. 1380. 145-148; M. 17, 18, 19행. 나는 이전에 내게 배운 Jouette Bassler 교수 덕에 이런 관찰 결과를 알게 되었다.
110 에베소의 크세노폰이 쓴 인기 소설(2세기 초 작품?)을 보면 과거에 에베소의 아르테미스를 섬겼던 안티아의 목숨과 순결을 가장 불가능할 법한 일련의 공격에 맞서 보호함으로써 마찬가지로 순결한 남편 하브로코메스와 안티아를 다시 결합시키려 하는 이가 바로 이시스다. 헌신자에게 요구되는 순결한 삶에 관해서는 Apuleius Met. 11.19를 보라. 여기에서는 입교하기 전에 필요한 잠시 동안의 금욕보다 더한 무언가를 언급하는 것 같다.
111 Pomeroy 1975, 223는 이탈리아에서 발굴한 명문에서 사제(sacerdos)라 부르는 직무자 26명 가운데 오직 6명의 여성만을 인용한다. Griffiths 1975, 181-182는 "아풀레이우스가 여사제를 단 한 사람도 언급하지 않는 것이 이상하다"고 여기면서 남자들이 "주된 사제 역할을 맡았다"고 말한다.
112 Balch 1981, 65-80는 이런 공격 사례를 모아 놓았다.

모으게 되자, 자신도 전통 가치에 동의한다는 점을 강조함으로써 자신을 향한 공격에 맞서야 할 압박을 느꼈을 것이다.[113] "여자들이 펼친 운동"이 무엇이었든 그런 운동은 얼마 지나지 않아 억압당했을 것이다.

관계

나는 이 장에서 알렉산드로스 대왕 이전에 시작된 도시화가 다양한 경로를 통해 지중해 연안 지역 전역에서 기독교를 급속히 확산시켰으며, 이런 확산은 헬레니즘 시대와 로마 제정 시대에 더 속도가 붙었다고 주장했다. 이제 우리는 그 연관성을 더 작은 규모로 좁혀서, 기독교가 어디서 어떻게 이 도시들로 유입되었는지 탐구해 보아야 한다. 이 문제를 가능한 한 간단하게 정리하여 이렇게 제시해 보자. "바울과 실라, 디모데, 디도, 그리고 다른 이들은 복음을 전하기 위해 한 도시에 도착하면 그 일을 어디서 어떻게 시작했는가? 그들은 자신들이 전하는 복음에 귀를 기울이려는 이들과 어떻게 관계를 맺었는가?"

사도행전은 내러티브이고 또 많은 연설의 배경을 제시하기 때문에 이런 질문에 대해 서신서보다 더 많은 답을 제공한다. 사도행전을 보면 바울계 선교사들은 거의 예외 없이 먼저 유대교 회당을 찾아가서 안식일 예배 때마다 복음을 전하고 토론할 기회를 찾는다.[114] 그들은 거기서 저항에 부딪힐 때면, 혹은 그렇지 않을 때라도(16:13-15, 18:2) 가끔 개인의 집에 거처를 잡았다. 빌립보의 루디아(16:15), 데살로니가의 야손(17:5-9), 고린도의 브리스

---

[113] Balch 1981, 63-116; Malherbe 1977a, 50-53.
[114] 살라미, 13:5; 비시디아 안디옥, 13:14-43; 이고니온, 14:1; 빌립보, 16:13[회당(συναγωγή)이라기보다 기도처(προσευχή); 주석가들은 이 둘이 실제로 차이가 있는지 논쟁 중이다. 그러나 Hengel 1971b를 보라]; 데살로니가, 17:1-4; 베뢰아, 17:10-12; 아테네, 17:17; 고린도, 18:4; 에베소, 18:19, 19:8.

길라와 아굴라(18:2-4), 고린도의 디도 유스도(18:7)의 집이 그런 경우였다. 사도행전이 알려 주는 한도 내에서 살펴보면 이런 모임은 우연히 이루어졌다. 유대인의 하나님을 섬기던 이방인 예배자이자[115] 빌립보에 와 있던 외인 상인인 루디아는 안식일에 "기도처"에 있었다. 바울은 밝혀지지 않은 어떤 장소에서 브리스길라와 아굴라를 우연히 "발견했다." 이들은 바울처럼 천막을 만드는 일을 했으며 그들의 작업장으로 바울을 데려왔다. 또 다른 이방인으로 하나님을 경외하는 자(*theosebomenos*)였던 디도 유스도는 회당 옆에 살았다. 우리가 야손에 관해 아는 것은 단지 "그가 그들을 영접했다"는 것과 값진 환대를 베풀었다는 것뿐이다. 아울러 사도행전은 바울과 그의 동역자들이 두 번에 걸쳐 집을 빌렸다고 이야기한다. 한번은 에베소에서 두란노 서원(*scholē*)을 열었을 때였는데, 이 서원을 연 곳은 동업자 조합이 사용하는 일종의 조합 회관이었던 것 같다(19:9-10).[116] 다른 한번은 로마에서 재판을 기다릴 때였는데, 이때는 바울이 사비로 머물 곳을 구했다(28:16, 30).[117] 선교사들은 이 밖에도 공공장소인 아테네의 아고라와 아레오바고(17:17, 19-34) 혹은 어딘지 확실치 않은 장소(루스드라, 14:8-18; 빌립보, 16:16-34; 에베소, 19:11-20)에서 무리에게 말을 한다. 때로는 관리가 선교사들에게 말할 기회를 만들어 주기도 했는데, 이는 어떤 경우에는 관리 자신의 호기심 때문이기도 했고, 또 어떤 경우에는 바울과 그의 동역자들이 체포당한 상태였기 때문이기도 했다(서기오 바울, 13:7-12; 빌립보의 간수, 16:25-34; 예루살렘 군영 입구에 있던 폭도, 21:37-22:24; 공회의 청문, 22:30-23:10; 가이사랴의 벨릭스, 24장; 베

---

[115] 이것이 사도행전에 나오는 "하나님을 예배하는 자"(σεβομένη τὸν θεόν)와 같은 말인 "하나님을 경외하는 자"(φοβούμενος τὸν θεόν)의 의미인 것 같다. 특히 17:4, 17을 보라. 그러나 몇 가지 문제가 있다. 주 175를 보라.

[116] 이 책 3장 주 44를 보라.

[117] Cadbury 1926, 321-322는 ἐν ἰδίῳ μισθώματι를 "자신이 번 수입으로"라고 번역하자고 제안하면서 바울이 심지어 가택 연금 상태에서도 자기 사역을 계속 이어 나갔다고 추측한다. Hock 1980, 77, n. 2도 이 의견에 동의하면서 더 많은 참고 문헌을 언급한다.

스도, 25:6-12; 아그립바와 버니게, 25:13-26:29).

불행하게도 우리는 사도행전이 묘사하는 선교 모습을 직접 목격한 사실로 인정할 수 없다. 바울과 동역자들은 늘 회당에서 선교를 시작하는데, 이는 바울 자신이 그의 선교가 주로 혹은 오로지 이방인을 대상으로 한다고 선포했던 것과 잘 들어맞지 않는다(갈 1:16; 2:7-9; 롬 1:5, 13-15; 11:13-14; 15:15-21). 확실히 이런 말을 절대적으로 받아들여서는 안 된다. 그가 "유대인을 얻고자 유대인에게 유대인처럼" 된 것(고전 9:20)은 단순히 수사가 아니다. 그가 회당과 단 한 번도 접촉한 일이 없었다면 "유대인의 손에 사십에서 하나를 뺀 매를 다섯 번이나 맞을"(고후 11:24) 일이 없었을 것이기 때문이다. 그러나 그의 선교 방침은 사도행전이 서술하는 것과 사뭇 달라 보인다. 아울러 사도행전에서 배경으로 많이 등장하는 공공장소는 사도행전 저자가 제시하는 미묘한 문학적 암시―소크라테스가 아테네의 아고라와 아레오바고에서 사람들을 만나는 장면에 대한 몇 개의 암시[118] 같은―를 제대로 반영하지 못하는 것은 아닌지, 아니면 바울 시대의 패턴이 아니라 그냥 저자가 살던 시대의 패턴을 반영하는 것인지[119] 물어보아야 한다.

바울 서신에는 그가 사람들에게 복음을 처음 전했던 방식을 상기시켜 주는 내용이 일부 들어 있다. 그가 사람들의 주목을 끌고 싶었던 측면은 대부분 우리 호기심을 채우는 데 도움이 될 만큼 세세한 일상적 내용은 아니다. 하지만 주목할 만한 힌트 몇 가지가 있다. 회당과 관련된 내용은 이미 언급한 매 맞은 이야기를 제외하면 일언반구도 나오지 않는다. 어떤 지역에서 얻은 "첫 열매"로 불리는 사람들―아마도 그 지역의 첫 회심자들일 것이다―은 그 이름을 하나씩 나열한다. 아시아의 에배네도(롬 16:5)와 아가

---

[118] Lake-Cadbury 1933, 4:212-213.
[119] 이 장 앞부분에서 사도행전을 자료로 사용함에 관하여 일반적으로 언급하고 넘어간 부분을 보라. 하지만 행 20:20은 바울이 "공중 앞에서 그리고 집집마다 다니며" 설교했다고 묘사한다는 점을 주목하라.

야에 살던 스데바나 집(고전 16:15)이 바로 그런 예다. 아울러 바울은 보호자와 자신을 맞아 준 집주인도 소개한다. 뵈뵈(롬 16:1-2), 브리스가와 아굴라(롬 16:3-5), 가이오(롬 16:23), 빌레몬(몬 22절)이 그런 예이며, 어쩌면 루포의 어머니(롬 16:13)도 이에 해당할 것이다. 바울은 사람들의 집에서 교회(*ekklēsiai*)에 말씀을 전한다(고전 16:19; 롬 16:5; 몬 2절; 골 4:15). 바울이 갈라디아 속주에 처음 들어갔을 때는 특별한 환대를 받기도 했다. "내가 처음에 복음을 너희에게 전함은 바로 육신의 병 때문이었다"(갈 4:13)는 그의 수수께끼 같은 회고가 의미하는 바가 무엇이든 그는 그렇게 형성된 갈라디아 그리스도인들과 자신의 단단한 친분을 증명하는 증거로 이 말을 사용한다.[120] 아울러 우리는 바울이 수공업자라는 자기 일을 생계를 꾸려 나갈 밑천이자 어떤 의미에서는 그의 전도 활동이 지닌 성격을 규정하는 요소로 여겼다는 점도 알게 된다. "형제들아, 너희는 우리의 수고와 일을 기억하라. 우리는 너희 누구에게도 짐이 되지 않으려고 밤낮으로 일하면서 너희에게 하나님의 복음을 선포했다"(살전 2:9).[121]

데살로니가전서에서 감사의 뜻을 표하는 대목에는 어떤 지역의 새 회심자들이 바울과 같이 역동적으로 선교 여행을 한 사람들을 (훗날 복음에 반대하는 이교도가 쓴 표현을 빌리자면) "감염"시켜 힘을 보태 준 사연을 어렴풋이나마 엿볼 수 있는 내용도 나온다. 바울은 데살로니가의 그리스도인들이 바울과 "주"를 "본받은" 것을 칭찬하는데, 이 본받음에는 그들이 "많은 환난 가운데서도 성령이 주시는 기쁨을 품고 말씀을 받아들임"으로써 그들이 "마케도니아와 아가야의 모든 신자에게 본보기[*typos*]"가 된 일도 들어 있다

---

[120] Betz 1979, 220-224를 보라. 나는 그의 번역을 인용했다. 환대가 초기 기독교 발전 과정에서 가지는 특별한 중요성을 알아보려면 Malherbe 1977*b*를 보라.
[121] 또한 고전 4:12; 9:3-18; 고후 11:27; 살후 3:7-9(바울이 데살로니가후서를 쓴 것이 맞다면)을 보라. 살전 2장의 맥락과 의미를 살펴보려면 Malherbe 1970을 보고, 바울의 일을 살펴보려면 Hock 1980을 보라.

(1:6-7). 이런 일이 어떻게 일어났을까? 데살로니가 사람들에게서 나온 "주의 말씀"은 "마케도니아와 아가야뿐 아니라 모든 곳에" "울려 퍼졌다"(8절a). 이는 얼핏 보면 데살로니가 그리스도인들이 이리저리 설교하고 다녔다는 말처럼 보이지만 사실은 그런 의미가 아니다. 오히려 사도 바울이 데살로니가에 도착한 일과 뒤이어 일어난 회심에 대한 이야기를 전한 이들은 다른 곳에 사는 사람들이었다(8b-10절). 고린도 사람들과 다른 지역 사람들에게 마케도니아 사람들에 대해 자랑한 사람은 바울이나 디모데나 실루아노가 아니었다(물론 바울은 그렇게 할 수도 있었다. 고후 9:2). 그 이유는 "결국 우리는 아무 말도 할 필요가 없었기" 때문이다(8절). 이로 보아 무슨 이유인지 확실하지는 않지만 이웃 고을은 물론이고 심지어 저 멀리 고린도까지 갔던 이들이 이 소식을 전했음이 틀림없다. 또 다른 실마리는 고린도후서 11:9과 빌립보서 4:15-16에 있다. 근처 빌립보에 있던 그리스도인들은, 먼저 데살로니가에서 선교하다가 이제는 고린도에서 선교하던 바울을 돕고자 연보를 보냈다. 이는 고린도에서 도움을 주고자 "마케도니아에서 온 형제들"은 분명 빌립보에서 보낸 이들이었기 때문이다. 이들은 또한 데살로니가에서 일어난 일을 전해 줌으로써 바울이 고린도에서 전개한 초기 설교 사역에 힘을 보태 주었을 가능성이 높다.

이처럼 우리는 사도행전과 여러 서신서를 보면서 바울계 선교사들이 어떤 면에서는 각자 다른 길을 가고 어떤 면에서는 서로 돕고 보완하는 방법을 활용한 모습을 그려 보게 된다. 사도행전은 주로 바울과 그의 동역자들이 공공장소나 그에 준하는 장소에서 연설하면서 기적과 수사를 통해 무리들에게 (긍정적으로나 부정적으로나 모두) 강한 인상을 주는가 하면, 더 많은 이들에게 가르침을 전하고자 관원들과 잘 사는 집주인들의 보살핌을 활용하는 모습을 묘사한다. 요컨대 그들은 순회하는 소피스트나 철학자, 그것도 따르는 일행과 부유한 후견인이 있는 남달리 성공한 이들처럼 보였다. 신약성경의 문제점을 다룬 초기 소논문에서 사도행전 내러티브를 액면 그대로 받아들인 에드윈 저지(Edwin A. Judge)는 바로 이런 관점에서 바울 "학파"를 묘사한다.[122] 바울 서신이 사도행전이 묘사하는 모든 측면과 결코 모순을 일으키지는 않지만, 그래도 우리는 바울 서신들이 묘사하는 선교 장면이 대체로 사도행전의 것보다 웅장함과 공공성이 덜하다는 인상을 받으며, 각 도시 안에서 그리고 도시와 도시 사이에 이루어진 소통이 사도행전이 묘사하는 것보다 더 자연스러운 관계망을 통해 이루어졌다는 인상을 받는다. 어떤 개인의 가정과 집이 출발점이었던 것 같으며, 일과 상거래를 통한 인맥이 중요했던 것 같다. 이 마지막 두 측면을 놓고 보면 사도행전의 내러티브와 바울 서신이 제시하는 실마리는 완전히 일치한다. 우리가 고대 도시에서 살던 이웃들이 영위했던 삶의 소소한 구조를 더 많이 파악한다면 신약성경 기록에서 발견할 수 있는 극소수 실마리들을 그나마 더 잘 이해할 수 있을 것이다. 불행하게도 고대 저자들은 우리가 매우 알고 싶어 하는 몇 가지를 누가 보아도 명백하거나 비루하다고 여겨 아예 언급조차 하지 않았다. 근래에 이르기까지 고대 그리스 로마를 연구하는 고고학자들은 유명한 기념비를 복원하고 모자이크를 찾아내는 것이 거주 구역이나 산업 지역을 체계 있게 발굴하는 것보다 가치 있다고 여겼으며, 고대 정치사와 군사(軍史)를 연구하는 역사가가 사회사가보다 훨씬 더 그 숫자가 많았는데, 이는 모두 이해할 만한 일이다. 따라서 우리에게는 1세기 로마 속주 고을에서 살던 사람들의 삶을 망라하여 상세하게 묘사한 그림이 없다. 우리가 가진 몇 안 되는 초기 그리스도인 관련 퍼즐 조각을 끼워 맞출 큰 그림이 아예 없는 것이다. 우리가 가진 것이라곤 여기저기서 무작위로 찾아낸 사실과 단편에 불과한 묘사가 담

---

[122] Judge 1960b, 125-137. Judge는 신약의 전문 분야에 통달했을 때 이 학문 분야를 특징짓는 회의주의를 좀더 많이 받아들였다.

긴 산포도(scattergram, 散布度)뿐이며 우리는 여기에 점 몇 개만을 더할 수 있을 뿐이다.

우리가 알고 있는 한 가지는 크기다. 바울계 기독교가 형성된 도시들은 산업화를 겪고 인구 폭발을 경험한 우리 거대 도시들과 비교하면 매우 작았다. 예를 들면 오론테스강 가에 있는 안디옥은 1세기 대도시 가운데 하나였지만, 오후 한나절이면 그 도시 둘레를 걸어서 다 돌 수 있었다. 현대 도시 안타키아는 고대 도시 넓이의 절반이 채 되지 않는다. 현대에 이 도시에 거주하는 인구는 넉넉잡아 7만 5천 명인데, 서구인의 눈으로 보면 이는 꽤 북적이는 도시다. 그러나 고대 저술가의 추측을 바탕으로 이 고대 도시가 정점에 이르렀을 때의 인구를 추산해 보면 현대 인구의 여섯 배에 이른다.[123] 심지어 인구수를 더 낮게 잡아도(아마도 25만 명) 상대적으로 좁은 지역에 인구 밀도가 높다. 빌립보와 베뢰아, 심지어 고린도의 규모는 훨씬 더 작았겠지만 인구 밀도는 더 높았을 것이다. 맥멀런은 로마 제국 도시들의 평균 인구 밀도가 1에이커(4,047제곱미터)당 200명에 이르렀을 것으로 추정한다. 이런 인구 밀도는 현대 서구 도시의 슬럼화된 산업 지구에서나 볼 수 있는 수준이다. 더욱이 그 공간 중 많은 부분—맥멀런은 4분의 1로 계산한다—을 공공장소로 사용했음을 고려하면 "대다수 인구는 집에 사람이 북적거리는 아주 불편한 환경을 으레 감내해야 했지만, 공공시설이 쾌적한 공간을 제공하는 덕분에 그런 불편을 감내할 수 있었다."[124]

사생활이 보장되는 경우는 당연히 드물었다. 생활 가운데 많은 부분이 거리와 길가, 광장, 주랑 현관에서 이루어졌다. 그들은 심지어 오늘날 지중해 도시의 경우보다 훨씬 많은 시간을 그런 장소에서 보냈다. 집에서 일어

---

[123] Downey 1958과 1961, 582-583; Liebeschuetz 1972, 40-41, 92-96.
[124] MacMullen 1974, 63.

나는 일 가운데 옆집의 눈에서 벗어날 수 있는 일은 많지 않았을 것이다. 소식이나 소문은 금세 퍼져 나갔다. 폭동이 일어나면 순식간에 번질 수 있었다. 필론은 헤롯 아그립바가 알렉산드리아에 은밀하게 들어오려 했던 사건이 오히려 사람들이 이 유대 왕을 조롱하게 만들어 결국 대학살로 이어졌다고 말한다.[125] 사도행전에는 우리가 익히 아는 에베소의 은세공 장인에 관한 이야기가 나온다. 그들은 바울이 회심시킨 사람들이 신상 파괴 운동을 벌이면 자신들의 사업이 타격을 입을까 두려워한 나머지 극장에 가득 모여 아르테미스를 지지하는 집회를 연다(19:23-41). 그러나 분명 사람들은 그런 소식에 언제나 폭력으로 반응하지는 않았다. 그들은 의심만큼이나 호기심도 적극 표출했다. 동(銅)으로 만든 번철이나 마법이 깃든 부적을 파는 행상, 점성술이나 계시를 알려 주는 행상도 떠도는 말을 일단 접하고 나면 그 말에 의지할 수 있었다.

그런 접촉은 어떻게 이루어졌을까? 사도행전은 바울과 실라(실바누스)가 청중을 찾아내는 한 가지 방법을 어렴풋이나마 엿볼 수 있는 자그마한 일화를 소개한다. 이 일화는 실제로 그 사건과 가까운 자료에서 나왔을 수도 있고, 저자가 능숙하게 구성한 삽화일 수도 있지만, 우리가 여기서 추구하는 목적을 고려하면 어느 쪽이든 상관없다.[126] 빌립보에서 이 선교사들은 안식일에 "기도할 곳이 있을까 하여 성문 밖으로 나가 강가로" 갔다(행 16:13). 저자는 나중에 바울이 고린도에서 "아굴라라 하는 한 유대인을 발견했는데" 그는 아내 브리스길라(브리스가)와 함께 천막을 만드는 가게를 운영하는 사람이었다고 말한다(행 18:2-3). 그 당시 사람들은 외지인이 도시에 오

---

[125] *Flacc.* 25-43.
[126] 이는 사도행전의 유명한 "우리" 본문 중 첫 번째 본문에 나온다. 하지만 근래에 나온 비평 연구서들은 1인칭 복수가 "여행 자료" 혹은 "여행 일정"에서 발췌한 독특한 문구가 아니라 고대 역사가들이 널리 사용하던 문체의 한 방식이라는 견해로 흐르곤 한다. 가령 Cadbury 1927, 230; Dibelius 1951, 200-206; Haenchen 1961을 보라.

면 당연히 자기 고국이나 민족(*ethnos*) 출신으로 그 도시에 사는 사람이나 잠시 머무는 사람 그리고 자신과 같은 업종에 종사하는 사람을 알고 있거나 쉽게 찾아낼 수 있다고 여겼다. 이보다 당연한 일은 없었을 것이다. 같은 나라나 같은 민족 출신이라는 것, 동종 업계에 종사한다는 것이야말로 낯선 곳에서 이웃 관계를 형성하고 동질감을 확인할 수 있는 가장 중요한 두 가지 요소였기 때문이다. 안디옥에서는 이 도시를 넷으로 나누었을 때 동남쪽에 있던 케라테이온이 "유대인의 전통적 거주 구역"이었다.[127] 물론 유대인은 이곳 외에 다른 곳에서도 살았다. 필론은 알렉산드리아의 공식 행정 구역 다섯 곳 가운데 두 곳이 유대인 구역으로 불렸다고 말한다.[128] 로마에서 유대인이 사는 지역은 트란스티베리눔(오늘날의 트라스테베레)에 집중되어 있었다.[129] 친족끼리 운영하는 수공업 공방과 사업장도 같은 구역에 모여 있었으며, 이런 지역은 그런 사실을 반영한 이름이 붙을 때가 많았다. 아마포를 짜는 사람들의 구역, 가죽 제품 제조업자의 거리, 향료 제조자의 주랑 같은 곳이 그 예다.[130] 바울은 "내 손으로 직접 일했다"는 것을 강조하는데(사도행전을 쓸 때 그 저자도 여전히 이 점을 기억했다), 그의 이러한 강조점을 바탕으로 그가 같은 일을 하는 장인들과 고객들을 접촉한 것이 그 도시에서 첫 만남을 이루어 주었을 것이라고 추측해도 과히 그르지는 않을 것이다.[131] 공방 자체가 바울이 선교사로서 주로 설교하고 가르쳤던 장소였을지도 모른다는 로널드 혹의 주장은 개연성이 있다.[132]

민족별 거주 구역과 비슷한 직종 종사자들이 모여 사는 지역보다 한 단

---

[127] Downey 1961, 544, n. 179.
[128] *Flacc.* 55.
[129] Philo *Leg.* 155; 참고. Leon 1960, 135-137.
[130] MacMullen 1974, 133. 다른 사례도 함께 실려 있다. 그가 제시한 부록 A "Subdivisions of the City" 전체(129-137)와 70-73를 보라.
[131] 참고. Malherbe 1977a, 74-75.
[132] Hock 1980, 37-42.

계 낮은 차원에는 개인 가정이 있었다. 우리가 가진 자료들을 살펴보면 개인 가정이 실로 그 도시 자체의 기본 단위였으므로 그 도시에서 기독교가 자리 잡을 때도 기본 단위였다고 보아도 좋을 것이다. 다음 장에서는 대체로 바울계 회중이 개인 가정에서 모였고 그 회중의 중심에는 특정 회심자의 집안이 있었다는 사실이 바울계 회중 구조에 어떤 영향을 미쳤는지 고찰할 것이다. 현시점에서는 신약성경에서 어떤 사람의 회심과 관련하여 "그의 온 집과 함께"라고 말할 때 사용되는 집(oikos, 혹은 oikia; 라틴어로는 domus나 familia)[133]이 오늘날 우리가 생각하는 핵가족보다 넓은 개념임을 기억해 두는 것만으로도 충분하다. 이를테면 키케로는 의무를 이야기할 때 그리스와 로마의 도덕 철학이 으레 그러했듯이 위계를 따라 순서대로 이야기한다. 그리하여 그는 우선 국가에 대한 의무를 이야기하고, 이어 부모에 대한 의무를 이야기하며, "다음으로는 보호받을 길이 없어 우리만을 바라보는 자녀와 온 집[domus], 마지막으로는 우리 친족"[134]을 이야기한다. 여기서 "집"을 정의하는 첫 번째 기준은 혈연이 아니라 의존과 복종의 관계다. 따라서 유력한 집안의 머리인 어른은 직계 가족은 물론 노예, 이전에는 노예였다가 이제는 피후견인이 된 자, 품삯을 받고 일하는 일꾼, 때로는 사업을 돕는 이나 임차농을 책임졌고 이들의 순종을 어느 정도 기대했다.[135] 폼페이나 델로스에서 발굴된 일부 가옥의 평면도는 이런 관계를 표현한 일종의 물리적 도면으로 읽을 수 있다. 이 평면도를 보면 가장이 사사로이 쓰는 방과 사무실, 아마도 그 집의 여자들과 자녀들이 썼을 구획, 노예들이 쓴 공동 주거 공간, 세를 내준 방이 있고, 거리와 맞닿은 쪽에는 가게가 한두

---

[133] Strobel 1965은 신약성경이 οἶκος = domus에 자유인인 성인 친족만 포함시키는 엄격한 법적 구분을 보존하고 있음을 보여 주려고 한다. 하지만 그의 주장은 설득력이 없다.
[134] De off. 1.17.58, trans. Walter Miller in the Loeb ed.
[135] 참고. Judge 1960a, 30-39; Malherbe 1977a, 69.

개 있는데, 이곳은 아마 선술집이나 심지어 숙박 시설로 썼을 것이며 때로는 아트리움(atrium: 옥내에 있는 안뜰―역주)과 이어져 있었다. 그리고 중앙에는 식당이 있는데 이곳에서는 가장(*paterfamilias*)이 자기와 지위가 동등한 손님과 친구인 다른 집 사람들과 담소를 나누거나 피후견인들에게 여흥을 베풀거나, 또는 한 번에 두 가지를 다 했을 수도 있다(가장은 각 손님에게 적합한 장소를 마련했다).[136]

따라서 한 집안의 일부가 된다는 것은 이 두 종류의 더 큰 관계망의 일부가 됨을 뜻했다. 한 집안을 살펴보면 노예에서 가장까지 동등하지 않은 역할들이 [수직이지만 단선(單線)은 아닌] 사슬로 연결되어 지극히 친밀한 유대 관계를 이루었다. 하지만 그와 동시에 피후견인과 후견인의 관계 및 이와 비슷하면서도 형식에 덜 매인 수많은 보호와 복종 관계도 집안이라는 개념 안에 들어 있었다. 이 집안과 다른 집안은 서로 혈연과 우정을 통해 이어져 있었으며, 이런 관계에도 종종 여러 의무와 기대가 뒤따랐다.[137] 하지만 이런 관계들이 언제나 공식적 관계는 아니었다. 이런 인연을 따라 그리고 이런 인연 사이에는 종종 강한 유대감과 자발적 충성이 존재했다. 애정에 근거한 이런 단단한 유대 관계를 가장 또렷하게 보여 주는 사례 가운데 하나가 바로 노예와 노예 출신 자유인이 같은 집안 사람이었던 이들을 기려 세운 비문에서 표명한 감정이다. 큰 집안 셋이 남긴 비문을 조사한 플로리의 연구는 이런 비문들이 이런 관계를 친구 관계와 구분했다는 사실을 보여 준다. 이런 관계를 통해 느낀 감정은 혈연이 느끼는 감정에 가장 가까웠다.[138]

---

[136] 폼페이의 경우: Mau 1904, 276-278, 평면도 245-279; M. Grant 1971, 127-128, 193-196; Tanzer 1939, 19, 52. 개인 주택과 연결된 숙박 시설을 살펴보려면: Kléberg 1957, 78-80(대다수 증거는 폼페이에서 나왔다); 만찬 때 여러 그룹이 뒤섞여 있었음을 보려면: Theissen 1974b, 293-297.

[137] Judge가 우정(*amicitia*)과 후견 관계(*clientela*)를 논한 내용과 비교해 보라. 그는 이 둘이 "로마 공동체의 사회 구조"를 구성했으며, 그리스어를 사용하던 로마 속주에도 이와 유사한 것들이 있었다고 주장한다(1960b, 6-7).

[138] Flory 1975, 17-55.

분명 이런 감정과 태도는 함께 참여하는 종교 행위와 더불어 다양한 방식으로 표현될 수 있었다. 보통 한 집안에서 상전에게 복종하는 위치에 있는 노예는 그 주인과 같은 종교(들)를 가졌을 것으로 추측된다. 물론 이런 추측은 로마의 전통 있는 집안의 가장이 때때로 의무를 담당했을 수도 있는 도시 종교 같은 것보다 오히려 그 집안이 섬기는 가신들(lares)에게 거행하는 제의 행위에 더 적절할 것이다. 어쩌면 큰 집안보다 작은 집안에서 종교의 통일을 더 강요했을지도 모른다. 제정 시대에는 한 집안의 구성원들이 각기 다른 종교 생활을 영위하는 것이 더 흔한 일이었음을 일러 주는 증거도 있다.[139] 바울이 쓴 서신 중 하나(고전 7:12-16)가 바로 이 문제를 다룬다.

그리스와 로마 도시에는 아주 중요한 사회관계가 또 하나 있었다. 구성원들이 스스로 조직한 연합체가 바로 그것이다. 기원전 5세기 이후 그리스 도시 그리고 좀더 뒤에 등장한 로마 도시에서는 아주 다양한 이름을 가진 동호회가 모습을 드러냈다. 로마 제정 시대에는 이런 동호회가 으레 있던 정부의 억압 조치에도 불구하고 동방과 서방에서 모두 급증했다.[140] 아마도 거의 모든 사람이 친구, 친척, 이웃, 또는 직장 동료를 "모아"(주로 synagein이라는 그리스어 동사가 사용된다)[141] 그 조직체의 헌장을 작성하고 모임 장소를 얻어 자신들을 무슨 협회(thiasos, synodos, eranos 등)라고 선언하는 일이 가능했던 것 같다. 이런 그룹은 보통 크지 않았다. 그룹 구성원은 대부분 12-30명

---

139 노예와 노예 출신 자유인의 종교 문제를 살펴보려면 Bömer 1957-1963이 내놓은 광범위한 연구 결과를 보라. Bömer는 옛 로마 농경 사회 집안의 종교적 연대가 도시화의 압력으로 무너졌으며, 로마 원수정 시대에는 노예 종교를 더 자유롭게 풀어 주었다고 주장한다(1:57-78). 더구나 로마와 그 영향을 강하게 받던 지역에 살던 노예는 그리스어를 사용하던 제국 동부 지역에 살던 노예보다 이교 신앙의 제의 참여와 관련하여 훨씬 더 큰 자유를 누렸다(4:61-63, 3:61; 그리고 다른 여러 곳).
140 그들이 남긴 몇백 개의 명문은 이 현상을 다룬 현대의 몇몇 연구에 기초를 제공한다. 제국 서방 지역(Latin) 단체들을 설명한 책 가운데 고전은 여전히 Waltzing 1895-1900이다. 제국 동방 지역(Greek) 단체들을 설명한 책 가운데는 지금도 Poland 1909이 필수다. De Robertis 1973은 법적 상황을 상당히 깊게 다룬다. 소개와 개관을 보려면 Kornemann 1900을 보라.
141 Poland 1909, 272n.

내지 40명이었으며 100명을 넘는 경우는 드물었다.

큰 집안에서는 집주인이 때때로 동호회 결성을 독려하고 동호회가 모일 장소를 제공했는데, 유명한 명문이 증언하듯이 로마의 세르기아 파울리나의 집에서 모인 상조회가 그 예다.[142] 때로는 그 집안이 어떤 신을 숭배하는 종교 협회의 기초가 될 수도 있었는데, 폼페이아 아그립피닐라의 사례가 유명하다. 그는 기원후 2세기 초에 투스쿨룸에 디오니소스 신을 섬기는 모임을 만들었다. 이 종교 협회 간부들의 위계 구조는 대체로 그 집안의 위계 구조를 그대로 따랐으며, 아그립피닐라가 가장 높은 여사제직을 맡았다.[143]

이런 동호회는 아무리 규모가 작아도 간부가 필요했다. 간부 직함은 클수록 좋았는데, 그 모임이 있는 지역 행정 관리들의 직함을 본떠 지을 때가 많았다. 로마의 콜레기아는 보통 '마기스트리'(*magistri*)라고 불리는 회장단을 두었다. 이에 비해 그리스의 동호회는 보통 모임의 지도자를 한 명 두었고, 그 명칭은 다양했다. 모임에서 차지하는 중요성으로 따지자면 회장 다음으로 중요한 이는 재무관(*tamias, quaestor*)이었다. 재무관은 가입비와 회비를 관리하고, 잔치와 축제를 위한 비용과 후견인과 다른 이들에게 주는 사례비를 지급했으며, 많은 경우 회원의 장례비도 지급해야 했다. 이 외에도 남자 사제와 여자 사제, 세무 회계(*logistai*), 서기(*grammateis*), 감사

---

142 "Collegium quod est in domu Sergiae Paullinae", *CIL* 6,9148; Flory 1975, 22를 보라; 다른 사례를 찾으려면 Waltzing 1895-1900, 3:222-264를 보라.

143 Vogliano 1933. 회원 명단—통틀어 거의 400명이나 된다—은 맨 위부터 맨 아래까지 직무와 범주에 따라 기록되어 있다. 정점에는 여사제인 아그립피닐라가 있고, 그다음에 역시 신성한 직무를 맡은 그의 직계 가족이 있다. 더 아래로 내려가면 그 시대 원로원 집안에서 빈번히 등장하는 다른 이름들이 있다. 비록 그 사제는 그리스식 이름을 갖고 있으며 십오팔구는 노예 출신일 것이지만 말이다. 명단 아래로 내려가면 라틴식 이름은 줄어드는 반면, 그리스식 이름이 대다수를 차지한다. 이런 사실은, 이 명단이 단순한 가명(*cognomina*, 家名)을 사용한 점을 근거로 들어 "세속 세계의 사회적 구분이 사라졌다"(1933, 234)는 Franz Cumont의 주장을 뒷받침하지 않는다. 오히려 그 반대다: 참고. Bömer 1957-1963, 3:135-137. 한때 아그립필리나 상을 받치고 있었던 기초 세 면에 있는 명문이 뉴욕 메트로폴리탄 박물관에 전시되어 있다.

(*epistatai*), 살림 관리자(*epimeletai*), 최고 책임자(*archontes*), 감독(*curatores*), 평의원(*prytaneis*), 지도자(*hegemones*), 주재자(*brabeutai*) 같은 이들이 있었다. 분명 동호회는 이런 유쾌한 일 외에도 도시 정치에 참여할 기회가 없었던 사람들에게 그들이 몸담은 소규모 공화국 안에서 자신의 중요성을 느낄 기회를 제공했다.

로마에서는 동업자 협회와 전문 직업인 협회가 중요했다. 로마 제국 이전에 동방에서는 배우, 무대 화가 및 다른 연극 관련 전문가로 구성된 '디오니소스 예술가회' 같은 특별한 경우를 제외하면 이런 협회가 흔치 않았다. 하지만 우리가 관심이 있는 시대에는 다른 장인들과 상인들로 구성된 조직이 그리스 도시 전역에 퍼져 있었다.[144] 지금은 이런 그룹을 보통 길드(guild)라고 부르지만, 이들의 목적을 중세의 길드가 추구했던 목적은 물론 현대 노동조합이 추구하는 목적과 혼동해서는 더더욱 안 된다.[145] "명문들이 제시하는 증거를 놓고 볼 때 이 길드들은 구성원들의 사업 활동과 무관한 순수 사교 조직이었던 것으로 보인다."[146] 제국 후기에 가서야 비로소 정부가 종종 상업과 관련된 측면들을 규율할 목적으로 그런 동업자 협회에 간섭하고 조종했다. 그 전에도 '건축자와 목수'(*fabri, tignuarii*), '양탄자 직공'(*centonarii*), '짐꾼'(*phortēgoi*), (데살로니가의) '18번가 자주 염색업자'[147]는 다른 많은 조합이 그랬듯이 평소보다 좀더 고급스러운 음식을 먹고 순번이 돌아온 회원이 제공하는 상당히 좋은 포도주를 마시며 모임 설립자나 후견인의 생일 혹은 포세이돈, 헤르메스, 이시스, 실바누스를 기리는 축

---

144 Bömer 1957-1963, 4:238-241. Jones 1955은 상거래와 수공업 장인 길드가 존재했다는 증거를 주로 Waltzing의 연구서에서 가져다가 편리하게 요약해 놓았다. 또한 Burford 1972, 159-164를 보라.
145 Préaux 1955, 128-129에 대한 반론이다.
146 Jones 1955, 172; 참고. MacMullen 1974, 75; 또한 Rostovtzeff 1957, 1:170-171를 보라.
147 MacMullen 1974, 135가 인용하는 Robert 1937, 535, n. 3. 다른 전형적 이름은 Poland 1909과 Waltzing 1895-1900에 있다.

일을 기념하고, 누구든 모임 회원이 세상을 떠났을 때에는 경건하게 장례를 치르는 규칙을 정했다. 고린도나 에베소에서 천막을 만들던 브리스가와 아굴라 및 바울과 함께 모였던 교회(*ekklēsia*)도 이웃들의 눈에는 당연히 동종 직종에 종사하는 이들의 동호회로 보였을 것이다.

  대다수 도시와 특히 큰 상업 중심지에는 규모가 더 큰 외래 상인들과 장인들의 조합이 형성되어 있었는데, 이 조합의 구조를 파악하기는 더욱 어렵다. 이탈리아 상인들이 세웠던 델로스와 로도스의 식민지가 이 중에 가장 유명하다.[148] 예를 들면 델로스에 자신들을 헤르메스 신을 섬기는 이들, 포세이돈 신을 섬기는 이들, 아폴론 신을 섬기는 이들이라고 부르는 태생적 자유인 이탈리아 사람들과 노예 출신 자유인 이탈리아 사람들이 있었는데, 이들이 각각 세 신을 섬기는 별개 연합체를 조직했는지, 아니면 이들이 모두 아주 큰 하나의 연합체를 조직하고 자신들을 지켜 주는 세 주신(主神)을 섬기는 제의를 책임질 '마기스트리' 즉 '마기스트레이스 미르쿠리 아폴로니스 넵투니'(*magistreis Mirquri Apollonis Neptuni*)를 뽑았는지를 놓고 논쟁이 있었다. 지금은 후자의 가능성이 더 커 보인다. 이는 곧 이탈리아 식민지 전체가 한 동호회 내지 '콘벤투스'(*conventus*: 모임이나 총회를 뜻하는 라틴어―역주)로 조직되어 있었음을 의미한다. 그러나 이 조직체는 성장하여 그리스도가 오시기 전 두 세기 동안에 우리가 여태까지 살펴본 사인(私人)들의 연합의 경계를 훨씬 넘어선 조직이 되었다.[149] 유대인들도 몇몇 도시에서 적어도 부분적으로 유사한 방식을 따라 '콜레기움'(*collegium*) 형태로 모임을 조직했는데, 이 모임은 한 신을 섬겼고, 간부와 규칙이 있었으며 사적 기금과 후견인이 존재했다.

---

148 Poland 1909, 315-325, 517-528.
149 Bruneau 1970, 585-587의 논의를 보라.

도시 유대교와 바울계 기독교

이제는 바울 시대의 유대교를 어느 정도라도 먼저 이해하지 않으면 우리가 바울계 기독교라고 부르는 초기 기독교의 독특한 형태를 이해하지 못한다는 점이 널리 인정받고 있다. 그렇다면 바울 시대 유대교는 어떤 형태였는가? 확실히 현대 학자들은 초기 기독교가 심지어 기독교 초창기 수십 년 동안 이미 여러 갈래로 뻗어 나간 운동들의 복합체였다는 사실을 받아들이라고 강하게 주장한다. 그리고 20세기의 여러 발견과 연구 결과도 마찬가지로 초기 로마 제국의 유대교 내에 엄청난 다양성과 빠른 변화가 있었음을 확실하게 보여 준다. 이미 한 세기 전에 상상력이 풍부한 몇몇 학자는 그 정체가 모호한 분파—필론과 요세푸스와 플리니우스가 에세네파라고 불렀던—의 중요성을 짐작했다. 하지만 언젠가는 우리가 이 분파의 또는 그와 긴밀하게 관련된 그룹의 주요 정착지에 있던 문헌의 상당 부분을 소유하게 되리라고 상상한 사람은 아무도 없었다. 1932년에 두라-유로포스가 발굴되기 전만 해도 대다수 사람들은 3세기에 로마군이 주둔했던 한 고을의 유대인들이 자신들이 다니는 회당 벽을 이야기가 담긴 그림으로 덮었으리라고는 생각하지 못했다. 아주 최근까지만 해도 학자들은 마치 "랍비 유대교"가 힐렐에서 사디아 가온까지 이어진 고정된 상태의 단일체인 것처럼 여기며 다양한 "랍비들의 견해"를 발굴하고 편찬해 하나로 모으는 작업을 진행해 왔다.

아울러 바울을 다양한 유형의 유대교 배경에 비추어 이해하려는 시도도 수없이 많이 이루어졌다. 이제 그는 "랍비"로서 그리고 "유대 묵시" 전통의 대변자로서 등장한다. 어쩌면 그는 "유대 신비주의"나 심지어 "유대 영지주의"에 가까운 인물일 수도 있다. 아니면 그의 독특한 관심사는 단지 그가 "헬레니즘 유대교" 안에서 자라난 결과일 뿐이다. 이 도식 가운데 어떤 것도 바울 서신의 본문을 이해할 수 있는 **유일한** 맥락으로서 지지를 얻지 못했다는 점은 분명 이런 범주들이 1세기 유대교의 적절한 유형에 해당하지 않음을 우리에게 일깨워 준다. 이러한 본문을 진지하고 꼼꼼하게 주해한 사람이라면 이 모든 범주에 속하는 문서는 물론 다른 범주에 속하는 문서도 틀림없이 갖고 있었을 것이다. 이런 도식들이 적절치 않음을 가장 분명하게 증명하는 증거가 바로 바울 자신이다. 그는 능통한 그리스어로 글을 쓴다. 그의 성경은 70인역이다. 그는 분명 "헬레니즘 유대인"이다. 그는 악한 현세가 곧 종말을 맞으리라고 확신한다. 그는 빛의 자녀들에게 종말이 올 때까지 어둠의 자녀처럼 살아가지 말라고 촉구한다. 이런 권면은 분명 "유대 묵시적"이다. 그는 셋째 하늘에 붙들려 올라가 말로 형용할 수 없는 일들을 보았다(적어도 여기서는 "유대 신비주의"를 언급할 수 있지 않을까?) 그러나 그는 자신을 "율법의 관점에서는 바리새인"이라고 부른다.

전통적 범주들은 모호함, 연대의 오기, 적절치 않은 정의라는 약점을 지닌다. 모호함이 가장 뚜렷하게 나타나는 경우가 "헬레니즘 유대교"다. 이는 헬레니즘 시대와 로마 시대에 그리스어를 구사한 모든 유대인을 의미하는가? 아니면 어떤 형이상학적 믿음, 문학 양식과 예술 양식을 규정하는 몇 가지 기준, 어떤 기풍을 포함하여 그리스 도시 문화의 색다른 측면을 공유하던 사람들을 의미하는가? 연대의 오기에 가장 오염된 범주는 "랍비 유대교"다. 기원후 70년에 발생한 예루살렘 성전 파괴 그리고 132-135년의 바르 코흐바 봉기 실패가 일으킨 훨씬 더 심각한 여진은 유대와 갈릴리의 삶과 제도를 바꿔 놓았지만, 우리는 그렇게 변화된 모습을 그저 희미하게 재구성할 수 있을 뿐이다. "랍비 유대교"에 속한 문헌 가운데 가장 먼저 나온 문서는 2세기 말 유대교 최고 지도자(Patriarch)를 중심으로 모인 무리가 모아 놓은 것이다. 이 문서와 후대 자료는 분명 그보다 훨씬 전에 나온 전승 자료를 담고 있지만, 어느 부분이 실제로 초기 자료인지 혹은 그런 자료가 전달 및 편집 과정에서 어떤 변화를 겪었는지 짐작할 수 있는 방법은 가장 힘든—그리고 종종 주관에 치우친—양식비평 방법을 따른 연구뿐이다. 우리는 요하난 벤 자카이(Yohanan ben Zakkai)가 야브네(얌니아)에 세운 학당보다 앞선 시기에 일어난 현상을 나타낼 때 '랍비'(rabbi) 또는 '랍비의'(rabbinic)라는 용어를 쓰지 않음이 온당할 것이다. 아울러 우리는 더 확실한 근거를 따라 2세기와 그 이후에 일어난 발전 양상을 표현할 때만 이 용어들을 사용하도록 하겠다.[150] 마지막으로 사람들은 마치 이 모든 범주가 언급하는 현상이 신학 체계라도 된 것처럼 이 범주들을 구성하는 신념들을 명제 형태로 열거하고 이런 범주들의 논리적 연관성과 함축된 의미들을 펼쳐 보이는 방식으로 이 범주들을 서술해야 한다고 정의했다. 그것이 과연 종교 운동을 기본적으로 이해하는 가장 좋은 방법인지는 여기서 굳이 논할 필요가 없다. 그런 방법은 초기 유대교와 초기 기독교를 그 배경이 된 사회와 연계하여 서술하는 데 관심이 있는 사람에겐 그다지 유용하지 않다.

바울과 유대교라는 주제로 글을 쓴 대다수 학자는 바울의 성장 환경과 그가 그리스도인이 되기 전에 속했던 여러 영역을 추적하는 데 관심을 보였으며, 그가 말하는 신학 사상의 근원이 된 자료, 그 신학 사상의 함의, 그가 거부했던 유대 관습, 그의 논증 방식을 이해하는 데 관심을 보였다. 이런 질문들은 몹시 흥미를 유발하기에 여기서도 완전히 무시할 수는 없지만, 사실 이런 질문은 이 책의 초점이 아니다. 오히려 중요한 질문은, 바울과 그의 동역자들이 세운 그리스도인 공동체들과 그리스-로마 세계에 존재했던 다양한 유대교 사이의 관계(둘 사이에 관계라는 것이 존재했다면)가 어땠는가 하

---

150 이것이 Jacob Neusner와 그 제자들이 수행한 혁명적 연구 작업이 실제로 낳은 결과다. 이 연구 결과는 아주 많은 논쟁을 불러왔고, 연구 결과가 제시한 세부 내용은 분명 많은 곳을 바로잡아야 한다. 그렇긴 해도 내가 보기엔 이 연구 결과를 뒤집기는 불가능할 것 같다. Neusner의 연구는 너무도 많아서 여기서 언급할 수가 없지만 1970, 1970b, 1979a, 1979b, 1980은 특히 우리 프로젝트와 밀접한 관련이 있다.

는 질문이다. 바울계 기독교를 묘사하려는 우리 시도와 직접 연관된 유대교는 (바울이라는 개인의 경우가 어떠했는지와는 상관없이) 갈릴리 촌락이나 메소포타미아 촌락의 유대교가 아니라 로마 속주 도시들의 유대교다. 따라서 여기서 우리의 관심사 중 하나는 알렉산드로스 대왕 시대와 클라우디우스 황제 시대 사이에 로마 속주 도시들로 이주한 유대인들이 그 도시에 적응할 방법—이는 바울계 그리스도인에게 모델이자 통로 역할을 했다—을 발견했는지 여부다.

1세기에는 대략 500만-600만 명에 이르는 유대인이 거의 디아스포라, 곧 팔레스타인 밖에 정착하여 살고 있었다. 디아스포라는 적어도 기원전 6세기, 곧 바빌론이 유대 백성을 포로로 잡아서 이주시키면서 시작되었고, 이후에 외세가 잇달아 유대인의 고향 땅을 정복하고 그들을 이주시키면서 디아스포라 유대인이 늘어났다. 하지만 팔레스타인이 제공할 수 있는 한정된 공간과 재물보다 더 나은 경제적 기회를 찾아 스스로 디아스포라로 이주한 유대인이 훨씬 많았다. 결국 지중해와 잇닿은 땅에는 도시 규모에 상관없이 사실상 모든 도시에 상당히 많은 유대인이 살고 있었다. 추산하기에 따라서는 유대인들이 도시 전체 인구의 10-15퍼센트에 이르렀다고 한다. 알렉산드리아 같은 곳은 아마도 그 비율이 훨씬 더 높았을 것이다.[151] 도시로 옮겨 온 다른 그룹들처럼 유대인들도 자연히 한데 어울려 살면서 익숙한 종

---

151 필론은 이집트에 유대인이 100만 명이 있었다고 말하지만, 이는 전체의 7분의 1에 해당하는 사람으로서(*Flacc.* 43) 분명 너무 많다(Smallwood 1976, 222). 안디옥의 경우를 보려면 Meeks-Wilken 1978, 8를 보라. 아시아 속주의 유대인 인구는 기원전 62년에 발레리우스 플라쿠스가 몰수한 성전 세금액으로 추산해 볼 수 있다(Cicero *Pro Fl.* 66-69). 그 액수는 대략 금 100파운드였는데, Smallwood의 계산에 따르면(Smallwood 1976, 125-126과 n. 21) 이는 성인 남자 약 5만 명이 내는 성전세에 해당하는 금액이었을 것이다. 요세푸스가 (스트라본의 글에서 가져다) 제시한 보고는 사반세기 전에 미트리다테스가 차지한 같은 속주에서 800달란트를 거두었다고 말하는데(*Ant.* 14.112-113), 이 금액은 너무 많은 것 같다(Marcus가 Loeb 총서의 그곳에 붙인 주와 Smallwood 1976, 125, n. 20을 보라).

교 관습을 이어 갔으며, 친족을 비롯해 공통 유산을 가진 다른 이들과 어울려 모임을 만들고, 내부 불화를 해결하며, 더 큰 공동체로부터 권리와 특권을 얻어 내고자 힘을 합쳐 압력을 행사했다. 하지만 유대인이 그 종교 때문에 가졌던 믿음과 관습의 몇몇 측면은 당시에 널리 보급되고 있던 다른 유입 신앙과 그들을 갈라놓았으며, 한편으로는 그들과 그 지역 사회 지배 그룹의 관계에, 또 다른 한편으로는 그들과 로마 제국 당국 사이에 특별한 문제를 야기했다.

요세푸스는 이런 여러 관계를 밝히 설명해 주는 문서를 많이 남겼다. 사데 유대인을 다룬 두 사례는 특히 흥미롭다. 기원전 49년 아시아 속주 재무관(proquaestor)이자 법무관(propraetor)이었던 루키우스 안토니우스[152]는 사데 유대인들의 청원을 듣고 사데 행정장관, 시의회, 시민들(dēmos)을 상대로 반포한 정령(政令)에서 이렇게 답변했다. "우리 속주의 유대인 시민들이 내게 와서 자신들은 처음부터 자기 민족의 율법을 따라[kata tous patrious nomous] 자신들만의 공회[synodos]와 자신들만의 장소[topos]를 가졌으며, 여기서 그들의 일과 그들 사이의 분쟁을 판단한다고 지적했다."[153] 도시 당국이 어떤 식으로든 유대인이 향유했던 권리를 위협했음이 분명하다. 이 때문에 이 로마 관리는 이제 유대인의 권리를 이전과 같이 유지하라고 지시한다.[154] 얼마 뒤 사데 시의회와 시민은 "우리 시에 살고 있는 유대인 시민들"이 "한데 어울려 공동체 생활을 영위하면서[politeuesthai] 그들 사이의 소송을 재판하고, 그들이 그 처자식과 함께 다 같이 모여 조상이 물려준 기도와 희생 제사를 하나님께 드릴 수 있는" 권리를 확인하는 정령을 반포했

---

152 그는 삼두 정치 시대의 세 거두 가운데 한 명인 마르쿠스 안토니우스 3세의 아우였다.
153 *Ant* 14.235, trans. Ralph Marcus in the Loeb ed.
154 대다수 주석가가 추정하듯이 오바댜 20절에 나오는 스바랏(기원전 6세기)이 정말 사데라면, 유대인이 사데에 "처음부터[ἀπ᾽ ἀρχῆς]" 있었다는 말이 과장이 아닌 셈이다. 여기서 쟁점이 된 문제, 곧 유대인이 그곳에 얼마나 오래 정착해 있었는지 그리고 그 제도가 얼마나 오래되었는지는 또 다른 문제다.

1장 바울계 기독교의 도시 환경

다.[155] 행정장관은 "그들이 건축하고 거주할" 곳을 따로 마련해 주어야 했으며, 시장 관리들은 유대인이 먹을 수 있는 "적합한 음식"을 공급해야 했다.

이후 사데 유대인들의 삶은 분명 매우 만족스러워졌다. 2세기와 3세기 초에 이곳 유대인들은 자신들이 모일 "장소"로 개조한 바실리카(basilica: 공공 목적으로 사용된 대규모 건물—역주)를 물려받았다. 이곳은 그 도시의 대로에 있던 웅장한 로마 김나시움 복합 시설의 일부였으며, 그 규모가 어마어마했고, 그 장식은 우아했다.[156] 사데 유대인들은 로마 제국이 기독교를 공인하고 오랜 세월이 지나 사데 도시 자체가 파괴될 때까지 이 시설을 보존했다.[157] 율리우스 카이사르 시대에 발생한 분쟁은 신속하고 원만하게 해결된 것으로 보인다. 하지만 이런 분쟁은 도시의 유대인 공동체에 영향을 주는 갈등이 계속 되풀이되었음을 암시한다.

루키우스 안토니우스는 유대인 공동체를 당시 동호회나 길드나 협회를 가리킬 때 가장 널리 흔하게 사용한 말 가운데 하나인 공회(synodos)라고 불렀는데, 이는 아마도 유대인들이 낸 청원서에 있던 말을 그대로 사용한 것 같다.[158] 로마인들은 법률상 목적들 때문에 각 도시에 있는 유대인 그룹들을 콜레기아로 구분했다. 카이사르는 오래된 몇몇 그룹을 제외하고는 모든 콜레기아를 해산하라고 명령했는데, 이때 해산 대상에서 제외된 그룹 가운데는 분명히 회당도 들어 있었다.[159] 몇 가지 측면에서 볼 때 회당의 성격을 이

---

155 *Ant.* 14,259-261, trans. Marcus.
156 이 회당은 George Hanfmann이 이끄는 코넬-하버드 발굴팀이 1962년에 발견했는데, 일부만 복원되었다. A. R. Seager가 제출한 마지막 발굴 보고서는 이때 아직 나오지 않았다. Seager 1972; Hanfmann 1962; Kraabel 1968, 1978, 1979; 명문의 일부를 담아 출간한 자료는 Robert 1964, 37-58와 pls. IV-X를 보라.
157 특히 Kraabel 1968, 1978의 논의; 또한 Wilken 1976을 보라.
158 LSJ, s.v.; Poland 1909, 158-163.
159 이것과 이후 동호회를 억압하는 법의 적용 대상에서 제외된 것을 살펴보려면 Smallwood 1976, 133-135를 보라.

렇게 규정한 것은 극히 자연스러운 일이었다. 유대인 공동체라는 조직체는 동호회, 길드, 종교 단체와 많은 특징을 공유했기 때문이다. 회당 구성원들은 특정 장소에 모였으며, 이 장소는 종교 기능과 사회 기능을 함께 지녔다.[160] 그들은 후견인의 자선에 의존했는데, 이 후견인 가운데는 회중 내부의 부유한 구성원뿐 아니라 유대인이 아닌데도 그들에게 동조한 이들도 있었다. 회당은 명문을 새기고 회중이 모이는 장소에 후견인들이 앉을 특별석을 마련하며 "회당의 아버지"나 "회당의 어머니" 같은 명예로운 칭호를 수여함으로써 이런 후견인에게 보답했다.[161] 이 유대인 공동체는 사망한 구성원의 장례를 치러 주었다.[162] 회당 간부들은 시 관리들이 사용하는 직함과 비슷한 직함을 지녔다.[163]

---

[160] 때로는 다른 동호회가 사용하기도 했던 συναγωγή라는 말은 구성원들의 "모임"이라는 가장 중요한 사실을 되새겨 준다. 회당에서 한 식사에 관해서는 Hengel 1966, 167-172; 수집한 증거와 추측에 기초한 해석은 Goodenough 1953-1968, 2:108-109와 vol. 5의 여러 곳을 보라. 방문자에게 베푼 환대와 다른 활동에 관해서는 Krauss 1922, 55-56, 182-190를 보라.

[161] 로마의 아우구스투스 회당은 분명 아우구스투스 황제를 기렸다. 황제를 이 특별한 회중의 후견인으로 기렸을 수도 있고, 그가 유대인의 권리를 두루 지켜 준 점을 기렸을 수도 있다. 아그립파 회당은 마르쿠스 빕사니우스 아그립파나 왕 아그립바 1세 혹은 2세를 그 후견인으로 두었을 수도 있다(Leon 1960, 140-142). 아시아 속주의 유명한 집안 식구이자 한 속주 총독의 아내 혹은 누이였던 카피톨리나는 트랄레스의 회당에 모자이크로 덮인 계단을 헌물했다(CIG 2924; Robert 1937, 409-412, 그리고 1964, 44; Hommel 1975, 175). "회당의 아버지"와 "회당의 어머니": Leon 1960, 186-188; Polycharmus, 스토비에 있던 "회당의 아버지": CII 1.694; Kitzinger 1946, plates 202-204; Hengel 1966, 176-181. 포카이아에 있던 회당은 부유한 비유대인 기부자를 위해 좌석 앞줄(προέδρια)과 금으로 만든 화환을 바쳤다: IGR 4.1327. 두라-유로포스에서는 장로이자 제사장인 사무엘이 이제는 유명해진 그림들로 장식된 집회실을 마련하는 데 중요한 역할을 했다. 다윗에게 기름을 붓는 성경 속 사무엘(그의 이름이 글로 적혀 있었을 것이다)의 그림 아래 있는 가장 좋은 자리가 그를 위해 마련되었을 것이라는 추측이 있었다: Sivan 1978, 11.

[162] Pryl. 590 (=CPJ no. 138)은 알렉산드리아의 한 회당과 연결된 유대인 상조회를 언급하는 것일 수도 있다(Tcherikover가 CPJ 1.252에 붙인 주). 로마에 있는 유대인 카타콤에 관해서는 Leon 1960; Goodenough 1953-1968, 2:3-50를 보라.

[163] ἄρχων이 가장 빈번하게 등장하며, γραμματεύς도 있다. 다른 것들은 Juster 1914, 1:450-456를 보라. 참고. Applebaum 1974. (아시아의) 아프로디시아스에서는 회당장을 decania라고 불렀다[캠브리지 뉴넘 칼리지의 Joyce Reynolds 박사가 아직 출간되지 않은 이 명문을 내게 친절히 설명해 주었다. Mellink(K. Erim을 인용) 1977, 306가 한 말을 보라]. 이교의 신앙 단체들이 남긴 명문처럼 유대인이 남긴 명문도 "제사장"을 자주 언급했지만, 이 칭호는 십중팔구 그 의미가 달랐을 것이며, 특히

한편 이디스 스몰우드(Edith M. Smallwood)가 지적하듯이 회당의 기능은 콜레기아의 기능보다 광범위했으며 몇 가지 측면에서는 그 기능이 확연히 달랐다.[164] 어쩌면 가장 중요한 차이점은 다음과 같았을 것이다. "유대인으로 태어난 이는 날 때부터 저절로 회당 구성원이 되었으며, 입회 허가나 등록은 필요하지 않았다. 달리 말하면 회당 구성원이 될 수 있는 이는 오직 유대인과 유대교로 개종한 이들뿐이었다. 반면 다른 '콜레기아'는 원하는 사람이면 누구나 지체가 될 수 있는 열린 단체였다."[165] 회당과 다른 모임의 차이점을 두드러지게 부각시켜 준 것은 이 유대인 단체가 수행한 정치적 역할이었다. 대다수 도시에는 시 행정 책임자나 로마 관리와의 협상을 통해 유대인의 이익을 대변할 수 있는 중심체가 있었던 것 같다. 알렉산드리아에는 유대인 공동체 내부에 어떤 조직이 있었음을 일러 주는 증거가 상당히 많았다. 이 내부 조직은 장로들로 구성된 평의회인 '게루시아'(gerousia)로 이루어져 있었는데, 이들은 아마도 각 회중이 뽑은 대표들(archontes)을 통해 도시 전체의 유대인을 대변했을 것이다.[166] 이와 유사한 조직이 필시 안디옥에도 있었을 것이다. 기원후 1세기에는 그곳에 한 유대인 대표(archōn)가 있었고, 4세기에는 그곳에 "대표들의 대표"(archōn tōn archontōn)가 있었다는 말이 우리에게 들리기 때문이다.[167] 그것이 한 도시에 회당이 둘 이상 있었던 모든 도시에만 적용된 규칙이었는지는 논쟁의 여지가 있다.[168]

각 고을에 있었던 지역별 조직의 세부 모습은 십중팔구 어느 정도 달랐을 것이다. 그러나 그 세부 모습이 어떠했든 그 도시 인구의 큰 부분을 유

예루살렘 성전이 파괴된 뒤에 그랬을 것이다(Kraabel 1981). 직무가 단순한 직무에서 복잡한 직무로 진화했음을 살펴보려면 Hengel 1971b, 166-167를 보라.
[164] Smallwood 1976, 133-134.
[165] Ibid., 134.
[166] Philo *Flacc.* 74, 80; Josephus, *JW* 7.412; Tcherikover 1961, 302.
[167] Josephus, *JW* 7.47; Libanius *Ep.* 1251 (ed. Foerster), 참고. Meeks-Wilken 1978, 6-9, 60.
[168] 로마의 경우를 보려면 Leon 1960, 168-170에 있는 논의를 보라.

대인이 차지했던 도시에서는 유대인들이 사실상 도시 안의 도시를 형성했으며, 이런 도시를 그리스어로 '폴리튜마'(politeuma)라고 불렀다.[169] 이것은 (비록 시민은 아니지만) 시민과 특정 권리 몇 가지를 공유한 도시 거주자가 만든 공인 조직체였으며, 반(半)자치적 성격을 지녔다. 앞서 보았듯이 헬레니즘 시대의 그리스풍 도시에서는 델로스섬에 살던 이탈리아인이나 시리아인 같은 큰 규모의 이주자 집단, 혹은 더 오래전에 세워졌지만 로마 식민지로 다시 세워진 도시에 살던 원주민을 수용하고자 그런 조직체가 형성되는 일이 심심치 않게 있었다.[170]

'폴리튜마'와 '데모스'(dēmos) 즉 완전한 시민권을 가진 사람들의 관계를 놓고 다양한 해석이 나왔으며, 종종 그 관계는 논쟁의 대상이 되기도 했다. 요세푸스는 한 도시에 사는 유대인 거주자를 가리키는 말로 '시민'(politai)이라는 단어를 사용하길 좋아한다. 예를 들어 그는 "안디옥 거주자"들이 안디옥 사람으로 불렸다고 말한다.[171] 그러나 '거주자'(katoikountes)라는 이 말은 시민이 아니라 보통 그 도시에 거주하는 외인을 의미한다. 앞서 인용한 사데에서 나온 두 문서에서도 방금 말한 모호성이 그대로 나타나는데, 이 문서들은 유대인을 '폴리타이'(politai)라고 부른다. 루키우스 안토니우스가 반포한 정령은 그 본문이 명확하지 않다. 대다수 사본은 "우리[로마] 시민"이라 기록해 놓았는데, 한 사본은 "너희[사데] 시민"이라고 기록해 놓았기

---

169 알렉산드리아의 경우를 보면 필시 기원전 2세기에 나왔을 아리스테아스의 서신(310)이 이미 이 용어를 사용한다. 참고. Josephus *Ant*. 12.108. Tcherikover 1961, 296-332; Smallwood 1976, 139, 141, 224-250, 285, 359-364, 369; Tarn 1952, 219-238가 두루 논한 내용을 보라.

170 앞 주에서 인용한 Tcherikover와 Smallwood의 논의를 보라. 이들은 알렉산드리아의 브루기아인, 보이티아인, 리키아인, 파윰의 크레타인, 시돈의 카우니아인, 그리고 다른 이들의 '폴리튜마'들(πολιτεύματα)을 인용한다(Tcherikover 1961, 505, n. 8; Smallwood 1976, 226, n. 23). 소아시아의 새 로마 속주에 살던 로마인들이 만든 협회에 관해서는 앞의 주24를 보라. 식민지에 유사한 '폴리튜마'들을 다양하게 배치했음을 알아보려면 Levick 1967, 71-83를 보라. 그에 따른 사회적·경제적 긴장을 보려면 Cracco Ruggini 1980을 보라.

171 *C. Ap*. 2.39.

때문이다.[172] 요세푸스가 말한 대로, 이 도시의 정령은 안디옥 사람에 대한 요세푸스의 언급과 동일한 자기모순을 담고 있다. 그 언급에서 요세푸스는 유대인을 '카토이쿤테스'(katoikountes)인 동시에 '폴리타이'라고 부르기 때문이다.[173] 35년 후에 이오니아 사람(소아시아 서부의 그리스인 시민들이었으며, 대다수는 에베소에 살았을 것이다) 몇 명이 제기한 불만은 이 문제의 핵심을 축약하여 보여 준다. "만일 유대인이 그들과 동족[syngeneis]이라면 그들도 이오니아 사람이 섬기는 신들을 예배해야 할 것이다."[174] 유대인은 기회가 닿을 때마다 시민과 같은 권리를 얻고자 노력했지만, 동시에 자신들이 믿는 종교의 율법 준수를 보장해 달라고 요구했다. 그런 요구 사항 가운데는 안식일 준수, 음식법 준수, "우상숭배" 금지가 포함되었다. 그들이 시에서 거행하는 종교 제의에 참여하는 동시에 계속 유대인으로 남는 것은 불가능했다.

재화가 제한된 사회에서는 다양한 폴리튜마와 그 도시의 더 작은 그룹들 사이에 경쟁이 벌어질 수밖에 없었는데, 이러한 경쟁으로 유대인에게 독특한 양가성이 생겨났다. 한편으로 유대인들은 헬레니즘 시대와 로마 시대의 도시화가 활발히 움직이는 사람들에게 준 기회를 쫓는 데 능숙하고 왕성한 모습을 보여 주었다. 유대인의 엄격한 유일신론, 그들의 "형상 없는" 예배, 그들 공동체의 단결력은 많은 이교도 이웃에게서 존경과 감탄을 불러일으켜 어떤 이웃은 완전히 개종하는가 하면 또 어떤 이웃은 유대인에게 동조하거나 회당을 드러내 놓고 지지했다.[175] 그러나 바로 이런 특질은 많은 유

---

172 *Ant.* 14.235.
173 Ibid., 259; Marcus가 그곳에 붙인 주와 Tarn 1961, 221를 보라.
174 *Ant.* 12.126, trans. Marcus. 헤롯이 그의 후견인 아그립파와 의견을 조정하는 데 성공하고 헤롯의 피후견인 다마스쿠스의 니콜라우스가 유대인을 변호한 것을 더 충실히 묘사한 기사가 *Ant.* 16.27-61이다. Smallwood 1976, 140-141의 논의를 보라. Josephus *C. Ap.* 2.65가 인용하는 아피온의 불만과 비교해 보라.
175 유일신론에 관해서는 Strabo *Geog.* 16.2.35(= Stern 1974, no. 115)를 보라. 유대인의 개종 정책이 성

대인 공동체의 규모 및 부와 더불어 그들의 이웃에게 분노와 질투를 불러일으켰다. 당시 항간에 떠돌던 이야기는 출애굽기를 사악하게 패러디한다. 이 패러디는 모세가 한 민족으로 조직한 사람들이 이집트에서 쫓겨난 나병환자들이었다고 주장했다. 유대인이 사회성이 없고 "다른 민족과 식탁을 함께하지" 않으려는 이유를 그런 식으로 표현한 것이다.[176]

유대인은 나름대로 그들 자신의 정체성이 자신과 "다른 민족들"을 가르는 분명한 경계를 유지하는 데 달렸음을 알고 있었다. 그러면서도 그들은 동시에 편의상의 이유들 때문에 도시를 지배하는 문화에 순응하라는 강한 압력을 받고 있었다. 더구나 유대인 가운데 많은 이들은 그런 도시 문화가 내건 가치에 강한 매력을 느꼈다. 이런 문화의 가치들은 많은 부분 유대인이 가진 정신 및 성경 전통과 조화를 이루는 것처럼 보였다. 필론의 글을 보면 거의 모든 페이지에서 그런 딜레마를 감지할 수 있다. 그는 우아하고도 빼어난 수사를 자랑하는 그리스어로 글을 쓴다. 그러나 그가 성경 인명 해설서에 나올 법한 수준 이상의 히브리어를 알고 있었을지 의심스럽다.[177]

공을 거두었음은 로마법과 이런 개종을 막으려고 종종 시행한 치안 조치가 일러 준다. 이런 치안 조치의 효시는 기원전 139년에 코르넬리우스 히스팔루스가 유대인을 로마에서 추방한 조치였다(Stern 1974, no. 147a). 우리는 아직도 헬레니즘 시대 말기와 로마 시대 초기의 유대교 개종을 완전히 만족할 정도로 잘 다룬 자료를 갖고 있지 않다. 그러나 Kuhn 1959와 Kuhn-Stegemann 1962을 보라. 준(準)개종자인 "하나님을 경외하는 자"의 문제는 가령 Lake 1933; Feldman 1950; Hommel 1975; Lifshitz 1969, 95-96와 1970; Romaniuk 1964; Siegert 1973; Robert 1964, 39-47에서 많이 논의되었다. 근래까지도 무게 있는 증거는 그런 용어가 전문 용어로 사용되었음을 부인하는 것 같다. 대다수의 경우 θεοσεβής(하나님을 경외하는 자)는 개종자나 동조자에게 적용하든 밀레도의 극장 명문처럼 유대인 공동체 전체에 적용하든 단지 "경건한 자"를 의미할 뿐이다. 하지만 새로 발견된 아프로디시아스 회당 명문은 θεοσεβεῖς이 개종자 및 태생적 유대인과 구별되는 이들로 구성된 그룹을 가리키는 공식 명칭일 수 있음을 확인해 주는 것 같다(Mellink 1977, 305-306). 다만 모든 곳에서 이 말을 똑같은 용법으로 사용했다고 추측할 필요는 없겠다.

176 Diodor. *Sic. Bibl. hist.* 1.3 (= Stern 1974, no. 63). 가장 유명한 나병 환자 이야기가 아피온이 쓴 반(反)유대 논문에 실려 있었으며, 요세푸스는 이 논문에 답변을 내놓았다. Stern 1974는 압데라의 헤카타이오스에서 시작된 또 다른 사례들을 모아 놓았다. 또한 그가 1976년에 내놓은 개관서를 보라. 고대의 반유대 정서를 살펴보려면 Sherwin-White 1967, 86-101; Sevenster 1975을 보라.
177 I. Heinemann 1929-1932, 524-528를 보라.

그리스어는 로마 제국 안에 있는 모든 유대인 디아스포라 공동체가 사용한 언어였으며, 이를 증명하는 증거도 남아 있다. 더군다나 그가 쓴 작품은 오경(五經)을 구성하는 책들을 상세히 연구한 주석과 오경의 문장을 풀어 쓴 시리즈였지만, 그가 성경 내러티브와 율법에서 발견한 내용은 알렉산드리아에 있는 여러 학교에서 가르치던 이교도 도덕주의자와 철학자들이 전했을 법한 많은 내용과 대부분 같았다.[178] "그는 모세와 플라톤이 모두 본질상 같은 말을 했다는 확신이 들 때까지 모세의 관점에서 플라톤을 읽었고 플라톤의 관점에서 모세를 읽었다."[179] 동시에 필론은 유대인이 그 독특한 정체성을 보존해 온 것이 얼마나 중요한지 깨달았다. 발람은 이스라엘을 두고 이렇게 예언했다.

> 보라! 한 백성이 홀로 살 것이요[katoikēsei]
> 여러 민족 가운데 하나로 여김을 받지 않으리라.[180]

필론은 그 이유를 이렇게 설명했다. "그들의 거처가 다른 민족의 거처와 떨어져 있고 그들의 땅이 다른 민족의 땅과 분리되어 있기 때문이 아니라 그들이 가진 독특한 관습 덕분이었다. 그들은 이 관습을 다른 민족의 관습과 섞음으로써 조상의 길에서 떠나는 일을 하지 않는다."[181] 필론은 자신과 마찬가지로 제의와 축제를 "정신에 속한 것들의 상징"이라고 여긴 일부 유대인이 그 점을 이유로 내세워 자신들이 해야 할 일을 몸을 움직여 행하는 것을 무시한다는 점에 놀랐다. 필론은 그런 사람들이 마치 "사막에서 혼자 살

---

178 필론이 따랐던 헬레니즘의 정도와 종류를 놓고 많은 논쟁이 있었다. 이 문제와 관련하여 여전히 가장 확실한 안내서 가운데 하나가 바로 앞 주에서 인용한 Heinemann의 작품이다.
179 Goodenough 1962, 10.
180 민 22:9b(70인역).
181 *Mos*. 1,278, trans. F. H. Colson in the Loeb edition.

거나 몸을 떠난 영혼이라도 된" 것처럼 행동하면서 "도시나 마을이나 집안이나 사람들이 만든 협회[thiasos anthrōpōn]를 알지 못한다"고 말한다.[182]

필론이 크게 나무라는 개인주의는 필론 자신과 같은 사람, 다시 말해 부유하고 교양 있으며 "쓰는 말은 물론 영혼까지 그리스인"[183]이지만 유대인 공동체의 양가적 지위가 부여하는 한계에 짜증 난 사람이 받는 구체적 유혹이었다. 체리코버(Tcherikover)가 말하듯이 "이런 환경에서 이루어지는 문화 생활과 공공 생활에 참여하고 이런 세계 전체에서 어떤 역할이라도 맡기를 원하는 사람은 누구나 먼저 그리스 도시의 시민이 되어야 했다."[184] 필론과 같은 계급에 속한 사람들이 마음만 먹으면 쉽게 시민이 될 수 있었음은 의심할 여지가 없다. 하지만 그렇게 시민이 되면 유대인이라는 그들의 정체성은 어떤 대가를 치러야 했을까? 이에 대한 답은 겉으로 보이는 것만큼 간단하지 않다. 필론의 조카인 티베리우스 율리우스 알렉산더의 사례는 이미 언급했었다. 요세푸스의 말에 따르면 그는 적어도 남다른 이력 때문에 유대교를 포기해야 했다.[185] 그러나 유대인 개인이 그리스 시민권을 유지하면서도 대다수 유대인이 우상숭배라고 여겼던 행위에 직접 참여하지 않은 사례들이 있었을 수도 있다. 분명 후대에는 소아시아의 서부 도시에서 그런 일이 가능했다. 이를테면 사데 대회당에서 나온 명문은 사데 시민(Sardianoi)이며 심지어 시 행정장관인 회당 구성원들의 이름을 자랑스럽게

---

[182] *Migr.* 89-93; 89, 90에서 인용한 글(저자 번역).
[183] 아리스토텔레스가 한 번 만났다고 전해지는 유대인 같다: 솔리의 클레아르코스를 인용한 Josephus *C. Ap.* 1.180.
[184] Tcherikover 1961, 309.
[185] 필론의 작품에는 십중팔구 알렉산더를 언급하는 부분이 많다. *Mos.* 1.30-31가 그런 예다. Bassler 1979, 138-143는 필론이 정치인(*politicus*)으로서의 요셉을 흥미롭게도 모호하게 묘사한 초상은, Goodenough 1938, 21-33의 주장처럼 로마령 이집트 총독의 모델이 아니라, 티베리우스 알렉산더가 쌓은 것과 같은 이력, 말하자면 "조상에게서 물려받은 관습"보다 자신을 더 위에 놓고 "백성의 지도자에서 백성을 억압하는 독재자로" 변해 버린(*Somn.* 2.78-79) 이력에 반대하는 경고라고 주장했다.

기록해 놓았다.¹⁸⁶ 사도행전 저자도, 그가 들은 정보가 진실이든 허구든, 바울의 아버지가 다소 시민이자 로마 시민인데도 아들을 예루살렘에 보내 랍비 가말리엘 문하에서 공부하게 했다는 것이 적어도 신뢰할 만한 정보라고 생각했다.¹⁸⁷

그럼에도 1세기 초에 알렉산드리아 유대인―그리고 그들의 대변인 필론―을 골몰하게 만든 이슈는 유대인 공동체 전체가 그리스인과 똑같은 시민권을 소유할 것인가였다. 알렉산드리아의 이방인과 유대인은 이 이슈 때문에 계속 논쟁을 벌였고, 때로는 서로 폭력을 휘두르기도 했다. 우리가 관심을 갖고 있는 이 시기의 법률 문제를 해결한 것은 기원후 41년에 클라우디우스가 보낸 유명한 서신인데, 이 서신의 파피루스 사본은 20세기 첫 10년에 발견되었다. 클라우디우스는 유대인에게 그 조상에게서 물려받은 관습을 방해 받지 않고 계속 지킬 권리가 있음을 재차 확인해 주었다. 하지만 그는 그들에게 시민으로 인정받을 권리는 없다고 강하게 주장했다. 유대인들은 "자신들의 도시가 아닌 도시"에 거주하는 외인으로서 이미 누리고 있던 많은 혜택에 만족해야만 했다.¹⁸⁸ 이보다 증거가 훨씬 적은 다른 도시의 법적 상황도 크게 다르지 않았을 것이다. 하지만 분명 수 세기에 걸쳐 유대인과 이방인이 훨씬 화목한 관계를 유지해 온 사데 같은 곳에서는 유대인이 도시 생활에 참여하는 것을 제한하는 법률을 시도할 이유가 더 적었을지도

---

186 Kraabel 1968, 218-221. 아프로디시아스 명문(앞의 주163)이 출간되면 새로운 중요 증거를 더해 줄 것이다. 하지만 그 이전 시대를 이야기할 때는 신중해야 한다. 왜냐하면 셉티미우스 세베루스가 유대인이 이전보다 훨씬 더 쉽게 시 의회에 진출하여 봉사할 수 있게 해 줄 법을 분명 통과시켰기 때문이다[이는 Robert L. Wilken이 내게 환기시켜 준 내용이다. Wilken은 조만간 나올 그의 저작 *John Chrysostom and the Jews: Rhetoric and Reality in the Fourth Century* (University of California Press)에서 세베루스를 찬미하는 두 명문 *CII* 1.677과 2.972를 인용한다. Wilken은 이런 내용이 담긴 초고를 내게 보여 주었다]. 또한 Levine 1979, 656를 보라.
187 행 16:37-38; 21:39; 22:3, 25-29.
188 PLond 1912 in Bell 1924(=*CPJ* no. 153). Stern 1974, 1:399-403는 가장 중요한 자료들을 편리하게 모아 놓았다. Tcherikover 1961, 305-328는 이 이슈들을 간략하면서도 예리하게 논한다.

모른다.

알렉산드리아의 유대인들은 클라우디우스가 자신들의 청원에 대해 내놓은 답변에 실망했다(그들은 클라우디우스 전임자가 보인 반응 때문에 한동안 두려움에 떨기도 했다). 그러나 그들이 그 지역의 불만거리를 해결하고자 로마에 호소한 것은 중요한 의미가 있다. 그들이 로마에 호소하며 압박한 데는 두 가지 요인이 있었다. 하나는 그리스-로마 도시의 복합적 성격이었고, 다른 하나는 각 지역의 강력한 이익 집단을 균형 있게 조정하고 그들을 피후견인으로 삼아 충성을 얻어냄으로써 그 지역을 더 수월하게 통치하려는 로마의 정책이었다. 이 정책은 율리우스 카이사르와 아우구스투스가 도입한 것이었다. 결국 유대인들처럼 어느 정도 규모와 체계를 갖추었지만 그 지위가 양가적인 지역 공동체들은 제국과 후견인-피후견인 관계를 형성해야만 했다. 디아스포라 유대인들은 그렇게 했고, 그런 관계는 대체로 성공적이었다. 여태까지 학자들은 초기 기독교와 초기 유대교를 다루면서 일방적으로 팔레스타인에, 특별히 66-70년과 132-135년의 실패한 봉기에 초점을 맞춰 왔다. 그러다 보니 우리는 로마를 유대인과 한 하늘 아래서 살 수 없는 원수로 여기곤 한다. 요세푸스가 모아 놓은 문서와 필론이 정치를 주제로 쓴 두 논문를 비롯해 또 다른 증거는 오히려 여러 도시의 유대인들이 로마를 자신들의 보호자로 여기는 경우가 더 많았음을 일러 준다. 팔레스타인에서 두 차례 봉기가 일어나는 동안 디아스포라 유대인들은 혁명을 일으킨 동족 유대인들에게 직접 지원을 거의 하지 않은 것 같다. 혁명을 일으킨 이들이 패했어도 디아스포라 유대인들은 특별히 눈에 띄는 고초를 겪지 않았다. 심지어 이런 전쟁 기간에 유대 혁명이 불러일으킨 반(反)유대 정서를 악용하여 유대인들을 대적하는 이들이 나타나자 유대인들을 보호하고자 그 지역의 로마 관리들이 개입한 사건들이 있었다. 그중 가장 유명한 사건은 안디옥에서 일어났다. 67년에 한 유대인 변절자가 안디옥 도시를 불태우려는 음모가 있다고 주장하여 사람들이 자기 동족을 학살하도록 부추겼다(그의 아버지는 안디옥 유대인 공동체의 대표였다). 그러다 얼마 후[189] 70/71년에 정말로 화재가 일어나자 새로운 적대 행위가 유대인들을 대상으로 벌어졌다. 하지만 임시 총독으로 와 있던 그나이우스 콜레가는 안디옥 시민들을 제압하는 데 성공했고, 조사를 통해 유대인들의 결백을 증명했다. 이에 불만을 품은 안디옥 시민들은 그해 봄에 마침 시리아에 와 있던 티투스 황제에게 유대인을 추방하든지 아니면 적어도 유대인이 누리는 특권을 박탈해 달라고 청원했다. 황제는 이 청원을 거절하면서 "안디옥 유대인의 지위를 이전과 똑같이 유지하라"고 명령했다.[190] 분명 로마의 통치는 언제나 자비롭고 친절하지만은 않았다. 로마는 유대인들이 112-115년 사이에 이집트와 키레나이카에서 일으킨 봉기를 무자비하게 진압했다. 그 결과로 북아프리카 대다수 지역에서는 유대인 공동체가 그야말로 말살되었다.[191] 그러나 이 전쟁을 비롯해 20년 후에 팔레스타인에서 바르 코흐바가 패퇴하여 몰락한 사건도 다른 속주의 도시에 살고 있던 유대인들의 상황에는 큰 영향을 미치지 않았다. 대체로 디아스포라 유대인들은 자신들 가운데 한 사람(비록 그리스도인 분파로 개종하긴 했지만)이 로마에 있는 그의 동료들에게 권면한 것과 같은 방식으로 로마의 권력에 대해 신중한 입장을 취했다. "통치자는 선한 행동이 아닌 악한 행동에 두려움이 된다. 너희는 권위를 가진 자를 두려워하지 않고 싶으냐? 그렇다면 선한 일을 하라. 그러면 네가 그의 인정을 받으리니 이는 그가 하나님의 종으로서 네게 선을 베풀기 때문이다"(롬 13:3-4).[192]

---

189 Smallwood 1976, 362-363는 *Ant* 12.120을 근거로 삼아 로마 특사인 무키아누스가 유대인의 기본 권리를 회복시켜 주고자 67-69년 사이 어느 시점에 개입했음을 설득력 있게 주장한다.
190 Josephus, *JW* 7.40-62, 100-111(인용문은 Thackeray 역본 111에서 가져왔다). Smallwood 1976, 361-364; Meeks-Wilken 1978, 4-5의 논의를 보라.
191 Appelbaum 1961, 1979.
192 이제는 롬 13:1-7을 십중팔구 그리스어를 사용하던 지역 회당에서 형성되었다가 나중에 그리스도인들이 받아들인 권면을 담은 전승의 일부로 여기는 것을 타당하게 받아들인다. 가령 Käsemann

도시에 사는 유대인의 경제 지위를 알려 주는 증거는 뿔뿔이 흩어져 있으며, 이 중에는 후대에 나온 것도 많다. 그러나 현재 남아 있는 증거는 유대인들이 대다수 지역에서 모든 지위와 직업에 두루 퍼져 있었음을 보여 준다.[193] 예를 들면 시몬 애플바움(Shimon Applebaum)은 키레나이카에 사는 유대인 가운데 부유한 지주였던 유대인 몇 사람을 찾아냈다. 구레네, 테우케이라, 프톨레마이스에 있던 청소년 훈련소(ephebate)가 이들의 아들을 받아들인 점을 통해 이들이 부유한 토지 소유자임을 알 수 있다. 그뿐만 아니라 애플바움은 거기에 살던 유대인 가운데 가난해진 임차농, 노예들, 석공 한 명, 토기 등잔 제조공들, 화가들도 발견했으며 선원과 화폐 주조공으로 보이는 이들도 찾아냈다.[194] 명문과 파피루스, 그리고 문학 텍스트와 법률 텍스트에 나오는 장인의 숫자는 특히 주목할 만하다. 아프로디시아스에서 새로 발견된 회당 명부에는 금세공 장인 한 명, 동세공 장인 한 명, 제과업자 두 명, 새 사냥꾼(?) 한 명, 청과업자일 가능성이 있는 사람 한 명이 포함되어 있다. 아울러 이 명부에 각각 '하나님을 경외하는 자'(theosebeis)로 올라 있는 사람 중에는 동세공 장인들, 축융공(縮絨工)들, 석공들, 자주 염료 상인 혹은 자주 염색공 한 명, 목수 두 명, 환전상(?) 한 명, 소시지 만드는 사람 한 명, 팔찌를 만드는 사람 한 명이 포함되어 있다.[195] 토세프타(Tosefta: 유대교 구전 전승 모음집-역주)에는 알렉산드리아 대회당에 은세공 장인, 대장장이, 베 짜는 사람, 양탄자 만드는 사람 같은 이들로 구성된 길드들을 위한 특별석이 따로 있었다는 전승이 보존되어 있다.[196] 아울러 히에라볼리(브

1961; Bergmeier 1970을 보라.
[193] Applebaum 1976, 701-727이 개관한 내용을 보라.
[194] Ibid., 709-711.
[195] 이 명문이 출간될 때까지는 이 사람들이 누구인지 밝힌 이 내용을 잠정적 상태로 유지한다. 나는 Joyce Reynolds 박사가 아주 친절하게도 손으로 옮겨 적어 전해 준 기록을 참고했으며, 그녀와 Kenan T. Erim 교수의 허락을 받아 이 기록을 인용했다.
[196] TSukkah 4:6, 또한 bSukkah 51b, pSukkah 5:1, 55a. Applebaum 1974, 703를 보라. 그는 로마가

루기아)와 코르키로스(길리기아)에서도 길드가 회당과 유대 관계를 맺고 있었다는 증거가 있으며, 아마 다른 지역에서도 그러했을 것이다.[197] 유대 상인을 언급하는 자료는 그 숫자가 더 적지만 아예 없지는 않다. 애플바움은 필론과 형제지간이자 티베리우스 율리우스 알렉산더의 아버지였던 세관장 알렉산드로스가 보디올에 저축해 둔 돈이 있었다는 이유로 그의 엄청난 재산 가운데 일부는 틀림없이 상업을 통해 이루어졌으리라고 주장하는데, 이 주장은 독창적이긴 하지만 설득력은 없다.[198] 당시 유대인 가운데는 당연히 그보다 적은 수준의 부를 가진 무역상이 많았는데, 칼리굴라 치세기에 알렉산드리아에서 일어난 폭동으로 말미암아 농민 및 장인(geōrgoi, technitai)과 마찬가지로 삶의 토대를 빼앗긴 선주(船主)와 상인(naoukleroi, emporoi)이 이에 속한다.[199] 따라서 우리가 지금 관심을 보이는 도시들을 방문한 사람이라면 사실상 그 사회 모든 계층에서 유대인을 발견했을 것이다. 유대인 공동체 구성원인 동시에 그리스식 도시 거주자였던 유대인의 삶에 영향을 미친 양가성은 그들이 사는 장소에 따라 다소 차이가 있었으며,[200] 그들의 재산과 지위에 따라서도 상당한 차이가 있었을 것이다.

길드를 적대시한 것으로 보아 길드 자체가 틀림없이 로마 통치 이전에 생겼으리라고 생각한다. 아울러 그는 이런 협회가 "당국의 압력을 피하고자 일부러 회당 체제에 통합되었을" 수도 있다고 생각한다. 그러나 이런 생각은 단체, 특히 로마에서 가장 큰 영감을 얻었던 전문 직업 단체에 대한 당국의 거부감을 과장한다.

197 Hengel 1966, 171-172.
198 Josephus *Ant*. 18.160; Applebaum 1976, 705-706. Applebaum도 델로스섬에 있는 유대인 회당은 십중팔구 "알렉산드리아-델로스-보디올 삼각 지대에 근거한 해상 교역"이 존재했음을 증명하는 증거라고 생각한다(706).
199 Philo *Flacc*. 57.
200 Kraabel은 이 점을 거듭 훌륭하게 주장했다. 특히 최근에 나온 Kraabel, 1981이 그렇다.

바울계 기독교의 도시

바울이 자신의 선교를 요약한 글은 "예루살렘에서 일루리곤까지" 이르는 초승달 지역을 언급한다(롬 15:19). 이 초승달 지역의 양 끝 지점은 문제가 있다. 사도행전은 바울이 회심한 직후 예루살렘에서 말씀을 전했다고 말하지만(9:26-30), 바울은 이 시점에 자신과 예루살렘의 관련성을 적극 부인할 뿐 아니라(갈 1:17-24), 사도행전은 물론 바울 서신도 바울이 일루리곤에서 펼친 활동을 일체 언급하지 않는다.[201] 하지만 바울이 예루살렘을 출발점으로 하여 수사를 구사한 데는 그럴 만한 이유가 있다. 사실 바울이나 그의 동역자들이 달마티아나 모에시아까지 들어가진 않았다 하더라도, 마케도니아에서 폭넓은 활동을 펼쳤으니 일루리곤 지역의 경계까지 이르렀을 것이다.[202] 그럼에도 우리가 안고 있는 난제는 우리에게 주어진 자료가 바울계 선교사들의 선교 운동에 관한 정보를 충분히 제공하지 않는다는 점을 상기시킨다. 진정한 바울 서신(바울 이름을 빌린 타인이 쓴 서신이 아니라 정말로 바울이 쓴 서신-역주)의 저작 기간은 바울 생애에서 10년이 채 되지 않는다. 이 서신들은 그가 그리스도인으로 활동한 세 시기 중 마지막 시기에 기록되었으며, 이 서신들이 보고하는 여행 계획도 파편적이다. 사도행전 기사는 더 체계적이지만, 사도행전이 그럴듯한 순서로 기록한 내용 가운데 많은 부분은 정확한 자료보다는 저자의 추론과 신학적 의도(이를테면 예루살렘의 중심성을 강조하려는 의도)에서 나온 것이다. 그렇다고 해도 진정한 바울 서신과 제2 바울 서신(deutero-Pauline letters: 바울의 사상과 신학을 물려받은 바울 후대 사람이 바울 이름을 내세워 쓴 서신-역주)을 활용하고 이 서신들을 사도행전에서 얻은

---

[201] 디도가 달마티아로 갔다고 말하는 딤후 4:10은 예외다.
[202] 그러나 Helmut Koester 교수는 보통 일리리아로 갈 때는 마케도니아를 거치지 않고 서쪽에서 갔을 것이라고 내게 일러 주었다.

정보로 신중하게 보완한다면, 바울과 그 동역자들이 활동했던 주요 장소의 전반적 그림을 얻을 수 있다. 침묵에 근거한 논증은 매우 위험하다. 우리는 바울이 쓴 서신이 얼마나 많이 사라졌는지 모르기 때문이다.

예루살렘에서 일루리곤에 이르는 초승달 지역의 많은 곳에서 나온 자료를 토대로 바울과 그 동역자들이 펼친 선교 활동을 보고하거나 추론할 수 있지만, 이 지역에서 그들이 나중에 그리스도인 회중을 유지하려고 펼친 활동을 일러 주는 증거는 거의 존재하지 않거나 아예 없다. 결국 그런 곳에 있던 기독교가 1세기에 든든히 세워졌다고 할 때 그 기독교가 과연 바울계 기독교의 독특한 특징을 지니고 있었는지 여부는 여전히 확실치 않다. 갈라디아서 1:17에 따르면 바울은 회심 직후에 다마스쿠스에서 (나바테아 원주민 왕들이 통치하던 다마스쿠스 남부 혹은 동부를 가리키는) "아라비아"로 갔다. 사도행전은 이 활동이나 이것이 불러일으킨 아레타스왕 휘하 행정장관의 적대감을 일체 보고하지 않는다(고후 11:32-33; 행 9:19-25과 대조해 보라). 그러나 추측하건대 바울은 예루살렘을 처음 방문하기 전에 보낸 이 "3년"(현대 계산법을 따르면 아마 2년을 조금 넘는 기간일 것이다. 갈 1:18)을 나바테아 왕국 영역에서 보냈을 것이다. 왜냐하면 바울이 다마스쿠스에서 왕이 보낸 별동대에게 추격을 받아 그곳을 빠져나간 일은 그가 돌아온 직후에 일어난 일임을 쉽게 알 수 있기 때문이다. 여기서는 바울과 다마스쿠스 그리스도인들이 그 후에 접촉했는지에 대해서나 "아라비아"에 있던 회중에 관해 일언반구도 언급하지 않는다.

바울이 다음 14년(또는 13년, 만일 두 시기를 바울이 회심한 때부터 계산하면 11년밖에 되지 않는다. 갈 2:1)을 보낸 장소는 더 문제가 많다. 바울은 자신이 오직 시리아와 길리기아에서 활동한 일만 이야기한다(갈 1:21. 사도행전에 따르면 바울이 길리기아에서 태어났다). 하지만 학계의 전통대로 바울의 두 번째 예루살렘 방문과 사도행전 15장이 말하는 "사도 공의회"를 같은 시점에 일어난 일로 생각해서 사도행전과 갈라디아서를 조화시키는 방법을 따르려면 바울이 키프로스에서 한 설교(행 13:4-12), 비시디아 안디옥에서 한 설교(13:14-52), 루가오니아 지방 도시인 이고니온, 루스드라, 더베에서 한 설교(14:1-20)도 그 시기에 한 활동에 포함시켜야 한다. 몇몇 학자는 존 녹스(John Knox)의 제안을 따라 바울이 갈라디아, 마케도니아, 그리스, 아시아 등에서 펼친 활동도 대부분 예루살렘 사도 공의회보다 앞서 이루어졌다고 본다.[203] 그 시기가 언제든 바울 기독교는 바로 이 후자 지역에서 뿌리를 내려 생명을 이어 갔다. 사도행전의 선교 여행 순서에 따른 소위 제1차 선교 여행이 그 여행 이후에도 계속 이어진 결과를 낳았다고 일러 주는 증거는 거의 없지만, 사도행전 저자가 바울 일행의 귀환 여행을 요약해 놓았다는 것은 루스드라와 이고니온과 비시디아 안디옥에서 회심자가 생겼으며 이들 가운데 회중이 조직되었음을 전제한 것이라 하겠다.[204] 물론 이런 설명은 사실상 당시 로마의 갈라디아 속주에 속했던 이 세 지역이 바울이 "갈라디아인에게" 쓴 서신에서 수신지로 지목한 장소가 아닐 경우에만 타당하다.[205]

마케도니아와 그리스 그리고 소아시아 서부와 중부의 경우는 완전히 다르다. 마케도니아 속주에서는 빌립보에서 복음을 전하기 시작했다. 바울과 실루아노와 디모데는 비록 거기서 적의를 경험했지만(살전 2:2; 행 16:12-40), 그들이 거기에 세운 회중은 이후 바울이 이끄는 무리가 펼친 선교 활동에서 아주 특별한 "동반자"(*koinōnia*) 역할을 담당했다. 그들이 한 역할 중에는 데살로니가와 아가야 선교를 도울 재정 지원과 바울이 나중에 옥고를 치를

---

[203] Kümmel 1973, 252-255; Knox 1950, 74-88; Dupont 1955; Caird 1962, 605-607; Hurd 1976; Jewett 1979; Lüdemann 1980*a*를 보라.
[204] 행 14:22, "제자들의 마음을 굳게 하여"; 14:23, "각 교회에서 그들을 섬길 장로들을 세워." 행 20:4은 이후에 바울이 그리스에서 마케도니아를 거쳐 아시아까지 이어 간 선교 여행 때 그와 동행했던 사람의 명단을 담고 있다. 이들은 베뢰아, 데살로니가, 더베, 그리고 아시아(에베소?) 출신이다. 행 20:7-12도 드로아에 있던 그리스도인 그룹에 관해 일러 준다.
[205] 이 책 98-105를 보라.

1장 바울계 기독교의 도시 환경

때(마지막 옥살이?) 재정 지원으로 옥바라지를 한 일도 포함된다(고후 11:8-9; 빌립보서 곳곳, 특히 4:15-18). 이들은 또 바울이 예루살렘 그리스도인들을 위해 거둔 연보에도 일찍부터 아주 열심히 동참했다(고후 8:1-6; 9:2-4; 롬 15:26). 선교의 길은 빌립보에서 남쪽으로 뻗어 있었다. 데살로니가에서 그룹들이 형성되었다(살전 2:2; 행 17:1-9). 이들은 바울과 그의 동역자들이 쓴 서신 가운데 여태까지 보존된 것 중 가장 이른 시기에 나온 서신을 받게 된다. 데살로니가에 이어 베뢰아(행 17:10-14)와 아테네(17:15-34)에서도 그룹이 형성되었는데, 오직 사도행전만이 이를 증언한다. 바울 서신에서 유일하게 아테네를 언급한 본문은 데살로니가전서 3:1인데, 이곳도 단지 디모데가 데살로니가의 상황을 살피고 돌아올 때까지 바울이 거기서 얼마간 기다렸다는 사실만 확인해 줄 뿐이다.

바울의 그리스 여행 최남단 지점은 고린도였다(행 18:1-17). 그는 이곳에 교회를 세웠는데, 우리는 이 교회 사정을 아주 자세히 알고 있다. 이는 그가 이 교회와 몇 차례 소식을 주고받았기 때문인데, 고린도전서와 고린도후서가 이를 증명하며 그 내용 중 일부를 담고 있다. 로마서 16:1에는 "겐그레아 교회의 일꾼(*diakonos*)"으로 뵈뵈를 추천한다는 말이 나오는데, 이 추천사는 고린도 동쪽 항구에도 회중이 세워졌음을 일러 준다. 아울러 고린도후서 1:1은 "아가야 전체에" 다른 회중들이 더 있었음을 시사한다. 사도행전은 바울이 에베소에 기독교를 소개한 인물이라고 믿지 않지만, 그래도 그와 그의 동역자, 특히 브리스가와 아굴라가 거기서 광범위한 사역을 펼쳤다고 이야기한다(행 18:19-21, 24-28; 19:1-40). 바울은 바로 거기서 그가 고린도에 보낸 현존 서신 가운데 첫 서신을 써 보냈으며(고전 16:8), 또 모종의 심각한 고초를 경험했다(고후 1:8-11; 참고. 고전 15:32). 이 때문에 일부 학자들은 바울이 잠시 옥에 갇혔으며 어쩌면 거기서 빌레몬과 빌립보인들에게 서신을 써 보냈을 수도 있다고 추측한다. 사람들이 에베소를 바울의 무리가 이후에 펼친

활동의 중심지로 간주해 온 것은 어느 정도 타당성이 있다.[206]

사도행전은 소아시아 서부의 리쿠스 계곡, 골로새, 라오디게아, 히에라볼리에 있던 교회는 언급하지 않는다. 그러나 진정한 바울 서신인 빌레몬서와 바울의 제자가 골로새 사람들에게 보낸 서신은 이 지역이 바울의 활동 영역 안에 있었음을 알려 준다(골 4:12-17; 몬 1-2, 23-24절). 목회 서신이 제시하는 지리 관련 설명을 얼마만큼 신뢰해야 할지 그다지 확신이 서지 않는다. 무엇을 위해 이렇게 했는지는 모르겠지만, 2세기 저자는 바울 일행을 에베소(딤전 1:3; 딤후 4:12), 갈라디아 혹은 지명을 달리 적은 사본에서는 갈리아(딤후 4:10), 달마디아(딤후 4:10), 드로아(딤후 4:13), 고린도(딤후 4:20), 밀레도(딤후 4:20), 크레타(딛 1:5), 니고볼리(딛 3:12)와 연계시킨다.

우리가 이용할 증거를 바울과 그의 측근 동역자들이 쓴 서신으로 제한한다면 바울의 복음 운동이 적어도 로마 제국의 네 속주, 곧 갈라디아, 아시아, 마케도니아, 아가야를 그 근거지로 삼았음을 알 수 있다. 각 속주에 속한 도시들의 가장 뚜렷한 특징을 언급하는 부분이 몇 군데 있는데, 이는 우리가 다음 부분의 연구를 진행할 무대를 마련하는 데 도움을 줄 것이다.

바울이 서신 한 편을 써 보냈으며 고린도 그리스도인들에게 언급한 교회인 "갈라디아 교회"(갈 1:2; 고전 16:1)의 위치는 확실하게 판단할 수가 없다. 다른 경우를 보면 비록 바울이 "갈라디아와 아가야에 있는 신자"(살전 1:7; 참고. 롬 16:26; 고전 16:15; 고후 9:2; 11:9-10)나 아시아 속주에 있는 신자(롬 16:5; 고전 16:19)라고 말하긴 하지만, 그의 서신은 특정 도시에 있는 그리스도인에게 써 보낸 것이다. 그러나 바울 서신은 그 어디서도 갈라디아 속주에 속

---

[206] Hans Conzelmann 1965은 거기에 사전적 의미의 학교에 해당하는 바울학교가 만들어졌다고 주장했지만, 이 책 3장 주45에서 인용한 비판을 보라. "에베소인들"에게 전하는 글에 "에베소에"(ἐν Ἐφέσῳ)라는 말이 들어 있다는 사실에서 신뢰할 만한 결론을 끌어내기는 불가능하다. 더 나은 사본 증거를 보면 에베소서는 애초부터 수신지를 특정하지 않은 회람 서신이며, 십중팔구는 위명 저자가 쓴 것으로 보인다. Dahl 1951 그리고 반대 견해는 Lindemann 1976을 보라.

한 도시를 언급하지 않는다. 게다가 사도행전의 설명은 이 수수께끼 같은 상황을 더 복잡하게 만들 뿐이다. 사도행전은 바울과 그의 동역자들이 비시디아 안디옥, 이고니온, 루스드라, 더베에서 복음을 전했다고 서술한다. 이 네 식민지는 아우구스투스 치세기에 이 속주 초대 총독이었던 마르쿠스 롤리우스가 시행한 로마화 계획의 일부로 건설된 로마 식민지였다.[207] 하지만 사도행전 저자는 이 지역들을 가리키는 말로 갈라디아라는 명칭을 사용하지 않고, 민족 거주 지역을 나타내는 용어인 비시디아와 루가오니아를 사용한다.[208] 더구나 사도행전은 "브루기아와 갈라디아 땅"을 지나간 여행을 보고한다(16:6). 그리고 비록 선교 활동을 보고하거나 특정 장소를 언급하지는 않지만, 나중에 바울 일행이 돌아오는 여행 중에 같은 지역에서 "모든 제자를 굳건하게 했다"라고 이야기한다(18:23).

학자들이 널리 주장하는 한 가지 해결책은 바울 사신에 나오는 "갈라디아 사람들"을 그냥 사도행전이 언급하는 갈라디아 속주 중앙부에 있던 로마 식민지에 거주한 그리스도인과 같다고 보는 것이다. 이러한 견해는 특히 사도행전과 바울 서신의 조화를 가장 중요한 문제로 간주했던 학자들 사이에서 인기를 끌었다.[209] 하지만 방금 보았듯이 이런 가설은 사실 사도행전이 제시하는 증거를 제대로 설명하지 못한다. 왜냐하면 사도행전이 이 도시들을 "갈라디아" 지방의 도시라고 부르지 않기 때문이며, 사도행전 16장의 순서가 이 도시들과 "갈라디아 땅"이 별개임을 암시하기 때문이다. 바울 같은 경우 혹자는 그가 아마 루스드라의 그리스도인을 3인칭 화법으로 "갈라디아에 있는 교회들"이라고 불렀을 수도 있다고 주장할 수 있다. 하지만 그가

---

[207] Levick 1967, 34-38; Magie 1950, 1:453-467.
[208] 사도행전은 필시 그 이웃에 있는 시데(Levick 1967, 26; Magie 1950, 1:434)처럼 갈라디아 속주의 일부였을 버가도 "밤빌리아에" 있다고 말한다(13:13).
[209] Betz 1979, 4는 이를 올바르게 지적한다. 소위 갈라디아 남부 가설을 옹호하는 이들의 일부 명단과 양쪽이 제시하는 논지의 개요를 살펴보려면 Kümmel 1973, 296-298를 보라.

그들을 "**오, 갈라디아 사람들이여!**[오, 켈트인들이여 혹은 오, 갈리아 사람들이여]"(갈 3:1)라고 불렀을 것이라고 상상할 수는 없다. 심지어 아우구스투스도 그의 『위업록』(Res gestae)에서 자신이 이 식민지를 세운 일을 보고하면서 이곳을 "갈라디아"가 아니라 "비시디아"라고 부른다.[210]

결국 우리에게는 다소 곤란한 두 가지 사실만 남는다. 우선 현존하는 바울 서신은 로마의 갈라디아 속주에 속한 비시디아와 루가오니아 지역의 도시인 안디옥, 이고니온, 루스드라, 더베를 일체 언급하지 않지만 사도행전은 이를 언급한다. 아울러 바울이나 사도행전은 바울이 갈라디아의 어느 도시나 도시들에 좁은 의미의 민족 중심적 공동체를 세웠는지 일러 주지 않는다. 우리는 그곳을 추측할 수밖에 없지만, 증거는 마르쿠스 안토니우스가 조직한 세 부족 "공화국"의 수도인 타비움(옛 켈트족인 트로큼족의 수도), 페시누스(톨리스토보기족의 수도), 앙키라(텍토사기족의 수도) 중 한 곳 또는 그 이상을 가리킨다. 마르쿠스 롤리우스는 앙키라(지금의 앙카라)를 그 속주의 수도로 삼았다. 이 세 소도시는 아나톨리아고원 중앙에 있다. 이곳에서 약탈을 일삼던 켈트족의 여러 부족이 헬레니즘 시대에 드라게를 거쳐 아래로 내려와 정착했는데, 이들을 정착시킨 이는 십중팔구 비두니아의 니코메데스 1세, 본도의 미트리다테스, 시리아의 안티오코스 1세였을 것이다.[211] 이곳들이 서로 떨어져 있긴 하지만 로마의 도로 덕분에 마음만 먹으면 얼마든지 갈 수 있는 거리였으므로, 도시 간 거리는 바울이 말하는 갈라디아와 이곳을 서로 동일시하는 데 큰 장애물이 되지 않는다. 한 길은 타비움과 앙키라를 지나 서쪽 사데에 이르고, 동쪽으로는 메갈로볼리로 이어지며, 남쪽으로는 멜리

---

[210] Levick 1967, 33-34. Levick이 지적하듯이, 사실은 이 식민지들이 모두 옛 비시디아 지역 안에 있지는 않았다. 하지만 비시디아가 군사적 면에서 안전했다는 점이 이 식민지들이 존재한 주요 이유 가운데 하나였음을 고려하면 아우구스투스가 이곳들을 이렇게 부르는 것이 자연스러웠을 것이다.
[211] Magie 1950, 1:6; Jones 1971, 113-114.

테네, 북쪽으로는 사탈라와 니고볼리로 이어진다. 또 다른 길은 앙키라에서 니고메디아로 이어지고, 시노페에서 다소로 가는 길은 타비움을 지난다.[212] 분명 아우구스투스와 그의 후계자들은 이 도시들을 중요시하기엔 너무 멀다고 생각하지 않았다. 이유는 달랐지만 바울도 이에 동의했다.[213]

갈라디아 서쪽은 아시아 속주였는데, 그 역사와 문화가 아주 달랐다. 해안 쪽은 그리스 사람들이 청동기 시대에 식민지로 삼았으며, 내륙 지방에는 루디아 문명과 브루기아 문명 같은 고대 문명이 있었다. 이 영역 대부분을 통합한 자는 버가모를 통치했던 아탈로스 왕조의 왕들이었다. 이 왕조의 마지막 왕으로서 기원전 133년에 죽은 아탈로스 3세는 스스로 왕국을 로마인들에게 넘겼다. 어쩌면 그의 의도는 개인 재산은 로마에 넘기되, 자기 영역 안에 있던 도시들은 자유시로 만들려는 것이었을지도 모른다. 그러나 이후에 왕을 참칭한 아리스토니코스와 전쟁이 일어나고 그다음 세기에는 본도의 미트리다테스 4세와 전쟁이 일어나면서, 로마인이 그들이나 아탈로스가 예견한 것보다 더 깊숙이 이 지역 통치에 개입하게 되었다.[214] 이곳은 원

---

212 Chevallier 1972, 141-142. Ollrog 1979, 55-56, n. 256의 논지는 다소 다르다. 그는 바울이 안디옥에서 바나바와 헤어질 때부터 로마로 곧장 가려고 했으며, 아나톨리아고원에서 일할 때가 전환점이었으리라고 주장한다. 그러나 가설과 증거가 대립할 때 가설이 증거를 배척하게 하는 방법은 신뢰하기 어렵다. 다른 방향(서쪽)에서도 갈라디아에 접근할 수 있음을 알아보려면 Lucian *Alex.* 10를 참고하라.

213 바울이 처음으로 갈라디아에 도착했을 때를 보면 보통 때와 다른 무언가가 있는데, 이는 그 지역이 그가 아주 자연스럽게 이용하던 여로에 있지 않았음을 암시하는지도 모른다. 하지만 이 지점에서는 바울이 쓴 δι᾽ ἀσθένειαν τῆς σαρκὸς ("육의 약함으로 말미암아", 갈 4:13)과 관련하여 사람들이 제시한 그 어떤 정교한 설명도 사실상 우리의 무지에 도움을 주지 못한다. 사도행전 저자가 단지 "갈라디아 시골[χῶρα]"이라 언급한다는 사실(16:6, 18:23)은 이 저자가 바울이 거기서 농촌 지역에서만 선교 활동을 펼친 것으로 생각한다는 점을 암시하는지도 모른다. 사실 갈라디아 지역의 도시화는 더뎠다. "갈리아 사람들은 시골 사람들이라 도시 생활에는 흥미가 없었다"(Jones 1971, 117). 그러나 폼페이우스는 이런 농촌을 조직하여 도시(πόλεις)로 만들었으며, 도시에서는 상류 계급이 그리스식 생활 방식을 신속히 받아들였다. 바울 서신은 그리스어로 기록되었는데, 이는 그리스어를 이해할 수 있고 그리스어의 섬세한 수사를 제대로 인식할 수 있는 회중을 전제한다. 갈라디아 시골에는 오래된 부족 언어가 5세기 말까지 존속했다(ibid., 121).

214 Jones 1971, 57-63.

로원 속주로 편입되었고 집정관 반열에 있는 총독이 부임했는데, 총독은 에베소에 거주했다. 브루기아와 키비라티스가 본래 영토에 병합되면서 결국 이 속주는 오늘날 잉글랜드보다 좀더 큰 영역을 갖게 된다.[215] 로마가 이곳을 차지했을 때 내륙의 고을들은 서쪽 해안의 그리스풍 도시들과 그 모습이 달랐으며 다음과 같이 몇 가지 유형으로 나눌 수 있다.

3세기 말 '폴리스'라는 자치 제도가 있던 고대 아시아 도시, 오래된 고을을 대체한 셀레우코스 왕조의 근거지, 전략상 중요한 지역을 통제할 목적으로 건설된 버가모 정착지, 본디 신전이 있던 마을이었지만 도시로 커진 공동체. 이 외에도 농촌 마을의 중심지들도 있었는데, 이들은 때로는 "왕의" 영역에, 때로는 "신성한" 영역에 있었다. 이곳들은 점점 더 조직화되면서 도시화가 진행되었고 시골 마을에서 그리스의 '폴리스'와 다소 비슷한 공동체로 발전했다.[216]

로마 공화정이 몰락하면서 기사 계층에 속한 징세권 보유자(tax-farmers)의 늑탈도 막을 내렸다.[217] 옥타비아누스가 악티움에서 승리한 후 125년간 상대적으로 평화롭고 황제가 도시화를 장려하는 시간이 이어지면서 아시아 속주 도시들은 그들이 이전에 알던 것보다 훨씬 더 큰 번영을 구가했다.[218]

우리가 아시아의 바울계 공동체가 있던 곳으로 알고 있는 도시들은 모두 당시에 온 세상이 누리던 번영에 동참했다. 모든 도시가 교역 중심지였다. 이 점은 특히 리쿠스 계곡에 있던 도시군(都市群)에서 분명하게 드러난다. 그리고 마침 바울의 이름으로 이 도시 중 한 곳에 보낸 서신이 이 도시

---

215 Magie 1950, 2:1059, n. 39: 13만 4,884제곱킬로미터.
216 Ibid., 1:146. Magie의 책 chapter 5 전체(119-146)와 Jones 1971, 28-94를 참고해야 한다.
217 Magie 1950, 1:406-407.
218 Ibid., 583-584.

들, 곧 골로새와 라오디게아와 히에라볼리에 있던 그리스도인 공동체를 우리에게 알려 준다.[219] 이 도시들이 두드러지게 된 것은 양모 산업 때문이었는데, 그 중심지는 라오디게아였다. 라오디게아는 세 도시 가운데 가장 중요했으며, 이 세 도시가 속한 순회 법원(*diokēsis/conventus*)의 본거지이기도 했다. 한편 로마 시대에 이 세 도시 중 가장 작은 곳은 골로새였다.[220] 그러나 골로새도 그 이전에는 브루기아에서 대단히 중요한 도시였다.[221] 라오디게아와 히에라볼리에서 발견된 명문(골로새는 아직까지 발굴되지 않았다)은 이 지역에 많은 상인 협회와 수공업자 협회가 있었고, 이런 협회가 이 도시의 삶에서 중요한 역할을 담당했음을 보여 준다. 이 협회에는 "가장 위엄 있는 양모 세탁업 길드", 축융업자, 염색업자 같은 이들처럼 모 생산업과 직접 관련이 있는 이들은 물론 대장장이, 못 만드는 사람, 정원사 등 다른 직업 종사자들도 포함되었다.[222]

당연히, 멘데레스 계곡 근처 카이스트로스강 가에 위치하며 이 속주의 행정 중심지로서 항구를 갖춘 에베소는 이 속주의 거의 모든 지역에서 급성장하던 교역의 혜택을 입었다. 심지어 아탈로스 왕조의 지배를 받았을 것으로 추정되는 상황에서도[223] 자유시(곧 그리스 헌법과 더불어 자체 법규를 가진

---

219 골 1:2; 2:1; 4:13-16; 라오디게아의 경우는 또한 계 1:11; 3:14을 보라. 빌레몬서도 골로새에 보낸 서신이다. 그러나 골로새서가 없었다면 우리는 이런 사실을 몰랐을 것이다. 이 때문에 우리는 어떤 서신이 진정한 바울 서신임을 거의 보편적으로 인정받기 위해서는 십중팔구 위명으로 쓰인 서신에서 얻은 정보를 근거로 삼아야 하는 곤경에 빠져 있다.
220 초기 기독교 역사 속에 존재했던 많은 소소한 아이러니 가운데 하나는 신약성경에서 골로새가 훨씬 더 크게 다가온다는 점이다. 이는 바울의 이름으로 거기에 보낸 두 서신은 남아 있는 반면, 라오디게아에 보낸 한 서신(골 4:16)은 남아 있지 않기 때문이다.
221 Lightfoot 1879, 16는 스트라본이 이미 골로새를 "작은 도시[πόλισμα]"라고 언급했으며, 바울과 같은 시대 사람인 대(大)플리니우스도 **"이미 언급한 도시들 외에** (브루기아)에서 가장 유명한 도시" 가운데 골로새를 포함시킬 때 스트라본의 주장과 상충되는 주장을 하지 않는다[*HN* 5.(41)145]고 지적한다. 이는 그가 이미 히에라볼리, 라오디게아, 아파메이아, "그리고 이보다 훨씬 덜 중요한 곳들"을 언급했기 때문이다. Lightfoot의 논문 "The Churches of the Lycus"(1-72)는 아직도 중요하다.
222 Lightfoot 1879, 4; Jones 1971, 73-74.
223 Magie 1950, 1:117.

도시)였던 에베소는 해안에서 내륙까지 미치는 아주 넓은 영역을 소유했다. 사람들이 고대 7대 불가사의 가운데 하나로 여기는 에베소의 아르테미스 신전의 명성은, 사람들의 이동을 통해 다른 수많은 종교 제의가 이 도시에 유입되었어도 절대 줄어들지 않았다. 예를 들면 상거래가 이루어지던 (아래쪽) 아고라 근처에 자리 잡은 웅장한 세라피스 신전은 이곳 에베소에서도 이집트 문화가 중요했음을 증언한다. 하지만 오늘날 이곳의 발굴 지역을 찾아오는 이들이 보자마자 깊은 감동을 받는 대다수 기념비들과 마찬가지로 이 신전도 우리가 관심을 가진 시기보다 후대에 건설되었다.

유대인 공동체는 에베소와 이 속주의 대다수 도시에서 특히 왕성한 활동을 펼쳤다.[224] 요세푸스는 로마 관리들이 에베소 유대인의 권리를 보장하고 로마 시민인 유대인의 군역을 면제한다는 취지로 잇달아 반포한 포고령을 보존해 놓았다.[225] 앞서 살펴보았듯이 이 문서들은 로마가 카이사르 때부터 콘스탄티누스 대제 시대가 한참 지난 뒤까지 디아스포라 유대인 공동체를 대체로 후대하는 정책을 폈음을 보여 준다. 더 나아가 다른 곳에 사는 유대인보다 아시아 속주에 사는 유대인들이 그들이 사는 도시의 지방 권력자와 우호적 관계를 유지하는 데 성공했던 것 같다. 밀레도 극장이 "역시 신을 경외하는 자인 유대인"을 위해 마련해 놓은 좌석 또는 사데, 아프로디시아스, 아크모니아 등 다른 곳의 시 의원으로서 다양한 행정 관직을 맡았던 유대인들의 명문 또는 아크모니아의 율리아 세베라[226]나 트랄레스의 카피톨리나[227] 같은 회당의 남자 후견인과 여자 후견인의 높은 지위 또는 사데의

---

224 Kraabel 1968이 밀레도(14-20), 프리에네(20-25), 서머나(26-50), 에베소(51-60), 유메니아(61-69), 아크모니아(70-119), 아파메이아(119-124), 히에라볼리(125-135), 라오디게아(135-139), 골로새(139-148), 두아디라에서 빌라델비아까지(155-197), 그리고 사데(198-240)에 해당하는 증거를 두루 살펴본 결과를 보라.
225 *Ant.* 14.223-230, 234, 237-240. 또한 16.27-65와 12.125-126, 그리고 이 책 100-105를 보라.
226 Kraabel 1968, 74-79.
227 앞의 주161.

사회·교육·상업 중심지에 자리 잡고 있던 장엄한 사데 회당의 위치 등 그 어떤 것을 생각하든, 이 모든 증거는 유대인들이 속주의 도시 생활에 적극 참여했음을 일러 준다. 비록 명문을 비롯해 고고학 발굴을 통해 찾은 증거는 대부분 2세기와 3세기의 것이지만, 지금까지 남아 있는 그보다 앞선 시대의 증거는 유대인들이 2세기에 큰 변화를 겪었다기보다는 그들의 상황이 계속 유지되었음을 시사한다. 가장 강력한 유대인 공동체들이 있었고 더 큰 사회와 융합을 훌륭하게 이루어 낸 두 도시, 곧 사데와 아파메이아가 바울이나 그의 동역자와 제자들이 복음을 전한 지역과 가까운데도 불구하고 바울이 펼친 선교 활동에 관해 알려진 것이 전혀 없다는 사실은 흥미로운 일이 아닐 수 없다.[228]

기원전 167년에 로마가 해체해 버린 마케도니아는 그로부터 20년 후 로마의 속주로 편입되었고, 총독은 데살로니가에 거주했다. 나중에 로마에 편입된 소아시아 속주들처럼 이곳도 1차 미트리다테스 전쟁에서 큰 피해를 입었고, 로마 내전 때는 훨씬 많은 고초를 겪었지만, 아우구스투스 치세 때 다시 번창했다.[229] 이 지역은 아드리아해, 도나우강, 드라게에서 이어지는 육로가 교차하는 길목에 있었고, 이 지역 항구들은 바다를 통해 동쪽으로 나아가는 길을 제공했다. 마케도니아의 두 도시 빌립보와 데살로니가는 바울의 선교에서도 아주 중요했지만 로마 통치 체제에서도 그러했다.

빌립보는 아테네 출신 유민 칼리스트라토스가 크레니데스(Krenides, '샘들')라는 이름으로 세운 도시였는데, 5년도 채 되지 않아 필리포스 2세가 이

---

[228] 에베소 다음으로 큰 시장이자 유통 중심지였던 아파메이아(Magie 1950, 1:125-126)는 비시디아 안디옥과 골로새 중간쯤에 있었다. 거기서 M. 플라쿠스가 노획한 성전세 총액(앞의 주151), 그리고 이 지역의 홍수 이야기와 성경의 노아 이야기 그리고 이 도시 이름에 오랫동안 붙어 있던 별명인 방주(κιβωτός)의 혼합 가능성은 이곳의 유대인 공동체가 얼마나 강했는지 보여 준다(Kraabel 1968, 119-123).
[229] 참고. Elliger 1978, 87-89.

곳을 점령하여 다시 세우고 자신의 이름으로 개명했다.[230] 이 사건은 이 도시가 겪은 변화의 시작에 불과했다. 옥타비아누스와 안토니우스가 이곳에서 브루투스 및 카시우스와 로마 공화정의 종언을 알리는 전투를 벌여서 그들을 격파한 후(기원전 42/41년), 안토니우스는 이 도시를 안토니 유수 콜로니아 빅트릭스 필리펜시움(Antoni Iussu Colonia Victrix Philippensium)이라는 이름으로 재건했고,[231] 자신의 퇴역 군인(28군단 소속)으로 구성된 무리를 이곳에 정착시켰다. 약 11년 후 옥타비아누스는 악티움에서 안토니우스의 함대를 격파하고 이 식민지를 재조직하면서 자기 아래 있던 퇴역 군인 일부(근위대 무리를 포함하여)와 다수의 이탈리아인들(이들은 과거에 안토니우스를 도왔기 때문에 이제는 옥타비아누스 휘하의 다른 퇴역 군인들에게 이탈리아에 있던 자신들의 땅을 넘겨줄 수밖에 없었다)을 이 도시로 이주시켜 정착시켰다. 새로 명명한 이름은 콜로니아 율리아 필리펜시스(Colonia Iulia Philippensis)였는데, 원로원이 기원전 27년 1월에 옥타비아누스에게 바친 새 영예에 맞춰 "아우구스타"(Augusta)라는 표현을 추가했다.[232]

이처럼 두 차례 식민지가 되고 그 이후에도 군대가 늘 지나다니는 전략 요충지로 부상하면서 빌립보는 우리가 이제까지 살펴본 다른 어느 도시보다 로마의 특성이 훨씬 더 강한 지역으로 변신했다. 예를 들어 바바라 레빅에 따르면, 빌립보에서 발굴된 명문 421개 가운데 그리스어로 된 명문은 고작 60개에 불과하다(그리고 그중 일부는 로마의 식민지가 되기 전의 것일 수도 있다). 이와 달리 비시디아 안디옥에서 나온 명문은 41퍼센트만이 라틴어로 되어 있다. 주화에서도 이탈리아 요소가 지속적으로 나타난다. 즉 군대 모티프가 주를 이루었고, 라틴어로 된 도시의 공식 명칭도 갈리에누스 치세

---

230 Collart 1937, 389-523는 그 시초와 마케도니아 시대를 상당히 상세하게 논한다.
231 Ibid., 227. H. Gaebler, *Zeitschrift für Numismatik* 39(1929): 260-269를 인용한다.
232 Collart 1937, 224-241.

기까지 이어졌다. 하지만 비시디아의 주화에 있던 라틴어 명각(銘刻)은 금세 비로마인들의 잘못된 철자가 난무하는 상태가 되었다.[233] 도시 계획도 로마 스타일이 두드러졌는데, 에그나티아 가도 자체가 도시의 주축(decumanus) 을 이루었다. 이 축의 중심의 남쪽 가장자리에는 포룸이 있었는데, 이 포룸은 "모든 시설을 갖춘 조화로운 건축물"이었으며, 포룸의 개방된 면은 아크로폴리스의 장엄한 광경을 바라보고 있었다.[234]

하지만 또 다른 증거는 (강한 드라케 요소를 포함하여) 많은 원주민이 그대로 존속했다는 것과 이집트와 아나톨리아와 다른 곳에서 이주민이 꾸준히 들어왔다는 것을 일러 준다.[235] 이 그룹들은 모두 그리스어를 사용했다.[236] 빌립보로 이주해 온 외국인 그룹 가운데는 분명 유대인도 있었지만, 신약성경이 보고하는 내용을 확인해 주거나 더 많은 것을 일러 주는 고고학 증거는 여태까지 발견되지 않았다.[237]

---

233 Levick 1967, 161; 안디옥 주화에 대해서는 132-133.
234 Elliger 1978, 22. 이 포룸은 프렌치스쿨이 발굴했으며, 지금은 카발라-드라마 도로로 쉽게 접근할 수 있다. 카발라-드라마 도로는 이 지점부터 고대의 에그나티아 가도를 따라간다. 눈에 들어오는 포룸에 그 독특한 성격을 부여하는 기념비들은 기원후 161-175년 사이에 지어졌다. 1세기 포룸의 설계는 십중팔구는 이와 비슷했겠지만 크기는 더 작았을 것이다(Collart 1937, 329-362를 보라).
235 아크로폴리스의 바위 표면에는 다양한 신과 이 신들에게 바치는 헌사를 새겨 놓은 부조가 수십 개나 있다. 이런 부조는 빌립보에서 번성했던 이교 신앙이 다양했음을 보여 준다. Collart는 이 부조를 라틴 부조, 트라키아 고유 부조, 오리엔트 부조로 분류한다. 세 번째 그룹에서는 이집트 신들이 가장 중요하다(ibid., 389-486).
236 Collart는 대다수 명문이 라틴어로 되어 있지만, 포룸과 극장에서 일했던 석공은 그들 모임을 나타내는 표지를 그리스어로 썼다고 말한다(ibid., 305).
237 학자들은 행 16:13, 16이 언급하는 기도처(προσευχή)의 위치를 확실하게 알아내려는 시도에 아주 많은 에너지를 소비했다. 특히 Collart 1937, 323, 459-460을 보라. Collart는 그 문(πυλή)이 도시 성문이 아니라 성문에서 서쪽으로 2킬로미터 떨어진 곳에 있던 기념 아치라고 주장함으로써 (Renan), L. Heuzey와 다른 이들이 그 "강"을 강기테스강과 동일시한 견해를 살리려고 노력한다. Collart는 이것이 '포메리움'(pomerium), 곧 그 안에 무덤이나 건물이나 외래 종교를 일체 허용하지 않은 로마 제국 도시의 신성한 경계를 표시해 주었다고 주장한다. Elliger 1978, 49-50는 이 주장을 받아들이지만 이에 단서를 단다. Lemerle 1945은 이 주장을 반박한다. '포메리움'으로 추정되는 곳에서 우연히 무덤을 발견하면서 이 도시 동쪽처럼 도시 서문 밖에도 공동 묘지가 있었을 가능성이 높아졌기 때문에, Collart의 주장처럼 포메리움 서쪽 선을 유일한 경계 이탈이라고 해석하기가 불가능해졌다. Lemerle, 23-27는 유대인의 모임 장소가 (빌립보에 그 첫 이름을 주었던) 샘에서 흘러나온 개천의

빌립보가 상업 중심지보다는 주로 건축 중심지였다는 점도 바울이 활동한 다른 도시와 사뭇 달랐다. 이탈리아에서 온 이주자들은 평원과 그로부터 이어지는 계곡 입구에 퍼져 살았으며,[238] 그들이 사는 마을 주위에서 짓는 농사는 지역 경제 발전의 토대였다. 빌립보시 자체는 늘 아주 작은 규모―도시의 동서 축을 따라 이쪽 성벽에서 저쪽 성벽까지 거리가 고작 600-800미터다―를 유지했다.[239] 한편 이집트인, 아나톨리아인, 그리고 다른 이주자들은 틀림없이 주로 상업과 수공업에 종사했겠지만, 이를 뒷받침할 만한 직접 증거는 거의 없다. 라틴어 명문에는 "운명의 여신과 시장(市場) 수호신에게" 헌정하는 글이 있다.[240]

역설적으로 로마 시대에 빌립보보다 크고 중요했던 데살로니가는 오히려 빌립보보다 덜 알려져 있다. 인간이 겪은 재난은 고고학자에겐 행운이 된다. 하지만 데살로니가는 겪지 않아도 될 재난까지 겪고도 기원전 316년에 처음 세워진 곳에 줄곧 살아남았다. 따라서 고고학자들이 보고 싶어 하는 많은 유물이 현대에 지은 건물과 도로 밑에 여전히 묻혀 있는데, 이 현대의 건물과 도로 중에는 고대의 도시 계획을 따른 것이 많다.[241] 우연히 발견된 중요한 유물도 있다. 1962년에 발견된 로마의 포룸이 그 예인데, 이 포룸

둑에 있었다고 주장한다. 거기에 모임 장소가 있었다면, 미슈나 율법이 규정하는 "안식일의 여행 거리" 한계인 2천 규빗 안에 모임 장소가 존재하게 되는 장점이 있지만, 강기테스강은 성문에서 세 배나 멀어진다. 어떤 구체적 증거도 없다 보니 이 모든 추측의 가치는 의심스럽기만 하다.

238 Collart 1937, 274-276.
239 Ibid., 319.
240 Lemerle 1934, 457, 464; Collart 1937, 363, n. 3. 여기서 언급하는 "시장"은 '마르켈룸'(*marcellum*)이다. 이는 본디 육류를 파는 시장이었지만 종종 다른 식료품을 팔 때도 있었다. 이 수호신은 그저 작은 감자만 책임졌을지도 모른다. Lemerle 1945, 28는 *[pu]rpurari*라는 것을 언급하는 라틴어 명문에 주목할 것을 요구한다.
241 Vickers 1970은 근래에 나온 증거를 토대로 Schoenebeck 1940을 바로잡는다. 현대에 에그나티아 가도(ὁδὸς Ἐγνάτιας)라고 부르는 길은 고대 에그나티아 가도와 아무런 상관이 없다(*pace* Finegan 1962, 629b). 고대의 에그나티아 가도는 이 도시의 서북쪽 모퉁이를 지나갈 뿐이다: Makaronas 1951.

의 건물은 2-3세기에 걸쳐 지어졌다. 아울러 1917년 대화재 뒤에 도시 서남쪽에서 발견된 세라피스 신전도 그런 예 중의 하나인데, 이 신전은 발굴되긴 했지만 아직 그 결과가 책으로 출간되지는 않았다.[242] 그리스어 명문은 찰스 에드슨(Charles Edson)이 모아 편찬했다.[243]

데살로니가는 테르마이만에 훌륭한 항구를 소유하고 있었고, 에그나티아 가도 중간 지점에서 가까운 곳에 있었다. 아울러 이 도시는 악시우스 계곡을 지나 모라바강에 이르렀다가 마침내 도나우강에 이르는 중요한 도로의 종착점이기도 했다.[244] 이 때문에 데살로니가는 로마령 그리스에서 가장 중요한 두 교역 중심지 가운데 하나가 되었다(다른 한 곳은 고린도였다).[245] 이 도시에서 번성한 수공업 가운데는 자주 염색 산업이 있었는데, 이 지역의 어부들이 자주 염료를 함유한 연체동물을 공급했다.[246] 상거래가 활발히 이루어지면서 나라와 민족을 초월하여 사람들이 이 도시로 밀려들었고, 늘 그렇듯이 그 사람들과 더불어 그들이 믿는 외래 종교도 함께 들어왔다. 이 도시에 가장 먼저 들어온 사람 가운데는 이집트인들이 있었고, 유대인도 금세 뒤따라 들어왔을 것이다. 그러나 헬레니즘 시대와 로마 시대에 이 도시에 유대인 공동체가 있었음을 증명하는 고고학 증거는 여태까지 보고된 것이 거의 없다.[247] 그러나 이 도시에 강력한 유대인 공동체가 있었다는 사도행

---

242 포룸 발굴에 관해서는 Petsas 1968; 세라피스 신전에 관하여 간략히 보고하는 글은 *BCH* 45 (1921): 540-541를 보라. Vacalopoulos 1963, 8-9; Witt 1970; Edson 1948, 181-188; Salditt-Trappmann 1970, 47-52; Fraser 1960; Merkelbach 1973을 보라.
243 *IG* 10.2.1 (1972); 참고. Robert 1974.
244 Charlesworth 1926, 126-127; Vacalopoulos 1963, 3, 12.
245 Charlesworth, Ibid.
246 Ibid., 126.
247 참고. Vacalopoulos 1963, 9. 하지만 도시 동쪽의 초기 그리스도인 묘지에서 일곱 개의 가지를 가진 메노라가 그려진 두 석관이 발견되었으며, 이 석관은 틀림없이 유대인의 석관이다: Pelekanidis 1961, 257, plate 314a, b; J. and L. Robert in *REG* 77 (1964), 185, no. 25; 특히 Lifshitz and Schiby 1968, 377-378과 plate 36.

전의 보고를 의심할 만한 이유는 딱히 없다. 오히려 근래에 스토비에 회당이 있었음을 확증하는 증거가 발견되었는데, 스토비는 북쪽 도로변에 붙어 있었으며 데살로니가에서 150킬로미터쯤 떨어져 있었다.[248] 이 명문은 여러 언어로 적혀 있는데, 일부는 사마리아 히브리어와 아람어로, 또 다른 일부는 그리스어로 되어 있다. 이는 데살로니가에 사마리아인 공동체도 있었음을 일러 준다.[249]

빌립보와는 달리 데살로니가는 로마 통치를 받을 때도 확연히 그리스 도시의 모습을 유지했다. 마케도니아가 기원전 167년에 네 영역으로 나뉜 뒤 데살로니가는 이 네 영역 중 두 번째 영역의 수도가 되었다. 기원전 146년에 이 지역이 로마 속주로 편성되면서 데살로니가는 속주 전체의 수도가 되었다. 하지만 데살로니가는 여전히 자유시로 남았으며, 내정은 그리스식 공화제 정부 형태를 통해 처리했다. 즉 시민이 모여 의사를 결정하는 평의회가 있었고, 주화를 만들 권한이 있었으며, 성 안에는 로마군 파견대가 주둔해 있지 않았다.[250] 우리가 아는 명문만 검토해도 라틴어로 쓴 명문보다는 그리스어로 쓴 명문이 훨씬 더 많다.[251] 사도행전 20:4이 보존해 놓은 명단에 따르면 예루살렘을 위한 연보를 전달하러 그곳으로 가는 바울과 동행한 데살로니가 사절 두 명 가운데 한 사람은 아리스다고라는 그리스식 이름을 가졌고, 다른 한 사람은 세군도라는 라틴식 이름을 가졌다. 가까이 있던 베뢰아는 또 다른 그리스 사람인 부로의 아들 소바더를 그곳으로 보냈다. 우리가 아는 유일한 또 다른 이름은 불행한 야손이다. 사도행전 17:5-9은 그가 그리스도인을 자기 집에 처음으로 맞아들인 사람이라고 말한다.

---

[248] Moe 1977; Kraabel 1981을 보라.
[249] Lifshitz and Schiby 1968 (=*IG* 10.2.1, no. 789); 텍스트에 관해서는 또한 Tov 1974을 보라.
[250] Vacalopoulos 1963, 11.
[251] 그리스어: 1,006; 라틴어: 14 (*IG* 10.2.1).

원로원 속주였던 아가야의 수도는 고린도였다. 고린도도 데살로니가처럼 지리적으로 아주 중요한 상업 도시였다. 스트라본은 이 점을 다음과 같이 설명한다. "고린도는 상업 때문에 '부유하다'는 말을 듣는다.²⁵² 이는 고린도가 지협(地峽)에 자리하여 두 항구를 통제하기 때문인데, 두 항구 중 하나는 아시아 근처에 있고, 다른 하나는 이탈리아 근처에 있다. 이 때문에 화물 교류가 수월하다."²⁵³ 이 두 항구는 고린도만에 있던 레카이오항과 사로니코스만에 있던 겐그레아항이었다. 이 지협은 이 두 항구 북쪽에 자리한 스코이노스에서는 매우 좁아져서 어떤 배는 견인해서 이 지협을 지나갔다.²⁵⁴ 하지만 고린도는 생존에 관한 한 데살로니가만큼 행운을 누리지 못했다. 기원전 146년에 루키우스 뭄미우스는 로마가 아가야 동맹을 상대로 군사 작전을 벌이는 동안 고린도를 무너뜨렸다. 고린도는 율리우스 카이사르가 기원전 44년에 이곳을 콜로니아 라우스 율리아 코린티엔시스(Colonia Laus Julia Corinthiensis: 율리우스를 찬미하는 식민지 고린도―역주)라는 이름을 지닌 로마 식민지로 재건할 때까지 황폐한 상태로 남아 있었다.²⁵⁵ 도시 재건은 즉시 시작되었고, 네로 시대에 이르러서는 이 도시의 공공 중심지가 그리스 전역을 통틀어 가장 크고 멋진 곳 가운데 하나가 되었다. 아우구스투스는 고린도보다 자신이 세운 식민지인 파트라이를 선호했지만,²⁵⁶ 그럼

---

252 스트라본이 인용한 Homer, Il. 2.570에 나오는 말. 그러나 스트라본은 분명 자신이 살던 시대의 새 고린도 상황도 묘사한다. 이때는 필시 기원전 1세기 말일 것이다.
253 *Geog.* 8.6.20, C378, trans. Fowler 1932, 24–25.
254 이 때문에 사람들은 이곳을 διολκός, 곧 "끌어서 건너가는 곳"이라고 불렀다. Strabo *Geog.* 8.2.1, C335; 8.6.4, C369; 8.6.22, C380. 그는 여기 폭이 40스타디온(약 7.4킬로미터)이라 말한다. 네로는 이 지협을 가로지르는 운하를 파려고 했지만 실패했다(Philostratus V. *Ap.* 4.24; Pausanias 2.1.5). 운하 건설은 19세기까지도 이루어지지 않았다.
255 Strabo 8.6.23, C381–382; Pausanias 2.1.2. 사람들이 보통 추측하는 것과는 달리, 여기서 말하는 파괴는 완전한 파괴가 아니었을 수도 있다. 오래된 아폴론 신전은 살아남았으며, 그 사제와 신전의 종들도 분명 그 역할을 계속 수행했다. 남쪽 열주랑도 손상을 입지 않은 채 살아남았다: Broneer 1954, 100; Kent 1966, 20, n. 10.
256 Bowersock 1965, 94–95.

에도 그가 통치하는 동안에 극장과 서북쪽의 열주랑(列柱廊)과 아고라의 가게들이 세워졌고, 레카이오 도로 서편을 따라 가게들이 늘어서고 그 가게들 위의 테라스에 바실리카가 세워졌으며, 레카이오 도로에서 아고라로 들어가는 입구 위에는 석회석으로 기념 아치가 만들어졌다.[257] 티베리우스, 가이우스, 클라우디우스 황제가 통치할 때는 엄청난 건축 활동이 폭발적으로 이루어졌으며, 덕분에 고린도는 더욱더 로마 도시다운 모습을 갖추게 되었다. 이런 모습은 가장 큰 것 중의 하나로 알려진 아고라에서 가장 잘 볼 수 있었다. 아고라는 동에서 서로 이어진 중앙 테라스 건물을 기준으로 두 구역으로 나뉘었는데, "더 큰 구역인 아래[북쪽] 구역은 사람들이 모이는 포룸이 되었고, 더 작은 위 구역은 관청 구역이 되었다."[258]

고린도 식민지의 이탈리아풍은 다른 부분에서도 뚜렷이 나타났다. 1세기에는 사실상 거의 모든 공공 명문이 라틴어로 기록되었다.[259] 이탈리아 도자기 대 동부 지방 도자기의 비율을 비교할 때 고린도는 이탈리아 도자기 비율이 가령 근처의 아테네보다 훨씬 더 높았다.[260] 정부는 보통 로마 식민지에 존재하던 유형의 정부였으며 해마다 '두오비리'(*duoviri*: 2인 1조로 같은 정무를 처리하는 이들―역주)와 조영관(aediles, 造營官: 케레스 여신 신전 관리와 제례 담당자―역주)을 뽑았다.[261] 하지만 이런 "로마화"의 정도는 과장되어서는 안 된다. 라틴어 명문과 그리스어 명문의 관계는 하드리아누스 치세기에 갑자

---

257 Stillwell in Fowler 1932, 190, 211; Stillwell 1941, 129; 1952, 135.
258 Broneer 1954, 158. 이 도시는 기원후 15-44년 사이에 부유해졌다. 이 시기에 아가야 속주는 무시아 총독의 관할 아래로 들어갔는데, 이는 고린도의 영예를 떨어뜨리는 변화인 동시에 고린도의 행정 비용을 크게 줄였다. 44년에 원로원 속주와 그 수도인 고린도가 복구되었는데, 십중팔구는 이 일을 계기로 중앙 테라스 중심에 큰 법정(βῆμα, 참고, 행 18:12, 16-17)과 옛 남쪽 열주랑에서 발견된 속주 행정관 사무소가 세워졌을 것이다: Scranton 1951, 130; Broneer 1954, 111-114.
259 "하드리아누스 치세기 전에 나온 텍스트 104개 가운데 101개가 라틴어 텍스트이며, 3개만이 그리스어 텍스트다"(Kent 1966, 19).
260 Hayes 1973, 416-470.
261 Kent 1966, 27.

기 뒤바뀌면서 이후에는 그리스어 명문이 점점 더 대세가 되었는데,[262] 이런 사실은 공공 게시용으로 승인받은 양식이 민중이 사용하던 일상 언어를 정확하게 반영하지 않았을 수도 있음을 시사한다. 더구나 더 이른 시기에 만든 라틴어 명문 가운데 일부는 바비우스나 에라스투스 또는 클레오게네스처럼 명백히 그리스어에서 나온 이름을 가진 노예 출신 자유인이 주문하여 만들어진 것이었다.[263] 흥미로운 점은 신약성경에서 고린도 교회와 관련된 사람 가운데 약 절반은 라틴식 이름을 가졌고, 나머지 사람은 그리스식 이름을 가졌다는 점이다.[264]

스트라본이 말했듯이 고린도가 부유해진 것은 상업 덕분이었으며, 또 식민지 주민 개인과 다른 거주자에게 부를 얻을 기회를 제공한 것도 분명 상업이었다. 고린도 주변의 농업은 아주 빈약했던 것으로 보인다. 그러나 고린도에서 만든 수공업 제품은 고대에 널리 알려져 있었다.[265] "기업가 유형의 개인주의자들이 이 새 도시의 매력에 빠졌다"[266]는 견해를 뒷받침하는 증거가 있다. 스트라본은 카이사르가 "대부분 노예 출신 자유인 계급에 속하는 사람들과 함께" 고린도를 식민지로 만들었다고 말한다.[267] 노예 출신

---

262 Ibid., 18-19.
263 참고. Bowersock 1965, ch. 5. Bowersock은 로마화가 아우구스투스의 정책이 의도한 결과가 아니었음을 보여 준다. 식민지 주민 가운데는 고향으로 돌아온 그리스인이 많았다. 캄파니아에서 온 이들 가운데도 그리스인 조상을 둔 이들이 많았을 가능성이 높다.
264 그리스보, 가이오, 브드나도, 더디오, 구아도, 디도 유스도, 브리스가와 아굴라라는 이름도 라틴 이름이지만, 이들은 본도 출신으로 로마를 거쳐 왔다. 이들은 고린도에 잠시 머물렀다(하지만 우리가 나머지 사람들에 관하여 더 알았다면, 이런 이주가 보통 있던 일이었음을 알게 되었을지도 모른다). 혹자는 그리스 이름이 5-9개에 이른다고 볼 수도 있지만, 롬 16장이 고린도에서 인사를 전한다고 말하는 이들 가운데 누가 고린도 사람이며 누가 바울과 여행했던 사람이었는지를 밝혀내기는 어렵다.
265 Strabo *Geog*. 8.6.23, C382는 '코라'(χῶρα)가 "아주 비옥하지 않고" 오히려 거칠며 평탄하지 않았다고 말한다. 그는 이 부분 바로 앞에서 수공업 장인의 수공업 기술(αἱ τέχναι αἱ δημιουργικαί)이 크게 발전한 모습을 묘사한다. 고린도의 동 제품 제작은 특히 유명했다(Pliny Hist. nat. 34.1, 6-8, 48; 37.49; Pausanias 2.3.3; Strabo 8.6.23, C382). 로마 시대에 포룸과 그 주위에서 동 제품을 집중 제작했음을 보여 주는 증거가 발견되었다(Stillwell and Askew 1941, 27-31; Mattusch 1977).
266 Keck 1974, 443는 Ernst von Dobschütz가 한 말을 쉽게 풀어 썼다.
267 8.6.23, C381, trans. Horace Leonard Jones in the Loeb ed.

자유인인 식민지 주민들은, 그들을 무시하거나 그들의 야망을 꺾어 버릴 토착 귀족이 없었기 때문에, 그들 가운데 일부를 그 지역 귀족이 **되게** 해 줄 지위를 얻기 위해 자기들끼리 경쟁할 드문 기회를 얻었다. 이들은 그리스-로마 도시에 잘 알려진 방법, 즉 공직과 공적 영예를 얻는 대가로 상당한 선물을 도시에 기증함으로써 그런 지위를 얻었다. 예를 들면 티베리우스 치세기에 활동한 인물로 로마령 고린도의 사인(私人) 후원자 중 가장 유명한 사람은 크나이우스 바비우스 필리누스였다. 그에게 부칭(patronymic, 父稱)이 없다는 것은 그가 필시 노예 출신 자유인이었음을 일러 주는 반면, 그의 가명(cognomen, 家名)은 본디 그가 그리스 혈통임을 일러 준다. 그는 조영관으로 일했으며, 그 뒤 "식민지는 그의 후한 희사에 보답하여 그를 '폰티펙스'(pontifex: 대신관—역주)와 '둠비르'(duumvir: '두오비라' 가운데 한 사람—역주)로 삼았다." 더불어 그의 가족은 고린도에서 으뜸가는 집안 가운데 하나가 되었다.[268] 이와 비슷하지만 덜 유명한 인물은 바비우스와 같은 시대 사람이지만 나이가 어린 에라스도였다. 그는 "조영관직을 얻은 것에 보답하고자 자신의 비용으로" 극장 건물 동쪽의 광장을 포장해 주었다. 아마도 그가 "시 재무관"이요 고린도 그리스도인 공동체의 한 구성원이었던 에라스도인 것 같다(롬 16:23).[269] 고린도에는 분명 이런 성공 이야기가 많이 있었다. 아우구스투스의 노예였다가 자유인이 된 사람은 기념물 건립 책임

---

[268] West 1931, 107-108, 132에서 인용. 바비우스는 우리가 익히 아는 "바비우스 기념비"를 남겼다. 어쩌면 포세이돈 신당일 수도 있는 이 기념비 유적은 발굴된 아래쪽 포룸의 서쪽 끝을 다 차지한다. 그뿐만 아니라 바비우스는 동남쪽 건물의 주랑 현관을 남겼으며, 어쩌면 율리아 바실리카의 일부일 수도 있는 건물도 남겼다(West 1931과 Kent 1966에 있는 명문 2, 3, 98-101, 131, 132, 155, 241, 323, 364를 보라). 그의 아들도 유명하며 그는 동남쪽 건물에 이바지했다(Broneer 1954, 27-28; 그리고 Kent 1966, no. 327). no. 259에 나오는 또 다른 바비우스는 2세기 후반 사람인데 필시 자손인 것 같다.

[269] Kent 1966, 99-100에 나오는 명문 232 그리고 plate 21. Kent는 이렇게 말한다. "에라스도도 그와 같은 시대 사람인 Cn. 바비우스 필리누스처럼 십중팔구는 노예 출신 자유인으로서 상업 활동으로 상당한 부를 얻었을 것이다"(100). 이 에라스도를 그리스도인 에라스도와 동일시하는 견해를 보려면 이 책 2장을 보라.

을 맡고 있던 황실 수호신 콜레기움의 '프리모'(*primo*, '가장 두드러진 구성원') 두 명 가운데 하나였으며,[270] '고린도에 거주하는 자유인'(*liberti qui Corinthi habitan[t]*)이라는 그룹은 아우구스투스 시대에 조그만 대리석 건물을 세웠는데, 아마도 동호회 건물이나 기념물인 것 같다.[271] 1세기 초에 고기와 생선을 파는 시장을 기부한 집안의 한 여성은 그 외조부의 노예였다가 자유인이 된 사람과 혼인했는데, 그녀는 클레오게네스라는 그리스식 가명(家名)을 갖고 있었다.[272]

혹자는 이탈리아에서 온 이 노예 출신 자유인이, 파울러(H. N. Fowler)의 말처럼 많은 "그리스인과 외국인"으로 말미암아 급속히 발전하던 이 상업 중심지에 곧 합류했으리라고 확신할지도 모르겠다. 파울러는 "그들 가운데는 많은 동양인 그리고 특히 유대인"이 있었다고 덧붙인다. 그러나 파울러가 그들 가운데 유대인이 있었다는 증거로 제시할 수 있는 자료는 사도행전 18장뿐이다.[273] 실제로 로마령 고린도에 커다란 유대인 공동체가 있었을까? 신약성경의 증거 외에도 필론이 디아스포라 지역 목록에서 고린도와 아르고스만 꼽는 것을 보면 그랬을 것 같다.[274] 이에 관한 다른 문헌은 없으며, 고고학 증거도 우리에게 실망을 안겨 준다. 이 중에는 기원후 5세기나 6세기에 만든 테라코타 등잔 조각이 하나 있는데, 이 등잔 조각은 **아마도** 메

---

270 Ibid., no. 62.
271 Ibid., no. 121.
272 Ibid., nos. 124, 125, 321; Kent, 127-128의 논의와 Nabers 1969가 분명히 밝힌 내용을 보라. 또한 Kent가 제시한 후원자 명단과 선물 목록(21), 그리고 그가 신분 상승의 기회를 논한 내용(20)을 보라.
273 Fowler 1932, 16.
274 그는 이집트, 페니키아, 코엘레시리아, 밤빌리아, 길리기아, "비두니아에 이르는 아시아 대부분 지역과 본도의 구석들…유럽, 테살리아, 보에오티아, 마케도니아, 아에톨리아, 아티카, **아르고스**, **고린도**, 그리고 펠로폰네소스의 가장 좋은 지역 대부분"을 열거한다[Leg. 281-282, trans. Colson in the Loeb ed.(저자 강조)].

노라(menorah)로 보이는 것으로 장식되어 있다.²⁷⁵ 그리고 출입구 상인방으로 보이는 것에서 깨져 나온 조각이 하나 있는데, 여기에는 히브리인의 회당([Syna]gōgē Hebr[aiōn])이라는 글이 새겨져 있다.²⁷⁶ 이 돌은 레카이오 도로, 곧 프로필라이아(Propylaea, 출입구)를 통해 아고라로 이어지는 계단 아래쪽에서 발견되었다. 이 때문에 우리는 유대인 공동체를 상업 지역 및 공방 지역에서 번성하던 수공업 및 상거래와 연계하고픈 유혹을 받는다.²⁷⁷ 하지만 헤룰리족과 고트족이 고린도를 공격할 때 난폭하게 돌을 내려치고 흩뿌린 일을 보면²⁷⁸ 그 돌이 너무 크다 보니 멀리 옮기지 못했을 것이라는 파월(Powell)의 장담은 다소 무색해진다.²⁷⁹ 그리스의 다른 곳처럼 여기도 유대인 공동체가 있었는지에 대해서는 그저 감질나게 일러 주는 힌트만 존재할 뿐이다.

바울계 그룹이 아가야 지방에서 공동체를 세운 또 다른 고을은 고린도 동쪽에 있는 항구 겐그레아다. 그러나 우리가 이 공동체에 관하여 아는 것이라곤 이 공동체의 '디아코노스'(diakonos, '사역자'?, '조력자'?)와 '프로스타

---

275 Broneer 1930, 121-122와 plate 23(cat. no. 1511). Broneer는 no. 1516에 있는 디자인도 메노라일 수 있다고 말하지만, 이는 오히려 단순한 형태의 나무나 야자잎일 개연성이 더 높다.
276 West 1931에 있는 명문 111. 이는 Powell 1903, 60-61, no. 40이 처음 출간했다. 지금은 이를 고린도에 있는 박물관 뜰에서 볼 수 있다(inv. no. 123). Hengel 1971b, 183는 이 명문이 표현하는 회중이 로마에 있던 히브리인의 회당(Συναγωγὴ Ἑβραίων)에서 떨어져 나온 "가지"일 수 있다고 주장한다. 이 회당에 관해서는 Leon 1960, 147-149를 보라. 그러나 그 로마식 이름에 관한 Leon의 설명, 곧 어느 도시에서나 첫 번째 유대인 그룹은 당연히 히브리인(=유대인) 회중으로 불렸으리라는 설명은 고린도에 대해서도 역시 타당하다.
277 Malherbe 1977a, 75; 참고. Powell 1903, 61: "이 건물은 십중팔구 프로필라이아에서 채 100미터도 떨어져 있지 않았을 것이다." 그러나 Powell은 이 길의 서쪽은 회당이 있었을 법한 장소가 아니라고 생각했다. 이는 아폴론 신전 언덕 아래에는 주랑이 줄 지어 서 있고 가게들이 잇달아 늘어서 있었기 때문이다. 이 때문에 그는 회당이 그가 "거주 구역"이라고 생각한 길 건너편에 있었다고 본다.
278 Kent 1966, v.
279 Powell 1903, 61. 사실 이 돌은 아주 크지는 않다. 길이가 92센티미터, 너비가 42센티미터, 두께가 22센티미터다. Powell은 이 명문이 헌 돌에 불규칙한 글자로 적혀 있다고 말하면서 이는 "고린도에는 이런 외래 신앙이 빈곤했음을 일러 주는 것일 수 있다"고 말한다. 만들어진 연대는 불확실하지만, "바울 시대보다 상당히 뒤다"(Merritt 1931, 79).

티스'(*prostatis*, '후견인'?)였던 뵈뵈라는 사람의 이름뿐이다(롬 16:1-2). 1963년에 아테네의 아메리칸스쿨, 시카고 대학교, 인디애나 대학교가 시작한 발굴 작업은 그 지역 북단과 남단에 있던 항구 시설을 분명하게 드러내 주었다. 남쪽 부두에서 우리 이목을 끄는 것들이 발견되었는데, 그중에는 파우사니아스(Pausanias, 2.2.3)가 언급한 이시스 신전으로 추정되며 아풀레이우스의 『변신』(*Metamorphoses*) 11권에서 두드러지게 나타나는 반원 구조물이 있다.[280] 이런 발굴 작업이 없었다면 이곳의 기독교 기원을 직접 설명할 증거는 존재하지 않을 것이다.

따라서 "바울의 도시들"과 그 동역자들에 대한 개관은 이제 그 막바지에 이르렀다. 우리가 소유한 일차 자료, 곧 바울과 그의 학파가 쓴 서신이 처음 복음화가 이루어진 뒤에 상당 기간 그리스도인 공동체가 존속했음을 일러 주는 이 장소들은 소아시아 중부에서 마케도니아를 가로질러 아래로 펠로폰네소스에 이르기까지 대략 반원 형태를 이루며 불규칙하게 퍼져 있다. 이런 곳들은 그 크기로 따지자면 빌립보처럼 상당히 작은 고을부터 에베소와 고린도처럼 불규칙하게 퍼져 나간 도시에 이르기까지 다양하다. 하지만 정부와 문화와 그 거주민의 인식을 고려하면 이곳들은 모두 도시였다. 비록 빌립보와 고린도는 모두 로마 식민지였지만, 그 유형은 서로 사뭇 달랐다. 하나는 주로 농업 중심지였고, 다른 하나는 수공업과 상거래 중심지였다. 만일 비시디아 지방의 안디옥, 이고니온, 루스드라가 바울이 말하는 '갈라디아' 지방에 속한 곳이라고 확신할 수 있다면, 이곳들도 로마의 식민지 목록에 추가할 수 있을 것이다. 이곳에서 주로 사용된 언어는 그리스어였지만, 그리스의 두 식민지인 빌립보와 고린도는 예외였다. 그러나 이 두 곳에서도 상당히 많은 사람은 대체로 그리스어를 사용했다. 빌립보를 제외하면 모든

---

[280] 앞의 주61을 보라.

도시가 상거래 중심지였으며, 빌립보에도 이탈리아 출신 농부들과 더불어 상거래로 생계를 꾸려 가는 외인이 상당히 많았다고 생각할 만한 증거가 있다. 하나같이 바닷길이나 뭍길로, 혹은 두 길 모두로 쉽게 접근할 수 있는 곳에 자리 잡고 있었다. 심지어 갈라디아 북부의 도시들도 잘 포장된 로마 도로를 통해 소아시아 나머지 지역과 연결되어 있었다.

바울의 선교 지역에도 포함되지 않고 바울이 기록한 글에도 언급되지 않는 지역도 흥미롭기는 마찬가지다. 이집트는 팔레스타인과 상당히 빈번한 교류가 있었고[281] (그리 놀라운 일은 아니지만) 로마 총독이 다스리는 아프리카 및 알프스 저편 속주들과 교류가 있었음에도, 바울의 선교 지역에 들어 있지 않았으며 바울의 글에 언급되지도 않았다. 골로새서 3:11에서 당시 통용되던 표현으로 스구디아인을 언급한 경우를 제외하면 바울은 제국의 **경계** 너머에 있는 곳을 언급하지 않는다. 예를 들면 메소포타미아에 중요한 유대인 디아스포라가 있었음에도 그는 페르시아 영역에 대해 아무것도 언급하지 않는다. 아울러 우리는 바울 일행이 여행한 활 모양 지역 안에 자리한 도시 가운데 왜 어떤 도시―이를테면 소아시아 서부에서 에베소 다음으로 큰 상업 중심지였던 아파메이아 혹은 아파메이아처럼 번성한 유대인 공동체의 본거지였던 사데 같은 곳―에서는 바울이 선교했다는 이야기를 들을 수 없는지 의문을 제기할 수 있겠다. 우리가 가진 자료에 한계가 있다 보니 침묵에 근거한 논증에 빠지지 않도록 조심해야 하기에 이런 생략은 우리의 호기심을 자극할 뿐이다.

바울의 세계는 도시에 살며 이리저리 이동하던 사람들이 그리스어를 공

---

[281] 예를 들어 Claudius's letter, PLond. 1912 (=*CPJ* no. 153), 5, 96-97에 있는 경고를 보라. Knox 1964, 11는 롬 15:19에 나오는 κύκλῳ가 말 그대로 "원을 (둥글게) 그리며"를 뜻하며, 이는 "지중해 남과 북을 통틀어 모든 나라를 완전히 돌고 싶어 했던 바울의 소망과 기대"를 반영한다고 주장했다. 그러나 그의 논지는 그리 설득력이 없다.

1장 바울계 기독교의 도시 환경

용어로 사용하던 세계였지만, 로마라는 거대한 정치적 실체가 억누르던 세계였다. 바울이 로마 그리스도인들에게 보낸 서신에서 드러내는 그 정신세계의 지도를 보면 이렇게 다소 서로 어울리지 않는 문화 체계와 정치 체계가 모두 분명하게 드러난다. 바울은 인간 세계 전체를 가리키는 수사 표현을 고를 때 마치 그리스의 웅변가가 말하듯이 "그리스인이나 야만인이나 지혜 있는 자나 어리석은 자나"라고 말한다(롬 1:14). 물론 그는 이 "그리스인" 가운데 로마인을 포함하지만,[282] 라틴어로 글을 쓰는 사람이라면 세계를 이렇게 나누지는 않았을 것이다. 더구나 바울은 그다음 구절에서 자신이 이 서신에서 다루는 주제로 옮겨 가면서 오히려 세상 사람들을 크게 유대인과 그리스인으로 구분한다. 바울의 정신 세계는 그리스어를 말하던 동방 속주 사람, 특히 그리스어로 말하던 유대인의 정신 세계였다. 비록 동방 도시들의 관점에서 바라본 로마이긴 하지만, 이 세계는 여전히 **로마** 세계였다(이 서신이 존재한다는 것과 이 서신 15장에 요약된 여행 계획은 그 순간에 예루살렘의 상황을 걱정하던 사람에게조차도 로마가 얼마나 세계의 중심이었는지를 보여 준다).[283]

---

[282] 로마인의 후원을 받은 할리카르나소스의 디오니시오스가 그랬다: Bowersock 1965, 131. 또한 키케로가 세계를 이탈리아, 그리스, 모든 야만인 등 세 부분으로 나누었던 것을 평한 Hengel의 글을 보라(Hengel 1976, 65과 157, n. 46).
[283] 바울이 자신의 선교를 바라보는 생각 속에서 로마가 차지하는 중요성에 관해서는 Dahl 1941, 241를 보라.

2장
바울계 그리스도인들의 사회 내 수준

'프롤레타리아'인가, '중류층'인가?

이교도 저자로서 기독교를 반박하는 책을 쓸 정도로 기독교를 심각하게 받아들인 첫 인물로 알려진 켈수스는 종교가 오로지 "우둔하고 비천하며 바보 같은 자, 노예와 여자와 어린이에게만" 매력이 있다는 이유를 내세워 교회가 교육받은 사람을 일부러 배척했다고 주장했다.[1] 그는 기독교 전도자들이 "모직공, 구두 수선공, 세탁업자, 그리고 가장 배움이 없는 시골뜨기 촌사람들"이었다고 말하면서 이들이 "어린이…그리고 어리석은 여자들"을 꾀어 "완전함을 배우기 위해 모직 의류 상점이나 구두 수선집 혹은 세탁소로" 데려 갔다고 말했다.[2] 켈수스는 2세기에 살았지만, 기독교가 늘 가장 낮은 계층의 운동이었다고 확신했다. 이는 예수가 "세리와 뱃사람", "기초 교육조차 받지 못한" 사람들 중에서만 제자를 삼을 수 있었기 때문이다.[3] 2세기 기독교 변증가들은 종종 바로 이런 종류의 조롱에 대해 응대해야 했고,[4] 현대 저자

---

1 Origen *C. Cels*. 3.44, trans. Chadwick 1965, 158.
2 *C. Cels*. 3.55, Chadwick 165-166.
3 *C. Cels*. 1.62, Chadwick 56-57.
4 예. Minucius Felix, *Octav*.. 36.3-7; *Actus Petri c. Simone* 23(Lipsius-Bonnet 1891, 1:71.24-25); 참고. Justin *2 Apol*. 10.8; Tatian *Orat. ad Gr* 32. 늦어도 4세기의 마지막 사반세기에 이르면 리바

들도 심심치 않게 초기 비평가들이 옳았다고 단정하곤 했다. 누가복음의 예수는 부자에게 화가 있으리라고 선포하시지 않았는가?(눅 6:24) 또 야고보는 "너희를 억압하는 부자"에게 아첨하지 말라고 경고하지 않는가?(약 2:1-7) 그리고 바울 자신도 하나님이 "세상에서 어리석은 자…약한 자…낮고 멸시받는 자"를 택하셨다고 쓰지 않았는가?(고전 1:27). 초기 기독교가 프롤레타리아 운동이었다는 개념은, 비록 그 이유는 사뭇 달랐지만, 마르크스주의 역사가들과 가난을 미화하곤 했던 부르주아 저술가들의 입맛에도 잘 맞았다.[5]

20세기에 바울과 그의 회중들에 대한 통설을 형성하는 데 특별히 중요한 영향을 미친 학자는, 하이델베르크 대학교의 신학과 교수였다가 나중에 베를린 대학교로 옮겨 간 아돌프 다이스만(Adolf Deissmann)이었다. 다이스만은 새로 발견된 파피루스나 도기 조각(ostraca)에 기록된 수백 가지 문서—서신, 계약서, 학교 수업 내용, 매매 계약서, 마법 주문을 담은 문서—가 신약성경의 어휘와 문법뿐 아니라 신약성경의 사회 정황을 이해하는 데도 혁명적 영향을 미쳤다고 보았다. 그는 자신과 다른 이들의 연구 결과를 대중에게 널리 알리는 천재성을 지니고 있었다. 그는 두 번에 걸쳐 중동을 장기간 여행한 덕분에 생생하고도 낭만이 넘치는 여행기를 통해 "사도 바울의 세계"를 재구성할 수 있었다.[6] 대체로 신약성경의 언어를 학문이나 문학과 거리가 먼 파피루스 문헌에 사용된 통속 '코이네'(*koinē*)와 동일시한 다이스만의 태도는 신약성경 저자들이 대개 하류층에 속했다는 견해를 뒷

니우스가 자신이 가르치는 이들 가운데 "너희 어머니, 너희 아내, 너희 집사, 너희 요리사"에게서 그들이 믿는 가르침을 받아들여 그리스도인이 된 이들을 꾸짖는 일이 벌어진다(*Or.* 16.47, trans. A. F. Norman in the Loeb ed.). 그러나 앞의 1장 주10에서 인용한 Tertullian, *Apol* 1.7은 반대다: 참고, *Apol* 37.4; *Ad Scap.* 5.2. 테르툴리아누스의 주장은 플리니우스가 훨씬 앞서 트라야누스에게 써 보냈던 내용을 상기시킨다. "모든 연령, 모든 계급[*ordo*], 남성과 여성 가운데 많은 이"(Ep. 10.96.9). 또한 Vogt 1975을 보라.

5 간략하면서도 생생하게 묘사한 Kreissig 1967, 93-96를 보라.
6 Deissmann 1911, 특히 ch. 2(27-52).

받침한다. 하지만 다이스만은 바울 자신이 속한 계층을 평가할 때는 다소 어려움을 겪었다. 다이스만이 1909년에 다소에서 목격한 직공처럼 바울도 그의 직업으로 보아 자유인 빈민 중에서도 최하류층에 속했을 것이다. 그 직공은 "가난에 찌든 낡은 베틀로 성긴 베를 짜고 있었다." 그러나 "바울이 로마 시민으로 태어났다는 사실은 그의 집안이 완전히 비천한 환경에서 살았을 리가 없음을 일러 준다."[7] 바울은 문학이나 학문에 사용하는 그리스어를 쓰지는 않았지만, 그렇다고 해서 "그 시대의 많은 파피루스에서 볼 수 있는 통속 그리스어를 쓴 것도 아니었다. 오히려 바울이 구사한 언어를 고려하면 그는 더 높은 계층에 속한 자로 보아야 한다."[8] 하지만 다이스만은 바울이 "중류층 및 하류층 계급"과 가장 끈끈한 유대 관계를 맺고 있었다고 확신했다. 그는 이렇게 말한다. "주로 배우지 못한 대도시인을 대상으로 선교한 바울은 생색을 내면서 낯선 세계로 내려간 것이 아니었다. 그는 자신이 속한 사회 세계에 계속 머물렀다."[9] 근래까지도 다이스만의 질문을 수고로이 던진 대다수 학자는 다이스만이 적어도 언급했었던 증거의 모호성을 간과했다. 바울계 회중을 포함한 초기 기독교 구성원들은 로마의 여러 속주에 사는 가난한 자들과 가지지 못한 자들이었다는 것이 학계의 통설이었다.

하지만 지난 20년간 많은 학자는 새로운 시각으로 증거를 살펴본 후 1세기 그리스도인들의 사회 내 수준에 관하여 다이스만이 천명한 견해와 사뭇 다른 결론에 도달했다. 다양한 관점에서 출발한 이런 연구가 한 점으로 수렴되자, 에이브러햄 맬허비(Abraham Malherbe)는 플로이드 필슨(Floyd Filson)이 40여 년 전에 천명한 말, 곧 "사도 시대의 교회는 우리가 때로 생각했던 것보다 훨씬 더 사회의 단면에 가까웠다"는 말을 인정하는 "새로

---

7   Ibid., 49, 50.
8   Ibid., 50.
9   Ibid., 51.

운 공감대가 형성되고 있는 것 같다"고 주장했다.[10] 에드윈 저지는 상류층의 역할을 특히 강조했다. 그는 "기독교는 사회에서 자신에게 의존하는 이들을 후원하는 지역 후견인들의 지지를 받은 운동이었다"는 자신의 신념을 뒷받침하고자 로마 사회에 만연해 있었음에도 사람들이 거의 언급하지 않은 우정(amicitia)과 후견 관계(clientela)가 중요했음을 지적한다.[11] 로버트 그랜트(Robert M. Grant)는 주로 2-4세기 사이에 나온 증거를 살펴본 후 이와 동일한 의견을 피력한다. "상하 위계 질서를 따라 조직된 사회에서는 기독교의 승리도 위에서 아래로 내려가는 식으로 일어날 수밖에 없었다." 그는 이보다 앞선 시대의 기독교도 "프롤레타리아 대중 운동이 아니라, 주로 중류층에서 기원한 다소 열정이 넘치는 그룹들로 이루어진, 상대적으로 작은 규모의 무리"로 보아야 한다고 결론짓는다.[12] 맬허비는 근래에 진행된 신약성경 언어, 문체, 장르에 관한 연구를 통해 신약성경 저자들과 청중의 사회 내 수준을 알려 줄 중대한 실마리를 밝혀냈는데, 이러한 연구 결과는 다이스만이 크게 기여한 분야에서 그의 의견을 논박하는 결과를 가져왔다. 맬허비는 다이스만이 참조하고도 전체 결론을 내릴 때 배제한 언어 데이터에 여러 모호한 점이 있다고 강조한다.[13] 이런 연구 결과도 바울과 바울계 회중에 속한 (적어도) 일부 구성원의 교육 수준이 그동안 추측했던 것보

---

10 Malherbe 1977a, 31. Filson 1939, 인용문은 111에서 발췌했다. Eck 1971, 381와도 비교해 보라. "만일 우리가 이 질문들과 관련된 자료 전체를 살펴보고 그 가운데 몇 개를 가져다가 우리 마음대로 일반화하는 일을 피한다면 기독교 신자들이 로마 제국에서 보통 볼 수 있던 사회 계층 구조를 사실상 정확하게 거울처럼 보여 준다는 결론을 피하지 못한다. 이런 모습은 신약성경 기록이 묘사하는 시초부터 그러했다."
11 Judge 1960b, 8; 참고. 1960a.
12 R. M. Grant 1977, 11. Grant의 판단은 마르크스주의자요 교회사가인 Heinz Kreissig 1967, 99가 내린 판단과 대동소이하다. "1세기에 기독교는 '프롤레타리아'나 아주 작은 규모의 독립 수공업자나 소규모 임차농 가운데 퍼지지 않고, 오히려 도시의 잘 사는 수공업자, 상인, 자유 전문직 종사자 무리 속에서 퍼져 나갔다."
13 Malherbe 1977a, 29-59.

다 좀더 높았으며, 그런 점에서 그들의 사회 내 수준도 좀더 높았다는 것을 일러 준다. 하지만 바울계 공동체의 사회 내 계층을 가장 꼼꼼하게 그리고 일부러 사회학의 관점에서 분석한 결과는 게르트 타이센(Gerd Theissen)이 펴낸 논문 시리즈에서 찾아볼 수 있는데, 여기서 그는 고린도의 상황을 다룬다. 타이센도 고린도의 그리스도인 그룹을 이끈 인물들이 상당히 높은 경제 및 사회적 수준을 유지했음을 발견한다. 하지만 그는 교회도 그보다 더 큰 사회처럼 여러 계층으로 구성되어 있었음을 일러 주는 증거를 강조한다. 회중 내부에서 벌어진 다툼은 주로 상이한 계층에 속한 이들 사이에서 일어났으며, 개인이 다툼을 벌인 경우에는 위계 구조 사회의 기대치와 평등한 공동체의 기대치 사이에서 벌어진 다툼이 많았다.[14]

이러한 연구 결과와 다른 연구 결과가 정녕 공감대를 형성하는 방향으로 나아갈지라도, 이런 공감대가 바울계 그룹들이 그 사회에서 지닌 특징에 관해 우리에게 일러 주는 것이 무엇인지 아직도 분명하지 않다. 방금 언급한 학자들 일부는 주요 인물들의 지위를 강조하지만, 다른 학자들은 이런 인물들과 대다수 구성원 간의 사회적 격차를 강조한다. 어떤 관찰자는 교회 안에 여러 계층이 뒤섞여 존재하는 것을 단지 기독교 운동이 그 사회 전체의 구조를 따를 수밖에 없었음을 보여 주는 사례로 본다. 한편 다른 관찰자는 그것이 그리스도인 그룹이 중시한 가치들과 이 그룹이 속한 더 큰 사회가 중시한 가치들 사이에 존재했던 근본적 갈등을 보여 준다고 본다.[15]

---

14 Theissen 1974b, 1974c, 1975c.
15 Scroggs 1980, 169-171는 이 "새로운 공감대"를 비판하며 몇 가지 질문을 던진다. 그 가운데 셋은 특히 바울계 그룹을 들여다보는 탐구와 관련이 있다. 첫째, 내가 추측하기에 이 질문은 특히 Judge에게 던지는 것 같다. "지지자들의 추측처럼 사도행전 자료가 제시하는 역사를 과연 신뢰할 수 있는가?" 둘째, "다른 이보다 부유한 몇몇…구성원의 존재가 실제로 그 공동체 전체가 사회에서 차지하는 위치를 바꿔 놓을 수 있었을까? 이것은 엘리트주의자의 정의(定義)가 아닌가?" 셋째, "우리가 고려해야 할 소외가 오직 경제적 소외뿐인가?" 이 질문에 Judge가 제시한 답은 Judge 1980b, 207-209를 보라.

사회 계층 측정하기

여기서는 단순히 초기 기독교 회중의 구성원 가운데 단지 가장 높은 구성원, 가장 낮은 구성원, 혹은 평균 구성원을 헤아릴지를 결정하는 차원을 넘어 그보다 더 중요한 무언가를 짚고 넘어가야 한다. 아울러 이보다 중대한 질문이 있는데, 그것은 바로 우리가 말하는 '높은' 또는 '낮은'의 의미가 무엇인지 묻는 질문이다. 우리는 고대 사회에 존재했던 상이한 세 종류의 순위—계층(class), 계급(ordo), 지위(status)—를 서로 구별한 모제스 핀리(Moses I. Finley, 그는 결국 막스 베버의 견해를 채택했다)의 선례를 따르는 것이 타당할 것이다.[16] 이 세 종류 가운데 계층은 큰 도움이 되지 않는다. 일반 사회학에서 사용하는 일상 용어(가령 '하위 중류층' 같은 말)로 말하자면 이 말은 보통 소득 수준만을 가리키며, 어쩌면 거기에 소득을 얻는 방법을 추가한 말일 수도 있다. (예를 들면 '중류층'은 늘 소득 수준이 중간 정도임을 암시할 뿐 아니라 이 소득이 상속받은 부가 아닌 스스로 번 소득임을 암시한다.) 마르크스는 생산 수단과 어떤 관계에 있는지가 계층을 결정한다고 주장하면서 오직 지주, 자본가, 노동자라는 세 계층만 이 관계를 만들어 낸다고 주장했다. 베버도 경제 요인이 계층을 결정한다고 보았지만, 생산보다 시장이 계층을 규정한다고 주장했다. 계층은 다른 그룹에 속한 사람들과 구별되는 그룹의 사람들이 "시장에서 누릴 수 있는 삶의 기회"를 나타냈다.[17] 그러나 고대 사회를 서술할 때는 이런 정의도 큰 도움이 되지 않는다. 이런 정의는 분명 고대 사회에서 서로 다르게 취급했던 그룹들을 한 덩어리로 묶기 때문이다.[18]

반면, 제정 로마 사회에서 '계급'(ordines) 혹은 '신분'은 확실하게 나뉘었

---

16 Finley 1973, 35-61.
17 Lipset 1968, 296-301.
18 Finley 1973, 49-50.

으며 법으로 정해져 있었다. 가장 중요하고 가장 오래 지속된 두 계급 또는 신분은 원로원 의원(ordo senatorius)과 기사 계급(ordo equester)이었다. 게다가 가족 구성원이 속주 도시의 의회나 원로원에서 봉사했거나 봉사할 자격을 가졌던 집안은 그곳에서 한 계급을 형성했다. 이런 계급들 그리고 이런 계급으로 올라가는 단계, 즉 쿠르수스 호노룸은 야심 찬 로마 제국의 엘리트에겐 대단히 중요했다. 그러나 최상위에 자리한 이 세 계급이 전 인구의 1퍼센트도 채 되지 않았음을 고려하면[19] 이 범주는 우리가 지금 연구하는 그룹들의 종류를 확실히 구분해 줄 기준이 되지 못한다. 아울러 (로마의) '플레브스'(plebs)와 노예 출신 자유인 계급(ordo libertinorum)을 공식 계급에 포함시키는 것은 "다른 모든 이"를 추가하는 것에 비해 조금 더 도움이 될 뿐이다.[20]

이 때문에 결국 그리스-로마 도시의 사회 계층을 살펴보고자 할 때 우리가 가장 널리 사용할 수 있는 범주는 바로 지위다. 여기서 사회 계층에 관한 현대 사회학자들의 일부 논의가 더욱 분명한 개념 정립에 도움을 줄 수 있을 것 같다. 이번 장 첫 부분에서 검토할 모든 저자는 개인의 지위를 단일체

---

19 MacMullen 1974, 88-91.
20 결국 나는 John Gager가 Robert M. Grant, Malherbe, Theissen을 논평하며 한 말(1979, 180)을 전혀 이해하지 못하겠다. Gager는 Grant와 Malherbe가 사회 계층과 사회 지위를 구분하지 않았다고 비판하는데, 이 비판은 적절하다. 그러나 그는 이어 계층과 계급을 동일시하면서 "1세기와 2세기에 상대적으로 사회적 지위가 높았던 몇몇 사람들은 기독교에 끌렸지만, 사회 계층이 높았던 이들은 기독교에 거의 매력을 느끼지 못했다"라고 주장한다. 내가 그의 결론을 올바로 이해했다면 그는 이렇게 지위는 높으나 계층(계급)은 낮은 사람들이 그들 자신을 **상대적으로** 가난하고 불우한 이로 인식했으리라고 추론한다. 나는 이런 추론이 그들이 기준으로 삼은 그룹 때문에 나온 것이라고 생각한다. 내가 영국 영토에서 귀족 작위를 받지 않았다고 해서 내가 억압을 느끼거나 내가 중요시하는 사람들이 나를 멸시할 리는 없을 것이다. 마찬가지로 나는 고린도에서 조영관이라는 새 지위를 얻은 것을 극장 도로 위에 자랑스럽게 과시한 에라스토가 과연 자신이 로마 원로원 의원이 될 수 없다는 이유로 속으로는 부글부글 끓었을지 의문이 든다. 물론 그가 한두 세기 뒤에 살았다면 그런 감정을 느꼈을지도 모른다. Gager는 올바른 궤도를 가고 있다. 그가 쓴 *Kingdom and Community* (1975)에서 큰 비중을 차지하는 상대적 박탈감이라는 개념은 지위 불일치와 밀접한 관련이 있다. 그러나 더 정확해야 한다. 우리가 계급을 아주 중요한 특권의 지표로 다루지 않고 오로지 지위의 몇몇 구체적 차원 가운데 하나로—가장 공식적이지만 가장 널리 퍼져 있지는 않은 차원으로—다룬다면 더 유익한 그림을 얻을 수 있다. Cohen 1975을 보라.

로 보는 것 같다. 어떤 사람은 그 지위가 높거나 낮거나 중간일 수 있고 그 사이 어딘가일 수도 있지만, 그 지위는 언제나 한 가지 기준에 따라 측정된다. 하지만 근래에 와서 대다수 사회학자들은 사회 계층이 다차원적 현상임을 깨닫게 되었다. 한 개인이나 한 그룹의 사회적 수준을 서술하려면 관련된 차원들을 **하나씩** 살펴보면서 그 개인이나 그룹의 서열을 측정해야 한다. 예를 들면 우리는 어떤 사회에서 다음과 같은 변수들이 개인의 서열 결정에 영향을 미친다는 사실을 알 수 있다. 능력(사회 체제 안에서 목표를 달성할 수 있는 힘'으로 정의하는 것), 직업에 따른 특권, 수입이나 부, 교육과 지식, 종교와 제의에 따르는 정결, 가족의 지위와 민족의 지위, 지역 공동체의 지위(어떤 하위 그룹 안에서 이루어지는 평가. 더 큰 사회와 독립되어 있지만 서로 영향을 주고받을 수도 있다) 등이 그런 변수다.[21] 자신이나 다른 사람이 보기에 이 모든 요인에 아주 딱 들어맞는 서열에 속한 사람은 아마 거의 없을 것이다. 어떤 사람의 보편적 지위는 그 사람과 관련된 모든 차원을 아우르는 서열의 복합체다.

더 나아가 그 결과로 얻은 지위는 단순히 한 사람이 몇 가지 차원에서 차지하는 서열의 평균치가 아니다. 고려해야 할 요소가 몇 가지 더 있다. 첫째, 모든 차원이 동일한 비중을 차지하지 않는다. 부(富)는, 특히 눈에 띄게 멋진 방법으로 펼쳐 보이면, 종교적 정결함보다 더 큰 비중을 차지할 수도 있다. 그러나 오랜 명문가의 자손이라는 점은 부보다 훨씬 많은 특권을 안겨 줄 수도 있다. 둘째, 각 차원이 차지하는 비중은 누가 그 비중을 측정하느냐에 달려 있다. 예를 들어 세이무어 마틴 립세트(Seymour Martin Lipset)는 세 가지 시각을 구분한다. 첫째는 "객관적" 지위다. 이는 "행동의 차이를 만들어 내기에 충분할 정도로 각기 다른 환경을 조성하는 계층의 여러 측

---

21 Barber 1968.

면"을 말한다. 둘째는 부여된 지위다. 이것은 "다른 이들이 개인과 그룹에 부여한 특권"을 말한다. 셋째는 주관적 지위다. 이는 "여러 사람이 사회의 위계 구조 안에서 느끼는 개인적 소속감"을 말한다.[22] 대다수의 사람은 사회 전체의 기준보다는 자신에게 아주 중요한 집단의 기준—그들이 그 그룹에 속해 있는지 여부와 상관없이—으로 자신을 측정한다.[23] 셋째, 어떤 이가 속하는 다양한 서열 간의 상관관계 정도는 또 다른 변수를 형성하며, 이 변수는 그 사람이 다른 이에게 어떤 평가를 받느냐와 그 사람이 자신을 어떻게 평가하느냐에 영향을 미친다. 이것이 바로 앞 장에서 간략히 언급한 지위 일관성, 지위 일치성, 혹은 지위 결정화(status crystallization)다.

고대 사회에서 특권이 이와 유사한 방식으로 사람들에게 분배되었다면, 초기 그리스도인들의 사회적 지위를 일반화된 단일 범주—이를테면 '중류층'—로 묘사하는 것은 모호할 뿐 아니라 오해의 소지가 있다. 그런 묘사는 계층의 다차원성을 무시하기 때문에 상당히 모호하다. 그리고 그런 묘사는 은연중에 고대 그리스 도시에도 현대 산업 사회의 중류층과 비슷한 무언가가 존재했음을 전제하기 때문에 오해의 소지가 있다.

지위의 다차원성에 유념해야 할 이유가 한 가지 더 있다. 일련의 연구 결과에 따르면 오늘날 미국 사회에서 낮은 지위 결정화 단계에 속하는 이들, 곧 몇몇 중요한 차원에서는 높은 서열에 있지만 다른 차원에서는 낮은 서열에 속한 이들은 몇 가지 예측 가능한 방식으로 행동하는 경향이 있다. 일부 사람들은 사회 변화에 찬동하는 정치 행위를 할 수 있다. 어떤 이들은 몸담고 있던 집단들에서 탈퇴하여 사회와 담을 쌓는 쪽을 택할 수도 있다. 또 다른 이들은 정신생리학에서 말하는 스트레스 증상을 나타낼 수도 있다. 일

22　Lipset 1968, 310; 참고. Malewski 1966.
23　Lipset 1968, 312; Pettigrew 1967; Merton and Rossi 1950.

부 사회학자들이 믿는 바에 따르면, 이 모든 유형의 행위는 고도의 지위 비일관성이 불쾌한 경험을 만들어 내며 이런 경험은 사람들이 사회나 자기 자신이나 자신에 관한 인식을 바꿔 이런 비일관성을 제거하도록 만든다는 것을 보여 준다.[24]

물론 우리는 현대 사회를 관찰한 결과를 토대로 만들어 낸 이론을 고대 사회에 적용할 때 신중해야 한다. 디트로이트 유권자 사이에 존재하는 위계 구조는 고대 고린도 시민 사이에 존재했던 위계 구조와 엄연히 다르다. 지위 일관성 이론이 제시하는 설명과 예측은 문화를 통해 결정된 동기와 인식에 관한 잠재적 추정—과장된 개인주의와 프로이트 이후 혹은 적어도 아우구스티누스 이후의 자기 성찰 같은—을 포함할 수 있다. 그럼에도 이러한 이론들은 경험을 통해 답을 찾게 해 주는 큰 힘을 가질 수 있다. 이 이론들은 우리가 지위를 구성하는 항목들을 너무 단순화하지 않도록 막아 줄 수 있으며, 우리가 가진 자료에서 발견해야 할 연관 관계들의 종류를 일러 줄 수 있다. 우리는 이미 토니 레이크만스가 사회 변화를 바라보는 유베날리스의 태도를 분석할 때나 폴 위버가 황실의 노예와 노예 출신 자유인 신분의 쌍방 이동 가능성을 서술할 때 지위 비일관성이라는 개념을 활용할 수 있었음을 보았다. 같은 현상을 가리키는 또 다른 용어가 바로 핀리가 묘사한 "범주의 십자 교배"다. 램지 맥멀런이 편찬한 "속물 근성 사전"(dictionary of snobbery)[25]은 우리가 앞에서 본 것 같은 위계 구조의 여러 차원을 정의할 수 있게 해 줄 귀중한 자료를 제공한다.

---

24 Lenski 1954는 일련의 반응과 더 깊은 연구를 불러일으켰으며, 이런 반응 및 연구는 아직도 끝나지 않은 것 같다. 많은 출판물 가운데 다음 책이 외부인의 관점을 대변하는 것으로 보인다. Goffman 1957; Lenski 1956; Anderson and Zelditch 1964; Blalock 1967; E. F. Jackson 1962; Jackson and Burke 1965; H. F. Taylor 1973; Hornung 1977. 지위 불일치와 종교적 헌신의 상관관계를 수치로 측정하려는 근래의 시도와 방법론상 조심해야 할 중요한 사항 몇 가지를 살펴보려면 Sasaki 1979을 보라.
25 MacMullen 1974, 대략 B, 1381-1341; 또한 ch. 4를 보라.

그렇다면 우리는 바울계 회중에 합류한 개인과 집단을 고찰할 때 너무 성급히 그들의 수준을 규정해서는 안 된다. 오히려 우리는 우리가 가진 실마리 가운데 어떤 것이 그 시대와 장소에 부합하는 몇몇 위계 구조 속의 서열을 일러 줄 수 있는지 물어야 한다. 예를 들면 우리는 오로지 로마에만 적용되는 레이크만스의 범주들을 속주의 상황에 적용할 때 출신 민족, 계급, 시민권, 개인의 자유, 부, 직업, 나이, 성별, 공직이나 공적 영예 같은 범주에 존재하는 서열을 찾아보아야 한다. 아울러 우리는 이런 각각의 서열이 효력을 지닌 정황에 관하여 물어야 한다. 이를테면 초기에 첫 정착민이 대부분 노예 출신 자유인이었던 로마 식민지 고린도에서 노예 출신 자유인으로 살던 이는 분명히 로마나 안디옥에서 사는 이보다 사회에서 할 수 없는 일이 적었을 것이다.

인물 연구에서 얻는 증거

바울과 그 제자들이 1세기에 쓴 서신(즉 목회 서신을 제외한)은 바울 외에도 각 지역 회중 속에서 활동한 사람, 바울과 함께 선교 여행을 한 동역자 혹은 대리인, 아니면 이 두 역할을 모두 수행한 사람 65명의 이름을 밝히거나 지목한다. 이들 가운데 일부는 사도행전에도 등장하는데, 사도행전은 이 외에 13명의 이름과 익명의 한 집안을 더 언급한다. 따라서 바울계 기독교와 관련된 인물을 연구하면 거의 80명의 이름이 담긴 인물 명부를 만들 수 있다. 이들 가운데 대다수는 이름 외에 다른 정보를 얻을 수 없으며, 그중 일부는 이름조차도 알 수 없다. 하지만 이 명부 전체를 꼼꼼히 살펴보면 바울계 집단의 사회적 구성을 알 수 있는 단서 몇 가지를 찾을 수 있다.

바울이 로마서 16장에서 안부를 묻는 이들의 이름이 담긴 긴 명단은 한 가지 문제점을 안고 있다. 바울이 여기서 언급하는 개인이나 그룹 가운데 일부는 그가 오로지 전해 들은 말로만 아는 이들이었을 수 있다. 또 다른 이들은 그가 단지 동방을 여행하는 동안 만난 사람일 수 있다. 따라서 우리는 본문이 "바울의 동역자"나 그에 상응하는 사람 혹은 이전에 바울계 회중에 속했던 사람으로 밝힌 사람만 헤아려야 한다.[26] 그렇게 하면 아벨레(10절), 아마도 헤로디온을 포함한 아리스도불로 집안 사람들(10-11절), 아순그리도, 블레곤, 허메, 바드로바, 허마가 대표하는 집안 사람들(14절), 마리아(6절), 나깃수(11절), 버시, 드루배나, 드루보사(12절), 빌롤로고와 율리아, 네레오와 그의 누이, 올름바가 대표하는 집안 사람들(15절), 스다구(9절) 등은 이 명단에서 제외된다.

바울 서신이 언급한 나머지 사람들 가운데 16명은 아마도 혹은 확실히 바울계 그룹에 속하지만, 이들의 사회 지위를 확실히 일러 주는 표지는 없다. 이 16명은 다음과 같다. 골로새의 아킵보(몬 2절; 골 4:17), 아리스다고(몬 24절; 골 4:10-11; 행 19:29; 20:24; 27:2), 데마(몬 24절; 골 4:14), 에바브라(몬 23절; 골 1:7; 4:12), 빌립보의 에바브로디도(빌 2:25; 4:18), 야손(롬 16:21, 이 사람은 행 17:5, 9에 나오는 데살로니가의 야손이 아니다), 유스도라 하는 예수(골 4:11), 소시바더(롬 16:21; 행 20:4?), 소스데네(고전 1:1),[27] 디모데(살전 1:1; 3:2, 6; 고전 4:17; 16:10; 고후 1:1, 19; 빌 1:1; 2:19; 살후 1:1; 골 1:1; 롬 16:21; 몬 1절; 행 16:1-17:14; 18:5; 19:22; 20:4),[28] 디도(고후 2:13; 7:6-16; 8:6, 16-24; 12:18; 갈 2:1-3), 두기고(골 4:7-8;

---

26 많은 주석가가 제안했듯이 롬 16장이 본디 이 서신의 일부가 아니라면 이 문제는 더 간단할 것이다. 하지만 이 가설에 반대하는 의견을 보려면 앞의 1장 주41에서 인용한 저술들을 보라.
27 고린도전서의 공동 저자인 소스데네가 고린도 회당장(ἀρχισυνάγωγος)이었다면(행 18:17, 이전에 기독교로 개종했던 8절의 그리스보의 뒤를 이은 사람임이 분명하다), 우리가 그가 소유한 부, 그가 속한 민족 그룹, 유대인 공동체에서 그가 차지하는 위치에 관하여 말할 수 있는 무언가가 있을 것이다. 하지만 소스데네라는 이름이 흔하다 보니 다른 증거가 없다면 이 소스데네가 회당장 소스데네라는 주장의 정당성을 입증하지 못한다.
28 목회 서신에서 가장 중요한 인물이기도 하다. 딤후 1:5이 제시하는 정보가 믿을 만한 전승에서 나온 것이라면 우리는 그의 아버지가 그리스인일 뿐만 아니라 유대인인 그의 어머니 쪽도 두 세대가 그리스식 이름을 가졌다고 볼 만한 또 다른 실마리를 얻은 셈이다.

엡 6:21-22; 행 20:4), 우르바노(롬 16:9), 익명의 "참으로 나와 멍에를 같이한 사람"(빌 4:3), 그리고 연보를 거둔 일과 관련하여 (현존하는 본문에) 익명으로 등장하는 두 "형제"와 "교회의 사절"(고후 8:18-19, 22-23).

이제 우리에게는 적어도 지위를 알 수 있는 단서가 하나라도 있는 30명이 있다. 몇몇 사람의 경우에는 바로 그들의 이름이 단서가 된다. 그 이름은 어떤 특정한 문맥에서는 중요한 의미를 지닐 수 있다. 가령 아가이고(고전 16:17), 브드나도(고전 16:17), 구아도(롬 16:23), 고린도의 누기오(롬 16:21), 빌립보의 글레멘드(빌 4:3)는 라틴어를 공식 언어로 사용하던 두 로마 식민지에서 라틴식 이름을 갖고 있었다. 이는 이들이 처음에 그 식민지를 개척하고 그 지역에서 성공을 거둔 집안에 속한 이들임을 일러 줄 **수도 있다**. 게다가 이들 가운데 누기오는 유대인이다.[29] 아가이고의 사례도 흥미롭다. 고린도 거주자라면 **고린도에서** 굳이 지역 이름을 별명으로 받을 일이 없었을 것이기 때문이다[화가 도메니코스 테오토코풀로스를 '엘 그레코'(El Greco)라 불렀던 곳은 크레테가 아니라 톨레도였다]. 이 사람이나 그의 아버지가 필시 얼마간 이탈리아에서 살다가 거기서 그런 이름을 얻은 뒤에 아마도 노예 출신 자유인으로서 식민지에 정착하러 고린도로 돌아왔을 것이다. 만일 그렇다면 이는 바워속이 제시했던 현상, 곧 그리스 혈통을 가진 이탈리아 사람이 로마 식민지 정착민으로서 그리스로 돌아온 현상에 해당하는 사례가 될 것이다.[30] 한편 유오디아와 순두게라는 그리스식 이름(빌 4:2-3)은 이들이 빌립보

---

29 성경은 그를 고린도의 야손과 소시바더, 로마의 안드로니고와 유니아(스), 헤로디온과 함께 바울의 συγγενής라고 부른다. 이 말은 그저 '동포 유대인' 아니면 더 좁게 '친척'을 의미할 수도 있다. Edwin Judge는 근래 이 말이 오히려 "같은 다소 사람"이나 "길리기아 사람"을 의미한다는 Mommsen의 제안을 되살렸다(1980년 10월 22일, 예일 대학교에서 한 강의). 그를 구레네 사람 루기오(행 13:1)나 같은 이름의 축소형인 누가로 알려진 사람(몬 24절; 골 4:14; 딤후 4:11)과 동일 인물로 보아야 할 이유는 딱히 없다.

30 Bowersock 1965, 71. 지명을 가명(家名)으로 사용한 것은 노예 출신임을 나타낼 것이다. 하지만 이는 그가 이런 별명을 갖게 된 정황에 근거한 추론이다. 결국 L. 뭄미우스는 고린도를 파괴한 후에 '아

에 거주하던 외국인으로서 상인 그룹에 속한 이들이었음을 암시할 수 있다. 게다가 이들은 바울의 선교 사역에서 주체적 사역자로 인정받을 만큼 충분한 독립성을 지닌 여성이었다는 점에 주목해야 한다. 더디오도 고린도 그리스도인 가운데 라틴식 이름을 소유한 자 중 하나다(롬 16:22). 그의 경우는 그가 필사자나 적어도 수습 필사자라는 직업을 가졌다는 또 다른 단서를 제공한다.[31] 라틴식 이름을 지닌 또 다른 전문직 종사자는 아마도 에베소에서 바울과 함께 의사(골 4:14)로서 사역한 누가(몬 24절)다. 의사는 노예인 경우가 많았다. 우리는 누가가 로마의 어떤 **집안**에서 의사(*medicus*)로 일했으며, 노예에서 해방되어 자유인이 될 때 그 주인의 이름(누기오, 누가는 누기오의 애칭이다)을 받지 않았나 추측해 본다.

여행할 능력은 어느 정도 재력을 나타내지만,[32] 그 재력은 반드시 여행자 본인의 것이어야만 하지는 않았다. 많은 노예와 노예 출신 자유인이 그 주인의 대리인으로서 여행에 나섰는데, 에베소에 있던 바울에게 고린도의 어려운 상황을 전한 글로에의 집 사람들이 바로 그 예다(고전 1:11). 동방에서 바울을 알게 된 뒤 로마에 거주하던 암블리아(롬 16:8)도 비슷한 사례일지 모른다. 그의 라틴식 이름이 흔히 노예에게 주어진 이름이기 때문이다.[33] 안드로니고와 유니아(스)(롬 16:7)도 그 시기와 장소는 확실하지 않지만 바울과 함께 갇혀 있던[34] 로마 제국 동부 지역에서 로마로 옮겨 왔다. 엑크(Eck)는 안드로니고라는 이름이 그가 노예 출신 자유인이었음을 나타내며, 따라서 유니아도 유니아(스) 집안(*gens Iunia*) 사람이었던 노예 출신 자유인 여

카이쿠스'라는 경칭을 얻었다(Valleius Paterculus 1.13.2; Pliny *His. nat.* 35.4.8, §24).
[31] Theissen 1974c, 253-254는 그가 노예였거나 또는 그 반대로 속주 관직에 있었을 수도 있다고 지적한다.
[32] Ibid., 252-257.
[33] Lietzmann 1933, 125-126.
[34] 이것이 συναιχμάλωτος의 의미일 가능성이 가장 높다. 참고. 몬 23절(에바브라)과 골 4:10(아리스다고).

성임이 틀림없다고 추측한다.[35] 그리스식 이름을 갖고 로마에 살던 유대인이 모두 과거에 노예였던 것은 아니다. 우리도 요한 크리소스토모스처럼 '이우니안'(*Iounian*)을 남성 명사 '이우니아스'(*Iounias*)가 아닌 여성 명사 '이우니아'(*Iounia*)의 목적격으로 받아들인다면, 안드로니고와 유니아는 브리스가와 아굴라(롬 16:3), 빌롤로고와 율리아(롬 16:15)처럼 부부일 개연성이 아주 높다.[36] 아시아의 첫 회심자라는 영예를 얻은 에배네도(롬 16:5)도 로마로 여행했다. 그의 이름도 암블리아의 이름처럼 그가 노예 출신일 수 있음을 시사하지만, 확실히 그렇다는 증거는 없다. 라틴(로마-역주) 신의 이름을 가진[37] 실루아노(살전 1:1; 고후 1:19; 살후 1:1; 참고. 벧전 5:12과 사도행전의 여러 곳)는 바울과 함께 두루 여행했지만, 아마도 자비로 여행하지는 않았을 것이다. 사도행전은 그가 예루살렘 교회 지도자 가운데 한 사람이자(15:22) 선지자였다고 말하지만(15:32), 이 말이 반드시 더 넓은 사회에서 이 사람이 지닌 지위와 관련하여 무언가를 암시하지는 않는다.

나머지 사람의 지위는 좀더 명확하게 알 수 있다. 가이오(고전 1:14; 롬 16:23)는 이미 언급한 고린도의 몇몇 그리스도인과 유사하게 훌륭한 로마식 개인 이름(praenomen: 로마인의 이름에서 맨 처음에 나오는 이름으로 그 사람

---

[35] Eck 1971, 392. Eck는 E. Koestermann이 유니아를 19년에 집정관이었던 M. 실라누스의 딸 유니아 레피다와 동일 인물로 본 것을 비판한다. P46을 비롯한 몇몇 사본은 "율리아"라고 증언하기도 한다.
[36] 어떤 부인을 그 남편과 더불어 "선지자 가운데 유명한 이"라고 불렸다는 것은 대다수 현대 주석가에겐 상상조차 할 수 없는 일처럼 보였지만, 크리소스토모스는 이를 그저 높이 칭송할 일로 받아들였다. "이 여성의 독신 생활(*philosophia*)이 어찌나 위대한지, 사람들은 이 여성을 사도라는 이름에 합당하다고 여긴다"(*Hom. 31 Rom.* 2; *PG* 60:669-670, Clark 1979, 20가 인용한다). Clark는 다른 곳에서(16-17) 크리소스토모스가 종종 φιλοσοφία를 독신 생활을 가리키는 말로 사용하며 여기서도 그런 의미를 암시하는 말로 사용하는 것 같다고 지적한다. 유니아에 관하여 알아보려면 또한 Brooten 1977; Pagels 1979, 61를 보라.
[37] 이탈리아에서 빌립보로 간 식민지 정착민들에게 가장 인기 있던 신이다: Collart 1937, 402-409. 사도행전은 그를 축소형 이름인 실라라고 부르는데 이는 사울의 아람어식 형태를 표현하는 이름일 수 있다[BAGD, s.v., 그리고 BDF, §125(2)]. 하지만 이는 그저 에바브로디도의 그리스식 축소형인 에바브라나 루기오의 축소형인 누가처럼 실루아노의 그리스식 축소형일 수 있다.

의 고유 이름이다—역주)을 가졌을 뿐 아니라 바울에게 숙소를 제공하고 고린도의 모든 그리스도인 그룹의 모임을 충분히 수용할 만큼 넓은 집을 소유했다(롬 16:23). 그는 분명 상당한 재력가였다.[38] 그리스보도 마찬가지다. 회당장(*archisynagōgos*)이라는 그의 직책은 그가 유대인 공동체 안에서 높은 특권을 누렸을 뿐 아니라 부유한 삶을 영위했음을 보여 준다.[39] 바울이 고린도에서 기독교가 움틀 무렵에 이 두 사람을 골라 직접 세례를 준 일은 주목할 만하다(고전 1:14). 같은 문맥에서 세 번째로 언급되는 사람이자 그 집안 식솔들이 아가야의 최초 회심자(*aparchē*)였던 스데바나(고전 16:15)도 부자였으리라고 추측하고픈 마음이 강하게 인다. 하지만 그것은 너무 성급한 추론일 것이다.[40] 그의 그리스식 이름은 그의 집안이 식민지 정착민의 일원이 아니라 그리스인 원주민이나 이민자임을 암시할 것이다. 어느 쪽이든 그는 사회 최상층에 속한 사람이 아니었을 것이다. 그가 에베소에 있던 바울을 만나러 아가이고 및 브드나도와 함께 에베소로 갔다는 것은 그가 어느 정도 독립성을 누리는 지위에 있음을 시사한다. 하지만 이들은 어느 정도 고린도 회중이 보내는 공식 사절단의 성격을 띠고 있는 듯 보인다. 따라서 이들의 여행 경비는 고린도 회중이 부담했을 가능성도 있다. 그런가 하면 그는 바울이 두 번이나 언급할 정도로 중요한 집안의 가장이었다. 그가 여러 차례 고린도 그리스도인들에게 제공한 섬김(고전 16:15b)은, 성경 본문의 문맥상, 영의 은사(*charismata*)에 따른 섬김이 아니라 후견인이 제공하는 유형의 섬김으로 보인다. 바울은 때로 공동체를 무너뜨리는 영의 사람들(*pneumatikoi*)과 대조적으로 "이와 같은 사람들"(*toioutoi*), 곧 스데바나, 아

---

38 참고. Theissen 1974c, 256.
39 Ibid., 235-236; 참고. Judge 1960b, 129-130; Meeks-Wilken 1978, 53-54, 56.
40 Theissen이 연관성에 근거해 이 지위를 너무 쉽게 부여한다는 Malherbe의 비판을 보라(Malherbe 1977a, 73 n. 27).

가이고, 브드나도를 인정하라고 촉구한다. 그렇다면 가이오와 그리스보만큼 부자는 아니었겠지만 스데바나도 상당히 큰 재력을 지닌 사람으로 보는 편이 타당할 것이다. 그리스도인 그룹 안에서 누리는 특권을 놓고 보면 그는 그들과 동일한 위치에 있었을 것이다. 하지만 고린도 전체를 놓고 보면 그렇지 않았을 것이며, 우리가 다음에 살펴볼 인물인 에라스도만큼 시민들에게 높이 인정받지도 않았을 것이다.

바울이 언급하는 인물 가운데 유일하게 그리스도인 그룹 안에서 맡은 역할이 아니라 그 도시에서 맡은 직함과 함께 그 이름이 밝혀진 인물은 바로 에라스도다. 그의 직함은 '오이코노모스 테스 폴레오스'(oikonomos tēs poleōs)다. 하지만 이 칭호나 고린도에서 사용하던 라틴어 공식 직함 중 이에 상응하는 직함의 정확한 의미는 오랫동안 논쟁의 대상이었다. 이 그리스어 칭호는 명문, 특히 소아시아의 명문에서 상당히 널리 나타나며, 헬레니즘 시대는 물론 로마 시대의 명문에서도 등장한다.[41] 이런 명문 가운데 다수가 이 명칭을 공공 기금이나 공공 재산을 관리하는 고위 관리를 가리키는 데 사용하지만, 어떤 경우에는(예를 들면 칼케돈과 코스에서) 공노(公奴)로 보이는 사람에게 이 명칭을 적용한다.[42] 이것이 상당히 중요한 공직 명칭이 아니었다면 바울이 이 칭호를 언급하지 않았을 것이라고 주장하는 이가 있을지도 모르지만, 그러한 주장은 그리스-로마 세계에서 늘 변함없이 존재하던 '필로티미아'(philotimia: 명예 존중, 야망―역주)를 제대로 설명하지 못할 것이다. 만일 에라스도가 그 도시의 회계를 책임진 도시 노예였다면 그가 속한 그룹들이 그를 자랑스러워하고 칭송하는 사례가 아주 많았을 것이며, 그의 자녀들도 아버지의 묘비에 '오이코노모스 테스 폴레오스'라는 칭호를 기

---

[41] Landvogt 1908, Magie 1950, 2:850-851, n. 34; Theissen 1974c, 238-240에 있는 유용한 요약을 보라.
[42] Magie 1950, 2:850; Theissen 1974c, 239.

꺼이 기록했으리라고 확신할 수 있을 것이다.

이러한 논쟁은 고린도에서 극장 동쪽에 있는 마당을 포장하는 데 필요한 비용을 기부한 사람이 에라스도임을 밝힌 라틴어 명문이 발견되면서 새로운 전환점을 맞았다.[43] 이 에라스도는 "그가 조영관직을 맡은 데 따른 보답으로" 이런 선물을 한다고 선언한다.[44] 식민지 한 곳에서 해마다 두 명의 조영관을 선출했다. 이들과 두 명의 '두오비리'가 그 도시 행정에서 최고위직을 맡은 네 사람이었다. 조영관과 '오이코노모스 테스 폴레오스'를 동일시하는 견해에 대한 반론은 조영관을 보통 그리스어로 '아고라노모스'(agoranomos)로 번역했다는 주장이다. 하지만 고린도 명문 편집자는 대다수 식민지에서 조영관이 맡은 주요 직무였던 공공 체육 대회 주관을 고린도에서는 특별 관리가 맡아서 그 유명한 이스트미아 경기를 책임졌으므로 '오이코노모스 테스 폴레오스'가 사실상 고린도의 조영관 역할을 했을 것이라고 보았다.[45] 하지만 타이센은 경기를 관장한 관리들이 따로 존재했다는 증거가 널리 나타나는 것으로 보아 고린도의 상황이 특이한 경우가 아니라는 근거를 들어 이 주장에 이의를 제기한다.[46] 오히려 타이센은 새로운 해결책을 제시한다. 그는 '오이코노모스 테스 폴레오스'가 조영관과 동일한 직급이 아니라 더 낮은 자리였으며, 아마도 재무관(quaestor)과 같은 직급이지만 어쨌든 자치체(自治體)의 '쿠르수스 호노룸' 가운데 하나였을 것이라고 주장한다. 그렇게 본다면 로마서에서 언급하는 에라스도는 중요한 관리였

---

43 이 명문의 글자는 금속으로 되어 있었지만, 이 글자들을 집어넣으려고 석회암을 판 부분만 남아있다. 이 명문은 보도 블록 두 개에 걸쳐 있었다. 1929년에 왼쪽 보도 블록의 조각을 원래 위치에서 발견했으며, 한 해 전에 다른 곳에서 발견한 다른 조각과 결합했다. 오른쪽 보도 블록의 일부는 1947년에 가서야 비로소 발견되었다(Kent 1966, 99-100).
44 [praenomen nomen] ERASTUS PRO AEDILIT[AT]E/(vac) S(ua) P(ecunia) STRAVIT (Kent 1966, no. 232 그리고 plate 21).
45 Ibid., 100.
46 Theissen 1974c, 243.

을 것이며, 얼마 지나지 않아 조영관으로 선출된 인물과 동일 인물일 것이다.[47] 이 결론은 확실하다고 할 수는 없지만 그래도 설득력이 있다. 이 결론이 옳다면 그리스도인 에라스도는 부와 함께 도시의 높은 관직도 가졌던 인물인 셈이다. 에라스도의 (그리스식) 이름 앞에 부칭(patronymic, 父稱)이 있어야 할, 명문의 부서진 부분에는 빈 공간이 전혀 없다. 이런 사실로 미루어 보아 우리는 켄트(Kent)가 제시한 추론을 하나 더 제시할 수 있겠다. "에라스도는 동시대 사람이었던 바비우스 필리누스[48]와 마찬가지로 필시 상업 활동을 통해 상당한 부를 축적한 노예 출신 자유인이자 고린도 사람이었을 것이다."[49]

사도행전 18:2-3에 따르면 바울이 브리스가와 아굴라를 만난 곳도 바로 고린도였다. 두 서신은 브리스가와 아굴라 집에서 모인 그리스도인 공동체를 언급한다. 우선 고린도전서는 바울이 에베소에서 안부 인사를 전할 때 이 사실을 언급하고(고전 16:19), 로마서는 바울이 고린도에서 안부 인사를 전할 때 이 사실을 언급한다(롬 16:3-5). 더구나 우리는 브리스가와 아굴라가 바울을 지키려고 "자신들의 목까지 내놓았나니"라는 말을 듣는다(롬 16:4). 사도행전 저자는 이들에 관하여 또 다른 정보를 제공한다. 즉 아굴라의 가족은 본도 출신이며 아굴라는 유대인이고 그들은 클라우디우스의 유대인 추방으로 쫓겨나기 전까지는 로마에 살았으며 천막을 만드는 일을 했다(행 18:2-3). 두 사람 모두 훌륭한 로마식 이름을 가졌지만, 로마에서는 라틴어를 사용하는 유대인은 물론 그리스어를 사용하는 유대인 중, 특히 여자 중에 그런 이름은 아주 흔했다.[50] 그들의 사회적 지위를 일러 주는 표지를 요약하면, 일단 부의 측면에서는 상당히 든든한 재산을 소유한 사람이라고

---

47 Ibid., 243-245; 자치체(와 식민지)의 '쿠르수스 호노룸'에 관하여 알아보려면 Gagé 1964, 160를 보라.
48 이 책 132-135를 보라.
49 Kent 1966, 100.
50 Leon 1960, 93-121. 사도행전 저자는 지소사(指小辭) 브리스길라를 일관되게 사용하는데, 바울은 그러지 않는다. 그 이유는 분명치 않다. 우리는 이와 같은 현상을 실라/실루아노의 사례에서도 보았다.

할 수 있다. 그들은 이곳저곳으로 옮겨 다닐 수 있었고, 세 도시에서 상당히 큰 집을 지을 수 있었다. 그들은 바울과 그리스도인 회중의 후견인처럼 활동했다. 직업 측면에서 볼 때, 그들의 직업은 사회에서 평판이 낮았지만 그렇다고 아주 밑바닥 직업은 아니었다.[51] 이들은 수공업 장인이었지만 독립하여 사업을 운영했다. 고대 기준으로 보면 이들의 사업 규모는 상당히 컸다. 가문 측면에서 이들은 중류층에서 하류층 사이였다. 이들은 제국 동부 속주 출신이자 유대인이었지만, 그리스-로마 문화에 동화된 사람이었다. 하나 더 짚고 넘어갈 것은, 바울이 한 차례 그리고 사도행전에서 두 차례 브리스가의 이름을 남편 이름보다 앞서 언급한다는 점이다. 이는 브리스가의 사회적 지위가 남편의 지위보다 높았음을 시사한다.[52]

"글로에의 집 사람들"(hoi Chloēs, 고전 1:11)은 노예 혹은 노예 출신 자유인이거나 둘 다였을 것이다.[53] 이들은 고린도에서 에베소로 가서 바울에게 소식을 전해 주었다. 글로에 **집안**은 고린도에 있었고 사업장은 에베소에 있었는지 아니면 그 반대였는지는 확실치 않다. 그러나 바울이 고린도 그리스도인들이 이 이름을 알아 주길 기대했다는 사실은 글로에가 고린도에 살고 있었음을 암시한다. 성경은 글로에 자신이 그리스도인이었는지 밝히지 않으며, 그렇다고 자신 있게 추론하기도 불가능하다.[54] 오네시모와 그 주인의 사례는 글로에의 경우보다 분명하다. 골로새의 오네시모(몬 10절과 여러 곳;

---

51 Ollrog 1979은 아굴라가 "수공업자이자 상인"이라는 이유로 "평균보다 높은 사회 지위"를 그에게 부여한다(26 그리고 n.105). 그러나 이는 그가 고대 사회를 잘못 인식했음을 보여 준다.
52 Judge 1960b, 129. 이에 힘을 실어 주는 것이 Flory 1975, 8-9, 59-79, 81-85가 묘사한 유사 사례들이다.
53 Theissen 1974c, 245-249.
54 그러나 (롬 16:10-11의 οἱ ἐκ τῶν Ἀριστοβούλου, οἱ ἐκ τῶν Ναρκίσσου οἱ ὄντες ἐν Κυρίῳ—아리스도불로 집안 식구인 이들, 나깃수 집안 식구로서 주 안에 있는 이들—와는 달리) 부분사(部分辭)인 ἐκ 가 없다는 것은 글로에 집안 사람들 전체가 그리스도인임을 암시하는 것인지도 모른다. 그럴 경우 글로에 자신도 십중팔구 그리스도인이었을 것이며, 고린도 교회의 οὐ πολλοί…δυνατοί(능력 있는 많은 자) 가운데 하나였을 것이다.

2장 바울계 그리스도인들의 사회 내 수준

골 4:9)는 노예인데다 심지어 도망친 노예였다. 성경은 오네시모가 빌레몬의 집에서 맡았던 일이 무엇인지 일러 주지 않지만, 바울이 그가 자신의 선교 활동을 돕게 하려고 했던 것을 보면, 그가 전에는 그 주인에게 아무 쓸모가 없었다는 바울의 말장난(몬 11절)에도 불구하고, 상당한 교육을 받았거나 특별한 기술을 가졌던 것 같다.[55] 부와 자신이 속한 집단 안에서 얻은 평가만을 놓고 보면 빌레몬은 높은 서열에 있었을 것이다. 그는 그리스도인들의 모임(몬 2절)과 손님(몬 22절)을 모두 수용할 만큼 큰 집을 소유했으며, 다양한 방법을 통해 그리스도인의 후견인 역할을 감당했다(몬 5-7절). 그는 적어도 노예 한 명을, 실제로는 아마도 많은 노예를 소유했을 것이다. 바울이 그의 노예 오네시모를 돌려보내 자신을 도와 일할 수 있게 해 달라고 은연중 강요한다는 것(8-14절)은 그렇게 해도 빌레몬이나 그의 집안에게 큰 어려움이 없으리라고 예상했기 때문이다. 사람들은 보통 압비아를 빌레몬의 아내라고 여기는데, 바울은 빌레몬을 "사랑하는 자"라고 부르고 디모데를 "형제"라고 부르듯이 압비아를 따로 구별하여 "자매"라고 부른다. 이 말 외에는 압비아의 지위를 따로 일러 주는 표지가 없다.

또 다른 자매는 특별히 흥미롭다. 뵈뵈가 바로 그 사람이다. 바울은 뵈뵈를 로마 그리스도인들에게 겐그레아 교회의 '디아코노스'(*diakonos*)이자 "많은 [다른 이들][56]과 나 자신의 '프로스타티스'(*prostatis*)"라며 추천한다(롬 16:1-2). 이 두 칭호(이것이 진정 칭호라면)는 끝없는 토론을 불러일으켰다. 초기 그리스도인 그룹 내부의 관리 구조와 여성이 감당한 역할을 둘러싼 여러 의문 때문에 '디아코노스'가 아마도 빌립보서 1:1에서처럼 어떤 직

---

[55] Stuhlmacher 1975, 53-54가 제시하듯이 골 4:9이 오네시모가 교회를 섬기며 펼친 활동에 대한 골로새 지역의 후대 전승을 반영한 것이라면, 이 점이 증명될 것이다. 하지만 그 가설이 타당하려면 골로새서가 위명 저작이어야 할 뿐 아니라 빌레몬서보다 상당히 후대에 기록되었어야 한다. 후자는 입증하기 어렵다.

[56] Chester Beatty papyrus P46을 비롯한 몇몇 사본은 "다른 이들"을 덧붙여 놓았다.

무를 나타내는 말인지, 아니면 "선교사"⁵⁷를 의미하는지, 아니면 더 넓은 의미에서 "조력자"⁵⁸를 가리키는지가 상당한 관심사였다. 하지만 이 용어는 뵈뵈가 큰 규모 모임에서 갖는 지위에 관해 우리에게 그 어떤 정보도 직접 일러 주지 못한다. 비록 최근에 일부 주석가들이 '프로스타티스'를 "장"(長) 등으로 번역해야 한다고 주장했지만,⁵⁹ 이 용어도 뵈뵈의 지위에 관해 아무것도 일러 주지 못했다. 헬레니즘 문화권에 속한 일부 도시에서는 더 널리 통용되던 '프뤼타네이스'(*prytaneis*, '행정 관리') 대신 이 용어를 그런 공식 직무를 가리키는 의미로 사용했고⁶⁰ 동호회나 길드에서 책임을 맡은 자를 가리키는 직함 또는 "지도자"라는 일반적 의미로 사용했다.⁶¹ 만일 로마서 16:2의 이 용어가 어떤 칭호를 가리키는 것이라면 아마도 그 의미는 후자일 것이다. 바울은 데살로니가전서 5:12에서 이 용어의 동족 분사를 그런 의미로 사용하면서 "너희 가운데서 수고하며 주 안에서 너희를 다스리고[*proistamenoi*] 너희를 권면하는 이들"이라고 말한다. 하지만 문맥상 그런 의미로 보기는 불가능하다. 왜냐하면 바울이 뵈뵈를 "또한 나를 다스리는 자"로 묘사하려 했다고 보기는 어렵기 때문이다. 그렇다면 현명한 해결책은 에드윈 저지의 견해를 따라 '프로스타티스'가 로마의 영향이 강한 곳

57　참고. Georgi 1964a, 31-38.
58　예. Leenhardt 1948, 11. "그는 교사나 수호 천사 같은 역할을 수행하며 그 교회를 섬겼으며, 그가 가진 자원과 뜰을 자기 뜻대로 사용했다."
59　예. Swidler 1979, 310. 그는 "이 말은…모든 그리스어 문헌에서 늘 통치자, 지도자, **혹은 보호자**를 의미한다"(저자 강조)고 바르게 이야기하지만, 여기서는 이 말이 틀림없이 "통치자"를 의미한다고 주장한다.
60　Magie 1950, 1:59, 2:842-843, n. 28에서 많은 사례를 제시한다. 코스에서는 '프로스타티스'가 새 시민의 등록을 받고, 증언을 들었으며, 희생 제물로 바친 황소의 가치를 평가하고, 델포이에 보내는 사절(θεωροί)에게 필요한 비용을 지급하는 것과 같은 일을 했다. 코스, 크니도스 그리고 카리아의 다른 곳과 인근 섬들에서는 이들이 다양한 판결(γνῶμαι)을 선고한다. 하지만 '프뤼타네이스'와 '프로스타티스'가 모두 있던 이아소스에서는 후자의 기능이 명확하지 않다. Magie는 이들이 "시 부족의 장(長)"이었을 수도 있다고 추측한다. 또한 Schaefer 1962을 보라.
61　Poland 1909, 363-364.

에서 (후견인/후원자를 의미하는—역주) 그리스어 '유에르게테스'(euergetēs)와 라틴어 '파트로나'(patrona)에 상응하는 의미로 받아들여졌다고 보는 것이다.[62] 바울은 뵈뵈가 바울 자신을 포함한 많은 그리스도인의 보호자 내지 후견인이었다고 말하면서 "그런 이유에서"(gar) 로마의 그리스도인들에게 뵈뵈가 그곳에 머무는 동안 필요한 것을 모두 제공해 달라고 요청한다. 따라서 우리는 뵈뵈가 재산도 제법 있었고 겐그레아라는 항구 도시에서 그리스도인 그룹을 이끈 이들 가운데 하나인 독립 여성이었다고 추측해도 되겠다(뵈뵈가 로마에 간 것은 바울이 쓴 서신을 전달하려는 목적도 있었지만, 아마 자신의 사업 때문이기도 했을 것이다).

당시 로마에 살던 또 다른 여성도 바울에게 느슨한 의미의 후견인 역할을 했을 가능성이 있다. 이 사람은 루포의 모친이다(롬 16:13). 바울은 루포의 모친에 대해 "그의 어머니가 곧 내 어머니"라고 말하는데, 이 말이 루포의 모친도 자신의 후견인이라는 의미라면 루포의 모친도 제국 동부 지역을 얼마 동안 여행했거나 거기에 머물렀으며 재산도 제법 있었을 것이다. 하지만 분명 이러한 가능성에 큰 비중을 둘 수는 없다. 한때 바울과 바나바의 사촌이자 동역자였던 마가의 지위는 좀더 확실하게 평가할 수 있을 것이다(몬 24절; 골 4:10). 사도행전 12:12에 따르면 마가의 모친은 그리스도인들이 모임을 가질 만한 집을 예루살렘에 소유했다. 이 보고가 신뢰할 만하다면 마가의 집안은 재산이 꽤 있었을 것이다. 더구나 예루살렘의 유대인이 라틴식 성(姓)을 가졌다는 것은 사회적 야망도 품었음을 암시하는 증거일 수 있다.

---

62 Judge 1960b, 128-129; 참고. Poland 1909, 364. 요세푸스는 헤롯이 파르타인의 매복 장소 두 곳을 격파하는 데 성공한 뒤 헤롯을 구원자이자 후견인(σωτὴρ χαὶ προστάτης: 여기서 προστάτης는 '프로스타티스'의 남성형 명사다—역주)이라고 부른다(Ant. 14.444). 그리스 명문이 비슷한 맥락에서 라틴어 patronus를 사용한 예를 보려면 Bowersock 1965, 12-13을 보라. Heinrici 1890, 414에 따르면 Strigel과 Bengel은 이미 뵈뵈를 겐그레아 회중의 후원자로 이해했다. 또한 Lietzmann 1914, 101-107를 보라.

서신서에서 검토하게 될 마지막 두 사람은 바울계 그룹에 속한 자로 볼 수 있지만 그들에게 어느 정도 부당하다고 여겨질 수도 있다. 왜냐하면 그들은 바울을 만나기 전에는 독립하여 활동하던 선교사였기 때문이다. 바울이 회심하기 이전에 바나바는 안디옥 그리스도인 그룹의 지도자였다. 따라서 초기에는 바나바를 바울의 동역자로 부르기보다는 바울을 바나바의 동역자로 부르는 것이 더 타당하다.[63] 서신서에는 바나바의 사회적 지위를 일러 주는 내용이 많지 않지만, 고린도전서 9:6은 그와 바울이 사도들 가운데서는 유일하게 정기 후원을 받지 않고 자기 손으로 직접 수고하며 일하는 방침을 실천한 이들이라고 말한다. 로널드 혹(Ronald Hock)은 바울이 자신이 직접 일하며 생계를 꾸리기로 작정했다고 말하는 방식이 남보다 사회적 지위가 높은 집안 출신인 수사가(rhetorician, 修辭家)와 철학자에게서 발견할 수 있는 방식과 유사하며, 따라서 비천한 노동을 하겠다는 그들의 결심을 높이 사야 한다고 주장했다.[64] 바울과 바나바 사이에 존재하는 유사성은 이들이 안디옥과 그 주변 지역에서 함께 선교 활동을 펼친 초창기부터 이런 방침을 함께 결정했을 가능성을 시사한다. 바나바가 상당히 잘 살면서도 일부러 여기저기 돌아다니며 수공업 장인 생활을 하면서 스스로 자신의 선교를 지원했다는 사실은 그가 자기 소유의 밭을 팔아 그 대금을 예루살렘 그리스도인들에게 내놓았다는 사도행전의 언급이 뒷받침한다(4:36-37). 아울러 사도행전 본문은 그를 레위인이자 키프로스에 정착한 집안 사람으로 소개한다.

사도행전에 따르면 브리스가의 주선으로 바울 그룹에 들어오게 된 아볼로도 다소 자유롭게 활동하던 인물이었던 것으로 보인다. 비록 고린도에

---

63   이 점은 Ollrog 1979, 10-13가 잘 짚어 주었다.
64   Hock 1978.

서는 바울 추종자와 아볼로 추종자 사이에 알력이 있기도 했지만(고전 1:12; 3:1-4:6), 그럼에도 두 사람은 좋은 관계를 유지했던 것 같다(16:12). 우리는 다시금 사도행전 기사에 의존하여 아볼로의 지위를 일러 주는 단서를 찾아보려고 한다. 사도행전은 그를 알렉산드리아 출신 유대인이자 '로기오스'(logios)하며 "성경에 능통한 자"(18:24)로 묘사한다. 여기서 '로기오스'는 적어도 달변임을 암시하며, 어쩌면 수사 훈련을 받았다는 의미일 수도 있다. 고린도전서 1-4장에는 그런 주장을 뒷받침하는 내용이 있는데, 거기서 바울은 "하나님의 지혜"를 특히 수사 속에서 나타나는 인간의 지혜와 대조한다.[65] 아볼로가 분명 혼자 따로 여행할 수 있었다는 것은 그도 상당한 재산이 있었음을 보여 주는 증거일 수 있다.

사도행전이 바울의 동역자와 회심자들에 관해 보고한 내용은 좀더 신중하게 다루어야 한다. 그 이유는 이 기사가 바울 서신보다 한 세대 후에 기록되었고, 시간의 흐름과 전달 과정의 사고로 왜곡되었을 수 있는 여러 전승에 의존하기 때문이다. 게다가 우리는 누가복음-사도행전 저자가 그리스도인 분파를 지위와 재력을 갖춘 시민에게 지지를 받은 분파로 묘사하려는 의도를 분명 갖고 있음을 기억해야 한다. 헤롯의 청지기(epitropos) 쿠자의 아내 요안나를 비롯해 수많은 여인이 자기 재산으로 예수와 그 무리를 도왔다(눅 8:2-3). 키프로스 총독 서기오 바울은 바나바와 바울을 불러 그들의 가르침과 그들이 행한 기적에 감동을 받고 "믿었다"(행 13:7-12). "적지 않은 그리스인 귀부인과 남자"가 데살로니가에서 신자가 된다(행 17:12). 아테네에서는 아레오바고 관리 하나가 회심한다(17:34). 총독 벨릭스는, 비록 그 동기가 아주 고상하지는 않았으나, 바울과 종종 대화를 나눈다(행 24:26). 아그립바왕은 바울의 논증에 감동한다(26:2-31). 몰타에서 "가장 높은 사람"

---

65 이 책 288-292를 보라.

이 바울을 환대하고, 바울은 그 관리 아버지의 병을 고쳐 준다(28:7-10). 이런 일화 가운데 일부 또는 심지어 전부가 사실일 수도 있지만, 누가복음-사도행전 저자가 자신이 강조하려는 점을 부각하고자 그럴듯한 이야기를 꾸며낼 능력을 갖춘 치밀한 저자임을 기억하는 것이 좋겠다.

안디옥 회중의 초기 지도자 명단(행 13:1)은 십중팔구 신뢰할 만한 전승의 단편일 것이다. 하지만 사울이 안디옥에 오기 전에는 니게르라 하는 시므온, 구레네 사람 루기오, 헤롯 아그립바의 젖동생(*syntrophos*: 본디 한 집에서 형제나 친구처럼 같이 양육받고 자라난 이를 가리킨다—역주)인 마나엔이 활동했을 가능성이 아주 높기 때문에, 나는 오직 바나바만 바울의 동역자에 포함시킨다. 바울의 "친구"였던 아시아 관리들(asiarchs)은 누가가 꾸며냈을 가능성이 높게 들리므로 제외하는 것이 좋다. 게다가 이 이야기는 그들이 그리스도인이 되었다고 일러 주지 않는다.[66] 빌립보 감옥 간수와 그 가족 이야기에서도 이들이 우리가 익히 아는 종류의 기적을 체험하고 회심했다고 추론하는 것은 위험할 것이다(행 16:23-34).[67] 사실 이 전설이 여전히 초기 회심자에 관한 그 지역의 전승을 보존하고 있을 수도 있다. 하지만 만일 그렇다면 사람들은 그의 이름을 기억했어야 할 것이다. 사도행전 13:7-12은 키프로스 총독 서기오 바울이 또 다른 기적을 보고 감동한 이야기를 소개함으로써 아주 유명한 인물의 이름을 남겨 주었다. 하지만 이 본문은 그가 세례를 받았다는 이야기도, 그에 관한 또는 키프로스의 기독교에 관한 다른 어떤 이야기도 들려주지 않는다(나중에 바나바가 이곳에 갔다는 말만 15:39에서 들

---

[66] 따라서 나는 많은 논쟁이 벌어지고 있는 "아시아 관리들"의 내력과 정확한 임무 문제를 논하지 않겠다. 이 아시아 관리들은 주화와 명문에서 자주 등장하며, Strabo 14.1.42; *Digesta* 27.1.6.14; Mart. Polyc. 12.2에서도 등장한다. Taylor 1932; Magie 1950, 1:449-450; 2:1298-1301, 1526; Gealy 1962을 보라.

[67] 이 기적을 살펴보려면 행 12:6-11뿐 아니라 Artapanus *apud* Eusebius *Prae. ev.* 9.27.23-25=Clement Alex. *Strom.* 1.154.2 (FGH 3C.2:684-685); Euripides *Bacchae* 443-448; Philostratus *V. Ap.* 7.38; 8.5와도 비교해 보라.

려줄 뿐이다). 우리는 서기오 바울의 이름을 빼 버림으로써 지나치다 싶을 정도로 신중하게 접근해야 한다.[68] 아테네의 디오누시오도 마찬가지다. 그렇게 하지 않는다면 아레오바고 법정의 구성원이라는 그의 지위는 이런저런 추측을 하기에 알맞은 소재를 제공했을 것이다.[69] 그와 함께 등장하는 다마리는 우리가 전혀 알 도리가 없는 인물이다(행 17:34).

디모데와 더불어 바울의 협력자였지만 분명 고린도의 '오이코노모스'는 아니었던 에라스도(행 19:22), 베뢰아 사람 소바더(행 20:4), 에베소의 드로비모(20:4, 21:29; 딤후 4:20)도 모두 틀림없이 바울계 무리에 속한 이들이지만, 우리가 그들에 관해 아는 것이 거의 없다 보니 이들의 사회 지위를 판단하기는 불가능하다. 드로아의 유두고는 아주 긴 설교를 듣다가 잠든 첫 그리스도인으로 기록되는 영원한 유명세를 얻었지만(20:9-12), 바울계 무리에 포함시켜야 할 확실한 근거는 없다. 마케도니아의 가이오(행 19:29)에 관해 우리가 아는 것이라곤 그가 라틴식 이름을 가졌다는 것과 자유 의지로 바울과 함께 여행했다는 사실뿐이다. 데살로니가의 세군도와 더베의 가이오도 마찬가지다(행 20:4).[70]

---

[68] Eck가 바울과 같은 씨족이요 노예 출신 자유인인 서기오 바울을 연계하려는 시도(Kehnscherper 1964)를 평한 말은 부당하지 않다. "Kehnscherper는…로마의 행정, 이름 짓기, 사회사와 관련하여 일반 지식 중의 일반 지식도 알지 못한 채 바울과 이 속주 총독의 만남에서 역사 속의 한 로마인을 지어냈다"(1971, 391, n. 55). 하지만 Judge와 Thomas는 이를 진지하게 받아들인다(Judge and Thomas 1966, 84).

[69] Haenchen 1959, 527, n. 1은 저자가 후대 아테네 회중(우리에겐 이 회중에 관한 정보가 거의 없다)에 관한 보고를 사용했을 수도 있다고 주장한다. 이 장면을 그대로 보면 고전 16:16과 모순되기 때문이다. 아가야의 첫 회심자는 아테네 사람이 아니라 고린도에 있던 스데바나 집안이었다. Haenchen은 또한 저자가 디오누시오와 방금 묘사한 장면을 연계하고자 "아레오바고 의원"을 지어냈을 수도 있다고 의심한다.

[70] 행 20:4이 제시하는 명단과 관련하여 많은 수정 사항이 제안되었으며, 그중 일부는 고대 필사자가 이미 제안한 것이다. 이 구절의 명단은 다양한 교회가 바울과 함께 가서 예루살렘 교회에 연보를 전달하라고 파송했던 사절들의 일부만 제시한 명단인 것 같다. Lake and Cadbury 1933, 4:254는 형용사 Δερβαῖος(더베의)가 본디 뒤따르는 이름 디모데와 함께 붙어 있었다고 생각한다. 그래서 그들은 여기 나오는 가이오를 19:29이 아리스다고와 함께 언급하는 마케도니아인과 같은 이로 볼 수 있다고 생각한다. 그러나 그렇게 보면 마케도니아가 사절을 셋이나 보냈다는 말이 된다. Ollrog 1979,

이제 사도행전에서 이름을 언급한 사람 가운데 셋만 남았는데, 사도행전은 이 세 사람을 모두 바울과 그 동역자들에게 숙소를 제공한 주인이나 후견인으로 소개한다. 그 가운데 가장 흥미로운 인물은 두아디라의 자주 직물 상인 루디아다. 유대인의 하나님을 섬기는 이방인 예배자였던 루디아는 빌립보에서 바울을 만나 곧바로 그 집안 사람들(*oikos*)과 함께 회심한다(행 16:14-15).[71] 루디아는 바울과 실라와 그 일행을 설득하여 거처를 자기 집으로 옮기게 한다(행 16:15, 40). 성경은 루디아의 지위를 일러 주는 몇 가지 표지를 제시한다. 첫째, 루디아는 자주 직물 상인(*porphyropōlis*)이었으므로 틀림없이 상당한 부를 소유했을 것이다. 왜냐하면 자주 직물은 사치품이었기 때문이다.[72] 아울러 루디아는 여러 손님을 묵게 할 만한 집도 소유했다. 둘째, 루디아의 이름과 직업과 출신지는 그가 이탈리아에서 건너온 식민지 정착민 농부들과 함께 빌립보에 정착한, 그리스어를 사용하던 상인들에게 속한 사람임을 일러 준다. 셋째, 루디아는 이방인임에도 불구하고 유대교 회당에 다니던 신자였다.[73] 마지막으로 그는 여성이지만 가장이었다.

야손(롬 16:21에 나오는 야손과 동일 인물로 여겨서는 안 된다)은 데살로니가에서 선교사들을 자기 집에 머물게 한 집주인이었으며, 결국 이 일로 선교사들의 행동에 책임을 지고 대신 보석금을 물어야 했다(행 17:5-9).[74] 그는

52-58는 디모데를 누가가 추가한 인물로 보고 제외시킴으로써 남은 명단에 1/2//1/2 패턴을 재구성하려고 한다. 하지만 본문이 이런 형태로 구성되어 있었다고 추측할 만한 이유가 없는 것 같다. Haenchen 1959, 581는, P74 א B 등이 그러하듯이, 이 명단을 소바더를 제외한 모든 이를 짝지어 배열한 상태로 둔다.

71 이 책 1장을 보라.
72 Haenchen 1979 *ad loc*.; Judge 1960b, 128.
73 사람들은 보통 Kuhn and Stegemann 1962, cols. 1266-1267을 인용하며 '하나님을 경외하는 자'가 유대교로 완전히 개종한 이보다 지위가 높은 경향이 있었다고 종종 주장한다. 하지만 그 증거는 그리 강력하지 않다. 설령 그런 일반화가 타당할지라도 다른 정보도 없이 이를 개별 사례에 억지로 적용할 수는 없을 것이다.
74 Malherbe 1977b, 224와 n. 15.

분명 좋은 그리스식 이름을 가진 이방인이었다. 집 한 채를 소유했으며 재산도 제법 있었다. 루디아처럼 "하나님을 예배하는 자"였던 디도 유스도는 고린도에서 회당 옆에 집을 한 채 소유했는데, 바울과 실라와 디모데는 이 도시 유대인에게 퇴짜를 맞은 후 그의 집을 임시 거처로 사용하게 된다. 그의 이름은 그가 로마 시민이었을 가능성을 시사한다.[75] 그는 이 식민지를 지배하던 라틴계 그룹에 속했다. 안타깝게도 사도행전은 야손이나 디도 유스도가 그리스도인이 되었는지 여부를 분명하게 밝히지 않는다.

우리는 바울 서신과 사도행전에서 언급하는 이름을 살펴보았지만 전형적 바울계 그리스도인의 사회적 지위를 알 수 있는 자료를 거의 얻지 못했다. 경험 법칙에 의존하는 현대 사회학에서 아주 중요시하는 통계 분석을 바울계 그리스도인의 사회적 지위를 분석하는 데 사용하는 것은 결코 타당하지 않다. 그러나 여기서도 몇 가지 중요한 패턴이 보인다. 비록 많은 추론을 여전히 잠정적 결론으로 남겨 두어야 하지만, 그럼에도 우리는 바울계 그룹과 바울의 선교 활동에서 두드러지게 나타나는 몇 가지 유형의 사람에 관하여 누적된 인상을 얻을 수 있다. 하지만 결과를 요약하기 전에 여러 서신에서 도출할 수 있는 다소 간접적인 다른 증거를 마저 살펴보는 것이 좋겠다. 인물 연구는 한쪽으로 치우친 증거를 제공하기도 한다. 왜냐하면 이 자료에 이름이 언급된 사람이라면 결국 지도자나 유명인이나 비범한 사람일 것이기 때문이며, 그들이 이처럼 두드러질 수 있었던 것도 결국 그들의 사회적 지위가 대다수 사람과는 차이가 있었기 때문이다. 따라서 우리는 회

---

75 일부 사본은 Titius를 Titus로 기록해 놓았다. 몇 사본에는 Justus라고만 되어 있다. Goodspeed 1950은 행 18:7과 롬 16:23을 조화시켜서 그를 가이오와 같은 사람으로 여기고 싶어 했으며, 따라서 그에게 완전한 형태의 로마인 이름인 '트리아 노미나'(tria nomina: 개인 이름, 씨족 이름, 가문 이름으로 구성된 로마인의 이름―역주)인 C. Titus Justus를 부여하려고 했다. "유스도"는 아마도 유대인이 그에게 붙여 준 별칭이었을 것이다(Lightfoot 1879, 238가 유스도 예수에 관하여 한 말을 보라). 그러나 이런 별칭이 가명(家名)이 되었을 수도 있다.

중 안에 있는 익명 그룹의 사회적 지위를 일러 주는 증거를 찾기 위해 바울 서신을 탐구해야 한다.

간접 증거

바울 서신에서 언급하는 익명의 그리스도인 가운데 한 그룹에 대해 본문이 그들의 사회적 지위에 관한 구체적 정보를 제공한다. "카이사르 집안"에 속하며 바울이 투옥된 장소에서 그와 함께 빌립보인들에게 안부 인사를 전하는 "성도들"이 바로 그 그룹이다(빌 4:22). 바울은 이들 가운데 그 누구의 이름도 밝히지 않으며, 이 성도들의 숫자가 얼마인지도 밝히지 않는다. 우리는 심지어 이들이 있던 도시가 어디인지도 확실히 모른다. 왜냐하면 일부 주석가들은 에베소나 가이사랴가 이 서신을 작성한 곳이라고 주장하기 때문이다. 그럼에도 집필 장소는 여전히 로마가 가장 개연성이 높아 보인다.[76] 아울러 우리는 그 집안(*familia*)의 그리스도인들이 노예인지, 노예 출신 자유인인지, 아니면 그 둘이 섞여 있는지 모른다. 그리고 하찮은 집안일을 하는 사람부터 중요한 국가 기관 책임자에 이르기까지 다양한 사람이 속한 그 집안의 위계 구조에서 그리스도인들이 어떤 위치에 있었는지도 모른다. 그럼에도 한 그룹에 속한 황실 노예들과 노예 출신 자유인들은 로마 사회의 다른 비(非)엘리트 집단보다 사회에서 상위 계급으로 올라갈 기회를 실제로 더 많이 얻었다.[77] 이 그룹의 일부 구성원이 기독교가 태동한 뒤 아주

---

76 가능성 있는 곳들을 살펴보려면 Kümmel 1973, 324-332를 보라.
77 이 책 1장의 '이동성'을 보라. 아울러 바울이 빌 1:13에서 기독교 신앙이 군사 시설 안까지 침투했음을 시사했을 가능성은 거의 없다. 그가 투옥된 장소가 로마라면 ἐν ὅλῳ τῷ πραιτωρίῳ(모든 근위대 안에)는 틀림없이 황실 근위대 즉 브라이도리온(praethorians)을 가리킬 것이기 때문이다(Lightfoot 1913, 99-103를 보라). 만일 바울이 갇힌 곳이 에베소나 다른 속주 도시라면 이 말은 거기에 주둔하던 근위대 그룹이나 총독의 관저 내지 집무 장소일 수도 있다(Dibelius 1937, 67-68). 바울은 이 사람들 혹은 "나머지 모든 이" 가운데 어떤 이가 그리스도인이 되었다는 주장을 하지 않는

이른 시기부터 기독교에 들어올 이유를 발견했다는 것은 상당히 소중한 정보가 아닐 수 없다.

우리는 카이사르 집안과 별개로 바울계 그리스도인 가운데 노예와 노예 소유주가 함께 있었음을 이미 살펴보았다. 빌레몬과 압비아는 노예 소유주를 대표하는 이들이며, 아마 글로에도 노예 소유주였을 것이다. "글로에의 집 사람들"은 노예이거나 예전에 이 집안 노예였으며, 오네시모는 주인집에 있을 때는 그리스도인이 아니었다가 도망친 후에 그리스도인이 된 노예다. 우리는 각 회중에서 노예와 노예 소유주가 각각 얼마나 있었고 또 각 범주가 차지하는 비율이 얼마나 되었는지 모른다.[78] 바울은 고린도전서 7:20-24에서 수사술을 구사하여 한 노예에게 말을 건넨다. 비록 바울이 여기서 소개하는 노예는 18절의 할례 받은 유대인처럼 한 예에 불과하지만, 여기서 다루는 주제가 혼인, 이혼, 독신과 관련이 있으므로, 실제로 수신자 가운데 노예가 없다면 이는 이상한 예가 될 것이다. 그렇지만 이 본문에서 고린도 그리스도인 대다수가 노예였다는 결론을 끌어낸다면 그것 역시 실수일 것이다. 진정한 바울 서신에는 분명히 노예에게 제시하는 다른 권면은 없다. 그러나 나중에 바울의 이름으로 쓴 서신에는(베드로의 이름으로 쓴 서신에서처럼) 헬레니즘 시대에 식솔의 임무와 관련하여 널리 이야기되었던 도덕 주제, 소위 가정 규범(*Haustafel*)이란 것이 등장한다.[79] 골로새서 3:22-25에서 노예에게 주는 권면은 주인에게 말하는 문장(4:1)보다 훨씬 길다. 그러나 학자들이 때때로 주장했던 것처럼 이것이 반드시 노예가 그 회중의 다수였

다. "주 안에 있는 형제들"을 따로 언급하기 때문이다(14절; 참고, Dibelius, ibid.). 하지만 그는 분명 "그리스도 안에서" 그가 갇혀 있었다는 증언이 호감을 불러일으켰으며, 이 호감이 브라이도리온 소속 병사가 회심할 가능성을 만들어 냈다고 믿는다.

[78] 이 문제를 비롯해 초기 기독교가 노예 제도를 대하던 태도를 철저하게 다룬 글을 보려면 Gülzow 1969을 보라. Bartchy 1973에는 유익한 정보가 많이 실려 있다. 이 주제를 다룬 문헌은 상당히 많은데, 그중 둘을 더 꼽을 수 있겠다: Ste. Croix 1975; Gayer 1976.

[79] Weidinger 1928; Schroeder 1959; Crouch 1973; Balch 1981; Lührmann 1980.

음을 암시하지는 않는다. 권면의 내용은 분명 노예보다 노예 소유주가 쉽게 수긍하곤 했을 것이다.[80] 나중에 에베소서라는 이름으로 알려진 서신에 담긴 유사 사례는 더 의미심장하다. 이 서신은 바울이 선교한 소아시아 서부 지역의 몇몇 회중이 돌려 가며 읽도록 써 보낸 것 같다.[81] 이런 사실은 이 서신에 담긴 권면이 한 특정 회중의 상황을 염두에 두기보다는 그리스도인의 행실에 관한 일반적 기대를 표현한 것이라는 인상에 힘을 실어 준다. 에베소서 6:5-9도 노예에게 주는 가르침이 주인에게 주는 가르침보다 광범위하지만, 그럼에도 골로새서보다는 좀더 균형 잡혀 있다. 예상하건대 분명 일반 바울계 회중은 노예 소유주와 노예를 모두 포함했었을 것이며, 그 회중 지도자의 정신은 노예의 정신보다 오히려 노예 소유주의 정신에 더 가까웠다. 아울러 이런 권면이 올바른—위계 질서를 잘 지키는—집안 구조를 유지하라는 권면의 맥락 속에 자리하고 있음을 유념하는 것이 중요하다.

바울 서신에 나오는 도덕적 권면, 곧 권고(paraenesis) 모음 가운데는 자유 수공업자나 장인에게 이야기하는 본문이 많다. 우리의 인물 연구 대상—특히 바울 자신을 포함하여—에는 이 범주에 속하는 이로서 바울의 선교 활동을 함께 이끈 몇몇 지도자도 들어 있다. 따라서 이런 본문을 좀더 꼼꼼히 살펴보면 무언가 보답을 받을지도 모른다. 우리가 보통 현존하는 바울 서신 가운데 가장 오래되었다고 보는 데살로니가서에서 바울은 데살로니가 그리스도인들에게 이렇게 호소한다. "우리가 너희에게 준 가르침을 따라

---

80 노예의 의무를 강조하는 것이 종말을 향한 그리스도인의 소망이 노예들에게 자신들의 지위가 나아질 것이라는 기대를 불러일으켰다는 추론을 정당화하는지는 의문이다. 그러나 Bassler 1979, 269-271는 근래에 그런 추론이 가능할 수 있음을 상당히 예리하게 논증했다. Bassler는 골 3:25에서 하나님의 불편부당성에 호소하는 말—에베소서의 가정 규범에서 이것은 우리의 예상대로 노예의 주인들에게 하는 말이다—은 노예들에게 하는 말이라고 지적한다. 하지만 오네시모의 사례는 "골로새의 노예들이 동요하고 불안해했음을 보여 주는 역사 증거"로 받아들일 수 없다. 오네시모는 그저 진저리가 난 노예였을지도 모른다.

81 특히 Dahl 1951을 보라.

조용히 살아가면서 너희 자신의 일에 마음을 쓰고 너희 손으로 일하여 너희 행동이 외부인 보기에 기품 있게 하고 너희가 궁핍하지 않게 하라"(4:11-12). 어니스트 베스트(Ernest Best)가 지적하듯이 이 가르침은 십중팔구 "데살로니가 그리스도인은 숙련공이냐 비숙련공이냐를 떠나 대다수가 수공업자"임을 암시한다.[82] 아울러 이것이 데살로니가 교회가 처음 조직되었을 때 그곳 회심자들에게 준 가르침을 되새겨 주는 권고임을 유념하는 것이 중요하다. 따라서 이 권면은 데살로니가인들의 특별한 필요에 맞춘 독특한 권면이 아니라, 바울과 그 동역자들이 새 회심자들에게 준 교훈임을 보여 준다.[83] 이를 확인해 주는 증거는 후대에 등장한 제2 바울 회람 서신인 에베소서 4:28에 이와 비슷한 문장이 등장한다는 점이다. 이 문장은 다음과 같다. "도둑은 더 이상 도둑질하지 말고 일하게 하여 그 (자신의) 손으로 선을 행하게 함으로써 그가 궁박한 이와 함께 나눌 (재산을) 가질 수 있게 하라." 그런가 하면 데살로니가후서 3:6-13은 (데살로니가후서가 바울이 쓴 것인지 아닌지를 떠나 실제 서신이라고 가정할 때) 그런 일반적인 가르침을 전제하면서도 일부 그리스도인이 일하기를 거부함으로써 질서 없이(*ataktōs*) 행동하던 특별한 상황에 그 가르침을 적용한다. 저자는 이런 행동이 그들이 바울에게서 받은 "전승"을 해친다고 분명하게 말한다(6절). 나아가 데살로니가전서 2:9에서는 바울 자신이 직접 일한 사실을 본받아야 할(*mnēmoneuete*) 모범이라고 은연중에 암시하지만, 여기서는 이를 분명하게 표현한다(7-9절).[84] 이 서

---

[82] Best 1972, 176.
[83] Van Unnik 1964, 227-228; Dibelius 1937, 23. Hock 1980, 42-47에 있는 중요한 논의를 보라. 그는 이 모든 규칙이 그리스-로마 시대의 도덕주의자, 특히 디온 크리소스토모스에게서 발견되는 것과 매우 유사하다는 점을 보여 준다.
[84] 아주 색다른 방식을 통해 고전 9장은 바울이 하는 일을 하나의 패러다임으로 만든다. 살후 3:9이 그 본문의 주요 주제인 공동체에 본보기를 제공할 특권(ἐξουσία)의 포기를 요약하여 말한다는 점은 흥미롭다.

신은 이 권면을 요점만 집어 새롭게 서술한다. "그들더러 조용히 일하여[85] 그들 자신의 빵을 먹으라고 한다"(12절). 물론 10절이 금하는 것은 성찬이나 공동체의 다른 식사일 수도 있지만, 사람이 먹기 위해 일하는 것은 당연한 일이다.

바울 서신에서 돈을 직접 언급하는 본문이 몇 개 있다. 일부 본문은 예루살렘 그리스도인들을 위한 연보와 관련이 있다. 바울은 고린도전서 16:1-4에서 자신이 갈라디아인들에게도 전했다고 말하는 가르침을 제시한다. 그는 각 사람이 매주 첫날에 "무엇이 되었든 각자가 성공하여 거둔 것을 따로 떼어 보관해 둠으로써 내가 갔을 때 연보할 필요가 없게 하라"고 당부한다(2절). 나는 이 구절을 가능한 한 문자 그대로 번역했다. '호 티 에안 유오도타이'(ho ti ean euodōtai)라는 말이 다소 어색하긴 하지만, 어쩌면 이 말이 고린도 그리스도인들의 경제적 상황을 알 수 있는 실마리를 제공할지도 모르기 때문이다. 바우어(Bauer)의 『그리스어 사전』(Lexicon)이 제시하는 번역인 "각자가 거둔 만큼"[86]은 지나치게 구체적이다. '유오도운'(euodoun)이라는 동사는 "좋은 여행을 하다"라는 의미에서 파생된 아주 일반적인 은유적 의미를 지니고 있다. 따라서 이 말은 각 사람이 그전 주간에 벌어들인 수입 전부를 가리킬 리가 없다. 그런 의미라면 바울은 '케르다이네인'(kerdainein)이라는 동사를 썼을 것이다. 그런가 하면 콘첼만이 제시한 "무엇이든 각자가 남겨 저축할 수 있는 것"[87]이라는 의미는 지나치게 느슨하다. 대다수 번역자는 이 어구의 의미가 "각자 일이 잘 된 만큼"이라는 의미를 가진 사도행전 11:29과 같다고 생각하는데, 상당히 타당한 생각이다. RSV는 이런 생각을 반영하여 이 어구를 "as he may prosper"(각자가 잘 되

---

[85] μετὰ ἡσυχίας; 참고. ἡσυχάζειν(조용히 살다), 살전 4:11.
[86] BAGD, s.v. εὐοδόω.
[87] Conzelmann 1969 ad loc.

는 대로)로 번역했다.[88] 이 어구는 사실 아주 보편적이기 때문에 여기에 너무 많은 의미를 부여하지 말아야 한다. 우리가 분명히 아는 것은 연보를 조금씩 매주 거두곤 했다는 것이다. 이는 핍절하지도 않았지만 그렇다고 자본을 지배하지도 않았던 소수의 경제를 보여 준다. 이것 역시 상당히 잘 살던 수공업 장인과 무역 상인을 전형적 그리스도인으로 그려 낸 모습과 일치한다고 할 수 있다.

예루살렘 빈민에게 줄 선물은 '하드로테스'(*hadrotēs*, '풍성한, 넘치는 선물', 고후 8:20)라는 말이 시사하듯이 아주 넉넉하게 마련한 것이다. 이는 이런 선물을 모으고자 정성 들여 만든 계획이 확인해 준다. 현존하는 고린도후서에는 연보에 참여하라는 호소가 두 차례 나오는데, 이 두 호소는 어쩌면 본디 서로 다른 서신에 실려 있었을지도 모른다. 바울은 8장에서 자신의 연보 모금에 인색함을 보이지 않은 마케도니아 그리스도인의 사례를 들면서 고린도 그리스도인들이 더 분발하도록 책망하고 독려한다. 그는 마케도니아 그리스도인들의 "극심한 가난"(*hē kata bathous ptōcheia autōn*, 2-3절) 때문에 마케도니아에서 거둔 연보 규모가 다른 어느 곳보다 중차대한 의미가 있다고 말한다. 바울은 은연중에 수신자들의 경제 상황을 서로 비교한다. 11-12절의 "가진 것에서"(*ek tou echein*)라는 말은 고린도인들이 전년도에 시작한 일을 "완결할" 만한 재산을 가졌음을 암시한다. 14절은 예루살렘 그리스도인의 결핍(*hysterēma*)과 고린도인들의 풍족함(*perisseuma*)을 대비한다. 고린도인들이 영의 것을 풍족히 소유했음을 이야기하는 7절에서 사용한 동족 동사도 두 가지 의미를 지닐 수 있으며, 9절("그가 부요하심에도 우리를 위해 가

---

[88] 하지만 행 11:29의 καθώς를 번역하면서 표현을 추가하는 것—NEB는 "그의 수입에 **비례하여**"로 번역하고, Orr and Walther 1976, 356는 "그 전 주에 벌어 들인 수입**에 비례하여**"로 번역한다(저자 강조)—은 적절치 않다. 이는 수입에 비례하여 연보한다는 개념을 본문 속에 집어넣는 것으로, 그 시대에 맞지 않는 모종의 자본주의식 사업 개념을 염두에 둔 것이다.

난해지심은 너희가 그의 가난을 통해 부요해지게 하려 함이로다")의 기독론적 문구도 그 의미가 둘일 수 있다. 바울은 '카리스'(charis)라는 단어를 이 구절에서 그리스도의 희생이라는 "은혜"를 가리키는 데 사용하고, 7절에서는 예루살렘에 보내는 선물을 가리키는 데 사용한다.[89]

하지만 우리는 마케도니아 그리스도인의 "극심한 가난"을 액면 그대로 받아들여서는 안 된다. 왜냐하면 바울은 고린도후서 9:2-4에서 바로 이와 같은 논증을 거꾸로 마케도니아인에게도 사용했기 때문이다. 바울은 그들에게 고린도인들의 열심을 자랑했다. 더구나 우리는 바울이 고린도인들에게는 재정 후원을 받지 않으려고 조심한 반면, 마케도니아인들에게는 한 번 이상 재정 후원을 받았음을 기억해야 한다(고후 11:9; 빌 4:14-19). 마케도니아인들의 "가난"은 어느 정도 바울이 고린도후서 8장에서 구사한 수사가 유발한 과장일 수도 있다. 고린도후서 8장은 "가난"과 "부", "부요"와 "결핍"이라는 대조를 사용하여 "평등"(isotēs, 14절)이라는 목표를 향해 나아가는데, 이는 헬레니즘 시대의 도덕주의자들도 즐겨 사용하던 방식이다.[90]

아무튼 바울이 고린도인들의 재정 지원을 거부한 것은 그의 절대적 방침이 아니다. 왜냐하면 바울은 그들이 자신의 선교 여행 경비를 보태 줄 것을 늘 기대했다는 일부 증거가 있기 때문이다. 그는 고린도전서 16:6에서 그들

---

89 이런 모티프들은 고린도후서의 나머지 부분보다 오히려 고린도전서를 상기시킨다. 가령 고후 8:7— ὥσπερ ἐν παντὶ περισσεύετε, πίστει καὶ λόγῳ καὶ γνώσει καὶ πάσῃ σπουδῇ καὶ τῇ ἐξ ἡμῶν ἐν ὑμῖν ἀγάπῃ(너희는 모든 면, 곧 믿음과 말과 지식과 모든 간절함과 우리에게서 나가 너희 안에 있는 사랑이 풍성하듯이)—과 고전 1:5—ὅτι ἐν παντὶ ἐπλουτίσθητε ἐν αὐτῷ, ἐν παντὶ λόγῳ καὶ πάσῃ γνώσει(이는 너희가 그 안에서 모든 말과 모든 지식이 풍성하여)—및 1:7—ὥστε ὑμᾶς μὴ ὑστερεῖσθαι ἐν μηδενὶ χαρίσματι(너희가 어떤 선물에도 부족함이 없이)—을 비교해 보라. 고후 8:9의 목적론적 패턴의 진술은 아이러니를 담고 있는 고전 4:8의 ἤδη ἐπλουτήσατε(너희가 이미 부유해졌느냐?)를 상기시킨다. 이 연보의 규모를 다룬 글을 보려면 Georgi 1965, 88를 보라. 그는 이 선물이 상당했다고 가정해야 비로소 이 선물을 가져가는 대규모 사절의 여행 경비를 납득할 수 있다고 지적한다.

90 Stählin 1938, 특히 354-355.

과 함께 한동안 머무르겠다는 계획을 이야기하는데, 아마도 겨울을 같이 보낼 계획을 세웠던 것 같다. 그러면서 그는 "이는 내가 어디로 가든 너희가 내 길을 가도록 보내 주게[*propempsēte*] 하려 함이다"라고 말한다. 이와 똑같은 기대가 바울이 유대 여행 계획을 밝히는 고린도후서 1:16에도 나온다. 그 와중에 바울은 그들더러 디모데에게도 같은 호의를 베풀어 달라고 요청한다(고전 16:11). 맬허비는 이런 맥락에서는 '프로펨페인'(*propempein*)이라는 동사가 보통 "'여행에 필요한 모든 것을 여행자에게 갖추어 주다'라는 뜻"이라고 주장했는데,[91] 이 모든 것에는 여행 경비도 포함될 것이다.

고린도 그리스도인 그룹의 일부 구성원들이 다른 구성원들을 상대로 법정 송사를 벌인다는 사실도 거기서 금융 거래나 상거래가 이루어졌음을 암시한다(고전 6:1-11). 바울의 논의는 이 법정 송사가 다만 '비오티카'(*biōtika*), 곧 일상생활과 관련이 있다는 것을 제외하고는 그 쟁점에 관해 아무런 정보도 제공하지 않는다. 아울러 우리는 이 분쟁 당사자의 재산 규모가 어느 정도인지도 추론할 수 없다. 이는 파피루스 자료가 보여 주듯이 이 시대가 소규모 상인이나 시골 농부라도 행정장관 앞에 나아가 이웃이 자기 권리를 침해했다고 소송을 제기할 수 있었고 또 실제로 그렇게 했던 시대였기 때문이다.

바울 서신이 바울과 지역 회중 간의 관계의 측면들을 묘사하고, 또 은유 표현을 사용하여 신학적 주장을 펼칠 때 때때로 상업 언어를 사용하는데, 이는 중요한 의미일 수도 있고 그렇지 않을 수도 있다. 바울은 빌레몬의 노예 오네시모의 태만으로 발생한 손해를 자신이 배상하겠다고 약속하면서도(몬 18절) 동시에 서신 형태의 추천서임을 강조하기 위해 동역(partnership)이라는 공식 언어를 사용한다. "만일 네가 나를 네 동반자로 여

---

[91] Malherbe 1977*b*, 230, n. 11.

기거든 그를 나 자신처럼 받아들이라"(17절). 상업에서의 동반자 관계와 관련된 용어는 특히 빌립보서에서 분명하게 나타난다. 바울이 옥중에 있는 자신을 도우려고 빌립보 그리스도인이 보낸 선물에 조심스럽게 고른 정교한 의미가 담긴 "수령"이라는 말을 쓸 때는 물론(4:15-19), 서신 서두에서 분명 선물과 그것이 보여 준 관계를 고려하여 널리 감사를 표현하는 말을 할 때도(1:5, 7) 그렇다.[92] 바울은 같은 서신에서[93] 자신의 회심을 얻음과 잃음이라는 말로 표현했고(빌 3:7-8), 골로새에 서신을 써 보내는 그의 제자도 그리스도의 희생을 "우리에게 불리한 증서를 파기함"이라는 말로 표현했다(골 2:14). 비록 이 본문들은 그리스도인의 직업이나 부에 관해 아무것도 증명하지 못하지만, 그래도 많은 사람이 수입이 제법 있던 수공업 장인이자 상인이었다는 인상을 좀더 강화할 수 있을 것 같다. 바울이 고린도후서 12:14b에서 인용한 "자녀가 그 부모를 위해 저축하지 않고 부모가 그 자녀를 위해 저축한다" 같은 격언도 마찬가지다. 이 말은 그 당시에 경제력이 최하위에 속한 사람들의 정신을 반영하는 것처럼 들리지는 않는다. 그런 이들은 보통 자기 자식, 특히 아들을 경제 자산으로 여겨 공방에 일손을 더하게 하거나, 때로는 노예로 팔아 넘겨 궁핍한 재정 상황을 탈출할 수단으로 삼았다. 플루타르코스가 자식과 상속인을 생각하여 부를 지키고 축적한다고 크게 꾸짖은 대상은 바로 부유한 구두쇠였다.[94]

아울러 바울계 공동체 안에서 일어난 몇몇 다툼에서 사회 계층에 관한 정보를 추론할 수 있다.[95] 고린도 그리스도인들이 주의 만찬을 행하려고 모

---

[92] 바울 서신에 나오는 동역 관계를 표현하는 용어에 대한 철저한 연구는 Sampley 1980과 1977을 보라. Malherbe는 (사적 대화에서) 우정이라는 주제로 이야기를 나눌 때 상업 언어가 빈번히 사용되며 바울의 경우도 마찬가지라고 일러 주었다.
[93] 이 점에 대해서는 이전에 정경의 빌립보서가 둘 혹은 그보다 많은 서신 조각을 합성한 서신이라는 논지에 대해 확신했던 만큼 확신이 서지 않는다.
[94] *De amore divit.* 526A.
[95] Theissen 1975*b*, 특히 40-41를 보라.

였을 때 나타난 분열이 가장 명확한 사례인데, 바울은 고린도전서 11:17-34에서 이를 크게 꾸짖는다. 바울의 귀에 들린 이런 분열(고전 11:18)은 어떤 면에서는 글로에의 집 사람들이 보고한 초기의 여러 파당과 관련이 있을지도 모르겠다(1:10-11). 그러나 여기서 이야기하는 그 어떤 내용도 아볼로를 따르던 사람과 바울 쪽 사람 사이에 시기와 질투가 있었다거나 영의 사람들(*pneumatikoi*)이 외친 "실현된 종말론"이 관련되었다고 암시하지 않는다. 바울이 종말론 요소를 도입하는 것은 사실이다. 그가 다른 곳에서도 종종 그랬던 것처럼 여기서도 당시 이교도 도덕주의자 가운데도 널리 퍼져 있던 관념, 곧 어려운 상황을 통해 검증을 받는다는 관념을 주의 날이 이르러야 사람의 진가가 드러나리라는 종말론 관념과 연관 짓기 때문이다.[96] 따라서 "누가 그 시험을 통과한 사람[*hoi dokimoi*]인지 드러나려면"(19절) 반드시 파당이 나타나야만 했다(이는 묵시주의의 결정론처럼 들린다). 이런 시험 개념은 28-32절에서 재개된다. 각 사람은 먹고 마시기 전에 자신을 시험해야 한다. 이는 각 사람이 먼저 "그 몸을 구별하지[*diakrinein*] 못하면" 그 행위가 하나님의 심판[*krima*]을 받게 될 수 있기 때문이며, 이미 그런 심판이 마술 같은 형벌로 나타났다(30절). 하지만 이런 형벌조차도 "세상과 함께 정죄를 받는" 더욱더 비참한 운명에 빠지는 잘못을 저지르지 않게 하려는 "연단"(*paideia*)이다(32절). 그렇다면 바울이 이렇게 엄중한 경고와 금기를 앞세워 공격하는 용납 못할 행위는 대체 무엇인가? "각 사람"이 주의 만찬(*kyriakon deipnon*) 대신 "사사로이 준비해 온 저녁[*to idion deipnon*]을 먼저 먹다 보니 어떤 이는 굶주리고 어떤 이는 취한다"(21절). 이런 사사로운 식사는 "집에서" 해야 할 것이다(22a, 34절). 그렇다면 바울은 도대체 어떤 특정한 행위가 공동체가 함께 먹어야 할 주의 만찬을 깨뜨린다고 보는가?

---

96 예. 고전 9:27; 고후 10:18; 13:5-7; 그러나 늘 분명하게 종말론을 이야기하지는 않는다: 고후 2:9.

22절이 잇달아 제시하는 수사 의문문이 이 문제의 핵심을 지적하는 것 같다. 물론 이런 말의 형태는 화자가 청중이 스스로 결론을 유추해 내기를 원할 때 사용하는데, 이 경우에 화자는 청중이 자신들의 행동에서 나온 받아들이기 어려운 추론을 인정하기를 원한다. 그들의 행동은 그들이 "가진 것이 없는 이들을 멸시하기" 때문에 "하나님의 회중을 멸시한다"는 것을 암시한다.[97] 마지막 어구 '호이 메 에콘테스'(hoi mē echontes: 가진 것이 없는 자들—역주)는 앞에서 제기한 질문의 '오이키아스 오우크 에케테'(oikias ouk echete: 집을 가지지 못하다—역주)를 이어받는 것으로 좀더 구체적으로 이해할 수 있다. 즉 집을 가진 자들이 집을 가지지 못한 자들을 욕보였다는 이유로 비난을 받는 것이다. 그러나 이 어구는 "가지지 못한 자", 곧 가난한 자를 가리키는 의미일 개연성이 더 높다. 어느 해석이 옳든, 이 구절은 (상대적으로) 부유한 자들과 (상대적으로) 가난한 자들 간에 분열이 있었음을 분명하게 보여 준다.

우리는 게르트 타이센의 아주 탁월한 연구[98] 덕분에 좀더 앞으로 나아갈 수 있다. 타이센은 고린도인들의 성찬 때 나타난 분열을 로마 사회에서 익히 볼 수 있는(따라서 그가 고린도 같은 로마 식민지에서도 익히 볼 수 있었을 것이라고 추측하는) 두 가지 상황과 비교한다. 하나는 콜레기아에서 벌어지는 상황인데, 콜레기아 간부들은 때로 일반 회원보다 더 많은 음식을 할당받기도 했다. 타이센은 대다수 모임과 길드가 고린도 회중이 보여 주는 모습보다 사회적 동질성이 강했다고 지적하면서 그런 모임과 길드에서는 고린도 회중 안에서 일어났을 법한 다툼이 일어나지 않았으리라고 말한다.[99] 또 다른 상황은 후견인이 주최하는 연회였다. 이런 연회에는 후견인과 사회적 지위가 같은 벗들은 물론, 후견인이 돌보는 노예 출신 자유인 피후견인도 초

---

97 여기서 καί는 보충 해설을 나타낸다. 즉 두 번째 절이 첫 번째 절을 보충 설명한다.
98 Theissen 1974b.
99 Ibid., 291-292.

대를 받았다. 원수정 사회에서 분명 이런 자리는 부자의 피후견인을 다른 식탁에 따로 앉히고 내놓는 음식의 질과 양에 차별을 둠으로써 사회적 지위의 격차를 적나라하게 보여 주고 심지어 그 피후견인을 모욕하는 자리가 되기도 했다. 타이센은 사회적 지위가 낮은 사람들의 관점을 제시한 마르티알리스와 유베날리스의 작품과 플리니우스가 젊은 벗에게 충고하는 서신을 인용하는데, 이 서신은 후견인들을 덜 자극하는 정책을 옹호한다. 이 서신은 길게 인용할 만한 가치가 있다.

나는 우연히 한 사람 집에서 식사를 같이 하게 되었네. 내가 딱히 그 사람의 친구는 아닌데 그리 되었지. 그 사람은 그 식사를 우아한 절약이라 부르던데, 내가 보기에는 인색한 구두쇠의 허풍이었네. 가장 좋은 요리는 자기와 선택받은 몇 사람 앞에만 갖다 놓더군. 그리고 나머지 사람에게는 싸구려 찌꺼기 음식을 주었지. 심지어 이 사람은 포도주를 아주 작은 병에 따르더니 그것을 또 세 범주로 나누었네. 그는 손님에게 고를 기회를 주어야 한다는 생각조차도 못하더군. 그러니 손님들은 아예 자신이 받은 포도주를 거부하지도 못했네. 한 몫은 자기와 우리에게 주려는 것이었고, 그보다 적은 한 몫은 자신보다 못한 친구들에게(그 사람은 모든 친구에 등급을 매겨 놓았네), 세 번째 몫은 그와 우리가 거느린 노예 출신 자유인에게 주더군. 식탁에서 내 옆에 앉아 있던 이들이 그 모습을 보고 나에게 찬동하는지 물었네. 나는 찬동하지 않는다고 말했지. 그러자 그 사람이 "그럼 당신은 어떻게 하십니까?"라고 물었네. "저는 모든 사람에게 똑같이 제공합니다. 제가 손님을 초대했을 때는 함께 식사를 하자고 초대한 것이지, 계층을 나누자고 초대한 것이 아니거든요. 저는 손님을 같은 식탁에 동등하게 앉히고 모든 음식을 똑같이 대접합니다." "노예 출신 자유인에게도 그리하신다는 말입니까?" "물론입니다. 식사 자리에서는 그들도 제 벗이지 노예 출신 자유인이 아니거든요." "그렇게 하면 돈이 많이 들 텐데요."

"오히려 그 반대입니다." "어떻게 그럴 수 있죠?" "노예 출신 자유인인 제 벗들은 제가 마시는 포도주를 마시지 않기 때문입니다. 제가 그들이 마시는 포도주를 마시지요."[100]

만약 고린도 그리스도인들의 교회 전체가 모일 장소로서 자기 집을 개방한 가이오 같은 사람이 자신을 흡사 사인들의 모임이나 이교도의 숭배 모임을 후원하는 부유한 후견인 같은 존재로 여겼다 하더라도 그리 놀랄 일은 아니다. 더 나아가 만일 그가 자기 집 식당에서 열린 그리스도인 공동체의 공동 식사 때 자신과 사회적 지위가 같은 이들과 자신보다 서열이 낮은 이들에게 제공하는 음식을 차별했다면, (설령 이교 사회에서도 그런 행위에 저항하는 목소리가 일부 있었다 하더라도) 통례에서 벗어나는 일은 결코 아니었을 것이다. 플리니우스와 풍자 시인들(마르티알리스와 유베날리스—역주)이 반대한 것은 바로 가지지 못한 자들을 모욕하는 행위였다. 바울은 상당히 다른 근거로 이런 행위에 반대하지만, 타이센은 비난받아야 할 이 행위의 뿌리를 예리하게 나눈 계층 사회에서 나타나는 "각 지위에 대한 기대"에서 찾아야 할 이유를 타당하게 제시했다.

타이센은 사회적 지위가 다른 사람들의 서로 다른 관점이 고린도 그리스도인들을 당황하게 만든 또 다른 분쟁, 곧 고린도전서 8-10장에서 다루는 "우상에게 바친 고기"에 관한 쟁점에도 연루되었다고 주장했다.[101] 이 쟁점의 여러 측면은 이 책 3장의 '사귐과 그 경계'와 5장의 '주의 만찬: 연대를 다지는 의식'에서 논의할 것이다. 일단 현재 우리의 관심사는 이 두 분파의

---

[100] *Ep.* 2.6, trans. Radice 1969, 63-64. Theissen은 마르티알리스의 글에서 3.60; 1.20; 4.85; 6.11; 10.49; 유베날리스의 글에서 *Sat.* 5를 인용한다. 유베날리스의 풍자시를 살펴보려면 또한 Sebesta 1976과 Reekmans 1971을 보라.
[101] Theissen 1975c.

정체다. 한쪽에는 "강한 자"가 있다.[102] 이들은 "세상에는 [사실] 우상이 없다"는 "지식"(*gnōsis*)을 갖고 있다(8:1, 4). 이 때문에 이들은 자신들에게는 마음껏 먹을 "권한"(*exousia*: 8:9; 9:4, 5, 6, 12, 18; 10:23, 24)과 "자유"(*eleutheria*: 10:29; 참고. 9:1, 19)가 있다고 역설한다. 이들이 바로 바울이 고린도인들이 보낸 질문에 답신을 보낼 때 염두에 둔 이들이며, 바울은 이들과 자신을 어느 정도 동일시한다.[103] 반대편에는 "약한 자"가 있는데(8:10-11; 참고. 9:22), 바울은 이들을 "약한 양심"을 가진 이들이라고 더 자세히 말한다(8:7, 12). 이들은 이 "지식"이 없고 이전에 이교도로 지낼 때의 관습 때문에 희생 제물로 바친 고기를 먹는 것을 실제로 위험한 일로 여긴다(8:7). 이들의 주장을 이들의 신학적 신념 혹은 이데올로기와 관련지어 정의하려는 시도가 많이 있었다. 타이센은 이 모든 노력을 무시하지 않지만, 이 다툼에는 사회적 차원이 있으며 여기에는 이데올로기 요인이 관련되어 있음을 보여 주려고 한다. 타이센은 여기에 나오는 "강한 자"를 고린도전서 1:26-27도 언급하는 사회의 강자로 본다. 사실 기독교로 회심한 후에도 고기를 제공하는 식사 자리, 어쩌면 이방 신을 섬기는 신당에서 열리는 식사 자리(8:10)에 오라는 초대를 여전히 마다하지 않을 사람들(10:27)은 그 그리스도인 그룹에서 다른 이보다 형편이 풍족한 이들이었을 가능성이 크다. 그리고 그들이 더 폭넓은 사회에서 맡은 역할을 고려할 때 그들보다 지위가 낮은 자들과의 관계보다 중요한 사회적 의무 내지 사업상 의무를 여전히 감당하고 있었으리라고 보는 견해가 설득력이 있다. 하지만 이런 차이가 절대적이지는 않다. 비그리스도인을 후견인으로 둔 그리스도인 피후견인도 때로는 이런 자리에 있었을 것이기 때문이다. 타이센은 그럼에도 사람들의 경제 수준에 따라 고기를 먹는 것이

---

[102] 여기서는 그 점을 뚜렷이 이야기하지 않지만, 바울이 고린도의 경험에서 일반 규칙을 끌어내는 롬 15:1을 참고하라.
[103] 롬 15:1의 "우리 강한 자"에 주목하라.

지닌 의미에 관한 인식도 달랐을 것이라고 주장한다. 실제로 가난한 사람은 고기를 거의 먹지 못했다. 가난한 사람은 공적이든 사적이든 제의 때 고기를 먹을 수 있었다. 그래도 가난한 자보다는 다소 꾸준히 고기를 먹을 수 있는 부유한 자는 고기를 먹을 때 신의 존재를 연상하는 경우가 훨씬 적었을 것이다. 더구나 가난한 자에게 그리스도인 공동체는 공동 식사를 포함하는 친밀한 사교 모임―기독교 공동체에 속하지 않은 사람들이 동호회나 길드나 제의를 주관하는 단체에서 추구했을―을 적절히 대신하는 차원을 넘어 그보다 많은 것을 제공하는 곳이었다. 에라스도의 경우에는 만일 그가 정말로 수년 내에 고린도의 모든 육류 시장을 관장할 조영관이 될 유망한 공무원이었다면, 그가 사회에서 교제하는 대상을 동료 그리스도인으로만 국한한다는 것은 그의 지평을 급격히 축소하고 그의 이력을 무너뜨리는 일이었을 것이다.

대체로 여기서 쉽게 요약할 수 있는 것보다 정교한 타이센의 주장은 설득력이 있으며, "약한" 자와 "강한" 자의 갈등을 상당히 상이한 계층의 사람들이 고린도 회중 안에 공존했음을 보여 주는 증거로 본다.[104] 하지만 그가 세운 구조에는 한 가지 문제점이 있으며, 이 때문에 그가 채택한 사회 계층 개념은 더 잘 다듬을 필요가 있어 보인다. 타이센은 "강한" 자가 "약한" 자보다 경제 지위가 상당히 높았다고 설명하면서 결국 강한 자가 약한 자보다 더 폭넓은 사회에 잘 융합된다는 가설로 곧장 옮겨 간다. 존 쉬츠(John Schütz)는 이런 추론의 난점을 이렇게 지적했다.[105] 첫째, 타이센은 "강한" 자를 후대 기독교 영지주의자와 비교한다. 하지만 쉬츠가 말하듯이 "음침하고 완고한 우주론과 자기들만 구별된 정체성을 지녔다는 배타적 의식을 지닌

---

[104] 또한 Theissen 1974c를 보라.
[105] Schütz 1977, 그리고 또한 1982를 보라.

영지주의자를 사회 융합의 패러다임으로 생각하기는 도저히 어렵다." 둘째, 타이센은 높은 지위를 지닌 고린도 그리스도인들 안에는 과거에 '하나님을 경외하는 자'였던 이들도 포함되어 있다고 본다. 만일 사회적으로 잘 융화되어야 높은 지위를 얻을 수 있다면, 타이센의 이런 주장 역시 놀라울 뿐이다. 그 사회에 잘 융합된 이방인이 무엇 때문에 일부러 "공통된 시민 사회 전통과 종교 전통을 버리고 유대교를 따르겠는가?"[106] 여기서는 두 가지 부류의 문제가 제기된다. 한 부류는 증거와 논증의 적절성과 관련이 있다. 과연 2세기 영지주의자들과 고린도의 "영지주의자들"을 서로 엮을 만한 적절한 근거가 있는가? 하나님을 경외하는 자 가운데 일부가 대다수 개종자보다 높은 지위에 있었다는 이유를 내세워 하나님을 경외하는 자는 모두 높은 지위에 있었다고 추정하는 것이 타당한가? 하지만 우리의 당면 관심사와 관련이 있는 것은 우리가 앞서 제기한 또 다른 종류의 질문이다. 사회적 지위는 단일 차원으로 이해하는 것이 가장 좋은가, 아니면 서로 다른 몇몇 차원의 결과물로 이해하는 것이 가장 좋은가? 타이센은 단일 차원 혹은 몇몇 차원의 평균치를 가정했기 때문에 그는 지위가 높으면 사회에 융합되는 정도도 높다고 결론짓는다. 하지만 다른 증거는 이런 추정과 어긋나는 것 같다. 만일 우리가 고린도 회중의 "강한" 자가 그 강함과 일치하지 않는 지위를 갖고 있었음을 알게 된다면 우리는 방금 말한 모순을 피하게 될 것이다. 그들은 가령 부, 식민지에서 라틴 요소들에 동화한 정도, 피부양자들과 피후견인들로부터 받는 지지 등 몇몇 차원에서는 서열이 높고, 또 한두 경우에는 공직을 맡을 수도 있다. 하지만 출신이나 직업이나 성별 면에서는 서열이 낮을 수도 있다. 이런 이들은 사회적 수준이 그들보다 명백히 높은 이들의 태도와 가치관과 정서를 많이 공유했겠지만, 여전히 그 지위가 결

---

106 Schütz 1977, 7.

정화되지는 않았을 것이다. 이 모든 척도를 기준으로 할 때 고린도 회중 가운데서 "강한" 자보다 훨씬 낮은 위치에 있던 이들은 지위를 구성하는 여러 차원 사이에 존재하는 불일치 정도가 훨씬 낮았을 수도 있다. 따라서 그들은 자신이 속한 사회 집단 속에서는 그들보다 이동성이 크고 외부에 많이 노출된 사람들보다 그 집단에 잘 융합되었을 수도 있다.

아울러 고린도전서 11:2-16과 14:33b-36에서 볼 수 있듯이 고린도에서 여성의 지위가 논쟁의 대상이 되었다. 이 본문은 바울 서신에서 명쾌하지 못한 본문에 속한다. 그리고 이 본문을 다룬 문헌이 자그마한 산을 이룰 정도로 많지만, 이 본문의 모호함을 해결해 주지는 못했다. 그나마 이 본문과 관련된 문제를 모두 풀어야만 우리가 현재 다루는 문제와 직접 관련된 의견을 어느 정도 제시할 수 있는 것은 아니어서 다행이다. 우리는 이미 바울계 집단 안에서 두드러진 활동을 펼친 여성이 많이 있었음을 살펴보았다. 이 여성들은 다양한 종류의 지위 불일치 현상을 보여 주었는데, 이런 점은 유베날리스 같은 이에게 영감을 불어넣어 설득력 있는 분노를 토하게 만들었을 것이다. 한 가정의 가장으로서 사업을 경영하고 독립하여 부를 소유하며 자신이 소유한 노예와 자신을 돕는 일꾼을 데리고 여행하는 여성들이 있었다. 일부 기혼 여성은 남편의 동의를 받지 않고 회심하여 배타성을 지닌 이 종교에 귀의했으며(고전 7:13), 바울은 그리하지 말라고 권유하지만 이 여성들은 이혼을 주도하는 중일 수도 있다(고전 7:13). 더구나 여성들은 이 종파 자체에서 주로 남성이 수행하던 역할을 일부 맡고 있다. 일부 여성은 회중이 모인 자리에서 기도하고 예언을 하는 것처럼 성령이 주신 은사에 따른 기능을 수행한다(고전 11:2-16). 아울러 여러 인물을 탐구할 때 이미 살펴보았듯이, 다른 여성들은 복음 전도자와 교사로서 바울의 동역자 역할을 한다. 따라서 여성이 교회를 넘어 더 큰 사회에서 차지하던 지위를 고려하고, 또 이들이 그리스도인 공동체에 참여한 것을 고려하면 그 시대에 보통 여성에게 기대했던 것보다 훨씬 더 많은 역할을 수행한 여성이 많았다.

이는 당연히 여러 그룹 안에서 갈등을 초래했다. 바울이 고린도전서 11:2-16에서 제시한 길고 복잡한 신학적 타협안[107]은 물론 문제를 해결하지 못했을 것이다. 이 서신 뒷부분에 가면 회중이 모였을 때 황홀경에 빠져 말하고 예언하는 일을 논하다가, 여자가 회중 모임에서 말하는 것을 절대 금지하고 여자에게 "복종할" 것을 요구하며 "무언가를 배우고 싶으면 집에서 그 남편에게 물어보라"(고전 14:33b-36)라고 말하는 대목이 갑자기 끼어든다.[108] 바울계 회중이 제시하는 권고는 여자더러 집안 질서에 복종하라고 가르쳤으며, 바울 제자들이 아시아 교회들에게 보낸 여러 서신도 이런 가르침에 힘을 보탰다(골 3:18, 엡 5:22-24).[109] 2세기에 들어와서도 여성의 역할은 바울의 권위를 내세워 허구 기사를 기록한 사람들 가운데서 여전히 논쟁거리가 되었다. 바울과 테클라 행전을 보면 이고니온의 처녀가 혼인하기 전날 밤에 바울의 설교를 듣고 독신주의 기독교에 귀의한다. 이 처녀는 자신을 침묵하게 하려는 (남성) 관원이 틀렸음을 기적처럼 증명한다. 그리고 그 도시 여자들의 도움을 받고 암사자가 구해 준 덕분에 드디어 자신에게 세례

---

[107] 요컨대 그는 여자가 성령의 인도를 받아 회중 안에서 남자와 똑같이 지도자 역할을 수행할 수 있는 권리를 갖고 있음을 확실히 인정하면서도 의복과 머리 모양에서는 남성과 여성의 차이를 나타내는 관습상의 상징을 그대로 유지해야 한다고 주장한다. 나는 이를 Meeks 1974에서 상당히 상세하게 논했다. 이 구절들을 후대에 끼워 넣은 구절로 여겨 삭제하려는 근래의 시도는 설득력이 없다(Walker 1975; Murphy-O'Connor 1976).

[108] 이것이 방언과 예언에 관한 논의를 방해하기 때문에 그리고 11:2-16의 여성 선지자와 기도 인도자에 관한 지시뿐만 아니라 7장이 독신 여성에 부여한 좋은 역할마저 무의미한 것으로 만들기 때문에 많은 학자는 딤전 2:9-15에 훨씬 더 과격하게 표현된 동일한 견해를 가진 누군가가 바울 시대 이후에 이 서신에 이 구절을 덧붙여 놓은 것이라고 주장했다. 이는 구미가 당기는 해결책이다. 하지만 그런 끼워 넣기는 바울 서신이 널리 회람되기 전에 일어났어야만 한다. 이를 증명해 주는 사본 증거가 없기 때문이다. 일부 사본은 34-35절이 다른 곳에, 그러니까 40절 뒤에 있다. 그러나 이는 어느 고대 필사자가 이 구절들이 없는 사본을 갖고 있었다는 뜻이 아니라 그가 주제의 단절을 인식했다는 뜻이다. 34-35절 때문에 36절과 33절이 부드럽게 이어지지 않았을 것이다.

[109] 이 가정 규범에 관해서는 앞의 주79에서 인용한 문헌과 이 책 3장의 '환경에서 찾아본 여러 모델'에서 더 깊이 논한 내용을 보라.

를 준다. 그런 다음 머리를 짧게 깎고 남장을 한 뒤, 순회 사도가 되어 바울을 따르기 위해 길을 떠난다.[110] 한편 목회 서신 저자는 테클라가 대변하는 것과 같은 금욕주의와 여성의 모든 가르침을 거부하고(딤전 2:9-15; 4:3), 다만 나이 든 여성은 젊은 여성에게 좋은 아내와 어머니가 되고 늘 남편에게 복종하라고 가르침으로써 "좋은 선생"이 되어야 한다는 말만 제시한다(딛 2:3-5).[111] 이 2세기 문서들은 내가 바울계 기독교라고 정의하는 기독교를 구성하는 사람들의 사회 내 상황을 묘사하는 데 도움이 될 직접 증거를 제공하지 않지만, 한 종류의 지위 불일치(그리고 기존 사회 관습을 침해하는 행위)에 대한 사람들의 다양한 반응과 그 강도를 생생히 보여 준다.

바울과 그의 직계 제자들이 쓴 서신들이 다루는 또 다른 충돌은, 우리가 증거를 토대로 판단할 수 있는 범위 안에서만 본다면, 여러 신자 그룹 안에 존재하는 상이한 사회적 지위와 직접 관련이 없다. 그러나 가능한 예외가 하나 있다. 바울 그리고 그가 "지극히 크다는 사도들"(*hyperlian apostoloi*, 고후 11:5; 12:11)이라고 부르며 조롱하는 이들이 고린도에서 벌인 다툼이 바로 그것이다. 고린도인들이 그 둘을 두고 행한 부당한 비교에서도 지위를 나타내는 몇몇 표지가 나타났던 것 같다. 고린도 교회에는 바울이 고린도 회중에 대한 불만을 토로하면 동조해 줄 구성원들이 많이 있었다. 그리고 고린도 회중은 바울보다 근래에 도착한 이들에게 더 큰 특권을 부여했다. 우리는 바울의 상황 묘사만을 볼 수 있고 그것도 빈정거림과 적대적 해석으로 가득 차 있으므로, 지극히 크다는 사도들이나 이들이 고린도인들에게 받은 대접이 정확히 어떠했는지 재구성할 수 없다.[112] 그러나 이 본문이 그들의

---

110 원문: Lpsius-Bonnert 1891, 235-272; 번역문: Hennecke 1959-1964, 2:353-364.
111 MacDonald 1979은 목회 서신이 바울과 테클라 행전에 대해 그리고 이 행전이 대변하는, 소아시아 지역에 더 널리 퍼졌던 운동에 대해 직접 제시한 답변이라는 독창적 주장을 폈다.
112 이를 재구성하려는 시도 가운데 가장 주목할 만한 예는 Georgi 1964a다. 이 방법을 냉철히 비판한 글을 보려면 Hickling 1975을 보라. 또한 Barrett 1971과 Holladay 1977, 34-40 및 같은 책의 다른

지위에 관해 암시하는 요소를 빨리 간파하면 유용한 도움을 얻을 수도 있다. 첫째, 수사적 능력과 사람을 압도하는 풍채가 높이 평가되었다. 일부 고린도인들은 바울이 쓴 서신은 "무겁고 강한데" 비해 그의 "외양은 볼품없고 [그의] 말은 미천하다"라고 불만을 토로했다(고후 10:10). 바울이 이 본문 바로 앞에서(10:1-6) 내놓은 주장도 수사 능력, 곧 "모든 생각을 사로잡는" 능력에 관한 주장이다. 그는 11:6에서 자신이 전문 웅변가가 아님(*idiōtēs*)을 인정하지만 자신에게는 지식(*gnōsis*)이 있다고 주장한다. 이는 반대자들의 논리와 동일한 방식으로 진행되는 논증이다. 바울은 자신이 단순한 소피스트가 아님을 수사술을 활용하여 자랑한다.[113] 둘째, 부와 수입은 흥미롭게 반전시킨 방식으로 표현된다. 즉 바울과 그 경쟁자들의 부나 수입의 총량을 제시하지 않고, 스스로 벌어 생계를 꾸려 가는 모습만 이야기한다. 지극히 크다는 사도들은 고린도인들에게서 후원을 받는데, 바울은 이를 좋지 않게 해석한다(11:20). 그런데 정작 고린도인들은 이제 바울이 그들에게서 돈을 받지 **않는다**는 이유로 바울을 달가워하지 않는다(11:7-12; 12:13-15). 하지만 이런 상황이 더 복잡하게 꼬여 버린다. 어떤 이가 예루살렘을 위한 연보를 바울이 사기를 부리는 수작이라고 대놓고 주장했기 때문이다. 말하자면 바울이 후원을 거부하며 경건을 가장해 놓고 사실은 자기 잇속을 채우려 한다는 것이었다(12:16-18). 그러나 이런 중상 비방은 부차적 문제였다. 가장 중요한 이슈는 후원받는 방식에 따라 결정되는 사도의 자격이었다. 이 복잡한 상황을 단순하게 표현하면 고린도인들은 달변에 따른 대가를 받으려고 하는 것이야말로 그 사람이 탁월한 전문가임을 보여 주는 표지라고 생각했다는 말로 정리할 수 있겠다. 이와 달리 바울은 아마추어 혹은 그보다 못한

여러 곳을 보라.
[113] 디온 크리소스트모스 같은 연설가가 익히 알고 있던 이런 기술을 살펴보려면 Judge 1968을 보라.

사람으로 묘사된다.[114] 세 번째이자 마지막으로 종교와 관련된 특별한 자격이 아주 큰 역할을 한다. 환상과 계시(12:1-10), 기적(12:12), 하나님의 구체적 사명 부여(10:13-18), 순수한 유대인이라는 배경(11:22-23)이 여기에 해당한다. 첫째, 바울은 이런 것들이 정말 중요하다면 자신도 이런 것들을 내세울 수 있었다고 주장한다. 둘째, 그러나 이전 기준을 능가하는 새로운 삶의 기준, 십자가상의 죽음/부활이라는 패턴과 일치하는 기준 때문에 이전 기준들은 아무 가치 없는 것이 되고 말았다. 이런 새 기준의 본을 보여 주는 이는 바울을 대적하는 이들이 아니라 바로 바울 자신이다. 이 모든 것은 우리에게 전형적 고린도 그리스도인의 지위를 규정한 여러 차원에 관하여 거의 아무것도 일러 주지 않는다. 다만 그들이 교회를 넘어 더 큰 사회에서 널리 인정받는 어떤 지위 기준을 공유했으며 그 기준은 특히 수사적 능력과 관련이 있었다는 것과 그들이 이런 기준에 구체적인 종교적 자격들을 추가했다는 것만을 일러 줄 뿐이다. 이런 점이 많은 고린도 그리스도인이 높이 평가하던 특권을 나타내는 여러 표지를 그들 자신이 소유했음을 암시하는지는 명확하지 않다.

뒤섞인 계층, 모호한 지위

우리가 살펴본 증거는 단편적이고 무작위적이며 분명하지 않은 것도 종종 있었다. 우리는 바울 공동체가 어떻게 구성되었는지 알려 줄 통계 자료를

---

[114] Dungan 1971, 3-80, 그리고 (더 꼼꼼하고 독창성이 넘치는) Theissen 1975a는 선교 후원과 관련된 두 규범 방식 사이의 대립이 중요하다고 주장했다. 바울을 반대하는 이들은 예수의 초기 말씀 일부가 묘사한 것처럼 편력하며 탁발하는 사도 생활을 하며 도시 지역으로 침투해 들어가는 방식을 대변했다. 이는 본디 팔레스타인 농촌 문화 속에 널리 퍼져 있었다. 나는 어느 쪽도 그리 설득력이 없다고 본다. 두 선교 방식이 당시에 견유학파 철학자들이 이상으로 여겼던 모습과 유사할지 모른다는 Theissen의 주장은 오히려 다른 종류의 분석, 곧 Hock 1980이 펼쳐 보인 분석을 가리킨다.

인용할 수 없고, 어느 바울계 그리스도인의 사회적 수준을 완벽하게 서술할 수도 없다. 하지만 우리는 이런 그룹들을 인상파 회화의 스케치 정도로는 묘사할 수 있게 해 줄 실마리를 많이 발견했다. 이는 몇몇 단계의 사회적 수준에 있는 사람들을 한데 모아 묘사한 그림이다. 이 그림에는 그리스-로마 사회에서 최고 수준과 최저 수준에 있는 사람들은 나타나지 않는다. 우리가 땅을 소유한 귀족, 원로원 의원, 기사 계급(*equites*)은 물론, (혹시 에라스도가 그런 자격이 없는 사람이었다면) 십부장도 만나 보지 못한 것은 놀라운 일이 아니다. 그렇지만 절박한 가난에 시달리는 사람들을 일러 주는 구체적 증거도 없다. 바울계 그룹들이 도시에서 활동했기 때문에 삯을 받고 일하는 잡부나 수공 보조원, 극빈층, 임차농, 농장 노예, 일용직 농장 일꾼 같은 이들도 만날 수 없다.[115] 바울계 공동체 구성원 중에는 최저 생계 수준에서 살아가는 이들도 당연히 있었겠지만, 이들에 관한 이야기도 전혀 들을 수 없다.

하지만 최고점과 최저점 사이에 속하는 사람들의 모습은 잘 나타나 있다. 얼마나 많았는지 단언할 수는 없지만 노예들도 있다. 하지만 바울 서신이 이런저런 소소한 실마리를 통해 그 존재를 가장 많이 일러 준 "전형적" 그리스도인은 자유인 수공업자나 소규모 무역상이다. 직업상 이런 범주에 속한 이들 일부는 집과 노예, 자기 경비로 여행할 능력 및 부유함을 나타내는 다른 표지를 지녔다. 일부 부자는 그리스도인 개인과 그룹에 필요한 집과 모임 장소를 비롯해 다른 섬김을 제공했다. 사실 이런 부자들은 후견인의 역할을 충실히 수행했다.

각 회중에는 사회적 수준이 각기 다른 사람들이 뒤섞여 있었다. 그뿐 아니라 우리가 각 회중에서 식별할 수 있는 각 개인이나 범주에는 지위의 여러 차원에 다양한 서열이 존재했음을 보여 주는 증거가 존재한다. 가령 우

---

115 참고. Lee 1971, 132.

리는 카이사르 집안에서 그리스도인을 볼 수 있는데, 이 집안의 구성원은 로마 제국에서 신분의 상향 이동이 가능했던 극소수에 속하는 경우가 많았다. 아울러 우리는 십중팔구 노예 출신 자유인이나 그런 사람의 후손으로, 특히 로마 식민지인 고린도와 빌립보에서 부와 지위를 얻은 이들을 볼 수 있다. 부유한 수공업자와 무역상도 있는데 이들은 수입은 높았지만 직업에 따른 특권은 많지 않았다. 부유하고 독립된 위치에 있던 여성도 있다. 부유한 유대인도 있다. 우리가 사도행전을 신뢰한다면 회당에 충실함으로써 자신이 속한 사회와의 관계에 모종의 불협화음이 있었음을 증언하는 이방인들도 볼 수 있다.

맬허비가 말하는 "드러나는 공감대"는 타당해 보인다. 즉 이 공감대는 바울계 회중이 보통 도시 사회의 정확한 단면을 그대로 반영했다는 것이다. 더구나 선교 활동이나 지역 공동체에서 그 이름이 언급되거나 다른 어떤 방식으로든 그 신원을 확인할 수 있을 정도로 유명한 인물은 보통—우리가 그들에 관해 판단을 내릴 만한 증거를 확보한 경우—지위의 여러 차원 중 하나 혹은 그 이상에서 높은 서열에 있었다는 표지를 보여 주곤 한다. 그러나 이들은 보통 다른 차원에서는 낮은 서열에 있곤 했다. 이처럼 증거가 충분하지는 않지만, (바울 자신을 포함하여) 바울계 무리에서 가장 왕성히 활동하고 가장 두드러진 위치에 있던 구성원들은 지위 불일치 정도가 높은(지위 결정화가 낮은) 사람들이었다는 일반론을 감히 제시해도 될 것 같다. 이들은 위쪽으로 이동할 수 있다. 이들이 얻어 낸 지위는 이들이 태어날 때 부여된 지위보다 높다. 과연 이것이 그저 우연일까? 초기 기독교에는 지위 불일치자들이 매력을 느낄 만한 독특한 특징이 있을까? 아니면 이렇게 뒤섞인 지위를 만들어 낸 원동력과 능력과 기회를 지닌 사람들은 으레 그들이 합류한 어느 그룹에서나 두드러진 자리를 차지하곤 했으며, 그 결과 기록에 남을 정도로 주목받는 인물이 되었던 것일까? 이런 물음에 답하는 것은 불가능할지도 모른다. 그러나 이런 물음은 상관관계의 존재 가능성을 시사한다. 다음 장들에서 그런 상관관계를 탐구하고자 한다.

3장

'에클레시아'의 형성

바울과 그 제자들이 쓴 서신을 계속 읽어 나가려면 이 서신 대다수를 쓰게 만든 동기가 각 도시의 그리스도인 그룹 내부의 삶에 대한 관심 때문이었음을 알아야 한다. 아울러 이 서신들은 이 그룹들이 남달리 친밀한 교제를 나눴고, 구성원끼리 각별한 관계를 유지했으며, 내부의 유대감과 내부 구성원들을 외부인 및 바깥 "세계"와 구분하는 의식이 아주 강했다는 점도 보여 준다.

이번 장과 다음 장의 목표는 이런 그룹들의 사회 구조를 서술하는 것이다. 바울계 회중은 현대 사회학자, 특히 미국 사회학자들이 폭넓게 연구해 온 범주에 속하며, "소그룹" 혹은 그냥 "그룹"으로 불린다. 조지 호먼스(George C. Homans)의 정의가 대표적이며 이 정의는 간결하다는 장점도 있다. 그는 그룹 혹은 소그룹을 이렇게 정의한다. "그룹이 모였을 때 각 사람과 교류하거나 또는 그렇게 할 수 있거나 또는 적어도 다른 모든 사람을 사사로이 알 수 있는 다수의 사람 혹은 구성원이다."[1] 나의 목적은 사회학보다 역사와 관련이 있다. 그럼에도 이 사회학자들이 제시하는 여러 종류의 질

---

1   Homans 1968, 258; 참고. Homans 1974, 4와 여러 곳. 현대의 소그룹 이론을 우리 자료에 적용하는 것이 얼마나 성급한 태도인지를 일러 주는 사례를 보려면 Schreiber 1977을 보라.

문은, 비록 거의 전부가 현대 산업 민주주의 사회의 그룹만을 다루고 있어도, 우리가 탐구하는 순서를 정하는 데 도움을 준다. 나는 우리가 이번 장에서 다룰 문제들이 바울계 회중이라는 그리스도인 그룹의 조직 과정을 밝혀내는 것보다 훨씬 더 중요하고 기본적이며 파악하기 어려운 문제라고 믿는다. 어떤 그룹을 하나의 그룹으로 만들어 주는 것은 무엇인가? 그룹은 어떻게 하나가 되며 하나 됨을 유지하는가? 이런 질문은 겉으로 명백히 드러나는 구조만큼이나 정서 및 태도, 인식 및 기대와 관련이 있다. 역사가가 어떤 시대 사람들의 행위를 연구할 때 시대를 잘못 짚는 추정을 하지 않도록 지극히 조심해야 할 영역이 특히 이런 영역이다.

따라서 우리는 바울계 교회(ekklēsiai)를 적어도 한 가정과 유사한 그리스-로마 도시의 여러 그룹 및 조직체와 비교하는 일부터 시작할 것이다. 이 범주 가운데 어느 하나도 바울계 교회와 완전히 들어맞지 않는다는 점이 드러나겠지만, 그래도 이런 과정은 이 시대의 호기심 많은 관찰자가 그리스도인의 정체를 어떻게 규정하고 이해했을지, 그 윤곽을 파악할 수 있다는 장점이 있다.

둘째, 우리는 바울과 그 제자들이 쓴 서신을 철저히 검토하여 초기 그리스도인들이 자신들이 속한 그룹을 어떻게 여겼는지 일러 줄 증거를 찾아볼 것이다. 특히 우리는 그들이 구별된 그룹에 속해 있다는 소속감을 갖게 해 준 요인들과 그들이 자기네 그룹을 주변 사회 환경과 구별했던 방식을 찾아볼 것이다. 사실 초기 그리스도인들이 자기네 그룹을 주변 사회 환경과 **얼마만큼** 구별하고 분리했는가라는 질문은 그들이 어떻게 구별하고 분리했는가라는 질문만큼이나 중요하다.

우리는 각 지역 회중에 초점을 맞춰 이 집단들의 삶이 가진 또 다른 차원, 곧 "소그룹"이라는 그물에 잡히지 않은 차원도 잠깐이나마 꾸준히 살펴볼 것이다. 초기 기독교에서 드러나는 독특한 점은 각 지역 그리스도인 그룹의 친밀하고 긴밀한 삶이 동시에 그보다 훨씬 큰(실로 온 세계를 아우르는) 운동 내지 실체의 일부로 보였다는 점이다. 따라서 우리는 지역을 초월한 이런 정서가 어떻게 만들어지고 강화되었는지도 탐구해 보아야 한다.

환경에서 찾아본 여러 모델

가정

아마도 다른 초기 그리스도인 그룹 대다수의 모임 장소도 그러했겠지만, 바울계 그룹의 모임도 한 개인의 집에서 이루어졌다. 바울 서신은 네 본문에서 특정 회중을 '헤 카트 오이콘'(*hē kat' oikon*) + 소유대명사 '에클레시아'(*ekklēsia*)라는 말로 지칭하는데, 이는 잠정적으로 "아무개 가정에 모인 집회"로 번역해도 되겠다.² 고린도전서 1:16은 기존 가정들과 긴밀한 관계가 있음을 시사하는데, 바울은 이 구절에서 그가 "스데바나의 집[*oikos*]"에 세례를 베풀었다고 말한 뒤, 같은 서신의 뒷부분에서는(16:15이하) 스데바나 집안(*oikia*)을 "아가야의 첫 열매"이자 "성도를 섬기는 데 헌신한" 이들이라며 칭송한다. 사도행전도 몇 차례에 걸쳐 한 사람이 "그의 (온) 집과 함께" 회심한 일을 언급한다.³ 바울 서신도 (꼭 바울계 무리에 속한 구성원이 세운 것은 아닌) 다른 그룹들을 언급하는데, 이 그룹들은 그 구성원들이 속한 집안들이다. 이런 그룹에는 아리스도불로 집 사람들과 나깃수 집 사람들이 들어 있다(롬 16:10-11). 로마서 16:14-15은 아순그리도 집, 블레곤 집, 허메 집, 바드로바 집, 허마 집, 빌롤로고 집, 율리아 집, 네레오와 그 누이 집을 열거

---

2   고전 16:19, 아굴라와 브리스가(에베소); 롬 16:5, 브리스가와 아굴라(로마); 몬 2절, 빌레몬(골로새); 골 4:15, 눔바(라오디게아).

3   행 16:15(루디아); 16:31-34(빌립보의 간수); 18:8(그리스보, 고린도 회당장). 참고. 10:2; 11:14; 요 4:53. Stauffer 1949은 이 본문에서 구약의 한 공식을 발견했다. 이를 탁월하게 논박한 글을 보려면 Weigandt 1963을 보라. Delling 1965은 성경 밖의 그리스어 용례에서 유용한 사례를 가져온다.

하며, 올름바는 십중팔구 성경이 그 가장을 언급하지 않은 다른 세 집 사람들의 대표일 것이다. 아울러 우리는 글로에의 집 그리스도인들뿐 아니라(고전 1:11) 가이사 집 그리스도인들에 관해서도 듣는다(빌 4:22). 초기 그리스도인 그룹의 지역 구조는 이처럼 사람들이 보통 사회의 기본 단위라고 여기는 것과 연결되어 있었다.[4]

'카트 오이콘'이라는 말은 단순히 '에클레시아'가 모인 장소만을 가리키지 않는다. 물론 가장 널리 사용되는 번역은 "아무개 집에 모인 교회"다. 하지만 그런 의미라면 '엔 오이코'(*en oikō*)가 더 자연스러운 표현일 것이다(고전 11:34; 14:35을 보라). 오히려 바울은 각 가정을 근거지로 한 그룹을, 경우에 따라 가끔씩 모인(고전 14:23, 롬 16:23; 참고. 고전 11:20) "온 교회"(*holē hē ekklēsia*)와 구분하거나 혹은 '에클레시아'라는 동일한 용어를 사용하여 가리키는 훨씬 더 큰 형태의 기독교 운동과 구분하려고 할 때 '카트 오이콘'이라는 말을 사용한다.[5] 따라서 '카트 오이콘 에클레시아'는 기독교 운동의 "기본 세포"이며,[6] 이 세포의 핵은 기존 가정일 때가 많았다. 우리가 앞서 보았듯이 가정은 현대 서구 사회의 가족보다 훨씬 더 광범위하여 아주 가까운 친족은 물론 노예, 노예 출신 자유인, 고용된 일꾼, 때로는 세입자와 상거래 및 수공업 동업자까지 포함했다. 하지만 '카트 오이콘 에클레시아'는 단순히 기도하러 모인 가정이 아니었으며, 가정과 경계선이 같지 않았다. 자료들은 공동 상거래와 같은 기존 관계도 암시하며, 새 회심자들은 분명 기존 가정 공동체에 편입되었을 것이다. 더구나 카이사르 집안은 물론, 로마서 16:10, 11, 14, 15이 언급하는 네 그룹처럼 비그리스도인이 가장인 집안

---

4 이 책 1장의 '관계'를 보라. 내가 다음 단락에서 취하는 접근법을 Banks 1980과 비교하는 것도 도움이 될 수 있겠다. 나는 이 3장을 쓰고 난 뒤에 Banks 1980을 처음으로 접했다.
5 더 자세한 내용은 이 책 3장의 '온 세계를 아우르는 한 백성'을 보라.
6 Gülzow 1974, 198.

에서 형성된 그리스도인 그룹도 있었다. 이와는 정반대로 집안 가장이 그리스도인이 되어도 늘 그 집안 사람 전체가 그리스도인이 되는 것은 아니었는데, 오네시모의 집안이 바로 그런 경우다.

각 도시에 있던 이런 가정 교회의 숫자는 장소와 시기에 따라 달랐지만, 각 지역마다 보통 여러 개였을 것으로 추측할 수 있다. 예를 들어 바울은 우리가 이미 살펴본 바와 같이 고린도에서 스데바나의 가정에 특별한 중요성을 부여한다(고전 1:16; 16:15-16). 사도행전은 곧 다른 곳으로 이주한 아굴라와 브리스가 외에도 모임 장소를 제공한 디도 유스도(행 18:7)를 비롯해 그리스보의 "온 집안"이 회심한 이야기를 언급한다(18:8; 참고. 고전 1:14). 가이오는 아마도 "온 교회를 돌보는 책임자"(롬 16:23)가 되기 전에는 가정에서 모인 여러 그룹 가운데 한 그룹을 이끈 책임자였을 것이다. 빌레몬의 집에서 모인 가정 교회는 분명 골로새 교회 전체가 아니었으며, 눔바의 가정에서 모인 교회도 라오디게아의 유일한 교회가 아니었다(골 4:15).[7]

그리스도인 그룹이 가정이라는 곳에 적응했다는 것은 이 그룹의 내부 구조 및 이 그룹과 더 큰 사회의 관계에 주는 여러 가지 함의를 내포했다. 따라서 새 그룹은 기존 관계 네트워크에 편입되거나 그 네트워크에 추가로 결합되었다. 그 당시의 관계 네트워크는 내부 관계—혈연, 피후견인, 종속 관계—와 외부 관계—친구 관계와 어쩌면 직업상 관계—를 모두 아울렀다.

---

[7] Afanassieff 1974은 집안별 그룹이 따로 존재했다는 견해에 반대하면서, 가이오처럼κατ᾿ οἶκον ἐκκλησία와 관련지어 언급되는 모든 가옥 소유주가 한 도시에 있는 "온 교회"의 "주인"(host)이었다고 주장한다. 하지만 그의 논지는 한편에 치우쳐 있다. 군주적 주교직이 발전할 수 있을 때까지는 단일 성찬 공동체가 신학적 면에서 불가피한 "통일 원리"였다는, 증명되지 않은 확신에 아주 많이 의존하기 때문이다. 가이오의 역할은 바울이 로마 그리스도인들에게 그를 언급하면서 그의 역할만 따로 집어 말할 정도로 여느 역할과 달랐다. 어쩌면 그의 역할은 유일무이한 것이었는지도 모른다. 반면 본문은 κατ᾿ οἶκον ἐκκλησία를 가이오와 연계하여 사용하지 않는다. Afanassieff의 논지가 지닌 난점은 로마의 경우에 더욱 심각해진다. 롬 16장은 로마에 그리스도인 모임이 여러 개 있었음을 암시하는데, 만일 Afanassieff가 이를 부인하려면 아무 증거도 없이 무턱대고 아굴라와 브리스가를 교외로 밀어내는 수밖에 없다.

모임 장소로 활용된 집은 상당히 은밀한 공간과 친밀감 그리고 집이라는 안정감을 제공했다.[8] 하지만 동시에 한 도시에 존재하는 그리스도의 몸 안에서 여러 분파가 생겨날 가능성도 생겼다. 바울이 고린도전서 1-4장에서 말하는 초기 교회 분파들은 당연히 각기 다른 가정이 그 근거지였을 것이다.[9] 아울러 가정이라는 정황은 공동체 내부의 권력 배분과 역할 이해를 둘러싸고 일어난 몇몇 갈등의 무대가 되기도 했다. 그 사회의 일반적 기대에 따르면 집안의 가장은 그 그룹에 일정한 권위를 행사하고 그 그룹을 대신하여 일정한 법적 책임을 지곤 했다.[10] '오이코스'(oikos)는 위계 구조였으며, 당시의 정치 사상과 도덕 사상은 이렇게 윗사람과 아랫사람의 역할을 구분하여 정해 놓은 구조가 사회 전체의 안녕을 유지하는 근간이라고 생각했다. 그러나 앞으로 살펴보겠지만, 가장의 권위와 상반되는 방향을 지향하는 기독교 운동 안에는 이 권력에 대항하는 권위의 양식과 중심이 있었으며, 위계 구조와 충돌하면서 평등을 지향하는 신념과 태도가 있었다. 후대에 바울계 집단이 기록한 서신인 에베소서와 골로새서가 공통된 수사 주제의 패턴인 '페리 오이코노미아스'(peri oikonomias) 곧 "가정 질서에 관하여"를 그리스도인들이 따라야 할 도덕적 교훈에 적용하여 소위 가정 규범 형태로 제시한 것(골 3:18-4:1; 엡 5:21-6:9; 참고. 벧전 2:13-3:7)은 중요한 의미가 있다.[11] 시간이 흘러 바울에 대한 기억을 내세워 권위를 주장하던 무리들은, 그들이 바울이 헌신한 선교 활동과 어떤 구체적인 사회적 연속선상에서 어디에 위

---

8 집 전체 혹은 일부를 오로지 그리스도인 그룹만 사용하는 공간으로 획득하면서 머지않아 이런 장소의 안정성도 나타나게 된다. 이전의 다른 종교 그룹도 그랬지만, 이렇게 집을 예배 장소로 사용하다 보니 아마도 예배라는 특수한 기능에 맞추어 집을 변형해야 했을 것이다.
9 Schütz 1977, 5. 요한3서의 문제는 Malherbe 1977b를 참고하라. 그리고 후대의 안디옥 상황은 Corwin 1960, 49, 76-77를 참고하라.
10 사도행전은 야손이 바울과 그 동역자들의 선한 행위 때문에 보석금을 내야 했다고 보고한다(17:9). Malherbe 1977b, 230, n. 15를 보라.
11 이 책 170-172, 그리고 2장 주79에서 인용한 문헌을 보라.

치하든, 온 교회를 "하나님의 집안"으로 해석하면서 교회 조직만이 가진 다양한 역할의 위계 구조를 크게 강조했다.[12]

가정이 중심이었다는 점은 우리가 바울의 선교를 이해하는 방식에도 시사하는 바가 크다. 즉 이는 현대에 우리가 펼치는 개인 위주의 복음 전도와 회심이 그리 적절하지 않음을 보여 준다. 선교 활동의 기본 단위가 기존 가정이었다면 교회의 일원이 될 동기도 구성원별로 달랐을 가능성이 높다. 집안 사람의 많고 적음을 떠나 설령 한 집안 전체가 그리스도인이 되었다 해도, 새 관습을 따르게 된 모든 이가 똑같은 이해나 참여 동기를 갖고 새 관습을 따르지는 않았을 것이다. 일부 구성원을 설득하여 세례를 받게 할 경우 특정한 믿음에 관한 이해나 확신보다 사회적 유대 관계가 더 중요했을지도 모른다. 각 구성원이 그리스도인 그룹에 참여할 경우 당연히 처음부터 그 참여의 성격과 정도가 사람마다 달랐을 것이다.

바울계 기독교에서 가정이 중요하긴 했지만, 이것이 바울계 그리스도인 그룹들이 살아간 삶의 많은 측면을 모두 설명하지는 못한다. 단순히 그리스도인들의 독특한 예배 의식 절차, 곧 그들의 핵심적 상징과 믿음이 로마나 그리스의 집에서 행하던 가정 제사와 접점이 없었던 것이 아니다.[13] 그것은 당연하다. 순수하게 사회의 관점에서 보아도 그 가정 구조와 맞지 않는 요소들이 있다. 가정의 위계 구조는, 그 집주인의 지위와 맞서고 그 지위를 압도하는 힘과 지도력의 근원이 순회 사도였던 바울과 그 동역자들이었는지, 아니면 그 지역 그리스도인 그룹의 카리스마 넘치는 인물들이었는지 파악할 수 있는 실마리를 전혀 제공하지 않는다. 그 위계 구조는 때때로 나타나

---

12 딤전 2:1-6:2; 딛 2:1-10; 벧전 5:1-5; Polycarp 4:2-6:1.
13 그리스와 로마의 가정 종교를 간략히 서술해 놓은 것은 Nilsson 1954; 1961, 187-189, 195, 216-217; Boehm 1924, 특히 cols. 814-818; Rose 1957(마지막에 언급한 책은 주로 이전 시대를 다룬다)에서 찾아볼 수 있다.

는 반(反)위계 정서는 물론, 도시 전체, 지역이나 속주, 심지어 그것을 넘어선 넓은 지역의 그리스도인 사이에 존재했던 동질성을 설명하지 못한다. 여기에는 또 다른 모델과 사회적 개념이 작동하고 있었음이 분명하다.

자발적 협회

우리가 이미 앞 장에서 보았듯이 로마 제국 초기에는 온갖 종류의 동호회, 길드, 단체가 크게 성행했다. 2세기에 로마 관리들과 기독교를 대적하던 문필가들은 그리스도인 그룹을 그런 동호회, 특히 은밀하고 통제받지 않는 모임과 동일시하곤 했다. 이런 모임들은 부도덕과 선동의 온상으로 여겨졌지만 그다지 효과적으로 규제되지 않았다.[14] 일부 근/현대 학자들, 특히 19세기 학자들은 첫 그리스도인 그룹이 사실은 자발적 협회(voluntary association), 특히 당시에 널리 퍼져 있던 '콜레기아 테누이오룸'(collegia tenuiorum) 곧 상조회 형태를 모방했을 수도 있다고 추측했다.[15] 당시에는 이런 제안이 많은 지지를 얻지 못했다. 그러나 근래에 들어 그런 협회와 초기 교회의 유사점을 새롭게 검토하자는 요구가 대두되었다.[16] 물론 이 모델이 가정 모델의 배타적 대안은 아닐 것이다. 우리는 이런 협회들이 특정 집안과 긴밀한 관계를 맺고 형성된 사례들을 알기 때문이다.[17]

---

14 Pliny *Ep.* 10.96. 그러나 비두니아 그리스도인들은 단체(*hetaeria*)를 금지하는 포고령이 선포된 뒤 그들의 관습 중 일부, 특히 공동 식사 관습을 바꾸었음을 주목하라. Celsus *apud* Origen *C. Cels.* 1.1; 참고. Tertullian *Apol.* 38.1-3. Wilken 1970, 1971; Frend 1965, 165-168, 191, 243-244를 보라.
15 Hatch 1892, 26-55; Heinrici 1876 그리고 1890, 409-417를 보라.
16 앞의 주14에서 인용한 Wilken의 언급 외에도 Judge 1960*a*, 40-48와 Malherbe 1977*a*, 87-91를 보라. Malherbe는 특히 초기 기독교에서 교역과 수공업의 중요성을 강조하면서 수공업 조직과 여러 관계가 존재할 수 있었음을 강조한다. 또한 Reicke 1951*a*, 320-338; de Robertis 1973, 1:338-339; 2:64-89를 보라.
17 앞의 1장 주142에서 본 "세르기아 파울리아나의 집에 있는 콜레기움"(collegium quod est in domu Sergiae Paullinae, *CIL* 6.9148)의 경우가 분명 그렇다. 앞의 1장 주143에서 논한 모임, 곧 폼페이아 아그립피닐라가 세운 디오니소스신 숭배 협회는 가장 유명한 사례 가운데 하나다. L. Michael White는 현재 예일 대학교에서 진행 중인 박사 학위 논문에서 아그디스티스신 등을 섬긴 빌라델비아의 숭

실제로 바울계 그룹과 우리가 수없이 많은 명문을 통해 알게 된 사적(private) 협회 사이에는 몇 가지 중요한 유사점이 있다. 이 두 그룹은 모두 얼굴과 얼굴을 마주하고 아주 긴밀하게 소통할 수 있었으며 이런 소통을 장려하던 소그룹이었다. 회원의 지위는 출생보다 오히려 자유로운 가입 결정을 통해 얻었지만, 민족이라는 연결고리, 서열, 직무, 직업이 가입 배경으로서 중요한 의미를 가질 때도 종종 있었다. 그리스도인 그룹과 협회는 종종 공동으로 상거래를 하거나 수공업을 영위하는 사람들을 가입시켰다. 그리스도인 그룹과 협회는 종교 의식과 제의 활동을 하는 데 중요한 장소였으며, 공동 식사와 "형제애를 북돋우는" 다른 활동에 관여했다. 사람이 죽었을 때 합당한 장례를 치르고 나중에 고인의 기일이 돌아왔을 때 고인을 기리는 일도 많은 협회의 중요한 역할이었다. 바울계 그리스도인의 장례 관습을 일러 주는 증거는 존재하지 않는다. 이런 증거 부재 자체가 그리스도인 그룹과 '콜레기아 테누이오룸'을 직접 동일시할 수 있을지 의심할 만한 근거가 되곤 했다. 그러나 가령 데살로니가전서 4:13-5:11이 표명하는 것과 같은 정서를 보거나 수수께끼 같은 표현인 고린도전서 15:29의 "죽은 자를 위한 세례"라는 말을 보면 그리스도인 그룹도 죽은 신자를 합당히 장사했으리라는 것을 의심할 수 없다.

우리가 앞서 일부 맥락에서 목격했듯이 사적 협회와 그리스도인 그룹도 후견인 역할을 맡은 더 부유한 사람들의 자선에 어느 정도 의존했다. 피후견인 콜레기움은 후견인의 자선을 찬미하는 명문, 명예로운 칭호, 화환, 어쩌면 심지어 조각상으로 그 후견인에게 보답하곤 했다. 동호회의 생활을 실질적으로 통제할 힘을 주는 것도 후견인에 대한 보답이었다. 왜냐하면 협회에는 후견인을 견제할 힘이 없었기 때문이다. 우리가 앞서 살펴보았듯이

배 협회가 가정에 근거를 둔 그룹의 또 다른 사례라고 주장하려고 한다.

그리스도인 회중은 그런 점에서 완전히 달랐다. 따라서 그리스도인 회중을 후원하는 이들은 당연히 자신이 다소 홀대받는다고 느꼈을 수도 있다.[18] 바울은 심지어 고린도인들에게 스데바나 같은 사람을 좀더 존경할 것을 권면한다(고전 16:15-18). 한편 이런 콜레기아는 민주적 내부 관리 체제와 유사한 모습을 지녔으며, 조직과 선거 및 의사결정 절차에서는 고전 시대의 폴리스를 모방했다. 바울계 회중 안에서도 이런 민주 절차가 작동했다는 주장이 가능하지만, 이 경우에는 성령의 은사에 따른 기능과 성령에 사로잡힘 때문에 문제가 훨씬 복잡하다. 이 문제는 다음 장에서 충실히 논하고자 한다.

아울러 그리스도인 그룹과 전형적 자발적 협회 사이에는 여러 중요한 차이점이 있다. 첫째, 그리스도인 그룹은 동호회는 물론 심지어 어떤 이교도 신앙 협회에서도 찾아볼 수 없는 배타성과 전체성을 지녔다. 물론 우리는 뒤에 가서 바울계 그룹의 경계가 다른 일부 초기 기독교 경계보다 다소 열려 있었음을 보게 될 것이다. 그럼에도 바울계 회심자들 역시 "그리스도 예수의 이름으로 세례받음"을 이례적으로 철저한 재사회화를 상징하는 일로 받아들였다. 이런 재사회화를 통해 그 종파가 그 소속 구성원에게 사실상 가장 중요한 그룹이 되어야 했으며, 충성을 바친 다른 모든 대상을 대체해야 했다. 고대 사회에서 유일하게 이와 비견할 만한 유일한 사례는 유대교로 개종하는 경우였겠지만, 몇몇 경우에는 피타고라스학파나 에피쿠로스학파를 열렬히 추종한 것도 이와 유사했을 수 있다.[19] 그리스도인 그룹의 구성원 개념이 다른 협회의 회원 개념보다 더 배타적·유기적 성격을 띠었듯이, 그리스도인 그룹을 조직하게 된 동기도 그에 상응하여 다른 일반 협회보다 그 뿌리가 더 깊었다. 사적 모임에 속한 학생들은 그들의 주된 목표가

---

18 나는 '인문학을 위한 국가 기금'이 1977년에 예일 대학교에서 대학 교수들을 상대로 개최한 세미나에서 William Countryman에게서 이런 통찰을 얻었다.
19 Nock 1933a, 164-186; 이 3장의 '철학 학교 혹은 수사 학교' 부분을 더 자세히 보라.

사귐과 유쾌한 생활이라는 데 대체로 의견을 같이한다. 게다가 이교도 신앙을 중심으로 모인 협회는 종교 축제, 행진, 신을 모신 신당과 관련된 특정한 기능을 하고 있었다. 그리스도인들이 추구하던 목표는 더 세세히 나뉘어 있었으며, 넓은 의미에서 "구원"과 관련이 있었다.

그렇지만 사회 계층이나 다른 사회 범주를 기준으로 보면 그리스도인 그룹은 자발적 협회보다 훨씬 더 포용성을 지녔다. 협회에서도 사회에 존재하는 경계를 넘어가는 사례가 일부 있었다. 특히 우리가 관심을 둔 시대에는 로마의 영향을 받아 그런 일들이 일어났으며, 그 결과 그런 협회의 회원과 간부 명단에 남자와 여자, 혹은 자유인과 노예 출신 자유인과 노예가 모두 들어 있는 경우가 심심치 않게 있었다. 하지만 이런 범주에 속한 이들의 역할이 평등했음을 보여 주는 증거는 거의 없으며, 동호회는 대체로 사회적 동질성을 지닌 사람들을 끌어 모으곤 했다.[20] 우리가 앞 장에서 살펴보았듯이 바울계 그리스도인 그룹의 특징이 바로 사회적 지위의 이질성이었다.

그리스도인 그룹이 일부러 협회를 모델로 삼지 않았다는 사실은 그 그룹 자체나 그룹을 이끈 지도자를 가리키는 용어 가운데 협회와 공통된 용어가 거의 존재하지 않는다는 점에서 분명히 드러난다. 비록 후대 문헌은 그리스도인 그룹을 때때로 '티아소스'(*thiasos*: 밀교적 종교 단체-역주), '팍티오'(*factio*: 정치 그룹-역주), '쿠리아'(*curia*: 몇 가족 정도로 구성된 고대 로마 시민의 구분 단위-역주), '코르푸스'(*corpus*: 본디 몸을 뜻하지만, 여기서는 조직체를 가리킨다-역주) 등으로 불렀지만,[21] 바울 서신은 그 어디에서도 그

---

20 아이러니하게도 자유인 남자, 여자, 외국인, 노예, 노예 출신 자유인이 뒤섞여 있는 것이 Hatch 1892, 31가 인용하는 여러 협회와 초기 교회 사이에 존재했던 유사점 가운데 하나였다. 그는 주로 Foucart 1873에 근거하여 이런 주장을 제시하지만, 후대 연구자들은 Paul-François Foucart가 여러 사회 계층의 뒤섞임, 그리고 특히 콜레기아 내부에서 노예와 여성이 차지하는 위치를 과장했다고 결론지었다. 특히 Poland 1909, 277-329; Bömer 1957-1963, 1:17-29, 134-136, 510-514; 2:185 그리고 다른 여러 곳; 3:135-137, 145-153, 173-195, 358; 4:138-205, 238-241를 보라.
21 Eusebius, *HE* 10.8; Tertullian *Apol*. 38-39; 후자에 관하여 알아보려면 Wilken 1971, 283-284를

리스와 로마의 협회를 가리키는 독특한 용어를 사용하지 않는다.[22] 바울은 '쉬나게인'(*synagein*: 함께 모이다-역주)이라는 동사를 단 한 번 사용하는데, 어떤 그룹의 기반을 가리키는 의미가 아니라 특정 목적 때문에 모인 모임을 가리키는 의미로 사용하며(고전 5:4), 이 동사의 동족 명사인 '쉬나고게'(*synagōgē*)는 전혀 사용하지 않는다.[23] 그런가 하면 나는 교회 밖의 동호회의 명칭에서 '에클레시아'(*ekklēsia*)나 바울이 서신 서두에서 사용하는 별칭—"거룩한 이들", "부르심을 받은 이들"(혹은 "택함 받은 이들"), 혹은 "하나님이 사랑하시는 이들"—을 사용한 사례를 결코 발견하지 못한다.[24] '에클레시아'라는 용어 선택은 협회에서 사용하던 용어와의 구조적 유사성을 지닌 것으로도 보인다. 왜냐하면 이런 협회는 하나같이 공화정 도시의 구조를 나타내는 전문 용어를 모방했기 때문이다. '에클레시아'의 가장 잘 알려진 용례는 그리스 연합을 구성하고 있던 아테네와 다른 도시들의 자유 시민으로 이루어진 선거인단일 것이다. 하지만 사실 그리스도인들이 이 용어를 사용하게 된 것은 70인역이 구약성경의 '카할 야훼'(*qᵉhal yhwh*: 야훼의 총회-역주)를 '에클레시아'로 번역하고, 그리스어를 사용한 유대인 저술가들이 이런 용례를 널리 퍼뜨렸기 때문인 것으로 보인다.[25] 동호회는 '프뤼타니스'(*prytanis*: 고대 그리스 폴리스의 최고 행정관, 아테네 민회가 선출한 집정관-역주), 재무관, 서기, 십부장(*decuriones*), 5년 임기 행정관(*quinquennales*) 등

보라.

22 Poland 1909, ch. 1은 그리스어 용어를 대규모로 모아 만든 목록을 제시했다. 라틴어 용어를 보려면 de Robertis 1973, 1:10-21; Waltzing 1895-1900, 4:236-242를 보라.
23 학자들은 바울이 회당(συναγωγή)이라는 말이 함축하는 유대교의 신학적 의미 때문에 이 말을 피하고 에클레시아(ἐκκλησία)라는 말을 선호했다고 빈번히 추정했지만, K. Berger 1976은 이러한 추정을 반박한다.
24 하지만 때로는 동호회의 사업 모임에도 '에클레시아'를 사용했다. 명문은 이런 모임을 거의 언급하지 않는다. 따라서 이런 용법이 우리가 아는 것보다 훨씬 더 보편적이었을 수도 있다. Poland 1909, 332는 두 개의 사례를 인용하는데, 세 개일 수도 있다.
25 Linton 1959; K. Berger 1976, 169-183; Schmidt 1938.

지방자치체 공직 명칭을 빈번히 갖다 썼지만,²⁶ 바울 서신에서는 이런 명칭이 전혀 나타나지 않는다. 바울계 그룹과 협회가 공통으로 사용한 칭호로 꼽을 만한 용어는 '에피스코포스'(*episkopos*, 빌 1:1: 감독-역주)와 '디아코노스'(빌 1:1; 롬 16:1), 그리고 '프로스타티스'(롬 16:2) 등이다. 앞의 두 용어는 그 본문에서 각각 어떤 지역의 '직무'를 가리키는 전문 용어일 **가능성이 있지만**, 후자는 그런 의미를 가졌을 가능성이 없다. 여러 협회가 남긴 명문은 어떤 기능을 가리키는 명칭(그 모임을 주재하는 간부; 참고. 살전 5:12)이나 칭호인 '프로스타테스'(*prostatēs*)라는 말을 종종 사용하지만, 고린도와 겐그레아처럼 확실히 로마의 영향이 강한 지역에서는 이를 종종 '파트로누스'(*patronus*: '후견인'을 뜻하는 라틴어-역주)로 번역하여 사용한다.²⁷ 성경은 바로 그런 의미로 이 단어의 여성형을 '디아코노스'인 뵈뵈에게 적용한다.²⁸ '디아코노스'가 협회가 남긴 명문에 등장할 때는 언제나 식탁에서 시중드는 일과 직접 관련된 기능을 수행하는 사람을 가리키는 것 같다. 그러나 그리스도인 그룹은 이 말을 완전히 다른 의미의 전문 용어로 사용한다.²⁹ 그렇다면 '에피스코포스'만이 협회가 사용하던 것을 가져다 쓴 용어일 가능성이 크며,³⁰ 바울 시대에는 이 말이 아직 기독교 용어로 거의 등장하지 않았다.

　마지막으로 가정도 그랬지만, 협회도 기독교 운동이 특정 지역을 넘어 다른 지역과의 연결망을 설명하는 데 별다른 도움을 주지 않는다. 각 협회, 심지어 국가의 경계를 넘어 사람들에게 널리 알려진 신들을 섬긴 협회도 범위가 한정된 지역 현상이었다.

26　Poland 1909, 363-366.
27　이 책 155-157를 보라.
28　이 책 2장 주62를 보라.
29　명문이 διάκονος를 사용한 사례를 보려면 Poland 1909, 391-393를 보라.
30　Lietzmann 1914, 96-101.

회당

기독교가 유대교에서 뻗어 나온 가지였기 때문에 도시 그리스도인 그룹에게 가장 가깝고도 자연스러운 모델은 분명 디아스포라 회당이었다. 더구나 회당은 우리가 이미 살펴본 두 유형의 그룹, 곧 협회와 가정의 특징을 통합한 곳이었다. 유대인 공동체는 법률상 콜레기아로 해석되었으며, 실제로 콜레기아 구조의 많은 요소를 받아들였다.[31] 유대교 제의의 여러 특징 때문에 유대인 가정이라는 공동체는 이교가 에워싼 환경 속에서 폐쇄된 신앙 공동체가 될 수밖에 없었다.[32] 게다가 유대인들은 바울계 기독교와 비교할 때 가정과 협회가 가지지 못한 요소를 소유했다. 그것은 바로 더 큰 공동체에 속해 있다는 의식이었다. 유대인들은 이스라엘이 하나님의 백성이며, 이를 구체적으로 보여 주는 상징이 바로 이스라엘 땅과 예루살렘 성전이라는 의식을 가졌다.[33]

사실 그리스-로마 시대의 도시 유대인 공동체 그리고 이와 더불어 성장한 바울계 그룹 사이에는 많은 유사점이 있다. 앞서 언급했듯이 바울이 사용한 '에클레시아'라는 용어는, 비록 어느 지역의 유대인 공동체에 적용되었다는 증거가 전혀 없지만, 그리스어를 일상 언어로 사용하는 유대인들의 특별한 용법이라고 전제하는 것으로 보인다.[34] 어느 개인의 사유 주택에서 모이는 관습은, 개인의 사유 거처를 회당 건물로 바꿔 쓴 두라-유로포스, 스토비, 델로스 그리고 다른 곳의 회당 건물 유적으로 판단하건대, 아마도 유대인이 많은 지역에서 흔히 볼 수 있었으며, 바울계 그리스도인들도

---

31 1장을 보라.
32 Gülzow 1974, 198를 보라.
33 Bickermann 1949, 70-73가 한 말, 그리고 Davies 1974, 3-158가 모아 놓은 흥미로운 자료를 참고하라.
34 Linton 1959과 K. Berger 1976. Berger, 175가 필론과 요세푸스를 인용한 글을 보면 유대인들(혹은 테라퓨타이)이 성경 낭독을 들으려고 안식일에 가졌다는 모임을 묘사한 글 가운데 어느 것도 사실은 '에클레시아'라는 말을 사용하지 않는다.

이 관습을 따랐을 것이다.³⁵ 하지만 바울이 교회를 세운 도시에서는 유대인들이 공동체의 기능만을 위한 건물을 소유하는 단계까지 나아갔을 개연성이 높다. 모임의 활동 종류도 성경 읽기와 해석, 기도, 공동 식사 등 서로 비슷했지만, 두 곳에서 모두 이교 종교 행사의 독특한 특징인 희생 제사는 이루어지지 않았다. 바울계 그리스도인의 모임에서는 또한 예언과 권면, 사도 서신 낭독을 비롯해 방언과 성령 충만 같은 현상이 독특하게 나타났다. 이런 일이 회당에서도 유사하게 있었는지는 말하기가 어렵다. 그러나 필론이 테라퓨타이(Therapeutae)의 철야 집회를 묘사한 글에 비추어 볼 때 그럴 가능성을 부인하는 것은 어리석은 일일 것이다.³⁶ 물론 기독교만이 독특하게 행한 의식도 있었다. 비록 정결 의식, 개종자 입교식, 공동 식사 등 유대교와 유사한 점이 일부 있었지만 말이다.³⁷ 게다가 유대인 공동체는 내부에서 일어난 분쟁을 심리하여 판결을 내릴 책임이 있었으며, 바울도 '에클레시아'가 이와 같은 역할을 해 주기를 최소한 기대는 했다.³⁸ 이보다 중요한 사실은 바울계 그리스도인들이 그리스어를 사용하던 회당으로부터 성경과 신앙 체계 대부분과 아주 많은 규범과 전통을 통째로 혹은 어느 정도 변경하여 넘겨받았다는 점이다.

이처럼 바울계 그리스도인 그룹과 회당 사이에는 여러 유사점과 명백한 연관성이 있는데도, 회당의 세세한 구조를 모방했음을 일러 주는 증거가 바울 서신에 거의 등장하지 않는다는 것은 놀라운 일이다. 분명 우리에게 로마 제국 초기의 회당 내부 구조에 대한 정보가 없기 때문에 우리가 무엇을 찾아야 할지 확실히 알 수 없는 것이다. 우리가 가진 증거는 대부분 후대의

---

35 Hengel 1966, 160-164를 보라.
36 *Vit. cont.* 66-90.
37 5장을 보라.
38 고전 6:1-11. 이에 관하여 깊이 알아보려면 4장을 보라. 유대의 사법 절차를 알아보려면 가령 Josephus *Ant.* 14.235를 보라.

것이다.³⁹ 그러나 바울계 그리스도인 그룹의 경우에도 콜레기아의 경우처럼 기능과 명예를 나타내는 용어가 다르다. 우리는 신화 속 인물이나 로마 황제 같은 인물을 제외하면 바울 서신에서 회당장(archisynagōgos)이나 대표(archontes) 같은 말을 접하지 못한다. 나아가 바울 서신은 교회를 가리키는 말로 '쉬나고게'(synagōgē)라는 말도 사용하지 않는다. 따라서 후견인 역할을 하는 사람이 있긴 했지만, 그런 사람도 회당의 아버지(patēr synagōgēs)나 회당의 어머니(matēr synagōgēs) 같은 영예로운 칭호를 얻지 못했다. 여성이 바울이 주도한 운동에서 한 역할은 동시대 유대교 안에서 남성이 수행한 역할보다 훨씬 크거나 거의 맞먹었다.⁴⁰ 물론 구성원이 되는 데 필요한 요건은 완전히 달랐다. 민족 공동체는 더 이상 그 기초가 아니었다. 바울의 주요 관심사는 '에클레시아' 안에서 유대인과 이방인이 하나가 되게 하는 것이었지만, 그는 자신의 우선된 사명을 "이방인" 선교라고 말한다(갈 2:1-10; 롬 1:5, 13-14; 11:13, 15:14-21). 바울은 유대인을 이방인과 구분하는 할례 의식과 다른 율법 준수를 철저하게 거부했지만, 갈라디아에서 벌어진 논쟁은 이것이 결코 자명한 조치는 아니었음을 보여 준다. 바울은 갈라디아서 2:11-14에서 이전에 안디옥에서 있었던 다툼을 회상하고, 고린도후서 10-13장에서는 자신과 다른 사도들 사이에 있었던 알력에 관해 다루는 것 같다. 그리고 아마도 나중에 바울의 한 제자가 바울 이름을 내세워 다루었던 골로새에서 일어난 다툼에서 일부 그리스도인 지도자들은 분명 유대인이 이교 환경에서 그들의 정체성을 지키는 데 활용한 전통과 성경이 인정하는 검증된 방법이 계속해서 메시아 예수 공동체에서도 확실히 이바지해 주기를 원했다.⁴¹ 바

---

39 Hengel 1971b, 166-167는 회당이 1세기와 2세기의 유대인 봉기에 따른 재앙으로 말미암아 팔레스타인이라는 중심지의 중요성이 줄어든 뒤보다 오히려 초창기에 더 유연하고 차별이 덜한 구조를 가졌을 수도 있다고 깊이 있게 논증한다.
40 Meeks 1974, 174-179, 197-204를 보라. 그러나 Cameron 1980은 여러 가지 의문을 제기한다.
41 19세기에 Ferdinand Christian Baur가 여러 제안을 내놓은 뒤로 이 고대의 토론을 둘러싼 논쟁이

울과 그의 최측근으로서 바울계 무리를 함께 이끈 다른 지도자들이 그런 주장과 맞서 싸울 때 보여 준 투지는 이들이 다른 공동체 개념, 곧 회당의 경험에서 직접 유래하지 않은 다른 개념이 작동하고 있음을 확인했다는 점을 일러 준다.

철학 학교 혹은 수사 학교

사람들이 고대 사회에서 초기 그리스도인 그룹, 특히 바울계 그룹과 비교해 온 네 번째 모델은 학교(school, 학파)다. 이러한 비교는 이미 2세기에 이루어졌다. 당시 순교자 유스티노스는 기독교를 "참된 철학"이라고 제시했으며, 2세기와 3세기의 다른 기독교 변증가들도 그렇게 표현했다. 로버트 윌켄(Robert Wilken)은, 체제 전복을 꾀할 가능성이 있는 집단을 감시하던 귀족과 제국 관리들이 늘 못마땅하게 여긴 종류의 신흥 종교 집단이었던 기독교 운동은 이런 의심을 피하고자 철학과 유사성을 일부러 드러내는 영리함을 보여 주었다고 주장했다.[42] 하지만 근래에 들어와, 철학자든 수사학자든 유명한 선생을 중심으로 모인 제자들의 공동체가 로마 제국 전성기와 후기에 아주 중요한 존재가 되었으며, 이런 공동체와 바울의 선교 조직이 긴밀한 유사성을 지녔다는 견해가 제시되었다.

그러나 사람들이 자주 '바울학교'(바울학파)라는 말로 묘사한 대상은 보

현대에 활발히 일어났으며 지금도 수그러들 기미가 보이지 않는다. 근래에 와서 Betz 1973, 1979; Lüdemann 1979; 그리고 다른 이들이 Baur의 유령을 다시 살려냈다. 나는 1세기에 유대인 그리스도인의 반(反)바울 운동이 통일된 단일 운동으로 존재했다는 그들의 가설이 여러 자료에서 끌어낸 불필요한 결론이며, 우리에게 증거가 거의 없는 문제를 설명하는 가장 경제적인 방법이 결코 아니라고 본다. 더구나 나는 독일 학자들이 묘사한 논쟁 모습이 지나치게 이데올로기 쪽으로만 치우쳐 있다고 믿는다. 유대교의 의식 관습을 계속 이어 가느냐 아니면 폐지하느냐의 문제가 지닌 사회적 함의는, 바울의 반대자는 물론 바울 자신에게도 최소한 신학 및 기독론과 관련된 믿음만큼이나 중요했을 것이다. 물론 바울은 현실적 요인을 신학 및 기독론과 분리하는 것은 불가능하다고 보았다. Dahl 1977, 95-120를 보라.

42 Wilken 1971.

통 각 지역 회중이 아니었고, 오히려 바울과 함께 사역하던 이들과 지도자 무리를 그렇게 부르는 경우가 더 많았다. 학자들은 이 문구를 종종 아주 느슨한 의미로 사용하여, 단순히 일정 기간 존속했고 초기 기독교 내부의 다른 흐름과 구분할 수 있는 어떤 사상과 전승의 연속성을 가리키는 말로 사용했다. 하지만 한스 콘첼만(Hans Conzelmann)은 1966년에 더 구체적 의미에서 '바울학교'가 존재했다고 주장하면서 "바울이 일부러 뜻을 품고 조직하여 운영한 학교는…체계 있게 '지혜'를 추구하거나 지혜를 가르치는 신학 활동을 이어 갔다"고 주장했다.[43] 콘첼만은 이 학교가 에베소에 있었다고 생각했다. 그러나 그가 인용한 증거는 오로지 거기에 아볼로와 아굴라와 브리스가가 있었다는 점과 사도행전 19:9이 언급하는 두란노 서원(scholē)의 "대화"뿐이다.[44] 콘첼만은 전승 재가공을 학교 활동의 증거로 논하는 데 만족한다. 그는 학교 구조에 관해 아무것도 제시하지 않으며, 이 학교를 그 사회에 존재했던 다른 어떤 형태의 조직과도 전혀 연계하지 않고, 그저 "유대인의 지혜"라는 아주 모호한 개념과 연계한다.[45]

콘첼만보다 6년 일찍 훨씬 더 깊이 파고든 에드윈 저지는 바울과 바울 "일행"이 주로 수사학 관련 모델을 따랐으며, 각 지역에 있던 바울계 그룹

---

43 Conzelmann 1965, 233. 참고. idem 1966, 307-308.
44 Conzelmann 1965, 233, n. 7. 하지만 Malherbe 1977a, 89는 σχολή가 수공업자 협회가 모이는 장소인 길드 회관이었을 수도 있다고 주장한다. '스콜라'(schola)를 콜레기움의 모임 장소로 보는 견해를 찾으려면 Jones 1955, 172; Poland 1909, 462; D. E. Smith 1980, 128-129를 보라. 참고. Heinrici 1890, 413, n. **.
45 Pearson 1975, 51는 Conzelmann이 그의 논지를 뒷받침하는 데 사용한 주해 증거를 반박하면서도 에베소에서 학교 활동이 있었다는 생각을 완전히 거부하지는 않는다. Conzelmann 1966, 307를 비롯하여 많은 학자는 바울 이름으로 기록된 위명 서신의 저작 과정에서 일반적 의미의 바울학교를 뒷받침하는 증거를 발견했다. John Knox 1942, 14-15는 "2세기에 들어가서도 독특한 바울 공동체가 지속된 것이야말로…마르키온 자신과 그에 대한 대응이 놀라울 만큼 빠르고 폭넓게 이루어진 점을 가장 잘 설명해 준다." Gamble 1977, 115-126는 바울 학교가 바울 서신을 "보편화하는" 일, 즉 14장이나 15장으로 이루어진 다른 형태의 로마서처럼 특정인에 대한 정보를 제거하는 텍스트 개정 작업을 진행했음을 보여 주는 증거를 찾아낸다. 참고. Dahl 1965.

을 고대인들이 이해하던 제의 공동체로 조직하지 않고, 오히려 여러 면에서 "토론 모임"을 본받아 "지적 사명"을 추구하는 "학문 공동체"로 조직했다고 주장했다.[46] 당대 사람들은 바울과 그 추종자들을 "소피스트"로 이해했을 것이다. 로마 시대에는 이 말이 철학자는 물론, 수사학자까지 아우르는 개념이었다.[47] 저지가 묘사하는 내용은 큰 흐름과 전체적 인상을 중심으로 한다. 그의 묘사는 바울 서신에 들어 있는 증거보다 사도행전 기사에 더 많이 의존하며, 이 두 종류의 자료에 대한 비평적 질문들은 건드리지 않는다. 그럼에도 그의 묘사는 상당한 논쟁을 불러일으켰다. 이는 이런 묘사가 그리스-로마의 여러 도시에서 나타난 새로운 그룹들이 어떻게 스스로 살림을 꾸려 가고 모임 장소를 찾아냈으며 그들의 사상을 전파할 기회를 얻었는가라는 구체적 질문을 제기했으며, 그런 환경 속에 유사한 형태로 존재했던 이미 알려진 구체적 모델에 기초하여 그 질문에 답을 제시하기 때문이다. 저지도 자신의 모델이 유일하게 적절한 모델이 아님을 인정한다. 바울의 활동 방식은 당대의 전형적 소피스트와 비교할 때 중요한 차이점 몇 가지가 있었기 때문이다. 저지는 이렇게 질문한다. "자신에게 의존하지 않으면서도 꾸준한 사절 왕래를 통해 그와 늘 연결되어 있던 공동체들을 세운 순회 설교자가 바울 말고 또 누가 있었는가?"[48]

바울과 그 무리를 이끈 다른 지도자들이 가르치는 활동을 계속한 것은 분명 사실이다. 그들은 회심자에게 새 운동이 견지하는 믿음과 규범을 가르쳤다. 이런 믿음과 규범은 어느 정도 공식처럼 정립되어 구체적 전승(paradoseis)으로 전해졌으며,[49] 이런 전승은 토론과 논쟁을 거쳤다. 더욱

---

[46] Judge 1960b.
[47] Ibid., 126.
[48] Ibid., 135.
[49] 이 3장 뒷부분을 보라.

이 바울 서신에서 풍성히 제시되고 각 회중 지도자들이 책임졌던 이런 믿음과 규범은 각 회중 안에서 끊임없이 진행되던 권고와 권면에 적용되었다.[50] 이 모든 것은 헬레니즘 시대와 로마 시대에 들어와 사람들이 점점 더 철학자와 (대중을 상대로 한) 철학 설교자의 영역으로 여기게 된 '영혼 지도'(guidance of souls)와 어느 정도 일치했다. 더구나 바울계 지도자들은 헬레니즘 시대 도덕 담화 속에 늘 오르내리던 주요 주제와 그런 담화 스타일의 몇몇 측면을 분명 익히 알았을 것이다.[51]

사실 당대의 철학 학교는 초기 기독교의 담화 양식과 비교하면 풍부한 결과를 얻을 수도 있는 여러 개념과 언어 패턴뿐 아니라 사회 모델도 제시했다. 고대 철학을 연구하는 사람들은 학교의 형태와 조직에는 그다지 관심을 기울이지 않았지만, 몇몇 사람은 심지어 고전 그리스 철학 시대에도 학교가 "문화를 지켜 주는 여신들에게 헌신하며 종교적 사귐을 나누는 모임, 곧 '티아소스'"로 조직되곤 했다고 말했다.[52] 어쩌면 앙리-이레네 마루(Henri-Irénée Marrou)는 이렇게 서술함으로써 피타고라스학교가 다른 학교에 미친 영향을 과장했을 수도 있다. 가령 에픽테토스의 강연을 보고한 아리아노스의 글이나 현존하는 무소니우스 루푸스와 세네카의 글을 보면 가입한 제자들만으로 구성된 폐쇄 조직을 시사하는 말이 전혀 없다. 하지만 그런 모습은 피타고라스학교는 물론, 에피쿠로스학교 안에 널리 퍼져 있었다. 그러나 불행하게도 우리는 이 두 학교에 관해, 특히 로마 시대의 이 두

---

50 가령 데살로니가에서 회중을 "주재하는" 이들의 기능에는 회중을 "권면하는 것"도 포함된다. 살전 5:12.
51 Malherbe와 그의 제자들은 이것을 훌륭하게 증명했다. 그는 특히 몇 종류의 견유학파 전승의 중요성을 강조했다. 가령 Malherbe 1968, 1970, 1976, 그리고 곧 나올 ANRW, pt. 2, vol. 28의 논문; Balch 1981; Hock 1978, 1980을 보라. Hans Dieter Betz와 Corpus Hellenisticum ad Novum Testamentum에 적극 참여했던 다른 이들도 바울 서신과 그 시대의 철학 및 수사학 관련 주제 및 관습 사이에 다양한 연관성이 있음을 보여 주었다: Betz 1972, 1975, 1979. 또한 Judge 1968, 1972; Wuellner 1979을 보라.
52 Marrou 1955, 34.

학교의 모습이 어떠했는지 아는 것이 거의 없다.

우리가 피타고라스학교에 관해 알고 있는 정보는 대부분 3세기 말에 열렬한 신플라톤주의자였던 이암블리코스가 만든 5부작 작품[53]과, 필로스트라토스가 율리아 돔나의 후원을 받아 쓴(아마 그녀가 사망한 후인 217년경) 『아폴로니오스의 생애』(*Phylostratvs De vita Apollonii Tyanei*)[54]에서(아폴로니오스는 1세기 피타고라스학교의 교사이자 기적을 행하는 자였다) 나온 것이다. 이암블리코스가 남긴 기록은 피타고라스 자신이 이탈리아 남부 크로토네에 세운 학교를 묘사하는 내용을 담고 있다. 이 학교에는 피타고라스 자신이 직접 선발한 젊은이들이 3년에 걸친 시험 기간을 보낸 뒤 정식으로 입학했으며, 그 이후에는 5년 동안 침묵하며 보내는 수련 기간이 이어졌다(*Vit. Pyth.* 17.71-74). 그들은 재산 공유, 꼼꼼한 규율을 따르는 질서 있는 일상생활, 음식과 의복을 규제하는 엄격한 금기 등의 특징을 지닌 공동체에 들어갔다(21.95-100). 이런 그림 가운데 얼마나 많은 부분이 후대의 이상을 투사한 결과인지, 혹은 (불행한 이야기지만) 정말 (신)피타고라스학교 공동체라는 것이 로마 원수정 초기에 존재했는지는 확실히 알 수 없다.[55]

에피쿠로스학교와 관련하여 여전히 수수께끼로 남아 있는 부분이 많지만, 우리는 적어도 로마 시대에 에피쿠로스학교 공동체가 있었고, 그중 일

---

53 이것이 "The Pythagorean Life"(Περὶ τοῦ Πυθαγορικοῦ βίου), ed. L. Deubner(1937)다. 이는 Albrecht 1963에서 독일어 번역문으로 편하게 볼 수 있으며, 영어 번역문은 Hadas and Smith 1965, 107-128에 실려 있다. "Introduction to Philosophy"(Λόγος προτρεπτικὸς εἰς φιλοσοφίαν), ed. H. Pistelli(1888); N. Festa(1891), H. Pistelli(1894), V. de Falco(1922)가 편집한 수학을 다룬 세 작품.
54 Loeb edition by F. C. Conybeare(1960)에서 볼 수 있다. 이때보다 앞서 피타고라스의 전승 및 피타고라스에 관한 전승이 발전했음을 보여 주는 자료와 관련된 골치 아픈 문제를 살펴보려면 Theslefff 1965; Vogel 1966; Burkert 1961, 1962을 보라.
55 피타고라스학교의 조직에 관한 논의는 Fritz 1960; Minar 1942; Vogel 1966, 150-159에서 찾을 수 있다. 참고. Burkert 1962, 166-208.

부는 새로운 추종자들을 얻고자 적극 선전 활동을 펼쳤음을 안다.⁵⁶ 이 공동체들의 삶에는 바울계 회중을 상기시키는 것이 많다. 이 공동체들은 "아주 쉽게 응용할 수 있는 제도였던 그리스식 가정"을 기초로 삼아⁵⁷ 구성원들이 한 가족 같은 친밀감을 느끼게 하려고 노력했으며, 이 구성원 가운데는 남자와 여자, 노예와 자유인이 포함되었다. 이들을 하나로 묶어 준 것은 "불멸의 선"인 사랑(*philia*)이었다.⁵⁸ 경직된 직무 위계 구조는 존재하지 않았지만, 학교에서 생각하는 각 사람의 발전 단계를 근거로 하는 일부 역할 구분은 존재했다. 신입생 훈련, 특히 "다면성을 지닌 기술"이었던 일상의 권면은 아주 꼼꼼하게 시행되었다.⁵⁹ 통일성을 유지하며 꿋꿋이 버텨 나가는 이 학교의 모습은 사람들의 부러움을 살 만큼 칭송을 불러일으켰다. 이를테면 누메니오스는 다음과 같이 말했다. "에피쿠로스학교는 진정한 연합국가[*politeia*]를 닮았다. 그들에겐 분파주의가 전혀 없으며, 한 생각과 한 성향[*hena noun, mian gnōmēn*]을 공유한다. 과거에도 기꺼이 이 학교의 제자가 되려는 이들이 있었고, 지금도 그렇지만, 앞으로도 그럴 것으로 보인다."⁶⁰ 더 나아가 기록에 따르면 에피쿠로스는 각기 다른 곳에 정착한 그의

---

56 De Lacy 1948; 참고. Cicero *De fin.* 1.65: "에피쿠로스가 조그만 집에 불러 모은 벗들의 무리가 얼마이며, 얼마나 큰 애정과 공감이 이들을 하나로 모아 주었는가! 이것이 지금도 에피쿠로스 사람들 가운데서 계속되고 있다"(trans. Baldry 1965, 149). 참고. Classen 1968.
57 DeWitt 1954*a*, 93.
58 *Sent. Vat.* 78; 참고. ibid., 52: "우정(φιλία)은 온 세상을 춤추고 돌아다니면서 우리 모든 이에게 행복한 삶을 찬미하라고 선포한다"(trans. Bailey 1926, 115). 참고. DeWitt 1954*a*, 101-105, 178-179, 307-310; Festugière 1946, 27-50; Baldry 1965, 147-151. 또한 Diogenes Laertius 10.120*b*가 에피쿠로스주의가 말하는 우정(φιλία)과 교제(κοινωνία)에 관하여 쓴 글, 그리고 자주 인용되는 Seneca *Ep.* 6.6의 판단, "메트로도로스, 헤르마코스, 폴리아이노스를 위대한 사람으로 만든 것은 가르침이 아니라 교제(*contubernium*)였다"(trans. DeWitt 1954*a*, 103). 더 자세한 것은 DeWitt 1936*a*를 보라.
59 로마 시대 학교의 내부 조직은 20세기 초에 헤르쿨라네움의 필로데모스 저택에서 발견된 그의 저서 『솔직히 말하고 용서를 구함에 관하여』(περὶ παρρησίας)의 파피루스 두루마리가 어느 정도 밝혀 준다. 나는 DeWitt 1936*b*의 분석을 따른다.
60 *Apud* Eusebius *Praep. Ev.* 14.5. 또한 에피쿠로스학교의 주목할 만한 연속성과 보수주의에 관하여 알아보려면 Malherbe가 "자기 정의"(self-definition)에 관하여 곧 내놓을 논문을 함께 보라.

제자 그룹들의 통일성을 유지하고자 여러 곳에 있는 "벗들에게" 서신을 써 보내는 방법을 활용했다.[61] 따라서 많은 점에서 바울과 그 무리가 세웠던 그룹들 그리고 에피쿠로스에게서 그 그룹의 기초를 찾았던 그룹들은 에피쿠로스학교와 유사한 해결책에 도달하여 다수의 유사한 목표와 실제적 요구 사항을 마련한 것으로 보인다. 이런 유사점은 현재의 맥락이 허용하는 것보다 꼼꼼하고 자세한 탐구를 가능하게 해 줄 것이다.[62]

하지만 이렇게 피타고라스학교와 에피쿠로스학교를 주마간산식으로 살펴본 결과 아주 명백하게 드러나는 사실이 하나 있다. 그것이 바로 이들이 적어도 변형된 가정 형태나 자발적 협회 형태—즉 우리가 앞서 유대인의 특별한 사례와 함께 살펴본 다른 두 모델의 형태—를 지녔다는 점에서 바울계 공동체와 닮았다는 것이다. 이 사실은 바울학교를 다루는 모든 논의에 신중한 태도를 요구한다. 바울계 그룹이 펼친 활동에는 학술과 학문과 수사와 관련된 요소가 강하게 나타난다는 사실을 아는 것이 유익하다. 그러나 이런 요소가 이 운동의 구조를 형성했다고 보는 것은 도움이 되지 않을 것이다. 이런 활동은 보조 역할만 했다. 예를 들어 저지는 이교도 신앙을 중심으로 모인 협회와 바울계 그룹의 유사성을 아주 일찍감치 부인한다. 사실 기독교는, 확고하게 자리 잡은 이교 협회 대부분이 공적·사적 제사를 통해 행했던 것과 같은 종류의 제의 행위(*cultus*), 공적 행진, 축제를 행하지 않았다. 아울러 기독교는 이교도 신앙을 중심으로 한 협회의 입회 의식과 상당히 많은 점에서 달랐다. 그렇지만 기독교도 바울 서신과 제2 바울 서신이 아주 중요

---

[61] Usener 1887, 135-136: 이집트에 있는 친구들에게, 아시아에 있는 친구들에게, 람프사코스에 있는 친구들에게(πρὸς τοὺς ἐν Αἰγύπτῳ φίλους, πρὸς τοὺς ἐν Ἀσίᾳ φίλους, πρὸς τοὺς ἐν Λαμψάκῳ φίλους). 어느 것도 현존하지 않는다.

[62] DeWitt 1954*b*가 내놓은 상당히 미숙한 제안은 이 분야에서 학계의 진지한 연구를 진작시키기보다 오히려 방해만 했을지도 모른다. 그러나 그의 책에는 귀중한 관찰 결과가 곳곳에 담겨 있다. 참고. Malherbe 1977*a*, 25-28.

하게 묘사하는 입회 의식, 공동체의 중심이 되는 의식적 식사, 급속히 전통으로 자리 잡아 가던 다른 종류의 의식 행위를 행했다(뒤의 5장을 보라).

사실 우리가 여태까지 살펴본 네 가지 모델 가운데 그 어느 것도 바울계 '에클레시아'의 전모를 모두 담아내지 못한다. 그럼에도 이 네 모델은 모두 중요한 유사점을 제공한다. 적어도 가정은 각 지역의 바울계 그룹 전부는 아니어도 대다수 그룹이 둥지를 튼 기본 장소로 여전히 남아 있다. 자발적 협회가 보여 준 다양한 삶, 회당이 도시 생활에 특별히 적응한 점, 철학 학교에서 교육을 실시하고 학생들을 권면하던 조직은 모두 그리스도인도 마주해야 했던 문제들을 해결한 그룹들의 사례를 제공한다. 하지만 바울계 운동 자체가 만들어 낸 구조는 결국 다른 조직과 다른 독특한 구조였을 것이다. 따라서 우리는 우리에게 남겨진 일차 자료에 의존할 수밖에 없다.

교제와 그 경계

어떤 사회 조직이 계속 존재하려면 경계를 가져야 하고, 구조적 안정성과 유연성을 갖추어야 하며, 독특한 문화를 창조해야 한다.[63] 두 번째 요소인 조직의 사회 구조는 주로 리더십, 권력의 분배, 역할 구분, 분쟁 관리와 관련이 있다. 이 모든 주제는 여기서 다루지 않고 다음 장에서 다루겠다. 바울계 그리스도인이 어떻게 "독특한 문화"를 발전시켰는지는 아주 복잡한 문제이며, 이 책 나머지 부분에서 다양한 모습으로 거듭 등장한다. 그러나 지금은 이 바울계 그룹이 어떤 방식으로 자신을 그룹 혹은 운동으로 규정했는가라는 문제만 탐구하고자 한다. 이 문제를 탐구하다 보면 주로 앞에서 언급한 첫 번째 요소, 곧 바울계 그룹과 그들 주위의 사회적 환경을 구분하는 경계

63　Olsen 1968, 65-70.

들 그리고 바울계 그룹의 문화를 독특한 문화로 만들어 준 부분—바울계 그룹을 결속시켜 준 언어와 관습, 밖으로 나타난 정서와 태도—도 자연히 다룰 수밖에 없을 것이다. 우리의 목적을 고려하면 "사회적 결속"은 레온 페스팅거(Leon Festinger)가 정의한 것처럼 "그 그룹에 남아 있는 구성원에게 영향을 미치는 모든 요인의 결과"로 정의하는 것이 편리할 수 있겠다.[64] 외부인에 맞서 내부 결속을 다지는 것과 여러 경계를 만드는 것은 상호 보완적 요소이기 때문에 함께 고찰하는 것이 좋을 수 있다. 경계 문제는 바울계 그룹이 "세계에 보인 반응"이라는 더 큰 쟁점과 일정 부분 관련지어 확장할 수도 있다. 브라이언 윌슨(Brian Wilson)은 이 쟁점을 기준으로 다양한 "종파"를 분류했다.[65]

이어서 다룰 범주들은 사회학 이론에서 체계적으로 이끌어 낸 것이 아니지만, 바울 서신의 본문과 그 행간에 등장하는 여러 종류의 증거를 추적하는 데 편리한 분류 개념이므로 그대로 활용할 것이다.

소속감을 나타내는 언어

바울계 무리가 쓴 서신에는 그리스도인을 아주 특별한 그룹으로 언급하고 그리스도인들 간의 관계를 감성에 깊이 호소하여 표현한 단어와 어구가 풍부하다. 서신을 받은 이들은 종종 "성도"나 "거룩한 이들"(*hagioi*; 한 번은 *hēgiasmenoi*; 고전 1:2; 고후 1:1; 빌 1:1; 롬 1:7; 엡 1:1; 골 1:2)로 불린다. 이 용어는 서신 서두에서 '에클레시아'와 같은 기능을 하며, 다른 곳에서 3인칭으로 사용할 때도 동일한 역할을 한다(몬 5, 7절; 고전 6:1-2, "불의한" 외부인의 반의어로 사용한다; 골 1:4; 살전 5:27의 많은 사본). 다른 본문, 특히 다른 곳에 안부 인사를

---

64 Schachter 1968, 542가 "Informal Social Communication", *Psychological Review* 57 (1950): 274 에서 인용.
65 B. R. Wilson 1973, 특히 21.

전하는 본문(고후 13:12; 빌 4:21-22; 롬 16:15)과 예루살렘 "성도"에게 전할 연보와 관련된 본문(롬 15:25-26; 고전 16:1, 15; 고후 8:4; 9:1, 12)에서는 이 용어를 그리스도인에게 사용한다. 아울러 로마서 16:2에서 끌어낸 실제적 의미에 주목하라. 이 구절은 "'하기오이'에게 합당한 태도"로 뵈뵈를 영접하라고 말한다. '택함 받은 자'라는 말과 그 동족어도 중요하며(살전 1:4; 롬 8:33; 골 3:12; 고전 1:27; 엡 1:4; 롬 16:13은 이 말을 개인에게 사용한다), 이와 관련이 있는 '부르심'도 중요하다(고전 1:9; 7:15, 17-24; 갈 1:6, 15; 5:8, 13; 살전 2:12; 4:7; 5:24; 살후 2:14; 골 3:15; 엡 4:4; 참고. 롬 8:30; 9:24-26; 살후 1:11). 그룹에 속한 구성원들이 하나님께 각별한 "사랑을 받고 있다"는 개념(롬 1:7; 골 3:12; 살전 1:4; 살후 2:13; 참고. 롬 5:5, 8; 8:35, 39; 15:30; 고후 5:14; 13:11, 13; 엡 2:4; 3:19; 5:2, 25; 살후 2:16)과 하나님이 그들을 "아신다"는 개념(고전 8:3; 갈 4:9)도 아주 놀랍다. 이 모든 용어는 이스라엘을 언급하는 성경의 용어에서 유래했다. 바울도 유대인들이 사용한 표현 가운데 몇 가지를 로마서 9-11장에서 그대로 사용한다.

바울계 그룹과 그 구성원을 가리키는 이런 특별한 용어의 반복 사용은 개인의 정체성을 다시 형성하여 그룹의 정체성과 단단히 결합시키는 재사회화 과정에서 중요한 역할을 했으며, 특히 이런 용어를 '외부인'과 '세상'을 가리키는 특별한 용어와 함께 사용할 경우에는 더더욱 그러했다. 그룹 구성원들은 이런 종류의 이야기를 통해 세상에는 오직 두 부류의 인간, 즉 그들이 속한 종파와 외부인이 있다는 인식을 갖게끔 가르침을 받았다. 이런 과정이 효과적으로 진행되면 각 구성원은 어떤 활동을 하든지 새로운 기준에 비추어 자신을 인식할 수밖에 없다. "나는 신자다" 혹은 "나는 그리스도 안에 있다." 비록 적대적 의미이긴 하지만 외부인에게 이와 같은 말이나 이에 상응하는 말―"그는 그리스도인이다"―로 낙인찍히면 이는 오히려 그리스도인이라는 인식을 강화시킨다. 이 점은 나중에 다시 살펴볼 것이다.

특히 놀라운 점은 바울계 그룹 구성원들을 지칭하는 언어가 이들을 마치 한 가족처럼 묘사한다는 것이다. 이들은 하나님의 자녀이며 동시에 사도의 자녀다. 그들은 형제요 자매다. 그들은 서로 "사랑하는 이"(beloved)라고 부른다. 특이하게도 바울 서신에는 기쁨, 희락, 불안, 간절한 바람 같은 감성 어린 언어가 풍부하다.[66] 예를 들면 바울 서신 가운데 가장 먼저 기록된 서신은 서두의 감사 인사에서 데살로니가 그리스도인들을 "하나님이 사랑하시는 형제들"이라고 부르면서 그들의 회심과 관련이 있는 "성령의 기쁨"을 언급한다(살전 1:4, 6). 과거에는(그리고 지금도) 서신 첫머리에 아버지와 아들처럼 친밀한 문구, 곧 서신을 보내는 이가 받는 이에게 존경을 표시하고 받는 이에게 보내는 이에 대한 좋은 감정을 불러일으키고자 쓰는 용어를 담는 것이 보통이다.[67] 하지만 바울 서신에서는 애정을 표현하는 문구의 숫자와 강도가 아주 유별나다. 사도들은 "마치 유모가 자기 자녀를 돌보듯이 너희 가운데서 온유하게" 행동했다(2:7).[68] 그들은 자신들이 "너희를 아주 사랑하여 너희에게 하나님의 복음뿐 아니라 우리 자신의 영혼까지 주고픈" 느낌이 들었으니 "이는 우리가 너희를 아주 사랑하게 되었기 때문"이라고 말한다(2:8). 2:17은 서신에서 볼 수 있는 상투적 표현을 쓰지만("몸은 떠나 있으나 마음은 함께 있다"), 서신을 보내는 자는 감성을 듬뿍 실은 말을 써서 이 표현을 강하게 살려 낸다. "우리가 잠시 너희를 잃었으나 [aporphanisthentes], 몸으로 그랬을 뿐 마음으로 그런 것은 아니니 너희 얼굴을 보아야겠다고 더 굳게 마음먹고 아주 간절히 바랐다." 2:17-3:11에는 특히 이러한 언어가 빼곡히 들어 있다. 이 대목은 저자가 수신자들을 높이 여기는 마음,[69] 떨어져 있음에 따른 고통, 그들을 보기를 간절히 원하는

---

66 Webber 1971; Olson 1976.
67 Malherbe가 *ANRW*, pt. 2, vol. 28에 곧 게재할 논문의 sec. 3을 보라.
68 Malherbe 1970은 이 언어와 2장 첫 부분의 전체 맥락이 "강경한 견유학파"와 "온건한 견유학파"를 구분할 때 사용한 언어와 유사함을 보여 주었다.
69 복수형이 이어지는 점으로 보아 실루아노가 공동 저자임을 완전히 잊어버리지는 않았을 수 있다. 그

마음을 강조하고, 디모데가 와서 수신인들도 바울을 귀히 여기며 여전히 건강한 상태에 있음을 확인해 주길 기다리며 느끼는 긴장감을 이야기한다. 이런 것은 그들을 직접 보고 싶어 하는 바울의 심정을 더 애타게 할 뿐이었다. 4:9은 "형제 사랑에 관하여"(peri philadelphia)라는 화제를 정식으로 제시하면서 수신자들이 이미 하나님이 가르쳐 주신 "서로 사랑하라"는 계명을 "온 마케도니아에 있는 모든 형제"에게 충실히 행하고 있다는 말을 덧붙인다(4:10). 종말론을 다룬 4:13-5:11은 그 공동체 안에 살아 있는 이들과 세상을 떠난 이들이 겪는 사별의 고통에 초점을 맞추는데, 이는 이번 장 뒷부분과 6장에 가서 더 자세히 살펴보고자 한다.

맺음 부분에서 잇달아 등장하는 짧은 권면은 다시금 애정 어린 말을 많이 사용하여 그 그룹이 가져야 할 태도와 정서와 교류에 관해 이야기하는데, 지역 그룹의 지도자들을 "사랑을 품고" 귀히 여기라(5:13)는 말로 시작하여 "모든 형제가 거룩한 입맞춤으로 문안하라"는 권유로 끝맺는다(26절).

진정한 바울 서신 가운데 가장 후대에 기록된 서신 중 하나인 빌립보서는 수신자와 저자 간의 친밀한 유대 관계를 표현하는 언어를 가능한 한 많이 담고 있다. 빌립보 그리스도인들은 바울에게 선물을 보내 이러한 든든한 유대 관계를 한층 더 공고히 다지는데(4:10-20), 4:15은 이 행동이 그들의 독특한 관계를 나타낸다고 말한다(참고. 고후 11:7-9). 빌립보인들이 보낸 사자와 바울이 보낸 사자 모두에 대한 따뜻한 말, 곧 바울이 빌립보에서 온 에바브로디도(그리고 에바브로디도가 그의 가정에 모인 회중을 염려하는 마음과 그 회중이 에바브로디도를 염려하는 마음, 2:25-30)를 묘사한 말, 그리고 바울 자신이 곧 빌립보에 보낼 디모데를 묘사한 말(2:19-24)도 이런 관계를 강조한다. 이처럼 이런 중개자들은 정보뿐 아니라 각 지역 회중 지도자들이 세심하게 강

러나 여기서 말하는 이는 3:1-2, 6이 일러 주듯이 주로 바울이다.

조하는 인간관계까지 이어 주었다.

　온갖 부류의 사람으로 이루어진 초기 그리스도인들은 서로 '형제'와 '자매'로 불렀던 것 같다. 그러나 이 용어는 초창기 기독교 문헌의 다른 어느 곳보다 바울 서신에서 훨씬 빈번하게 등장한다.[70] 바울이 가장 흔히 쓰는 말—그가 쓴 말 가운데 거의 절반—은 상대를 통렬히 비판하는 글에서 사용하는 "내 형제들아"다. 이 말은 의심의 여지 없는 진정한 바울 서신에서 65회, 데살로니가후서에서 7회 등장하지만, 골로새서, 에베소서, 또는 목회 서신에서는 전혀 등장하지 않는다. 따라서 이 말은 바울의 독특한 언어일 수 있다. 일반 용어인 '형제, 자매'도 마찬가지다(공인된 진정한 바울 서신에서 20회, 데살로니가후서에서 2회 등장한다). 그러나 이 말은 사례별로 정립한 규칙을 이야기할 때처럼 특정한 문맥에서만 등장한다. '아무개 형제'나 '아무개 자매' 같은 개인을 지칭하는 말은 확실한 바울 서신(20회)과 골로새서 및 에베소서(4회)에서 찾아볼 수 있다. 또 확실한 바울 서신과 골로새서/에베소서는 이 말의 3인칭 복수형을 그리스도인을 가리키는 말로 널리 사용하며(각각 18회와 3회), 목회 서신도 그렇게 사용한다. 아울러 바울은 그가 세운 교회 구성원들을 그의 "자녀"(*tekna*)라고 말하지만(갈 4:19; 고전 4:14-15; 고후 6:13; 12:14), 이 표현은 스승과 제자의 관계를 은유하는 수사로 사용될 수도 있다(살전 2:7, 11; 고전 4:14; 고후 6:13이 그 예다).[71] 바울은 세 경우에 어떤 개인을 자신의 자녀라고 말하는데, 한 번은 빌레몬에게(몬 10절), 두 번은 디모데에게(고전 4:17; 빌 2:22) 이 표현을 사용한다. 각각의 경우에 바울은 자신이

70　von Soden 1933을 보라.
71　참고. Malherbe 1970. 독자를 "아들"이나 "자녀"라고 부르는 것은 유대 문헌과 다른 동방의 지혜 문헌은 물론 로마의 입문용 도덕 논문이나 철학 논문에 널리 퍼져 있었지만, 십중팔구는 이런 것 가운데 어느 것도 바울의 문체에 직접 영향을 주지는 않았을 것이다. 전자에 관하여 알아보려면 Pearson 1975, 60, n. 7을, 후자에 관하여 알아보려면 Layton 1979, 38를 보라.

수신인들에게 보내는 사람을 칭송하며 추천한다.[72] 바울계 그룹도 다른 초기 그리스도인 무리처럼 그 구성원을 "하나님의 자녀"라고 말한다(tekna: 롬 8:16, 21; 9:8; 빌 2:15; 엡 5:1; hyioi: 갈 3:26).

이교도 동호회와 제의 협회, 특히 로마와 로마 관습이 그리스어를 사용하는 사람들로 구성된 협회에 영향을 준 지역에서도 모임 구성원을 가리키는 표현으로 가족 용어를 사용했다.[73] 하지만 초기 그리스도인들은 이런 용법을 유대인에게서 가져왔을 가능성이 매우 높다.[74] 성경이 이스라엘 전체를 형제로 지칭한 선례가 있는데, 이런 용법은 그리스어를 사용하던 디아스포라 지역에서도 계속되었다.[75] 그뿐만 아니라 쿰란 문서에서도 볼 수 있듯이 이런 표현은 정결주의 종파의 구성원에게만 국한하여 사용될 수도 있었다.[76] 로마 제정기 보스포루스 왕국에서 "지극히 높으신 하나님"을 섬긴 유

---

[72] 세 경우 가운데 둘은 디모데를 가리키며, 빌 2:20-22은 그와 바울의 남달리 친밀한 관계를 이야기한다. 따라서 위명 저작인 목회 서신이 이 용어를 채택하고(딤전 1:2, 18; 딤후 1:2; 2:1) 디도에게도 사용하는 것(딛 1:4)은 새삼 놀랄 일이 아니다.

[73] 동호회에서는 '형제'라는 말이 거의 나타나지 않는다. Waltzing 1895-1900, 1:329-330, n. 3은 전문 직업인 협회에서 단 한 사례만 인용한다. 그는 종교 그룹에서 몇 사례를 더 인용한다. 로마 사람들이 생각하던 형제 개념이 그리스어 용법에 미친 영향을 보려면 Poland 1909, 54-55, 501를 보라. Nock 1924b는 그들끼리 '친애하는 형제들'(fratres carissimi)이라고 불렀던 유피테르 돌리케누스 숭배자들(ILS 4316; 참고. 4296), 그리고 '입양된 형제들'(εἰσποιητοὶ ἀδελφοί)이라고 불렀던 보스포루스 지역의 '지극히 높은 하나님'(θεὸς ὕψιστος) 숭배자들을 주목하라고 요구한다. (이번 장 뒷부분을 보라.) 하지만 Arthur Nock은 "이교 신앙 협회는 주로 가정이다"(105)라고 말하는데, 이는 지나쳐도 너무 지나친 말이다. 그가 그런 협회들이 '아버지'나 '어머니'라는 말을 사용한 사례와 관련하여 인용하는 몇몇 경우는 후견인에게 붙인 경칭이지 어떤 가족 구조를 암시하지 않는다. 로마의 이교 신앙 협회 가운데 가장 오래되고 유명한 것 중 하나는 사제 단체인 '들판의 형제들'(Fratres Arvales)이다. 이렇게 아주 공식적인 용법은 분명 이런 용어가 나올 때마다 친밀한 협회가 있었을 것이라고 단정하지 말라고 경고한다.

[74] Hatch 1892, 44; von Soden 1933, 145.

[75] 가령 출 2:11; 레 19:17; 특히 신명기. 신 3:18과 24:7을 특별히 주목하라. 이 구절에서는 "너희 형제"(ἀδελφοί ὑμῶν)와 "이스라엘 자손"(υἱοὶ Ἰσραήλ)을 같은 말로 보고 나란히 붙여 놓았다. 마카베오2서는 예루살렘 유대인 형제들이 이집트 유대인 형제들에게 보낸 서신이다.

[76] 1QS 6:10, 22; 1QSa 1:18; CDC 6:20, 7:1, 20:18. 1QM 13:1과 15:4에서는 '아힘'(aḥîm)이 더 작은 무리인 그 종파의 제사장 지도자들을 가리킨다. 참고. CDC 8:6과 19:18. 여기서는 "각자 그 형제에게" 해를 입히는 행동을 했다는 이유로 배교자를 비판한다.

대 혼합주의 신앙이 남긴 몇몇 명문에서는 "양형제"(養兄弟)라는 개념이 등장하는데,[77] 이는 특히 흥미롭다. 입양이라는 은유가 바울이 세례 의식을 언급하는 말에서도 일정한 역할을 하기 때문이다.

바울은 갈라디아서 3:26-4:6(참고. 롬 8:15-17)에서 그리스도인 공동체에 입회하는 것을 입양이라는 은유를 써서 묘사할 때 당시 널리 퍼져 있던 세례 언어를 분명하게 인용한다. 세례 의식은 "새 사람"이자 "하나님의 아들"이신 "그리스도를 입음"을 상징한다. 세례받은 자의 황홀한 반응인 "아바! 아버지!"는 성령의 선물을 받았다는 증거이자 성령이 이 사람에게 하나님의 독생자와 연합함으로써 받게 되는 "아들의 지위"(*byiothesia*)를 선물로 주셨다는 증거이기도 하다. 그리스어를 사용하던 바울계 회중이 이 외침을 아람어로 보존했다는 사실과 로마의 비(非)바울계 그룹도 이 외침을 익히 알고 있었다는 사실은 이것이 아주 일찍부터 내려온 전승임을 보여 준다.[78] 입교자가 하나님 자녀로 입양되어 형제자매로 구성된 새 가족을 얻게 되는 이 이미지는 현대 사회학자들이 회심에 따른 재사회화라고 부를 만한 것을 생생히 묘사하는 방식이다. 이전에는 한 개인이 출생을 통해 친족 관계를 맺고 그 안에서 그의 지위와 사회적 관계가 형성되었다면, 이제 여기서는 새로운 종류의 관계들이 그런 관계를 대신한다.

과거와 단절하고 새 공동체와 하나 됨을 극적으로 묘사하는 두 번째 방식은 세례 의식을 거행할 때 사용하는 언어에서 발견된다. 갈라디아서 3:28; 고린도전서 12:13; 골로새서 3:11은 이러한 언어를 암시한다. 여기서

---

77 (ε)ἰσποιητοὶ ἀδελφοί: *CIRB* 1281, 1283, 1286. Nock(앞의 주73을 보라)과 Hengel 1971*b*, 174-175 및 n. 76이 간략히 논한다. 반면 F. Poland는 이런 명문들에 나오는 협회들이 십중팔구는 특히 축제 준비를 위해 잠시 존재했을 뿐이라고 주장했다(1909, 72-73). Minns 1913, 620-625는 *CIRB* 104에 주목하라고 요구한다. 여기서는 고인을 살아 있는 구성원들과 ἴδιος ἀδελφός(같은 형제)라고 부른다. 협회 임원 중 하나를 πατήρ(아버지, *CIRB* 105) 혹은 πατὴρ συνόδου(회기 동안 아버지 노릇을 하는 자)라고 부르며(ibid.) 또 다른 사람을 συναγωγός(회의 구성원)라고 부른다(104).
78 더 자세한 내용은 5장을 보라.

우리는 "세례를 받고 그리스도 안으로" 혹은 "한 몸 안으로" 들어간 자는 "그리스도를 옷 입은" 자 혹은 "새 사람"이 된 자를 발견한다. 그 안에서는 유대인과 이방인, 그리스인과 야만인, 노예와 자유인, 심지어 남자와 여자를 가르는 구분까지 없어지고 "모두가 하나다." 세례를 통한 연합이라는 고정 문구는 십중팔구 바울 이전의 문구임이 확실하며, 아담 전설의 몇몇 측면에 그 뿌리를 두고 있다. 이 전설은 하나님의 형상(창 1:26)이 첫 인간이 입고 있던 "빛의 옷"이라고 말한다. 인간이 죄를 지으면서 이 "빛의 옷"을 잃어버렸고 "가죽 옷"(창 3:21), 곧 육신이 그 자리를 대신하게 되었다. 더구나 이 전설은 그 형상을 남성과 여성을 모두 아우르는 형상으로 해석한다(창 1:27). 이때문에 아담과 하와가 나뉜 것은(창 2:21-22) 본디 인간이 가졌던 통일성을 잃어버렸음을 상징했다. 동시에 옷이라는 이미지는 자연히 알몸 세례와 결합된 의식 행위를 해석해 준다. 세례를 받고자 옷을 벗음은 "육신을 벗어 버림"을 상징한다(골 2:11). 그런 뒤 다시 옷을 입음은 "새 사람"이신 "그리스도를 옷 입음"을 상징하며, "창조주의 형상을 따라…다시 새로워지는" 과정이 시작되었음을 알려 준다(골 3:10). 한 사람의 사회적 지위와 정체성을 결정하는 이 구조적 이율배반은 사라지고 천국에서 누리게 될 통일성 — "모두가 하나다" — 이 이를 대신한다.[79]

친족 관계에 빗댄 용어를 사랑이 듬뿍 담긴 언어와 함께 사용한 것과 재통합이라는 패턴을 제시한 것은 많은 입회 의식에서 발견할 수 있는 현상과 일치한다. 빅터 터너는 고전적 분석이라고 할 수 있는 아르놀트 판 헤네프(Arnold van Gennep)의 "통과의례"(The Rites of Passage) 분석을 확대하여 분리와 재통합 사이에 존재하는 입회 문구의 반(反)구조적 특질을 가리키는 말로 '경계성'(liminality)이라는 표현을 제안한다. 그리고 다른 이와 한데

---

[79] Meeks 1974, 특히 180-189를 보라.

어울리는 체험을 만들어 내는, 긴밀하고 차별 없는 사회적 관계 양식을 일컫는 말로 '코뮤니타스'(communitas)라는 표현을 제안했다.[80] 경계성은 용어 자체가 시사하듯이 일시적인 것이다. 그것은 역할과 지위에 따라 조직되는 사회로 통합되기 전과 후의 두 상태 사이에 존재하는 과도기를 뜻한다. 하지만 입회 의식이 주류 사회에서 시행된 것이 아니라 그 사회와 예리하게 구별되는 종파나 "주변" 그룹 안에서 시행되었다면, 그 그룹은 상당 기간 존속하면서 '코뮤니타스'가 지닌 여러 특징을 드러내 보일 수도 있다.[81] '형제'와 '자매' 같은 말을 늘 사용한 것, 서로 사랑할 것을 강조한 것, 성령과 영이 주시는 "선물"(charismata)에 두드러진 역할을 부여하고 이런 선물이 결국 구성원들의 자발적 행동으로 이어진 것, 신자가 처음 공동체에 들어올 때 경험한 일을 되새겨 주는 서신 내용은 모두 그리스도인 그룹이 '코뮤니타스'임을 강조한다. 그리스도인 그룹은 은연중에 그 그룹의 삶과 "세상"의 삶, 즉 촘촘한 구조를 가진 위계 사회였던 그리스-로마 도시의 삶과 대비된다. 그런가 하면 이 그리스도인 그룹도 다른 모든 사회 운동처럼 분명 그들 자신의 구조를 발전시켜 가는 과정에 있었다. 사실 그리스도인 그룹은 그들을 에워싼 구조를 전혀 피할 수 없었다(그리스도인 그룹이 모이는 가정 자체에서도 그러했다). 따라서 터너가 제시한 "구조와 반(反)구조" 사이의 변증법은 바울 서신에서 묘사하는 여러 갈등 속에서도 거듭 나타난다. 예를 들면 바울은 남자 선지자와 여자 선지자가 모두 "한 성령"을 충만히 받았음에도, 그리고 그리스도 안에서는 "더 이상 남자와 여자의 구별이 없음"에도(선지자들은 틀림없이 바울에게 이런 사실을 되새겨 주곤 했을 것이다. 그러나 바울은 고

---

80 V. Turner 1969과 1964.
81 Turner는 "**실존적** '코뮤니타스' 혹은 **우발적** '코뮤니타스'", "**규범적** '코뮤니타스'", "**이념적** '코뮤니타스'"를 구분한다(Turner 1969, 132, Turner 강조). 그는 두 번째 '코뮤니타스'를 다루면서 특별히 사람들이 초기 기독교와 종종 비교한 현상인 "천년왕국 그룹"을 인용한다. 가령 Gager 1975, 19-65를 보라.

전 12:13에서 이를 언급하지 **않는데**, 아마도 일부러 그런 것 같다), 당시 관습이 남녀에게 각기 다르게 요구하던 머리 모양과 의복을 지켜야 한다고 역설한다(고전 11:2-16). 이 경우에 바울은 "구조"를 지지하며, 종말론적 '코뮤니타스'의 기대에 한계를 설정한다.[82] 이와 마찬가지로 바울은 이 서신 뒷부분에서 성령에 사로잡힌 행위가 지나치지 않게 규제할 규칙을 제시한다. 이는 "하나님은 무질서의 하나님이 아니라 평화의 하나님이시기 때문"(14:33)이며, 아무런 통제도 받지 않고 자기도 모르게 터져 나오는 대로 방언하는 모습을 외부인이 목격하면 그리스도인을 미쳤다고 생각할 수도 있기 때문이었다(23절). 하나님의 자녀가 새 가족 안으로 들어가는 것은 강한 결속력을 만들어 내지만, 동시에 그 그룹의 분열을 부추기는 요인도 만들어 낸다. 그러므로 그 그룹이 존속하고자 한다면 복종을 포함하여 질서를 유지할 규범을 부과함으로써 그런 분열 요인을 억눌러야 한다.

바울과 그 제자들이 "그리스도의 몸"이라는 은유를 활용한 글에서도 이와 얼추 비슷한 변증법을 관찰할 수 있다.[83] 고대 수사법은 모임을 표현하는 은유로 사람의 몸을 자주 활용했으며, 후기 스토아학파도 이런 수사법을 즐겨 사용했다. 유대인 저술가들도 이스라엘을 이야기할 때 이런 수사를 적극 응용했다.[84] 사람들이 바울의 용례를 유달리 특이하게 여기며 그가 사용한 은유에 아주 많은 신학적 주석을 붙이게 된 이유는 그가 "그리스도의 몸"이나 이와 같은 의미의 문구를 사용할 때, 십자가에 달리셨다가 죽은 자 가운데서 부활하신 예수의 몸을 구체적으로 언급하는 말과 함께 사용하기 때문

---

[82] Meeks 1974, 199-203.
[83] 이 용법을 다룬 문헌은 방대하다. 지금도 이 용법을 가장 조리 있게 다룬 훌륭한 문헌으로 드는 것 가운데 하나가 Best 1955이며, J. A. T. Robinson 1952도 훌륭하다. 아울러 중요한 책은 Barrett 1962과 Schweizer 1961a 및 1961b다.
[84] Conzelmann 1969, 211는 상당히 많은 사례를 모아 놓았다. 헬레니즘 시대 유대인의 용법을 보려면 Philo *Spec. leg.* 3.131를 보라.

이다.[85] 바울의 이런 용법이 지닌 특별한 의미를 한층 더 부각시켜 주는 것이 바로 두 주요 의식을 거행할 때 사용하는 언어다. 이 언어는 세례 때 그리스도와 함께 죽었다가 부활하는 것 그리고 세례를 받고 그리스도의 몸인 "한 몸"과 연합하는 것을 이야기했다. 그뿐만 아니라 그리스도의 몸과 피를 주는 것도 이야기했는데, 이는 주의 만찬에서 사용되었다. 하지만 바울 서신에서 본문에 나오는 특별한 언급이 일반적으로 사용하는 비유처럼 들리기에, 독자들이 과연 이런 특별한 말의 깊은 의미를 인식했을지 판단하기는 쉽지 않다.[86] 고린도전서 12:12-30을 보면 이 은유 용법은 이교도 도덕주의자들의 용법과 크게 다르지 않다. 고린도 회중은 여러 그룹이나 사회 운동이 으레 경험하는 과정을 겪었다. 즉 회중 안에서 구성원들이 맡은 역할을 구분하고 어떤 이에게는 다른 이보다 높은 특권을 부여했는데, 결국 이는 그 그룹의 생명을 위협하는 경쟁과 질시 그리고 또 다른 충격적 일들을 초래했다. 고린도 회중의 모습이 이처럼 복잡하게 꼬인 이유는 서로 다른 역할을 성령의 선물이라 여긴 나머지, 그 역할을 실용적으로 평가하지 않고, 각 개인이 성령을 소유함에 따라 혹은 성령이 각 개인을 소유함에 따라 각자 갖게 된 비범한 자질의 수준을 증명하는 증거라고 여겼기 때문이다. 바울은 이교도 도덕주의자들이 사용하듯이 몸이라는 이미지를 사용하여, 그룹 구성원들이 서로 의존하고 있음을 인식하는 한 역할 구분은 그룹의 통일성을 훼손하는 것이 아니라 촉진한다는 점을 일러 주려고 한다. 많은 용례가 보여 주듯이 이런 태도는 분명 왕이 머리이며 농부는 발이라는 식의 철저한 계층 구분과 모순되지 않는다. 바울은 여러 가지 역할을 열거하고

---

85 가령 Tannehill 1967.
86 참고. Schweizer 1964, 1067. Conzelmann 1969, 212-213가 그런 것처럼 바울이 이 용어를 그 "본래"(기독론의) 의미로 사용하는 구절들을 바로 그 구절들이 들어 있는 해당 본문(바울이 비유로 이야기하고 있는)에서 골라내려 하는 것은 무익한 일이다.

심지어 첫 세 역할에는 순번을 매기기까지 하는데(28절), 이때 그가 사용한 열거 방식은 회중이 역할의 위계를 인정했음을 암시한다. 하지만 그 위계는 고린도의 방언파가 중시했던 위계와 같지 않았을 것이다. 그런가 하면 바울이 "한 영"을 강조하고, 몸에 관한 하나님의 경륜에서는 특권("영예")을 누리는 구성원의 순서가 뒤바뀜을 강조하며(23-24절), 특히 영의 사람들(*pneumatikoi*)이 과시하는 것을 논하는 중간에 사랑을 다룬 시를 끼워 넣은 점(13장)[87]은 바울의 관심사가 가능하면 점점 심해지는 계층 구분을 제한하고, 무엇보다 그룹의 결속을 강조하는 것이었음을 일러 준다. 이렇게 이 상황이 안고 있는 아이러니가 아주 명백하게 드러난다. 성령은 '코뮤니타스'의 가장 탁월한 원리, 구성원들이 "세상"의 갖가지 역할과 이율배반을 떠나 스스로 다른 구성원과 직접 소통하도록 도와주는 원리임에도, 일부 구성원은 금세 자신들이 다른 이들보다 그 영을 많이 소유했다고 주장했다. 바울은 바로 이런 주장을 허용하지 않는다.[88]

골로새서와 "에베소인들에게" 보낸 회람 서신은 바울학파가 나중에(사실 얼마나 더 뒤인지는 알 수 없다) 몸이라는 은유를 확대하고 정교하게 다듬었음을 보여 준다. 이들은 몸의 이미지 자체를 자세히 설명하여 이제는 그리스도가 그 몸의 "머리"요 여느 지체들이 그 "몸"을 구성한다고 말한다(골 1:18; 2:19; 참고. 2:10; 엡 1:22; 4:15; 참고. 5:23). 그보다 훨씬 더 놀라운 점은 여기서 몸이라는 은유와 우주의 회복을 이야기하는 신화를 서로 연계한다는 점이다. 에베소서 저자와 골로새서 저자가 작품을 구성할 때 토대로 삼은 전승 자료

---

[87] 12:31과 14:1 사이에 다소 갑작스럽게 들어간 느낌이 있긴 하지만, 그래도 이 시는 필시 원래 서신에 있었을 것이다. 이 시와 이것을 에워싼 논의는 8장 및 10장에 대한 9장의 관계와 흡사하다. 하지만 바울학파의 어떤 편집자가 이를 추가했다 할지라도, 그것이 내 논지에 큰 영향을 주지는 않을 것이다.
[88] 롬 12:3-8이 이 비유를 집약하여 사용한 것과도 비교해 보라. 롬 12:3-8은, 롬 12:1-15:13에 나오는 권면 부분의 다른 많은 내용처럼, 필시 고린도에서 한 경험에서 나왔을 것이다. 여기서는 이것이 누구도 "자신을 생각해야 할 분량보다 높게 생각하지" 말라는 권면에 힘을 실어 준다.

를 보면 자료 내용 가운데 많은 부분이 바울계 공동체가 거행한 세례 의식과 분명하게 연결되어 있다. 이 전승 자료는 그리스도를 교회의 머리이자 "모든 통치와 권위"의 머리요(골 2:10), 모든 피조물 곧 "하늘과 땅에 있는 모든 것" 가운데 처음 난 자(골 1:15-16)이며, 높임 받음으로 말미암아 하늘과 땅의 화해를 이루어 내신 분(골 1:20)으로 묘사한다.[89] 하지만 두 저자는 온 우주를 아우르는 이 화해의 그림을 그리스도인 공동체의 통일성을 상찬(glorify, 賞讚)하고 수신인들에게 이러한 통일성을 유지할 것을 호소하는 데 사용했다.[90] 공동체의 내부 결속과 조화가 이 두 서신이 제시하는 권면의 핵심 목표다.

"그리스도의 몸"이라는 비유가 바울계 그룹 안에서 발전한 과정을 이렇게 간단하게만 살펴보아도 초기 그리스도인들을 하나로 묶어 준 또 다른 강력한 요인이 있었음을 잘 알 수 있다. 무엇이 진짜이며 소중한 가치인가와 관련하여 (몇 가지 현저한 측면에서) 일반 사회에 널리 퍼진 믿음과 다른 믿음을 견지하는 사람들, 그런 믿음을 되새겨 주는 상징도 공유하는 사람들의 그룹은 그들끼리 소통하는 것이 그들과 시각이 다른 사람들과 소통하는 것보다 쉽고 편안하다고 느끼는 것이 당연하다. 더구나 그 그룹을 분열시키는 몇몇 대항 요인이 작동하지 않는 한, 그룹 구성원들 사이의 소통이 빈번하고 강해질수록 그들이 공유하는 이런 독특한 믿음의 패턴도 더욱더 강해진다.[91] 물론 여기서 말하는 '독특하다'가 '절대적으로 유일무이하다'라는 뜻

---

[89] 에베소서는 거대한 우주를 아우르는 주제를 전제하지만, 에베소서 저자는 이 주제를 골로새서 저자보다 좀더 철저하게 바꿔 놓았다. 하지만 엡 1:3-14과 2:7-11, 14-16을 보라.
[90] 더 자세한 것은 Meeks 1977을 보라.
[91] 가령 Deutsch 1968과 그가 인용하는 문헌을 보라. 그는 이렇게 요약한다. "[소그룹 안에서] 상호 작용이 주로 하는 도구적 기능 가운데 하나는 '사회적 실재'를 수립하는 데 도움을 주는 것이다. 즉 의견과 믿음과 능력과 감정이 사회의 공감대에 비추어 타당한지 평가하는 일이다"(273). "사회적 실재"의 등장을 이론 차원에서 논한 내용을 보려면 Berger and Luckmann 1966을 보고, 특히 그 과정에서 종교적 믿음이 수행하는 기능을 집중 조명한 책을 보려면 P. Berger 1967을 보라. 이제는 고전이 된 논문인 Geertz 1957과 1966도 적절한 도움을 준다.

은 아니다. 종교사학자들이 한 세기에 걸쳐 연구한 결과는 신약성경이 증언하는 믿음 중에서 주위 환경이나 예전 사건에서 유사 사례를 찾을 수 없는 경우는 거의 없음을 보여 주었다. 그러나 모든 것을 살펴보면 이러한 연구 결과는 또한 이런 유사 사례들이 (몰랐던 것을 매우 분명하게 해 주는 경우가 종종 있긴 하지만) 어떤 믿음들이 기독교라는 맥락에서 지닌 의미와 기능을 설명하지 않는다는 점을 보여 주었다. 예수가 죽은 이후 첫 수십 년은 예수 추종자들과 예수 사후의 초기 회심자 가운데서 상징과 믿음의 새로운 조합이 분명 유례없이 급속하게 등장한 시기였다. 이런 조합은 그 시대의 다른 유대교 종파와 성격이 다른 기독교 운동으로 금세 이어졌다.[92] 그런 독특한 몇몇 믿음 공동체가 사회에서 수행한 기능이 이 책 6장에서 다루게 될 주제다. 그런 독특한 믿음이 어떻게 바울계 그리스도인 그룹의 결속을 다져 줄 수 있었는지 보여 주는 세 사례를 여기서 언급한다면 6장에서 살펴볼 내용을 미리 맛볼 수 있겠다.

바울과 실루아노와 디모데는 데살로니가 신자들에게 "너희가 어떻게 우상에게서 하나님께 돌아와 살아 계시고 참되신 하나님을 섬기는지"(살전 1:9) 상기시켜 줌으로써 그들의 회심을 되새겨 준다. 바울과 실루아노와 디모데는 그리스도인들에게 "하나님을 모르는 이방인처럼" 살지 말라고 촉구함으로써(살전 4:5) 자신들의 엄격한 성도덕 규범을 뒷받침한다. 이 두 경우를 보면 바울이 구사하는 언어의 원천이 유대 회당에서 전해 내려오던 전승임이 명백하게 드러난다. 바울은 고린도인들에게 이렇게 써 보낸다. "하늘이나 땅에 소위 신이라는 것들이 있을 수 있으며, 실제로 많은 '신'과 많은 '주'가 있으나, 우리에게는 한 분 하나님 곧 아버지가 계시니, 만물이 그에게서 나오고 우리는 그분을 위해 존재하며, 한 주 곧 예수 그리스도가 계

---

92 Hengel 1972.

시니, 만물이 그를 통해 있고 우리도 그를 통해 존재한다"(고전 8:5-6). 사실 헬레니즘 문화에는 오래전부터 폭넓은 지적 유일신론 전승이 존재했으며, 바울이 마치 공식처럼 제시한 "한 분 하나님 곧 아버지"와 "한 주 곧 예수 그리스도"에 붙인 일련의 전치사구와 거의 같은 형태를 로마 스토아학파 사람들과 다른 이들이 남긴 글에서 찾아볼 수 있다.[93] 그리스 지역 도시에 살던 유대인들은 이런 흐름을 활용하여 그들의 믿음을 이교도 지식인에게 제시했으며, 종종 큰 성공을 거두었다.[94] 그뿐만 아니라 유대교 유일신론이 지닌 배타성은 다른 종교를 너그러이 포용하던 철학적 유일신론자들의 태도와 사뭇 달랐다. 철학적 유일신론자들은 다양한 사람들이 예배하던 온갖 신을 하나의 신적 원리에 붙인 많은 이름으로 여기거나, 지극히 높지만 말로 다 표현할 수 없는 하나님의 하급 대리자나 능력이나 표현으로 여겼다. 유대인들은 오로지 한 분 하나님만 섬기며, 그분과 다른 신을 함께 예배하는 일을 지독하게 증오했다. 바로 이런 점이 유대인들에게 자신들이 유일무이한 백성이라는 의식을 갖게 해 주었다. 이런 배타적 유일신론이 바로 초창기 예수 추종자들이 자라난 삶의 구조 가운데 일부였으며, 이것이 바로 바울 진영이 출범할 때 가진 전제 가운데 일부였다.[95] 이 유일신론은 그리스 지역 도시에 사는 유대인들뿐 아니라 바울계 그리스도인들에게도 자신들을 다른 이들과 구분하는 중심 역할을 했으며, 신자들을 하나로 묶어 주는

---

93 Marcus Aurelius *Medit*. 4.23. 그는 자연을 그런 존재로 표현한다(후기 스토아학파는 이 자연을 종종 제우스와 동일시하기도 했다). 만물이 당신에게서 나오고, 만물이 당신 안에 있으며, 만물이 당신 안으로 돌아가나이다(ἐκ σοῦ πάντα, ἐν σοὶ πάντα, εἰς σὲ πάντα). 더 자세한 사례는 Norden 1912, 240-250와 app. 4, 347-354를 보라. 그는 이런 형태를 "일종의 전능 공식"이라고 부른다.
94 예를 들면 스트라본이 *Geog*. 16.2.35에서 모세의 가르침을 묘사한 내용을 보라. "그에 따르면 하나님은 우리 모든 이를 아우르며 땅과 바다를 아우르는 유일한 존재—우리가 하늘, 혹은 우주, 혹은 만물의 본질이라는 부르는 존재—다. 따라서 인간이 지각이 있다면 어찌 감히 우리 가운데 있는 어느 피조물을 본 따 하나님의 형상을 만들 수 있겠는가?"(trans. H. L. Jones in the Loeb ed.; 또한 Stern 1974, no. 115에서 다시 만든 내용을 보라. 그는 다른 사례들도 모아 놓았다)
95 Dahl 1977, 179-191.

기초로서 중요한 의미를 지녔다.

하지만 디아스포라 유대인 공동체와 바울계 공동체 사이에는 중요한 차이점이 하나 있었다. 디아스포라 유대인 공동체는 개종자와 (할례가 상징하는 완전한 헌신을 할 준비가 미처 되지 않은) '하나님을 경외하는 자'도 환영했지만, 새 종파에 속한 바울과 다른 도시 선교사들은 비유대인들에게 다가갈 때 훨씬 더 급진적 방법을 택했다. 그들은 메시아 예수의 죽음과 부활로 새 시대가 시작되었으며 이 새 시대에는 유대인과 이방인이 아무런 구별 없이 한데 어울려 하나님 백성을 이룰 것이라고 선언했다. 그들은 이교도 도시에서 유대인의 정체성을 지켜 준 의식 표지—특히 할례, 음식법(*kashrut*), 안식일 준수—를 버렸다(물론 이런 포기에 반대가 없지는 않았다). 바울은 유대인과 이방인이 그리스도의 새 집안에서 하나가 된 이 종말론적 통일이야말로 유일신론 자체가 논리상 암시하는 의미라고 주장했다. 그는 이렇게 말한다. "아니면 하나님이 오로지 유대인의 하나님이신가? 그는 이방인의 하나님이시기도 하지 않은가? 그렇다. 당연히 이방인의 하나님이시기도 하다. 하나님은 한 분이시니, 그 한 분 하나님이 믿음에서 나온 할례를 의롭다 하시고 믿음을 통해 할례를 받지 않음도 의롭다 하시기 때문이다"(롬 3:29-30).[96] 바울학파에 속한 다른 이들도 이 교훈을 채택했다. 가령 에베소서 저자는 유대인과 이방인이 하나가 되어 한 집안을 이루는 것을 온 우주 차원에서 이루어지는 화해, "만물이 그리스도 안에서 하나가 됨"의 전형적 사례이자 출발점으로 본다.[97]

신자들의 독특한 정체성을 북돋아 준 특별한 믿음의 두 번째 사례는 첫 번째 사례보다 형식적 측면이 더욱 강했다. 곧 이 믿음은 오직 신자에게만

---

[96] 참고. ibid., 95-120; Bassler 1979.
[97] 특히 2:11-22을 보라.

계시가 주어진다는 것이다. 이 믿음도 유대교 유산의 일부였는데, 이 믿음이 초기 기독교 안에 등장할 때의 형태는 특히 유대 묵시에 그 뿌리를 두고 있었다. 묵시를 살펴보면 하늘이 이 땅에 있는 사람들이 알 수 없게 감추어 놓은 일을 특별히 선택한 인물(보통 오랜 과거의 영웅)에게만 드러내며, 그를 통해 그 일을 신실한 공동체에 알려 준다. 이러한 패턴은 초기 그리스도인들의 말에서 중요한 위치를 차지했으며, 바울 서신과 제2 바울 서신도 이 패턴을 여러 차례 되풀이한다. 예를 들어 고린도전서 2:6-9을 보자.

> 그러나 우리가 성숙한 이들 가운데서 지혜를 나누나, 이 지혜는 이 시대의 지혜나 언젠가는 사라질 이 시대 통치자들의 지혜가 아니다. 도리어 우리는 신비하고 감추인 하나님의 지혜를 나누나, 이 지혜는 하나님이 우리를 영화롭게 하시려고 만세 전에 정해 두신 것이다. 이 시대 통치자 가운데 누구도 이를 이해하지 못했으니, 그들이 이 지혜를 가졌다면 영광의 주를 십자가에 못 박지 않았으리라. 그러나 기록되었듯이 하나님은 "어떤 눈도 보지 못하고 어떤 귀도 듣지 못하고 어떤 사람의 마음도 깨닫지 못하는 것을, 하나님이 그를 사랑하는 이들을 위해 준비해 두신 것"을 성령을 통해 우리에게 드러내셨다.[98]

분명 다른 이가 접근할 수 없는 정보를 소유한 그룹은 그 자신과 구성원이 아닌 이들 사이에 존재하는 경계를 강하게 의식한다. 그리스도인이 가진 신비의 내용은 가소성을 지녔다. 이 신비는 그들이 가진 특별한 믿음의 집합체를 다 포함할 정도로 확대될 수 있었다. 바울계 그리스도인들은 하나님이 보내신 메시아인 예수의 죽음과 부활이 지닌 의미가 이 신비의 핵심이라고 보았다.

---

[98] RSV. Dahl 1954, 30-33를 보라.

바울 기독론의 지지대라고 할 수 있는 이 선언이 바울계 그룹의 연대를 강화시켜 준 믿음의 세 번째 사례다. 하나님이 보내신 메시아이건만 사람들은 그를 십자가에 못 박아 죽였다. 그는 죽어 장사되었지만 사흘째 되는 날에 부활했다. 그는 유대인들에게 배척당하고 로마인들에게 죽임당했지만, 이제는 하나님의 아들임이 드러났다. 여기에는 역설로 가득한 주장, 유대 전승을 아는 모든 사람이 전통을 따라 품었던 간절한 열망을 가리키는 암시로 가득한 주장, 인간이 품고 있는 두려움과 소망의 원형과 잘 어울리는 주장이 있었다. 이 주장은 사실의 선언이라는 형태를 띠고 있지만, 외부인이 이 선언의 진위를 검증하기란 불가능하다. 이 주장의 내용은 오랜 세월 감추인 신비에 속하지만, 이제 오직 신자에게만 드러났다. 이것은 사실의 선언이지만, 동시에 복잡한 은유와 유비로 정교하게 표현되었다. "복음"이라는 근본적 주장은 다음과 같이 아주 간결한 공식으로 천명할 수 있다. "그리스도 예수, 그는 죽었으나 진실로 다시 살아나셨다"(롬 8:34). "예수 우리 주는 우리 범죄 때문에 내어줌을 당하셨다가 우리를 의롭다 하시려고 다시 살아나셨다"(롬 4:25).[99] 이 공식은 서로 대립하면서도 병행을 이루는 진술 패턴을 지녔는데, 이 패턴은 바울 서신과 그 제자들이 남긴 서신에서 거듭 등장한다. 세례 의식은 이 패턴을 드라마로 보여 주듯 생생하게 재현했다. 세례 의식 때 신자는 "세례를 통해 [그의] 죽음으로 들어가 그와 함께 묻혔으니, 이는 그리스도가 그 아버지의 영광을 통해 죽은 자 가운데서 부활하셨듯이 우리도 새 생명 안에서 행하게 하려 하심"이다(롬 6:4). 또 신자들은 이런 패턴을 성찬 때도 늘 되새겼다. 바울이 요약하듯이 성찬에서 "너희가 주의 죽음을 그가 오실 때까지 선포한다"(고전 11:26). 바울과 다른 지도자들은 이 핵심적 믿음이 은유로서 지닌 잠재력을 경고와 권면과 논증을 제시

---

[99] Kramer 1963, 19-64는 이를 "피스티스(pistis)[믿음] 공식"이라고 부른다.

하는 문맥에서 일부러 진지하게 펼쳐 보이면서, 크고 작은 여러 문제를 논할 때 공동체 구성원들의 행위가 어쨌든 죽고 부활하는 패턴을 드러내야 한다고 끊임없이 제시한다. 사도의 권위는 강할 때가 아니라 고난과 연약함을 경험할 때 드러나며, 이는 "언제나 그 몸으로 예수의 죽음을 짊어짐으로써 예수의 생명이 우리 몸에서 나타나게 하려 함"이다(고후 4:10). 성관계도 무관심하게 내버려둘 문제가 아니다. 몸은 그저 잠시 있다가 사라질 존재이기에 영혼에는 중요하지 않다고 여기는 이들은 그럴지 모르나, "하나님은 주를 다시 살리셨고, 그의 능력으로 우리를 다시 살리실 것"이므로(고전 6:14) 우리는 그렇게 해서는 안 된다. 고린도 그리스도인들이 "우리 주 예수 그리스도의 은혜"를 기억한다면, 또 "그가 부요하시나 너희를 위해 가난해지심은 그의 가난을 통해 너희를 부요하게 하려 하심"(고후 8:9)임을 기억한다면 그들은 가진 돈을 예루살렘에 있는 그리스도인들과 나누어야 한다. 이런 진술을 회중의 삶 속에서 특별하게 사용한 사례를 나중에 더 자세히 살펴보겠다. 지금 당장 강조할 점은 바울계 그리스도인들의 담화 속에서 그리스도 예수의 죽음과 부활을 언급한 진술이 아주 널리 퍼져 있다는 것이다. 마치 드라마로 표현하듯이 명쾌하게 천명할 수 있는 이런 믿음을 공유한 이들은 어떤 종교도 갖지 못한 종교적 상징을 공유한 셈이다.

앞서 제시한 논의가 보여 주듯이 그룹 구성원들이 공유하는 믿음의 내용뿐 아니라 이런 믿음을 표현하는 수단인 형식을 공유한 것도 그룹의 결속을 촉진하는 데 중요했다. 끈끈한 결속력을 지닌 그룹은 하나같이 그 나름의 은어를 발전시켰으며, 구성원들끼리 이야기할 때 이런 은어를 사용하는 것이 지체들을 더욱더 단단하게 묶어 주었다.[100] 그룹 내부의 은어는 다양한

---

[100] Berger and Luckmann 1966, 67-79가 "축적과 전통"(sedimentation and tradition)을 논한 것을 보라.

언어 전략을 채택한다. 보통 쓰는 말도 특별한 뉘앙스를 담아 다른 의미로 사용할 수 있다. '에클레시아'라는 말이 바로 그런 예다. 그리스도인들은 이 말을 어떤 집에 모인 그리스도인 무리에게 적용하기도 하고, 한 도시나 속주에 있는 그리스도인 모임이나 모든 곳에 있는 모든 그리스도인에게 적용하기도 했다. 보통 이 그리스어 단어는 그리스 자유시 시민으로 구성된 선거인단을 가리켰다. 그런가 하면 그리스도인 그룹이 쓰는 말 자체가 특이한 말이나 외래어일 수도 있었다. 예를 들면 바울계 그룹은 예전을 행할 때 아람어 '아바'(*Abba*, 갈 4:6; 롬 8:15)와 '마라나 타'(*marana tha*, 고전 16:22)를 그대로 사용했다. 물론 히브리어 '메시아'(*mešiaḥ*)를 문자 그대로 번역한 칭호 '그리스도'(*christos*)도 그리스어를 사용하는 일반인들에게는 이해하기 어려운 말이었을 것이다. 그들이 아는 이 말의 일상적 의미는 "연고"(ointment)였다.[101] 하지만 어떤 그룹의 특별한 관용어는 각각의 단어나 일반적 어휘에 국한되지 않았다. 어떤 문구가 소그룹 안에서 반복 사용되면 그 그룹의 관용어 구조에 편입되는 경향이 있다. 그러면 이 문구는 하나의 담화 단위로 기능하게 되며, 이후에는 더 이상 정보를 전달하지 않고 표지나 신호의 역할을 하게 된다.[102] 아울러 우리는 예수의 죽음과 부활에 대한 상반된 정형화된 문구처럼 어떤 구문 패턴을 습관처럼 사용하게 될 수도 있었음을 살펴보았다. 그런 점을 폭넓게 보여 주는 사례가 특이하게도 동의어와 전치사구를 잇달아 제시하는 에베소서 서두의 송영이 아닐까 싶다. 여러 말이 융합된 언어는 특히 의식과 관련된 맥락에서 자주 나타난다. 바울 서신 여기저기서 나타나며 제2 바울 서신은 훨씬 더 많이 사용하는 축도와 송영과 신앙고백이 모두 의식에서 사용된 언어가 바울 서신의 언어에 영향을 주었음

---

[101] LSJ, s.v. 그리스도인이 유대교 용어를 바꾸어 쓴 것을 보려면 Dahl 1974, 특히 표제 논문(10-36)과 "The Messiahship of Jesus in Paul"(39-47)을 보라.
[102] Bateson 1974을 보라.

을 보여 준다. 바울 서신의 언어는 특히 서신 서두와 말미에서 관습을 따라가는 경향이 강하다. 현대의 바울 서신 연구는 서신 쓰기를 가르친 고대 수사학 교과서와 현재 남아 있는 실제 서신(형식을 갖춘 서신과 개인적 서신 모두)을 바울 서신과 비교했다. 그 결과 우리는 바울과 그를 본뜬 이들이 당시의 표준 패턴에 통달했을 뿐 아니라 그런 패턴을 유연하게 활용하고 그것에 자신들만의 독특성을 추가했음을 깨달았다.[103]

그리스도인들은 유대교가 활용하던 전문 용어를 꽤 많이 물려받았다. 초기 기독교 문서에 나오는 특이한 단어와 문구 가운데는 70인역에서 직접 가져오거나 70인역 관용어의 영향을 받은 그리스어 번역어가 아주 많다.[104] 그리스어를 사용하던 회당에서 거행한 예전도 바울계 그리스도인의 언어 패턴과 스타일에 영향을 주었다.[105] 그렇지만 바울계 그리스도인은 다른 유대인 그룹은 물론 그들의 일반 환경과 구별되는 그들만의 구호와 담화 패턴을 아주 빨리 발전시켰다.

구분을 나타내는 언어

바울계 그룹은 자기 자신들을 가리킬 뿐 아니라 자신들에게 속하지 않은 이들을 구분하는 특별한 용어를 갖고 있었다. 그들에게 속하지 않은 이들은 말 그대로 "외부인"(*hoi exō*: 고전 5:12, 13; 살전 4:12; 골 4:5)이다.[106] 때로는 이들을 통틀어 "세상"이나 "이 세상"이라는 말로도 부르지만, 바울 서신은 '호 코스모스'(*ho kosmos*)라는 말을 아주 중립적 의미로 사용할 때가 많으며, 요한계 무리와 후대 영지주의 문헌에서 이 말을 사용할 때처럼 아주 부정적

---

[103] Schubert 1939a, 1939b. 더 많은 문헌을 보려면 Dahl 1976b, Doty 1973을 보라.
[104] Nock 1933b; Malherbe 1977a, 35-41.
[105] 예를 들면 J. H. Robinson 1964; Dahl 1951, 262-264.
[106] 고전 14:23-24에 나오는 ἰδιώτης(바보)도 필시 같은 말일 것이다.

인 의미로 사용한 적은 전혀 없다.[107] 하지만 바울 서신은 외부인을 사실 그대로의 "불신자"(apistoi)[108]라는 표현뿐만 아니라 "불의한 자"(adikoi: 고전 6:1, 9), "교회가 멸시하는 자"(고전 6:4), "하나님을 모르는 자"(살전 4:5; 갈 4:8; 살후 1:8)라는 표현으로 낙인찍기도 한다. 유대교 변증 전통이 이교도 사회를 규정할 때 그랬던 것처럼 바울계 그룹도 온갖 악을 열거함으로써(고전 5:10; 6:9-11에서처럼) 외부인의 특성을 규정한다. 그리고 그 악들은 우상숭배라는 첫 번째 죄에서 나온다(롬 1:18-32; 솔로몬의 지혜서 13-15장과 비교하라).

내부인/외부인이라는 언어는 (이런 이분법식 표현이 당장 그룹 내부의 질서를 강화하는 경우에도) 외부 사회를 부정적으로 보는 인식을 늘 암시하기 마련이다. 바울은 데살로니가에서 그리스도인 그룹이 태동할 때를 언급하며 신자를 그 사회의 나머지 사람들과 구분하여 "우상에게서 하나님께 돌아온" 이들이라고 부른다(살전 1:9). 이것은 디아스포라에서 물려받은 언어지만, 기독교의 독특한 내용으로 종말론을 표현한 그다음 구절, 곧 "그가 죽은 자 가운데서 다시 살리신 그의 아들이 하늘에서 내려오심을 기다리는지 말하니, 이는 장차 임할 진노에서 우리를 건져 주시는 예수이시다"(살전 1:10)라는 말이 곧바로 그 언어에 힘을 실어 준다. 빌립보서도 같은 취지의 말을 들려주며, 그에 따라 사회에서 일어난 결과도 솔직하게 표현한다. 바울은 "그리스도의 십자가에 맞선 원수"인 자들을 거론한다(빌 3:18-20). 이교도도 이들 가운데 들어 있지만, 여기서 바울이 말하는 이들은 바른길에서 벗어난 그리스도인일 가능성이 더 높다. 그는 이런 자들과 대비하여 자신과 그의 독자들을 '폴리튜마'(politeuma: 시민권-역주)가 하늘에 있는 자들이라고 묘사한다. 이 말은 보통 어느 곳에 거주하는 외인 무리가 형성한 공동체 조

---

[107] 고전 1:20-28; 2:12; 3:19; 5:10; 6:2; 7:31, 33-34; 11:32; 갈 4:3; 6:14; 엡 2:2; 골 2:8, 20. 이를 중립적 의미로 혹은 심지어 좋은 의미로 사용한 예를 보려면 롬 11:12, 15; 고후 5:19을 보라.
[108] 고전 6:6; 7:12-15; 10:27; 14:22-24; 고후 4:4; 6:14.

직, 특히 그리스 지역 도시에 있던 유대인 공동체를 묘사하는 데 사용하는 용어를 흥미롭게 수정한 것이다.[109] 여기서도 곧장 뒤따르는 문맥이 이 말을 종말론과 연계하여 뒷받침한다. 하늘의 '폴리튜마'와 하늘의 구주는, 미래에 "만물"이 그리스도와 하나님께 복종하게 될 때 각 그리스도인의 몸에 일어날 변화와 그들의 사회생활에 일어날 변화에 상응하는 말이다. 묵시 종말론에서 보통 볼 수 있는 믿음을 이렇게 제시하는 것은 그리스도인 그룹이 더 충성하고 더 확신에 찬 태도를 갖게 하려 함이다(3:17, 4:1). 바울은 유대인과 이방인 사이에 "더 이상 구분이 없다"고 강조하지만, 다른 본문에서는 '이방인'을 외부인을 경멸하는 말로 사용한다(고전 5:1; 12:2; 엡 4:17).

초기 그리스도인들의 설교를 규정하는 명백한 특징으로 거듭 등장하는 몇 가지 패턴이 있는데, 이런 패턴도 외부인과 내부인 사이에 질적 차이가 있다는 의식을 강화한다. 예를 들면 "구원론적 대조 패턴"은 그리스도인의 삶을 규정하는 특징이 "이전에는" 악과 소망 없음이었다면 "이제는" 종말론적 보장과 유덕한 삶이라고 그리스도인에게 되새겨 준다.[110] 갈라디아서 4:1-11은 이런 도식을 사용하여 그리스도인 그룹 내부의 믿음과 실천 패턴을 보여 주는 생생한 본보기다. 이전에 갈라디아 그리스도인들은 "본디 신이 아닌 것들에게", 즉 "세상의 초등 학문에게"(*stoicheia tou kosmou*) "노예 노릇을 했다." 그때는 그들의 삶을 규정하는 특징이 "하나님을 모름"(8절)이었지만, 그들의 새 삶을 규정하는 특징은 "하나님을 앎, 아니, 하나님이 아시는 이들이라는 말이 더 정확하겠다"(9절)이다. 이것도 유대교에서 가져온 말이지만,[111] 바울은 여기서 다루는 특별한 이슈―이교도가 '스토이케이

---

109 이 책 1장의 '도시의 유대교와 바울 기독교'를 보라.
110 갈 4:8-9; 참고. 3:23이하; 엡 2:11-22; 롬 6:17-22; 7:5-6; 11:30; 골 1:21-22; 벧전 2:10; 참고. 갈 4:3-5; 골 2:13-14; 엡 2:1-10; 벧전 1:14-15. Dahl 1954, 33-34를 보라.
111 참고. 살전 4:5; 살후 1:8. "하나님을 모르는 이들"이라는 문구는 십중팔구 시 78:6(70인역)에서 나왔을 것이다. 참고. 렘 10:25; 사 55:5. Aus 1971, 85-88를 보라.

아'(stoicheia, '초등 학문') 아래에 있듯이, 유대인도 그리스도와 믿음이 오기 전에는 율법 아래서 "노예 노릇을 했다"―때문에 유대인도 외부인에 포함한다. 바울의 대적들이 촉구하는 대로 유대인-그리스도인의 관습을 받아들인다면 갈라디아 그리스도인들은 초등 학문이 힘을 행사하는 영역으로 다시 떨어지는 셈이 될 것이다. 이 때문에 바울은 기독교에 맞서는 이런 해석을 "외부", 악, 그리고 위험한 세상(그리스도인이 회심함으로 말미암아 "구원받은")과 연계함으로써 공격한다(1:4).[112] 바울 서신에는 그리스도인더러 "빛의 자녀들"로서 그들이 살아가는 사회의 나머지 영역에 있는 "어둠의 자녀들"과 구분되는 삶을 살아가라고 촉구하는 곳이 몇 군데 있는데, 모두 권면을 담은 문맥에서 이런 말이 나온다. 빛의 자녀와 어둠의 자녀라는 말은 쿰란에서 발견된 에세네파 문헌에서 가장 잘 알려진 표현이다.[113] 하지만 앞으로 보겠지만, 바울계 그리스도인들은 사회와 담을 쌓고 은둔 생활을 했던 쿰란 그룹을 모방하지 않는다.

만일 어떤 종파가 자신보다 더 큰 사회가 자신을 적대시하리라고 예상하고, 또 그 사회가 예상대로 그 종파를 공격한다면, 그 경험은 결국 그 그룹의 경계를 아주 굳게 보강하는 결과로 이어진다.[114] 고난과 핍박은 바울 서신과

---

112 갈 1:4은 초기 기독교 설교를 잘 표현하는 또 다른 유형인 "목적론적 패턴"에 속한다(Dahl 1954, 35-36). 여기서는 "우리를 악한 현세에서 구하는 것"이 그리스도가 자기를 희생하신 목적이라고 말한다. 이런 유형의 또 다른 공식에서는 이렇게 예리한 이원론이 직접 등장하지는 않는다. 그러나 구원 행위의 목적을 신자의 "정화" 내지 "성화"로 정의하는 공식들은 거대 사회(macrosociety)를 부정하고 속된 곳으로 보는 견해를 암시한다(가령 엡 5:25b-26). 하지만 구원의 목적을 나타내는 공식은 더 긍정적 용어로 표현할 수도 있는데, 이는 필시 헬레니즘 시대 회당이 전통적으로 내걸었던 선전이 만들어 낸 공식이었을 것이며, 딛 2:14에 나오는 것처럼 "새 백성"의 형성 혹은 그와 비슷한 표현이었을 것이다. Barn. 5:7과 Ignatius Smyr. 1:2을 참고하라. 이들은 가령 신약성경 엡 2:12-22처럼 바울 전승을 독특하게 상기시켜 주는 것일 수 있다.
113 살전 5:4-11; 엡 5:7-14; 고후 6:14-7:1. 마지막 본문은 보통 후대에 끼워 넣은 것으로 간주된다. 만일 그렇다면 주로 일련의 성경 인용문으로 구성된 이 본문의 최초 용도는 사뭇 달랐을 것이다. 아마도 이 종파 밖에 있는 사람과 혼인하지 말라고 경고하는 것이 그 용도였을 것이다. 이 본문을 사뭇 다르게 평가하는 몇몇 견해를 보려면 Fitzmyer 1961; Dahl 1977, 62-69; Betz 1973; Rensberger 1978을 보라.
114 참고. Coser 1956, 33-38.

제2 바울 서신에서 여러 관념의 복합체를 형성하며, 이 관념들은 바울의 가장 중요한 신학적·기독론적 믿음과 결합해 있다. 이 복합체의 몇몇 측면은 이 책 마지막 장에서 논하기로 하겠다. 하지만 외부에서 오는 여러 위험을 강조함으로써 그룹의 연대를 강화하는 것이 고난에 관한 담화의 한 기능임은 분명하다. 지난 일을 되새겨 주면서 권면하는 내용을 담은 데살로니가전서 3:3-4은 일찍부터 고난을 예상해야 한다는 경고가 새 회심자 교육에 들어 있었음을 보여 준다. 디모데는 실제로 긴장이 고조되던 시기에 그 회중에게 파견되어 "우리가 너희와 함께 있을 때, 우리가 고초를 겪어야 함을 너희에게 미리 말했다"는 것을 되새겨 주었다(3:4).[115] 나아가 사도는 고난을 견뎌 낸 강력한 모델들을 회심자에게 제시한다. 고린도서에 나오는 소위 페리스타시스(peristasis) 목록에서 바울이 나열한 것처럼 사도 자신과 그의 동역자들은 큰 적대 행위와 위험을 겪었다.[116] 다른 그리스도인 회중도 그런 사례로 인용할 수 있는데, 데살로니가전서 2:14이 그러한 경우에 속한다.[117] 이 모든 것은 결국 그리스도의 고난과 죽음을 포괄하여 표현한 이미지와 관련이 있다. 신자들이 하나님의 아들을 십자가에 못 박아 죽인 이 세상에서 살아가는 한, 이와 다른 운명을 기대할 수 있겠는가? 바울은 권면하면서 본받음이라는 흔한 모티프를 사용한 덕분에 다양한 모델들을 연결 짓는다. "너

---

115 유대인 개종자들에게 준 경고와 비교해 보라. 이 경고는 십중팔구는 하드리아누스 시대에 나왔을 것이다(bYeb 47a). 참고. Hill 1976. Hill은 초기 세례 교육 내용에 포함된 "핍박 토라"가 있었다는 E. Selwyn의 주장을 받아들여 수정한다.

116 고전 4:11-13; 고후 4:8-12; 6:4-10; 11:23-29. John Fitzgerald는 예일 대학교에서 이것과 관련 패턴을 연구하는 박사 논문을 작성 중이다.

117 Pearson 1971은 2:13-16 전체가 후대에 끼워 넣은 본문으로, 기원후 70년의 예루살렘 성전 파괴를 가리킨다고 주장했다. 그러나 비록 그가 신중한 주장을 펴긴 해도, 나는 그의 주장이 이 해묵은 문제를 멋지게 해결했다는 확신이 들지 않는다. 오히려 나는 15-16절에서 바울이 본디 "유대에 사는 사람들"을 언급했으나 후대의 편집자가 유대인 전체로 이해하여 재해석했다고 보고 싶다. 어느 경우를 따르든 우리는 바울계 무리 안에서 반(反)유대 정서가 발달하여 그룹의 경계를 강화했음을 보여 주는 증거를 얻게 될 것이다. 이런 발달은 요한복음을 만들어 낸 공동체 안에서 훨씬 더 뚜렷하게 나타난다.

희는 큰 고초를 겪을 때도 성령이 [불어넣으신] 기쁨으로 말씀을 받아들여 우리와 주를 본받는 자가 되었으며, 이로 말미암아 [다시] 마케도니아와 아가야에 있는 모든 신자에게 본보기[*typon*]가 되었다"(살전 1:6; 참고. 2:14). 그 결과로 하나님의 의도와 그가 택하신 대리인들을 대적하는 세계의 모습을 설득력 있게 보여 주기 위해 구조가 유사한 사례들을 함께 묶어 제시한다. 친구와 친척의 조롱 같은 온건한 형태로라도 결국 적대감을 경험한 회심자는 그런 적대감이 그 종파가 생각하는 이 세상의 모습을 확증해 주는 것이라고 쉽게 받아들인다.

두 신화적 요소가 이 종파가 생각하는 세상의 모습을 한층 더 강화할 수도 있다. 하나님을 거역하는 대적 행위는 마귀나 귀신의 세력들이 부추긴다고 말할 수 있다(고전 2:6-8; 고후 4:4; 엡 6:11-18이 그 예다). 실제로 어떤 서신은 "이 세상의 신"을 참 하나님을 거역하는 이로 묘사한다(고후 4:4). 이런 대적 행위는 유대 묵시 문헌과 기독교 묵시 문헌에서 독특하게 나타나는 두 시대 이원론 속에 통합시킬 수 있다. 현재의 고난은 미래의 "영광"을 낳을 것이다(고후 4:17; 롬 8:18). 하나님이 나타나셔서 대적들에게 벌을 내리시고 고초를 겪은 신실한 자들에게 위로를 베풀어 주실 마지막 심판 때 종말론적 보상이 있을 것이다(살후 1:3-12).[118]

정결과 경계

"사람들은 인간의 몸을 늘 사회를 표현하는 이미지로 다룬다." 메리 더글러스(Mary Douglas)는 그렇게 썼다.[119] 사회에 존재하는 여러 경계를 세심히 보

---

[118] Aus 1971을 보라. 아울러 우리는 살전 4:13-18에서 그룹 구성원들의 자연사(自然死)를 겪은 일이 그리스도 강림과 부활을 믿는 믿음을 확대하는 계기가 되어, 그룹 안에서 결속 의식을 강화할 수 있음을 본다. 그런 이들의 연대는 영원할 것이다. "그리하여 우리는 주와 늘 함께 있으리라"(살전 4:17). 5:1-11이 같은 목적으로 묵시적·이분법적 용어를 나란히 사용한 점을 주목하라.

[119] Douglas 1973, 98.

호하는 곳에서는 몸의 경계에 대해서도 관심을 기울일 것이라고 예상할 수 있다. 이 원리를 잘 보여 주는 예는 정결 규칙이 초기 기독교와 같은 시대에 존재한 유대교의 다른 종파들 속에서 수행한 기능에서 찾아볼 수 있다. 바리새인들은 성경 시대에 제사장에게 적용된 그리고 다른 이들에게는 성전의 신성한 구역에 들어갈 때만 적용된 정결 규칙을 꼼꼼히 지킴으로써 보통 사람, 곧 '암메 하-아레츠'('amme ha-'areṣ, 그 땅의 백성)와 자신들을 구분했다.[120] 수도원 같은 은둔 공동체이자 위계 구조를 갖춘 신정 일치 공동체였던 쿰란 공동체는, 이미 이 세상의 제왕과 어둠의 자녀들이 다스리는 세상을 떠나 광야에 은거함으로써 공간상 자신들과 다른 이들을 구분 지었음에도 불구하고, 자신들의 정결을 확실히 지키고 그들과 다른 이들의 구분을 강화하고자 훨씬 더 엄격한 관습을 지켰다.

몸의 통제와 정결은 특별한 종파에 충성함으로써 자신을 다른 자유주의(latitudinarian) 유대인들과 떼어 놓았던 유대인에게 엄격한 사회적 경계를 의미했지만, 디아스포라 도시에서 자신의 정체성을 유지하고 싶었던 모든 유대인에게도 어느 정도는 그런 경계를 의미했다. 필론은 그의 발람 예언 해석(앞의 1장에서 인용했다)에서 그들이 처한 상황을 이렇게 간결히 제시한다. 이스라엘은, "홀로 사는 백성"인(민 23:9) 이상, 그 대적에게 해를 당할 리가 없으니, "이는 이스라엘이 그들의 독특한 관습에 따른 구분 덕택에 다른 이들과 섞여 그들 조상의 길에서 벗어나는 일을 하지 않기 때문이다."[121] 여기서 말하는 "독특한 관습" 가운데 가장 중요한 것이 할례, 음식법, 안식일 준수, 이교 신을 인정한다는 의미의 도시 제의에 참여하지 않는 것이었다.

바울학파는 새 공동체 안에서 유대인과 이방인을 구분하는 개종자 할례

---

[120] Neusner 1971, 1973a, 1977.
[121] *Mos.* 1.278, trans. F. H. Colson in the Loeb edition. 1장의 '도시의 유대교와 바울 기독교'를 보라. 그리고 Aristeas 139를 참고하라.

및 다른 규칙을 폐지했다. 메시아 예수의 죽음과 부활이 막을 연 새 시대에는 유대인과 이방인의 "구분이 없다"(롬 3:22; 10:22). 그러나 바울계 그리스도인들은 이런 규칙을 포기함으로써 유대인 공동체가 이교도 사회에서 구별된 정체성을 유지하게 해 준 가장 효과 있는 방법 가운데 하나를 포기했다. 이는 바울이 갈라디아에 있던 그의 대적들과 벌인 논쟁에서 실제적 쟁점이 되었다. 하지만 바울이 신학과 미드라시에 근거하여 제시한 논증이 복잡하다 보니, 후대 해석자들은 이 단순한 질문을 잊어버리곤 한다. 그리스도인 그룹 **안에서** 유대인과 이방인을 갈라놓은 상징적 경계를 폐지한 것이 그리스도인 종파와 세상을 구분하는 경계를 낮춘다는 의미이기도 했을까? 바울계 그리스도인들은 이 질문에 의미심장한 모순이 담긴 답변을 제시했다. 이를 잘 보여 주는 예가 바울 서신이 논하는 두 사례, 곧 우상숭배 이슈와 혼인 및 성에 적용되는 규칙이다.

그리스도인 그룹 구성원과 비그리스도인의 상호 작용은 고린도 그리스도인들이 제기한 문제, 곧 "우상에게 제물로 바친 고기"를 먹어도 되는가라는 문제에서 당장 쟁점으로 떠올랐다(고전 8:1). 이 문제가 미묘하고 중요하다는 사실은, 현재 형태의 고린도전서에서 세 장을 차지하며 그 의미가 한마디로 분명하게 딱 떨어지지 않는 복잡한 대답에서[122] 그리고 바울이 그의 권면을 로마서 14:1-23에서 더 일반적 형태로 되풀이한다는 사실에서 분명하게 나타난다. 고린도에서 보내온 서신이 이 쟁점을 바울에게 제시한 이유는 고린도인들이 이 쟁점을 두고 의견이 갈렸기 때문이다. 바울은 의견이 갈린 양쪽에 "강한 자"와 "약한 자"라는 이름표를 붙인다. "강한 자"는 경계를 약하게 만드는 입장을 채택한다. 이런 이들은 우상숭배를 금하는 금기가 없어도 기독교 신앙을 지킬 수 있다. 우상이란 실제로 존재하지 않는 가짜

---

[122] von Soden 1931은 이 세 장의 논증이 완전한 일체임을 망라하여 증명했다.

임을 알기 때문이다. 이들은 자신들의 지식(*gnōsis*) 그리고 이 지식(이는 그들이 그리스도를 믿는 자로서 받은 은혜다)이 자신들에게 부여한 능력(*exousia*)과 자유(*eleutheria*)를 자랑스러워한다. 반면 "약한 자"는 고기를 먹는 행위를 이교 신들을 섬기는 제의에 참여하는 것과 연계하는 데 익숙하다. 그들에게는 "우상숭배"가 현실이며 위험천만한 일이다.

이처럼 그 그룹 구성원들은 그룹의 경계를 사뭇 다르게 인식한다. 많은 주석가는 이런 구분이 틀림없이 유대인 그리스도인과 이방인 그리스도인 사이의 구분이었을 것이라고 주장했지만, 본문은 그런 가정에 근거한 해석을 지지하지 않는다.[123] 이런 해석을 시도한 배경에는 절대적 배타성을 지닌 신앙을 통해 자신들의 정체성과 종교적 충성을 상징화한 것이 유대인의 독특한 특징이었으며, 결국 고린도 그리스도인들이 벌인 논쟁이 우상숭배를 정의할 때 사용한 용어가 유대교에서 물려받은 것이라는 진실이 자리 잡고 있다. 사실 이 텍스트에는 자의식을 지닌 두 분파 사이에 경계선이 있었다고 추측할 만한 근거가 전혀 없다. 게르트 타이센이 주장했듯이 고기를 먹느냐 마느냐라는 쟁점이 사람들의 사회적 지위에 따라 사람들을 갈라놓는 경향이 있었을 가능성이 더 크다. 다른 이보다 부유한 구성원인 "강한 자"는 "우상에게 제물로 바친 고기"를 먹지 못하게 강요한다면 그 사업과 사회관계가 심각하게 축소되겠지만, 이들보다 가난한 계층은 영향을 거의 받지 않을 것이다. 더구나 더 가난한 사람들은 고기를 거의 먹지 않았기 때문에, 이 문제를 이교도 제의 및 그와 관련된 상황과 연계하곤 했다. 이 쟁점이 복잡하게 꼬인 것은 부유한 극소수 사람이 고린도에서 교회를 후원한 후견인이었다는 사실 때문이다.[124]

---

123 가령 Conzelmann 1969 *ad loc*을 보라.
124 Theissen 1975c.

바울은 "강한 자"에게 대답을 제시하고 "약한 자"에게는 그저 에둘러 답변하면서 "강한 자"가 지식을 가진 위치에 있음을 강조한다. 우상은 실존하지 않는다(8:4). 그러나 8:5-6과 10:19-20은 이 말을 제약하는 단서를 단다. 먹음과 먹지 않음은 결국 중요하지 않은 문제다. 스토아학파 도덕주의자라면 이 문제는 '아디아포라'(*adiaphora*: 이래도 상관없고 저래도 상관없는, 중요하지 않은 문제—역주)라고 말했을 것 같다(8:8). 따라서 그리스도인들은 시장(*macellum*)에서 파는 것은 아무것이나 양심에 거리낌 없이 먹어도 된다. "이는 땅과 거기 가득한 것이 주의 것이기 때문이다"(10:26). 따라서 어느 이교도가 식사에 초대하면 그 초대에 응해도 되며, 다른 누군가가 종교 행위로서 그 자리를 마련한 것이 분명하게 드러나지 않는 이상 초대한 이들이 내놓은 음식은 어느 것이나 먹어도 된다(10:27-28). 하지만 지각이 있는 신자라면 "약한" 형제에게 해를 입히는 일을 피하고자 기꺼이 이런 자유를 희생해야 한다. "약한" 형제에게는 고기와 이교도 희생 제사의 연관성이 여전히 심각한 문제이기 때문이다(8:7-13; 10:24, 28-29).

이 본문을 이렇게 이해할 때 생기는 가장 큰 어려움은 사람들 사이의 책임을 염두에 두고 현실 상황을 상당히 고려한 이 규칙이 성경의 사례(1-13절)와 주의 만찬이라는 기독교 의식에서 추론한 결과(16-22절)를 근거로 삼아 "우상숭배"를 절대 금지한 10:1-22과 나란히 있다는 사실이다. 일부 주석가는 바울이 이리저리 흔들려 처음에는 "강한 자"의 입장을 받아들였다가 뒤이어 "약한 자"의 입장을 받아들였다고 주장했다. 반면, 다른 이들은 10:1-22에서 다루는 상황이 8장 및 10:23-11:1에서 다루는 상황과 다르다고 주장했다. 심지어 몇몇 사람은 이 부분들이 본디 서로 다른 서신에서 나온 것이라고 말했다. 본문의 이런 변화가 어색하긴 하지만, 현재 우리가 보는 형태의 8-10장이 제시하는 논증 순서에는 나름 논리가 있다. 8장은 이 문제와 변증법을 활용한 바울의 답변을 생생하면서도 통렬한 비판이 담긴 문제로 제시하면서 고린도인들 내부의 논쟁에서 가져온 구호와 문구를 사용한다. 9장과 10:1-22은 바울 자신의 선교 상황에서 가져온 사례(9장), 이스라엘이 광야에서 보인 모습을 다룬 성경 기사에서 가져온 사례(10:1-13), 바로 그 기사의 관점에 비추어 볼 때 성찬이 암시하는 의미에서 가져온 사례(10:16-22)를 내세워 바울의 대답을 뒷받침한다. 마지막으로 바울은 일련의 규칙을 집약하여 제시하는데, 바울은 이를 명령문 형태로 제시하면서 고린도인들의 구호를 변형하여 소개한다(10:23-11:1).

두 주요 사례 가운데 첫 번째 사례는 바울이 제시하는 일반 규칙과 훌륭하게 일치한다. 사도의 권리(exousia)—아내를 데리고 다니거나 재정 후원을 받을 권리—는 바울 자신이 이 권리를 주장하지 않기로 결심했다고 해도 폐지되지 않는다. 바울은 자유의사로 다른 이들에게 "노예가 됨"으로써 자유인(eleutheros)으로 살기를 포기했다. 따라서 "강한 자"가 때로는 "약한 자"를 생각하여 자신의 권리를 포기하더라도 그것이 곧 양심의 자유를 부인하는 일은 아닐 것이다. 오히려 그들은 그리함으로써 "내가 그리스도를 본받는 자가 되듯이 나를 본받는 자가 될" 것이다(11:1). 하지만 두 번째 주요 사례는 이 문맥과 그리 썩 들어맞지 않는다. 실제로 고린도전서 10:1-13은 현재 자리한 문맥과 따로 작성된 본문 같은 모습을 구석구석 보여 준다.[125] 이 본문은 7절에서 인용한 성경 구절인 출애굽기 32:6—"사람들이 앉아서 먹고 마시며 일어나 놀았다"—을 근거로 제시한 미드라시 설교다. 이 본문은 이 구절의 각 요소를 자세히 설명한다. 본문은 "먹고 마시다"를 "영의 양식"(만나)과 "영의 음료"(바위에서 나온 물)를 먹고 마심으로 설명한다. 본문은 '놀다'로 번역한 동사가 가질 수 있는 다양한 뉘앙스를 따라 '놀다'

---

[125] 많은 주석가가 전승에서 나온 요소들을 찾아냈다. 가령 Le Déaut 1965, 320-321; Borgen 1965, 21-22, 91-92; Gärtner 1959, 15-18; Ellis 1957이 그렇다. 하지만 그들은 설교의 구조를 만족스럽게 설명하지 못했다. 나는 이것을 곧 나올 *Journal for the Study of the New Testament* 논문에서 다룬다.

를 해석하고, 광야 시대를 다룬 성경 기사에서 가져온 다른 본문들을 원용하여 설명하면서 '우상을 숭배하다', '간음하다', '주[또는 그리스도]를 시험하다', '불평하다'라는 의미를 제시한다. 이런 죄를 범하지 말라는 명확한 경고에 이어, 하나님이 신실한 자에게는 늘 유혹을 피할 방법을 주신다는 것을 재차 보장하는 말이 뒤따른다. 여기가 아니면 회당에서나 적절할 법한 이 설교는 이스라엘 백성을 뒤따르다가 물을 제공한 전설 속의 바위와 그리스도를 동일시하고(4b절) 홍해를 건넌 일을 세례와 동일시함으로써(2절) 기독교 옷을 입은 설교로 변모했다. 그러나 이 설교의 요지—하나님이 그들을 위하여 큰 기적을 행하신 광야 세대도 유혹을 피하지 못했으니, 우리도 늘 유혹에 넘어지지 않게 경계해야 한다—는 상당히 보편적 성격을 띤다.

바울은 이 설교에서 우상숭배를 하지 말라는 가장 중요한 경고를 끄집어냈다. 물론 이 경고는 인용한 구절에서 자연스럽게 뒤따라 나온다. 출애굽기 32:6이 이스라엘의 우상숭배를 다룬 유대 전승의 고전적 사례인 금송아지 이야기를 언급하기 때문이다.[126] 바울은 이를 초기 기독교에서 분명 널리 사용한 일반 원리 속에서 처음 천명했다.[127] 이어 바울은 (고린도인들에게 알려진) 주의 만찬 해석을 금송아지 이야기에서 더 추론한 내용과 연계함으로써 이 규칙을 뒷받침한다. 축복의 잔과 쪼갠 빵은 그리스도와 "동반자"임을 상징한다. 이스라엘에서도 희생 제물을 먹은 사람은 "제단의 동반자"였다. 하지만 금송아지에게 바친 희생 제사에 참여한 이들은 바로 그 원리로 말미암아 "귀신의 동반자"가 되는 자기모순을 범하고 말았다(18-20절). 바울이 통렬한 비판의 뉘앙스를 담아 19절에 끼워 넣은 질문은, 그가 8:4에서

---

126 가령 Ginzberg 1909-1938, 6:51, n. 163이 인용하는 본문을 보라.
127 행 15:20, 29; 21:25; 더 나아가 요일 5:21의 "사도의 명령"을 보라. 또한 바울 서신이 인용하는 규칙들과 악의 목록을 보라: 갈 5:20; 고전 5:10-11; 6:9; 골 3:5; 엡 5:5.

3장 '에클레시아'의 형성

"강한 자"와 의견을 같이해 놓고도, 곧 우상은 진짜가 아니라는 의견을 피력해 놓고도, 이제는 그 의견과 전혀 다른 말을 하는 것처럼 보인다는 점을 자신도 안다는 증거다. (이것은 고전 8-10장이 비록 느슨한 연관성을 갖고 있다고 해도 완전한 통일체임을 상당히 분명하게 보여 주는 증거다.) 분명 그는 이교의 신이 그것을 예배하는 자들이 생각하는 존재가 아님을 말하고 싶어 한다. 이런 신은 "본디 신이 아니다"(갈 4:8). 그럼에도 이런 신은 "귀신"으로서 실체를 갖고 있으며, 어떤 형태로든 이런 신을 섬기는 제의에 참여한다는 것은 한 하나님과 한 주께 속한 자가 절대 해서는 안 될 일이다.

이 논증은 결국 그리스도인 그룹의 경계라는 쟁점을 확실히 해결하지 못한 채 다소 모호하게 남겨 놓았다. 한편으로 이 논증은 외부인과의 사회적 교제를 금지하지 않는다. 이런 교제를 방해할 만한 금기를 제거하고자 단순히 고기를 먹는 행위는 여느 세속 행위와 동일한 행위로 여긴다(신을 숭배하는 의미를 지닌 것으로 여기지 않는다).[128] 따라서 고기를 먹는다는 것은 우상숭배가 아니다. 다른 한편으로는 어떤 행위든 다른 제의에 실제로 참여하는 것은 엄격히 금지된다. 따라서 종교 의식의 배타성은 헬레니즘의 영향을 받은 도시에 살던 이교도에게는 이해하기 힘든 유대교의 독특한 표지였지만, 이것 역시 바울계 회중의 특징으로 계속 남게 된다.[129] 하지만 바울의 권면이 강조하려는 점은 경계를 유지하라는 것이 아니라 오히려 내부 결속을 다지라는 것이다. 구성원끼리 서로 책임을 다하되 특히 강한 자가 약한 자에게 책임을 다하고 한 분 하나님과 한 주께 충성을 다하라는 것이 바울이 말하고자 하는 강조점이다.

성에 관한 규칙에도 이와 비슷하게 모호한 점이 있다. 핵심 본문은 데살

---

[128] Theissen 1975c, 280.
[129] 이 점을 잘 짚어 준 곳이 Walter 1979, 특히 425-436다.

로니가전서 4:1-8과 고린도전서 7:1-16이다. 전자가 특히 중요한데, 이는 사람들이 이 본문을 전승으로 여기기 때문이다. 이 본문은 새로 그리스도인이 된 자가 세례 전이나 후에 받는 교리문답 교육에 속한다(4:1-2). 바울은 데살로니가전서 4:4-6에서 인용한 것과 동일한 규칙을 고린도전서 7:2-5에 가져다 쓰지만, 여기서는 그 규칙을 자세히 설명하고 재해석한다.[130] 데살로니가전서 4장을 지배하는 개념은 "거룩함"이다.[131] 그 반대 개념은 "부정함"인데(4:7), 여기서는 금지된 성관계를 가리키는 은유로 볼 수 있다. "거룩함"은 구별을 암시한다. 이는 "하나님을 모르는 이방인"의 특색인 색욕과 상반되는 말이다. 고린도전서 5장과 6장이 제시한 권면도 공동체를 정결하고 거룩한 공간으로 여기고 외부 세계를 부정하고 속된 공간으로 여기는 개념을 전제한다. 앞서 살펴보았듯이 외부인을 규정하는 특징은 사람들이 혐오하는 성행위를 비롯한 다른 다양한 악이다. 신자는 세례를 받고 회중 안으로 들어올 때 이런 여러 부정한 것으로부터 정결하게 되었다. 즉 "씻음을 받고" "거룩해졌다"(고전 6:11).

데살로니가전서 4:3-8과 고린도전서 7:2에 있는 혼인 규칙은 "'포르네이아'(porneia)를 피하라"는 일반 표제 아래 자리해 있다. 여기서 나온 '포르네이아'는 온갖 불법 성관계를 가리키는 말로 쓴 것이다. 일반 사람을 대상으로 삼은 이 경고는 초기 기독교의 가르침이나 권면에 속하는 몇몇 전승 공

---

[130] 그는 은유를 사용하여 말하다가 직설 화법으로 옮겨 간다. "배"(σκεῦος)라는 말 대신 "남편"과 "아내"라는 말을 사용한다. 아울러 데살로니가전서가 인용하는 규칙 형태는 철저히 남성 중심의 모습을 보이지만, 그는 이 규칙을 상호 동등한 규칙으로 만들어 버린다. 남편과 아내, 아내와 남편. 이런 관찰 결과는 우연히도 살전 4:4에 나오는 σκεῦος의 의미와 관련하여 다수설이 옳음을 확증한다. 벧전 3:7의 경우도 마찬가지이며, 그에 상응하는 후대 랍비 텍스트의 글도 마찬가지인데, 가령 bPes 112a가 그런 예다. "아키바는 이렇게 말한다. '네 벗이 요리에 쓴 냄비는 네가 요리할 냄비가 아니다.'"
[131] Carrington 1940은 이 전승이 레 18장에서 나왔다고 주장하면서 이를 "그리스도인의 거룩법"이라고 부른다.

식에서 등장한다.[132] 바울계 그리스도인들도, 동성애를 혐오하며 정상이 아닌 성관계를 우상숭배와 동일시한 유대교의 입장을 그대로 견지했다.[133] 실제로 일반 혼인 규칙을 "하나님을 모르는 이방인처럼…하지 말고"라는 말을 사용하여 정립했다는 것은 이 전승 전체의 기원이 디아스포라 회당임을 시사한다. 이 규칙은 헬레니즘 시대와 로마 시대에 살던 유대인들이 그랬던 것처럼 바울계 그리스도인들도 일부일처제를 규범이자 '포르네이아'를 피하는 정상적 방법으로 이해했음을 보여 준다. 가정 질서를 세우기 위한 규칙으로서 제2 바울 서신인 골로새서와 에베소서(그리고 또한 베드로전서, 목회서신, 폴리카르포스의 서신을 비롯하여 당대와 후대의 기독교 문서)에 담아 놓은 가정 규범은 일부일처제가 혼인에 대한 바울계의 주류 사상이었음을 보여 준다.[134] 하지만 일부일처제 자체는 바울계 그리스도인과 "하나님을 모르는 이방인"을 구별하는 표지가 될 수 없다. 일부일처제는 유대법과 정서는 물론, 그리스와 로마의 법과 정서가 오랫동안 수용해 온 규범이었기 때문이다.[135] "이방인"이 "색욕"에 탐닉한다는 주장은 이교도 사회에 관한 객관적 묘사가 아니라 외부인에게 악인이라는 이름표를 붙인 또 다른 사례다. 우리는

---

[132] 고전 6:18; 행 15:20, 29; 21:25; 참고. 갈 5:19; 엡 5:3; 골 3:5; 고전 10:8; 5:9; 6:9; 엡 5:5.
[133] 고전 6:9; 롬 1:26-27. 일반적 문제를 살펴보려면 Pope 1976을 보라. 고전 6:9과 갈 5:19-20의 악의 목록에서는 불법한 성행위와 우상숭배를 나란히 놓는다. 그리고 롬 1:23-27은 불법한 성행위와 간음을 인과 관계로 연결한다.
[134] 2세기 작품인 바울과 테클라 행전은 혼인을 엄격히 거부하는 것이 바울이 절제와 관련하여 제시한 가르침의 중심 부분이라고 이야기한다. MacDonald가 이 행전 및 목회 서신과 관련하여 내놓은 흥미로운 제안을 보려면 앞의 2장 주111을 보라.
[135] 로마 시대 그리스 연애 소설을 보면 으레 남녀 한 쌍이 서로 상대에게 정숙히 헌신하며, 가장 괴이한 위협에도 불구하고 이런 헌신을 지켜 간다는 줄거리를 따른다. 예를 들면 에베소의 크세노폰이 쓴 *Ephesiaca*를 보면 하브로코메스와 안티아가 이렇게 서약한다. "그대는 내게 순결을 지키고 다른 남자를 받아들이지 않으며, 나는 다른 여자와 결코 사귀지 않겠습니다"(1.11.3-5, trans. Hadas 1964, 80). 이런 소설이 식자층에게는 호소력이 없었겠지만 대중에게 인기를 끌었고, 한 남자만을 남편으로 삼은(μόνανδρος/*univira*) 여자를 칭송하는 많은 별명이 존재했다는 것은 이 소설이 대변하는 정서를 중시하는 풍조가 널리 퍼져 있었음을 시사한다. Leon 1960, 129-130는 유대인 무덤에서 나온 사례들을 제시한다.

이런 관습을 이미 앞에서 만났다. 유대인 변증가의 작품은 물론 이교도 풍자작가와 도덕주의자의 글에도 이와 유사한 사례가 아주 많다. 사실 이교도 도덕주의자들은 '색욕'(*epithymia*)과 '쾌락'(*hēdonē*)을 밥 먹듯이 비판하며 지혜로운 자는 오로지 자녀를 얻을 목적으로 성관계에 열중한다고 말한다. 그리스어를 사용하던 유대인 저술가들도 이에 동의한다.[136] 이런 태도를 입증하는 증거가 만연해 있음을 고려하면 바울이 인용하는 규칙이나 성 관련 규범을 논한 본문에서 생식을 전혀 언급하지 않았다는 것은 놀라운 일이다. 바울은 종말론적 기대를 품었기 때문에 생식의 문제를 고려할 가치가 없는 일로 보았을 가능성이 아주 높다. 그렇다면 그가 여전히 정상적 성관계를 허용한다는 사실이야말로 더 주목할 만하다고 할 수 있다. 그러나 대체로 보면 바울계 그리스도인들이 부정한 세계에서 지키려고 애쓴 성적 정결을 더 큰 사회가 널리 강조한 여러 미덕과 관련지어 정의하는 경우가 대다수다.

예외로 볼 수 있는 경우가 두 가지 있다. 첫째, 공관복음은 이혼을 허용하지 않은 예수의 말씀을 여러 형태로 일러 주는데, 우리는 고린도전서 7:10을 통해 바울계 무리가 이 말씀을 하나의 규칙으로 사용했다는 사실을 알고 있다.[137] 당시에 유대교 관행 및 이교의 관행과 비교하면 이 규범은 아

---

[136] 가령 Musonius Rufus, "On Sexual Indulgence", "What is the Chief End of Marriage?", "Is Marriage a Handicap for the Pursuit of Philosophy?"(이 모든 자료는 Lutz 1947, 84-97에서 편하게 볼 수 있다)를 보라. Iamblichus *Vit. Pyth.* 31.209-211는 피타고라스가 합법적 자녀를 낳을 목적이 아니면 심지어 자연스럽고 진지한 성관계조차도 금지했다고 주장한다. 추가 사례를 보려면 Preisker 1927, 19-20를 보라. 유대인 저술가들도 이런 태도를 견지했다. 요세푸스는 이것이 에세네파의 혼인 질서였다고 말할 뿐 아니라(*JW* 2.161), "율법"이 모든 유대인에게 "어떤 성관계도 인정하지 않았으며, 다만 남편과 아내의 자연스러운 결합 그리고 오로지 자녀 생산을 위한 결합만을 인정했다"고 주장한다(*C. Ap.* 2.199, trans. Thackeray in the Loeb ed.). 필론도 이 주장에 완전히 동조한다. 가령 *Spec. leg.* 3.113과 3.34-36; *Mos.* 1.28; *Abr.* 137; *Jos.* 43; *Virt.* 107을 보라. I. Heinemann 1929-1932, 231-329의 논의를 보라. 아울러 토빗서 8:5-8에 나오는 토비아스의 기도를 보라.

[137] 공관복음에서는 막 10:2-12; 눅 16:18; 마 5:31-32; 19:3-12. Dungan 1971, 100-101를 보라.

주 특이해 보였을 것이다. 당시 사람들은 이 규범을 일부일처제 규범을 철저하게 관철하고 그런 점에서 그리스도인 그룹과 다른 이들을 구별하는 특징이라고 여겼을 수도 있다. 하지만 우리는 바울이 이 규범을 상당히 자유롭게 적용했으며(고전 7:11-16), 특히 그리스도인과 비그리스도인이 혼인하는 사례를 다룰 때 그러했음을 본다. 이런 사례를 보면 바울계 그룹의 혼인 규칙과 더 큰 사회의 규범 사이에 또 다른 차이점이 존재했음을 보게 된다. 분명 바울은 신자가 "주 안에서" 혼인하는, 즉 신자가 다른 신자와 혼인하는 편을 선호한다. 바울계 무리에 속한 교회들은 바울의 이런 기대를 잘 알고 있었을 가능성이 아주 높다. 이렇게 보는 것이 그리스도인과 비그리스도인 배우자가 혼인을 지속할 것인지 아니면 갈라설 것인지에 관한 문제가 고린도에서 대두된 이유를 설명하는 데 도움을 주기 때문이다. 고린도전서 9:5에 등장하는 "아내인 자매"라는 어구는 그런 규범을 전제한다. 바울이 별거를 옹호하지 **않음**을 주목하라. 이혼 규칙이 그리스도인 그룹 안에 있는 식구끼리 혼인함을 선호하는 것보다 우위에 있다. 불신자가 신자와 "평화롭게" 살고 싶어 한다면, 실제로 "거룩함"의 영역이 더 넓어져 이교도 배우자와 자녀까지 아우른다(7:14). 불신자인 배우자가 갈라서기를 원할 때에 이혼 규칙의 한계가 드러난다. 그런 경우 믿는 형제나 자매는 그런 일에 "구속되지" 않는다(15절). 대다수 주석가는 16절을 실제적이고 합당한 이유가 있는 소망, 즉 혼인이 지속되면 이교도 배우자가 믿음을 갖게 될 수도 있다는 소망을 언급한 구절로 받아들인다.

둘째, 고린도 서신은 성적 정결이라는 관념을 또 다른 방법―즉 금욕주의―으로 철저하게 관철할 수 있음을 보여 준다. 가령 일부 고린도 그리스도인들은 남녀가 혼인하여 부부가 되었어도 "남편이 아내를 만지지 않음이 좋다"고 생각한다. 독신은 보통 사회가 요구하는 관계와 책임에서 떨어져 나왔음을 보여 주는 강력한 상징이자 실제적 수단일 수 있었다. 이것이

후대 절제파 기독교(encratite Christianity) 안에서 독신이 행한 주요 기능 가운데 하나였다는 사실은 도마복음이 예수의 말씀으로 제시하는 몇몇 어록, 외경에 속한 몇몇 사도의 행전—주목할 만한 것은 도마행전—에 나오는 내러티브와 발언, 그리고 초기 시리아 기독교의 많은 문헌과 의식에서 볼 수 있다.[138] 우리는 2세기 문헌인 바울과 테클라 행전에서 이런 이념의 출발점을 바울로 볼 수 있음을 목격한다. 어쩌면 그럴 수도 있다. 바울과 바나바, 그리고 바울학파에 속한 다른 유명한 순회 선교사 몇 명이 모두 독신이었으며, 독신이 바람직한가라는 고린도인들의 질문에 바울도 그렇다는 의견을 피력했기 때문이다. 하지만 바울이 그처럼 독신의 은사(charisma)를 가진 이에게 독신을 지지하는 근거로 제시한 이유는 현실을 고려한 것이다. 그렇게 독신으로 산 덕분에 만물의 끝이 임박했음을 생각하며 오로지 주의 일에만 마음을 쏟을 수 있었기 때문이다(고전 7:25-40). 바울의 이런 논지는, 그가 "포르네이아"를 피하기 위해" 일부일처제 규칙을 인용한 부분 및 일부일처제를 부부 사이의 성적 의무와 관련지어 세심하게 다시 진술한 내용(7:2-5)과 더불어, 그리스도인 그룹과 그 바깥을 나누는 경계를 세우는 수단으로 금욕주의를 사용하는 것에 오히려 제동을 걸기도 한다.

정결은 의식과 결합될 때가 많은데, 이는 바울계 공동체에서도 마찬가지였다. 기독교 의식의 사회적 기능을 충실히 논하는 일은 뒤의 5장에서 다루겠지만, 여기서 관찰 결과 몇 가지를 제시하고 넘어가는 것이 좋겠다. 우리는 세례 입교 때 행하는 몇몇 행동과 언어가 그 공동체의 내부 결속을 강조한다는 점을 이미 살펴보았다. 뒤집어서 말하면 이는 그 공동체와 외부 세계의 구분을 강조하는 것이다. 물에 몸을 담그는 것이 그 시대의 대다수 입교 의식에서처럼 단순히 예비 의식이었던 것이 아니라, 의식 전체의 중심을

---

[138] 일반적으로 다룬 자료를 보려면 Vööbus 1958-1960을 보라.

이루는 행위였다는 사실은 이 사건에 앞서—그리고 이 종파 밖에서—보낸 삶이 더러운 삶이었음을 생생히 보여 준다. 정결한 공동체에 들어가는 사람은 누구나 "씻음을 받고" "거룩해지며" "의롭다 하심을 받아야" 했다(고전 6:11). 더구나 이 의식 전체는 그리스도와 함께 죽고 부활하는 것을 상징한다. 여기에는 이 세상의 구조 및 권력과 관련하여 죽는 것(골 2:20을 보라)이 뒤따르며, 세례받는 이가 얽혀 있는 악과 불화와 복잡한 인간관계를 포함한 "옛 사람"을 "벗어 버리고" 그리스도 안에 있는 새 생명 즉 하나님의 자녀인 형제자매로 이루어진 새 가족에 통합됨으로써 구별되는 "새 사람"을 입는 일이 뒤따른다. 그러므로 분명 세례는 경계를 세우는 의식이다.

그리스도인 그룹의 또 다른 주요 의식인 주의 만찬도 그 그룹의 연대와 경계를 상징적으로 보여 주었다. 두 사례는 공동 식사가 교제를 정의하는 데 얼마나 중요한지를 보여 준다. 안디옥에서는 일부 유대인 그리스도인들이 같은 그리스도인이라 할지라도 할례받지 않은 이들과 함께 먹지 않겠다고 결정하면서 바울과 베드로가 다투는 일이 벌어졌다. 바울과 바나바가 갈라서고, 나아가 바울과 안디옥 교회가 갈라선 것도 분명 그 결정 때문이었다(갈 2:11-14). 둘째, 공동체 도덕 규범을 심각하게 어긴 이를 치리한 한 가지 방법은 그 위반자를 공동체 모임에서 쫓아내고 다른 이들에게는 "그런 사람과 심지어 먹지도 말라"고 경고하는 것이었다(고전 5:11; 또한 살후 3:14도 보라). 이러한 제재에는 성찬 외에 다른 식사도 당연히 포함되었겠지만, 아무래도 성찬이 치리받는 사람을 피하는 가장 두드러진 자리였을 것이다. 고린도전서 말미에서 선언하는 저주—"만일 누구든지 주를 사랑하지 않으면 그는 저주를 받을지어다. '마라나 타'"(16:22)—가 식사 의식에 따른 이러한 구속을 반영하는 것일 개연성이 높다. 이 저주 문언은 디다케(Didache, 현존하는 "교회 질서 지침" 가운데 가장 오래된 것으로, 아마도 2세기 초에 만들어진 것으로 보인다)가 규정하는 성찬 의식 문언과 현저하게 유사하기 때문에, 현대의 많은 주석가들은 바울계 그룹도 모임 때 이미 이러한 선언을 활용했으리라고 확신한다.[139] 우리가 이미 살펴보았듯이 바울은 빵을 먹고 포도주를 마시는 것이 상징하는 그리스도와의 "교제"를 그리스도인이 이교 잡신을 섬기는 제의임을 알 수 있는 식사에 참여해서는 안 된다는 식으로도 해석했다(고전 10:15-22).

이러한 사례들은 바울계 그룹이 그들을 에워싼 경계를 효과 있게 설정하는 수단으로 인식하게 되었음을 시사한다. 바울학파는 일부러 유대인 공동체가 그 사회적 경계를 유지하는 데 도움을 준 정결 규칙을 포기했다. 이는 주로 이전에 이방인이었던 이들로 구성된 공동체에서는 이런 규칙이 기능상 문제가 있었기 때문이며, 바울 자신의 생각에도 이런 규칙은 십자가에 못 박히셨다가 부활하신 메시아의 복음이 지닌 새로움을 부인하는 것이었기 때문이다. 따라서 성(聖)과 속(俗)을 구분하여 그려 내는 제2차 체계 혹은 상징적 체계를 모두 버리게 되었다. 사람을 "더럽게" 만드는 것은 이제 더 이상 특별한 음식이나 자세히 규정한 어떤 사건이나 행위가 아니었으며, 오직 "거룩함"이나 "정결"을 수립하는 새 의식과 행사만이 중요했다. 따라서 공동체의 정결은 그 공동체의 사회적 관점에서 그 사회적 용어로 직접 정의해야만 했다. 이를테면 바울은 성찬에 마법 같은 효과가 있다고 선언한다. 그가 거룩한 식사에 합당한 규범을 어긴 사람은 그 몸에 병이 생기거나 심지어 죽임을 당한다고 말한다(고전 11:29-30). 그러나 이러한 위반은 좁은 의미의 의식 규범 위반이 아니라, 사회적 지위와 경제적 지위가 높은 사람과 낮은 사람이 갈등을 빚어 결국 그 그룹의 사회적 결속을 무너뜨리는 죄를 말한다. 따라서 고린도전서 16:22의 저주를 통해 공동체의 교제에서 배제당한 사람이 그런 낙인을 받은 것은 그가 의식과 관련하여 잘못을 저질

---

[139] Did. 10:6; Bornkamm 1963.

렀기 때문이 아니라 "주를 사랑하지 않은 자"였기 때문이다.[140]

자율 제도

그리스도인 그룹과 외부의 구분을 촉진하기 위한 한 가지 수단은 구성원들이 자치 단체나 다른 외부 조직에 의존하지 않아도 되게끔 필요한 서비스를 제공할 기관을 만드는 것이었다. 여기서는 '제도'(institution)라는 말을 넓은 의미로 사용했는데, 이 말은 해당 조직 활동이 고도의 형식성이나 복잡성을 띠지는 않았음을 암시한다. 그 한 예가 공동 식사일 것이다. 그리스도인 회중의 많은 구성원, 특히 다른 구성원보다 사회적 지위가 낮은 구성원들에게는 그리스도인 회중과 공동 식사가 그들이 다양한 종류의 콜레기아 구성원이 되었을 경우나 자치 단체의 다양한 축제에서 얻을 수 있는 물리적 혜택과 사회적 혜택의 적절한 대안이었을 뿐만 아니라 그 대안보다 많은 것을 제공하는 자리였다.[141] 이보다 훨씬 분명한 사례는 고린도전서 6:1-11의 권면에서 등장한다. 2-5절을 보면 바울은 은연중에 고린도 교회가 구성원들 가운데서 중재자의 임무를 수행할 "현자"를 골라 그가 그리스도인 사이의 민사 분쟁을 판결하는 내부 절차를 확립해 주기를 기대한다. 이 본문 후반부(6-11절)는 같은 그리스도인을 상대로 소송을 제기한 이들을 꾸짖고, 이런 다툼을 없앨 역지사지의 윤리를 가질 것을 그들에게 촉구하지만,[142] 이런 사실이 현실 사정을 고려한 지시를 무효로 만들지는 않는다. 그리스도인들은 마지막 때에 사람과 천사를 모두 포함하여 온 세상을 심판하는 일에 참여할 자들이다. 그러므로 그리스도인들은 그들 가운데 발생하는

---

[140] Barrett 1968, 397는 세례받지 않은 외부인도 예언에 이끌려 하나님이 계심을 고백하면, 이 공식 같은 말이 가리키는 이("주를 사랑하지 않는 자")에 해당하여 식사에 참여하지 못하는 일은 겪지 않았으리라고 주장한다.
[141] Theissen 1975c, 281를 보라.
[142] Dinkler 1952을 보라.

일상 문제(biōtika pragmata)를 중재할 심판자를 세울 만한 능력이 분명히 있으며, 외부인("불의한 자", "믿지 않는 자", "회중이 경멸하는 자")이 내부 분쟁을 판단하게 하는 어리석음을 범해서는 안 된다.¹⁴³

이렇게 긴밀한 유대 관계를 가진 그리스도인 그룹의 삶이 그룹 구성원이 다른 그룹에 의존하고 더 큰 사회의 문화에 의존하지 않게 하는 다른 방법—덜 구체적이지만 더 전반적인—도 있다. 아주 복잡하고 다양하기 이를 데 없는 우리 현대 사회에서 이러한 그룹이 그 구성원을 위해 제공하는 가장 중요한 서비스 가운데 하나는 제한된 사회 공간, 즉 그 구성원이 인식하는 현실과 이 현실이 요구하는 것에 관하여 공감대를 형성할 수 있는 사회 공간을 제공하는 것이다.¹⁴⁴ 이러한 기능은 종교 그룹이나 어떤 이념을 추구하는 그룹에서 당연히 더 크게 부각된다. 이런 그룹에서 신입 회원들은 그들이 믿고 느끼고 반응해야 할 것을 나타내는 독특한 이미지나 설명에 집중하여 매달린다. 개인이 활용할 수 있는 지식의 규모와 개인이 받는 요구의 규모를 고려하면 로마 제국 초기의 도시 사회는 우리가 사는 도시 사회 못지않게 복잡했다. 그 당시 사회에서 변두리에 속한 사람이나 그 사회를 잠시 거쳐 가는 사람은 그 사회의 복잡성을 특히 더 예민하게 느꼈을지도 모른다. 바울계 교회에서 그 신원을 확인할 수 있는 수많은 구성원도 그렇게 느꼈을 것이다. 어쨌든 바울을 비롯해 그런 그룹을 세우고 이끌던 다른

---

143 유대인 회중 내부의 분쟁을 처리하는 법원은 디아스포라 공동체에서 가장 중요한 제도 가운데 하나였다. 가령 루키우스 안토니우스가 사데의 유대인에 관하여 반포한 명령을 보라. 이 명령은 이 책 99에서 인용한 Josephus *Ant.* 14.235를 참고하라. 알렉산드리아의 경우는 Goodenough 1929을 보라. 이교 사회에도 이와 유사한 사례들이 있다. Poland 1909, 601은 아테네의 바쿠스 숭배자 그룹(178년경)을 인용한다. 이 그룹은 그 구성원들에게 부적절한 행위 때문에 벌어진 분쟁(μάχη)과 고소 사건을 그 협회 임원들에게 가져가라고 요구했다(*SIG* 3, no. 1109, lines 72-95). 특히 lines 90-95를 보라. "피해를 본 후에 사제나 바쿠스 협회 회장에게 해결을 의뢰하는 대신 공중이 다 알게 고소하는 자도 같은 벌에 (처하라)." 또한 D. E. Smith 1980, 149를 보라.
144 앞의 주91에서 인용한 문헌을 보라.

이들은 새로운 사회 현실을 만들어 내는 사업에 공격적으로 몰두했다. 그들은 자신들이 믿는 독특한 내용을 한데 묶어 주장하고 상세히 설명했으며, 그중 일부는 이를 은유로 가득 찬 극적 주장—"메시아 예수, 그를 십자가에 못 박았다"와 같은 주장—을 통해 표현했다. 그들은 도덕적 권면 및 사회적 통제와 관련된 규범과 패턴을 발전시켰다. 이런 규범과 패턴에는 그들이 속한 더 폭넓은 문화의 도덕적 담화에서 흔히 볼 수 있는 내용이 많이 들어 있을 수도 있다. 하지만 아무래도 이런 규범과 패턴은 총체적으로 그들만의 독특한 에토스를 형성했다. 그들은 독특한 의식 행위를 받아들이고 실천했으며 이를 상세히 설명했다. 이런 의식 행위 가운데에는 이전에는 없던 것을 아예 새로 만들어 낸 것은 없었다. 모든 것은 그리스어를 사용하는 로마 속주 도시들의 공통 언어 및 문화뿐 아니라 이미 여러 세대에 걸쳐 그런 도시에 적응한 유대교의 독특한 하위문화에도 의존했다. 그렇지만 그 결과는 이전과 확연히 다른 새로운 하위문화에 관한 발전하는 정의였다. 새 하위문화를 구성하는 이 세 가지 주요 요소가 이어지는 4장의 주제가 될 것이다.

경계 안으로 들어가는 문

바울계 그룹은 강하면서도 긴밀한 귀속감, 특별한 믿음과 규범, 그들 자신을 "세상"과 구별된 자로 보는 인식 등을 소유하긴 했지만, 이 때문에 쿰란의 에세네파처럼 광야로 숨어 들지는 않았다. 그들은 그대로 도시에 머물렀으며, 그룹 구성원들은 거리와 이웃, 가게와 광장에서 늘 영위하던 삶을 이어 갔다. 바울과 다른 지도자들은 이렇게 구성원들이 이어 가던 상호 작용을 불가피한 것으로 여겨 무턱대고 허용하지는 않았다. 하지만 그래도 몇몇 경우에는 그렇게 할 것을 적극 장려하기도 했다.

이런 점을 가장 명확하게 천명한 말이 고린도전서 5:9-13에 나온다. 여기서 바울은 자신의 예전 권면에 대한 오해를 바로잡는다.

나는 너희에게 [앞서 보낸] 서신에서 '포르노이'[*pornoi*, 다양한 성행위 규범을 어긴 자들]와 섞이지 말라고 써 보냈으나, 이는 이 세상의 '포르노이'나 탐욕을 부리는 자나 강도나 우상숭배하는 자를 아예 만나지 말라는 [뜻이] 전혀 아니니[혹은 "절대적 의미에서 그런 것이 아니니"일 수도 있다.],[145] 그렇게 하려면 너희는 이 세상에서 나갈 수밖에 없기 때문이다. 그와 반대로 내가 너희에게 "섞이지 말라"고 쓴 것은 형제라는 자가 '포르노스'(*pornos*)이거나 탐욕을 부리는 자이거나 우상을 숭배하는 자이거나 모욕하는 자이거나 술주정뱅이이거나 강도이거든 그런 자와는 함께 먹지도 말라는 뜻이다. 외부인을 판단하는 일이 나와 무슨 관련이 있겠느냐? 너희가 판단할 이는 내부인이 아니냐? 외부인은 하나님이 판단하시리라.

바울이 근친상간을 저지른 구성원을 공동체에서 쫓아내라고 지시하는 이 문맥에서 가장 중요한 문제는 공동체의 정결이다. 그는 (대개 사람들은 외부인을 부도덕하다고 여기지만) 정작 공동체의 정결을 더럽히는 것은 외부인과의 접촉이 아니라 오히려 공동체 내부에서 발생한 문제임을 고통스럽게 천명한다. 바울을 모범 사례로 인용한 몇몇 형태를 포함하여 후대에 등장한 금욕주의 기독교의 형태 일부는 "이 세상에서 나가는 것"이야말로 그리스도인이 가장 먼저 해야 할 일이라고 생각했다. 여기서는 이런 일을 귀류법(*reductio ad absurdum*, 歸謬法) 논증을 통해 불가능하다고 본다.

우리는 고린도전서 8-10장이 "우상에게 제물로 바친 고기"를 먹는 문제를 논할 때도 이와 비슷한 정서가 작용한 것을 이미 보았다. 바울은 거기서 희생제물로 바친 고기가 정결에 실제로 위협이 된다고 본 "약한" 그리스도인의 양심을 강하게 옹호하고, 이교 제의에 실제로 참여하는 행위로 해석될

---

[145] Barrett 1968, 130도 같은 견해다.

수 있는 행위를 모두 금지한다. 그러면서도 그는 이교도가 고기를 파는 시장을 이용하고 자기 집에서 고기를 먹자는 이교도의 초청을 승락할 수 있는 그리스도인의 자유를 조심스럽게 지지한다. 아울러 우리는 바울이 오직 그리스도인끼리 혼인하는 것을 지지한다고 천명하면서도 가능하다면 이교도 배우자와 이미 영위하고 있는 혼인 생활을 유지하라고 촉구함을 보았다(고전 7:12-16). 이런 경우에는 교회의 선교와 자기 방어가 모두 교회에게 세상을 향한 개방성을 유지하라고 독려할 이유가 된다. 바울은 이교도와 그리스도인이 혼인한 사례를 언급할 때 선교와 관련된 동기를 솔직하게 피력한다. "아내여, 그대가 남편을 구원할지 그대가 어찌 알리요? 남편이여, 그대가 아내를 구원할지 그대가 어찌 알리요?"[146]

더 나아가 그리스도인 종파의 내부 생활에 대한 질서를 수립할 때는 외부와 완전히 단절된 상태에서 하지 않고 외부인이 그리스도인을 어떻게 인식할 것인지 고려했다. "조용한 삶"(hēsychia)이라는 장인 윤리는 힘써 일하고 자기 일에만 신경 쓴다는 태도에 기초하는데, 이런 장인 윤리의 목적은 "너희 행위가 외부인이 보기에 품위가 있게 하는 것"이었다(살전 4:11-12). 교회 집회 때 무아지경에 빠지는 모습에 제동을 걸어야 했던 것도 이런 집회에 온 외부인(이들은 이런 모임에 자유로이 올 수 있었던 것으로 보인다)이 그리스도인들을 귀신 들린 자나 정신 나간 자로 생각하지 못하게 하려 했기 때문이다(고전 14:23). 바울은 고린도 그리스도인들에게 "유대인과 그리스인과 하나님의 교회" 앞에 걸려 넘어질 돌을 놓지 말라고 신신당부하면서(고전 10:32) 자신의 선교 사역이 지닌 적응 능력을 재차 언급한다(33절; 참고. 9:19-

---

146 이 물음들의 형태는 좀 어색하다. 혹자는 이 물음을 반대의 의미로 번역하여 배우자 구원에 회의를 표명하고, 15절의 말처럼 이교도 배우자가 갈라서려고 하거든 체념하고 받아들이라는 의미로 옮길지도 모르겠다. 하지만 이 물음과 이 앞에 있는 절 "그러나 하나님은 너희를 평화로 부르셨다"는 14절의 정서로 다시 돌아가는 것으로 해석하는 편이 더 낫다. 참고. Barrett 1968 *ad loc*.

23). 후대에 기록된 바울 학파 서신과 후대의 다른 그리스도인 그룹도 동일한 패턴을 그대로 유지한다.[147] 골로새서 4:5은 데살로니가전서 4:12에서 이미 증언한 규칙과 유사한 일반 규칙을 다음과 같이 제시한다. "외부인에게는 지혜롭게 행하며, 네 기회를 활용하라." 여기서 지혜롭게 행한다는 것은 "하나님의 뜻"인 공동체의 도덕 규범에 합당하게 행할 뿐만 아니라(비슷한 내용의 엡 5:15-16과 비교하라), 외부인도 훌륭하다고 인정하는 기준을 따라 행하라는 뜻이다.[148] 더 나아가 이 제2 바울 서신의 권면은 그리스도인 그룹의 기본 구조를 모든 그리스-로마 사회가 그 근본으로 여긴 가정의 수직적 위계 질서와 관련지어 묘사한다. 소위 가정 규범(골 3:18-4:1과 엡 5:21-6:9 같은 것)을 통해 이러한 질서를 강조한 것은 그리스-로마 저술가들이 이 신흥 종교를 비판하며 으레 주장하곤 했던 반대 의견—그리스도인은 집안을 타락시켜 사회 전체 구조의 근간을 위협한다는 의견—에 대항하여 그리스도인들을 변호하려는 것이었다.[149]

진정한 바울 서신에서 정치 권세에 특별히 주목하는 본문은 오직 하나뿐이다. 그리스도인 그룹이 더 큰 사회와 주고받은 상호 작용과 그 과정에서 겪은 어려움은 이 초기 단계에서는 형식에 덜 매인 사회 구조 때문에 발생한 것으로 보인다. 통설은 바울이 로마서 13:1-7에서 디아스포라 유대인 공동체가 정립한 권면 형식을 사용한다고 인정한다. 여기서 바울은 그리스도인더러 "권세"에 복종하라고 요구하는데, 이 "권세"는 지방 자치체 행정관이 아니라 제국 정부에 속한 공무원이었다. 속주 도시에 사는 유대인들은 으레 황실 및 황실이 파견한 사절과 좋은 관계를 유지하고자 애썼으며, 지역에

---

[147] van Unnik 1964을 보라.
[148] Ibid., 228.
[149] 2장 주79에서 인용한 문헌을 보라.

서 제국에 반대하는 봉기가 일어날 때는 특히 그러했다.[150] 이 문맥은 그러한 국가의 모습을 바람직한 이상으로 묘사하지만, 도시 유대인들의 허다한 경험은 이러한 이상이 그들에게 가장 좋은 방책이라는 것을 실제로도 확증해 주었으며, 바울계 그리스도인들도 그러한 유대인들의 예를 따랐다. 바울계 그룹이 때로는 그들의 권면에서 볼 수 있는 이원론적 언어(이 언어는 같은 장 뒤에 나오는 롬 13:11-14에서도 사용된다)를 로마 권력에 적용하지 않는다는 점은 의미심장하다. 예를 들면 쿰란 유대인 종파의 이데올로기나 요한계시록과 달리 그들은 사탄에게 속한 "통치자"(*archontes*)를 인간 권력자의 배후에 있는 진짜 권력으로 여기지 않는다.[151]

바울계 그리스도인들은 이러한 실제적 관심사 때문에 그들이 살던 도시의 더 넓은 삶에 계속 참여했다. 이런 실제적 관심사뿐 아니라 그들이 사용한 특별한 언어에도 모든 사람 가운데 존재하는 궁극적 통일성을 암시하는 말로 해석할 수 있는 은유와 상징의 복합체가 많이 들어 있다. 입교 의식인 세례는 분명 경계를 설정하는 의식으로, 새 신자가 그리스도인에게 어울리지 않는 "옛 사람"의 구조에서 떨어져 나와 그 회중 안으로 들어올 때부터 회중과 한 몸임을 강조했었지만, 동시에 온 우주를 아우르는 의미를 지닌 여러 이미지를 사용하여 그 종파의 통일성을 생생히 보여 주기도 했다. 세례를 받은 자가 세례 후에 "입는" 그리스도는 "새 사람"이자 "마지막 아담"이며 "창조주의 형상"이었다. 적어도 일부 바울계 그리스도인들은 자신들이 받은 세례를 되새길 때 인간의 권세(human powers)뿐 아니라 인간 위에 있는 권세(superhuman powers) 사이에 이루어지는 우주적 화해를 이야기했다. 이러한 이미지는 특히 제2 바울 서신인 에베소서와 골로새서에서 분명

---

150 1장의 '도시의 유대교와 바울 기독교'를 보라.
151 반대 견해를 보려면 Cullmann 1963, 51-52를 보라.

하게 나타난다.[152] 바울 자신은 물론, 에베소서를 쓴 바울의 제자도 교회 안에서 유대인과 이방인이 하나가 됨으로써 인류의 통일이 극적으로 실현되었다고 본다. 에베소서는 이전에 서로 적대시하고 따돌렸던 이들이 한 집안을 이루어 한 몸이 된 것을 "때가 차면 하늘에 있는 것과 땅에 있는 것, 곧 온 우주를 그리스도 안에서 통일하시려는" 하나님의 신비로운 계획을 보여주는 핵심 사례로 제시한다(1:9-10; 2:11-22). 바울은 대다수 유대인이 예수를 메시아로 받아들이길 거부한 문제를 놓고 로마 그리스도인에게 써 보낸 긴 담화를 맺으면서 그 시대와 관련하여 "이방인이 충만히 들어오면 모든 이스라엘이 구원을 받으리라"(롬 11:25-26)는 특이한 시각을 천명한다.

온 우주를 아우르는 이런 이미지의 의미는 분명하지 않다. 누구나 바람직하다고 여기는 가치를 홀로 소유하고 있다—구원과 관련된 것을 독점하고 있다—고 주장하는 종파는 외부인과 자유로이 소통하는 것을 꼭 반기지는 않으며 오히려 그 반대일 경우가 더 많다. 골로새서와 에베소서의 권면에서는 구체적으로 그리스도인 그룹의 내부 결속을 강화할 목적으로 바울학파의 세례 언어가 표현하는 온 우주를 아우르는 이미지를 사용했다.[153] 그러나 바울 및 그 동역자들과 연관된 운동과 관련하여 가장 분명하게 드러난 사실 가운데 하나는 바로 그 선교 운동의 왕성한 활동이었다. 그들의 선교 운동은 외부인에게서 내부인이 될 수 있는 가능성을 발견하고 외부인과 소통하는 것을 단절하지 않았다. 이런 점에서 바울계 기독교의 정신은 가령 내향성이 강한 요한계 그룹보다 훨씬 더 열려 있었다.[154] 바울계 그룹이 남긴 문헌은, (그 그룹과 더 큰 사회를 구분하는 경계를 좀더 분명하게 설정하는 것을 포함하여) 강한 내부 결속을 촉진하는 데 필요한 조치와 외부인들이 널리 받

---

152 Meeks 1977.
153 Ibid.
154 Meeks 1972.

아들일 수 있는 정상적 소통을 지속하려는 의도 사이의 긴장을 그대로 담고 있다.

온 세계를 아우르는 한 백성

각 지역의 그리스도인 그룹은 높은 수준의 결속과 그룹 정체성을 보여 주었을 뿐 아니라 그들이 "각처에서 우리 주 예수 그리스도의 이름을 부르는 모든 이와 더불어"(고전 1:2) 더 큰 운동에 속해 있다는 것도 알게 되었다.[155] 머지않아 그들은 이런 관계를 구체화하고 보호해 줄 독특한 기관 조직망을 고안한다. 그 결과 긴밀한 관계를 유지하며 잘 훈련된 각 지역 공동체는 여러 지역을 통할하는 조직과 결합하게 되었고, 이러한 결합은 콘스탄티누스 대제 시대에 기독교가 사회와 정치 면에서 성공할 수 있게 해 준 주요 요인 가운데 하나가 되었다. 우리가 가진 자료 중 가장 이른 시기에 나온 자료는 이러한 이중 정체성을 드러내는 두 측면이 이미 작용하고 있었음을 보여 준다. 아돌프 폰 하르낙(Adolf von Harnack)은 다음과 같이 말했다. "어떤 복음 전도자가 아니라 바로 이것이 가장 효과 있는 선교사였음이 증명되었다."[156]

메시아 예수를 믿는 이들의 정체성에 관한 주장이 독특한 성격을 지니고 있음은 바울과 그 동역자들이 '에클레시아'—우리가 습관처럼 '교회'로 번역하는—라는 말을 사용하는 방식에서 분명하게 드러난다. 우리가 틀림없이 오해를 일으킬 수밖에 없고 그 시대와 맞지 않는 용어를 사용하는 이

---

[155] 하지만 고린도 서신이 첫 번째 자리를 차지할 즈음에, 바울 서신 수집을 "널리 진작하고자" 고전 1:2에 있는 이 문구를 후대에 첨가했다는 견해도 종종 주장되었다. 가장 최근 자료로는 Beker 1980, 26을 보라.
[156] Harnack 1906, 1:434.

유는 도시 그리스도인이 일찍부터 보통 그리스인들이 이 말을 들으면 분명 당황할 수밖에 없는 독특한 방식으로 사용하기 시작한 것으로 보이기 때문이다. '에클레시아'의 가장 흔한 용법은 그리스를 구성하는 개개 도시의 자유인 남성 시민으로 구성된 민회를 가리키는 것이었다. 사람들은 심지어 헬레니즘 시대 군주들과 그 뒤를 이은 로마 군주들이 이 표결 회의체가 지닌 권력을 대부분 박탈한 뒤에도 '에클레시아'를 계속 그런 의미로 사용했다.[157] 바울 서신에는 이런 용법을 거의 흉내 내거나 패러디한 것처럼 보이는 본문이 있는데, 서신 수신인을 "데살로니가인들의 '에클레시아'"나 라오디게아인들의 '에클레시아'라고 부르는 경우(살전 1:1; 살후 1:1; 골 4:16),[158] 혹은 어떤 고을에 있는 모든 이가 "에클레시아로 모인" 때(고전 11:18; 참고. 14:19, 23, 28, 35)를 말하는 경우[159]가 그런 예다. 그렇지만 이 말은 기독교 운동의 가장 작은 단위인 가정 교회(*hē kat' oikon ekklēsia*)를 가리키는 말로도 사용된다.[160] 겉으로 보면 이런 용법은 일부 그리스인 동호회가 그들의 사업 모임을 가리키는 명칭과 닮았지만,[161] 서신의 맥락은—우리가 그런 모임을 '뉴타운 친우회' 정도로 생각하지 않는 이상—그 '모임'이라는 번역어가 적절치 않음을 보여 준다. '에클레시아'는 가끔씩 모이는 것뿐 아니라 그렇게 모이는 그룹 자체도 의미한다.

더 나아가 '에클레시아'는 어느 지역의 일부 혹은 전체 그리스도인 그룹을 가리킨다. 바울은 한 속주—갈라디아, 아시아, 마케도니아, 유대—의 '에

---

[157] Brandis 1905.
[158] 참고. Dahl 1941, 240-241. 그는 Erich Peterson의 논지를 언급한다.
[159] 고전 시대의 '민회'가 수행한 기능을 훨씬 더 많이 떠올리게 하는 곳이 고전 5:4-5이다. 이 구절은 한 구성원을 쫓아내려면 공식 모임을 열어야 한다고 말한다. 하지만 이 문맥에서는 그런 말 자체가 나오지 않는다. 특정 도시의 그리스도인 모임을 가리키는 말로 '에클레시아'를 사용한 또 다른 사례는 롬 16:1(겐그레아); 고전 1:2; 고후 1:1(고린도); 빌 4:15에 나온다.
[160] 롬 16:5, 19; 몬 2절; 골 4:15.
[161] Poland 1909, 332.

클레시아이'(*ekklēsiai*)를 언급할 뿐 아니라(고전 16:1, 19; 갈 1:2; 고후 8:1; 살전 2:14) "이방인의 모든 '에클레시아이'"(롬 16:4)와 "그리스도의 모든 '에클레시아이'"(롬 16:16) 또는 "하나님의 모든 '에클레시아이'"(고전 11:16, 22, 살후 1:4)도 언급한다.¹⁶² 그러나 그는 어떤 지역 회중에 적용하는 일반 규칙을 언급할 때는 물론, 기독교 운동 전체를 포괄하는 문구를 사용할 때도 '에클레시아'라는 단수를 사용하며, 에베소서와 골로새서를 쓴 바울의 제자들도 그럴 경우 바울보다 훨씬 자주 단수를 사용한다.¹⁶³ 이 본문 가운데 가장 놀라운 문구는 "하나님의 '에클레시아'"다. 이 말은 "유대인과 그리스인"(고전 10:32)이라는 말과 나란히 등장하지만, "고린도에 있는 하나님의 '에클레시아'"(고전 1:2)처럼 한 지역 공동체를 가리키는 데도 사용되었다.¹⁶⁴ 이런 용법의 뿌리는 분명 "주의 총회"(*ekklēsia tou kyriou*, 이는 히브리어 *qʰhal yhwh*를 번역한 말이다)라는 성경 문구다. 이는 고대 이스라엘의 모든 지파나 이 지파 대표들의 공식 모임을 가리키는 말이었다.¹⁶⁵ 바울 시대 무렵의 유대인 저술가들은 이런 성경적 용법에 소소한 변화를 주면서도 이 용법을 계속 따랐으며, 쿰란 공동체는 말세에 신실한 자들이 마지막 전쟁을 치르고자 혹은 기름부음을 받은 제사장 및 제왕과 거룩한 식사를 함께 하고자 모이는 제의적 회중을 가리키는 말로 이 "하나님의 총회"라는 말을 사용했다.¹⁶⁶ 이런

---

162 "성도들의 '에클레시아'", 고전 14:33-34; 혹은 그냥 "모든 '에클레시아'", 고전 4:17; "모든 '에클레시아'", 고전 7:17; 고후 8:18; 11:28; 참고. 12:13.
163 고전 6:4; 10:32; 12:28; 14:4, 5, 12, 15:9; 갈 1:13; 빌 3:6; 엡 1:22; 3:10, 21; 5:23, 24, 25, 27, 29, 32; 골 1:18, 24. 참고. Linton 1959, col. 912.
164 또한 갈 1:13과 고전 15:9을 보라.
165 특히 신 23:2, 3, 4과 삿 20:2: "하나님 백성의 '에클레시아'에"(ἐν ἐκκλησίᾳ τοῦ λαοῦ τοῦ Θεοῦ); 느 13:1: "하나님의 '에클레시아'에"(ἐν ἐκκλησίᾳ Θεοῦ, 1절은 Θεοῦ 대신 κυρίου); 집회서 24:2: "지극히 높으신 이의 '에클레시아'에"(ἐν ἐκκλησίᾳ ὑψίστου); 50:13: "이스라엘의 온 '에클레시아' 앞에"(ἔναντι πάσης ἐκκλησίας Ἰσραήλ). Schmidt 1938, 527-529가 증거를 두루 살펴본 내용을 보라.
166 신명기처럼 필론도 시내 회중을 가장 탁월한 하나님의(또는 주의) '에클레시아'(ἐκκλησία Θεοῦ 또는 ἐκκλησία κυρίου)로 보았다: *Virt.* 108; *Ebr.* 213; *Som.* 2,187; *Quis her.* 251; *Decal.* 32. 빛의 아들들이 어둠의 아들들과 펼치는 전쟁 때 따를 기준은 하나님의 총회(*qʰhal ʾel*)에 새겨 주어야 했다, 1QM

용법과 바울의 용법 사이에 정확히 어떤 연관성이 있는지 파악하기는 쉽지 않다. 그러나 보편성을 지닌 하나님의 단일 백성에 속한다는 개념, 곧 바울계 그리스도인을 다른 동호회나 종교 모임과 구분하는 이 개념이 직접 유대교에서 유래했다는 점만은 의심할 여지가 없다.

아울러 바울과 다른 선교 지도자들은 분명히 이 세상에서 메시아 예수를 믿는 모든 자가 한 형제라는 관념을 가르치고 심어 주고자 적극 노력했다. 서신 자체와 이 서신을 가져간 심부름꾼, 그리고 바울과 그 동역자들이 거듭하여 여러 지역의 회중을 방문한 일은 모두 모든 신자가 이렇게 서로 연결되어 있음을 강조했다. 집에서 모이는 회중에 대한 언급이 모두 서신 말미 혹은 (빌레몬서 같은 경우는) 서신 서두의 인사말 문맥에서 등장한다는 점은 주목할 만하다. 초기 기독교 운동의 가장 작은 단위를 언급하는 본문은 다른 지역에 있는 사람들의 이름과 그룹들을 독자들에게 언급함으로써 그들이 모두 더 큰 교제 모임에 속해 있음을 되새겨 주는 문맥에 포함되어 있다. 경의를 표하는 인사말과 안부를 묻는 인사말은 때로 수신자를 그들이 사는 속주나 다른 곳에 있는, 그러니까 고린도는 물론, "아가야 전체에 있는 모든 성도"(고후 1:1)나 "모든 곳에서 우리 주 예수 그리스도의 이름을 부르는 모든 이"(고전 1:2)와 연계하기도 한다. 골로새서 4:13은 리쿠스 계곡에 있는 여러 교회를 한데 묶고, 각 교회에 보내는 서신을 다른 교회에서도 읽게 하라는 지시가 담긴 골로새서 4:16은 특별히 라오디게아와 골로새를 연계한다.[167] 고린도전서 끝부분도 시사하는 것이 있다. "아시아의 '에클레시

4:10: 흠 있는 자를 하나님의 총회(*qʰhal elah*)에서 제외하라(신 23:1-3을 달리 바꾸어 쓴 말), 1QSa 2:3; 참고. 1QSa 1:25-26; CDC 7:17; 11:22, 12:6. 참고. Linton 1959, cols. 907-911. 또한 히 12:23의 용례를 주목하라. 이 구절 용례가 제시하는 시내 총회와 연관성이 바울 서신의 용례보다 훨씬 직접적이다.

167 골로새서는 필시 위명 서신이다. 따라서 유달리 많은 인물에게 인사를 전하는 골 4:7-15(바울 서신에서 로마서를 제외한 다른 어느 서신보다 등장인물이 많다)의 인사 중 일부 혹은 전부는 허구일 수도 있다(참고. 디모데후서). 만일 그렇다면, 바울은 물론, 그의 제자들도 이렇게 개인 및 그룹과 맺고

아이'가 너희에게 문안 인사를 전하며, 아굴라와 브리스가 및 그 집에 있는 '에클레시아'도 주 안에서 너희에게 많은 인사를 전한다. 모든 형제도 너희에게 문안 인사를 전한다. 거룩한 입맞춤으로 피차 문안하라. 나 바울도 너희에게 내 손으로 직접 문안 인사를 전한다"(16:19-21). 의식을 거행할 때 행하던 입맞춤—공동체가 그 지역 모임에서 경험한 '코뮤니타스'의 가장 친밀한 표현—을 이처럼 더 폭넓은 교제를 되새겨 주는 문맥 속에 배치했다. 이런 언어는 공식적이면서도 친밀하다.

만일 이런 서신이 한 지역 단위를 넘어 더 넓은 범위의 연관성을 되새겨 주는 것이라면, 사도의 방문은—비록 이런 서신이 사도의 직접 방문을 중간 중간 대신하기도 했지만[168]—그런 연관성을 훨씬 더 직접 되새겨 주는 역할을 했다. 바울계 선교 지도자들이 여행한 거리는 고대 독자는 물론, 현대 독자도 종종 놀라게 한다. 선교사로 간 사람을 환대해 줄 것을 구하는 추천서의 역할을 대신하는 본문이 바울 서신에 많이 나온다.[169] 나중에는 이런 추천서가 비단 지도자뿐 아니라 선교 여행을 간 모든 그리스도인에게 혜택을 주게 된다.[170] 바울 서신과 신약성경 다른 부분에는 다른 도시를 여행하던 평범한 그리스도인도 "형제" 집에서 묵을 것을 기대할 수 있었음을 귀띔해 주는 부분이 있는데, 이는 디아스포라 유대인 가운데 확립된 관습을 따른 것일 가능성이 아주 높다.[171] 따라서 환대는 바울이 이미 로마서에서 그리스도인의 공동생활 미덕을 강조하는 전통적 권면 가운데 포함되어 있다(12:13). 나중에 히브리서와 로마 교회가 고린도에 보낸 서신도 동시대 유대

있던 관계를 이 도시 신자들과 저 도시 신자들이 교제를 유지하는 데 가장 중요한 요소로 여겼다는 것이 더욱 분명해진다.
168 Funk 1967을 보라.
169 롬 16:1-2; 고전 16:10-12; 참고. 빌 2:25-30; 골 4:7-9; 엡 6:21-22. 또한 바울은 자신도 환대해 달라고 요구한다. 몬 22절; 롬 15:24.
170 Treu 1973이 모아 놓은 3세기와 4세기 서신도 그렇다.
171 회당에 여행자용 숙소가 있었음을 보려면 앞의 1장 주63을 보라.

인들처럼 아브라함 사례를 인용하는데(히 13:2; 클레멘스1서 10:7), 거기서 환대는 특히 주교에게 요구되는 미덕이 된다.[172] 후대의 관습에 관한 저지의 이런 평가는 거의 과장 없이 1세기에도 적용될 수 있다.

> 여행할 때 안전과 환대는 전통적으로 힘이 있는 자들의 특권이었다. 이런 이들은 부(富)가 만들어 준 후견과 친분 조직에 의존했다. 추천서는 이러한 내부인들만의 이점이 이제는 비록 전혀 모르는 낯선 사람임에도 불구하고 신뢰를 바탕으로 받아들일 수 있는 믿음의 집안 전체로 확대되었다는 사실을 보여 준다.[173]

이것은 하나님의 '에클레시아'에 속한다는 것이 라오디게아, 에베소, 고린도, 혹은 로마에 있는 하나님의 '에클레시아'에 속한 이를 "형제"나 "자매"로 영접할 수 있다는 의미임을 가장 확실히 되새겨 주는 예라고 할 수 있다.

그리스도인이 지리적 경계를 초월하여 피차 의무를 지고 있음을 사뭇 다르게 보여 주는 예가 바로 "예루살렘 성도 가운데 있는 가난한 이들"을 위해 연보를 거두는 일이다. 바울은 그의 사역 마지막 몇 해 동안 이 일에 큰 에너지를 쏟아부은 것 같다. 안디옥 교회 대표와 예루살렘 "기둥들"이 예루살렘에서 만났을 때 바울과 바나바는 "가난한 이들을 기억해야" 할 의무를 공식적으로 부여받았다(갈 2:10). 바울은 분명히 안디옥 그리스도인들뿐 아니라 나중에 소아시아와 그리스에서 회심한 자들도 이 의무를 짊어져야 하는 것으로 여겼다. 후자 가운데는 일부 반발하며 의심하는 이도 있었지만,

---

[172] 참고. 클레멘스1서 1:2; 11:1; 12:1; 35:5. 또한 벧전 4:9을 보라. 감독을 공대하라는 요구를 보려면 딤전 3:2; 딛 1:8을 보라. 이 모든 문제를 다룬 글을 보려면 Malherbe 1977a, 65-68를 보라. 그는 누가복음과 사도행전이 환대에 특히 관심을 보였다고 지적한다.
[173] Judge 1980a, 7; 참고. Hatch 1892, 44-45.

바울은 디도와 여러 교회가 임명한 익명 사절단의 도움을 받아 연보를 모아 예루살렘으로 보내는 데 많은 노력을 기울였다. 이 연보를 보낼 때는 각 지역 그룹이 보낸 대표들도 모두 동행했다.[174] 바울이 이런 일을 한 동기와 신학적 근거는 근래 여러 해 동안 몇몇 연구의 대상이 되긴 했지만,[175] 클라우스 베르거(Klaus Berger)와 벵트 홀름베리(Bengt Holmberg)가 불만을 토로하듯이, 각 지역의 바울계 회중과 예루살렘의 유대인 그리스도인들과 유대인들이 이 연보를 어떻게 이해했는가라는 문제에는 충분한 주의를 기울이지 않았다.[176] 베르거가 시사하듯이 어쩌면 각자의 시각이 전혀 달랐을 수도 있다. 예루살렘의 그리스도인 그룹은 이런 연보가 유대교가 익히 아는 방식을 통해 바울의 선교 활동에 정당성을 부여하는 수단을 제공한다고 보았다. 유대인들 입장에서 바울계 그룹은 이방인이다. 하지만 그들의 자선 행위는 그들이 이스라엘에 공감하며 이스라엘과 하나임을 보여 줄 수 있었다. 바울계 공동체는 이렇게 보았다. "가난한 유대인 그리스도인들을 위한 이런 자선 행위는 바로 그들과 예루살렘 회중이 하나임을 의미한다. 이 연보는 그것을 명확히 증명하는 성질의 것이다. 예루살렘 회중이 이 연보를 받아들이는 것은 그 그룹의 지위를 확인해 주는 것이다."[177] 연보를 거두려는 노력은 결국 비참한 결과로 끝났다. 만일 예루살렘 그룹이 이 연보를 받아들였다면 틀림없이 이방인 그리스도인들이 유대인 그리스도인들보다 낮은 지위

---

[174] 고전 16:1-4; 고후 8-9장; 롬 15:25-28; 참고. 행 19:21; 20:1-6.
[175] Nickle 1966; Georgi 1965; K. Berger 1977.
[176] Berger 1977은 사도행전 저자(그는 24:17을 제외하면 연보에 관하여 어떤 언급도 하지 않는다)가 연보를, 고넬료처럼(10:2) 유대인 공동체의 경계선에 자리한 누군가가 이스라엘에 경건과 성실을 보여 주는 방법으로 이해했음을 설득력 있게 논증한다. 우리는 앞서 디아스포라 회당들이 때로는 이방인 후견인이 희사한 선물을 기념했다는 증거를 명문에서 보았다(앞의 1장, 주257). Holmberg 1978, 35-43는 Berger의 주장을 받아들이면서도 예루살렘 그룹의 관점에서 율법적 성격이 더 강한 의무를 강조한다.
[177] K. Berger 1977, 198.

에 있음을 암시하는 것으로 받아들였을 것이다.[178] 심지어는 이것도 모자라 유대인 공동체의 일부 무리는 바울이 이방인 교회 대표들과 함께 있는 것을 분개할 일로 여겼으며, 결국 바울은 체포당하여 그의 선교 사역에 마침표를 찍게 된다. 그럼에도 이런 결과 때문에 바울계 공동체가 "돌감람나무와 같은" 자신들이 "본성을 거슬러" 한 백성인 하나님 백성에 접붙여졌다는 인식을 증명하고자 함께 비범한 노력을 기울였다는 사실을 간과해서는 안 된다. 예루살렘 공동체가 무너지고 오랜 시간이 흐른 뒤에도 이러한 인식은 기독교 운동의 자기 이해에 다양한 방식으로 영향을 미치게 된다.

---

178 Holmberg 1978, 43가 그렇다.

4장

통치

3장에서는 여러 특정 도시에서 가정을 중심으로 친밀한 그룹을 형성하고 자신들이 "하나님의 '에클레시아'"라는 더 큰 운동의 일부임을 알고 있던 바울계 그리스도인들에게 귀속감과 결속을 제공한 몇 가지 요소를 살펴보았다. 이제는 그들이 보여 준 연대(連帶)의 조직 차원을 고찰해 보아야 한다. 리더십 패턴, 그룹 구성원 간의 역할 구분, 분쟁 해결 수단, 그룹 구성원들이 공유하는 가치와 규범을 명확하게 천명하는 방법, 규범 준수를 위한 (납득할 수 있는 수준의) 제재 수단을 마련하지 않는 그룹은 그 어떤 그룹이라도 상당 기간 존속할 수 없다. 우리는 바울과 그 동역자들이 세운 교회 구성원들이 으레 받아들이곤 했던 명령이나 추천을 할 수 있던 자들이 어떤 부류의 사람인지 알고 싶다. 또 우리는 이들을 따른 자들이 왜 순종했는가도 알고 싶다. 우리는 이런 물음 때문에 권위 구조라는 모호한 영역을 파고드는데, 다행히 근래에 존 쉬츠(1975)와 벵트 홀름베리(1978)가 내놓은 두 단행본이 이 권위 구조를 상당히 상세하게 연구했다. 이어서 논하는 내용은 이 두 책에 많은 신세를 졌다.

분쟁 처리

우리가 탐구를 시작하기에 가장 좋은 방법은 바울 서신에 나오는 특별한 분쟁 사례 몇 가지를 살펴보고, 누가 권위를 주장하거나 행사하는지, 거기서 천명하거나 암시하는 규범이 어떤 종류인지, 어떤 제재 수단을 사용했는지, 그에 따른 결과는 어떠한지를 알아보는 것이다. 여기서 우리는 근래의 학자들이 많은 글을 통해 논쟁을 벌이는 현실 속의 분쟁 사안보다 오히려 그런 사안을 처리하는 형식과 절차에 관심에 둔다.

예루살렘과 안디옥

이미 보았듯이 이방인을 어떤 조건으로 기독교 운동에 받아들일 것인지는 아주 중대한 문제였다. 이 문제는 안디옥에서 처음 불거졌다. 안디옥 그리스도인 공동체의 대표였던 바나바와 바울은 예루살렘으로 올라가 기독교 운동의 발원지라고 할 수 있는 회중의 지도자들과 이 문제를 논의했다. 바울은 "계시를 따라" 예루살렘행을 결정했다고 말한다(갈 2:2). 이 말은 안디옥 회중이 그들더러 예루살렘으로 가라고 "명령했다"고 보고하는 사도행전 15:2과 반드시 모순되지는 않는다. 계시는 당연히 회중 안에 있던 선지자를 통해 임하거나, 제비뽑기를 통해 임하거나, 영의 감동에 근거한 다른 결정 수단을 통해 임했을 것이기 때문이다. 갈라디아서 2:2과 사도행전 15:2의 기사 사이에 존재하는 다른 차이점 몇 가지를 아주 쉽게 해결할 수는 없으나, 여기서 그런 차이점을 둘러싼 기나긴 토론을 되풀이할 필요는 없겠다.[1] 사도행전 저자는 몇 가지 점에서 바울이 갈라디아서에서 보고하는 내용과 모순되는 자료나 자료들을 사용했다. 게다가 교훈을 제시하려는 사도

---

1 Haenchen 1959, Betz 1979, 그리고 이들이 인용하는 풍부한 문헌을 보라.

행전의 목적 때문에 이 사건의 실체가 더욱더 불투명해졌는지도 모른다. 바울은 갈라디아서에서 훨씬 더 분명하게 변증 목적을 드러내면서도 자신이 이 사건에 참여한 자로서 이 사건이 일어난 지 10년도 지나지 않아 이런 글을 쓰고 있음을 내세워 우리에게 자신의 말을 믿어 달라고 처음으로 주장한다. 다행히도 우리가 탐구하는 데 아주 중요한 의미가 있는 사실들은 상당히 명확하다.

논쟁의 쟁점은 할례였다.[2] 즉 안디옥의 예수 추종자 무리에 합류한 이방인도 이제 유대인 공동체에 들어가면 보통 치르는 의식을 치러야 하는가가 문제였다. 하지만 이 논쟁은 기독교 운동 안에서 일어난 내부 문제였다. 이 쟁점을 제기한 이는 더 큰 유대인 공동체 구성원들이 아니라 "형제들"—그러나 바울은 분명 이들에게 "거짓 형제"라는 이름표를 붙인다—이었다. 이에 따라 안디옥 회중은 이 쟁점을 해결하고자 안디옥 유대인들의 대표들(*archontes*)이나 장로회(*gerousia*)가 아닌, 예루살렘 교회의 유명한 사람들(*hoi dokuntes*) 곧 "기둥들"에게 이 문제 해결을 의뢰한다. 사도행전 저자는 예루살렘에 더 복잡한 조직이 있었다고 추정한다. 다른 종교 협회처럼 장로회가 이끌던 공동체는 중요한 결정을 내릴 때면 전 공동체가 열두 사도와 함께 모였다. 당시 사람들은 아마도 열두 사도를 일종의 집행위원회(*prytania*나 *decania*)로 해석하지 않았나 싶다. 바울은 이런 조직을 언급하지 않지만, 이런 조직이 실제로 존재했을 수도 있다. 그러나 사도행전이 제시하는 그림은 후대 스타일의 조직으로, 후대의 조직 모습을 사도행전 시대

---

[2] 바울은 할례 문제를 강요하는 "거짓 형제들"을 언급하기 전에 예루살렘으로 올라가 "내가 이방인 가운데서 설교하는 복음"을 의논하기로 결정했다고 보고한다. 이 때문에 혹자는 이 거짓 형제들이 이때 예루살렘에 처음 등장했다고 추측할 수도 있겠다. 하지만 이 순서는 필시 실제 사건 순서를 따른 것이 아니라 바울의 논증 구조를 따랐을 것이다. 이는 이 본문 전체 맥락이 여기서 다루는 중심 문제가 이방인 회심자의 할례였음을 보여 주기 때문이다. 디도는 이를 증명하는 사례로 안디옥에서 함께 데려온 이였다. 참고. Betz 1979 *ad loc*. 따라서 이런 세부 사항을 보면 사도행전의 보고가 더 분명하다.

로 투영한 것일 수도 있다. 이 두 기사는 지도자들이 이방인 회심자에게 할례를 요구하지 않을 것이라는 데 완전한 의견 일치를 보았다고 보고한다. 이 점을 제외하면 이 두 자료는 의사 결정 방식과 범위 측면에서 차이를 보인다. 사도행전을 보면 "사도와 장로와 온 회중"의 권위로 엄중한 명령을 내리면서(15:22)³ 이방인 그리스도인이 지켜야 할 도덕 규칙과 의식을 확실하게 제시한다. 예루살렘이 이런 공식 규칙을 공포했다고 믿은 이는 사도행전 저자가 처음은 아니다. 바울도 지도자들이 "내게 아무것도 더하지 않고" 다만 "우리가 가난한 이를 기억해야 한다"는 것만 당부했음을 강조할 필요가 있다고 보기 때문이다(갈 2:6, 10).⁴ 바울이 보고하는 것은 어떤 칙령이 아니라 동등한 당사자 사이의 합의다. 당사자 한쪽에는 게바와 야고보와 요한이라는 "유명한" 인물이 있고 다른 한쪽에는 바울과 바나바가 있었는데, 이 합의는 "친교의 악수"를 통해 확정되었다.⁵

이 합의는 오래가지 못했다. 안디옥 그리스도인 그룹의 유대인과 이방인은 당분간 공동 식사를 통해 연대를 유지하고 또한 이를 과시했으며, 예루살렘에서 안디옥에 도착한 베드로도 그 공동 식사에 참여했다.⁶ 그러나 "야고보에게서 온 어떤 사람들"이 나타나자 바울을 제외한 베드로와 다른 모

---

3 다시 말하지만, 이런 스타일은 콜레기움이 하는 행동 스타일로, 한 도시의 "시 의회와 시민 단체"가 내린 결정을 모방한 것이다. 가령 앞의 99-100에서 논한 Josephus *Ant*. 14.259-261와도 비교해 보라.
4 사도행전이 갈라디아에 있던 바울 반대자들이 퍼뜨린 해석과 아주 비슷한 공의회 관련 전승을 받아들여 결합했다는 주장을 보려면 Linton 1949을 보라.
5 Sampley 1980, 21-50. 바울 자신이 갈 2:7-9에서 어떤 공식 문서를 인용하거나 암시한다는 주장이 있었다. 여기서는 베드로의 이름이 등장하지만, 바울이 다른 곳에서 그를 게바라 부르면서 상당히 바울답지 않은 문구인 "무할례의 복음…할례의 복음"이라는 말을 함께 사용하기 때문이다(1:7-9과 대비해 보라). 그러나 이는 결정적 증거가 아니다. Betz 1979 *ad loc*.
6 이것은 갈 2:7-9이 묘사하는 합의가 사람들이 종종 주장하는 것과 달리 서로 분리된 두 선교를 만들어 내지 않았음을 보여 준다. 바울은 이 합의 때문에 자신에겐 유대인 동포를 개종시키는 일이 금지되었다고 생각하지 않았다(고전 9:20). 갈 2:7-8과 9b의 병행절이 말하는 요점은 배타가 아니라 평등이다.

든 유대인 그리스도인은—심지어 바울의 가장 가까운 동료인 바나바조차도—이런 식사 자리에서 물러갔으며, 바울만 외톨이가 되었다(갈 2:11-13). 예루살렘 합의는 음식법(*kashrut*)을 지키는 자와 지키지 않는 자가 친교 식사를 함께 할 수 있는가라는 문제를 다루지 않았는가? 아니면 베드로가 떠남으로 말미암아 3인 지도자 체제가 깨지고 "주의 형제"인 야고보만이 적절한 통제권을 행사하게 되면서 예루살렘의 상황이 급작스럽게 바뀌었을까? 우리는 모른다. 다만 이번에는 이 분쟁이 안디옥 그리스도인들의 분열이라는 대가를 치르고 해결되었다는 것만 알고 있다. 바울에게 이 사건은 분명 패배였다. 하지만 그는 갈라디아인들에게 자신을 훌륭하게 변호하면서 자신은 일관된 입장을 유지했지만 다른 이들은 그러지 못했다고 비판한다. 베드로와 한판 대결을 벌인 바울은 자신의 활동 무대를 소아시아와 그리스 본토로 옮겼다.[7]

이 일화가 초기 그리스도인들 사이의 조직 발전에 관하여 우리에게 가르쳐 주는 것은 무엇인가? 우리는 이 일화에서 무엇을 알 수 있는가? 첫째, 예수가 죽임을 당하신 후 20년도 채 되지 않아, 예수가 메시아이며 죽음에서 다시 살아나셨음을 믿는 이들의 공동체가 예루살렘은 물론 대도시인 안디옥을 포함하여 팔레스타인 밖의 몇몇 지역에서도 유대인 가운데서 다른 종파와 구분되는 종파가 되었다. 그들에게 지도자가 등장했지만, 이 지도자들 간의 관계는 아직 유동적이었다. 그래도 그들은 그들이 이끄는 운동 내부의 분쟁을 해결했다. 더 나아가 이 종파는 이미 유대인 공동체를 넘어 이방인 회심자에게까지 이르렀다. 그러나 그것이 정확히 무엇을 의미하는지가 바로 쟁점이었다. 둘째, 우리는 통일과 일치가 그들의 관심사였음을 발

---

[7] 앞의 115-117, 256-257를 보라. 그리고 뒤이어 안디옥에서 이루어진 발전을 보려면 Meeks-Wilken 1978, 13-52를 보라.

견한다. 안디옥 그리스도인들 사이에서 일어난 일은 예루살렘 그리스도인들에게도 중요한 문제가 되었고, 거꾸로 예루살렘 그리스도인들에게 일어난 일은 안디옥 그리스도인들에게 중요한 문제가 되었다. 사람들은 한 "교회"에서 다른 교회로 자유롭게 이동했다. 어떤 이는 교회가 파송한 사절(apostoloi ekklēsiōn)로 다른 교회를 찾았으며, 또 어떤 이는 어떤 권한이나 정당한 사유 없이 그저 성령이 그들을 부르셨다는 확신만 가지고 다른 교회를 찾아갔다. 이런 자유로운 이동은 초기 그리스도인의 삶에서 항상 볼 수 있는 일이었다. 이렇게 다른 교회를 방문한 이들은 자신이 방문한 공동체의 믿음이나 관습을 "바로잡으려고" 종종 그 교회 일에 개입하기도 했다. 셋째, 분쟁 해결을 위한 주된 수단은 만남과 대화였던 것 같다. 곧 살펴보겠지만, 나중에는 여행이 용이하지 않자 사도의 서신이 대면 대화를 대신하게 된다. 분쟁을 해결할 공식 수단은 아직 마련되지 않았지만, 몇몇 지도자가 예루살렘과 안디옥에서 등장했으며, 불화를 해결하는 절차는 권위 강화로 이어지고, 결국 공식 과정을 통한 결정 수단이 만들어졌다.

이 가운데 어느 것도 바울계 기독교의 구체적 조직에 관하여 많은 것을 일러 주지는 않는다. 사실 우리에게는 바울이 안디옥에서 당한 패배를 그가 자신의 독특함과 자의식이 더 분명히 드러나는 선교 조직을 형성하는 출발점으로 볼 만한 이유가 있다.[8] 물론 이것은 그가 이스라엘의 여러 전통과 연속성을 유지하거나 예루살렘의 유대인 그리스도인과 통일성을 유지하는 데 더 이상 관심을 기울이지 않게 되었다는 뜻이 아니다. 그러나 바울을 비롯해 그가 주위에서 모은 동역자들은 그들이 세운 새로운 회중과 항시 접촉을 유지할 그들 나름의 기술을 발전시키게 된다.

---

8   Holmberg 1978은 이 사건을 "바울의 발전에서 중대한 분기점 같은 것"이라고 부른다(130). 또한 Ollrog 1979, 11-13를 보라.

서신과 방문

바울의 선교가 만들어 낸 기술 가운데 가장 두드러진 것은 선교사가 그들이 세운 그룹을 거듭 방문하는 것이었다. 방문이 불가능하면 서신을 보냈다. 우리는 이미 3장에서 이런 접촉이 인식과 태도를 발전시키고 지역별 그룹을 넘어선 연대감을 발전시키는 데 중요한 역할을 수행했음을 보았다. 그러나 동시에 이런 의사소통은 사회를 더 직접적이고 구체적으로 통제하는 방법도 제공했다. 지역의 특별한 문제가 보고로 올라오면 종종 이에 대한 답변으로 제시하는 가르침이 있었다. 새로운 믿음에 합당한 삶의 양식을 널리 일반론으로 되새겨 주는 내용도 있었다. 바울이 받아들일 수 없다고 여긴 관점들을 비판하는 주장도 있었다. 일탈자 치리와 예루살렘 교회 구성원들을 위한 연보 절차처럼 아주 특별한 행위를 규율하는 지시도 있었다.

데살로니가에 되새겨 준 내용. 사회 통제 방법으로서 사절이 지닌 중요성과 서신이 지닌 잠재력은 현재 남아 있는 기독교 서신 가운데 가장 오래된 서신, 곧 바울과 실루아노와 디모데가 데살로니가 그리스도인들에게 보낸 서신에서 이미 분명하게 드러난다. 바울과 그의 동역자들은 마케도니아 여러 도시에 아주 작은 그리스도인 모임을 만든 다음, 남쪽으로 내려가 그리스(로마 속주 아가야)로 들어갔다. 아테네에 간 바울은 근래에 데살로니가에서 회심한 이들을 염려하게 된다. 그는 이 회심자들이 이웃에게서 적대시하는 압력을 받고 있다는 말을 듣고,[9] 그들을 "격려하고 권면하며" 그들이 그 상황에서 어떻게 살아가고 있는지 알아보고자 디모데를 급히 보낸다(살전 3:1-5). 디모데가 좋은 소식을 갖고 돌아오자 바울은 우리가 지금 가지고 있는 서신을 그들에게 보냈다. 이 서신의 목적 역시 "격려하고 권면하는" 것이

---

9   빌립보에서 온 그리스도인 여행자들은 데살로니가에서 거둔 성공 소식을 전해 줌으로써 바울의 아가야 사역을 도와주었으며(살전 1:7-10), 조금 뒤에는 금전을 가져와 고린도 선교를 도왔다(고후 11:9; 앞의 83-85를 보라). 아마도 바울은 데살로니가의 어려운 사정을 비슷한 방법을 통해 들었을 것이다.

었다.[10]

　데살로니가전서에는 새로운 가르침이 아주 적다. 이 서신이 제시하는 권면은, 예수의 임박한 재림을 묘사한 묵시 같은 장면과 함께 위로를 건네는 4:13-18을 제외하면, "너희 자신이 아는" 것들을 되새겨 주는 내용으로 구성되어 있다. 이렇게 되새겨 주는 내용은, 맬허비가 제안했듯이,[11] 권면(paraenesis)이라고 불리는 헬레니즘식 도덕 수사에서 전형적으로 볼 수 있는 것이다. 데살로니가전서가 옹호하는 도덕은 옹호하는 행위의 관점에서 보면 에픽테토스의 글이나 디온 크리소스토모스에게서 들었을 법한 내용과 크게 다르지 않다. 그럼에도 학자들은 회심자들이 이전에 배운 규칙 가운데 구체적 예 몇 가지를 나열하는데, 이런 예에서 도덕적 의무를 표현하는 그리스도인들의 특별한 언어의 시초를 볼 수 있다. 순종을 요구하는 근거도 권면 자체처럼 무언가를 되새겨 주는 형태를 취한다.

　이 서신의 형식에서 가장 놀라운 특징은 다른 서신과 비교할 수 없을 정도로 유달리 긴 감사가 서두에 등장한다는 점이다. 우리가 앞 장에서 이미 살펴보았듯이 이러한 감사는 저자와 수신인의 친밀한 관계를 애정을 듬뿍 담아 표현한 언어 속에 들어 있다. 서신 자체를 보면 이러한 감사의 표현은 보통 사신(私信)에서 볼 수 있는 다정한 감정 표현을 훨씬 넘어서는 것이다.[12] 이는 첫째, 이 서신이 친분의 범위를 마케도니아와 아가야와 유대의 다른 곳에 있는 다른 그리스도인 그룹까지 확장하기 때문이며,[13] 둘째, 전체

10　서두의 긴 감사 부분에서 서신의 나머지 부분으로 옮겨 가는 부분을 형성하는 바람(3:11-13)과 뒤따르는 권면 부분(παραχαλῶ, 4:1)을 주목하라. 후자도 새 회심자들이 처음 받은 가르침의 일부를 이루는 권면을 되새겨 주는 2:12의 내용을 다시 언급한다. Malherbe는 여기서 말하는 권면의 목표가 단지 "권면 부분"만 염두에 둔 것이 아니라 이 서신 전체를 염두에 둔 것임을 증명했다(곧 ANRW에 실릴 그의 논문에 자세한 내용이 담겨 있다; 참고. 1970; 1977a, 22-27).
11　곧 ANRW에 실릴 Malherbe의 논문.
12　Koester 1979, 36-37.
13　Pace Pearson 1971; 앞의 3장 주117을 보라.

를 기독론과 신학의 맥락 속에 두었기 때문이다. 이전에 수립한 관계를 이처럼 복잡하게 되새겨 주는 내용이 이 서신에서 제시하는 권면의 기초이자 맥락이 된다.

분쟁 상황 같으면 행위의 근거를 아주 솔직하게 밝히겠지만, 여기서는 분쟁 상황 때만큼 솔직하게 밝히지 않고 이 서신 설계 속에 숨겨 둔다. 권위 있는 여러 본보기를 본받을 자로서 인용한다. 사도, 그리스도 자신, 다른 그리스도인 그룹이 그런 본보기다. 아울러 데살로니가 그리스도인들이 다른 이들에게 그런 본보기(*typoi*: 1:7) 역할을 한 것을 칭송하면서 다른 이들의 눈이 여전히 데살로니가 그리스도인을 주목하고 있음을 은연중에 암시한다. 서신은 그들의 출발이 좋았음을 거듭 강조하면서 그 길로 계속 매진하되 그저 "풍성히" 매진할 것을 강조한다. 하지만 서신은 이런 인간의 의무를 하나님의 종말론적 행위라는 정황 속에 둔다.[14] 서신은 데살로니가인들에게 "너희를 그의 나라와 영광 속으로 부르시는 하나님께 합당한 길로 행하라"(2:12)라고 권면한다. 서신은 사도와 회중이 나누는 사랑의 즐거움을 예수가 강림(*parousia*)하셔서 마지막 심판을 행하시고 보상을 베풀어 주실 때 경험할 기쁨과 연계하며(2:19-20), 그들이 경험한 환난을 종말론적 계획이 "예정한" 일에 속한 것으로 정의한다(3:2-4).

이처럼 데살로니가전서는 바울이 어떻게 이 서신을 회심자에게 주는 자신의 가르침을 시공간을 가로질러 확대 적용할 수 있는 도구로 바꾸었는지 보여 준다. 특별히 주목해야 할 분쟁이 없는 이 경우에, 권면을 담은 이 서신은 이전에 주었던 가르침을 강화하는 데 이바지하며, 수신인이 속한 인적 네트워크 및 그 네트워크의 신학적 기초와 맥락을 강조함으로써 공동체가 독특한 그룹 에토스를 만들어 갈 사고방식과 담화 방식을 형성하는 데

---

14   Koester 1979.

이바지한다. 바울계 그룹 안에서 분쟁이 발생하면 바울과 동료 선교사들은 언제라도 이 서신을 아주 대담하게 적용하여 새로운 쟁점을 처리할 준비가 되어 있었다.

갈라디아의 개혁자들. 특정 분쟁에 대한 답신임이 아주 분명한 서신이 바로 갈라디아서다. 바울이 없을 때 다른 그리스도인 선교사들이 아나톨리아 도시에 나타나 바울이 회심시킨 자들에게 그들이 할례를 받지 않고 최소한 안식일과 유대 절기를 지키지 않으면(이때 유대 음식법은 특별히 언급하지 않았다) 그들의 믿음은 불완전하며 그들의 구원에도 문제가 있다고 설득하려고 했다. 바울은 이를 그가 사도이자 갈라디아 지역 교회의 설립자로서 지닌 권위를 향한 정면 공격이자 하나뿐인 복음을 왜곡한 거짓 복음으로 간주한다. 이 때문에 그는 꼼꼼히 작성한 이 서신을 통해 반격을 가한다. 바울은 자신이 참되고 믿을 수 있는 사도라는 확신을 갈라디아 그리스도인들에게 심어 주려고 한다. 그가 주장하는 형태의 복음을 포기하는 것은 완전함으로 나아가는 것을 그만두고 그리스도에게서 떨어져 나가 이교도보다 나을 것이 없는 노예의 생활로 되돌아감을 의미하는 것이다. 그는 이방인 회심자들에게 유대 율법에 매이지 않는 자유를 선포했다. 이 자유는 단순히 전략이 아니라 메시아 시대를 향한 하나님의 뜻이었다. 바울은 모든 곳에서 이 자유를 일관되게 가르쳤고, 예루살렘 그리스도인 지도자들도 이 자유를 엄숙히 인정했으며, 다른 이들이 일관된 모습을 보이지 못할 때도 바울만큼은 큰 고통을 감내하며 이 자유를 지켰다.[15]

이 논증은 여기서 펼쳐 보이지 못할 정도로 아주 복잡하다. 그러나 우리의 목적을 고려하면 이 논증이 담고 있는 여러 종류의 호소를 살펴보는 것

---

15 내가 갈라디아서를 이해하는 데 Dahl 1973이 큰 도움을 주었다.

이 중요하다.[16] 첫째, 계시에 호소하는 말이 있다. 바울은 갈라디아인들이 자신에게서 들은 복음이 인간의 전통이나 가르침에서 나온 것이 아니라 "예수 그리스도의 계시"였다고 역설한다(1:12). 추측하건대 이 말은 그가 설교와 신앙고백, 교회 의식 유형 등을 전통 형태로 받거나 전달받은 일이 없다는 의미는 아닐 것이다. 그가 다른 곳에서 그런 형태로 받았다고 분명히 말할 뿐 아니라(고전 15:1-8; 11:2, 23-26), 이런 전통 가운데 몇 가지, 특히 세례 의식에서 볼 수 있는 몇 가지는 갈라디아서에서 제시하는 논증에 중요한 역할을 하기 때문이다. 오히려 바울이 여기서 자신이 "계시로 받았다"고 변호하는 것은 바로 그의 복음 설교 방식이다. 그가 받은 특별한 계시는 마치 성경에 나오는 대표적 선지자들이 사명을 받을 때처럼 "이방인 가운데서 [하나님 아들을] 설교하라"는 사명을 받은 계시였다(1:16). 그의 사도직은 "사람에게서 나온 것도 아니요 사람을 거쳐 받은 것도 아니었다"(1:1).

계시에 호소하는 내용은 바울이 제시하는 논증 가운데 첫 번째 부분을 차지하는 자서전적 변명에 등장한다. 따라서 사도 자신의 체험이 이 호소의 두 번째 기초다. 바울은 이방인 개종자를 율법에서 철저히 해방시킨 것이 결코 **자신의** 아이디어가 아니었다고 역설한다. 오히려 그 반대로 그는 하나님이 개입하여 그를 다른 길로 인도하시기 이전에는 "조상의 전통"에 열렬히 충성하는 "열심당"이었다(1:13-16). 나아가 그 계시를 받은 후 그가 한 행동은 그 후로는 그가 인간의 권위에는 관심을 두지 않게 되었음을 보여 주었다(1:16-2:14). 예루살렘의 "기둥들"도 그의 권위에 아무것도 보태 줄 수 없었다. 물론 바울은 자신의 선교에 그 기둥들이 동의했음을 보고하고, 그들이 바울 자신을 동반자로 인정하는 이상 그들과 함께 일할 수 있음에 행복해했다. 그래도 바울은 안디옥에서 베드로와 다른 모든 유대인 그리스

---

16 Betz 1979, 30-33에 있는 논의와도 비교해 보라.

도인이 "복음의 진리를 향해 똑바로 나아가지 않음"을 보았을 때 이들을 비판할 정도로 홀로 설 준비가 되어 있었다(2:14). 이처럼 바울이 자신의 경험을 들려주는 내러티브는 갈라디아에서 떠돌던 헛소문, 곧 그가 다른 곳에서는 할례를 설교하면서(5:11) 정작 갈라디아에서는 "사람을 기쁘게 하는 일"이라며 할례를 요구하지 않는다는(1:10) 소문을 반박하는 데 이바지한다. 동시에 이 내러티브는 완고하다 싶을 정도로 그의 일관성이 유일무이한 계시에 뿌리를 두고 있음을 보여 준다. 이처럼 바울은 첫 두 호소가 서로 보강하는 역할을 하도록 제시한다.

바울이 세 번째로 호소하는 것도 경험—갈라디아 그리스도인들도 한 경험—이다. 바울은 이 호소 가운데 일부도 그 자신을 변명하는 말과 섞어 제시한다. 이는 수신자도 이 내러티브의 일부이기 때문이며, 바울이 지금 위협받는 관계가 어떤 종류의 관계인지 수신인들에게 되새겨 주고자(4:15-20) 자신이 처음 이들이 사는 도시에 갔을 때 그들에게 받은 남다른 신뢰와 애정을 인용하기 때문이다(4:12-14). 이렇게 되새겨 주는 내용 가운데 일부는 회심자가 율법의 도움 없이 받은 혜택을 언급하는데, 성령, 기적(3:1-5), 이교의 귀신 세력에게서 벗어나 자유를 얻은 것(4:8-9)이 그런 예다. 풍부한 수사 도구가 이 호소를 지배한다. 한편에는 저주와 위협이 등장하고, 다른 한편에는 복을 되새겨 주는 말과 비꼬는 꾸지람, 부끄러움을 안겨 주는 말과 빈정거림이 등장한다. 이 모든 것은 수신인들에게 그들이 회복할 수 없는 잘못을 저지를 위험에 빠져 있음을 일러 주고, 이전에 그들이 지녔던 건전한 판단을 되새겨 주려는 것이다. 비록 일부 주석가는 서신 마지막 부분에 나오는 권면을 다루면서 "두 번째 전선(戰線)"과 "갈라디아의 영지주의식 방종"처럼 개연성이 희박한 가설들을 고안하기도 했지만, 이 권면도 되새겨 주는 말을 확장하여 제시한 것일 가능성이 아주 높다. 바울이 잇달아 제시하는 명령은 이미 4:12에서 시작한다. 4:12은 바울이 도착한 때를 상기시키면서 "형제들아, 내가 너희같이 된 것처럼 너희도 나와 같이 되라"고 말한다. 뒤따르는 권면은 사라와 하갈을 다룬 알레고리로 운을 뗀 후에 율법이 아니라 성령이 이끄는 자유의 삶을 살아가라고 수신인들에게 요구한다. 이 삶은 구성원끼리 서로 돌보고 책임지게 하며, 악을 배제하고, "성령의 열매" 같은 미덕을 만들어 낸다. 권면이 늘 그렇듯이 이런 내용은 새로운 것이 아니라 그들이 바울로 말미암아 그리스도인이 된 후에 이미 누리고 있던 그리스도인의 삶을 되새겨 주는 것이다. 그들은 "잘 달리고 있었기" 때문이다(5:7).

바울이 네 번째로 호소하는 대상은 성경인데, 이 호소는 이 서신 구성에서 중심을 차지한다. 바울은 여기서 증거 본문을 인용할 뿐 아니라 3:1-4:11에서는 지극히 교묘한 논증을 펼친다. 이 논증에서는 몇몇 본문 사이에 이루어지는 독창적 상호 작용이 근본적 근거 역할을 한다. 이러한 기교는 후대에 나온 랍비 미드라시 모음에서 보통 발견되는 기교와 비슷하다. 더 나아가 이 논증을 이해하려면 여기서 인용하고 암시하는 본문들을 알아야 할 뿐 아니라 어떤 해석 전통을 따르는지 알아야 하는데, 그런 해석 전통 가운데 일부는 사해 사본을 복구한 뒤에야 비로소 알 수 있게 되었다.[17] 바울은 4:21-31에서 사뭇 다른 문체를 사용하여 사라와 하갈의 이야기를 그 뒤에 나오는 권면을 뒷받침하는 교훈적 설교의 본보기로 소개한다.[18]

고린도의 혼란. 바울과 고린도 그리스도인들이 주고받은 긴 서신은 몇 가지 쟁점을 둘러싼 분쟁을 여러 차원에서 묘사한 그림을 우리에게 남겨 주었다. 우리는 이미 2장과 3장에서 이런 상황의 몇 가지 측면을 살펴보았다. '능력'과 '권위'라는 단어와 그 파생어는 이 서신들에서 자주 등장하는데,[19]

---

17 성경의 논증을 가장 충실하게 분석한 책은 Dahl 1973, 52-67다. 또한 Dahl 1969을 보라.
18 이 부분을 알아보려면 Barrett 1976을 보라.
19 예를 들면 δύναμις(능력)는 고린도전후서에 24회 나오며, 바울 서신임이 확실한 나머지 모든 서신에

종종 반어법을 사용한 맥락, 즉 능력과 권위라는 말이 지닌 일반적 의미를 뒤집어 생각해야 하는 맥락에서 등장한다. 서신 저자들이 아이러니를 사용한다는 것은 수신인들이 능력을 중요시했을 뿐 아니라 이 서신 저자들이 능력에 관한 인식을 바꾸고 싶어 했음을 시사한다. 분쟁에서는 대체로 권위가 직접 **원인**이 된다. 누가 결정을 내리고 누가 순종해야 하는지, 왜 그래야 하는지 묻는 여러 가지 질문이 제기된다. 또한 때로는 서신 자체가 일부러 권위를 행사하는 도구로 사용되기도 한다. 따라서 이러한 서신은 바울과 그 동역자들이 효력이 있으리라고 생각한 영향력 행사 전략을 보여 준다.

한 그룹 안에서 능력을 경험하는 한 가지 방법은 그 그룹 사람들이 능력이 있다고 여기는 인물과 자신을 동일시하는 것이다. 바울이 고린도전서 1:10-13에서 고린도인들이 말했다고 쓴 수수께끼 같은 구호들—"나는 바울파, 나는 아볼로파, 나는 게바파, 나는 그리스도파"—은 다른 의미가 있을 수도 있지만, 바로 그런 경향이 바울이 들었던 분파들이 은밀히 품었던 동기 가운데 하나였다. 한 세기 전에 나온 페르디난트 바우어(Ferdinand Baur)의 유명한 논문 제목에도 불구하고,[20] 고린도에 과연 "그리스도파"나 심지어 "게바파" 같은 분파가 있었는지 의심스럽다. 고린도전서 1-4장이 제시하는 논증은 사실 오직 바울과 아볼로만을 다루며, 그것도 상당히 수수께끼 같은 결론 부분에서 이 둘을 다음과 같이 언급한다. "형제들아, 내가 너희를 위해 이것들을 수정하여 나 자신과 아볼로에 관하여 이야기한 것은 너희가 '기록

10회 나온다. δυνατός(능력이 있는, 할 수 있는)는 각각 4회와 6회 나온다. ἐνεργεῖν(작동하다, 일하다, 만들어 내다)은 각각 4회와 5회 나온다. ἐνέργημα(능력을 나타내는 활동, 경험)는 전자에 2회 나오고 후자에는 나오지 않는다. ἐνεργής(유효한, 능력이 있는)는 각각 1회 나온다. ἔξεστιν(…할 수 있다, … 해도 좋다)은 전자에 5회 나오며 후자에는 나오지 않는다. ἐξουσία(권리, 능력)는 각각 12회와 5회 나온다. ἐξουσιάζειν(…할 권리나 능력을 갖고 있다)은 전자에 3회 나오고 후자에는 나오지 않는다.

20 "Die Christuspartei in der korinthischen Gemeinde, der Gegensatz des petrinischen und paulinischen Christenthums in der ältesten Kirche, der Apostel Petrus in Rom", *Tübinger Zeitschrift für Theologie* 4 (1831): 61-206.

된 것을 넘어가는 것은 아무것도' 배우지 않으며, 각자가 교만하여져서 한쪽을 두둔하고 다른 한쪽을 반대하는 일을 하지 않게 하려 함이다"(4:6). 이는 위대한 스승 두 사람을 지지하는 자들끼리 서로 질시함을 꾸짖는데, 아볼로[행 18:24에서 '아네르 로기오스'(anēr logios), "능변가"로 불리던]의 수사 능력과 바울의 수사 능력을 불공평하게 비교한 것도 분명 그런 질시를 낳은 한 가지 원인이 되었다. 바울이 고린도전서 1-4장에서 제시하는 변명에는 수사에 관한 험담이 제법 들어 있기 때문이다. 하지만 이러한 분열에는 비단 그런 원인만 있었던 것은 아니다. 이 분열은 어떤 사람에게 혹은 어떤 사람의 이름으로 세례를 받았는가라는 문제와도 관련이 있었다. 이 때문에 바울은 자신이 고린도에서 누군가에게 세례를 주었다고 인정하기를 꺼린다(1:14-17). 적어도 일부 고린도 그리스도인은 세례가 영의 영역으로 새로 들어가 장차 다가올 세상이 안겨 줄 혜택—성령을 소유함, 하늘에 속한 지식, 지혜—을 이미 누리는 것을 의미한다고 보았다. 분명 어떤 이들은 **자신들이 따르는** 사도에게서 남보다 풍성한 은사를 받았다고 느낀 반면, 자신들은 바울이나 아볼로와 상관없이 "그리스도의 사람"이라고 느낀 이들도 있었던 것 같다. 어쨌든 스데바나가 그 대표였을 일부 지도자들은 공식 사절을 통해 바울에게 서신을 보내 이 일련의 문제 전부에 관하여 바울의 조언을 듣자고 교회를 설득했다(7:1, 25; 8:1; 12:1; 16:1, 15-18). 닐스 달(Nils Dahl)은 사절을 보내자는 이 결정으로 말미암아 오히려 어떤 이들은 바울 대신 아볼로에게 물어보자고 하고 또 다른 이들은 유명한 게바(그러나 게바가 고린도를 방문했었다는 증거는 전혀 없다)에게 묻자고 하며, 또 다른 이들은 그리스도의 영이 자신들에게 임했으니 외부에 도움을 요청할 필요가 없다고 주장함으로써 결국 분열이 심화되었을 수도 있다는 독창적 주장을 펼쳤다.[21] 분명 고린도에는 바울의 조

---

21 Dahl 1967.

언을 구하는 것이 현명한 일인지 의심하는 이들도 있었다. 그들은 그를 다시 만나리라고 기대하지 않았기 때문이다(4:18). 바울은 이런 분파들이 있다는 이야기를 공식 서신을 통해서 듣지 않고 우연히 에베소에 온 글로에의 집 사람들에게서 들었다(1:11).

바울이 써 보낸 서신은 틀림없이 그 목적 가운데 일부를 달성한 것 같다. 고린도후서에는 고린도전서 1:12에서 거론한 분파들이 나오지 않을 뿐 아니라 바울과 아볼로를 비교하는 내용이나 고린도전서 7-15장이 다룬 특별한 문제도 등장하지 않기 때문이다.[22] 하지만 이 서신은 바울의 권위와 관련한 불만을 잠재우지 못했으며, 누가 봐도 더 훌륭한 지도자임이 분명한 이와 인연을 맺고 싶어 하던 일부 고린도 그리스도인의 열망도 가라앉히지 못했다. 얼마 뒤, 바울 무리 소속이 아닌 새 순회 사도 몇 명이 고린도에 도착했다. 바울을 "약하다"고 험담하고 그의 수사 능력을 "한심하다"고 조롱한 이들은 순식간에 열렬한 추종 세력을 얻게 된다. 우리는 바울이 고린도후서 10-13장에서 신랄하게 쏟아 낸 조롱을 보면서 그가 얼마나 깊은 상처를 받았으며 이런 위험을 얼마나 심각하게 여겼는지 알 수 있다. 아울러 우리는 고린도에서 지지자들에게 추앙을 받던 "지극히 크다는 사도들"(바울이 이들을 멸시하며 붙인 이름)의 몇 가지 특징을 어렴풋이나마 엿본다. 이들은 유대 혈통이자(11:22) 사람들이 흠모할 만한 외모를 가졌다(10:7, 10). 어쩌면 추천서도 갖고 있었을 것이며(3:1-3), 무엇보다 언변이 좋아 수사를 동원한 비교(*synkrisis*)를 통해 자신들이 같은 분야에서 종사하는 다른 이보다 우월함을 보여 줌으로써 수사 능력(10:10; 11:6)을 뽐내는 데 능숙했다(10:12-18).[23] 또 이들은 추종자에게 재정 지원을 받아내는 데도 "선수"였다(11:7-11;

22　Ibid., 334.
23　참고. Judge 1968.

12:14-18).²⁴ 이들은 십중팔구 신비한 계시나 묵시적 계시를 받았다고 말했을 것이며(12:1-10), 기적을 행했을 가능성도 있다(12:12). 바울은 조롱을 통해 이것이 진정 가치 있는 시합이라면 자신도 그와 같은 기준을 사도의 정당성을 입증하는 기준으로 내세울 수 있다고 고린도 그리스도인들에게 되새겨 준다. 바울은 이런 말을 모두 "어리석음"이라는 말로 한데 묶어 무시하는 동시에 자신의 수사 기술을 증명하지만, 수사 기술과 관련된 여러 노력을 대체로 비판한다. 그러나 그는 또한 권위를 완전히 다르게 보는 시각을 제시하려는 것 같다.²⁵ 이 시각은 다시 뒤에서 살펴보겠다.

고린도 그리스도인 그룹 안에는 외부의 중요 인사를 추종하는 이들 외에, 본디 스스로 강한 자로 불릴 수 있는 이들도 있었다. 우리는 이 책 2장에서 이런 이들 가운데 많은 이가 그 도시에서 소유한 부와 지위 때문에 이런 능력을 가졌다고 결론지을 만한 이유를 살펴보았다. 그들이 그런 능력을 가졌던 것은 고린도 귀족층에 속했기 때문이 아니었다. 귀족으로 구분할 만한 이는 에라스도뿐이었던 것 같다. 오히려 그들은 다른 사람보다 더 많은 재산을 가진 덕분에 다른 대다수 구성원이 할 수 없는 일을 그리스도인 그룹을 위해 할 수 있었고, 사회적 의무와 권리에 관한 그들의 인식에 영향을 미친 도시 내 인간관계를 형성했다. 따라서 이런 이들과 교회 안에서 분명 대다수를 차지했을 가난한 구성원들 사이에 여러 갈등이 발생한 것은 당연한 일이었다. 이런 갈등이 명백한 분쟁을 만들어 낸 것은 적어도 두 쟁점과 관련이 있었다. 이 두 쟁점 가운데 하나는 이교도와 함께 식사를 하자는 초대에 응낙할 것인가라는 문제(고전 8-10장)였고, 다른 하나는 주의 만찬 모임에서 가난한 자를 욕보이는 것(고전 11:17-34)과 관련이 있었다.²⁶ 바울은

---

24 Hock 1980, 50-65.
25 Schütz 1975 passim.
26 앞의 2장의 '간접 증거.'

이 두 사례를 다루면서 자신의 사회적·재정적 우위를 가난한 이나 "약한" 양심을 가진 이를 다치게 하는 식으로 행사하는 모습을 개탄한다. 그럼에도 바울은 주로 "강한" 자에게 권면하면서 마치 자신도 그 "강한" 자 가운데 한 사람인 것처럼 이야기한다. 바울이 고린도에서 직접 세례를 준 세 사람, 곧 그리스보와 가이오와 "스데바나의 집"(고전 1:14-16)은 모두 이 범주에 들어간다. 그리스보는 이전에 회당장이었다(행 18:8). 가이오는 "온 회중"과 바울 자신을 "돌보아 준 이"였다(롬 16:23). 스데바나는 십중팔구 고린도인들이 바울에게 보낸 서신을 가져온 사절의 대표였을 것이다. 바울이 특히 스데바나 집만 따로 뽑아 칭찬한 것은 그들이 아가야의 첫 회심자였으며, 고린도 그리스도인 그룹을 후원한 후견인이었기 때문이다(고전 16:15). 바울은 고린도 회중에게 "이런 사람들과 모든 동역자 그리고 일꾼들에게 순종하며" 이들을 다른 심부름꾼인 브드나도 및 아가이고와 함께 "인정하라"고 권면한다(16:16-18).

고린도 교회 안에서 특권과 영향력을 얻는 세 번째 방법은 바울계 그리스도인이 하나님의 영을 직접 나타내는 것으로 인정하는 행위를 하는 것이었다. 고린도 회중이 성령의 표지로 대단히 높이 떠받든 것은 "방언으로 말함"이었다. 만일 이 현상이 현대 그리스도인 그룹 안에서 종종 나타나는 현상과 같은 것이라면, 그리고 우리가 바울이 쓴 그리스어 용어를 받아들여 '글로소랄리아'(glossolalia)라고 부르는 그것이라면—그것이 고린도에서 문제가 된 방언이라고 생각할 만한 타당한 이유가 있다[27]—우리는 왜 고린도인들이 방언을 성령을 소유한 사람 또는 성령이 소유한 사람임을 나타내는

---

27 기독교 전통과 관련된 역사를 갖고 있다는 이 방언을 말하는 이들은 자신들이 하는 방언이 기독교의 그것과 똑같다고 주장한다. 그뿐 아니라 Felicitas Goodman의 비교 문화 언어 연구와 직접 관찰 결과도 심지어 다른 어족에 속하는 이들과 분명 기독교가 가진 믿음에서 영향을 받지 않은 이들에서도 일관된 신체 행위 패턴이 나타남을 보여 주었다. Goodman은 이런 일관성이 신경 생리학적 근거를 갖고 있다고 결론짓는다.

가장 훌륭한 사례로 여겼는지 잘 이해할 수 있다. 방언은 의식 통제력의 상실과 더불어 보통 수준을 훨씬 뛰어넘는 에너지를 보여 주는 황홀경 상태에서 나타난다. 이 상태에서 방언을 할 때는 자기 의지와 상관없이 말을 쏟아내고, 아주 빠르게 혹은 급작스럽게 몸을 움직이며, 땀과 침을 흘리는 것과 같은 모습을 보인다. 신체 주체의 의지로 제어할 수 없는 무언가가 어마어마한 힘으로 신체의 언어 기관을 움직이는 것처럼 보인다. 이것이 바로 언어학자이자 민족지학자인 펠리시타스 굿맨(Felicitas Goodman)이 이 상태를 "해리 상태"라고 부르는 이유다. 이 상태에서 "방언을 하는 이는 대뇌 피질 통제를 멈추고" 이어서 "그의 언어 중추와 대뇌 피질 하부 구조를 연결한다."[28] 혹은 바울이 말한 것처럼 "내가 방언으로 기도하면 내 영은 기도하나 내 마음은 열매를 맺지 못한다"(고전 14:14). 방언을 하는 그룹은 언어 중추를 통제하는 능력을 "대뇌 피질 하부 구조"라고 이야기하지 않고, 인간에게서 나오지 않은 능력이나 영이라고 이야기한다. 바울은 물론 고린도 그리스도인들도 그 능력을 하나님의 성령으로 보았다.

    그리스도인이 모인 자리에서 하나님의 영이 자신을 통해 말씀하신다는 것을 아주 생생히 보여 줄 수 있던 사람은 분명 사회적 능력을 행사한다. 그렇다면 여기서 이런 능력 행사가 더 평범한 다른 사회적 교환 수단과 어떻게 연결되었는가—권위를 가진 다른 사람들과 어떻게 연결되었으며 돈과 지위를 어떻게 얻을 수 있었는가—가 난제로 등장한다. 서로 다른 형태의 능력이 직접 충돌을 일으켰다고 믿을 만한 이유가 몇 가지 있다. 방언이 모종의 충돌을 불러온 원인이었음은 바울이 그의 서신에서 이에 상당한 지면을 할애한다는 점—오늘날 우리가 읽는 성경에서 세 장을 이 문제에 할

---

28 Ibid., 124. Goodman은 방언을 하는 이의 이런 황홀경 상태를 높은 신체 에너지 수준으로 말미암아 발생한 "과다각성"(hyperarousal, 過多覺醒)이라고 부르면서 이를 요가의 그것처럼 명상을 동반한 분리 상태와 구분한다. Goodman은 후자를 "저각성"(hypoarousal, 低覺醒)이라고 부른다(59-60).

애한다—에서 분명하게 드러난다. 교회 안에 있는 모든 이가 방언을 하지는 않았으며(12:30), 방언을 하는 이들—혹은 그들을 추종하는 이들—은 방언을 하지 않는 이들을 멸시했다. 그렇다면 방언을 하지 않는 이들 가운데는 다른 종류의 능력을 행사하는 이들도 포함되어 있었을까? 그랬을 수 있다. 성령은 사람을 차별 대우하지 않으신다. 피터 브라운이 썼던 말을 빗대 말하자면 방언은 일종의 "말로 표현할 수 없는 능력"이다.[29] 이런 능력이 꼭 사회가 만들어 낸 권위가 보통 흘러가는 길로만, 즉 그 권위에 따른 역할과 지위를 통해서만 흐르지는 않는다. 황홀경이 엄습하면 억압에서 풀려나는 독특한 경험을 한다. 이 경우 무언가에 홀린 듯한 행위와 더 짜임새 있는 형태의 능력 사이에 충돌이 일어나도 그리 놀랍지 않을 것이다. 방언과 다른 은사들을 통제하는 것이 옳다는 바울의 논지는 어떤 면에서 보면 우리의 의심을 확증하는 쪽으로 나아간다. 이는 그가 회중 모임 때 하는 모든 일은 "품위 있고 질서 있게" 해야 한다고 강조하기 때문이며(14:40), 외부인이 방언하는 그리스도인들을 미쳤다고 생각할 수 있다고 경고하기 때문이고(14:23), 남자 선지자와 여자 선지자가 각각 관습법에 따라 남성과 여성이 따라야 할 의복과 머리 모양을 지켜야 한다고 강조하기 때문이며(11:2-16), 스데바나처럼 교회 처소인 집의 소유자이자 교회 후견인인 이들의 권위를 지지하기 때문이다(16:15-18).

한편 고린도에서 나타난 능력을 아주 단순하게 구조적 형태의 능력과 반구조적 형태의 능력으로 구분하는 관념을 형성하지 않도록 조심해야 할 이유가 여럿 있다. 현대 인류학자들이 무언가에 사로잡히는 현상을 연구하여 내놓은 방대한 결과물은 이런 행위에도 구조가 없지 않으며 그 사회적·문

---

[29] Brown 1971.

화적 맥락과 무관하지 않음을 보여 주었다.[30] 굿맨은 방언이라는 구체적 경우도 이와 마찬가지임을 보여 주었다. 비록 방언을 하는 이가 그 메커니즘을 인식하지 못한다 하더라도 방언은 배워서 숙달한 기술이다. 그 점이 분명하게 드러나는 경우는 특정 그룹이 가진 여러 기대에 크게 좌우되며, 이런 기대는 의식(儀式)으로 자리 잡은 절차를 통해 일부 표현된다. 이런 해리성 상태와 함께 나타나는 독특한 몸동작과 방언이 터져 나올 때 일어나는 부차적 변화 일부도 특별한 그룹에게만, 심지어 방언을 하는 이를 "가르친" 지도자에게만 구체적으로 나타나는 현상이다. 방언에 대한 해석도 그 그룹의 믿음 체계에 따라 좌우된다.[31] 바울은 방언으로 말함을 성령이 아닌 사탄에게 사로잡힌 결과로 여기면서 배척했을 만도 한데, 그가 고린도인들이 방언으로 말함을 좋게 평가한 것을 곧장 거부하지 않은 것은 의미심장하다. 이보다는 오히려 방언과 관련 있는 모든 이가 방언에 대한 일반적 해석의 틀, 곧 방언 가운데 역사하시는 하나님의 영을 이해하는 틀을 공유한 것 같다. 바울은 바로 이러한 해석 틀 안에서 다른 은사와 비교하여 방언의 중요성을 축소하려고 한다. 더 나아가 공동체 내부의 가난한 구성원과 부유한 구성원 사이에 존재하는 사회적 거리 때문에 후자는 더 분명한 형태의 능력을 행사한 반면 전자는 그 형태가 덜 분명한 능력을 행사했을 것으로 예상하지만, 우리가 2장에서 살펴본 내용을 곱씹어 보면 바울계 회중 안에서는 유명한 구성원들이 명백히 높은 지위를 향유하지 않고 오히려 지위 불일치를 드러내는 표지를 많이 보여 주었음을 알 수 있다. 이런 이들이 당연히 분리 상태에서 성령을 더 많이 체험한 이들일 것이다. 분명 방언을 하려는 열기가 고린도만큼 높은 공동체의 지도자라면 (그들이 본디 지도자가 될 수

---

[30] 가령 Lewis 1971; S. S. Walker 1972(참고 문헌)을 보라. 구약의 예언에 적용할 수 있는지 살펴본 글은 R. R. Wilson 1979을 보라.
[31] Goodman 1972 여러 곳.

있었던 기반이 무엇이든) 방언과 동등한 성령의 표지를 보여 주지 못하는 한 지도자로 남아 있기가 어려웠을 것이다. 바울이 일부러 "내가 너희 모든 이보다 많이 방언으로 말함을 하나님께 감사한다"(14:18)라고 말하는 것도 분명 그런 이유 때문이다.

아무리 바울이 고린도 그리스도인들이 방언에 대해 취한 태도에 불만을 품게 되었다 하더라도 이런 말은 그들에게 "성령 안에서" 말하는 체험을 아주 귀히 여기라고 가르친 이가 바울 자신이 아니었을 수도 있겠다는 의문을 불러일으킨다. 바울계 무리의 가르침은 "성령을 받음"과 세례를 서로 긴밀하게 연계하며(십중팔구는 초기 기독교의 대다수 무리가 그리했을 것이다) 바울도 종종 그 체험을 떠올린다. 우리가 이미 살펴보았듯이 갈라디아인들을 꾸짖을 때 그리했고, 여기 고린도전서 12장에서도 그리한다.[32] 세례를 받는 순간은 삶의 철저한 변화―죽음과 거듭남, 몸의 변화, 자기모순의 파괴와 통일성의 회복[33]―를 나타내는 여러 상징으로 에워싸였을 뿐 아니라 세례를 받는 이들이 하나같이 약하게나마 분리 상태를 체험했음을 보여 주는 증거가 있다. "하나님이 그 아들의 영을 우리 마음에 보내사 '아바! 아버지!'라고 외치게 하셨다"(갈 4:6).[34] 세례를 받음과 동시에 '아바'라는 아람어를 외쳤다는 것은 아마도 방언보다 수위가 낮은 흥분 상태가 있었음을 일러 주는 것일 수도 있지만,[35] 이것 역시 어떤 분리 상태―성령이 통제하는 상태―를 나타내는 표지다. 바울은 그가 회심시킨 이들에게 또 다른 종류의 성령 체험도 기대하라고 가르쳤는데, 기적이 바로 그 예다(갈 3:5; 고전 12:10; 2:4; 고후

---

[32] Lull 1980, 53-95는 이 통설을 뒤집으려고 시도했지만, 내가 판단하기에는 성공하지 못했다.
[33] 이를 더 자세히 알려면 이 책 5장을 보라.
[34] 바울이 로마의 그리스도인들도 이에 관하여 알리라 예상하는 것으로 보아 바울계 그리스도인들만 세례 때 이런 경험을 한 것은 아니었다. 롬 8:15-16을 보라.
[35] 방언을 "해석하며", 어느 정도 분리 상태에 있으면서도 자연스러운 언어로 이야기하는 사람들의 낮은 각성 상태를 다룬 Goodman 1972과 비교해 보라.

12:12). 바울의 사례가 있든 없든 그것은 더 심오하고 감정상 더 강력한 황홀경 상태인 방언을 발견하는 지름길이었을 것이다. 그러나 우리는 그런 진행 과정이 있었는지 확실히 알지 못한다.

고린도전서의 첫 네 장이 이야기하는 분파들이 고린도전서 12-14장에서 논하는 "성령의 은사들"에 관한 문제와 관련이 있는지도 흥미를 불러일으킨다. 앞서 살펴보았듯이 이 분파들도 세례에 관한 어떤 특별한 이해와 관련이 있었으며, "영"의 사람들만 얻을 수 있고 다른 사람들은 얻지 못하는 "지혜" 및 "지식"과 관련이 있었다. 신약학자들 사이에서 확립된 통설(communis opinio)은 고린도전서에서 다루는 모든 문제가 고린도전서 15장이 이야기하는 부활에 관한 믿음과 어떤 식으로든 관련이 있다는 것이다. 이 견해에 따르면 "죽은 자의 부활을 믿지 않은" 고린도 사람은 단순히 미래의 삶에 회의를 품었던 것이 아니며, 몸의 부활이라는 "유대식" 관념을 거부하고 죽을 때 몸에서 영혼이 빠져나간다는 "그리스식" 개념을 지지한 것도 아니었다. 오히려 그들은 영적으로 **이미** 그리스도와 함께 부활하여 "그와 함께 하늘의 보좌에 앉아 있다"고 여겼으며, 이를 필시 세례 의식 때 선언한 것 같다(엡 2:6; 참고. 고전 4:8). 우리가 만일 사람들이 어떻게 그들의 육신의 삶은 실재하지 않거나 하찮은 것이고, 그들의 진짜 삶은 영에 속한 초월적 삶이라고 상상하고 시간이 흘러도 그런 믿음을 유지할 수 있었는지 묻는다면, 우리는 당연히 방언을 만들어 내는 것과 같은 황홀경 체험이 그런 믿음을 강하게 해 주는 역할을 **할 수 있었으리라** 추측할 것이다. 하지만 이는 어디까지나 추측일 뿐이다. 이 서신은 고린도 그리스도인들의 실현된 종말론과 그들이 경험한 방언 사이에 어떤 연관성이 있다고 딱 부러지게 이야기하지 않는다.

결국 우리에게는 사도들과 그 지역 추종자들의 권위, 부와 지위의 권위, 고린도 사람 중 영에 사로잡힌 이들의 권위 사이에 어떤 상호 작용이 있었음을 적극 증명하는 증거보다 오히려 그런 상호 작용이 있었는가라는 의문이 더 많이 남는다. 십중팔구 사람들 사이는 물론 서로 다른 종류의 권위 사이에서도 분쟁이 있었을 것이다. 물론 실제로 늘어선 문제들은 우리가 구성할 수 있는 어떤 그림보다 복잡했을 것이다.

바울의 답변도 복잡했다. 그가 사용한 매체는 이미 확인했듯이 직접 방문, 사절 파견, 서신이었다. 그 어떤 것도 명확하게 성공을 거두지는 못했다. 분쟁은 상당 기간 지속되었다. 일부 문제는 해결되기도 했지만, 지극히 크다는 사도들의 고린도 도착, 바울의 고린도 방문과 그 기간에 그가 고린도 사람들에게 모욕을 당한 일, 그리고 그가 그 뒤에 써 보낸 서신(지금은 남아 있지 않다)에 대한 고통스러운 반응과 더불어 또 다른 문제가 불거졌다. 이 사건들과 그 최종 해결(그런 것이 있다면)을 정확한 순서로 재구성하는 일은, 우리가 여기서 파고들 수 없는 고린도후서의 문헌적 문제에 대한 해결책에 달려 있다. 이전처럼, 우리는 여기서도 바울의 주요 호소를 열거하는 것으로 만족해야 할 것이다.

존 쉬츠는 바울의 권위를 다룬 그의 중요한 단행본에서 권위가 "능력에 관한 해석"임을 보여 준다.[36] 권위를 가진 사람은, 강요를 사용하지 않고 그의 지시가 "옳다"고 인정함으로써 그의 권위를 인정하는 사람들의 능력에 초점을 맞춰 그 능력을 지도한다. 따라서 권위는 "소통할 수 있는 자질"이며, 이런 자질에는 필요하다면 소통이 "옳음"을 증명할 수 있다는 믿음이 필요하다.[37]

고린도전후서는 무언가를 해석해 줌으로써 권위를 행사하려는 시도를

---

36 Schütz 1975, 9-14. 14에서 인용했다.
37 Friedrich 1958, 35-36. Friedrich는 "합리적 설명"이 틀림없이 가능하다고 주장하지만, Schütz 1975, 13는 소통을 통해 능력에 직접 접속하는 것이라는 말처럼 비합리적 서술만이 가능할 뿐이라고 타당하게 반박했다.

상세히 보여 준다. 바울은 (소스데네, 디모데와 함께) 능력에 관한 고린도 사람들의 인식을 개혁함으로써 그들이 행위를 바꾸도록 설득하는 일을 시작한다. 바울이 사용하는 언어는 그가 지지하는 믿음과 태도와 행위가 고린도 사람들이 아는 것이나 알 수 있는 것과 일치한다는 점을 수신인에게 설득하려고 선택한 것 같다. 바울은 그들이 이전에 그에게 배운 것과 그들이 지금 보고받은 것, 그들이 지금까지 경험한 것을 언급한다. 따라서 이 서신은 에둘러 표현하는 말을 아주 폭넓게 사용하며, 그중에서도 특히 반어법, 조롱, 은유를 아주 많이 사용한다. 고린도전후서에서 바울은 교사들이 청중을 사로잡아 철학적 사유의 첫 단계로 끌어들일 때 사용하는 통렬한 비판 스타일을 로마서(낯선 이들에게 바울의 복음을 소개하는)를 제외한 다른 어느 서신보다 많이 사용한다.[38] 여기서 제시하는 담화는 무언가를 바로잡는 2차 담화가 많다. 즉 이 서신의 담화는 독자들이 알고 있는 구체적 언어나 경험을 채택하여 재해석한다. 바울이 여기서 인용하는 언어 가운데 일부는 바울 자신이 고린도 그리스도인들에게 가르친 전승 공식을 포함하여 초기 기독교 전승에서 나온 것인데, 고린도 사람들은 이런 공식 중 일부를 바울이 불만스럽게 여기는 쪽으로 해석했다.[39] 게다가 바울은 일부 고린도 사람들이 사용하는 구호를 패러디하거나 바꾸거나 반박한다.

"내겐 모든 것이 허용되었다." 그러나 모든 것이 도움이 되지는 않는다.
"내겐 모든 것이 허용되었다." 그러나 나는 어떤 것의 지배도 받지 않는다.
"음식은 배를 위하고 배는 음식을 위하나, 하나님은 이 둘을 모두 파괴하실 것이다." 그러나 몸은 간음을 위한 것이 아니라 주를 위한 것이며, 주는 몸을 위

---

[38] Stowers 1981.
[39] Schütz 1975, 90-112; idem 1974.

하시니, 하나님은 주를 부활시키셨듯이 당신의 능력을 통해 우리도 부활시키실 것이다. (고전 6:12-14)

"우리는 모두 지식(gnōsis)이 있다." 지식은 교만하게 하며 사랑은 인격을 세워 준다. 만일 어떤 이가 자신이 무언가를 안다고 생각한다면 그는 알아야 할 것을 아직 모르는 것이다. 그러나 누구든 하나님을 사랑한다면 하나님도 그를 아신다. (고전 8:1-3)

경험을 재해석하는 것에 대해서는, 바울이 방언에 관하여 한 말이 특별히 생생한 사례다. 그는 모든 성령의 은사가 동등함을 강조하면서도 고린도 사람들이 사랑하는 "방언"을 그가 제시하는 은사 목록 맨 마지막에 둔다(고전 12:8-10, 28, 29-30). 그는 은사 목록에 "도움"이나 "리더십"처럼 특이한 정신 상태와 무관한 기능을 포함시키는데, 이때 그는 분명 스데바나와 가이오 같은 후견인을 염두에 두었을 것이다. 그는 정신의 분리 상태와 관련된 은사를 이야기할 때 더 낮은 흥분 상태에서 기능하는 은사, 그중에서도 특히 예언을 높인다. "방언으로 말하는 이는 자신을 세우지만, 예언을 하는 이는 교회를 세우기" 때문이다(고전 14:4). 그는 "교회에서 나는 방언으로 만 마디를 하느니 내 생각으로 다섯 마디를 하여 남을 가르치겠다"라고 선언하여 정신 분리 상태의 경험을 경외할 만한 가치가 없는 것으로 만들어 버린다(14:19). 그는 그 "말"을 엉터리로 연주하는 피리나 수금 혹은 명확하지 않은 전투 나팔 소리와 비교함으로써 그 "말"의 기이한 특질을 평가절하한다(14:6-10). 따라서 성령의 은사가 지닌 가치는 엄밀히 말해 그리스도인 그룹을 단단히 결속시키고 "세우는" 데 쓸모가 있다는 사실에서 나온다. 여기서 "세움"은 합리적 수단을 통해 일어나는 일로 이해된다. 따라서 모든 은사 가운데 가장 높은 은사는 다른 이를 귀히 여기는 사랑이다(고전 13장).

바울이 적은 내용 그대로, 그는 공식 서신 서두에서 자신이 사도로서 가진 권위를 강조하고 자신과 함께하는 동역자들의 권위도 (그 정도는 덜하지만) 강조한다. 바울은 이처럼 은연중에 권위를 행사하기도 하지만, 또한 자신의 권위를 다양한 방법으로 분명하게 주장하기도 한다. 첫째, 그는 여러 그리스도인 그룹을 세운 사람으로서 그런 그룹과 유일무이한 인격적 관계를 맺고 있음을 주장한다. "이는 그리스도 안에서 너희에게 수만 스승이 있을지라도 아버지는 많지 않기 때문이니, 내가 그리스도 예수 안에서 복음을 통해 너희를 낳았기 때문이다"(고전 4:15). 그가 주제넘은 침입자로 묘사한 "지극히 크다는 사도들"에 맞서 변호하는 것이 바로 이 설립자의 권리다(고후 10:12-18). 여기서는 시작 부분의 회상 내러티브가 데살로니가전서와 갈라디아서만큼 두드러지게 나타나지는 않지만, 고린도전서 1:26-3:17에서 볼 수 있듯이 그 회상은 상당한 역할을 수행한다. 아울러 고린도후서의 첫 두 장에는 사도의 경험과 여행과 계획을 폭넓게 다룬 내용이 나온다. 고린도후서 서두의 송영은 환난을 겪는 와중에도 하나님의 위로를 받는다는 주제를 소개하는데(고후 1:3-7), 이 주제는 고린도후서의 첫 일곱 장에서 계속 나타난다. 바울은 자신의 환난 경험과 그 회중의 환난 경험에서 여러 유사점을 끌어낸다. 이 언급은 특히 신랄하다. 그들이 겪은 고초는 바울이 쓴 한 서신이 어느 정도 원인이 되었기 때문이다(7:8-11). 그는 이 주제를 거듭되는 신뢰의 선언과 연계하는데, 이러한 신뢰의 선언이 이 서신의 이 부분에서 두드러진다.[40]

고린도인들의 경험과 사도 바울의 경험 사이에 존재하는 이런 유사점들은 다른 방식, 더 근본적인 방식 곧 바울의 경험이 능력에 관한 그의 해석

---

[40] Olson 1976을 보라. 이 장들의 주제적 통일성을 고려한다면, (사람들이 종종 주장하는 것처럼) 이 장들의 글이 고르지 않다는 점을 해결하기 위해 2:14-7:4(6:14-7:1 제외)을 다른 서신에 속한 것으로 보는 관점을 받아들이기는 쉽지 않다.

에 이바지하는 방식으로 잇닿아 있다. 고린도서는 그러한 유사점을 바울이 겪은 고초를 간결하게 정리한 목록(고전 4:11-13; 고후 6:4-10; 11:23-29)과 지극히 크다는 사도들에 반대하여 반어적으로 자랑하는 말을 통해 자주 언급한다. 바울과 고린도인들이 공유하는 것은 약함과 능력의 변증법적 구조다. 바울은 자신의 확연한 약함을 강조한다. 그럼에도 그는 살아남았을 뿐 아니라 그가 선포하는 "복음이" 하나님의 감추인 능력을 드러내는 증언이 되게 하는 일을 훌륭하게 해낸다. 나아가 이런 변증법은 그리스도에 관한 그의 가장 중요한 진술—그가 십자가에 못 박히셨으나, 하나님이 그를 죽은 자 가운데서 부활시키셨다—과 일치한다. 이제 사도 바울의 이력은 그가 제시하는 이중 모방 도식(바울은 그리스도를 본받고 고린도 사람들은 바울을 본받는다—역주)을 통해 그리스도에 대한 모방(mimesis)이 되고, 따라서 무엇이 교회에서 진정한 형태의 권위인지 검증하는 데 사용할 수 있는 적절한 패러다임이 된다.[41]

그러나 고린도전서와 고린도후서에는 변증법과 무관하게 능력을 강조한 말도 있다. 바울이 돌아오지 않으리라고 생각하는 "교만한" 사람들이 고린도에 있다면 그는 속히 가서 "이 교만한 자들의 말이 아니라 그들의 능력을 알아볼" 것이다(고전 4:18-19). 그는 "매를 들고" 가겠다고 위협하지만(21절), 이 위협이 실제로 어떤 형태를 띠게 될지는 자세히 설명하지 않는다. 이는 다만 바람직한 "사랑과 겸손한 정신"을 돋보이게 하려는 수사이기 때문이다(21절). 이보다 심각하게 받아들여야 할 것은 고린도후서 13:1-4에서 제시하는 위협이다. 바울은 "내 안에서 말씀하시는 그리스도에 관한 증거"를

---

[41] 학자들은 바울 신학의 이 중심 주제를 자주 분석해 왔는데, Güttgemanns 1966이 바로 그 예다. 하지만 사회학적 이해를 다룬 논의 가운데 가장 풍성한 열매를 거둔 것은 Schütz 1975, 187-203, 214-221, 226-248에 있는 논의다. Adams 1979, 217는 Güttgemanns의 논지에 대한 중요한 비판을 제시하며, Schütz(209)의 견해도 조금이나마 바로잡는다.

찾는 이들에게 "용서하지 않겠다"라고 말한다. 그는 그의 약함을 통해 하나님의 능력을 보여 주려고 한다. 어떻게 그리하겠다는 말인가? 그는 분명 어떤 심판 절차를 통해 그렇게 할 것이다. 이는 그가 여기서 "모든 일을 두세 증인의 말로 확증하리라"는 신명기 19:15을 인용하기 때문이다(1절). 그러나 이 문제가 바울에게 유리한 쪽으로 해결되어야만 이런 위협이 실현될 수 있다. 즉 고린도 사람들이 그의 권위를 인정해야 그의 판단이 회중의 공감을 얻는다. 바울은 앞서 규범을 벗어난 개인을 치리한 고린도전서 5장의 심판 절차에서도 회중의 합의를 확신했기에 그 개인에게 내릴 결정을 미리 선고할 수 있었다. 왜냐하면 그는 이를테면 이 경우에 성령의 뜻을 알고 있었기 때문에 성령의 인도를 받는 회중이라면 당연히 그의 판단을 지지하리라고 확신할 수 있었다. 고린도후서 13장도 이와 같은 내면의 확신을 암시하는 것 같지만, 상황은 사뭇 다르다. 이 경우는 바울의 대적들이 바울 자신의 카리스마적 권위에 도전한 상황이기 때문이다.

바울은 다른 곳에서도 자기가 하나님의 뜻을 직접 전한다고 주장하며 "주의 자비를 받아 신실한 자가 된 자로서" 자신의 "의견을" 제시한다(고전 7:25). 그는 "나도 하나님의 영을 가졌다고 생각한다"(고전 7:40)는 말로 그렇게 주장하는 이유를 설명한다. 그러나 그는 이런 말을 그가 전승을 통해 알게 된 "주의 명령"과 구분한다(7:10, 12, 25).

바울은 몇몇 경우에는 전승의 권위에도 호소한다. 부활을 다룬 긴 장(고전 15장)은 사실 서두에서 인용한 공식을 상세하게 설명한 것이다. 그는 이 긴 설명을 시작하면서 우선 이것이 그가 받은 전승이자 고린도 사람들이 그에게서 받은 전승임을 상기시킨다. 이는 아주 섬세한 설명으로, 고린도 회중 가운데 있는 "영의 사람들"이 같은 믿음으로부터 만들어 낸 해석을 뒤집는 것을 그 목표로 삼는다. 따라서 이 전승이 "유산한 태아(*abortus*)처럼 모든 이 가운데 마지막으로 난 자"이지만 그럼에도 부활의 증인으로서 다른 모든 사도와 같은 사도인 바울의 입장에 권위를 부여한다는 점(고전 15:8-11)과 바울이 그 전승의 권위 있는 해석을 제시한다는 점 사이에는 일종의 변증법이 존재한다.[42] 바울이 다른 전승 단편을 사용한 사례, 곧 이혼에 관한 주의 명령(고전 7:10), 일부일처제 혼인을 통해 '포르네이아'를 피하라는 규칙(7:2-5; 참고. 살전 4:3-8), 주의 만찬이라는 "제도에 관한 말"(고전 11:23-25)에서도 같은 종류의 변증법을 볼 수 있지만, 이 경우에는 그리 폭넓은 형태로 사용하지 않는다.

바울은 범위를 더 넓혀 "관습"에 호소하기도 한다. 가령 바울은 싸움하기를 좋아하는 사람이 남자 선지자와 여자 선지자의 의복에 관한 그의 논지를 수긍하지 않자 마지막으로 "우리에게나 하나님의 교회에는 그런 관습이 없다"고 잘라 말한다(고전 11:16). 뒤에 가서 바울은 "성도들의 모든 교회에서 그러하듯이" 여자가 "교회에서 침묵하는" 것이 관습이라고 주장한다(14:33-34, 이는 후대에 누군가가 끼워 넣은 말일 개연성이 더 높다). 바울은 "내가 모든 곳 모든 교회에서 가르치듯이 내가 그리스도 예수 안에서 행한 길을 너희에게 되새겨 주고자" 디모데를 고린도에 보냈다(4:17). 각 사람은 그리스도를 믿도록 "부름을 받았을" 때 그가 갖고 있던 지위를 그대로 지켜야 한다는 규칙 역시 "나는 모든 교회에서 그렇게 명령한다"(7:17)라는 말로 뒷받침한다. 어떤 종파도 그가 속한 더 폭넓은 문화와 완전히 단절할 수 없다. 따라서 바울이 (이러한 원칙을 분명하게 천명한 예는 거의 없지만) 교회가 속한 거대 사회의 관습도 상당히 중요하게 여긴 것은 놀라운 일이 아니다. 외부인이 방언하는 사람들을 보고 가질 법한 견해는 방언에 일격을 가한다(14:23). 근친상간을 금지한 규칙을 어긴 일은 "심지어 이방인 가운데서도" 발견할 수 없는 일종의 '포르네이아'다(5:1). 11:14은 "본성"에 호소하지만,

---

[42] Schütz 1975, 84-113.

사실 이것이 관습에 호소한 말임은 의심의 여지가 없다. 바울은 이 둘을 결합한 첫 번째 도덕주의자도 아니고 마지막 도덕주의자도 아니었다.

한 제자가 바울의 이름을 활용하다. 골로새서는 누군가가 바울이 좋아하던 도구인 서신을 위명(僞名)으로 사용하여 바울이 사도로서 가지고 있던 권위를 확장한 귀중한 사례를 제공한다. 발터 부야르트(Walter Bujard)의 철저한 문체 분석[43]은 바울 자신이 이 서신을 썼는가를 놓고 벌어진 긴 논쟁에 종지부를 찍었다고 본다. 이 서신은 바울이 쓰지 않았다. 하지만 이런 결론도 이 서신에 대한 바울의 권위를 인정할 수 있는가라는 문제를 완전히 해결하지는 않는다. 이 서신은 틀림없이 바울과 아주 가까운 동료가 썼기 때문이다. 예를 들면 볼프-헤닝 올로크(Wolf-Henning Ollrog)는 결국 이 서신 서두에서 공저자로 등장하는 디모데가 이 서신을 썼다고 주장했는데, 남달리 명쾌한 주장이긴 하지만 모든 이를 확실히 설득할 정도는 아니다.[44] 그의 주장이 옳다면 덧붙인 인사말(4:18), 곧 바울이 자기가 친히 썼다고 주장하는 부분(참고. 갈 6:11; 고전 16:21; 또한 학자들 사이에서 다툼이 있는 살후 3:17)은 당연히 바울이 썼을 것이며, 이 서신도 바울이 제안한 내용대로 썼을 것이다. 한편 빌레몬서 끝부분의 인사말과 골로새서 4:7-14의 인사말 사이의 긴밀한 유사점들은 두 서신이 거의 동시에 발송되었음을 암시할(올로크의 견해) 수도 있지만, 오네시모에 관해 말하는 내용(4:9)은 저자가 빌레몬서를 활용할 뿐 아니라 일부러 모방했으며 오네시모라는 이 노예의 사건이 좋은 결말을 맞이했음을 알고 있다는 가정 아래 이해하는 편이 훨씬 더 수월하다. 분명 이 사건은 빨리 해결되었을 수 있으며, 디모데가 골로새서를 쓰고 바울이 이 서신 발송을 허락할 때 마침 이 소식이 에베소에 다시 전달되

---

43 Bujard 1973.
44 Ollrog 1979, 219-220, 그리고 excursus 1, 236-242.

었을 수도 있다(바울이 그곳에 갇혀 있다고 가정한다면 말이다). 그렇지만 골로새서는 나중에 디모데, 에바브라, 두기고 혹은 우리가 알지 못하는 바울의 어떤 제자가 오네시모와 관련하여 그 지역 사람들이 알던 내용이나 전승을 토대로 기록했을 수도 있다.[45]

골로새서 저자가 누구든 이 서신의 정황은 실제로 일어난 사건이다. 이 서신의 수신처가 골로새이긴 하지만 리쿠스 계곡의 여러 도시에 있는 다른 회중에게도 관심을 가진다는 점(4:13, 15-16)은 의심할 이유가 없으며, 이 서신을 쓰게 만든 구체적 분쟁이 실제로 있었다는 점에도 의심의 여지가 없다. 여기서 반대하는 철학(*philosophia*, 2:8)의 정확한 윤곽을 짐작하기란 갈라디아서와 고린도전서의 경우보다 훨씬 더 어렵지만, 분명 권위를 둘러싼 분쟁이 있었다. 골로새 회중에는 자신들과 인식 및 관습을 공유하지 않은 사람들을 부적격자로 낙인찍을 권리를 사칭하면서(2:14-19) 유대교(2:16; 참고. 2:11?) 및 금욕주의 금기(2:20-23)와 관련된 의식 관습을 요구하는 신조를 제시하는 이들이 있었다. 그들은 자신들의 권위를 뒷받침하는 기초를 어떤 식으로든 "세상의 초등 학문"과 관련된 "전통" 그리고 어떤 식으로든 "천사 종교" 및 "겸손"과 관련된 환상(2:18)에서 찾았다. 이들이 말하는 "겸손"은 십중팔구 금식과 다른 금욕 행위를 의미했을 것이다(2:23).[46]

골로새서 저자는 금욕주의와 신비주의에 근거한 이러한 혁신에 맞서 바울의 권위를 주장한다. 특히 이 저자가 사도의 자서전을 이상화하고 일반화한 것을 보면 특히 흥미롭다(1:24-2:5). 우리는 바울이 자신의 고난을 언급하는 내용이 종종 그의 경험과 그를 따르는 이들의 고초를 동일시하는 도구이자, 변증법적 해석을 통해 그의 권위를 그리스도의 십자가상의 죽음이

---

[45] 참고. Stuhlmacher 1975, 53-54, 그리고 앞의 2장, 주55.
[46] 이를 다룬 문헌은 방대하지만, 논의는 만족스러운 결론에 이르지 못했다. 한 예를 보려면 Francis and Meeks 1975을 보라.

라는 근본적 패러다임과 동일시하는 도구 역할을 하는 것을 목격했다. 그러나 그의 제자는 여기서 대담하게 새로운 해석을 도입한다. 사도의 고난은 "그리스도가 겪으신 고초에 없는 것을 그의 몸인 교회를 위해 내 몸에 채운다"(1:24). 사도의 수고는 모든 사람을 그 시야에 담고 있다. "우리가 모든 사람을[panta anthrōpon] 권면하고 모든 지혜로 모든 사람을 가르침은 내가 모든 사람을 그리스도 안에서 완전한 이로 내놓으려 함이다"(1:28). 서신에서 흔히 쓰는 말인 "육은 떠나 있으나 영은 너희와 함께 있다"(2:5)는 어쩌면 이 문맥에서 특별한 뉘앙스를 가지는지도 모른다. 이 서신은 골로새 그리스도인들과 라오디게아 그리스도인들뿐 아니라 어쩌면 "내 육의[바울의] 얼굴을 못 본"(2:1) 다른 이들까지 읽게 하려고 쓴 것 같기 때문이다. 이 위명 저자는 사도의 권위와 사도 자신의 사례가 더 많은 청중에게 영향을 미치기를 원한다. 이 때문에 그는 미래 세대에게 대단히 중요한 의미를 갖게 될 제도적 목적을 고려하여 바울에 관한 기억을 사용하는 방법을 써서 (바울 자신이 쓴 서신을 직접 모방한) 이 위명 서신 곧 대다수 성경 사본이 수신인을 "에베소에 있는 성도들에게"로 잘못 적은 회람용 서신을 시작한다.[47]

그러나 이보다 훨씬 놀라운 점은 골로새서가 전승을 사용하는 방법이다. 우리가 앞서 살펴보았듯이 바울은 이와 관련해서도 본보기를 제시했다. 그러나 진정한 바울 서신 가운데는 골로새서만큼 전승 자료―이런 전승 자료는 대부분 세례와 직간접 관련이 있다―를 인용하고 이를 암시하는 내용으로 가득 찬 서신이 없다. 하지만 골로새서 저자는 골로새 사람들 사이에 존재하던 "천사 숭배" 전승보다 오래된 전승을 체계 있게 설명함으로써 천사 숭배 전승에 반대하는 주장을 펼치지 않는다. 사실 골로새서에는 논지를 진전시키는 논증이 없으며, 치밀한 논리적 전개가 이 서신의 문법 스타일을

---

47 특히 Dahl 1951을 보라.

특징짓지도 않는다.[48] 오히려 골로새서 전체는 권면 서신이다. 이 서신은 독자들에게 그들이 이미 아는 진리와 실제 관습을 되새겨 준다. 거짓 "철학자"를 "경계"하고 그들에게 복종하지 말라는 권면은 어떻게 행동할지 말해 주는 권면과 같은 종류의 것이다.[49] 서신 전체가 "세례를 되새겨 주는 내용",[50] 아니 오히려 가르침을 받고 그리스도인 공동체에 들어가 결국 세례를 받는 전체 과정을 되새겨 준다. 2:6-7은 이 서신의 주제를 다음과 같이 천명한다. "그러므로 너희가 주 예수 그리스도를 받아들였으니 그 안에서 행하고 그 안에 뿌리를 내리며 그 안에서 세움을 받고 너희가 배운 대로 믿음을 굳건히 하여 감사가 넘치게 하라."

골로새서는 그룹 결속과 그룹 내부의 조화를 촉진하는 요소를 진정한 바울 서신보다 훨씬 많이 강조한다. 골로새서 저자는 온 우주를 아우르는 화해의 풍부한 이미지—이는 십중팔구 세례 의식 언어에서 가져온 것이다—를 사용하여 회중의 통일성을 이야기한다. 그는 그리스도인의 선교에 관한 전통 언어를 사용하여 역시 회중의 통일성을 이야기한다. 골로새서 저자는 골로새인들에게 세계 선교에 적극 참여할 것을 권면하지 않는다. 그는 당시 전 세계를 통틀어 성장하고 번성하던 한 "몸"의 일부인 공동체 내부의 평화와 충성을 함양할 것을 권면한다.[51] 골로새서 저자는 바로 이 문맥에서, 그리고 같은 목적으로 "가정 다스림에 관하여"(peri oikonomias, 또는 루터가 가정 규범이라고 부른 것, 3:18-4:1)라는 주제를 채택한다. 다스리는 역할이든 다스림을 받는 역할이든 사회의 소우주라고 할 수 있는 가정에서 각 사람이 그 역할대로 맡은 임무의 수직 위계 구조는 헬레니즘 도덕주의자들이 아

---

48 Bujard 1973, 71-76, 79-100.
49 Ibid., 118-119; Meeks 1977, 209-210.
50 Dahl 1947; 그의 에베소서 논의(1944)와도 비교해 보라.
51 Meeks 1977, 210-214.

주 사랑하는 특징이었고, 헬레니즘 환경에서 유대인의 변증론적 자기 서술도 이를 기꺼이 받아들여 활용했다.[52] 여기서는 이런 특징을 그리스도인 가정의 안정과 조화를 강조하면서 그리스도인에 반대하는 이들의 신비주의적 편견과 성적 금욕주의에 반대하는 근거로 사용한다. "위에 있는 것들"과 "그리스도와 더불어 하나님 안에 감추인" 삶은 다소 현세적 방법으로 실현해야 하는 것 같다. 여기에 흥미로운 아이러니가 있다. 골로새서 저자는 2:20-3:4에서 세례 이미지를 바울이 고린도전서 4장 및 15장에서 제시하는 설교와 거의 정반대로 사용한다. 실제로 이 저자가 그리스도인이 세례받은 이후에 높임 받은 모습을 묘사한 내용은 바울이 반대하는 입장과 아주 비슷한 것 같다. 그럼에도 그는 공동체 중심의 행위를 옹호하는데, 이는 바울이 그리스도인의 구원이 아직 완성되지 않은 상태임을 강조하면서 독려한 내용과 사실상 크게 다르지 않다.

개인의 일탈 제어하기

너희 가운데 실제로 성적 비행[*porneia*]이 있다는 말이 들리니, 심지어 이방인 가운데서도 [찾을 수가] 없는 비행인즉, 어떤 이가 그 아비의 아내를 취하였다는 것이다. 너희가 교만해졌구나! 너희는 이를 통탄하며 이런 일을 저지른 자가 너희 가운데서 제거되게 [기도하지] 않았다는 말이냐? 나 자신은 비록 몸은 떠나 있으나 영으로 함께 있어 이런 일을 행한 자의 사건을 이미 판단했으니, 실제로 너희와 내 영이 우리 주 예수의 이름으로 함께 모여 우리 주 예수의 능력으로 이런 자를 사탄에게 내어 주었은즉, 이는 [그의] 육은 파멸할지라도 [그의] 영은 주의 날에 구원을 받게 하려 함이다. 너희가 자랑함은

---

52 2장, 주79에서 인용한 문헌을 보라.

옳지 않다! (고전 5:1-6a)

이는 적어도 바울계 회중 한 곳의 치리 절차와 이 그룹이 민감하게 여긴 몇몇 측면을 어렴풋이나마 보여 준다는 점에서 아주 중요한 본문이다. 나는 이 본문이 안고 있는 난제 몇 가지를 제시하고, 영어로 더 매끈하게 번역하면 보통 잘려 나가는 접속사 몇 개를 그대로 살리고자 조금 딱딱하게 번역했다. 그렇다 해도 나는 주해와 관련하여 여기서 일일이 논증하지 못할 많은 결정을 내려야 했다. 여러 표준 주석을 참고해서 다른 해석들을 살펴보아도 좋겠다.[53]

현대의 문단 구분과 더 오래전에 이루어진 장(章) 구분이 있지만, 여기서 인용한 본문은 바울이 1-4장에서 다룬 여러 문제와 완전히 분리될 수 없다. 반어적 외침인 "너희는 부풀려졌다!"(2a절)는 4:6, 18, 19을 되새겨 준다. 진정한 바울 서신을 살펴보면 이 동사('자랑하다', '뽐내다'라는 뜻을 가진 그리스어 동사 *physioō* — 역주)는 뒤에 가서, 그러니까 고린도전서 8:1과 13:4에서 두 번 더 나오며 다른 곳에서는 나타나지 않는다.[54] 분명 바울은 "부풀려진" 영의 사람들(*pneumatikoi*) 이미지가 훌륭하다고 비꼰다. 바울은 6a절에서 곡언법(litotes)을 통해 "너희가 자랑함은 옳지 않다!"라고 말하면서 그 이미지가 아니라 그 내용을 다시 끄집어낸다. 바울은, 자신들에게 영적 능력과 지식과 지혜가 있다고 인식하여 "부풀려지고" 바울이 고린도로 돌아오지 않으리라 여겨 자신들은 바울의 간섭으로부터 자유로워졌다고 믿은(고전 4:18-19) 고린도 그룹 구성원들을 염려했다. 이 사건을 직접 논한 내

---

[53] Heinrici 1888; Weiss 1910; Lietzmann 1931; Héring 1959; Conzelmann 1969; Barrett 1968. Barrett의 저작이 이 모든 자료 가운데 가장 유용하다. 사례 전체를 분석하고 이를 당대 유대교의 여러 종파와 초기 기독교 관습의 맥락 속에 넣어 살펴본 자료를 보려면 Forkman 1972을 보라.
[54] 그러나 골로새서 저자는 2:18에서 이를 비슷하게 사용한다.

용은 그런 염려와 연결되어 함께 제시된다.

그런 맥락 속에서 살펴보면 바울이 치리 절차를 묘사하는 독특한 방식을 더 잘 이해할 수 있을 것 같다. 우선 바울은 "나는 이미 판단했다"고 말함으로써 기정사실(*fait accompli*)을 제시한다. 그런가 하면 그는 전 회중이 모인 엄숙한 총회를 열어 죄지은 자를 쫓아내고 "그를 사탄에게 넘겨 주라"는 확실한 지침을 제시한다. 바울은 당연히 구성원 전원이 참석하는 총회에서 이런 엄정한 행동을 취할 수 있다고 생각했다. 마태도 이와 비슷한 절차를 기록해 놓았다(마 18:15-18). 이런 절차의 선례는 십중팔구 유대인 공동체의 자치 제도 안에 있었을 것이다. 그러나 총회를 열라는 바울의 지시는, 그가 사도로서 가진 권위를 제한하면서 민주성이 더 강한 정치 형태를 존중한 것이 아니다.[55] 오히려 그 반대에 가깝다. 총회의 결정이 내려지고 사도인 그가 그 결정에 대한 의심을 용납하지 않으면 고린도에서 바울의 권위를 의심하던 자들에게도 사도가 몸은 떠나 있으나 거기에 그들과 함께 있는 것과 마찬가지임을 분명히 알려 주는 계기가 될 것이다. '호스 파론'(*hōs parōn*, 3b절)이라는 문구는 "**마치** 있기라도 한 **것처럼**"으로 번역해서는 안 된다. 바울이 "너희와 내 영"(4절)이라는 놀라운 문구에서 역설한 것은 그가 거기("영으로") 실제로 있음에 따른 효과다. 문제는 도덕적 방종의 극악한 사례만이 아니다. 성령의 은사를 앞세운 지역 회중의 권위와 사도 및 그와 동역하는 순회 사역자들을 통한 초지역적·통일적 관리 체제 사이의 긴장도 문제다. 바울은 이런 긴장을 늦추지 않는다. 지역 지도자들은 이 문제를 진작에 해결했어야 했다. 그러나 그들이 하지 않았기 때문에 바울은 그들에게 철저히 책임을 묻고자 한다.

우리가 고린도전서 5장이 이 특별한 사건에도 관심을 두지만 고린도 회

---

55 Barrett 1968, 124-125도 이렇게 주장하는 것 같다.

중에게 절제할 책임을 이해시키고 절제와 더 폭넓은 형태의 권위 사이에 존재하는 관계를 이해시키는 것에도 관심이 있음을 간파한다면 이어지는 내용도 더 잘 이해할 수 있을 것 같다. 대다수 주석가는 5장과 6장이 다루는 주제 순서가 뒤죽박죽이라고 보았다. 바울은 우리가 방금 서술한 사건을 다루다가 느닷없이 그리스도인들 간의 송사를 비판한 후, 6:12-20에서 다시 '포르네이아'라는 주제를 다룬다. 이런 주제들은 서로 어떻게 연결되어 있을까? 바울은 비행을 저지른 일탈자를 쫓아내라는 자신의 결정을 뒷받침하고자 유월절 전에 묵은 누룩을 깨끗이 제거하는 은유(5:6b-8)를 사용한 뒤, 그가 이전에 쓴 편지에 죄인과 섞이지 말라고 썼음을 상기시키고 고린도 사람들이 이 말을 오해했다고 강조한다. 고린도 사람들은 바울의 이 말을 그리스도인 그룹과 외부인을 구분하는 경계를 설정하라는 권면으로, 곧 그들더러 "세상"의 악과 섞이지 말고 단절하라는 권면으로 받아들였다. 이제 바울은 그 말이 결코 그런 의미가 아니었다고 말한다. 그런 일은 이 세상을 완전히 등질 때나 가능하다(10절).[56] 그들이 이전에 받은 서신을 제대로 이해했다면 아마도 바울이 여기서 요구하는 행동을 했을지도 모른다. 바울은 그들에게 "내부인은 너희 스스로 판단"하지만 외부인은 하나님께 맡기라고 요구하기 때문이다(12-13절). 이어서 그는 송사 문제를 다루는데, 이는 송사라는 주제가 대두되었기 때문이 아니라[57] 이 문제가 "내부"와 "외부"를 가르는 경계를 놓고 고린도 사람들이 겪은 혼란을 분명하게 일깨워 주기 때문이다. 그들은 그들 가운데서 일어난 충격적 악행을 심판하지 않고 그대로 놔두었다. 그뿐 아니라 공동체 구성원들끼리 돈 문제를 놓고 소소한 싸움이 붙자 이를 외부 재판관에게 가져가 해결해 달라고 요청했다. 아마도

---

[56] 바울은 일부 '순수' 그룹, 특히 쿰란의 에세네파와 필론이 그의 *Vit. cont.*에서 묘사하는 테라퓨타이(Therapeutae, 유대인 고행 수도자)가 행한 것과 같은 은둔 생활의 가능성조차도 언급하지 않는다.
[57] Barrett 1968, 134.

이 식민 속주를 관장하는 행정장관에게 가져간 것으로 보인다(6:1-11). 바울은 이런 분쟁이 일어났다는 것 자체를 비통하게 여기지만(7-11절), 그래도 분명 그는 회중이 다 모인 총회가 훨씬 더 비통한 죄인 '포르네이아'를 해결해야 하듯이 그리스도인이 공동체 안에서 이런 일이 일어났을 때 이를 해결할 절차를 제정하기를 기대한다.

그러나 그 뒤에 12절에서 영의 사람들이 내건 구호인 "내겐 모든 것이 허용되었다"를 인용한 것은 또 다른 어색한 전환으로 보인다. 바울은 5장에서 다룬 '포르네이아' 주제로 되돌아가지만, 그가 교리문답 규칙 "[x, y, … n; 다양한 악의 목록]을 행하는 이는 하나님 나라를 유업으로 받지 못하리라"를 인용하는 9-11절에서 그 전환이 시작된다. 그는 이 규칙을 5:9-11에서 언급했는데, 이는 이전의 서신에서 분명히 나타났다. '포르네이아'가 이 규칙에서 두드러지게 나타났기 때문에 바울은 이 주제를 다시 소개하면서 이제는 신약성경에서 흔히 쓰이는 일반적 의미인 "부도덕한 성생활"이 아니라 더 오래된 구체적 의미인 "매음"이라는 뜻으로 사용한다. 아울러 그는 고린도 사람들이 제시한 첫 질문에 그가 7장에서 제시할 대답이 들어설 자리를 마련한다. 그는 그 대답에서 다른 전승 규칙 "'포르네이아'를 피하라"를 해석할 것이다(7:2; 또한 6:18을 보라). 더 나아가 6:12-13에서 영의 사람들이 외치는 구호를 인용한 것은 4:6, 18, 19과 5:2, 6에서 언급하는 "자랑"과 "교만"에 더 많은 내용을 제공한다. 은사 열광자들(charismatics)의 자신감은 그 공동체─나아가 그 공동체를 포함하는 사회 전반─의 성 규범을 어기는 극악한 일탈 행위에도 전혀 동요하지 않는다. 그들이 "자랑하는" 이유는 단지 이런 일탈 행위가 몸과 관련된 규칙을 초월한 그들의 영적 우월함을 증명해 주기 **때문**이라고 말하고픈 마음이 들지만, 바울은 그들이 그런 행동을 저질렀다고 확실하게 비판하지 않는다. 영의 사람들(pneumatikoi) 가운데 정말 사창가를 밥 먹듯이 드나든 이들이 있었을까? 어쩌면 있었을지도 모른다.

그러나 어쩌면 그것은 그들이 자랑하는 자유를 부정하는 바울의 귀류법일지도 모른다. 여기서 사법 행위를 취하겠다고 위협하지 않고, 그저 전통 규칙, 성경 주해, 그리고 공동체를 성전으로 보는 은유를 근거로 삼아 강력한 수사를 활용한 꼼꼼한 신학 논증 및 기독론 논증을 펼칠 뿐이라는 것이 놀랍다(6:14-20). 이처럼 이 본문의 논의는 사도의 결단을 단호하게 강조하는 내용으로 시작하여 공동체 내부에서 치리할 기관을 찾을 것을 역설한 다음, 하나님의 규범에 복종할 것을 이성에 호소하는 내용에 이르렀다. 이 모든 내용을 관통하는 공통 주제는 공동체의 정결에 관심을 두라는 것이다.

잠시 아버지의 아내와 동거한 남자 사건으로 돌아가 이 남자에게 어떤 제재를 가했는지 살펴보자. 가장 중요한 제재는 이 남자를 공동체에서 "제거하는" 것이다(5:2). 바울은 신명기 법에서 자주 등장하는 문장을 인용하여 이 문제에 대한 논의를 마무리한다(그러나 그는 동사를 복수형으로 바꾸었다). "악[악한 자]을 너희 자신에게서 제거하라"(5:13). 그는 이 행위를 범죄자에 대한 제재가 아니라 공동체를 정결하게 하는 방법이라고 해석한다. 그렇지만 이것이 분명 제재의 기능을 했으리라는 점이 바울이 사람들에게 오해받은 자신의 이전 서신에 썼던 문언을 인용할 때 더더욱 분명해진다. 바울은 이전 서신에서 "만일 형제로 불리는 어떤 이가 간음하는 자이거나 탐욕을 부리는 자이거나 우상숭배자이거나 학대하고 폭력을 쓰는 자이거나 주정뱅이이거나 강도이거든, 그런 자와 섞이지도 말고 아예 같이 먹지도 말라"(5:11)고 말했다. 범죄자를 특히 공동 식사―주의 만찬 및 다른 공동 식사―자리에서 피하는 것은 '형제'라는 말을 사용함으로써 특별한 교제를 의미하는 자리에 그 범죄자가 더 이상 함께할 수 없음을 그 자신에게 알려 주는 유효한 방법이었을 것이다(참고. 살후 3:14-15; 갈 6:1). 그러나 이것이 다가 아니다. 그 범죄자는 "육을 멸하고자" 공식적으로 사탄의 영역에 넘겨져야 하며(5절), 아마도 이때는 저주라는 방법이 사용되었을 것이다. 고대와 근래의 일부 주석가는 여기 나온 "육"을 바울이 특별한 은유적 의미, 즉 하나님께 반역하는 삶이라는 의미로 말한 것이라고 받아들이고자 했다. 하지만 이 표현은 액면 그대로 받아들이는 편이 더 좋을 것 같다. 악행을 저지르면 질병이나 죽음이라는 벌을 받을 수 있다는 생각은 바울이 다른 본문에서도 표명했었다(11:29-30). 하지만 그 범죄자에게서 모든 것을 앗아 가지는 않았다. 그를 피하고 사탄에 넘겨 주는 벌을 내리는 이유는 "주의 날에 [그의] 영이 구원을 받게 하려" 함이기 때문이다(5:5-7; 참고. 살후 3:15).

치리 절차에 반대되는 내용이 고린도후서 2:5-11에 나온다. 이 본문에서 바울은 질책을 받았으나 이제는 참회한 범죄자를 회복시키라고 촉구한다. 이 사건의 세부 내용은 명확하지 않다. 많은 주석가가 이 범죄자를 고린도전서 5장에 나오는 사람과 동일 인물로 여겼지만,[58] 본문은 이 범죄들을 상당히 다르게 묘사한다. 고린도후서 2장이 언급하는 일화는 바울을 향한 인신공격과 관련이 있다(5, 10절; 참고. 7:8-12). 설득력 있는 추측은—만일 10-13장이 1-8장 전부 혹은 일부보다 앞서 쓴 서신에 있던 내용이라면—이름이 나와 있지 않은 어떤 개인이 바울의 권위를 부인하고 지극히 크다는 사도들을 지지하는 그 지역 분파의 지도자였을 것이라고 보는 것이다(10-13장). 우리가 이 치리 절차를 파악할 만한 확실한 근거는 두 가지뿐인데, 이 둘은 모두 앞서 살펴본 근친상간 사건과 그 종류가 같은 절차를 시사한다. 죄를 저지른 사람이 "다수" 또는 "대부분의 구성원"(*hoi pleiones*)에게 비난을 받았다.[59] 여기서 "벌", "형벌" 혹은 "질책"으로 다양하게 번역된 용어(*epitimia*, 6절)는 이 제재가 얼마나 엄혹했는지 우리에게 알려 주지 못한다. 말로 질책하는 선에서 끝나고 더 강한 형벌은 내리지 않았을 가능성이 높지

---

[58] 가령 Lampe 1967a.
[59] Barrett 1973, 91를 보라.

만,[60] 후자도 배제할 수 없다. 우리는 이런 조치를 한 가정 교회 차원에서 행하지 않고 고린도 그리스도인들이 다 모인 "총회"가 공식적으로 취했으리라고 추측할 수밖에 없다. 바울이 고린도 그리스도인 전체를 상대로 말하기 때문이다. 더구나 이 조치는 고린도전서 5장이 요구한 조치처럼 사도가 보낸 서신에 대한 반응으로 취한 것이었는데, 이 서신은 질책받은 사람 자신은 물론 온 공동체를 "슬프게 했다"(7:8-12). 그리하여 바울은 이제 그들이 취한 회복 조치를 자신이 행한 용서와 동일한 것임을 밝히는 데 관심을 기울인다(2:10). 고린도전서 5:4에서 총회가 "주 예수의 이름으로" 판결했듯이 여기서도 "그리스도 앞에서(*en prosōpō*)" 용서를 행한다(고후 2:10).

추론

분쟁 사례와 이 분쟁들을 처리하기 위해 보낸 서신을 살펴보면 어떤 패턴이 나타나는가? 누가 권위를 행사하는가? 즉 어떤 부류의 사람이 유효한 명령을 내릴 위치에 있는가? "내가 왜 순종해야 합니까?"라는 질문에 내놓은 명시적 대답과 묵시적 대답은 무엇인가?

지도자

사도. 아나톨리아에서 고린도까지 흩어져 있던 이 작은 그룹들에 관해 우리가 가진 자료에서 가장 중요한 인물이 바울임은 명백하여 새삼 언급할 필요조차 없을 것 같다. 물론 어떤 이는 이렇게 말할지도 모른다. "그 이유는 우리가 가진 일차 자료가 바울 및 그와 아주 가까웠던 이들이 쓴 서신이기 때문이다." 하지만 이 말은 사실과 정반대다. 오히려 "바울이 비범한 권위를

60　Barrett는 거기서 이렇게 주장한다.

행사했기 때문에 우리가 그의 서신을 현존하는 기독교 문헌 중 가장 오래된 문헌으로 갖고 있는 것"이라고 말할 수 있다. 서신들의 형태는 이런 말에 힘을 실어 준다. 바울도 헬레니즘 시대의 여느 훌륭한 도덕주의자처럼 자신의 삶을 본받아야 할 모델로 제시한다. 그러나 그는 그가 제시하는 "반전의 전기"(biography of reversal)[61]를 통해 그리고 십자가라는 은유를 자신이 겪은 재난과 고난에 적용함으로써 당시 세상에 널리 퍼져 있던 것을 새로운 무언가로 바꾸어 버린다. 더구나 그의 서신에서는 사례뿐 아니라 "나는 이미 결정했다"와 같은 직접 명령도 거듭 등장한다. 그는 문제가 된 사례에 예수의 말씀을 적용할 때는 "내가 명령하지만 명령하는 이는 내가 아니라 주시다"라는 말을 사용하며, 예수의 말씀을 적용하지 않을 때는 "주가 아니라 내가 네게 말한다"라는 표현을 사용한다. 바울은 자신을 그가 세운 공동체의 "아버지"로 여긴다. "너희가 무엇을 원하느냐? 내가 매를 갖고 너희에게 가랴, 아니면 사랑과 온유의 영을 품고 나아가랴?"

바울은 '사도'라는 칭호를 중요시했다. 바울 시대 기독교 운동에 속한 사람 모두가 바울이 사도의 권리를 가졌음을 기꺼이 인정하지는 않았다. 그는 고린도 사람들에게 이렇게 쓴다. "내가 다른 사람에게는 사도가 아닐지언정, 적어도 너희에게는 사도다"(고전 9:2). 바울이 어려운 처지에 있던 갈라디아 회중에게 보낸 서신에서 맨 처음 하는 말은 "사람들에게 사도로 세움받은 이도 아니요 어떤 사람을 통해 사도가 된 이도 아닌, 예수 그리스도와 하나님 아버지를 통해 사도가 된 바울"이다(갈 1:1). 그러나 몇 년 후 그의 첫 전기 작가는, 본문 한 곳을 제외하면(행 14:4, 14), 사도라는 표현을 바울이나 다른 누구에게도 사용하려 하지 않고 오직 예루살렘의 열두 사도에게만 사용한다.

이제는 사도라는 말이 바울 시대의 어떤 직책을 표현하지 않고 그리스도

---

61 Schütz 1975, 133.

인이 선교 활동을 펼칠 때 권위를 행사하는 기능을 가리켰다는 견해가 통설로 인정받는다. 여기서 우리가 현대 학자들이 사도라는 개념의 기원과 역사상 발전 과정을 놓고 오랫동안 벌여 온 토론에 뛰어들 필요는 없겠다. 영어 'apostle'로 음역된 이 그리스어(apostolos—역주)는 가장 간단한 의미로 '대리인'이나 '사절'이었으며, 바울은 이 말을 '대사'나 그와 의미가 같은 동사로 사용할 수 있었다. "그러므로 우리가 그리스도를 대리한 대사가 되어 활동하면서 하나님이 우리를 통해 호소하심과 같이"(고후 5:20).[62] 이는 옛 이스라엘 선지자에게서 독특하게 볼 수 있는 주장, 곧 자신이 하나님의 사자라는 주장과 비슷하다. 실제로 바울은 자신이 받은 계시를 언급할 때 예레미야의 말을 암시하며(갈 1:15-16), 암암리에 자신을 모세와 비교하기도 한다(고후 3장; 롬 9:3; 10:1).[63]

바울이 보기에, 사도직이란 사명—어쨌든 부활하신 그리스도가 나타나셨을 때 직접 받은—곧 "이방인 가운데서 설교하라"는 사명, 그리고 나아가 회심자를 모아 공동체를 만들라는 사명과 관련이 있었다. 이때 그가 즐겨 쓰는 은유가 "기초를 놓다", "세우다", "심다"다. 더구나 그가 생각하는 사도직 개념에서는 이것들이 사도직을 규정하는 **새로운** 기초였으며, 다른 어떤 사도도 이런 기초 위에서 일한 적이 없었다. 물론 모든 이가 이런 견해를 공유하지는 않았다.

사실 초기 기독교 운동 안에는 상당히 많은 사도가 있었다. 그 가운데 일부는 바울과 마주치기도 했고, 권위 패턴들이 바울의 선교 영역에서 일정한 형태로 자리 잡는 데 상당히 영향을 미치기도 했다. 첫째, 예루살렘에 사

---

62 참고. 몬 9절. 여기서 πρεσβύτης는 설령 이것이 그저 πρεσβευτής의 철자를 잘못 적은 것(Lightfoot 1879, 338-339; Lohse 1968, 199; 반대하는 견해는 Dibelius-Greeven 1953, 104)이 아닐지라도 "노인" 대신 "사절"을 의미할 수 있다. 또한 Jewett 1982을 보라.
63 Meeks 1976, 605.

도들이 있었는데, 바울은 이들을 "나보다 먼저 사도가 된 이들"(갈 1:17)이라고 부른다. 하지만 이들은 바울 문헌에서 단지 부정적으로 그리고 간접적으로 나타난다. 바울은 자신이 이들과 아무런 상관이 없다고 맹세한다(갈 1:17, 19). 바울 다음에 갈라디아로 들어간 개혁자들도 틀림없이 예루살렘과 무관한 이들이었을 것이다. 그렇지 않으면 바울이 갈라디아서 1-2장에서 제시하는 반대 논증이 거의 의미가 통하지 않는다. 한편 예루살렘 지도자들은 앞서 안디옥에서 벌어진 위기에 아주 깊이 연루되었다. 하지만 이 일련의 사건을 설명한 바울의 글은 다른 사도들이나 열두 사도에 관하여 아무런 언급도 하지 않은 채, 단지 세 "기둥"과 나중에 이 세 기둥을 대신한 야고보만을 언급할 뿐이다. 우리는 자신들을 "게바파"(고전 1:12; 3:21-22)라고 부른 사람들이 말하는 게바파가 무슨 의미인지 알 수 없지만, 베드로나 그의 대리인이 바울계 회중에게 권위를 주장하려고 시도했다는 증거는 없다. 결국 최초 사도인 예루살렘 사도들은 바울계 교회에 거의 또는 전혀 권위를 행사하지 않았던 것으로 보인다.

바울의 관점에서 보면 사실 초기 사도들은 그 숫자가 많았지만, 우리가 알 수 있는 범위 내에서는 그 정체가 명확한 그룹은 아니었다. 바울이 제시한 예수의 부활을 목격한 증인의 명단에는 먼저 게바가 나오고, 이어 열두 제자, 뒤이어 "오백 명이 넘는 형제", 야고보, "모든 사도" 그리고 이어 "모든 이 가운데 끝이요…사도 가운데 가장 작은 자"인 바울 자신이 등장한다(고전 15:5-9). 아울러 안드로니고와 (그의 아내?) 유니아(만약 이 본문이 정확하다면)가 있는데, 이들은 십중팔구 바울과 같은 다소 사람이거나 같은 길리기아 사람이었을 것이다.[64] 이들은 바울보다 앞서 그리스도인이 되었으며, "사도 가운데 유명한 자"였다. 하지만 마지막 문구를 꼭 그들 자신이 사도

---

[64] Judge도 그렇다(앞의 2장, 주29를 보라).

였다는 의미로 볼 필요는 없다(롬 16:7).

바울이 없을 때 고린도에 나타나 자신들이 더 큰 권위를 가졌다고 주장하여 상당한 추종자를 얻은 경쟁자들도, 이들을 향한 바울의 공격에서 분명히 드러나듯이, "사도"였다(고후 11:5, 13). 우리는 그들이 어디서 왔는지 모른다. 본문에 이들과 예루살렘을 연계하는 말이 전혀 없기 때문이다. 자칭 갈라디아 그리스도인 개혁자들도 이와 마찬가지였으며, 십중팔구는 자신들을 우리가 여태까지 살펴본 의미의 사도로 규정했을 것이다. 그러나 갈라디아서는 이들이 사도로 불렸다고 명확하게 밝히지 않는다.

영의 은사를 받고 순회하던 이 사람들—그들도 바울처럼 오직 그리스도만 대변했다—외에도 우리는 '아포스톨로이 에클레시온'(*apostoloi ekklēsiōn*) 즉 "교회의 사절"이라는 표현을 한 번 접한다(고후 8:23). 이들은 예루살렘까지 연보를 가져가도록 지명받은 사람들이다. 우리는 한 교회에서 다른 교회로 보낸 사자 혹은 교회와 바울 사이를 오고 간 사자와 이들이 수행한 다양한 기능에 관한 이야기를 여러 서신에서 수없이 듣는다. 이런 사자 가운데 하나가 빌립보 그리스도인들이 옥중에 있던 바울에게 보내는 돈을 가져간 에바브로디도인데, 그도 "너희 사도"(빌 2:25)라고 불린다. 고린도에서 바울에게 서신을 가져온 스데바나, 브드나도, 아가이고 같은 사람에게 이 말을 같은 의미로 사용하는 것이 터무니없는 일은 아니었을 것이다.[65] 그들의 권위는 다른 누군가의 권위에서 파생된 것이고 제한적인 것 같다.

---

65 Ollrog 1979, 79-84는 이 사도들에 관해 훌륭하게 논했지만, 그들이 실제로 수행한 기능은 언제나 바울의 사역을 돕는 것이었다는 그의 주장(96-99)은 고전 16:17-18과 빌 2:29-30의 명백한 의미를 회피하면서 설득력 없는 억지 주해를 해야 가능한 주장이다. 빌 2:29-30에 관한 것은 오히려 Sampley 1980, 52-60를 보라. 빌레몬서는 오네시모를 보내 바울을 돕게 하라고 에둘러, 그러나 아주 교묘하지는 않게 요구한다. 하지만 이 서신을 "네 집에 있는 교회"에 써 보냈다는 사실이 오네시모를 "그 공동체가 보내는 사자"이자 선교사로 돌려보내라는 요구라는 Ollrog의 추론을 정당화하지는 않는다. Ollrog는 바울과 그 "동역자"가 수행했던 종류의 활동에 필요한 실제 현장의 섬김을 무시한다. 아울러 그는 제도와 직무가 존재했으리라고 너무 성급하게 단정한다.

그 이후 여러 세기 동안 랍비 자료와 비(非)유대교 자료가 모두 랍비 법원의 '사도'(šliḥim)를 이야기하게 되는데, 이들은 절기와 관련하여 돈을 거두고 규칙을 전달했다. 기능상 기독교에서 말하는 "교회의 사도"는 바울이나 영의 은사를 받고 순회했던 다른 사도들보다 방금 말한 랍비 법원의 사도와 훨씬 더 닮았다.[66]

동역자. 우리는 하나님으로부터 직접 소명을 받았다고 확신하는 사도들 (어쩌면 "교회의 사도들"의 경우를 제외하고) 외에도, 서신과 사도행전에서 바울과 어느 정도 긴밀한 관계를 맺고, 또 어느 정도 그에게 의존하는 다른 지도자들을 거듭 만난다. 에드윈 저지는 언젠가 이런 이들을 바울의 "수행원"이라고 불렀다.[67] 바울의 선교는 처음부터 집단 사역이었으며, 넓은 의미에서 보좌진이라고 부를 만한 이들이 함께했다. 그들의 이런 집단성은 그들이 펼친 선교가 그 배경이 된 도시의 (게르트 타이센의 표현을 빌리면) "사회-생태 요인들"에 훌륭히 적응할 수 있게 해 준 가장 유효한 요소 가운데 하나였다.[68] 이렇게 그리스도인 가정 소모임(cell)들을 세우고 양육하고 연계한 것은 십중팔구 바울 자신이 고안한 것이 아니라 안디옥에서 배운 것인 듯하다. 실제로 올로크는 바울이 바나바의 "동역자"로서 자신의 선교 사역을 시작했다고 기민하게 주장했다.[69] 바울과 바나바는 갈라디아서 2:11-14에서 묘사한 다툼 이후에 갈라섰는데, 이때 두 사람에겐 각각 한 사람 혹은 그보다 많은 동역자가 있었다. 신약성경의 기록을 보면 베드로나 아볼로나 빌립 같은 다른 사도는 동역자를 두지 않았던 것 같다.[70]

---

66 Ollrog 1979, 81.
67 Judge 1960b, 131.
68 Theissen 1975a, 205-206.
69 Ollrog 1979, 9-13. 하지만 이 글은 바울이 선교사로서 첫걸음을 떼는 모습을 묘사한 사도행전 기록을 지나치게 중시하는지도 모른다. Lüdemann 1980a, 23-24; Jewett 1979, 84를 보라.
70 Ollrog 1973, 13. 반면 Schille 1967은 초기 그리스도인의 모든 선교 활동이 다섯 내지 일곱 명의 동역자로 구성된 지역의 사역 공동 혹은 사역 콜레기아 조직을 통해 이루어졌음을 보여 주려고 한다.

바울의 동역자들은 폭넓은 기능을 수행했다. 실루아노, 디모데, 소스데네는 모두 여러 서신의 공동 저자로 한 번 혹은 여러 번 등장한다. 디모데는 아테네에서 데살로니가로 파송받아 거기에 근래 세워진 그리스도인 그룹을 점검하고 그들을 다양한 방법으로 북돋아 주는 역할을 수행했을 것이다(살전 3:2, 6). 디모데는 바울 및 실루아노와 더불어 고린도에 기독교를 세우는 일에 참여했으며(고후 1:19), 나중에는 사도 바울이 고린도 사람들에게 보내는 서신을 들고 에베소에서 고린도로 파송된다(고전 4:17, 16:10). 바울이 빌립보 사람들에게 서신을 써 보낼 때(빌 2:19), 디모데는 바울과 함께 있었지만(로마에? 아니면 에베소에?) 분명 옥에 갇혀 있지는 않았다. 디모데보다 적게 언급되는 디도는 복잡하게 얽힌 바울과 고린도 그리스도인 그룹의 관계에서 큰 역할을 수행했으며(고후 2:13; 7:6-16), 고린도 그리스도인 그룹들이 예루살렘 교회를 위한 연보에 참여할 토대를 마련할 때도 큰 역할을 수행했다(8:6; 16-24).[71] 브리스가와 아굴라의 역할은 다르다. 이들은 바울 자신과 지역 가정 교회의 후원자이자 보호자로서 섬겼지만, 여러 번에 걸쳐 여기 저기로 이동했고, 분명 복음을 전하는 전도자였으며, 사도행전 18:26에 따르면 상당한 힘을 가진 신학 교사였다. 이 외에도 다른 많은 "동역자", "동료 선수", "수고하는 이"가 있었지만, 이들 같은 경우는 서신에 나오는 인사말과 가끔 제시하는 권면을 통해 그들이 있던 곳과 이름 정도만 알고 있을

그의 논지는 창의와 공상을 흥미롭게 뒤섞어 놓은 것이다. 다섯 내지 일곱 이름의 목록, 혹은 빵 덩어리나 물고기나 바구니 같은 물건의 목록, 혹은 마법의 숫자를 얻고자 임의로 고칠 수 있는 서로 다른 숫자의 목록 등 그 어떤 목록도 증거로 간주한다. 또 그는 그가 말하는 Kollegien이나 Kollegium이 정확히 무슨 의미인지 정의하지 않는다.

[71] Ollrog는 디도가 바울에게 매이지 않았고 거의 연보를 거두는 일에만 관련 있었으며, 디모데가 수행한 역할과는 "완전히 다른" 역할을 수행했다고 주장한다(Ollrog 1979, 33-37). 그러나 이런 주장을 하려면 관련 본문을 특이하게 읽어야 한다. 디도의 역할을 더 설득력 있게 탐구한 자료를 보려면 Barrett 1969을 보라.

뿐이다.[72] 이들을 언급하는 문맥을 보면 이들 가운데 몇몇은 해당 지역 지도자였던 것으로 보이고, 다른 이들은 순회 사역자였다. 그러나 이들 사이에 엄격한 구분은 없었던 것 같다.[73] 골로새의 에바브라처럼 한 지역의 지도자도 다른 지역에서 선교하여 교회를 "설립하는 이"가 될 수 있었다(골 1:7-8; 4:12). 추측하건대 "교회의 사도"는 "동역자"도 포함하거나 아예 "동역자"가 되었을 수도 있다. 빌립보의 에바브로디도가 바로 그 예다(빌 2:25-29; 4:18).

이 일꾼들과 바울 사이에도 다양한 관계가 존재한다. 한편에는 서로 연락은 유지하면서도 바울에게 의존하지 않고 독립하여 활동한 바나바 같은 이(안디옥에서 갈라선 뒤에는 그렇게 활동했다)와 아볼로 같은 이가 있다(따라서 나는 이들도 사도 가운데 포함시켰다). 다른 한편에는 디모데와 같이 바울의 가르침과 권위에 크게 의존한 예가 있다. 그렇다고 해서 이것이 곧 디모데나 디도가 복잡한 임무를 수행하는 데 필요한 상당한 재량을 부여받지 못했다는 뜻은 아니다. 더 나아가 이 관계는 아주 오랜 기간 유지되었을 수도 있고—디모데와 디도나 브리스가와 아굴라처럼—특정 시간과 장소에 국한되었을 수도 있다. 대개 한 도시에서만 사역한 일부 동역자, 혹은 바울이 "나와 같이 갇힌 자들"이나 "나와 같이 붙잡힌 자들"이라고 말하는 일부 동역자는 후자에 해당했을 것이다. 사실 가장 인상 깊은 부분은 바울계 '에클레시아'들을 하나로 묶어 준 지도자 조직의 복잡성과 유동성인지도 모른다.

지역 지도자. 사도행전과 바울 서신은 초기 바울계 회중 안에 공식 직책

---

72 인물 연구와 관련한 언급은 앞의 2장을 보라. 명단과 논의는 Redlich 1913; Judge 1960b; Ellis 1971; Ollrog 1979에 있다.
73 Ollrog는 같이 일한 사람 대다수가 교회의 사도들(ἀπόστολοι ἐκκλησιῶν)이었음을 증명하려고 시도하지만 증거가 이를 지지하지 않는다(또한 앞의 주65를 보라). Ellis 1971은 바울의 다양한 용어를 사용하여 각기 다른 기능 계층들—"처음부터" 각자의 길을 따라서 나중에 직분을 맡게 되는—을 정리하려고 시도한다. 그러나 이런 구분은, Ollrog(74, n. 64)가 보여 주듯이, 너무나 불확실하고 신뢰할 수 없다. "형제들"을 일종의 보좌진을 가리키는 전문 용어로 만들려는 Ellis의 시도는 더더욱 설득력이 없다.

이 있었다는 말을 전혀 하지 않는다. 우리가 바울계 그리스도인 그룹과 그리스 혹은 로마에 보통 존재했던 사인(私人)들의 협회를 비교하면 그런 사실이 놀랍기만 하다. 여러 동호회가 남긴 명문들은 직책을 수여하고 맡는 사례를 아주 풍성히 보여 주는데, 우리가 앞서 살펴보았듯이 이런 직책들은 보통 도시의 행정직을 모방한 것이었다.[74] 성경 본문에서 바울계 회중을 이끈 여러 역할을 언급하는 경우에도 비교 대상이 전혀 보이지 않는다. 신약성경 저자들은 '아르케'(archē)라는 말을 '직책'의 의미로 사용하지 않으며, 그 동의어도 마찬가지다. 하지만 우리가 가진 가장 이른 정보가 나온 시대에 이미 여러 역할이 구분되기 시작했으며, 이런 역할이 다른 역할과 비교하여 가지는 중요성이 논의되었다. 데살로니가전서는 데살로니가 그리스도인들에게 "너희 가운데서 수고하고 주 안에서 너희 위에 있으면서 너희를 권면하는 이들"을 인정하라고 권면한다(살전 5:12). 나란히 등장하는 이 세 분사는 세 역할이 아니라 한 역할이 행하는 세 가지 기능을 가리킨다. '수고하다'(kopiōmtes)는 아주 일반적 표현이며, 바울이 선교 사역을 하고 공동체를 '건설할' 때 하던 온갖 일을 표현할 때 늘 쓰는 동사다. '권면하다'(nouthetountes)는 도덕과 관련된 문제가 생겼을 때 (말로) 치리함을 암시한다. '프로이스타메노이'(proistamenoi, '너희 위에 있다')는 더 어려운 동사다. 이 동사는 '통솔하다'나 '후견인이나 보호자로 활동하다'라는 의미일 수 있기 때문이다.[75] 여기서는 후자가 더 적절하지만, 만일 후견인도 '권면할'

---

74 Poland 1909, 337-423; Waltzing 1895-1900, 1:357-446; Schultz-Falkenthal 1970.
75 현대에 나온 주요 주석(von Dobschütz 1909; Dibelius 1937; Best 1972)은 '후견인'이라는 의미를 지지한다: 참고. Greeven 1952, 346, n. 74. 롬 12:8에도 이와 같은 모호함이 존재하지만, 두 병행 용어인 μεταδιδούς(줌, 베풀어 줌)와 ἐλεῶν(자비를 베풂)은 '보호자, 후견인'이라는 의미를 더 쉽게 받아들일 수 있게 해 준다. 부사인 σπουδῇ(부지런히)도 후견인의 역할에 들어맞는 말일 것이다: 참고. 갈 2:10. 여기서는 ἐσπούδασα(나는 열심히…하려 했다)가 가난한 이들을 도우려는 바울의 노력을 묘사한다. 목회 서신은 이 동사를 분명 '주재하다'나 '다스리다'라는 의미로 사용한다[가족: 딤전 3:4, 5, 12; 다스리는 장로들(προεστῶτες)은 마땅히 두 곱의 보수를 받아야 한다: 딤전 5:17].

수 있다면 그는 분명 다스리는 권위를 부여받은 셈이다.[76] 고린도서는 바로 이런 관계를 해명할 실마리를 제공한다. 즉 권위 있는 자리는 다른 사람과 비교하여 부와 지위가 높은 사람이 공동체에 줄 수 있는 혜택을 통해 발생한다는 것을 일러 준다. 따라서 방금 살펴본 세 분사는 직책보다는 기능을 일컫는 말이다. 이 본문은 지도자를 선출하는 과정이 어떤 형태로 존재했는지 일러 주는 증거를 제시하지 않는다.

이런 점은 고린도전서 12:8-10, 28-30; 로마서 12:6-8; 에베소서 4:11의 더 자세한 지도자 및 기능 목록에서도 마찬가지다.

고린도전서 12:28-30	고린도전서 12:8-10	로마서 12:6-8	에베소서 4:11
사도(첫 번째)	지혜	예언	사도
선지자(두 번째)	지식(gnōsis)	섬김(diakonia)	선지자
교사(세 번째)	믿음	교사	전도자
기적	병을 고치는 선물(은사)	권면하는 자	목자
병을 고치는 선물(은사)	기적을 행함	기부하는 자[77]	교사
도움	예언	후견인	
인도함	영들을 분별함	자비를 나타내는 자	
갖가지 방언	갖가지 방언		
(해석: 30절)	방언 해석		

이 본문들은 (하나님, 그리스도, 성령이 주신) 선물(charismata)을 지역 공동체

---

76 신의 영역에도 이런 모호함이 존재한다. 아마스트리스 시민들은 제우스와 헤라를 "나라를 지켜 주는 신들이요 도시의 후견인"(οἱ πάτριοι θεοὶ καὶ προεστῶτες τῆς πόλεως)으로 높일 때, 아마도 이 신들이 그 도시를 "보호하고" "주재한다"고 생각했을 것이다(Le Bas-Waddington 519-520, MacMullen 1981, 142, n. 17에서 인용-). MacMullen은 다른 사례도 제시한다. 파나마라의 제우스와 헤카테, 테오스의 디오니소스, 버가의 아르테미스, 그리고 *dii patrii et Mauri conservatores* in CIL 8,21486.

77 내 번역은 마지막 세 보기를 윗사람이 아랫사람에게 베풀어 주는 구체적·실제적 도움을 가리키는 말이자 서로 병행을 이루는 말로 여김으로써 그리스어의 모호함을 해결한다. 이 세 보기는 그 앞에서 열거한 네 가지와 그 구문과 단어 선택이 크게 다르다. Van Unnik 1974은 이와 완전히 다른 구성을 제안한다. 그는 앞뒤 맥락이 없는 세 보기를 활용하여 앞에 나온 네 활동을 또 다른 관점에서 집약한다. 그가 설명하듯이 μεταδιδόναι라는 동사만이 "자선"을 가리키는 전문 용어가 아니다. 오히

안에서 수행하는 주요 역할로 보는 개념을 공유한다. 이 목록에서 나타나는 다양성은 성령의 선물을 받아 지도자 역할을 한 이들이 지역에 따라 달랐고 이들에게 상당한 자유가 주어졌음을 보여 준다. 고린도전서의 목록을 보면 사람을 가리키는 명사나 분사와 사람의 활동을 가리키는 추상명사의 흥미로운 조합이 어떤 기능을 수행한 사람의 지위보다 오히려 그 기능 자체에 시선을 집중시킨다. 하지만 우리는 심지어 각 능력의 다양성을 인정하면서도 지위의 차이에 큰 의미를 두지 않고 오히려 그룹의 결속을 강조하려는 이가 바로 바울임을 기억해야 한다. 그러나 고린도 그리스도인들에겐 이미 지위가 중요했다.

나아가 이 모든 목록이 공유하는 몇몇 역할은 이런 역할의 공식화가 이미 어느 정도 진행되었음을 보여 준다. 바울이 고린도전서 12:28에서 말하는 사도와 선지자와 교사의 순위가 그렇다. 아울러 일부 지도자는 회중의 재정 후원자였지만, 다른 유형의 지도자들은 아주 일찍부터 회중에게 도움을 받았다. 이것이 갈라디아서 6:6("말씀으로 가르침을 받는 이가 가르치는 이와 모든 좋은 것을 공유하게 하라")의 의미일 개연성이 아주 높다.[78] 이 원리는 순회 사역에 널리 적용된 원리와 같지만(이 원리를 뒷받침해 주는 것이 예수의 말씀과 고전 9:4-14에 등장하는 다른 논증이다), 여기서는 이 원리를 지역 교사들에게도 적용했다. 에베소서의 목록과 빌립보서 서두를 보면 직책을 공식화화는 과정이 어느 정도 진척되었음을 보여 주는 증거를 볼 수 있다. 하지만 세기가 바뀌고 그 이후에도 로마의 클레멘스가 쓴 서신과 이그나티오스의 서신, 그리고 목회 서신에서 볼 수 있듯이 이런 역할은 완전히 제도화되지

려 이 말은, 늘 분명히 밝히거나 암시하는 목적어에서 그 구체적 의미를 취한다. 롬 12:8에는 그런 목적어가 없다. 이 때문에 그는 "(복음의 풍성함을) 전달하는 자"로 해석하자고 제안한다(183).

[78] Betz 1979, 304-306는 이것이 "갈라디아 교회가 영위하던 삶의 일부분인 모종의 교육 제도를 가리킬지도 모른다"고 생각한다.

않았다. 이런 문헌 가운데는 바울계 회중 자체가 지속되었음을 확실하게 보여 주는 것은 없다. 그때에 이르면 직책을 맡을 자격을 규정하고, 직책을 맡을 이를 뽑는 규칙을 제시하며, 직책이 질서의 구성 요소가 된다.[79]

아돌프 폰 하르낙은 각 지역에서 볼 수 있는 다양한 기능과 후대의 여러 직책을 성령의 은사에 근거한 큰 보편적 소명인 사도, 선지자, 교사와 구분했다.[80] 이런 도식은 이후에 나온 연구 결과의 지지를 얻지 못했으며,[81] 우리도 특정 지역에 국한된 기능과 더 넓은 지역을 아우르는 기능 사이의 경계선 및 성령의 선물에 따른 권위와 다른 권위를 구분하는 경계선을 긋는 것이 쉽지 않았음을 보았다. 오히려 나는 지역 공동체에서 다양한 사람들이 행사하는 권위의 형태를 더 단순하면서도 유연하게 셋으로, 즉 영에 사로잡힌 사람이라는 가시적 현상, 지위, 그리고 사도 및 지역을 초월한 권위를 행사하는 인물과의 연관성 등으로 구분할 것을 제안했다. 이 셋은 상호 배타적이지는 않았지만, 이들 사이에는 긴장과 다툼이 일어날 수도 있었다.

권위를 뒷받침하는 근거

우리는 여태까지 수많은 분쟁과 통제 사례를 분석했고, 여러 주장과 그 주장을 반박하는 주장의 구조를 밝히려고 노력했다. 이제 우리는 그 결과를 토대로, 힘의 행사를 뒷받침하는 것으로 보이는 일반적 근거와 구체적 근거를 열거할 수 있다.

공통 에토스. 일정한 형식이 없는 통제가 주류를 이루었다. 직접 만남, 사자, 서신이 여러 어려운 문제에 대응하는 수단이었다. 충고, 설득, 논증이

---

[79] 초기 교회 직무의 진화는 오랜 세월에 걸쳐 열띤 토론 주제가 되어 왔다. 좋은 소개서를 보려면 Kertelge 1977이 편집한 논문집을 보라.
[80] Harnack 1906, 1:319-368.
[81] 특히 Greeven 1952을 보라.

서신을 가득 메웠다. 그러나 이런 것들은 서신을 쓰는 이와 받는 이가 같은 전제, 믿음, 목표, 관계를 공유할 때만 효과를 거둘 수 있었다. 바울 서신에서 아버지와 아들 같은 친밀한 관계를 표현한 부분은 자세하고 종종 매우 길다. 서신을 쓰는 이가 독자를 설득하려고 시도할 때 가장 중요한 변수는 이 둘의 관계였다. 바울 서신은 이런 관계를 말하자면 사도와 회중의 공통 경험, 둘이 공유하는 삶을 강조하는 방식으로 서술한다. 처음에 있었던 일—첫 설교, 초기의 가르침, 회심, 세례—을 되새겨 주는 내용이 적절한 행위를 촉구하는 호소의 근거가 되었다. 더구나 바울 서신은 이렇게 되새겨 주는 내용을 신학적 맥락 속에 집어넣었다. 바울 서신이 이런 내용을 서술할 때는 편지를 받을 그리스도인들의 경험이 다른 곳에 있는 그리스도인들의 경험은 물론 특히 사도의 경험과 유사하다고 볼 뿐 아니라 하나님의 행위와 일치한다고 본다. 이 때문에 바울 서신은 서신에서 추천하는 여러 종류의 행위를 거룩한 상징들과 그리스도인들의 독특한 역사적 에토스와 결합한다. 그러나 우리는 바울과 그 동역자들도 바울 종파가 사회 전체와 공유하는 많은 규범을 당연하게 여겼음을 보았다. 이는 전혀 놀랍지 않다. 이런 규범은 특별히 지중해 유역 도시에 살면서 그리스어를 사용하는 유대인 공동체도 함께 사용하는 형식으로 자주 표명되곤 했지만, 그 시대 이교 철학자와 소피스트의 작품에도 유사한 규범이 종종 존재했다. 그리스도인들은 이 세상에 잠시 머물다 가는 외인이자 그들의 시민권(*politeuma*)이 하늘에 있는 자들일 수도 있다(빌 3:20). 그래도 그들은 이 세상에서 물러나 은둔하지 않았으며(고전 5:10) 이 세상의 여러 실체와 가치를 완전히 부인하지도 않았다.

구체적 근거. 유동적이긴 하지만 인식할 수 있는 믿음, 태도, 성향으로서 바울계 그룹의 공통 에토스를 구성했으며, 이것들은 이 공동체들 내에서 기대되던 대다수 행위에 관하여 일정 수준의 공감대를 만들어 내곤 했다. 일이 원만하게 흘러가면 권위와 관련하여 따로 말을 할 필요가 없으며, 외부 관찰자들은 감추인 통제 수단을 찾아내기가 힘들 수도 있다. 그것이 바로 우리가 특히 분쟁 상황을 살펴본 이유다. 분쟁 상황에서는 "내가 왜 순종해야 하는가?"라는 질문이 불거질 가능성이 더 높아지기 때문이다. 권위는 그런 질문에 사람들이 받아들일 수 있는 답을 내놓을 능력이 있다는 점에서 벌거벗은 권력(전통이나 동의에 바탕을 두지 않고 오로지 힘으로 억누르려는 권력-역주)과 다르다.[82] 분명 우리는 바울과 다른 지도자들이 제시한 대답 가운데 오직 일부만 알 수 있다. 우리는 바울과 이 지도자들을 따르던 이들이 과연 그 대답을 받아들였는지 알 수 없다. 우리가 보는 것은 고린도와 갈라디아의 여러 문제가 시간이 흐르면서 수그러들었음을 암시하는 몇 가지 단서뿐이다(바울 서신이 보존되었고 바울이 여전히 존경을 받았다는 사실이 이런 추론을 정당화해 주는 것 같다). 아울러 바울뿐 아니라 그를 본받은 일부 사람들이 서로 다른 여러 상황에서 이런 근거 중 일부를 되풀이하여 제시한다는 사실은 그들이 자신들이 하는 일을 알았다는 것을 일러 준다.

우리는 앞서 일부 개인의 지위가 그들의 권고에 귀를 기울이게 하는 근거를 제공했음을 살펴보았다. 바울은 자신이 사도이기 때문에 사람들이 자신에게 순종하기를 기대한다. 스데바나도 인정받아야 한다. 그가 사는 지역의 첫 회심자일 뿐 아니라 교회 후원자이기 때문이다. 교사도 교사이기 때문에 도움을 받아야 한다. 하지만 이런 종류의 주장은 확실한 근거가 없어 설득력이 없다. 이런 주장은 결국 하나 혹은 그 이상의 또 다른 근거를 요구하거나―"사도에게 순종해야 하는 이유는 그가 계시를 받았기 때문이며, 하나님의 영을 가졌기 때문이며, 독자들이 그를 알고 그가 신뢰할 만한 사람임을 깨달았기 때문이며,…때문이다"처럼 확실한 근거를 더 제시해야 한

---

82 앞의 주37을 보라.

다—정당성의 문제로 귀결된다. 사도직은 제도화된 역할이 된다. 이제 문제는 사도의 권위를 주장하는 이가 사도직을 맡기에 합당한 이에게 요구되는 표지를 보여 주는가다. 즉 사도로서 정당성을 갖추었는지 묻는 규범이 적용된다. 존 쉬츠는 바울 자신이 가졌던 권위 개념이 그로 하여금 정당성 규범에 호소하지 못하도록 막았음을 보여 주었다. 하지만 그는 고린도에서 바울과 경쟁하던 다른 사도들이 이런 쟁점을 부각시켰다고 주장한다.[83] 제도화가 진행되면서 정당성을 증명하는 것이 더욱더 핵심 문제가 되었을 것이다.

지도자와 바울계 그리스도인 사이의 명령 체계를 뒷받침하는 또 다른 근거 가운데 종종 등장하는 것이 바로 계시를 받았다는 주장이다. 예수에 관한 믿음의 중심은 오랜 세월 감추어 있었으나 이제는 "하나님이 우리에게 계시하신" "신비"다. 이것이 초기 그리스도인의 설교에서 공통으로 나타나는 패턴이다.[84] 계시도 바울의 독특한 사명인 이방인 선교에 권위를 부여했다(갈 1:15-16). 회중 집회 때 선지자들이 들려주는 계시는 가르침과 지침을 제시했다. 그런 방법을 통해 혹은 예수의 말씀을 전하는 전승을 통해 얻은 "주의 말씀"은 행위의 근거로 삼을 수 있었다.

성경에서는 진술과 지시도 아주 다양한 방식을 통해 권위를 부여받을 수 있다. 바울은 성경을 자주 인용하지만, 모든 서신이 똑같은 빈도나 똑같은 방식으로 성경을 인용하지는 않는다. 아울러 바울은 때로 본문을 상세히 주해하는 데 몰두한다. 더욱이 그가 제시하는 해석을 충실히 이해하려면 때로는 유대교 주해 전승을 알아야 한다. 이 때문에 우리에겐 대부분 이방인으로 구성된 그의 회중이 성경과 유대교 전승에 담긴 특별한 가르침을 받아들였을지 의문이 남는다. 만일 그들이 바울의 해석을 받아들였다면 그

---

83 Schütz 1975, 184.
84 Dahl 1954, 32.

것은 바울이 성경과 유대교 전승을 십자가에 못 박히신 메시아 예수를 믿는 이들이 지닌 특별한 시각으로 해석했기 때문이다. 쿰란에서 의의 교사(Teacher of Righteousness)를 따른 이들처럼 바울도 성경에 기록된 일이 "본보기[*typikōs*]로서 일어났지만, 시대의 종말을 맞이한 우리 자신을 권면하고자 기록되어 전해진 것"(고전 10:11; 또한 롬 15:4을 보라)이라고 믿었다.

아울러 우리는 바울이 기독교 전승에 호소하는 모습도 본다. 바울은 그가 받아서 전한 명백한 전승을 인용함으로써, 고린도전서 15:3-11에서 볼 수 있듯이 그와 다른 사도들의 연대를 강조하는 방식으로 자신이 제시하는 주장에 힘을 실어서, 고린도 사람들에게 주의 만찬 전승에 합당하지 않은 행위를 설명하라고 요구하는 등의 일을 할 수 있었다. 그러나 그는 전승을 상당히 자유롭게 해석하며, 전승과 사도들 사이의 합의를 양립 가능한 것으로 여긴다(특히 갈 1-2장이 그렇다). 바울이 "하나님의 모든 교회"가 따르는 관습에 호소하는 것도 이와 관련이 있다. 바울을 본받은 이들은 그들이 바울 이름으로 쓴 서신에서 훨씬 더 폭넓게 전승을 사용하지만, 바울보다는 변증의 색채가 좀 덜하다.

바울 공동체는 성령을 그 어느 것보다 탁월한 권위로 여겼다. 예수의 말씀을 알려 주는 전승이 어떤 구체적 지침을 주지 않을 때는 바울의 권고를 받아들여야 했다. "나는 내가 하나님의 영을 가졌다고 생각하기" 때문이다(고전 7:40). 율법이 아니라 성령이 올바른 행위로 이끄는 길잡이다. 그러나 성령이 임재하셨다는 증거는 무엇이었을까? 우리는 고린도에 있던 영의 사람들(*pneumatikoi*)이 누구나 눈으로 볼 수 있는 극적 현현, 그중에서도 특히 방언을 귀중히 여겼음을 보았다. 바울은 그들의 열광적 모습을 꺾고 공동체의 삶에 필요한 모든 중요한 기능을 영의 선물로 해석하려고 했다. 그러나 바울은 눈으로 볼 수 있는 표지를 부인하지는 않았다. 그는 자신이 세운 회중에 속한 다른 이들처럼 자신도 방언으로 말할 뿐 아니라 기적을 행한다고 주장했다. 비록 우리 눈에는 그것이 그의 더 심오한 신학과 모순되는 것처럼 보일지 몰라도, 그는 심지어 기적이 "사도의 표지"라고 이야기하기도 했다(고후 12:12; 참고. 롬 15:19).

하지만 바울이 그 권위를 가장 독특하게 표현한 형태는 변증법적, 심지어 어떤 때는 역설적 유형이다. 바울은 이것을 통해 그리스도의 죽음과 부활에 관한 근본적 선포를 진정한 능력의 패러다임으로 활용하려고 한다. 예를 들면 그것이 그가 고린도후서 10-13장에서 "지극히 크다는 사도들"에 대해 제시하는 통렬한 반어적 반론의 중심이다. 자주 반복하여 등장하는 이 패러다임은 우리가 이 책 마지막 장에서 다시 살펴보아야 할 내용인데, 그때 이와 관련한 믿음 패턴도 검토하겠다. 우리는 이런 역설이 현대 신학자들에게 깊은 인상을 심어 준 만큼 그의 첫 독자들에게도 깊은 인상을 심어 주었는지 확실히 알 수 없다. "반전의 전기"(쉬츠가 쓴 표현을 빌리면)는 나중에 바울의 이름을 사용한 저자들의 글 속에서도 메아리치지만, 이 메아리는 다소 밋밋하고 깊은 의미가 없다. "사도 가운데 가장 작은 자"(고전 15:8-9)를 에베소서 저자는 "모든 성도 가운데 가장 작은 자"(엡 3:8)로 표현하며, 목회 서신 저자는 "죄인의 우두머리"임에도 그리스도의 인내를 나타내는 패러다임으로서 자비를 받은 이로 표현한다(딤전 1:12-16).

규칙. 바울 서신은 바울 공동체의 규범을 가끔씩 규칙으로 언급한다. 우리는 바울 서신의 이런 측면을 구원 공동체에 들어온 이방인에게 유대 '할라카'(halakah)의 여러 사항을 지키는 것을 의무로 제시하기를 원했던 이들에 맞서 바울이 제시한 논박과 연계하고 싶을 수도 있다. 하지만 바울 시대의 시각이 아닌 후대의 시각이 빚어낸 왜곡을 조심해야 한다.[85] 사실 규칙은

---

85 나는 현대의 해석을 뒤덮은 이중 시대착오를 피하려고 노력했다. 우선 학계의 통설은 유대교에서 생각하는 "율법"의 의미를 2세기 말 무렵에 활동한 랍비 유다 하나시(R. Judah the Prince: 미쉬나의 주편집자였다—역주)를 중심으로 모인 학문 집단을 지배한 토라의 이데올로기와 동일시한다. 우리

있었고, 때로 바울이 이런 규칙 가운데 일부를 그가 받아서 그가 세운 회중에게 전한 전승처럼 인용하곤 한다. 올바른 행위를 일러 주는 가르침은 분명 세례와 함께(세례 전인지 후인지 아니면 둘 다인지는 모른다) 따라오는 재사회화 과정의 일부였다. 그러나 우리가 바울 서신의 권면 부분에서 모을 수 있는 단편들은 대부분 그 범위가 상당히 포괄적이며, 무언가를 규정하기보다 넌지시 일러 주는 성격이 강하다. "음란을 피하라", "음란한 자, 우상숭배자, 간음하는 자, 소년과 비역질하는 자, 남색하는 자, 도둑, 탐심을 부리는 자, 주정뱅이, 타인을 학대하고 폭력을 쓰는 자, 강도[이 목록은 바뀔 수도 있다]는 하나님 나라를 유업으로 얻지 못하리라." 일부 규칙은 더 상세하다. "각 사람은 그 배우자를 거룩하고 존귀하게 취하라"나 이혼해서는 안 된다는 "주의 명령"이 그런 예다. 그렇다 할지라도 바울이 이런 규칙을 적용할 때 드러나는 가장 놀라운 특징 두 가지는 그의 해석이 눈에 띄게 자유롭다는 점과 그의 독자에게 명백히 요구하는 결단이 유연성을 지닌다는 점이다.[86] 바울은 수많은 규범을 당연한 것으로 받아들인다. 그는 '포르네이아'를 따로 정의하지 않는다. 바른 마음을 가진 사람이라면 누구나 당연히 아버지의 아내와 동거하는 일이 받아들일 수 없는 것임을 알 것이기 때문이

는 이 랍비들이 만든 문서가 당대에 얼마나 넓게 퍼졌으며, Neusner의 주장처럼 그들이 구축한 세계가 얼마만큼 유토피아 같은 이상 세계였는지 모른다. 무엇보다도 실제적 관점에서 볼 때 세 번의 혁명이 끼어들고 사회와 정치 분위기가 급격히 바뀌었던 두 세기 동안에 팔레스타인 고을들은 물론 디아스포라 도시에서도 그들이 만든 법과 제도가 변함없이 유지되었다는 말은 설득력이 없다. 그런가 하면 바울의 수정주의(revisionism)는 바울 시대 뒤에 교회 안에서 자라난 반(反)유대주의, 아우구스티누스의 반펠라기우스 논박, 중세 서구의 보속 체계와 이에 맞선 루터의 봉기, 현대의 반유대주의, 현대의 심리적 반율법주의, 실존 신학 등으로 말미암아 왜곡될 수밖에 없다. 이런 왜곡을 타개하고 역사에 더 비중을 둔 관점으로 나아가려는 근래의 여러 시도 가운데 중요한 저작이 Sanders 1977이지만, 이 저작도 완전한 성공을 거두지는 못했다. 그의 바울 해석에서 나타나는 약점을 살펴보려면 Dahl 1978을 보라. 또한 Sanders의 유대 전승 해석에서 나타나는 약점을 보려면 Neusner 1978을 보라. 법사학자인 B. S. Jackson도 이 문제에 관하여 경청할 만한 내용 몇 가지를 언급했다 (1979).
86 앞의 3장을 보라.

다. 그리스도인 공동체의 경우라면 그 구성원들이 "그리스도를 받아들였다"는 것에 "합당한" 행위가 무엇인지를 직관이나 성찰을 통해 당연히 파악할 것이기 때문이다. 그들 가운데 있는 선지자와 사도라면 "성령 안에서" 결정을 인도할 계시를 받아들이기 때문이다. 여기서 우리는 아주 유동적이라는 인상, 복잡하고 다극적(multipolar, 多極的)이며 그 결말을 알 수 없는 상호 연단 과정이라는 인상을 받는다. 어쩌면 이런 유동적 권위 구조는 메시아가 십자가에 못 박혀 돌아가심으로 말미암아 "율법"이 하나님 백성의 경계를 형성하던 시대가 끝나고 곧 하나님 나라로 대체될 새 시대가 시작되었다는 인식을 어느 정도 드러낸 것일 수도 있다. 적어도 바울 자신은 그렇게 인식했을 것이다.

5장

의식

초기 기독교는 종교였는가? 에드윈 저지는 절대 아니었다고 단언한다. 1세기 관찰자들이 볼 때 기독교는 다음과 같은 것이었다.

개인 집에서 저녁 식사를 하면서 바울 서신을 읽기 위해 모인, 말도 많고, 열정이 넘치며, 때로는 싸우기도 하는 무리들, 또는 플리니우스를 놀라게 한 동트기 전 몰래 모인 윤리적 엄숙주의자들의 비밀 모임들은 사람들을 불안하게 만든 새로운 존재였다. 그들에게는 신전이나 숭배하는 형상이나 의식이 없었기에, 그들을 종교와 연계하려면 꼭 필요한 희생 제사—오래전부터 이어져 내려와 사람들을 안심시켜 주는—도 없었다.[1]

저지의 견해에 따르면 초기 그리스도인 그룹을 묘사하는 모델로 종교를 사용하는 것은 "그 그룹을 역사에 부합하지 않는 범주…아래 잘못 놓아 두는" 셈이 될 것이다.[2] 이는 특히 로마 제국의 종교 행사가 공중이 눈으로 볼 수 있는 여러 형태로 펼쳐졌음을 생각하면 새겨들을 만한 경고다. 램지 맥멀런

---

1 Judge 1980b, 212.
2 Ibid.

은 이교를 다룬 근래의 저서 첫 장에서 이런 형태에 해당하는 사례들을 모아 제시했다. 1세기 그리스도인에게는 신당, 신전, 숭배하는 형상, 희생 제사가 없었다. 그뿐만 아니라 그들은 공공 축제, 춤, 음악 공연, 순례 같은 것도 하지 않았으며, 우리가 아는 한 글을 새긴 비석 같은 것도 세우지 않았다.[3]

하지만 기독교와 다른 신앙의 차이를 과장해서는 안 된다. 초기 그리스도인 공동체에 "의식이 없었다"는 저지의 주장은 명백히 틀렸다. 플리니우스는 트라야누스 황제에게 초기 그리스도인 공동체의 의식 몇 가지를 적어 보냈다. 그뿐 아니라 그보다 60년 전의 그리스도인들을 단지 "저녁 식사를 하면서 바울 서신을 읽는" 모임 정도로 묘사하고 이런 모임과 식사를 애초부터 의식과 상관없는 것으로 묘사한 것은 분명히 순진한 처사다. 사실 플리니우스는 기독교를 "윤리적 엄숙주의자들의 비밀 모임"으로 생각하지 않고, 오히려 "사악하고 통제받지 않는 미신"으로 생각했다.[4] 플리니우스는 물론 타키투스와 수에토니우스[5]도 의식을 갖추지 않은 윤리 토론 모임에 왜 미신(*superstitio*)이라는 말을 적용하려고 했는지는 알기 어렵다.[6] 어떤 이는 이 용어를 자신이 좋아하지 않는 다른 누군가의 의식을 규정하는 말로 사용한다. 만일 초기 그리스도인 그룹이 "사악하고 통제받지 않는 미신"이 아니었거나, 저지가 말하는 "사람을 불안하게 만든 새로운 존재"가 아니었다면

---

3 MacMullen 1981, 1-48. 141-167는 풍부한 문헌을 제공한다.
4 *Ep.* 10.96,8: "그저 구역질나고 미친 미신만이 발견되었다."
5 Tacitus *Ann.* 15.44,3; Suetonius *Nero* 16.3.
6 그 세기 끝 무렵에 이 주제를 더 철저히 파고든 켈수스는 그리스도인에게 아무런 의식이 없다고 비판한 것이 아니라 의식을 비밀리에 행한다고 비판했다(*Origen C. Cels.* 1.3). Morton Smith는 그리스도인들이 외부인에게 미신을 믿는 이로 낙인찍혔을 뿐 아니라 종종 마법을 행하는 이들이라는 비판을 받았다고 주장했다(1978, 1980). 그의 주장은 증거를 넘어선 부분이 많다. 가령 '말레피키아'(*maleficia*)는 당연히 다른 종류의 "악행" 가운데 마법도 포함할 수 있지만, 오직 이 말만이 늘 마법이라는 특정한 비판을 가리킬 리는 없다. 그럼에도 이런 비판은 종종 있었으며, 만일 비판하는 이가 그리스도인이 어떤 의식도 행하지 않는다고 생각했다면 그리스도인이 비밀 의식을 행한다는 이런 비판은 앞뒤가 맞지 않았을 것이다. 로마 역사가의 글에 나타나는 종교와 미신을 살펴보려면 Momigliano 1972, 4-5를 보라.

이 그룹들은 종교(religio)로 불렸을 수도 있다.

초기 기독교 운동도 현대의 사회과학자들 일부가 묘사하는 종교의 범주에 포함시키는 것이 타당하다. 예를 들면 멜포드 스피로(Melford Elliot Spiro)는 종교를 "문화가 한 패턴을 따라 문화가 가정하는 초인적 존재와 주고받는 상호 작용으로 구성된 제도"[7]로 정의한다. 바울계 그리스도인이 초인적 존재를 믿었음은 의심할 여지가 없다. 우리는 그들이 믿은 것 가운데 몇 가지를 다음 장에서 더 자세히 살펴보겠다. 스피로는 그런 초인적 존재와 주고받는 상호 작용에는 의식 행위와 도덕 행위, 곧 사람들이 "초인적 존재나 능력의 뜻이나 바람"과 일치한다고 믿었던 행위가 포함된다고 주장한다.[8] 바울계 그룹은 이 두 행위를 모두 보여 주었다. 우리는 앞 장에서 바울계 그룹이 하나님과 그리스도의 "뜻이나 바람"으로 여겼던 것과 일치하는 행위를 형성하고 규율한 몇 가지 방식을 논했다. 여기서 우리는 그들의 의식 체계에 관하여 알 수 있는 것들을 살펴보겠다.

많은 사회과학자는 의식(ritual)을 의사소통의 한 형태로 해석하며, 그렇게 해석하는 사회과학자가 점점 늘어나고 있다. 의식은 단지 어떤 언어 패턴을 포함하는 것이 아니며, 의식 자체가 일종의 말이다. 의식을 해석하는 것은 "사실 모르는 언어의 문법 규칙과 구문 규칙을 발견하려고 애쓰는 것"이다.[9]

이런 시각을 채택하는 학자 중에는 의식이 한 사회나 그룹의 근본이 되는 믿음과 가치를 전달한다고 말하는 이가 많다. 학자들은 종종 의식을 가리켜 그 사회가 가장 중요시하는 것, 아니 사실은 그 사회의 구조 자체를 표현하는 상징 행위라고 한다. 하지만 이 견해에는 많은 문제점이 있는데, 특히 행위자의 마음속에 있는 표상과 외부 관찰자의 마음속에 있는 표상을 명

---

7   Spiro 1966, 96.
8   Ibid., 97.
9   Leach 1968, 524.

확히 구분하기가 어렵다는 점이다.[10] 만일 의식이 후자를 가리킨다면 이 정의는 의식과 다른 사회 행위를 구분하지 않는 셈이다. 더욱이 외부 관찰자의 추론은 잭 구디(Jack Goody)가 지적했듯이 순환론이 될 가능성이 높다.

이는 [비단 미시종교 행위(microreligious behavior)뿐 아니라] 모든 사회 행위가, 중요한 의미에서, 그 사회의 구조를 "표현하거나" "상징한다"고 말할 수 있기 때문이다. 이렇게 말할 수 있는 이유는 더 일반적인 행위가 더 구체적인 행위에서 나온 추상 개념일 뿐이기 때문이다. 하지만 내가 말하는 "표현"은 많은 사회학자가 은연중에 가정하는 방식의 "표현"이 아니다. 즉 그것은 사회 행위의 주요 원리들을 표현하지 않는다. 사실 이런 접근법은 단지 구성적 추상 개념을 인과 관계적 요소로 구체화하는 일과 관련이 있을 뿐이다.[11]

근대에 로버슨 스미스(Robertson Smith)와 더불어 의식을 처음 논의하기 시작한 에밀 뒤르켐은 의식과 언어의 관계가 더 내재적이라고 보았다. 의식은 단지 다른 식으로도 표현할 수 있는 사상을 암호로 바꾼 것이 아니었다. 오히려 의식은 인간 사상의 본질적 범주들을 **창조했다**. 뒤르켐은 의식이 칸트가 고민한 필연적 개념의 기원이라는 문제를 해결했다고 보았다. 어니스트 겔너(Ernest Gellner)는 이렇게 말한다. "의식과 종교는 칸트의 초월적 자아가 무엇도 통과하지 못하는 본체라는 철의 장막 뒤에서만 행했던 일을 공중 앞에서 행했다."[12] 뒤르켐의 영향을 받은 인류학자 가운데 가장 상상력이 풍부한 인물 가운데 하나인 메리 더글러스는 "의식 형태를 말의 형태

---

10   "명백히 드러난" 기능과 "드러나지 않은" 기능에 관한 고전적 논의를 보려면 Merton 1967, 73-138를 보라.
11   Goody 1961, 157.
12   Durkheim 1912, 22; Gellner 1962, 119-120.

처럼 문화를 전달하는 것으로" 취급하지만, 이런 의식 형태가 사회적 실체를 반영할 뿐 아니라 창조하기도 한다고 역설한다. 더글러스는 덧붙여 이렇게 말한다. "말과 사상의 관계보다 의식과 사회의 관계가 긴밀하다. 무언가를 알고 난 뒤에 그것을 표현할 말을 발견할 가능성이 아주 높기 때문이다. 그러나 상징 행위 없이 사회관계를 가지는 것은 불가능하다."[13] 의사소통에 중점을 두고 의식을 연구하는 또 다른 이들은 이와 비슷한 입장에 다소 중요한 변화를 준다. 예를 들면 피터 버거(Peter Berger)와 토마스 루크만(Thomas Luckmann)은 의식을 실재의 "사회적 구성"으로 묘사하며, 클리포드 기어츠는 "신성한 상징"이 공동체의 "세계관"과 "정신"을 종합하는 데 이바지한다고 주장한다.[14]

뒤르켐의 관점은 문제가 많다. 뒤르켐은 의식이 친절한 사기(benign fraud)를 저지를 때만 비로소 제 할 일을 할 수 있다고 본다. 의식에서 행위자는 "하나님"이나 "신들"을 이야기했지만, 뒤르켐은 행위자가 실제로 말하려는 것이 "사회"임을 알고 있었다. 그럼에도 뒤르켐 추종자들은 신화와 해석에 관한 현대의 해석이 종종 망각해 버린 통찰을 그대로 보존한다. 그것은 의식이 오로지 혹은 주로 정보를 전달하는 일만 하지는 않는다는 것이다. 의식은 무언가를 한다. 우리가 의식을 일종의 말로 생각한다면 아마도 우리는 우선 존 오스틴(John L. Austin)이 "수행적"(performative)이라고 부른 종류를 생각해야 할지도 모른다.[15] 우리가 바울 서신이 언급하는 의식들을 서술하고자 할 때 적절한 질문은 "그것들은 무엇을 **하는가**?"다.

---

13 Douglas 1973, 42, 78.
14 Berger-Luckmann 1966; Geertz 1957, 1966.
15 Austin 1975. 나는 여기서 내가 가진 탐구 공간이나 능력보다 복잡한 철학 문제를 건드린다. 우선 의식, 혹은 적어도 관습은 수행 발화가 작동하기 위한 필요조건이다. 나아가 Austin은 "진술" 담화와 "수행" 담화를 절대 분리할 수 없음을 보여 주었다. 사실상 모든 언어 행위는 "발화" 효과, "발화 수반" 효과, "발화 효과" 효과 세 가지를 모두 가진다.

작은 의식

우리 연구의 확실한 출발점은 중요한 복합 의식 두 가지, 곧 세례와 주의 만찬인 것 같다. 이 둘은 초창기 그리스도인 공동체에서 명백히 중요한 의식이었다. 하지만 이런 의식들이 이후 여러 세기 동안 그리스도인의 예배에서 계속 중심이 되었다는 바로 그 사실 때문에, 그 의식들은 점점 더 커져 복합 행위가 되고 복잡한 의미를 갖게 되었다. 이런 첨가 때문에 이 의식들에서 축적된 "성례 신학"을 제거하기가 어렵게 되었으며, 역사 연구에 필요한 행위, 곧 그 시대 역사를 상상하는 행위를 할 때 저지를 수 있는 시대착오(anachronism)도 피하기가 어렵게 되었다. 바울계 선교 활동에 속한 그리스도인이 회심자에게 세례를 주고 함께 모여 예수를 기념하는 공동 식사를 할 때, 그들은 의식화된 작은 행위들로 구성된 아주 유동적이고 급속히 발전하는 체계를 활용하여 세례와 공동 식사라는 특별한 사건의 틀을 만들었다. 그들은 이런 몸짓, 정형화된 문구, 말 유형을 통해 "그리스도 안의 형제자매", "하나님의 교회", "선택받은 거룩한 이들", "그리스도의 몸" 등 그들의 정체성을 발견하고 표현했다. 불행하게도 이 작은 의식들을 글로 서술해 놓은 자료가 남아 있지 않다. 그러나 우리는 바울 서신에서 많은 작은 의식을 밝혀 줄 실마리를 발견한다. 이 실마리들은 더 크고 더 익숙한 성례를 바라보는 우리의 시각을 바로잡는 데 도움을 줄 수도 있다.

함께 모임

우리는 의식이라는 말을 넓은 의미로 이해했는데, 그런 의미에서 보면 한 그룹이 익숙한 시간에 익숙한 곳에서 모이는 정기 모임 자체도 의식이 된다. 이 모임은, 그 모임의 활동을 정의하고 강조하고 모임의 시작과 끝을 알리며 친근한 사람끼리 모여서 담소를 나누는 것과 더 진지한 사역을 구분해 주고 지도자의 권위 있는 말에 주목하게 하는 의식을 만들어 낸다.

"너희가 함께 모일 때"는 바울이 고린도 성도와 주고받은 서신에서 몇 차례 사용하는 말이다. 말 그대로 '함께 모이다'를 뜻하는 그리스어 동사 '쉬네르케스타이'(synerchesthai)는 고린도전서 11:17, 18, 20, 33, 34—이 구절에서는 이 말이 모두 "주의 만찬을 먹는" 모임을 가리킨다(바울이 20절에서 준엄하게 꾸짖는 말은 사람들이 이 모임의 목적을 주의 만찬을 먹는 것으로 생각했음을 보여 준다)—과 14:23, 26에서 등장한다. 두 문구, 곧 11:18의 "교회에"(synerchomenōn hymōn en ekklēsia에서 en ekklēsia)와 11:20의 "한 곳에 함께"(synerchomenōn...epi to auto의 epi to auto)는 이 모임의 공유성을 분명하게 드러낸다. 14:23에서 이 문구들을 결합한 점을 고려할 때, 여기서 제시된 "온 '에클레시아'"가 모일 때 영에 사로잡힌 이들의 의사소통에 대한 규칙도 십중팔구 공동 식사가 가장 중요한 의식인 경우를 가리킬 것이다. 바울은 이와 바꾸어 쓸 수 있는 동사 '쉬나게인'(synagein, '모이다')도 사용한다. 이 동사는 사도행전에서 상당히 빈번하게 등장하며, 고린도서에서는 성과 관련된 금기를 어긴 구성원을 내쫓을 목적으로 모인 엄숙한 총회에게 명령을 내리는 고린도전서 5:4에서만 등장한다(이 책 4장에서 논한 내용을 보라).

현존하는 바울 서신 중 가장 이른 시기에 기록된 서신은 이 서신을 "모든 형제에게" 읽어 주라고 명한다(살전 5:27). 바울의 대리인은 골로새서에서 이 서신을 교회에서 낭독하는 것을 당연하게 여기면서 이 서신을 라오디게아도 읽게 하고, 라오디게아에서 오는 서신도 골로새에서 읽으라고 당부한다(골 4:16). 바울 서신의 형태는 하나같이 '에클레시아'의 정기 모임 때 읽힐 것을 가정하지만,[16] 반드시 한 번에 어떤 도시의 모든 그리스도인 그룹이 읽

---

16 바울 서신 서두의 정형화된 문구에는 이것이 은연중에 표현되어 있다. τῇ ἐκκλησίᾳ: 살전 1:1; 살후 1:1; 고전 1:2; 고후 1:1; (한 지역의) ταῖς ἐκκλησίαις: 갈 1:2; τοῖς ἁγίοις(성도들에게): 빌 1:1; κλητοῖς ἁγίοις(성도로 부르심을 받은 이들에게): 롬 1:7; ἁγίοις καὶ πιστοῖς ἀδελφοῖς(거룩하고 신실한 형제들

을 것을 염두에 두지는 않는다. 갈라디아서는 특별히 한 도시보다 넓은 지역에 속한 수신인들을 염두에 두며, 받는 이를 복수로 쓴 것은 몇몇 교회가 이 서신을 함께 받아 보리라고 예상했음을 분명하게 보여 준다. 이 경우, 아예 처음부터 서신을 여러 통 작성하여 보냈을 수도 있고, 바울의 사자가 한 서신을 갖고 이곳에서 다음 곳으로 옮겨 감에 따라 각 교회가 잇달아 모였을 수도 있다. 아울러 몇몇 도시에서는, 고린도의 가이오 집 같은 한 장소에 모인 "온 교회"가 아니라 각 가정 교회가 차례로 돌아가며 읽었을 수도 있다. 라오디게아 눔바의 집에 모인 '에클레시아'(골 4:15)는 십중팔구 '라오디케온 에클레시아'(*Laodikeōn ekklēsia*) 전부가 아니었을 것이며, 빌레몬과 압비아 집의 모임도 골로새에서 유일한 '에클레시아'가 아니었을 것이다(몬 2절). 로마에도 몇몇 가정 교회가 있었지만(롬 16장), 모든 교회가 다 함께 모이는 한 장소가 있었는지는 확실히 알 수 없다.[17] 모든 교회가 다 모이는 관습이 있었는지는 분명 현실적으로 온 도시 교회가 모일 수 있는 적절한 공간을 구할 수 있었는지에 달려 있었다.[18] 가이오는 그 이름만 따로 지목하여 언급할 정도로 중요한 기여를 했다(롬 16:23). 그러나 초기에는 이런 기여가 필시 드물고 특이한 일이었을 것이다.

그리스도인 그룹은 얼마나 자주 모였을까? 우리는 모른다. 플리니우스 시대에 비두니아의 그리스도인들은 매주 "정한 날"(*stato die*)에 모였다.[19] 150년경 유스티노스는 그날이 주일이었다고 확인해 준다.[20] 사도행전 20:7과 이그나티오스의 마그네시아서 9:1은 더 이른 시기의 증거를 제공한다.

에게): 골 1:2; ἁγίοις καὶ πιστοῖς: 엡 1:1.
[17] 수신인에는 '에클레시아'라는 말이 나오지 않으며, 빌 1:1이나 골 1:2이나 엡 1:1에도 나오지 않는다. Judge and Thomas 1966은 이 사실에서 개연성이 낮은 결론 몇 가지를 끌어낸다.
[18] 큰 저녁 잔치를 치를 공간을 찾기가 어려웠다는 MacMullen의 언급을 참고하라(MacMullen 1981, 36).
[19] *Ep.* 10.96.7.
[20] *1 Apol.* 67; 또한 바나바 행전 15:9을 보라. 이는 필시 더 이전에 나왔겠지만, 정확한 기록 연대는 모른다.

한 "가족"이 된 그리스도인이 유대인의 안식일 준수를 본받아 함께 식사하는 모임은 처음부터 매주 있었으리라 짐작할 수 있지만, 이런 추측을 확인해 줄 본문은 없다. 바울이 예루살렘 빈민을 위한 연보와 관련하여 고린도 사람들과 갈라디아 사람들에게 제시한 지침은 회중의 삶이 1주일이라는 주기를 가졌으며 회중이 주일에 어떤 중요성을 부여했음을 시사한다. "매주 첫날 너희 각자가 너희 형편이 허락하는 대로 무엇이든 은밀히 따로 떼어 모아 두어라. 그러면 내가 갔을 때 따로 연보하지 않아도 되리라"(고전 16:2). 하지만 이 지침은 "각자"가 집에서 돈을 따로 떼어 두라(*par' heautō*)는 것이기 때문에 이 회중이 "매주 첫날"에 모였다는 증거는 제공하지 않는다.[21]

'에클레시아'에서

교회에서는 무슨 일이 있었을까? 바울 서신이 교회에서 일어난 일을 있는 그대로 묘사한 내용에 가장 가까운 것은 고린도전서 11장과 14장이 잇달아 제시하는 권면이다. 이 본문들이 언급하는 몇몇 행위는 다른 바울 서신의 언급을 통해 다른 곳에서도 하던 행위임이 확인되었다. 바울은 이렇게 써놓았다. "너희가 모일 때 각자 찬송시도 있고, 가르침도 있고, 계시도 있고, 방언도 있으며, 해석도 있다"(14:26). 배러트(C. K. Barrett)가 언급하듯이 "고린도 교회 모임은 단조롭고 따분한 모임이었을 리가 없다."[22] 먼저 찬송시를 살펴보자. 찬트(시편 낭송 따위의 전례 음악—역주)와 노래가 그리스도인 모임에 늘 있던 부분임을 일러 주는 실마리가 많이 있다. 골로새서 3:16-17과 병행 본문인 에베소서 5:18-20—이 두 본문은 필시 전승의 언어를 개작했을

---

21 표준 주석들뿐 아니라 Bacchiocchi 1977, 90-101, 그리고 그가 인용하는 문헌을 보라. 제칠일안식일예수재림교회 신자인 Bacchiocchi 박사는 일요일을 지키라는 고전 16:1-3의 논지가 한쪽으로 치우친 경향이 있음을 기꺼이 보여 준다. 하지만 그가 플리니우스를 해석한 결과는 또 다른 방향의 오류일 수도 있다.
22 Barrett 1968, 327.

것이다―은 "찬송시, 찬송, 영적 송가"를 이야기한다. 이 세 동의어를 구분하려는 시도는 거의 쓸데없는 일이지만, 고대와 현대의 일부 주석가는 구분하려고 애썼다. 예를 들면 니사의 그레고리오스는 찬송시를 악기 반주와 함께하는 것이라고 생각했다.[23] 찬송시에는 성경 시편에 나오는 시도 일부 들어 있었을 것이다.[24] 시편은 초기 그리스도인들의 해석과 변증에서 매우 중요했다.[25] 그러나 이 셋 전부를 노래하는 이들 안에 성령이나 그리스도의 '로고스'(logos: 말씀―역주)가 임재하셨음을 보여 주는 증거로 본다는 사실(골 3:16)은 이것들 대다수가 본디 그리스도인이 작곡하거나 개작한 것임을 일러 준다. 바울 서신에서 추려 낸 몇몇 단편은 이 셋 가운데 유대교 찬송을 모델로 삼은 것이 많았을 수 있음을 확증한다. 라이트푸트(J. B. Lightfoot)가 말하듯이 "이때 유대인의 예배에서는 시편 영창과 찬송이 크게 발달했다."[26] 우리는 이제 라이트푸트가 필론을 언급한 내용에 쿰란에서 나온 중요한 증거를 덧붙일 수 있겠는데, 여기에는 쿰란 1번 동굴에서 나온 "찬송" 두루마리와 "감사" 두루마리도 포함된다.[27] 그렇다고 이것이 헬레니즘에서 널리 영향받았음을 부인하는 것은 아니다. 신들에게 그리고 신들에 관하여 드리는 찬송은 온갖 신앙의 숭배 행위에서 두드러지게 나타나는 현상인데다, 때로는 그런 찬송 형태가 유대교의 찬송과 완전히 다르지 않았기 때문이다.[28]

---

23 Dibelius-Greeven 1953과 Lohse 1968은 이것들을 분명하게 구분하지 않은 대표적 사례다. Lightfoot 1879은 Gregory Nyss. *in Psalm.* 100.3를 인용한다. 뒤에서 내가 제시하는 논의와 Hengel 1980이 예리하게 언급한 내용을 비교해 보라. 나는 Hengel의 이 논문을 이 책 원고를 완성한 뒤에야 입수할 수 있었다.
24 Lightfoot 1879, 225.
25 가령 Dodd 1952; Lindars 1961; Hay 1973.
26 Lightfoot 1879, 225. 그는 유대인 대학살에서 구원받음에 대해 알렉산드리아에서 부른 감사 찬송에 관한 필론의 보고(*Flacc.* 121-124), 그리고 테라퓨타이가 꾸준히 행하던 관습에 관한 필론의 보고(*Vit. cont.* 80-81, 83-89)를 인용한다.
27 1QH. Vermes 1978, 56-65, 그리고 거기서 인용한 더 많은 문헌을 보라.
28 MacMullen 1981, 15-24를 보라. Dibelius-Greeven 1953 *ad loc.*은 Epictetus *Diss.* 1.15-21에 주목할 것을 요구한다. 에픽테토스는 섭리가 어디에나 존재한다는 사실을 깨달은 사람은 "신에게 올리

어쩌면 우리는 그런 찬송시, 찬송, 영적 송가에 해당하는 예를 몇 가지 갖고 있을지도 모른다. 학자들은 바울이 빌립보서 2:6-11에서 그 가운데 하나를 인용했다는 데 널리 동의한다. 이 시는 본디 이와 같이 불렀을 것이다.

[그리스도께 감사하라.]
그는 하나님의 형체로 계심에도
하나님과 동등하심을
    자신의 행운으로 여기지 않으시고,
도리어 자기를 비워,
노예의 형체를 취하시고,
인간의 모양을 취하시며
    인간의 형태로 나타나셨고,
자기를 비워
    죽기까지 순종하셨다.
바로 그 때문에 하나님은 그를 높이 들어 올려
그에게 어느 이름보다
    높은 이름을 주사,
      예수의 이름으로
        땅과 하늘과 땅속에 있는 존재들이
          "모두 무릎을 꿇게 하시며",
            "모든 혀가 고백하게 하셨다."

는 찬송"으로 끊임없이 감사를 표현할 수밖에 없으며, 심지어 땅을 파고 밭을 갈며 음식을 먹을 때도 마찬가지라고 선언한다. 그는 그 시대 사람들이 틀림없이 익히 알고 있었을 양식을 지닌 여러 사례를 든다. "신은 위대하시니, 그가 우리에게 이 도구들을 주셨도다" 같은 것이 그 예다. 이런 양식은 시편의 그리스어 역본에서도 볼 수 있다. 시 47:2; 88:8; 94:3; 95:4; 98:2; 144:3; 146:5이 그런 예다. 뒤의 주53을 보라.

"예수 그리스도는 주님이시다."
—하나님 아버지의 영광을 위하여.

바울 서신의 문체를 분석한 이들은 바울 서신에서 아주 많은 "찬송"이나 "신앙고백시"나 그 단편을 찾아냈는데, 골로새서 1:15-20; 에베소서 1:3-14; 디모데전서 3:16도 이에 포함된다. 모든 것이 똑같이 설득력 있지는 않다. 예를 들면 현재 형태의 에베소서 1:3-14은 고린도후서 1:3-7처럼 문학적 "송축"으로서 형식상 서신 문체에 속한다. 하지만 십중팔구는 여기에 세례 때 사용한 전례적 송축의 요소를 결합해 놓았을 것이다. 그렇지만 에베소서 본문은 찬송과 다르다.[29] 아울러 많은 주석가가 이런 전례적 단편이 "본디 가졌던" 연, 행, 운율을 복원하고자 엄청난 노력을 쏟고 창의성을 발휘했지만, 실망스럽게도 어느 두 학자 사이에서도 합의가 이루어지지 못했다. 이는 주관적 요인이 크게 개입했기 때문이라고 결론짓는 것이 타당하다. 아울러 우리는 초기 그리스도인들이 부른 찬트가 이 추정상 단편의 현재 형태보다 반드시 규칙적이었을지 의문을 가질 수도 있다. 만일 그 단편들이 복원된 찬트의 일부만큼 정확히 균형을 갖추었고 운율도 정확했다면 우리는 그런 찬트를 지금과 같은 엉터리 모양으로 편집한 서신 저자들이 사실 음치였다고 추정할 수밖에 없을 것이다.[30] 오히려 "영적" 찬트는 의미의 흐름을 따라 자

---

29 Dahl 1951. 여기서 찬송을 재구성하려고 시도한 이 가운데 Schille 1952, 16:24; 1962, 65-66가 있다.
30 빌 2:6-11을 찬송이라고 맨 처음 밝힌 이가 Lohmeyer 1927이다. 그 뒤를 이어 Käsemann 1950; Georgi 1964b; Braumann 1962, 56-61; 작은 예를 하나 든 Strecker 1964을 비롯하여 많은 이가 같은 견해를 제시했다. 고전학자인 Eduard Norden 1912, 250-263는 이미 골 1:12-20과 바울 서신에 나오는 다른 많은 본문을 "전례와 관련이 있다"고 서술했다. Lohmeyer 1930은 골 1:15-20을 찬송으로 본다. Käsemann 1949은 기독교 이전에 존재했던 찬송이 13절에서 시작하는 "세례 전례" 속으로 들어와 영향을 미쳤음을 보여 주려 했지만, 많은 이를 설득하지는 못했다. 다른 분석을 제시한 이들로는 J. M. Robinson 1957; Hegermann 1961; Schweizer 1961b; Pöhlmann 1973; Vawter 1971; Meeks 1977, 211-212가 있다. 바울 서신과 다른 초기 기독교 텍스트에서 "초기 기독교 찬송"을 복원하려고 가장 폭넓은 시도를 한 이는 Schille 1962이다. 그러나 그가 쓰는 방법은 종종 제멋대로

유롭게(리듬은 존재하지만 음율은 정확하지 않은 상태로) 지었을 가능성이 더 높다. 이런 찬트는 필시 공통 패턴 몇 가지를 따르고 정형화된 순서의 악구(그런 악구에는 빌 2:11과 같은 성경 구절은 물론 기독교의 정형화된 문구도 포함되었을 것이다)를 사용했을 것이다. 그랬다면 이런 찬트는 부를 때마다 달라졌을 것이다.

방금 골로새서와 에베소서에서 인용한 구절에는 한 가지 놀라운 내용이 있다. 노래는 "주"(엡 5:19)나 "하나님"(골 3:16)께 올리는 것이기도 하지만, 동시에 "서로 이야기하는" 수단이거나(에베소서), 더 구체적으로 말하자면 "서로 가르치며 권면하는"(골로새서) 수단이기도 하다.[31] 이런 공동체 지향적 기능은 바울이 분명한 말로 하는 예언을 방언보다 선호했던 이유와 일치한다. 방언을 하는 이는 오직 하나님께 이야기하는 반면, 예언은 사람에게 하기 때문이다(고전 14:2-3). 바울이 제시하는 기준은 사람들이 함께 모인 자리에서 하는 말이 '에클레시아'를 "세워 주는가"다(3-5절). 우리가 맨 처음 살펴본 고린도전서 14:26에서 바울이 적용하는 규칙의 요지는 "모든 것[찬송시와 가르침과 계시와 방언과 해석]을 세움[oikodomē]을 위해 하라"다. 이는 바울과 그 동역자들이 영으로 충만한 모임에서 일어나는 서로 다른 종류의 노래와 말이 지녀야 할 사회적 기능이라고 여긴 것을 기탄없이 제시한 말이다. 회중은 다른 무엇보다 하나님께(또는 주께) 찬송시와 찬송과 송가를 불러 올림으로써 그들 자신을 "가르치고" "권면하며" 공동체를 "세웠다." 따라서 의식 때 하는 말과 노래의 가장 큰 역할 중 하나는 우리가 2장에서 강조했듯이 그룹의 결속을 더 굳게 다지는 것이다. 하지만 '오이코도

다. 이 문제를 다룬 다른 문헌으로 Deichgräber 1967; J. M. Robinson 1964; Martin 1967; Wengst 1972; Hengel 1980이 있다.
31 두 본문에 글자 그대로 옮기면 "너희 자신을"이라는 말이 있지만, 여기서 이 재귀대명사는 골 3:13이 보여 주듯이 서로를 가리키는 말과 마찬가지다: Lightfoot 1879 ad loc. 그리고 BDF §287.

메'(*oikodomē*)는 사회적 결속보다 많은 의미를 담고 있다.[32] 이것은 "가르침과 권면"을 통해 공동체 정신을 형성하는 것과 관련이 있다. 그 그룹의 특별한 언어가 전하는 여러 이미지를 통해 그리고 근본 신념을 담은 진술과 은유의 시적 반복(이를 음악 리듬에 맞추어 강화하고, 모임에서 축적된 상호 작용이 만들어 내는 높은 수준의 감정을 더하여)을 통해 그 그룹의 독특한 "지식"이 자라 간다. 이 지식과 함께 태도와 성향도 형성되며, "너희가 그리스도를 받아들였다는 사실에 합당한" 종류의 행위도 배우게 된다.

골로새서 3:16에 나오는 "가르침"과 "권면"은 온 공동체가—노래나 영창을 통해—수행하는 기능이다. 바울 서신은 다른 본문에서도 수신인들에게 서로 "권면"하거나 "권고"하라고 호소한다(살전 4:18, 5:11, 14; 고전 14:31; 롬 15:14이 그런 예다). 이 말은 회중을 대신하여 개인이 이끌거나 수행했다는 의미는 아니다. "각 개인"이 "찬송시, 가르침" 등을 제시할 수도 있었다. 가르침과 권면과 위로는 특별히 선지자가 해야 할 일로 여겨졌지만(고전 14:3, 19), 권면은 "수고하고" "보호하는/주재하는" 지역 회중 지도자들의 역할[33]이기도 했다(살전 5:12). 이것들은 개인에게 주어지는 성령의 선물이었지만(고전 12:8-10, 28-30; 롬 12:8), "한 몸"에 주어진 것이기도 했다. 바울은 사람들이 성령의 선물을 그렇게 이해하기를 원했으며, 골로새서와 에베소서를 쓴 그의 제자들도 이를 그렇게 해석했다.

전례를 연구한 역사가들은 하나같이 그리스도인의 모임에는 처음부터 성경—즉 2세기 교회가 구약성경이라고 부르기 시작할 책—낭독과 강론이 있었다고 추정한다. 이렇게 추정하는 주된 이유는 유대교 회당도 그렇게 했다고 추측하기 때문이다. 하지만 우리는 우리가 알지 못하는 무언가를 역시

---

32 Vielhauer 1939.
33 προισταμένοι의 모호함을 살펴보려면 이 책 325-326를 보라.

우리가 알지 못하는 다른 무언가에 비춰 설명하지 않도록 조심해야 한다. 사실 현존하는 회당 예배 및 그 규칙 관련 서술은 신약성경 자체 혹은 그보다 훨씬 뒤에 기록된 자료에서 나온 것이다. 1세기 회당 전례에 있었을 법한 것을 짐작하는 일은 필론과 요세푸스 및 다른 몇몇 저술가의 저작이 소소하게 언급하는 내용을 통해서만, 그리고 이런 저작과 다른 유대 문헌의 문체에서 끌어낼 수 있는 다소 설득력 있는 결론을 통해서만 가능할 뿐이다.[34] 사실 성경 본문을 읽고 이 본문에 근거하여 설교했으리라는 추론이 매우 신빙성 있어 보인다. 하지만 세부 사실은 매우 불확실하다. 그리스도인이 모였을 때 그런 성경 낭독과 강론이 있었음을 암시하는 말이 바울 서신에 있을지는—어쩌면 그런 성경 낭독과 강론이 "가르침", "훈계", "권면", "위로", "지혜의 말", "지식의 말"이 가리키는 활동의 일부는 아니었을까?—불확실하다. 하지만 바울은 때로 그가 쓴 서신에 성경을 풍성하게 언급하는 말이나 성경에서 끌어온 논증을 포함시키며, 그의 제자가 쓴 작품, 곧 에베소서 2:11-22; 4:8-12; 5:21-33에서도 그런 습관을 볼 수 있다. 이런 습관은 본문 및 해석 전통을 배우기 위한 **어떤** 방법이 존재했음을 전제한다. 정기적인 성경 낭독과 설교가 그 방법일 개연성이 가장 높다.

교회에서 한 설교에는 성경 강론 외에 틀림없이 다른 것도 포함되었을 것이다. 무엇보다 예수 그리스도에 관한 내용이 포함되었을 것이며, 그런 내용과 논리상 혹은 수사상 관련 있는 추론, 호소, 경고 등이 포함되었을 것이다. 루돌프 불트만(Rudolf Bultmann)은 바울 서신과 다른 초기 기독교 서

---

[34] 박식한 개신교 목사 Paul Billerbeck이 "예수 시대 회당 예배"를 재구성한 결과가 그의 사후에 아무런 참고 자료도 수록하지 않은 채 출간되었는데(1964), 이 재구성물은 이런 위험을 잘 보여 준다. 이 재구성물은 그 저작 연대와 출처가 광범위한 랍비 문헌을 증거로 끌어다 쓰는데, 이 문헌은 모두 신약성경보다 후대에 기록된 것이다. 더구나 Billerbeck은 이런 증거를 분명한 원칙 없이 뽑아 썼으며, 편집이나 전승사와 관련된 문제에는 아예 주목하지도 않았다. 더 꼼꼼한 논의를 보려면 Schürer 1973-, 2:447-454를 보라.

신에서 거듭 나타나는 언어 패턴 몇 가지를 살펴본 뒤, 일부 패턴이 설교자가 보통 구사하는 수사를 재생산한다고 주장했으며, 닐스 달은 이런 주장을 더 체계 있게 제시했다. 달은 그런 패턴 다섯 가지를 제시한다. "계시 패턴"은 그리스도인이 이제 (그리스도에 관하여) 아는 것이 "오랜 세월 동안 감취어 왔던 비밀"이지만 "이제는" 선택받은 자에게 "드러났다"고 말한다. "구원론에 따른 대조 패턴"은 그리스도인이 회심하기 이전의 삶("너희가 이전에는…이었다")을 그들이 새로 얻은 지위("그러나 이제 너희는…이다")와 대조한다. 그리스도인은 이 새 지위에 합당하게 살아야 한다. "일치 패턴"은 무언가를 충고하고 장려하는 것이다. "주가 너희를 용서하신 것처럼 너희도 [서로 용서해야 한다]"가 그 예다. "목적론에 따른 패턴"은 기독론과 관련된 진술에서 아주 폭넓은 암시를 끌어내는 것을 허용한다. 고린도후서 8:9이 바로 그런 예다. "너희가 우리 주 예수 그리스도의 은혜를 아니, 그가 부요하신데도 너희를 위해 가난해지심은 너희가 그의 가난으로 말미암아 부요해지게 하려 함이다[그리고 그럼으로써 예루살렘의 가난한 이들에게 돈을 보낼 준비를 하게 하려 함이다]." 마지막으로 "내가 주 예수의 이름으로 너희에게 호소하니"나 "주 안에서…" 같은 형식으로 권면이나 충고를 간단히 제시하는 패턴이 있다.[35] 이 가운데 일부는 설교보다 널리 적용되었다. 아울러 이런 패턴은 더 좁은 의미의 전례에 해당하는 정형화된 문구를 형성할 수도 있었는데, 대다수 사본이 로마서 마지막 여러 장 가운데 한 장에 덧붙인 송영도 그와 비슷하다.[36]

더욱이 우리는 바울 서신의 권면 부분이 정기 모임 때 직접 말한 권면과 상당히 비슷하다고 추정해도 될 것 같다. 바울 서신이 구체적으로 기독교적

---

35 Dahl 1954; 참고. Bultmann 1948-1953, 1:105-106.
36 롬 16:25-27; Gamble 1977을 보라.

인 형식뿐 아니라 일반 대중의 수사에서도 널리 사용하던 주제, 논증 형태, 비유를 많이 사용한 점을 생각하면 구두 권면도 틀림없이 그런 것들을 사용했을 것이다. 만일 우리가 사람들로 북적이는 가이오의 집 식당에서 열린 모임에 참석했다면, 세례받기 전에 영위했던 삶과 현재의 새로운 삶을 되새겨 주는 말과 더불어 "주의 말씀"을 전하는 계시, 장차 일어날 일에 관한 예언, 그리스도가 우리를 사랑하셨듯이 서로 사랑하라는 권면은 물론, "혼인"이나 "형제간의 사랑" 같은 주제에 관한 담화를 들었을 수도 있다. 우리는 인생을 건 큰 경주에 대비하여 몸과 마음을 단련하고, 목표를 향해 돌진하며, 고통과 고초를 두려워 말라는 독려의 말을 들었을 것이며, 이런 것이 우리가 어떤 존재인지 증명해 주리라는 말을 들었을 것이다.[37] 그리스도인 선지자와 권면자는 이전에 단 한 번도 들어 보지 못한 새로운 것, 곧 "성령의 언어"만 말하지 않았다. 교회에 아는 이가 아무도 없고 사전에 어떤 가르침도 받지 않은 외부인(*idiōtēs*)이 교회에 들어와 이런 설교를 들었다면 자신이 광신도가 지껄이는 요상한 말을 듣고 있다고 생각하지는 않았겠지만, 그래도 낯선 무언가를 발견했을 것이며, 어쩌면 그 말이 신비하다고 느꼈을지도 모른다(고전 14:23-25). 이상한 점은 그저 익숙한 것과 새로운 것이 섞여 있었다는 점이다.

물론 교회 모임에는 기도가 포함되었다. 그 기도는 얼마나 형식을 갖추었을까? "방언으로" 기도할 수도 있었고 "이성으로"("마음으로")도 기도할 수 있었다는 것(고전 14:13-15)은 자신도 모르게 터져 나오는 기도와 관례대로 올리는 기도가 뒤섞여 있었음을 시사한다. 하지만 더 깊이 고찰하면 이성으로 올리는 기도와 영으로 올리는 기도를 가르는 경계가 형식 있는 기도와 형식 없는 기도를 나누는 이분법과 같지 않음이 드러날 수도 있다(더 자

---

37   앞의 3장, 주51을 보라.

세한 내용은 뒤를 보라). 유대인의 기도 가운데 가장 유명한 것은 이런 양식의 기도다. "온 우주의 왕[또는 다른 적절한 명칭]이신 주 우리 하나님! 당신을 송축하오니 당신은…을 행하시나이다[혹은 '이는 당신이…을 행하셨기 때문입니다']." 이것이 회당 전례 중 가장 오래된 부분인 테필라(Tefillah, "**유일한 기도**")에 나오는 표준 매일 기도의 양식이다. 초기 바울계 그룹이 이런 기도 양식을 응용했다는 것은 서신 형태로 남아 있는 수많은 메아리가 암시를 준다. 우리는 이런 기도 양식 가운데 일부를 이미 언급했는데, "하나님이요 우리 주 예수 그리스도의 아버지시며 자비의 아버지요 모든 위로의 하나님이신 이를 송축할지니, 그가 우리의 모든 고초 중에 우리를 위로하사"(고후 1:3-4)가 바로 그 예다. 2인칭이 들어갈 자리에 3인칭 표현을 쓴 것은 사실 더 오래된 기도 양식과 일치한다. 하지만 이런 표현법이 서신에 등장하는 것은 서신을 쓰는 상황에 따라 좌우된다. 예배 때 그리스도인은 당연히 이렇게 말했을 것이다. "하나님, 우리 주 예수의 아버지시여, 당신을 송축하오니…."[38]

또 다른 작은 형식 다수 곧 "환호", "송영" 및 이와 비슷한 것들이 바울 서신에 담겨 있는데, 이런 것들도 십중팔구는 공통된 기도 언어, 곧 "우리 주 예수 그리스도를 통해 우리에게 승리를 주시는 하나님께 감사하리로다"(고전 15:57; 참고. 롬 7:25; 고후 2:14; 더 응용한 기도문을 보려면 롬 6:17; 고후 8:16; 9:15을 보라), "하나님…그에게 영광이 영원무궁토록 있을지어다. 아멘"(갈 1:5; 롬 11:36; 16:27; 더 자세한 것은 엡 3:21; 여전히 쓰는 것은 딤후 4:18; 자세한 설명이 붙은 것은 딤전 1:17)을 반영할 것이다.[39] 많은 경우 송영 뒤에 나오는 "아멘" 역시 전례 언어였으며, 유대교에서 회중이 기도에 반응하는 양식을

---

[38] $b^e rakah$에 관하여 알아보려면 Audet 1958; Bickerman 1962; J. Heinemann 1964, 77-103를 보라. 3인칭에서 2인칭으로 바뀐 것을 다룬 자료를 보려면 Towner 1968을 보라.
[39] Dibelius 1931; Dahl 1947, 1951; Rese 1970; 그리고 다른 많은 이의 글을 보라.

따른 것이었다(고전 14:16).⁴⁰

"예수의 이름으로"라는 정형화된 문구나 이와 비슷한 관용구도 틀림없이 그리스도인 예배에 아주 빈번히 등장했을 것이다. 골로새서 3:17이 회중의 노래에 관하여 제시하는 권면이 이렇게 끝맺기 때문이다. "또 너희가 말이나 행동이나 무엇을 하든지 모두 주 예수의 이름으로 하고, 그를 통해 하나님 아버지께 감사하라"(또한 엡 5:20을 보라). 사실 바울을 비롯한 초기 그리스도인들은 요엘 2:32에서 "누구든지 주의 이름을 부르는 자"라는 문구를 가져다 응용하면서 이 "주"가 "우리 주 예수 그리스도"를 의미하는 것으로 이해했다(고전 1:2을 비롯하여 그런 예가 종종 나온다). 더구나 바울이 빌립보서 2:6-11에서 인용하는 "찬송"은 그리스도가 하늘에서 보좌에 앉아 계신 모습을 묘사하는데, 이 장면에서는 모든 이가 "예수의 이름으로"라는 신호에 따라 무릎을 꿇는다. 이 신화 같은 장면에서 그리스도께 순종하는 이들은 인간 위에 있는 능력들이다. 빌립보 그리스도인들이 아마도 세례와 관련된⁴¹ 예배를 드리다가 어느 순간에 바로 저 문구를 들으면 습관처럼 **그들의 무릎을 꿇고** "예수 그리스도가 주님이시다"라고 고백하곤 했으리라 상상해도 크게 어긋나지 않을 것이다. 땅에서 행하는 일이 하늘에서 확증된다. 아니, 오히려 정반대다.

우리는 지금까지 "형태", "의식", "어떤 형식을 갖춘 관습이나 습관"에 관하여 이야기했다.⁴² 그러나 바울계 교회에서 가장 활기가 넘치는 (그리고 가장 시끄러운) 활동 가운데 하나가 방언이었다. 적어도 고린도에서 그랬고, 사도행전 저자가 오순절 이야기를 다룰 때 쓴 자료도 초기 교회에 널리 퍼진 현상을 전제로 할 것이다. 그렇다면 방언과 의식은 극과 극으로 대립하

---

40 Schlier 1933.
41 이 장 뒷부분을 보라.
42 *Oxford English Dictionary* s.v. "rite."

는가? 바울은 분명 고린도의 과도한 방언 선호와 자신이 선호하던 합리적 행위 사이—통제받지 않는 열광과 "품위 및 질서" 사이—에 위험한 긴장이 존재함을 간파했다. 하지만 우리가 방언 및 영에 사로잡힌 것을 나타내는 다른 현상은 형태가 없는 반면 의식을 거행하는 행위는 순전히 형태뿐이었다고 추측한다면 이런 모임의 모습을 심히 왜곡하는 결과를 초래할 것이다. 어떤 것도 진실이 아니다. 형태를 갖춘 절차, 곧 우리가 아는 양식이 모두 틀이었으며, 당시의 각 그리스도인은 거의 저절로 터져 나오는 대로 "자신의" 찬송시를 노래하거나 "자신의" 기도를 올렸다. 현대에 자유로운 교회 전통을 따르는 예배에 참석해 본 사람이라면 누구나 저절로 터져 나오는 기도가 끝없이 반복되는 언어 패턴 가운데 얼마나 큰 부분을 차지하는지 알 것이다.

더구나 반구조적 행위의 극단적 형태라고 할 수 있는 방언도 그 나름의 형태와 사례가 있었으며, 그 가운데 일부는 아주 구체적이고 엄격했다. 이런 점은 앞 장에서 언급한 펠리시타스 굿맨이 발견한 사실에서 분명하게 나타난다. 현대 그리스도인 그룹의 방언은 예배 때 예측할 수 있는 시간에 이루어질 뿐 아니라 상당히 명확하게 규정된 의식 절차가 정해 준 틀을 따른다. 그뿐만 아니라 아주 구체적 형태를 지닌 말과 신체 행동이 있으며, 이런 말과 행동이 황홀경에 빠지는 행위를 어느 정도까지만 전달하고 제한한다. 숙달한 이들은 심지어 영에 사로잡힌 상태를 유도하거나 끝낼 수 있는 "촉발 단어"(trigger word)를 갖고 있다.[43] 바울은 적어도 고린도의 모습이 바로 이렇다고 생각했다. 이는 그가 한 번에 방언으로 말할 수 있는 사람 수에 관하여 명백한 지침을 제시할 뿐 아니라 영의 선물(*charisma*)을 우리가 여태까지 서술해 온 다른 의식 절차의 틀 안에서 통제할 수 있으리라고 분

---

[43] Goodman 1972.

명하게 예상하기 때문이다. 결국 우리는 얼핏 보면 모순 같은 결론, 즉 방언으로 말하는 것처럼 기이하면서 저절로 이루어졌을 법한 행위도 의식 속의 행위였다는 결론에 이르게 된다. 그런 일은 교회 모임의 틀 안에서 일어났고, 그것을 행하리라고 예상한 사람들이 행했다. 그것은 예상한 시간에 일어났고, 독특한 몸동작이 함께 일어났으며, 자연어(natural language)로 쏟아 내는 독특한 문구가 뒤따랐다. 방언도 의식이 하는 일을 했다. 즉 그룹의 연대감을 자극하며 촉진했고(그러나 고린도의 경우처럼 방언을 하지 않는 이들이 소외감을 느끼게 되면 오히려 그 반대 현상이 나타났다), 개인의 특권을 증진시켜 새로운 역할을 만들어 내거나 기존 역할을 더 부각시켰으며, 방언으로 말하는 때를 엄숙한 때로 만들어 주었다(여기서 말하는 엄숙이란 오래전에 쓰던 의미이지, 요새 항간에서 쓰는 지루하고 유머도 없다는 뜻이 아니다).

의식을 암시하는 또 다른 많은 단서를 바울 서신에서 발견할 수 있지만, 그 단서가 가리키는 정황을 확실히 알아내기가 불가능하다. 모임의 시작과 끝을 알리는 정형화된 문구가 있었을까? 고린도전서 5:4은 고린도 사람들에게 그들이 "주 예수의 이름으로 모일" 때 해야 할 일을 일러 주는데, 이 정형화된 문구는 다른 문맥에서도 나온다. 이는 교회 모임이 시작되었음을 선언하는 적절한 문장에서 이 정형화된 문구를 사용했다는 의미인가? 다시 말하지만, 우리가 아는 것처럼 회당의 전례에서는 일찍부터 쉐마("들으라, 이스라엘아, 야훼는 우리 하나님, 야훼는 한 분", 신 6:4-5)의 사용이 두드러진 위치를 차지했다. 바울이 데살로니가전서 1:9과 로마서 3:30에서 이런 표현을 콕 집어 언급한다는 것은 그리스도인의 집회도 이와 비슷한 표현을 사용함으로써 이미 그런 표현에 익숙하다는 것을 전제한 것일까? 바울 서신 가운데 네 편의 서신은 물론, 베드로전서도 그 결론 부분에서 "거룩한 입맞춤"을 언급한다(살전 5:26; 롬 16:16; 고전 16:20; 고후 13:12; 벧전 5:14). 그것이 모임의 끝을 알리는 의식이었을까? 아니면 그 입맞춤은 후대의 몇몇 전례처럼 주의 만찬으로 넘어간다고 알리는 것이었을까? "주를 사랑하지 않는" 자에게 던지는 '아나테마'(*anathema*: 저주—역주)와 고린도전서 16:22에 나오는 아람어 기도문 '마라나 타'를 두고도 종종 같은 질문이 발생한다. 우리는 이 질문에 대한 명확한 답을 찾을 수 없다.

우리는 소소한 행위, 입으로 말하는 정형화된 문구, 더 크고 더 일반적인 여러 활동을 언급하는 말을 아주 폭넓게 발견했다. 바울 공동체는 이런 것들을 상당히 규칙적으로 행했던 것 같다. 우리가 가진 증거는 대부분 지나가듯 언급하는 본문들, 특히 고린도서에서 나왔다. 그렇긴 하지만, 이런 것들 가운데 (전부는 아니어도) 많은 것이 널리 퍼져 있었다고 추측해도 좋겠다. 바울 서신 가운데 가장 먼저 나온 서신도 그 사실을 재차 확인해 준다. 이 서신은 이미 우리에게 가르침, 권면, 기도, 감사, 예언, 그리고 어쩌면 "황홀경 상태에 빠져" 성령이 나타나셨음을 표현하는 다른 행위[영(*pneuma*)을 "소멸"하지 말아야 한다], 거룩한 입맞춤, 사도의 서신을 읽는 것을 이야기하기 때문이다(살전 5:12-27). 그리고 아마 모임 때도 그랬겠듯이, 축도로 끝맺기 때문이다(28절). 우리는 아주 자유롭고 카리스마적인 질서를 발견한다. 그럼에도 그것은 질서다. 그리고 관습이 된 형식들이 있다. 이런 형식들을 독특하게 행한 이 교회 모임은 동시에 두 개의 중요한 복합 의식인 세례와 주의 만찬이 이루어지는 무대가 되었다.

세례: 입교 의식

바울은 스데바나 집안 사람들에게 세례를 베풀 때 정확히 무슨 행동과 무슨 말을 했을까? 바울과 골로새서 저자가 "세례 때 [그리스도와] 함께 묻혔다"고 말할 때 염두에 둔 상징적 행위는 무엇이었을까? 바울 서신은 그 어디에서도 이 의식을 확실하고 분명하게 서술하지 않는다. 바울과 그 제자들이 써 보낸 서신을 받은 사람들은 그 절차가 무엇인지 알고 있었다. 회중의 지도자들이 해석하고 또 해석해야 할 것은 바로 그 사건이 함축하는 의미였다. 결국 우리는 세례에 관한 여러 해석과 더불어 세례가 최소한 한 가지 의미에서는 어떤 뜻을 갖는지 일러 주는 사례들, 혹은 바울과 그 동역자들이 말하고 싶어 했던 세례의 의미를 일러 주는 사례들을 상당히 잘 갖춘 셈이다. 그러나 우리는 당시에 일어났던 일과 관련된 가장 간단한 질문에도 추론에 의지할 수밖에 없다. 우리가 세례 의식의 세부 사실을 안다면 우리가 그려 내는 세례 의식의 전체 그림도 달라지겠지만, 우리가 아무리 훌륭하게 탐구한다 할지라도 그 사실 중 많은 부분은 여전히 알지 못할 것이다. 그래도 우리가 바울계 회중이 행한 세례에 관하여 **확실히** 아는 내용과 높은 개연성을 가지고 추론할 수 있는 내용을 분류하는 것(이는 민족지학자가 현대의 일부 종파의 입회 과정을 묘사하는 것과 유사하다)은 가능한 일이며 어느 정도 성과도 기대할 수 있다.

20세기에 많은 학자가 문체 분석을 통해 바울 서신 저자들이 인용하거나 자기 나름의 말로 바꿔 쓴 정형화된 문구들을 찾아내려고 노력한 덕분에 우리가 해야 할 일은 더욱 수월해졌다.[44] 우리는 이미 이런 형태를 많이 인지했으며, 이런 형태 가운데 몇몇은 십중팔구 세례 의식 때 널리 사용되었으리라고 지나가는 말로 이야기했다. 이제 이런 형태를 더 체계 있게 살펴보겠다.

세례 의식의 중심은 '밥티제인'(*baptizein*: '물에 담그다, 물로 씻다'를 뜻하는 *baptizō*의 부정사—역주)과 '밥티스마'(*baptisma*: 물로 씻음, 물에 담금—역주)

---

44 앞의 주29, 30, 38, 39를 보라. Braumann 1962는 바울이 전제한 세례 전례의 주요 주제를 복원하는 일을 시작했지만, 그의 주해는 피상적이다. Schille 1952, 1962은 상상에 근거하여 많은 제안을 내놓았지만, 그 제안들을 검증할 방법이 없다. Dahl 1944, 1947, 1951이 제시한 제안들이 더 신뢰할 만하다. 세례 전승을 다룬 다른 연구서로는 Dinkler 1962*b*; Grail 1951; Schlier 1938; Bornkamm 1939; Downing 1964; Fascher 1955이 있다. 이 외에도 신약의 세례 신학과 종교사에서 기독교 세례의 방대한 선례를 다룬 문헌이 아주 많다. 후자를 살펴보려면 Dahl 1955을 보라. Dinkler 1962*a*와 Puniet 1907은 두루 살펴본 결과를 탁월하게 제시한다.

라는 말이 암시하듯이 말 그대로 물로 씻는 것이다. 바울이 되새겨 주는 사실 가운데 하나는 고린도 그리스도인들이 이전의 악한 삶에서 돌이킨 일을 이렇게 요약한다. "그러나 너희가 우리 주 예수 그리스도의 이름으로[또는 이름으로 말미암아] 그리고 우리 하나님의 영으로[또는 영으로 말미암아] 씻음을 받고, 거룩해지고, 의롭다 함을 받았다"(고전 6:11). 비록 상징이지만 세례를 그리스도와 함께 묻히는 것으로 해석할 수 있었다는 사실(롬 6:4; 골 2:12)은 세례 때 몸을 완전히 물에 담갔음을 암시한다. 유대인이 보통 행하던 정결 의식, 곧 '터빌라'($t^{e}bilah$)가 그런 사례인데, 이 의식이 십중팔구는 그리스도인 세례의 주된 선례였을 것이다(두 의식 사이의 거리가 얼마나 되든 간에). 기독교 세례 의식을 처음으로 완전하게 묘사한 작품은 히폴리투스의 『사도 전승』(*Apostolic Tradition*)이다. 필시 2세기 말 로마의 관습을 제시하는 것으로 보이는 이 작품은 세례를 받는 이가 세 번에 걸쳐 물에 잠겼다고 증언한다.[45] 하지만 (히폴리투스보다 한 세기 전에 십중팔구는 시리아에서 행했던 전통을 제시하는 것으로 보이는) 간단한 교회 지침서인 디다케("열두 사도의 가르침")는 몸을 충분히 담글 수 있는 물이 가까이 없으면 세 번에 걸쳐 머리 위에 물을 부었다고 말한다(7:3). 3세기 이후 수 세기 동안 사람들이 로마의 카타콤과 석관에 그려 놓은 세례 장면을 보면, 세례받는 이(보통 어린이로 그려 놓았다)는 물속에 서 있고 집례자는 세례받는 이의 머리 위에 물을 붓는다. 고고학자들이 발견한 그리스도인의 회집 가옥(meetinghouse, 會集家屋) 가운데 가장 이른 시기의 것으로 판정된 유프라테스강 연안 두라-유로포스의 모임 장소에는 몸 전체를 담그기엔 작아 보이는 물통이 하나 있었다.[46] 어쩌면 바울계 그룹도 어쩔 수 없는 물리적 상황의 한계에 맞춰 이러한 상징성

---

[45] Hippolytus *Trad. apost.* 21; Botte 1963, 48-50에 있는 텍스트; Dix 1937, 36-37.
[46] Kraeling 1967을 보라.

을 조정해야 했을지도 모른다.

그들은 어디서 세례를 **행했을까**? "생수"가 흐르는 강물에서 행했을까? 디다케는 그런 강물을 선호했는데, 이는 분명 성경이 정결 의식을 행하라고 명령한 몇몇 경우를 모델로 삼았다.[47] 하지만 레위기 규칙은 특별히 "생수"를 언급하지 않고 그저 "물"만 언급한 경우가 아주 많다. 기독교가 시작될 무렵에는 이미 바리새인 현자들이 '미크베'(mikveh)를 고안해 낸 것 같다. '미크베'는 몸을 담글 수 있는 못이었는데, 비록 그 안의 물이 흐르지 않는 물이어도 못 자체가 적절한 크기와 규칙에 맞는 구조를 갖추었으면 이를 정결하다고 여겼다.[48] 그러나 우리는 지중해 동부 지역 도시에 있던 회당 직무자들이 할례받지 않은 이방인으로 구성된 바울계 그룹 가운데 한 명이 그들의 미크베에 들어가 하나님과 동등하고 십자가에 못 박혀 죽었다가 부활하여 이제는 하늘에서 다스리시는 메시아를 송축하는 찬트를 부르게 허용했으리라고 상상하기는 어렵다. 오히려 바울계 그룹이 공중 욕장의 방을 매입했을 것이라고 상상하는 편이 좀더 현실성이 있어 보인다.[49] 심지어 가이오나 에라스도 같은 이도 개인 욕실을 갖고 있지 않았을 가능성이 높다. 우리가 상상하기에는 강이 가장 좋은 장소 같으며, 그곳이 아니라면 욕조와 수조 같은 곳에서 세례를 행했을 것이다.

회심하고 그리스도인이 된 이는 벌거벗은 몸으로 세례를 받았다. 이 점은

---

47 레 14:51-52; 15:13; 민 19:17; 그리고 다른 본문들을 보라.
48 Neusner 1977, 57-58, 83-87. 나는 결코 '터빌라' 전체가 수행한 기능을 기독교 세례와 동일하게 여기지 않지만, 전자가 후자에게 많은 기본 절차를 제공했을 가능성은 아주 높다. Neusner가 87의 주에서 제시한 내용은 적절하다. "미쉬나가 몸을 담그는 못과 관련하여 제시한 개념은 죄를 제거하기 위한 세례와 아무런 관련이 없다."
49 그러나 어쩌면 완전히 생각할 수 없는 일도 아니다. Apuleius *Met.* 11.23에 따르면 겐그레아에서 이시스를 섬긴 사제들은 입교자가 "관습상 행하는 목욕 의식"을 위해 "가장 가까운 못"(*ad proximas balneas*)을 이용했다. 행 8:36; 16:13-15, 33은 어떤 물이든 사용 가능한 물을 사용했을 수 있음을 암시한다.

유대교 의식과 그리스도인 세례 의식의 유사성이 암시해 준다. 히폴리투스가 묘사한 로마의 관습에서는 나신(裸身)으로 세례받았다는 사실이 분명하게 나타나며, 초기 기독교 예술이 그린 모든 세례 장면도 그것을 일러 준다. 바울계 그룹도 나신으로 세례를 받았으리라는 사실을 확인해 주는 증거는 바로 옷을 벗고 입음을 암시하는 다양한 은유다. 우리는 바울 서신이 세례를 언급한 여러 본문에서 그런 은유를 발견한다. 앞으로 살펴보겠지만, 그런 암시에는 두 종류가 있다. 하나는 신화적 개념으로서, "옛 사람"을 상징하는 몸을 벗고 그 대신 "새 사람"인 그리스도를 입는다는 의미다. 다른 하나는 다소 일반적인 윤리적 비유로, 나쁜 습관을 버리고 덕이 되는 습관을 입는다는 비유다. 이 두 유형은 세례를 받았을 때를 되새겨 주는 바울의 권면에서 하나로 수렴된다. 그리고 세례를 받을 이가 처음에 옷을 벗고 세례를 받은 뒤에 다시 옷을 입었으며 이 자연스러운 행위에 은유적 의미를 부여했다고 가정하면 방금 말한 수렴을 아주 쉽게 설명할 수 있다.[50]

나중에 세례 전례에서 의미심장한 역할을 하게 될 기름부음[51]은 바울 서신이 고린도후서 1:21에서 단 한 번 언급한다. 고린도 그리스도인들이 회심했을 때를 곱씹어 보는 이 문맥은 회심이 이미 세례와 연결되어 있었음을 시사한다.[52] 같은 본문에서 언급하고 다른 본문에서도 빈번히 언급하는 성령이라는 선물도 세례와 결합되어 있었지만, 바울 서신은 이 선물을 어떤 상징을 통해 표현했는지 그 어디에서도 일러 주지 않는다. 우리는 앞서 고린도의 영의 사람들(*pneumatikoi*) 일부가 성령을 소유했음(또는 영이 소유한 사람임)을 가장 확실하게 보여 주는 표지로 방언을 꼽았으며, 사도행전이 기

---

50 어떤 이는 세례받은 이가 물에 몸을 담근 뒤에 새 흰 옷을 입었다면 더 적절했으리라는 생각을 곧 떠올렸다. Klijn 1954과 J. Z. Smith 1965(방대한 문헌을 담고 있다)을 보라. 그러나 바울 서신에는 이런 관습을 이미 사용하고 있었다고 추측할 만한 근거가 존재하지 않는다.
51 Hippolytus *Trad. apost.* 21이 이미 아주 상세히 설명했다.
52 Lampe 1967b, 61-62.

록될 때도 그런 믿음이 여전히 알려져 있었음을 보았다(행 10:44-46). 하지만 우리는 세례를 받은 이가 모두 물에서 나오자마자 곧바로 영에 사로잡힌 황홀경에 빠져 방언으로 말했으리라고 믿기 어렵다. 만일 그런 일이 있었다면 고린도의 관습을 둘러싼 다툼이나 방언을 통제하려 하는 바울의 논지를 이해하기가 어려워질 것이기 때문이다. 방금 인용한 사도행전 본문은 또 다른 증거를 일러 준다. 고넬료 집안이 "방언으로 말하며" "하나님을 칭송"—더 정확히 말하면 "하나님을 드높이며 찬송[*megalynōn*]"—했기 때문이다. 즉 그들은 이교의 정황에서도 볼 수 있는 환호인 "하나님은 위대하시다[*megas*]!"를 외쳤다.[53] 바울계 그룹 사람들이 보인 반응은 더 단순했을 것이다. 갈라디아서 4:6과 로마서 8:15-16은 새로 세례받은 사람이 아람어로 '아바'('아버지')라 외쳤으며, 사람들은 이를 성령이 그를 통해 말씀하심과 동시에 그가 "하나님의 자녀"로 입양되었음을 일러 주는 증거로 이해했음을 말해 준다.

학자들은 바울계 공동체에 세례 때 사용한 공식 신조나 신앙고백이 있었는가를 놓고 논쟁을 벌이고 있다.[54] 세례는 바울이 로마서 10:9에서 언급하는 간단한 신앙고백인 "예수는 주님이시다!"(*kyrios Iēsous*)를 표현하는 자리였을 가능성이 아주 높다. 우리가 앞에서 살펴보았듯이 이는 온 우주의 세력들이 높임 받으신 예수께 올리는 환호, 곧 빌립보서 2:10-11이 인용하는 찬송이 묘사하는 환호와 일치한다. 이런 선언은 적어도 초기 그리스도인에게 "누구든지 주의 이름을 부르는 자는 구원을 얻으리라"라는 요엘서 본문을 어떻게 해석해야 하는지 일러 주는 좋은 본보기였다(한 예가 바로 롬 10:13이다). 바울의 전기를 쓴 이는 바울의 회심을 서술하면서 분명 이 고백과 세

---

53 아르테미스가 등장하는 행 19:28; 앞의 주28에서 인용한 에픽테투스가 제시하는 사례들; Aelius Aristides *Sacr. serm.* 2.7, 21(아스클레피오스의); Minucius Felix *Octav.* 18.11를 보라.
54 가령 Cullmann 1949; Neufeld 1963; Kramer 1963, 19-128; Campenhausen 1972.

례를 결합한다(행 22:16). 더구나 이를 빌립보서 2:10-11과 연계한다는 것은, 세례가 바로 예수가 하늘에서 땅으로 내려오심 혹은 굴욕을 겪으신 뒤에 온 우주 차원에서 높임 받으셨음을 묘사하는 빌립보서의 이 시 그리고 이와 비슷한 시나 찬송시가 울려 퍼진 공동체 생활의 자리(Sitz im Leben)였음을 시사한다. 플리니우스는 비두니아 그리스도인들이 새벽 모임에서 선서(입회 선서?)를 할 때 "신에게 노래하듯 그리스도에게 노래하는" 모습을 보았는데, 어쩌면 이것은 이보다 60년 전에 아시아와 마케도니아 그리스도인들이 행하던 관습이었을지도 모른다.[55]

우리는 여태까지 바울 서신과 제2 바울 서신에서 사람들이 그리스도인 회중의 새 구성원이 될 때 이 회중이 구체적으로 무슨 일을 했는지 알려 줄 만한 실마리를 검토했다. 이런 실마리 가운데 일부는 우리가 바울 서신과 제2 바울 서신이 세례를 **해석하는** 방식을 살펴보면 좀더 분명해질지도 모르겠다. 하지만 세례와 관련된 모티프를 적용한 경우를 다루기에 앞서, 우선 새로 신자가 되는 이들의 입회 의식이 깨끗이 씻는 의식이었다는 것이 세례에 참여하는 이들에게 과연 무엇을 의미했을지 살펴보도록 하자. 씻음이 있은 뒤에 세례를 행한 것이 아니다. 세례가 바로 **씻음이었다.**[56]

고대 및 현대 관찰자들이 세례와 가장 유사한 경우로 여긴 활동, 곧 유대교에서 개종자를 물에 담그는 행위와 이방 밀교(密敎)에 가입하는 행위를 세례를 비교하면 세례 자체가 씻음이라는 사실의 중요한 의미가 드러나기 시작한다. 이방 밀교는 종종 물로 씻거나 뿌리는 의례를 통해 지원자가 밀교에 적합한 입회에 대해 준비되게 했다. 예를 들면 엘레우시스 밀교

---

55 플리니우스가 언급하는 "선서"가 세례를 가리키는지는 의문의 여지가 있지만, 대다수 해석자는 상당히 타당한 이유를 들어 그렇게 받아들였다. 가령 Nock 1924a; R. M. Grant 1948, 56를 보라.
56 유스티누스도 이를 아주 간단하게 τὸ..λοῦτρον이라고 부를 수 있었다(1 *Apol*. 66.1). 바울은 고전 6:11에서 동족 동사를 사용했다.

(Eleusinian mysteries)에는 이런 의식을 맡은 책임자가 있었으며, 그를 '휘드라노스'(*hydranos*)라고 불렀다. 기원전 4세기에 만들어진 대리석 부조는 이런 역할을 하는 여신을 묘사한다. 페르세포네로 보이는 이 여신은 작은 유리병의 물을 벌거벗은 젊은이 위에 붓는다. 이는 분명 이보다 6세기 후에 나온 그리스도인의 세례를 표현한 초창기 그림들을 우리에게 상기시켜 준다.[57] 이런 정화 의식과 어쩌면 일리소스강에 몸을 담그는 것이 아그라이에서 열린 소(小)밀의 제전(Lesser Mysteries)의 준비 의식에 포함되었다. 이런 준비 의식 전체가 그해에 엘레우시스에서 뒤이어 열린 대(大)밀의 제전(Greater Mysteries)을 준비하기 위한 사전 정화 의식이었다.[58] 대밀의 제전의 둘째 날(16 Boedromion)에는 소리를 높여 "오, 밀교인(Mystai)이여, 바다로!"라고 외쳤다. 이 외침이 들리면 입회자와 그가 가져온 돼지는 모두 바다에서 몸을 씻었고, 나중에 이 돼지를 희생 제물로 바쳤다. 그러나 이 모든 일은 엘레우시스로 가는 큰 행진을 시작하기 사흘 전에 아테네에서 일어났다. 이는 모두 공개적으로 이루어졌고 또 널리 알려졌으며 이 가운데 어느 부분도 비밀 입교 의식(*teletē*)이 아니었다.[59] 마찬가지로 이시스신을 숭배하는 종교에 입회하는 이도 씻음을 받은 후 열흘을 금식하고 나서 비로소 입교 자체를 할 수 있었다.[60] 신성한 공간과 시간에 들어가려는 이는 그 전에 먼저 정결해져야 했다.

물로 씻는 유대교 의식도 마찬가지였는데, 고대 이스라엘에서는 이 의식이 성전 및 예배와 긴밀하게 결합되었다. 정결 개념과 정결을 얻고 회복하기 위한 수단을 확대하고 민주화하는 것이 바리새인이 주도한 종교 혁명의

---

57 Mylonas 1961, 194 그리고 fig. 70; Kerényi 1967, fig. 14.
58 Clement Alex. *Strom*. 4.3.1, Mylonas 1961, 241가 인용.
59 Mylonas 1961, 224-285.
60 Apuleius *Met*. 11.23; 그뿐 아니라 루키우스는 아직 나귀로 있는 동안 여신에게 기도하기에 앞서 영감을 받고 일곱 번에 걸쳐 몸을 씻었다(11.1).

일부였다. 그들은 신성함의 개념과 신성함을 상징하는 깨끗함—절기 때 성전 경내뿐 아니라 부정한 세계 한가운데 자리한 가정에서도 매일—을 스스로를 정결하게 지키며 계명에 충실한 그룹과 결부시킴으로써 신성함의 개념 자체를 바꿔 놓았던 것 같다. 몸을 담그는 못은 그들이 바꿔 놓은 정결 개념 및 그 용법과 관련하여 그들이 일으킨 여러 혁신 가운데 하나였다.[61] 그러나 우리가 알 수 있는 범위에서 살펴보면 바리새인 가운데 어느 누구도 부정한 세계가 정결한 공동체로 영원히 바뀐다고 말하지 않았다. 정결과 부정을 가르는 경계선은 늘 이리저리 움직인다. 정결은 그 종파 구성원의 자발적 또는 비자발적 행위, 또는 그 구성원에게 일어난 우연한 일에 부응하여 계속 새롭게 정립되어야 한다. 따라서 그 종파와 세상을 가르는 경계는 이리저리 움직이며 구멍이 많다. 따라서 바리새인은 그가 속한 종파가 유일한 '진짜' 이스라엘이라고 표현하지 않으며, 미크베에 몸을 담그는 것이 입교 의식이 되지도 않는다. 심지어 개종자에게 몸을 담그라고 요구하는 것도 일상적 정화 의식의 특별한 사례일 뿐이었으며, 그 자체가 입교 의식은 아니었다. 그런데도 일부 학자는 몸을 담그는 것을 기독교 세례의 직접 선례로 만들려고 한다.[62]

---

61 Neusner 1977; 참고. idem 1973a.
62 특히 Moore 1927, 1:323-353; 3: n. 102; Rowley 1940; Jeremias 1949; Dix 1937, xl; Cullmann 1948, 9, 56 그리고 다른 여러 곳. 이를 비판하는 인물로 Dahl 1955; Michaelis 1951이 있다. 사실 후대에 개종자 관련 규칙을 모아 놓은 Gerim 2:4을 보면 '터빌라'를 할례와 더불어 개종자가 "언약에 들어갈 때" 반드시 거쳐야 할 절차 가운데 하나로 다룬다. 아울러 Philo, QE 2.2, Virt. 175-186가 하는 말; Epictetus, Diss. 2.9.19-21이 언급하는 말; 랍비 엘리에제르와 랍비 요슈아가 벌인 토론을 담아 놓은 bYeb. 46a의 '바라이타'(baraita)를 근거로 삼아 (남자) 개종자는 때로 할례 없이 세례만 받고 입교하기도 했다는 주장이 있었다. 나는 각 경우에 텍스트가 말하는 것을 넘어 과도하게 해석했거나 그리스 자료 같은 경우 텍스트가 말하지 않은 것을 과도하게 해석했다고 생각한다. 여기서는 내가 이 문제를 다룰 공간이 없다. 개종자가 물에 몸을 담그는 것을 올바로 이해하는 길로 나아가는 열쇠('개종자 세례'라는 말은 현대 기독교 학자들이 지어낸 말로서 의문이 드는 표현이다)를 M. Pes. 8:8에서 발견할 수 있다. "샤마이학파는 이렇게 말한다. '어떤 사람이 유월절 전날에 개종자가 되면 그 사람은 스스로 몸을 물에 담갔다가 그 밤에 유월절 희생 제물을 먹어도 된다.' 그리고 힐렐학파는 이렇게 말한다. '자신을 자신이 할례받지 않았을 때와 떼어 놓은 사람(즉 할례받은 사람—역주)은 자

그리스도인 그룹은 정화 의식만이 입교 기능을 수행하게 하고 입교를 바깥 세상과 철저히 구별되는 독특한 공동체로 들어가는 결정적 순간으로 만듦으로써 새로운 것을 창조했다. 그들은 몸을 담그는 욕조를 "깨끗한" 그룹과 "더러운" 세상, 곧 그 그룹에 들어온 이와 들어오지 않은 모든 이를 영원히 가르는 문지방으로 삼는다. 이것이 바로 정결과 부정을 분리하는 의식의 분명한 의미다. 바울은 이를 우리가 앞 장에서 살펴본 고린도전서 5-6장의 권면에서 활용한다. 바울은 이 본문에서 정결과 부정이 도덕과 부도덕을 가리키는 은유일 수 있음을 자명하게 여긴다. 그리하여 그는 고린도 그리스도인 그룹에서 부도덕한 성생활을 한 자를 제거하라고 명령할 때 (유대인 가정이 유월절 전에 하는 것처럼) "누룩을 깨끗이 없애라"는 비유로 옮겨 갈 수 있었다. 고린도 그리스도인들 또는 그 일부는 그들이 이전에 배운 규칙을 이해했으며, 바울도 앞서 그들에게 써 보낸 서신에서 오염된 세상에 감염되는 것을 피하라고 권면했을 것이다. 그 그룹 자체의 정결은 확고했을 것이다. 바울은 이러한 생각을 뒤집으려고 한다(고전 5:9-13). 세상은 정결하지 않다. 하지만 이것은 그들이 우려하는 것이 아니다. 세상을 오염시키는 것은 내면의 비행(非行)이다. 그들은 세상으로부터 숨으려 해서는 안 된다. 분명, 이교도가 재판하는 법정에서 서로 송사를 벌이는 일은 경계를 침범하는 끔찍한

신을 무덤에서 떼어 놓은 사람과 같다'"(trans. Danby 1933, 148). 이 텍스트가 Jeremias 1949에겐 아주 중요하지만, 사실 그의 해석에는 상당히 좋지 않은 결과를 가져왔다. 이 텍스트는 "유월절 전날 밤에 개종자가 된" 사람[gr šntgyyr b'rb psh]의 정결 의식을 이야기하기 때문이다. Jeremias의 주장과 달리 개종자가 되는 행위는 세례와 같지 않으며, 양자는 분명하게 구분된다. 샤마이학파와 힐렐학파는 정결 의식에 앞서 필요한 유예 기간—완전한 개종자가 되는 데 필요한 기간이 아니라 유월절 음식을 먹기 전에 지내야 할 기간—이 하루인가 아니면 이레인가를 두고 의견을 달리한다. 그것은 또한 이 문장의 의미이기도 하다. "물에 들어갔다가 나온 사람은 모든 면에서 이스라엘 백성이다"(서두의 bYeb. 47b). 힐렐학파는 개종자의 부정함을 시신의 부정함과 동일시하는데, 나는 이런 힐렐학파의 입장이 Moore의 주장(1927, 1:334), 곧 개종자의 목욕은 정화와 아무런 관계가 없다는 주장을 반박한다고 본다. '터빌라'의 다른 용례들이 등가성을 가진다는 점도 bYeb. 45b가 제시하는 일련의 규칙들의 기초를 이룬다.

행동이지만, 정말 오염을 낳는 것은 그들의 송사가 "형제"를 속이려는 욕망을 암시한다는 사실이다. 이렇게 형제를 속이고 형제를 상대로 송사를 벌이는 일은 그들이 외부인과 같던 때, 곧 "너희가 씻음을 받고 거룩해지고 의롭다 하심을 받기" 전에 일삼던 행동이다(고전 6:1-11). 우리가 앞서 본 것처럼 세례를 암시하는 이런 언급 때문에 바울은 다시 성 문제와 관련한 논증을 펼치는데, 이번에는 개개인의 몸이 지켜야 할 정결과 관련지어 논증을 펼친다. 마치 (영으로) 혼인한 것처럼 그리스도와 연합한 그리스도인의 몸은 (공동체와 마찬가지로, 3:16) "너희 안에 계신 성령의 전"이다(6:12-20). 앞으로 살펴보겠지만, 이런 주제들도 세례와 밀접한 관계가 있다. 바울의 논증은 세례가 씻음 받지 않은 세상과 씻음 받은 그리스도인을 가르는 경계를 그어 준다는 공통 인식, 그리고 "깨끗함"은 "올바르게 행동함"을 가리키는 은유라는 공통 인식을 그 기반으로 삼는다. 2세기에 이르러서는 교회가 결국 세례로 이어지는 놀라운 축귀(逐鬼)를 잇달아 행함으로써 외부와 내부를 구분하는 문지방의 높이를 더욱 강조하게 되지만,[63] 바울계 공동체가 이런 절차를 행했다는 증거는 전혀 없다.

세례를 암시하는 말은 방금 언급한 본문과 로마서 6장; 8:12-17; 갈라디아서 3:26-4:6; 고린도전서 1-4장; 12장처럼 주로 바울이 오해를 바로잡으려고 하거나 공통된 출발점을 기초 삼아 무언가를 논증하려고 하는 본문에서, 그리고 골로새서와 에베소서의 대부분을 차지하는 권면을 되새겨 주는 부분에서 나타난다. 권면을 되새겨 주는 부분은 수신인들이 처음 그리스도인이 되었을 때, 그러니까 세례 의식과 그것에 따르는 가르침이 베풀어졌던 때에 무슨 일이 일어났는지 되새겨 보고 그 기억에 합당하게 행동하라고 호소한

---

63 Hippolytus *Trad. apost.* 20.

다.[64] 이 본문들은 종종 분석의 대상이 되었다. 본문에 있는 관념적 내용을 명확히 밝혀내고 종교사에서 이 본문과 유사하거나 연관이 있거나 선례가 될 수 있는 것을 찾아보려는 목적 때문이었다. 그러나 우리가 이 본문들을 분석하는 목적은 다르다. 세례를 구성하는 요소가 어디서 왔는지와 바울 및 다른 몇몇 지도자가 세례와 결합시킨 더 심오한 신학적 신념이 세례에 대한 일반적 이해의 본질이었음을 확실히 알 수 없다면 우리는 그것들을 다루지 않고, 세례가 평범한 그리스도인에게 무슨 영향을 주었는지를 알아보려고 한다. 나는 우선 가장 두드러진 주제들을 열거한 다음, 이 주제들이 의식 행위 양식에서 서로 어떤 관계를 맺고 있는지 밝히도록 하겠다.

바울이 당연하게 여기는 여러 모티프 가운데 가장 중요한 것이면서 바울이 세운 그룹의 구성원뿐 아니라 로마의 그리스도인들도 알고 있던 것은 바로 그리스도와 함께 죽고 부활하는 이미지다. 바울 서신은 이 이미지를 유비 언어("그리스도가 죽은 자 가운데서 부활하셨듯이…우리도…")로 표현하고, 참여 언어("우리가 세례를 받고 그의 죽음 속으로 들어갔음을…", 롬 6:3-4)로 표현할 뿐 아니라 '…와 함께'를 뜻하는 접두어 '쉰'(*syn*)이 붙은 여러 동사로도 표현한다(롬 6:4, 8; 골 2:12-13; 엡 2:5-6). 이 주제의 또 하나의 변형이 바로 회심자가 세례받기 전에는 죽은 상태에 있었다는 것이다. 따라서 세례는 죽음의 죽음이자 생명의 시작이다(골 2:13; 엡 2:1, 5).

사람들은 세례 의식 때 죽음과 부활을 어떤 식으로든 재연했을까? 후대 교회의 전례는 기도할 때 보통 취하는 자세, 곧 서서 팔을 들고 손바닥은 앞을 향하는 자세를 십자가에 못 박힌 자세를 상징하는 자세로 받아들였지만,[65] 바울 문헌에는 이와 비슷한 내용을 암시하는 부분이 전혀 없다. 바울

64　Dahl 1947을 보라.
65　가령 Odes Sol. 27; Tertullian *De orat.* 14; Minucius Felix *Octav.* 29.8.

이 자신이 짊어진 "예수의 흔적"을 언급한 부분(갈 6:17)에서 세례 때 십자가 모양을 긋거나 심지어 십자가 문신을 새겼음을 일러 주는 증거를 발견하려는 시도는 설득력을 얻지 못했다.[66] 물속으로 내려감은 분명 예수의 죽음을 재연한 것이 아니었다. 도리어 그 당시에는 이를 "그리스도와 함께 묻힘"(롬 6:4; 골 2:12)으로 해석했을 수 있으며, 물에서 올라옴은 당연히 "그리스도와 함께 부활함"(골 2:12; 3:1; 엡 2:6)을 상징했을 수 있다. 죽음 자체를 상징하는 행위는 따로 찾아야 했을 것이다. 바울계 그리스도인은 그런 행위를 물에 들어가기 전에 옷을 벗음에서 찾았다. 그것이 "몸을 벗음" 혹은 "옛 사람을 벗음"이 되었다. 따라서 세례를 받고 물에서 올라와 다시 옷을 입는 것이 부활로 얻은 새 생명을 상징했을 수 있다.

옷이라는 이미지는 상세하고 정교한 은유 복합체를 구성한다. 바울 서신은 옷을 "벗음"을 "옛 사람"을 벗음, "육의 몸"을 벗음, 그리고 그와 결합해 있는 온갖 악을 벗음이라는 의미로 다양하게 해석한다. "육의 몸을 제거함"은 "그리스도의 할례"를 행함, 곧 유대교가 개종자에게 행한 할례에 상응하는 것을 그리스도인이 되는 이에게 행함을 의미한다(골 2:11). 그리스도인이 된 자는 "새 사람", 곧 "자기를 창조하신 이의 형상을 따라…새로워진" 이(골 3:10)로서 바로 그리스도 그분을 "입는다." "새 사람"의 특징은 통일이다. 이는 "옛 사람"을 떠올리면 으레 생각나는 상반된 역할, 곧 유대인과 그리스인, 노예와 자유인, 남자와 여자라는 구별에 마침표를 찍는 것을 의미한다(갈 3:28; 고전 12:13; 골 3:10-11; 참고. 이그나티오스, 엡 6:8). 분명 이 언어에는 인간 창조에 관한 성경 기사와 그 기사를 확장한 유대 민간 전승을 숱하게 암시하는 내용이 들어 있다. 유대 민간 전승 가운데는 창세기 1:27을 본

---

66 Dinkler 1954, 125-126; 반대 견해는 Güttgemanns 1966, 126-135; Adams 1979, 221; 결정을 내리지 못한 이로는 Betz 1979, 324-325를 보라.

디 처음에는 하나님의 형상을 따라 남녀 양성을 가진 사람을 창조했다가 나중에 이를 남자와 여자로 절반씩 나누었다고(창 2:21-22) 보는 해석도 있다. 더구나 하나님이 타락한 부부에게 만들어 주신 "가죽 옷"은 바로 신체였으며, 이 몸은 "하나님의 형상"인 "빛의 옷"(히브리어 언어유희)을 대체하는 데 필요했다. 이런 요소들에 비춰 볼 때 세례는 낙원 모티프들의 회복, 즉 잃어버린 통일, 잃어버린 형상, 잃어버린 영광의 회복을 암시한다.[67] 바울 서신이 세례에 관하여 되새겨 주고 권면하는 부분은 이 신화적 모티프들을 당대 사람들이 더 널리 사용하던 옷 이미지와 결합시킨다. 이 옷 이미지는 정통주의와 영지주의를 불문하고 헬레니즘 유대인 저술가 및 후대 그리스도인 저술가를 포함하여 헬레니즘 도덕주의자들의 수사에서 빈번하게 등장한다. 그들은 독자들에게 악을 벗어 버리고, 대신 미덕을 입으라고 권면한다.[68]

세례를 받고 이제 다시 옷을 입은 사람은 뒤이어 "그리스도와 함께 하늘에 있는 보좌에 앉는다"라고 일러 주는 증거가 있으며, 주로 에베소서에서 그런 증거를 찾아볼 수 있다.[69] 어쩌면 우리는 이런 일을 어떻게 재연했을지 상상할 수도 있겠지만, 바울 서신 본문은 더 이상 아무것도 말해 주지 않는다.[70] 어쩌면 이 요소는 일찍부터 바울계 공동체의 세례 관습에 들어 있었는지도 모른다. 바울이 고린도전서 15장에서 제시하는 논박과 고린도전서 4:8에서 제시하는 조롱은 바로 그런 관념을 지나치게 열광적으로 적용하는 태도에

---

67 Meeks 1974에 많은 증거를 모아 놓았다.
68 가령 Dio Chrys. Or. 60,8; Philostratus V. Ap. 4,20; Philo Som. 1,224-225; Acts Thom. 58; Silv. 105:13-17; Asterius in Ps. 8. Hom. 2(ed. Richard 1956, 110, 10-11). 이 주제의 변형이 목숨을 건 싸움을 하려고 갑옷을 입는 것인데, 이 주제는 솔로몬의 지혜 5:18-20에서 이미 발견되었으며, 바울이 살전 5:8; 롬 13:12; 엡 6:10-17에서 제시하는 권면에서도 나타난다. 그러나 이를 세례와 연계하지 않는다.
69 엡 2:4-7; 참고. 엡 1:3; 골 1:5, 12; 2:12, 20; 3:1-4.
70 후대의 사례를 보려면 Widengren 1968이 폭넓게 언급한 내용을 보라. 시리아 그리스도인의 의식에서 받은 영향을 반영했을 수도 있는 만다이교의 "일으켜 세움" 의식에 대해서는 Segelberg 1958, 66-67, 89-91를 보라. Bernard 1912, 45-46에 따르면 시리아, 아르메니아, 콥트, 에티오피아 기독교 세례에서는 왕관을 씌워 주는 것이 중요했다.

반대하는 것으로 이해할 수 있기 때문이다. 내가 앞에서 제시한 것처럼 예배에서 하늘에서 내려오신 주가 높이 올림을 받으셨음을 송축하는 시(빌 2:6-11; 참고. 골 1:15-20)를 이 시점에 찬트로 불렀다면 그와 동시에 신자를 들어 올리는 상징적 행위가 잘 어울렸을 것이다.

빌립보서 2장의 시가 언급하는 눈에 보이지 않는 세력처럼 새 신자도 십중팔구는 그때 "예수는 주님이시다!"를 외쳤을 것이다. 이 고백은 새 신자가 방금 겪은 지배권의 변화, 곧 "세상의 요소들"인 마귀의 세력들이 다스리는 세상에서 "살아 계신 하나님"과 그분의 그리스도가 통치하시는 영역으로 지배권이 넘어갔음을 적절히 상징했을 것이다. 새 신자는 그의 새 주로부터 선물을 받았다. 그 선물은 성령, 하나님의 양자 됨, 능력이었다. 새 신자는 "아바! 아버지!"라는 외침으로 화답했다.

이 수많은 모티프가 각기 상반되는 짝을 갖고 있음이 금세 명백히 드러난다.

사망, 죽음	↔	생명, 부활
내려감	↔	올라감
무덤에 묻힘	↔	보좌에 앉음
옛 사람(anthrōpos), 육의 몸	↔	새 사람, 그리스도의 몸
대립	↔	통일
벗음	↔	입음
악	↔	미덕
우상, 마귀, 이 세상의 통치자들	↔	살아 계신 하나님, 주 그리스도 예수

더구나 이렇게 대립하는 요소를 세례 의식의 시간 단계별로 배열하면 거의 대칭을 이루는 두 가지 움직임이 나타난다. 첫 번째 움직임은 내려가는 행위가 그 특징인데, 그 절정은 물속에 '묻힘'이다. 이는 세례받는 이가 바깥 세상에서 떨어져 나옴을 상징한다. 두 번째 움직임은 올라가는 행위인데, 이는 세례받는 이가 또 다른 세계로 들어가 그 세계와 하나가 됨을 나타낸다.

이 세계는 한편으로는 그리스도인이 모인 종파이며, 다른 한편으로는 하늘의 실체다. 그림 1은 그런 말과 개념의 진행을 보여 준다.

이런 진행은 모든 입교 혹은 통과 의례에 있는 단계, 즉 분리(separation), 옮겨 감(transition), 재결합(reaggregation)과 일치한다.[71] 벌거벗음, 상징적 죽음, 어린아이로 다시 태어남, 역할과 지위 구분을 철폐함, 이 모든 것이 입교 의식에 있는 옮겨 감 단계 혹은 초입 단계의 특징이다. 하지만 가장 흔한 통과 의례 모습은 동질성을 지닌 조그만 사회에서 한 사람이 한 지위에서 다른 한 지위로 옮겨 감, 즉 어린이에서 어른으로, 연장자에서 지도자로 옮겨 감을 알리는 예식에서 추출해 낼 수 있다. 초기 기독교의 세례는 그것과 달랐으며, 가령 아일랜드 가톨릭 교구에서 이루어지는 견진 성사나 첫 번째 영성체와도 달랐다. 입교자가 들어가는 그룹이 그가 떨어져 나온 사회가 생

---

71 Van Gennep 1909; V. Turner 1969, 94-130.

각하는 상징적 우주와 일치하지 않았기 때문이다. 입교자가 들어가는 그리스도인 그룹은 그 자체를 "세상"과 구별된 존재로 여긴다. 하지만 우리가 앞서 몇 지점에서 살펴보았듯이 둘을 실제로 가르는 경계는 단순한 말로 제시하기에는 모호한 구석이 더 많다. 빅터 터너는 (복잡한 사회에 존재하는 주변부 그룹의 상태를 포함하여) 더 복잡한 사회 상황의 "반(反)구조적" 요소까지 경계 개념 안에 포함시킴으로써 이 개념을 확장하는데, 이런 개념은 우리가 초기 기독교의 여러 의식을 의식에 관한 이론과 연계하는 데 도움을 준다.

그림 1에서는 차이점이 명백하게 드러나는데, 여기서 경계를 나타내는 요소 몇 가지를 포물선 밑바닥이 아니라 "재결합" 쪽 윗부분에 배치해야 했다. 바울 서신은 그리스도의 몸 자체를 가리켜 "여기에는 유대인도 없고 그리스인도 없으며, 노예도 없고 자유인도 없으며, 남자와 여자도 없다"고 말한다. 비단 입교 기간의 입교자뿐 아니라 '에클레시아' 자체도 거룩함, 동질성, 통일, 사랑, 평등, 겸손처럼 세상과 구별된 특징을 가져야 한다. 터너가 말했듯이 교회는 '코뮤니타스'라는 특징을 가져야 한다. 하지만 우리는 (3장과 4장에서) 바울계 그룹이 이런 사회화 양식―대사회(macrosociety)의 일반적 구조에 반대하는―과 옛 구조들 사이의 긴장을 경험했음을 일러 주는 풍부한 증거를 살펴보았다. 옛 구조들을 완전히 피하기란 불가능했다. 이는 그리스도인들이 도시에 계속 살았고 도시의 여러 제도와 계속 소통했을 뿐 아니라 그들의 생각과 그들이 모이는 집에 여전히 도시의 구조 일부가 남아 있었기 때문이다. 이 때문에 바울학파의 후기 서신인 골로새서와 에베소서의 권면 부분을 보면 "세상과 맞서는" 새로운 관계가 세례 때 시작되었음을 되새겨 주는 부분이, 위계 구조를 따라 정해진 역할―남편과 아내, 아버지와 자녀, 주인과 노예―에 적합한 행위를 독려하는 권면과 나란히 존재한다. 이런 긴장은 주의 만찬을 위한 모임에도 침투한다.

주의 만찬: 연대를 다지는 의식

바울 서신이 초기 기독교의 또 다른 주요 의식인 주의 만찬(*kyriakon deipnon*, 고전 11:20)과 관련하여 제공하는 정보는 세례의 경우보다 훨씬 더 적다. 주의 만찬을 분명하게 언급하는 본문은 고린도전서 11:17-34과 10:14-22뿐이다. 우리는 이 본문에서 주의 만찬이라는 의식의 일상적인 사회적 과정보다 바울이 옹호하는 사회적 함의를 알아내기가 더 쉽다. 하지만 바울은 송축 때 사용한 신성한 정형화된 문구를 인용하는데,[72] 이 말은 나중에 기록된 공관복음에 나오는 정형화된 문구와는 조금 다르다. 아울러 바울이 고린도의 주의 만찬 관습 가운데 몇몇 측면을 비판한 내용에서도 주의 만찬의 일상적 절차 및 그에 관한 이해와 관련하여 몇 가지 결론을 끌어낼 수 있다. 첫째, 기본 행위는 공동 식사다. 공동 식사 때는 "어떤 사람은 배고프고 또 어떤 사람은 취하는" 일이 일어날 수도 있었다(고전 11:21). 그것은 "주의 식탁"이다(10:21). 축하 식사는 모든 종류의 자발적 협회가 영위하는 생활의 공통된 특징이었으며, 2세기 초에 트라야누스 황제가 내린 동호회 금지령을 따라 비두니아에서 그리스도인의 만찬을 금지한 플리니우스도 그리스도인의 만찬을 그렇게 이해했다(플리니우스의 서신 10.97.7). 고대에는 식사하는 방도 "예배 중심지라면 어디에나 존재하는 독특한 특징"이었으며, "대사라피스(Great Sarapis)인 헬리오스의 의자에서" 식사하자는 초대나 그와 비슷한 것은 도시의 사회생활에서 익히 경험하는 일이었다.[73] 그리스도인들이 자신들

---

72 Barrett가 이 점과 관련하여 피력하는 회의(Barrett 1968, 264)는 지나친 것 같다.
73 MacMullen 1981, 36-42(인용문은 36에서 따온 것이다). Broneer 1973, 33-46는 흥미로운 지하 시설 두 곳을 묘사하는데, 이 둘은 각각 이스트미아에 있는 극장과 포세이돈 신전 아래에 모두 열한 개 소파가 있는 식당 두 개를 갖고 있다. Dennis Smith 1980은 이런 종류의 증거를 아주 많이 모아 놓았다. 동호회 식사가 초기 기독교 관습에 영향을 미쳤을 수 있음을 살펴보려면 Reicke 1951a, 320-338를 보라.

의 주인 예수와 더불어 이런 식사를 하려고 이따금 모이는 일이 비정상으로 보이지는 않았을 것이다.

둘째, 주의 만찬이라는 의식 행위는 예수가 "배신당하시던 밤에" 제자들과 하신 식사(11:23)를 따라한 것이었다. 이 의식은 두 순간에 초점을 맞춘다. 식사 시작 때 빵을 쪼개 나누어 주는 것이 첫 번째 순간이다. 이때 감사와 더불어 이런 정형화된 문구를 말한다. "이것은 너희를 위한 내 몸이다. 이것을 행하여 나를 기념하라." 그리고 식사 뒤에 포도주 잔을 돌리는데, 이때도 앞과 비슷하게 정형화된 문구를 말한다. "이 잔은 내 피로 세운 새 언약이다. 이것을 행하며 마실 때마다 나를 기념하라"(11:24-25).[74]

본문이 반복하는 "이것을 행하여 나를 기념하라"(마가복음과 마태복음에는 이 말이 나오지 않는다)는 명령은 바울 전승은 물론 심지어 바울 이전 전승도 이 축하 자리를 예수를 예배하고 기념하는 것으로 이해했음을 보여 준다. 가장 예리하게 핵심을 짚어 말하면 이것은 바울이 26절에 덧붙인 말이 강조하듯이 예수의 죽음을 다시 제시하는 것이다. 이 개념도 초기 그리스도인 그룹을 에워싼 환경이 익히 알고 있었을 것이다. 보 라이케(Bo Reicke)가 말하듯이 "'기념'(*anamnēsis*)이라는 개념과 죽음을 연계한 것은 고대 사람들에게서 으레 볼 수 있는 것이다."[75] 아울러 고인의 가족이나 친구나 동료로 이루어진 상조회 사람들이 함께 하는 식사도 고인을 기념하는 전형적 방법이었을 것이다.[76] 하지만 예수를 기념하는 의식만이 갖고 있는 독특한 기능

---

[74] trans. Barrett 1968 *ad loc*.
[75] Reicke 1951a, 257. 그는 제정 시대의 명문, 가령 니케아에서 나온 명문을 인용하여 이런 진술을 뒷받침한다. 이 명문을 보면 아우렐리우스라는 이가 라켈리아 사람들의 마을에 돈을 주어 "그들이 나를 기릴 기념물을 만들게"[ποιεῖν αὐτοὺς ἀνά(μ)νη(σ)ίν μου] 한다는 말이 나온다[*MDAI*(A) 12(1887), 169, Reicke 1951, 259가 인용; 다른 사례는 258-260에 있다].
[76] Reicke 1951a, 257-264; 후대 그리스도인들이 고인을 기리며 식사하는 것을 보려면 101-149; 이교와 유대교의 선례를 보려면 104-118. Reicke는 죽은 이 숭배가 "일반 유대교"에게는 "완전히 낯선" 것이었다고 생각하면서도 유대인의 추도 식사를 뒷받침하는 증거가 꽤 있다고 인정한다(263, 104-

을 이해하려면 아마도 그것이 세례의 여러 중심 모티프 가운데 하나를 상이한 이미지로 되풀이한다는 점을 언급하는 것이 가장 적절하다. 즉 주의 만찬이라는 성례를 되풀이함으로써 입교 의식의 이런 중심 내용을 다시금 제시한다. 세례와 주의 만찬은 모두 신자의 마음속에 주의 죽음이라는 근본 이야기를 깊이 새겨 준다. 기념이라는 주제는 이런 바울 이전의(안디옥?) 전승에서 시작하여 적어도 3세기에 이르기까지 사람들이 성찬을 이해하는 방향을 지배했을 것이다.⁷⁷

셋째, 이 정형화된 문구는 "너희를 위한 내 몸"이라는 표현을 통해 예수의 죽음이 지닌 대리적 의미를 암시한다. 이 표현은 바울 서신 속의 간결하고 정형화된 문장 다수에 들어 있는 비슷한 표현들을 되새겨 주는데, 사람들은 종종 이런 표현이 초기 그리스도인들의 신조를 요약한 것이거나 설교 구호들을 재현한 것이라고 생각한다.⁷⁸

넷째, 종말론 요소가 있다. "그가 오실 때까지"가 바로 그것이다. 이 문구는 분명 바울이 전승에 덧붙인 것이지만, 주의 만찬과 예수의 종말 재림을 연계한 내용은 초기 교회의 모든 성찬 전승에서 발견되며, 다만 그 내용을 말로 표현하는 정형화된 문구가 전승 형태에 따라 달라질 뿐이다. 바울이 이 서신의 마지막 부분에서 인용하는 아람어 문구 '마라나 타'(16:22)도 디다케의 경우처럼(10:6) 주의 만찬 자리에서 한 말이었을 가능성이 아주 높다.

바울은 그저 고린도 회중 안에서 일어난 분쟁들을 처리할 목적으로 성찬 전승을 인용할 뿐이다. 게르트 타이센은 바울이 고린도전서 11:17-34에서 심히 꾸짖는 혼란의 밑바닥에 자리한 사회 상태를 재구성하여 바울이

---

118). Charles A. Kennedy도 초기 기독교 정황에서 이루어진 추도 식사를 증명하는 귀중한 증거를 곧 나올 고린도의 고인 숭배 연구서에 모아 놓았다. Kennedy는 내가 그 원고를 볼 수 있게 친절을 베풀어 주었다.
77 Dahl 1947, 21-22, 그리고 그가 n. 49에서 인용하는 문헌.
78 예. 롬 5:6, 8; 14:15; 고전 15:3; 고후 5:15, 21; 갈 1:4; 2:20; 3:13; 엡 5:2, 25.

이 본문에서 제시하는 주의 만찬 해석에 담긴 그의 "사회적 의도"를 분석했다.[79] 나는 이미 이 책 2장에서 타이센이 구성한 내용을 많이 채택하면서 몇 가지 비판도 함께 제시했다. 여기서 그 큰 줄거리를 다시 짚어 보는 것이 도움이 될 것 같다. 고린도 그리스도인 그룹 내부의 불화(11:18)는 주로 부유한 자와 가난한 자 사이에 발생한 것이었다. 교회 안에서 다른 구성원보다 부유한 구성원들이 모임을 주최했으며, 이들은 모두가 먹을 음식도 제공했을 것이다. 만찬 주최자는 고대의 많은 동호회가 가졌던 기대와 피후견인을 초대하는 잔치의 관습을 따라 자신보다 사회적 지위가 낮은 참석자보다 자신과 사회적 지위가 같은 이들에게 더 좋은 음식과 음료를 더 많이 제공했다. 따라서 고린도 공동체에서 생겨난 불화는 "상이한 행위 기준" 사이의 불화이며, "지위에 따라 대접이 달라지길 바라는 기대와 사랑의 공동체가 따라야 할 규범" 사이의 불화였다.[80] 타이센은 바울의 대응책이 절충안이었다고 주장한다. 즉 바울은 더 부유한 구성원들이 집에서 자기가 먹을 음식(*idion deipnon*)을 가져와 주의 만찬(*kyriakon deipnon*) 때는 평등이라는 규범이 지배할 수 있게 하라고 요구한다. 동시에 바울은 이런 사회적 긴장을 "종말론 드라마"의 일부로 만들어서 더 큰 상징적 우주 속에 집어넣는다. 이 성례는 "금기가 적용되는 지역이며, 이 지역 안에서 규범을 어기면 헤아릴 수 없는 재앙이 그 결과로 따라온다."[81] 바울은 그렇게 규범을 어겼을 때 발생하는 질병과 죽음을 거론함으로써 그런 생각을 강조한다(11:30). 바울이 이 모든 내용을 통해 제시하려는 사회적 의도는 10:16에서 나타난다. 즉 그는 수많은 개인을 하나의 통일체로 변화시키려고 한다.[82] 이를 달리 표현

---

79 Theissen 1974*b*.
80 Ibid., 309.
81 Ibid., 312.
82 Ibid., 313-314.

하자면 세례 때 '코뮤니타스'를 체험했다는 말로 표현할 수 있을 것이다. 이를 통해 역할과 지위에 따라 분열된 모습이 물러가고, 형제자매가 새 사람 안에서 통일을 이룬 모습이 대신 등장한다. 주의 만찬 때 이 새로운 모습을 볼 수 있어야 한다는 것이 바울이 말하는 의도다.

    바울과 그의 동역자들은 그리스도의 몸이 통일을 이루면 당연히 다른 모든 종교와 관계를 확실하게 끊게 된다고 생각한다. 즉 그리스도인 그룹의 연대가 단단해지면 외부와의 경계선도 강력해진다. 그리하여 바울은 주의 만찬 의식에서 나온 전승 언어를 사용하는데,[83] 이 언어는 빵은 "그리스도의 몸을 공유함"이고 "축복의 잔"은 "그리스도의 피를 공유함"이라고 이야기하면서 이교의 제의 식사에 참여하는 것은 곧 우상숭배가 될 것이라고 경고한다. 주의 만찬 의식에서 빵을 한 덩어리만 사용했다는 것은 그리스도의 유일성, 신자와 그리스도의 통일성, 그리고 결국 그리스도에 참여하는 공동체의 통일성을 상징한다(10:17). 바울은 고린도전서 6:12-20에서 그리스도의 몸과 하나 됨은 창녀의 몸과 하나 됨과 양립하지 못한다고 주장했는데, 여기서도 주의 만찬이 표현하는 통일성이 다른 것과 함께하지 못한다는 점을 역설한다. "너희는 주의 잔과 귀신의 잔을 함께 마시지 못하며, 주의 식탁과 귀신의 식탁을 함께하지 못한다"(10:21). 여느 이교도의 눈에는 이런 종교 의식의 배타성이야말로 유대교뿐 아니라 기독교의 가장 강력한 특징으로 보였을지도 모른다. 이런 맥락에서 바울은 주의 만찬이라는 의식이 그림 2처럼 그릴 수 있는 세계상을 동반한다고 본다. 결국 바울은 주의 만찬 의식이라는 상징을 사용하여 그리스도인 그룹의 내부 결속과 통일과 평등을 독려할 뿐 아니라 다른 종류의 종교 모임에 맞서 그리스도인 그룹이 가지는 여러 경계를 보호한다.

---

83 Käsemann 1947, 12-13.

그림 2

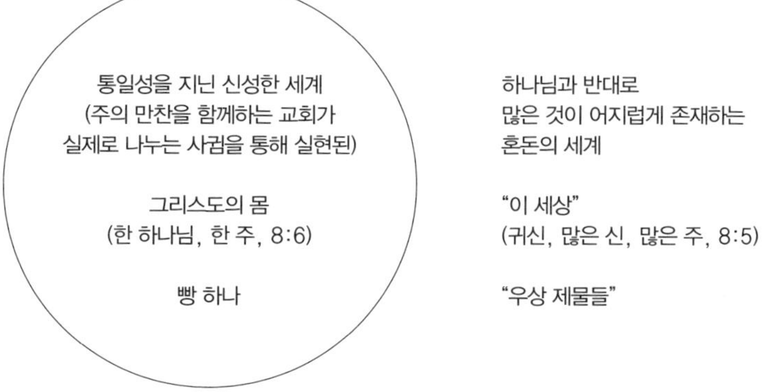

통일성을 지닌 신성한 세계
(주의 만찬을 함께하는 교회가
실제로 나누는 사귐을 통해 실현됨)

그리스도의 몸
(한 하나님, 한 주, 8:6)

빵 하나

하나님과 반대로
많은 것이 어지럽게 존재하는
혼돈의 세계

"이 세상"
(귀신, 많은 신, 많은 주, 8:5)

"우상 제물들"

하지만 여기서 강조해야 할 점은 배타성을 지닌 이런 상징이 "우상에게 제물로 바친 고기" 문제를 다룬 고린도전서 8-10장의 복잡한 논증이 지닌 여러 차원 중 하나에 불과하다는 점이다. 방금 논한 본문은 이교의 제의 식사에 참여하는 모든 행위를 우상숭배라고 하여 절대 배척한다. 그러나 동시에 바울은 이교도가 도축한 고기를 먹는 것은 아무런 상징도 지니지 않은 행위로서 중요한 문제가 되지 않음을 보여 주려고 노력한다(10:25-27). 공공장소나 우상의 집(*eidōleion*)에서 그 고기를 먹는 행위(8:10)는 우상이 실재한다고 보는 "약한" 그리스도인에게 (그의 무지한 믿음으로 말미암아) 의도적 상징성을 띠게 된다(8:10; 참고. 7절). 또는 상대방이 그 고기가 (희생 제물이라는) 종교적 성격을 가졌음을 일부러 일깨워 줄 때(10:28)도 마찬가지다. 이런 경우에 그리스도인들은 그 고기를 먹지 말아야 한다. 이러한 범위에서 바울은 그리스도인 그룹을 에워싼 대사회에 참여하는 일이 그리스도인 공동체의 내부 화합과 발전을 뒤집어엎지 않는 한 그리스도인이 대사회에 참여할 권리와 자유를 갖고 있음을 확인해 줌으로써, 고린도의 "강한" 그리스도인이 가진 비신성화의 지식(*gnōsis*)을 인정하고 공유한다. 바울의 해석이 복잡하다는 것은 주의 만찬이라는 이 의식이 본디 지닌 상징적 의미가 가

단성(malleability, 可鍛性)을 갖고 있음을 암시한다. 이 의식은 여러 가지 해석이 가능하다.

세례 때는 세례받는 이가 (서로 대립하는) 그리스도인 공동체와 사회 사이의 경계를 넘어 공동체로 들어왔다고 선언되었다. 그리고 나는 주의 만찬이 상징하는 통일이 그렇게 경계를 넘었던 일을 되새겨 주거나 재현한다고 볼 수 있다고 주장했다. 이제는 세례 때 선포된 이런 통일과 평등주의가 "단지 성례적"이라는 것이, 말하자면 그것은 순전히 상징적 균등화이자 이상적 상태, 어쩌면 장차 종말에 이루어질 상태일 뿐이지, 각 사람이 실제로 사회에서 맡은 역할에는 아무런 영향도 미치지 않는다는 것이 통설이다.[84] 사실 종교 모임이 바깥 사회와 경계를 다소 공유하는 상황에서는 통과 의례가 보통 그런 식으로 기능한다. 경계에 있는 기간에 위계 구조에 따른 계층 구분이 잠시 유예되면, 이는 입교자가 나중에 다시 속하게 되는 보통의 세계에 존재하는 계층 구분의 힘을 강화시켜 줄 뿐이다. 하지만 외부의 큰 사회와 구별되는 강한 정체성을 유지하는 그룹의 경우라면 경계성의 몇몇 측면을 일상생활에서도 유지할 것이다. 당연한 이야기이겠지만, 초기 바울계 공동체의 경우에도, 세례를 받고 나면 모든 형제자매가 한 몸이라는 사실이 암시하는 의미에 관하여 모든 구성원이 같은 생각을 하지는 않았다.

바울이 강한 우려를 표명한 문제가 있었다. "세례 때의 재통합 공식"[85]이 선언하는 재통합의 전형적 사례 가운데 적어도 하나는 구체적인 사회적 결과를 가져야 한다는 것이었다. 바울은(그리고 에베소서를 쓴 그의 박식한 제자도) 이제 유대인과 이방인 사이에 아무런 구분이 없다는 점이야말로 하나님이 그리스도 예수를 통해 베풀어 주신 칭의를 가장 극적으로 표현한다고

---

84 이런 견해를 억지로 표명한 이가 여럿 있지만, 그 가운데 하나가 Ste. Croix 1975, 19-20다.
85 Meeks 1974, 180-183.

보았다. 따라서 게바와 바나바와 다른 유대인 그리스도인들이 안디옥에서 할례 받지 않은 그리스도인들과 함께 식사하는 일을 그만두라는 설득에 넘어갔을 때, 이런 식사 의식이 상징하는 통일, 곧 순전히 영적 차원에 그치는 통일만이 아니라 교회 내부의 사회적 통일도 함께 위태로워졌다.[86] 이 통일은 "새 사람"의 삶이 이제는 회중 전체의 삶 속에서 나타나야 하고 하나님의 미래에는 물론이요 세상에서도 나타나야 함을 의미한다. 주의 만찬 식사는 물론이고 어쩌면 다른 식사도 그런 통일을 표현했을지 모른다. 갈라디아서 2:12은 딱히 주의 만찬만을 언급하지 않기 때문이다.

그러나 그 결과는 모호한 상황이었다. 바울 서신은 통일을 나타내는 상징들의 의미를 둘러싼 혼란이 바울계 그룹의 관습뿐 아니라 심지어 바울 자신의 생각 속에서도 일어났음을 보여 준다. 이 때문에 바울은 회심한 노예를 가리켜 "주께 속한 노예 출신 자유인"이자 "그리스도의 노예인 자유인"(고전 7:22)이 되었다고 말하며, 빌레몬에게도 그에게서 도망친 노예를 "더 이상 노예로 받아들이지 말고 노예라기보다는 사랑하는 형제"로 받아들이라고 요구할 수 있었다(몬 16절). 하지만 정작 바울 서신 어디에서도 빌레몬이나 다른 노예 소유주에게 그들이 소유한 노예를 해방시켜 주라고 재촉하지 않는다. 바울의 이름을 빌려 쓴 후대 서신 저자들은 기독교의 영향을 받은 가정 규범을 인용하는데, 이 규범은 노예더러 그 주인에게 순종할 것을 엄격히 요구한다. 그런가 하면 바울의 선교 활동과 바울계 회중의 삶에서는 여자들이 남자와 동등한 사회적 역할을 수행했으며, 바울 자신도 부부의 권리와 의무의 동등함을 강조한다(고전 7장). 하지만 그는 남자 선지자와 여자 선지자가 성별에 따라 다른 옷을 입는 행위를 **상징적 차원에서** 무시하는 것에 반대한다(고전 11:2-16). 그리스도인 그룹의 내부 생활뿐 아니

---

[86] Dahl 1977, 109-110.

라 바깥의 더 큰 사회와 주고받는 상호 작용에서도 의식이 제시하는 상징적 실체와 일상 현실의 관계는 언제나 모순과 모호함의 영역에 존재했다. 우리 자신도 의식이 사람들에게 하는 일을 이해하려고 할 때 겪는 해석의 어려움의 중심에는 모호함이 있다.

알려지지 않고 논쟁의 대상인 의식

우리는 문헌이 인용한 말과 문헌이 암시하는 말에서 얻을 수 있는 정보를 거의 모두 짜냈다. 그러나 우리는 바울계 그리스도인들이 우리가 사실상 전혀 모르는 또 다른 의식들을 사용했다고 추측한다. 예를 들면 우리는 그들 가운데 일부가 바울 서신에서 다루는 기간에 사망했음을 알고 있으며, 그리스 사회와 로마 사회가 장례식을 대단히 중요하게 여겼다는 점도 알고 있다. 우리가 앞서 언급한 수많은 동호회가 결성된 주된 목적은 회원들에게 경건한 장례와 추도를 보장하는 것이었다. 우리는 바울이 세운 회중들이 구성원들에게 그와 똑같은 섬김을 제공했으리라고 확신할 수 있다. 그러나 바울 서신은 아주 수수께끼 같은 언급 한 마디를 제외하면 그들이 "잠든" 이들이라고 말한 사람들을 위해 무엇을 했는지 알려 주지 않는다. 그리스도인들은 십중팔구 죽은 이들을 그들의 이웃과 같은 장소에 같은 방식으로 장사 지냈을 것이다. 여유가 있는 사람들은 필시 고인의 삶의 절정기를 되새겨 주고 고인의 지위나 직업에 따른 중요한 칭호를 알려 주며 그 날짜들을 제시한 명문을 담은 비를 세웠을 것이다. 그러나 그들이 그런 비를 세웠다 하더라도 이제 그런 명문은 사라졌거나, 남아 있는 다른 명문과 비교하여 그리스도인의 명문임을 명백하게 구분할 수 있는 요소가 전혀 없다. 가장 널리 퍼져 있던 추도 의식은 고인을 기리는 식사였다. 이런 식사는 종종 묘지에 있는 식탁 모양의 돌 주위에서 이루어졌으며, 특히 기념할 만한 몇몇 구체적 주기(週忌)의 기일에 그런 식사를 하곤 했다. 이후 몇 세기가 지나는 사이에 이런 관습은 이교도는 물론 그리스도인 가운데에서도 널리 퍼졌다. 이를 명백히 일러 주는 첫 번째 증거가 바로 테르툴리아누스의 글에 남아 있다.[87] 바울계 그리스도인이 보기에도 이처럼 자연스러운 일은 없었을 것이다. 공동 식사는 이미 중요한 일이었으므로, 장례 때 구성원들이 죽은 형제를 기리며 함께 식사하는 것도 마찬가지로 중요한 일이었을 것이다. 이렇게 죽은 형제를 기리는 식사는 주의 만찬과 따로 진행하거나, 아니면 주의 만찬의 일부로 진행했을 것이다. 주의 만찬은 그 자체가 이미 주님의 죽음의 '아남네시스'(anamnēsis)였다. 그러나 바울 서신은 이런 식사에 관하여 일언반구도 하지 않는다. 심지어 바울이 데살로니가 그리스도인들에게 제시하는 위로(살전 4:13-18)에도 그런 말이 전혀 나오지 않는다(우리라면 그런 말을 기대했을 것이다). 어쩌면 이런 관습이 이미 잘 알려져 있어 언급하지 않았을지도 모른다. 역설 같지만, 고린도전서 15:29이 언급하는 한 관습은 우리를 어리둥절하게 만든다. 바울은 고린도에 있는 영의 사람들에게 부활은 지금 영적으로 높임 받는 것만을 의미하는 것이 아니라 미래에 실제로 일어날 몸의 부활을 의미한다고 주장한다. 바울은 그들에게 이렇게 묻는다. "그렇지 않으면 죽은 자들을 위해 세례를 받는 이들은 무슨 일을 하는 것인가? 죽은 자가 부활하지 않으면 왜 그들을 대신하여 세례를 받는가?" 그들은 지금 무엇을 하고 있는가? 흥미로운 추측이 끝도 없이 이어지지만, 아마도 고린도 사람들은 자신들이 무슨 일을 하는지 알았을 것이다. 그러나 우리는 그것이 무엇인지 모른다.

바울계 그리스도인들도 혼인을 했다. 과부가 재혼하기로 결심하면(물론

---

87 *De monog.* 10; *De cor.* 3; Reicke 1951, 120-131. Mart. Polyc. 18:3은 적어도 순교자들에겐 이 관습이 그 이전부터 알려져 있었음을 보여 준다.

바울은 과부가 그대로 혼자 사는 쪽을 선호한다) "오직 주 안에서" 그렇게 해야 한다(고전 7:39). 아마도 이는 이 과부가 같은 그리스도인과 재혼해야 한다는 뜻일 것이다. 추측하건대 이전에 혼인한 적이 없는 사람에게도 같은 규칙을 적용했을 것이다. 그렇다면 "주 안에서"는 기독교 의식을 암시하는 말이었을까? 그것도 우리는 모른다.

그리스도인들의 정기 모임은 십중팔구 매주 있었겠지만, 확실하게 매주 있었다고 단정하지는 못한다. 이런 정기 모임 외에 매년 어떤 절기나 특별한 축일을 지켰을까? 일부 유대인 그리스도인들은 그렇게 했다. 아울러 갈라디아에 있는 바울계 교회를 개혁하려고 시도한 선교사들과 골로새 그리스도들인 가운데서 발전한 혼합주의 신앙은 "날과 달과 계절과 해"를 기념하는 축제를 도입하려고 시도했다(갈 4:10; 골 2:16, "절기나 초하루나 안식일"). 바울은 이런 혁신에 맹렬히 반대했으며, 그의 제자인 골로새서 저자도 마찬가지로 반대했다. 그러나 일부 주석가는 고린도전서 5:6-8과 16:8에서 바울 자신과 그가 섬기던 교회들이 기독교식으로 고친 유월절과 오순절(Shabuoth)을 지켰다고 믿을 만한 이유를 발견했다.[88] 하지만 그것이 필연적 결론은 아니다.

사도행전과 바울 서신은 바울계 그룹이 행한 의식들을 감질나게 살짝 보여 줄 뿐이지만, 이 정도만 보아도 그들이 아주 다양한 의식 형태를 채택하거나 창조했음을 충분히 알 수 있다. 우리가 그들의 모임과 관련하여 알 수 있는 것을 보면 자유로운 것과 관습에 매인 것, 익숙한 것과 새로운 것, 단순한 것과 복잡한 것이 놀라울 정도로 뒤섞여 있다. 무지한 자(*idiōtēs*)나 불신자가 이런 모임 중 하나에 참석했다면 다소 괴이하다고 생각했을 수도 있다. 그러나 그런 사람도 바울계 그룹이 어떤 의식을 거행하는 신앙 공동

---

[88] Jeremias 1954, 900-904, 그리고 거기서 인용한 더 많은 문헌을 보라.

체인지 알아차렸을 것이다. 그가 바울계 그룹의 모임과 의식에 공감하지 못했다면 이 그룹을 위험한 미신이나 이상한 종교로 불렀겠지만, 공감했다면 그렇게 부르지는 않았을 것이다.

6장

믿음의 패턴과 삶의 패턴

바울 신학을 다룬 연구서가 아주 많지만, 거의 모두 바울이 제시한 가르침의 사회적 맥락과 기능을 무시했다. 이런 무시는 심각한 왜곡으로 이어졌다. 믿음을 천명하는 말의 의미는 그 말을 천명할 때의 배경이 되는 사회적 패턴의 모체가 결정한다. 이런 모체에는 언어 관습이 포함되지만, 그 모체가 언어 관습에만 국한되지는 않는다. 천명한 믿음을 그 정황과 떼어 놓거나 다른 정황에 갖다 놓으면 그 믿음이 완전히 다른 의미를 갖곤 한다. 이는 온갖 종류의 새로운 정황과 경우를 만날 때마다 경전 본문을 재해석해야 하는 종교 공동체에겐 행복한 사실이었지만, 역사가에겐 두려운 함정이었다. 나는 바로 그런 이유 때문에 이 마지막 장에 이르기까지 바울계 그리스도인들이 믿었던 것을 체계 있게 논하는 일을 유보해 왔다. 우선 바울계 공동체가 처해 있던 사회 환경과 공동체 내부의 사회 형태를 가능한 한 충실하게 묘사해야 했다. 그렇게 해야 바울이 제시한 가르침의 줄거리와 배경을 제시하고자 할 때 그 맥락을 확고히 마음속에 담아 둘 수 있기 때문이다.

이어지는 서술에서 강한 이론적 가설은 피했다. 우리는 천명된 믿음과 사회적 형태의 상관관계를 우리가 발견할 수 있을지 물어볼 것이다. 하지만 하나가 다른 하나의 **원인이라고** 단정하지는 않겠다. 아울러 우리는 어떤 믿음이 논리상 어떤 종류의 행위를 암시하는 것처럼 보일지라도, 그 믿음에 실제로 그 행위가 뒤따랐음을 증명할 구체적 증거가 없으면 그런 행위가 뒤따랐다고 단정하지도 않을 것이다.

바울 자신의 신학 개요를 서술하려는 또 다른 시도는 설령 그런 시도를 할 공간과 지성이 있다 할지라도, 분명 우리의 목적에는 거의 도움이 되지 않을 것이다. 사실 우리가 바라는 목표를 이루려면 바울의 가장 흥미로운 사상 가운데 일부를 무시할 수밖에 없고, 심지어 그의 서신 중 가장 길고 신학 면에서도 가장 깊은 인상을 주는 서신, 곧 로마의 그리스도인에게 보내는 서신도 대부분 무시하고 넘어가야 한다. 지금 당장 우리의 관심사는 바울계 교회의 전형적 구성원이 믿은 것이 지닌 사회적 의미다. 그 믿음에 관한 정보를 얻기는 아주 힘들다. 우리가 가진 자료에서는 그 전형적 그리스도인들이 말을 하지 않기 때문이다. 우리는 그저 추론을 통해 그 그리스도인들이 공통으로 지녔던 믿음의 윤곽만 추측할 수 있을 뿐이다. 반면 나는 바울과 그의 학파에 속하는 다른 서신 저자들이 천명한 믿음이 그들을 따른 이들에게 아무런 영향을 미치지 않았다는 암시를 결코 주고 싶지 않다. 이 저자들은 때로 그들이 제시한 가르침에서 교회 생활에 직접 영향을 미칠 결론을 끌어내기도 했다. 이런 추론은 우리가 꼭 살펴보아야 할 중요한 증거다. 그러나 당시 교회의 현실이 실제로 그 지도자들이 소망하고 주장했던 방향으로 흘러갔다고 섣불리 추정해서는 안 된다.

한 하나님, 한 주, 한 몸

"하나님은 한 분이시다"라는 확언은 유대교 전체의 기초였지만, 바울계 기독교에서도 그러했다(살전 1:9; 갈 3:20; 롬 3:30; 엡 4:6; 고전 8:4, 6; 참고. 고전 11:12; 15:28; 고후 5:18). 분명 신이 하나라는 확언은 스토아학파의 세계시민주의(cosmopolitanism)에서 시작하여 이교도 저술가들의 글에서도 심심치 않게 나타난다. 하지만 헬레니즘의 이런 유일신론은 몇몇 지식인의 자산으로만 남아 있었던 것 같고, 널리 퍼지거나 대중 속으로 파고든 믿음은 되지 못했다.[1] 더구나 이 유일신론의 사회적 상관관계는 유대교의 배타적 유일신론과 사뭇 달랐다. 스토아학파와 중기 플라톤학파는 대중이 전통적으로 믿어 온 많은 신을 융합하고 통합하여 최고 신 하나만 존재한다는 개념을 발전시킴으로써, 제정 시대 이교의 독특한 특징인 신앙생활 속의 온건한 다원론과 관용을 뒷받침할 이데올로기를 제공했다.[2] 모든 신은 결국 한 최고 신의 여러 측면이었기 때문에, 지혜로운 사람이라면 이 신들을 모두 인정하고, 그가 선택한 많은 신앙에서 어떤 혜택이라도 다 끌어낼 수 있었을 것이다.

그리스-로마 도시에 사는 유대인들은 이런 일반적 관용에서 이득을 얻을 뿐 아니라 이런 관용을 모방해야 한다는 압력을 상당히 많이 받았다. 하지만 대개 그들은 ("다른 민족들"이 섬기는 모든 "우상"과 대조되는) 한 분 하나님만을 믿는 그들의 믿음을 유일무이한 민족인 그들 공동체의 온전함을 보존해 준 독특한 관습과 결합하는 입장을 취했다. 필론은 중기 플라톤학파와 스토아학파의 프로그램을 많이 받아들였으며, 그리스어를 사용하는 교양 있는 유대인의 정신과 야망이 지닌 대다수 요소를 전부 공유했다. 하지만 그는 유대 유일신론이 여전히 얼마나 배타적일 수 있는지를—심지어 이 유일신론을 거의 전적으로 당시 주류였던 고급 문화에 비춰 설명했을 때도—를 생생히 보여 준다. 예를 들면 70인역 번역자들은 출애굽기 22:28을 "너는 신들을 욕하지 말라"(*theous ou kakologēseis*)로 번역했으며, 필론은 이를 유대인더러 이교도가 섬기는 신들의 형상을 모독하지 말라고 말하는 경고로 받아들인다.[3] 하지만 그가 제시하는 이유는 관용의 진작과 아무런 상

---

1 MacMullen 1981, 83-94.
2 Ibid.; 참고. Vogt 1939, 34-45.
3 *Spec. leg.* 1.53; *Mos.* 1.203-205(오히려 레 24:15-16에 기초를 두고 있다). 요세푸스는 같은 해석

관이 없다(어쩌면 관용을 진작시키려는 마음이 이런 번역을 낳고 이를 널리 적용하게 만든 동기가 되었는지도 모른다). 오히려 율법이 의도한 것은 "우상"을 욕하는 습관을 지닌 유대인이 한 분이신 참 하나님께까지 그런 습관을 행하지 않게 하려는 것이었다. 필론은 출애굽기 본문의 맥락을 고려하여 이를 개종자에게 적용할 특별한 문제로 여긴다(출 22:21에 나오는 "나그네"는 70인역은 물론 팔레스타인 유대교에서도 "개종자"로 바뀌었다). 필론은 개종자가 "특별한 친교"를 받아야 한다고 주장한다. "그들은…미덕과 종교 때문에 그들의 나라와 친족과 친구를 떠났기 때문이다.…이는 가장 효과 좋은 사랑, 우리를 하나로 만들어 주는 선의를 확고하게 묶어 주는 사슬이 바로 한 분 하나님을 영화롭게 하는 것이기 때문이다."[4]

기독교는 유대교의 이런 입장을 그대로 받아들였다. 세상은 "살아 계신 참 하나님"을 섬기는 이들과 우상숭배자로 나뉘었다(살전 1:9). 이교도에겐 "많은 신과 많은 주"가 있지만, 그리스도인에겐 "한 하나님 아버지…그리고 한 주 예수 그리스도"가 계신다(고전 8:4-6). 바울 서신은 "하나님을 알지 못하여"(살전 4:5) 신이 아닌 것들에게 노예로 붙잡혀 있는(갈 4:8) 이방인과 "하나님을 아는, 아니 하나님이 아시는" 이들을(갈 4:9) 대조한다. "이 세상의 신"과 그리스도를 통해 그 형상을 보여 주신 하나님을 대조할 때면 이런 언어가 훨씬 더 이분법적인 색채를 띨 수 있다(고후 4:4).

필론도 그렇게 생각했지만, 바울계 무리도 한 분 하나님을 믿는 믿음의 바람직한 사회적 표현은 예배자들의 배타적인 통일이라고 본다. 바울이 빌립보 그리스도인들에게 건네는 권면은 "오직 너희는 그리스도의 복음에 합당한 공동생활을 영위하라"(빌 1:27)는 말로 시작하여, 통일과 상호 존중을

을 되풀이하는데, 아마도 당시에 널리 퍼져 있던 이해를 반영한 필론의 글을 근거로 삼은 것 같다: C. Ap. 2.237; Ant. 4.207; 참고. Tcherikover 1961, 352. 오리게네스도 같은 입장을 취했다: C. Cels. 8.38.
[4] Spec. leg. 1.52, trans. Colson.

촉구하는 호소를 길게 이어 간다. "한 영으로 서서, 한 뜻으로 노력하라.…같은 생각을 하고, 같은 사랑을 가지며, 뜻을 같이하며, 한 시각을 가지라."[5] 이 때문에 바울은 처음에 고린도 은사주의자들 가운데 존재하던 불화와 시기와 영적 엘리트주의와 맞닥뜨리자 주(그리스도)와 성령의 통일성에 호소했다(고전 12장). 이 본문의 서두는 현대 학자들이 "하나님의 영으로 말하는 이는 누구도 '예수는 저주할 자'라 하지 않는다"(고전 12:3)는 바울의 과장에 특히 매혹당하는 바람에 모호해지고 말았다. 이것은 고린도에서 열린 모임들이 예수를 저주하는 영지주의자로 가득 찼다는 의미가 아니다.[6] 오히려 여기서 대조하는 것은 그리스도인이 이전에("너희가 이방인이었을 때…") "말 못하는 우상들에게 이끌려 (어긋난 길로 갔던)" 삶과 하나님의 한 분 성령께서 주신 말(한 주를 믿는다고 고백하는 말)이다. 2절의 언어는 이교의 많은 주와 많은 신을 그리스도인의 한 하나님 및 한 주와 대조한 8:5-6의 언어를 되새겨 주지만, 여기 12장에서 바울은 성령도 함께 언급한다. 12장에서 논하는 주제가 "성령의 선물"(pneumatika)이기 때문이다. 성령의 선물은 다양하지만, 그 다양성에는 한계가 있다. "예수는 주님이시다"라는 신앙고백과 이교 사이에는 절대적 경계가 있다(3절). 예수를 주로 고백하는 공동체 안에는 다양한 선물과 섬김과 활동이 있지만(4-6절), "같은 영, 같은 주, 같은 하나님"이 계실 뿐이다. 이 말은 고린도전서 12장 전체의 주제를 제시하며, 바울이 흔히 쓰는 수사, 곧 그리스도인 공동체를 몸에 비유하는 수사를 본문으로 끌어들이는 역할을 한다.

---

5 Nikolaus Walter 1977은 이런 공동생활(πολιτεύεσθαι) 개념에 실제로 상응하는 개념이 그리스-로마 종교에는 없으며 유대교에만 존재한다고 주장한다. "헬레니즘 후기를 불확실성과 종교적 탐구의 시대로 얼마나 규정하든, 그 시대가 경험했던 종교는 도움을 제공하고 규범을 설정하며 공동체를 형성함으로써 일상의 현실을 결정할 수 있는 구속력을 가진 존재가 아직 아니었다.…[헬레니즘 시대 사람은] 오직 한 곳에서만—전 지중해 세계를 통틀어—그리고 유대인에게서만 이렇게 한 하나님과 관계를 맺고 진정 종교를 통해 연결된 모습을 발견할 수 있었다"(427).
6 Pearson 1973, 47-50는 이 독창적인 판타지를 가라앉혔다.

바울은 갈라디아서에서 나중에 온 선교사들이 촉구하던 "유대교식" 관습과 이교의 다신론 사이에 존재하는 유사성을 끌어내지만(갈 4:8-11),[7] 우리는 바울의 이 걸작을 그냥 넘어가겠다. 바울은 심지어 하나님이 한 분이심을 토라 자체가 여러 중개자를 통해 주어졌다는 사실과(갈 3:19-20) 대조하기도 한다.[8] 하지만 이런 대조는 그 이미지가 갈라디아에서 발휘했을 효과보다 바울의 논증이 지닌 정교함에 대해서 더 많이 알려 준다.

우리는 통일을 강조하는, 좀더 단단한 기반 위에 서 있다. 이렇게 통일을 강조하는 태도는 틀림없이 바울과 가까운 동역자나 제자가 바울의 이름으로 쓴 골로새서와 에베소서에 두루 퍼져 있다. 이 서신들이 제시하는 권면은 대체로 전통을 반영한 표지를 담고 있으며, 특히 세례 때 공통으로 행한 의식들을 암시하는 말이 풍부하게 들어 있다. 우리가 앞 장에서 살펴보았듯이 바울계 공동체가(그리고 십중팔구는 바울 이전의 공동체도) 사용한 세례 형태는 내가 재통합이라고 부르는 것을 나타내는 언어를 담고 있었다. 더구나 우리는 그 언어가 특히 "사회 친화 형태적"(sociomorphic, 다른 이들의 마음을 얻고자 자신의 의견이나 태도, 성품을 스스럼없이 바꾸는 모습을 일컫는다—역주)이었음을 보았다.[9] 바울 서신은 "새 사람"이자 창조주의 형상이신 그리스도의 통일성을, 그와 상반되는—사회 안에서 사람들의 위치를 구분 짓는—요인들과 대조했다. 요컨대, 입교자가 경험하는 통일성을 복잡한 사회 구조와 대조한다. 우리는 제2 바울 서신에서 초기의 통일성이 점점 더 좁게 제한되는 모습을 본다. 이는 이 서신 저자들이 공동체의 내부 결속과 정상 상태를 고대 사회 전체가 내부 결속 및 정상 상태를 유지할 때와 아주 똑같은 방식

---

7 Reicke 1951b를 보라.
8 참고. Callan 1976.
9 '사회 친화 형태적'(sociomorphic)은 Topitsch의 상징주의 분류에서 나온 용어다. Theissen 1974a가 이를 받아들여 응용했는데, 이번 장 뒷부분에서 논하겠다.

으로―다스리는 자(남자, 부모, 소유주)와 복종하는 자(여자, 자녀, 노예)의 위계 구조를 통해―보존하는 것이 마땅하다고 여겼기 때문이다. 그러나 이 저자들은 세례 시에 이루어지는 경계적 통일을 교회 통일의 기초로 삼아 호소한다. 그들은 더 나아가 회중이 평화로운 공동생활을 통해 하나님의 통일성을 보여 주어야 한다고 독려한다. 심지어 그들은 온 우주에 존재하는 여러 세력이 그리스도가 높임을 받으심으로 말미암아 화해하게 되었으며 그것들이 화합하며 사는 그리스도인들의 삶에 대응하는 상징이라고 묘사한다.[10] 예를 들면 에베소서 4:1-6의 권면은 "너희가 부름을 받은 그 부르심에 합당하게 행하라"라는 말로 시작한 뒤에 이어서 서로 사랑으로 인내하고 용서하라고 독려하면서 "평화의 연합을 통해 한 영을 지키려고 힘쓰라"라고 당부한다. 이 권면은 이 말에서 절정에 이른다.

한 몸이요 한 영이니,
    너희가 너희를 부르신 한 소망 안에서 부르심을 받음과 같다.
한 주, 한 믿음, 한 세례,
만유의 아버지이신 하나님도 한 하나님이시니,
    그가 만유 위에 계시고 만유를 통해 계시며 만유 안에 계신다.

여기까지는 유대교와 유의미한 차이가 거의 없다. 신앙고백의 서술에 "한 주"(그리스도)와 "하나님의 아들"이라는 말을 덧붙인 것이 여느 유대인의 정서에는 충격일 수도 있지만, 유대교 유일신론이 암시하는 사회적 의미는 손상되지 않고 그대로 남아 있다. 이교가 섬기는 많은 신과 대조를 이루는 한 하나님(그리고 한 주와 한 성령)은 택함 받은 백성의 통일성과 일치한

---

10 참고. Meeks 1977.

다. 이 백성은 그들을 다른 신앙, 그리고 실로 "이 세상"과 구별해 주는 강한 경계를 갖고 있다.

그러나 우리는 바울과 그의 동료들이 하나님의 통일성을 해석할 때 어떤 점에서는 이교 환경과 자신의 환경을 구별한 유대교 방식과 완전히 다른 방식으로 해석했음을 알고 있다. 바울계 신자들이 생각하던 한 분 하나님은 바로 함께 어울려 한 공동체를 이룬 유대인과 이방인의 하나님이다. 이제는 분명히 이 개념도 유대교의 일부 무리가 받아들일 수 있었다. 바울주의(Paulinism)는 공동체 자체를 구성하는 방식이 이전과 철저하게 다르다. 예를 들면 필론은 개종자를—이교 세계에서 미덕과 진리로 피신한 "난민"으로 여겨—환영했다. 앞서 살펴보았듯이 그는 동포 유대인들에게 개종자들을 공동체 안에 받아들여 애정이 담긴 띠로 그들과 하나가 되라고 독려했으며, 이것이 바로 한 분 하나님을 향한 공경을 드러낼 것이라고 말했다. 바울 다음에 갈라디아로 들어간 개혁자들도 십중팔구 그다지 다르지 않은 견해를 갖고 있었을 것이다. 즉 메시아 시대가 이방인의 개종을 더 활발히 촉진할 수 있겠지만, 그 경우에 개종한 이방인은 메시아 백성인 이스라엘의 일부가 되어야 했다. 따라서 개종한 이방인도 유대인 공동체가 오랜 경험을 통해 확립했던 방식대로 할라카를 준수함으로써 언약을 주신 하나님께 신실함을 증명하고 그 사회적 정체성과 사회적 경계를 드러내야 했다. 하지만 바울과 그 무리의 경우에는 메시아가 율법의 저주를 받아 죽었다는 뜻밖의 주장, 상상하기도 힘든 주장 때문에 하나님 백성을 구성하고 하나로 묶어 줄 방법이 이전과 철저하게 달라졌다. 바울이 그리스도인이 되었을 때에는 예수의 죽음과 부활을 기념하고 신자들을 예수의 "몸"에 받아들여 하나가 되게 하는 새 의식들이 이미 형성된 상태였다. 안디옥의 급진주의자들 가운데서는 이런 의식들과 새로운 인간관계가, 한 분 하나님의 백성임을 일러 주는 독특한 경계의 표지인 할례와 할라카 준수를 대신했다.

사회적 관점에서 볼 때 바울 서신에서 나타나는 공동체와 관련하여 가장 놀라운 점은 이 공동체와 회당 사이에 연관 관계는 물론 접촉조차도 없다는 점이다. 사도행전 저자는 한 세대 후에 사도행전을 쓰면서 바울이 어디에서나 먼저 유대인 공동체를 얻고자 전심전력을 다하고 유대인이 적의를 드러내며 그를 강제로 쫓아낼 경우에만 이방인들에게로 갔다고 생각함으로써 바울계 공동체와 회당 공동체의 분리를 설명하고자 했다. 어쩌면 그랬을 수도 있지만, 바울은 그런 말을 하지 않는다. 현존하는 바울 서신이 기록될 무렵에는 오히려 그리스도를 믿는 이방인과 유대인이 한데 어우러진 모든 도시 모임에서 이미 확립된 패턴들이 존재했다. 신자 그룹들은 서로 연결되어 있었지만, 회당과는 완전히 별개의 존재였다. 이 점은 기독교의 미래에 엄청난 결과를 초래했다.

이런 점이 바울의 신학에 초래한 결과도 이에 못지않게 컸다. 그러나 그의 사상이 담고 있는 심오한 의미가 과연 그 청중의 공동생활 속으로 침투했는지 의심해 보는 것이 타당할 것 같다. 바울은 갈라디아서에서 제시한 논박과 로마 사람들에게 보낸 권고 서신에서 하나님의 통일성과 불편부당성을 근거로 내세워 유대인과 이방인 사이에 더 이상 어떤 구분도 존재하지 않는다는 자신의 주장을 변호한다.[11] 그러나 이 급격한 변화가 유일신을 믿는 믿음에 반드시 따라오는 결과는 아니었다. 그렇지 않았다면 그 논쟁은 일어나지 않았을 것이다. 에베소서 저자는 여전히 유대인과 이방인이 한 집안 식구로서 한 몸이 되었다는 사실을 기적이자 하나님이 오랜 세월 감추어 두셨다가 이제 드러내신 "신비"이며, 감추어 있던 우주 차원의 드라마가 이 땅에서 드러나 펼쳐진 것이라고 여긴다(엡 2:11-22). 바울 자신이 가장 중요하게 여기는 신학 문제는 유일신론이 함축하는 의미를 분명히 밝히는 것

---

11 Dahl 1977, 178-191; Bassler 1979.

뿐만 아니라 하나님이 역사를 통해 통일된 목적이 어떻게 십자가에 못 박힌 메시아라는 새것(*novum*)을 포함할 수 있는지 설명하는 것이다. 바울이 로마서에서 제시하는 신학적 변증은 이스라엘이 하나님의 목적 속에서 과거와 미래에 차지하는 위치를 다룬 그의 글에서 절정에 이르는데(롬 9-11장), 이 변증은 바울의 선교 경력 전체의 이런 사회적 차원과 분리될 수 없다. 당시에 살고 있던 허다한 유대인 한 사람 한 사람 속에서 역사적 이스라엘을 다루시는 하나님의 통합성을 부인하지 않으면서도, 유대교와 별개인 기독교 운동이 하나님이 주신 약속의 완전한 이행이라는 것을, 또 기독교 운동 자체가 하나님의 새 언약에 따른 "이스라엘"을 대표한다는 것을 어떻게 신학적으로 주장할 수 있었을까? 유대인 공동체와 그리스도인 공동체가 별개 공동체임을 삶의 기정 사실로 받아들인 후대의 교회는 유대인 전체를 무시함으로써 혹은 이스라엘로 존속할 수 있는 유대인의 신학적 권리를 부인함으로써 방금 말한 문제를 피할 수 있었다. 그러나 바울은 그렇게 피하는 것이 불가능하다고 여겼다. 유대인 공동체와 그리스도인 공동체의 분리는 당장은 필요한 일이었지만 궁극적으로는 신학적 비정상 상태였다.

이보다 훨씬 더 어려운 문제는 바울계 그리스도인들이 그들 자신과 더 큰 이교 사회 사이의 대립을, 신학적 면에서 이례적이며 따라서 사회적 관점에서는 잠정적이며 일시적이라고 인식했는지에 관한 문제다. 이런 문제가 발생하는 이유는 유일신론을 강조하는 주장이 추상적이지 않고, 바울의 제자가 요약한 그대로, "**모든 사람**을 권면하고 **모든 사람**을 모든 지혜로 가르쳐 **모든 사람**이 그리스도 안에서 완전한 이로 나타나게 하는 것"(골 1:28, 저자 강조)을 목표로 삼는 **선교** 신학의 맥락 속에 존재하기 때문이다. 세례 때 사람들은 "새 사람을 입음"을 에덴에서 잃어버린 하나님 형상의 회복이라고 이야기했다. 이런 은유와 우리가 논한 다른 은유의 논리는 일종의 보편주의 쪽으로 움직이는 것 같다. 바울계 선교사들이 당시 사람들이 알고 있던 세계의 여러 도시에서 복음을 설교할 때 가능한 한 많은 도시에서 복음을 전하려는 비범한 열정을 품게 되었던 것도 어쩌면 그런 보편주의 시각 때문이었는지도 모른다. 아주 작은 그리스도인 소모임들의 약한 연결망은 유일하신 참 하나님이 창조하신 인간 본래의 모습을 회복한 보편적 인간을 대담하게 보여 주는 이미지들을 통해 자신을 표현했다.

하지만 바울계 그리스도인은 대체로 자기 종파 내부의 통일과 조화를 강조하고자 할 때 그런 이미지들을 사용했다. 로마서 11:25-32은 바울이 모든 인류가 궁극적 화해를 이룰 날을 내다보았음을 암시한다. 이런 암시가 유대인의 지위를 근본 이슈로 삼은 긴 논증 속에 자리해 있다는 것은 의미심장하다. 바울계 그리스도인들은 유대교가 언약 백성과 다신론을 믿는 세계를 구분할 때 사용하던 주된 장치들을 포기했다. 하지만 우리가 앞서 살펴보았듯이 그것이 그들이 세상과 대비하여 그들 자신을 정의한 강한 경계들을 유지하지 않았다는 말은 아니다.

그렇다고 해도 바울계 무리의 종파적 특징을 정의하는 "세상에 대한 반응"[12]은 가령 쿰란의 유대인 그룹이나 요한계 그리스도인들이 보여 준 특징과 현저하게 달랐다.[13] 어쩌면 그들은 "세상을 심판하기를" 기대했을 수도 있으며, 그 때문인지 바울도 "세상의" 관리들과 이런저런 식으로 얽히는 것에 찬성하지 않았다(고전 6:1-11). 그럼에도 그들은 세상과 접촉하길 두려워하지 않았다(고전 5:10). 그들은 비그리스도인들과 친밀한 관계를 유지할 수 있었다. 이미 한 혼인을 그대로 유지했고(고전 7:12-16), 평상시의 사회관계를 지속했으며(10:27), 외부인과 만나는 일도 마다하지 않았다(14:23-24). 바울계 공동체의 경계가 지닌 이러한 모호함은 바울계 공동체가 후대 교회의

---

12 종파를 구분하는 방법으로서 "세상에 대한 반응"을 설명한 것을 보려면 B. R. Wilson 1973을 보라.
13 Meeks 1972; Bogart 1977.

문학 정전(literary canon)에 남겨 준 중요한 유산 가운데 하나였다. 타티아노스의 세상에 대한 자기 절제적 금욕과 에우세비오스의 기독교 제국에 대한 찬사도 바울 서신 본문에서 지지해 줄 근거를 찾을 수 있었다. 하지만 바울과 그 동역자들이 직접 한 일만 놓고 본다면 한 분 하나님을 믿는다는 신앙고백이 함축하는 가장 중요한 의미는 그리스도인 그룹 자체의 통일성과 단일성을 인식하는 것이었다.

바울계 그룹이 하나님에 관하여 이야기한 것과 그들 자신에 관하여 이야기한 것 사이에도 다른 유사점들이 있었다. 우리가 이 책 3장에서 살펴보았듯이 바울 서신은 공동생활의 친밀함을 친척 관계와 애정을 표현하는 언어로 표현했다. 그리고 비슷한 언어를 하나님에게도 사용한다. 그는 "아버지"이시며, 그리스도인은 "하나님의 자녀"(롬 8:14, 16, 19, 21; 9:8, 26; 빌 2:15; 갈 3:26-4:8; 고전 8:6; 그리고 다른 곳)이자 그의 "상속인"(갈 4:1-7; 롬 8:17)이다. 그들은 하나님께 사랑받고(살전 1:4; 롬 1:7; 엡 2:4; 참고. 롬 5:5, 8; 8:35; 고후 13:14) 그에 보답하여 하나님을 사랑한다(롬 8:28; 고전 8:3). 그가 그들을 택하셨고(롬 8:33; 고전 1:27-29; 살후 2:13; 골 3:12), 부르셨으며(고전 1:9; 7:17-24; 빌 3:14), 아시고(갈 4:9; 고전 8:3), 그들에게 "은혜가 넘치게 하신다"(고후 9:8; 참고. 롬 15:15; 고전 1:4; 3:10). 그는 개인에게 자비를 베푸시며 그의 병을 고쳐 주시거나(빌 2:27), 사도를 겸비하게 하실 수도 있다(고후 12:21). 그는 사람의 마음에 태도를 심어 주시고(고후 8:16), 그들 안에서 "일하시며"(빌 2:13; 참고. 살후 3:5), 그들에게 "믿음의 분량"을 주신다(롬 12:3). 이처럼 바울계 지도자들이 공통으로 사용한 언어—이런 상세한 사항까지도 십중팔구 그 구성원들이 널리 공유했을 것이다—는 하나님을 구성원들이 직접 소통하고 애정이 충만한 가정 교회 공동체에 몸소 참여하시는 분으로 제시한다. 실제로 바울 서신은 그의 영이 신자 "안에 들어와 사신다"고 생각했으며(롬 8:9; 고전 3:16; 고후 3:3), 신자들이 영에 사로잡혀 황홀경에 취해 하는 행위를 통해 그리고 선지자들과 지도자들의 인도를 통해 자신을 나타내신다고 생각했다(롬 8:14; 고전 7:40; 고전 12-14장; 이 책 4장 '고린도의 혼란' 부분을 보라). 그는 신자들에게 비밀을 계시하신다(고전 2:6-10; 엡 1:9; 참고. 고전 2:1; 4:1; 골 1:27; 2:2; 빌 3:15). 그리스도인들이 하나님에 관하여 사용한 수많은 언어는 성경과 유대교 전승이 그 주된 뿌리인데, 이는 의사소통과 관련된 언어이며, 도널드 에번스(Donald Evans)가 "자기 관여 언어"라고 부른 언어다.[14]

아울러 바울계 그리스도인들은 하나님을 이야기할 때 더 높이 받드는 말을 사용한다. 하나님의 능력을 (역설적으로 인식되기도 하지만) 빈번히 송축한다(롬 1:16; 고전 1:18, 24; 2:5; 고후 4:7; 13:4; 골 2:12; 엡 1:19). 법정 및 정치와 관련된 은유도 등장한다. "하나님 나라"라는 말은 공관복음 전승에서는 아주 두드러지게 나타나지만, 바울 서신에서는 가끔씩 등장하며(롬 14:17; 고전 4:20; 15:50; 살후 1:5; 갈 4:11), 특히 악을 행하는 자는 그 나라에서 배제된다고 경고하는 교리문답 문구에서도 나타난다(고전 6:9-10; 갈 5:21; 엡 5:5). 하나님을 하늘 보좌에 앉아 온 우주를 주재하시는 분으로 보는 이미지가 당연하게 받아들여지고, 이 이미지는 그리스도가 높임을 받아 하나님과 함께 통치하신다고 묘사한 내용을 통해 확장된다(빌 2:9; 골 3:3이 그런 예다). 그는 그 능력으로 모든 이에게 종말의 심판을 선고하시며(롬 14:10, 12; 고전 4:5; 5:13; 살후 1:5-7), 지은 죄에 합당한 벌을 내리신다(고전 3:17). 하지만 바울계 그리스도인은 "이 세상의 형태는 지나간다"(고전 7:31) 같은 말을 제외하면 이런 정치 관련 은유에서 정치 관련 의미를 거의 끌어내지 않았던 것 같다. 헬레니즘 시대 말기와 로마 시대 초기에는 "왕권을 주제로 삼은" 허다한 대중용 철학 논문에 군주제 이데올로기가 등장한다. 이런 논문을 보면 현명한 왕이 통치하는 이 땅의 이상 국가는 제우스나 자연이 왕으로 있는 우주 국가, 곧

---

14 Evans 1969.

'코스모폴리스'(*kosmopolis*)를 모방한다.[15] 그러나 바울 서신에는 그런 군주제 이데올로기를 암시하는 말이 거의 없다. 다만 로마서 13:1-7의 권면(참고. 벧전 2:13-14)은 로마 황제와 그 관리들에게 복종하라고 호소하는 근거로서 하나님의 주권을 사용한다. 바울 사상에 존재하는 묵시적 요소는 그런 종류의 정당화와 어긋난다.

묵시와 혁신의 관리

바울은 근래 데살로니가에서 회심한 이들에게 그들이 처음 믿을 때 들은 말을 되새겨 주면서(살전 1:10) 그들이 "다가오는 진노"에서 그들을 구해 줄 분으로 하늘에서 오실 예수를 기다린다고 말한다. 하나님이 인간이 지은 죄에 진노를 쏟아내실 심판의 날이 속히 오리라는 관념, 그리고 하늘에서 땅으로 구원이 임하리라는 관념은 초기 유대교에서, 특히 (현대 학자들이 '묵시'라고 부르지만) 그 장르를 딱히 정의하기 힘든 문헌에서 흔히 사용하는 이미지다. 주목할 점은 마케도니아의 도시에서 이교도였다가 회심하여 새로 그리스도인 회중을 형성한 이들이 이런 묵시 이미지가 그들이 사는 세계와 삶을 적절하게 묘사한 그림이라고 확신했으리라는 것이다. 그러나 이런 종류의 언어는 바울 서신에서 빈번하게 등장하기 때문에 우리는 바울을 따르던 이들이 이 언어를 알고 있었으며 중요하게 여겼으리라고 추측할 수밖에 없다. 하지만 우리는 묵시 언어가 위명 저작 서신인 골로새서와 에베소서에서는 아주 적게 나타나는 것으로 보아 십중팔구 이 언어가 바울계 무리에 속한 모든 구성원에게 동일한(또는 동일하게 지속된) 비중을 갖지 않았으리라는 점을 유념해야 한다.

---

15 Goodenough 1928.

반세기 전에 알베르트 슈바이처(Albert Schweitzer)가 학계를 흔들어 놓은 그의 책 『사도 바울의 신비주의』(*Mystik des Apostels Paulus*)를 출간한 후 묵시 언어가 바울계 기독교에서 어떤 중요한 의미를 가졌는지가 신약학자들 사이에서 치열한 논쟁의 대상이 되어 왔다.[16] 슈바이처는 바울의 사상이 철저하게 유대교(와 초기 기독교) 종말론에 속했기 때문에 그 직후 세대의 헬레니즘 기독교는 그의 사상을 이해하지도 못하고 사용하지도 못했다고 주장했다. 극소수 신학자만이 슈바이처의 논지를 좋아했다. 루돌프 불트만은 그의 논지를 아주 진지하게 받아들였지만, 바울이 이미 묵시적 세계관을 "비신화화"하는 과정을 시작했다고 역설했다.[17] 실제로 이전의 그리스도인들은 유대 묵시주의자들이 그랬던 것처럼 세계가 곧 종말을 맞으리라고 생각했다. 메시아가 오셨다는 것은 종말이 이미 시작되었음을 의미했으며, 그의 부활은 종말 시나리오의 제1막이었다. 불트만은 바울이 이런 관념들을 객관적 세계에서 일어날 일을 묘사한 것으로 보지 않고 "실존적 자기 이해"를 표현하는 상징으로 이해하기 시작했다고 본다. 세상의 종말은 사실 그리스도인 내면의 삶이 이제 이 세상의 모든 것에서 자유를 얻고, "스스로 고안한 안전 조치"를 전부 벗어 버린 채 매 순간 미래를 새롭게 마주한다는 것을 의미했다.

많은 학자는 개인주의로 기운 불트만의 주관적 해석이 바울 서신 본문의 의미를 왜곡했다고 반발했다. 불트만을 비판한 학자 가운데 가장 많은 반향을 불러일으킨 학자는 그의 제자 에른스트 케제만(Ernst Käsemann)이었다. 케제만은 1960년에 내놓은 한 논문에서 "묵시가 모든 기독교 신학의 어머니였다"고 주장했다.[18] 케제만은 바울 신학이 종말론적이라는 것을 인정하면서

---

16 Schweitzer 1930.
17 Bultmann 1941, 15-16; 1958.
18 Käsemann 1960, 102.

불트만처럼 바울 신학이 묵시주의의 중요한 특징을 갖고 있지 않다고 주장해서는 안 된다고 주장했다. 그 무엇보다 바울이 종말론 신화들을 인간론 차원의 의미(즉 인간 개인이 처한 상황을 나타내는 상징)로만 이해했을 뿐 우주론 차원의 의미로는 이해하지 않았다고 주장해서는 안 된다고 주장했다. 반대로 바울은 고린도전서에서 바로 묵시의 범주들을 사용하여, "헬레니즘의 영향을 받은 열광주의자들"이 말하는 개인주의 성향의 "실현된 종말론"에 반대했다. 바울은 묵시가 지닌 우주적·잠정적 측면들을 비신화화하지 않았다. 이런 측면들이 있었기에 그가 세상을 향한 하나님의 목적을 이야기할 수 있었기 때문이다. 그 목적은 개인의 진정한 실존이기도 했지만, 바울 복음의 본질을 이루는 부분이기도 했다.[19]

그 이후에 이루어진 토론은 불행하게도 '인간론' 대 '우주론'이라는 용어가 대변하는 추상 논리에 초점을 맞추곤 했는데, 토론 참여자들은 이 두 용어를 각자의 고유한 의미로 사용한다.[20] 묵시나 종말론이라는 말에 관하여 모든 참여자가 동의할 수 있는 정의가 나왔다면, 바울 사상이 묵시주의 사상이었는지 여부를 판단할 만한 유의미한 증거가 무엇인지의 문제도 해결되었겠지만, 참여자들은 그런 정의를 끌어내지 못했다.[21]

---

19 Idem 1962.
20 많은 사례 가운데 몇 개를 들어 본다. Stuhlmacher 1977은 Käsemann의 주장에 힘을 실어 준다. Becker 1970은 Bultmann의 주장에 힘을 실어 준다. Baumgarten의 주요 단행본인 1975은 묵시 언어가 구체적 맥락 속에서 수행하는 기능에 주목할 것을 주장함으로써 어느 정도 진전을 이루었다. 그러나 그가 말하려는 기능은 오로지 신학적 기능이다. 그는 단 한 순간도 그 언어의 사회적 기능을 고려하지 않는다. 그는 자기가 바울이 사용한 묵시 전승 안에 "우주론"이 담겨 있다는 점과 바울이 이런 전승들을 "인간론화한다"는 것을 보여 준다고 주장한다. 그러나 그는 이렇다고 해서 반드시 "개인주의적" 해석을 해야 하는 것은 아니라고 주장하면서 Bultmann에 반대한다. 바울의 묵시 해석에는 "보편적" 차원이 들어 있으며, 특히 강한 "교회론적" 차원이 들어 있다. 한편 Beker는 바울의 신학을 다룬 그의 주저 Beker 1980(특히 ch. 8, 135-181)에서 Käsemann보다 훨씬 더 나아가 일관된 묵시 도식이 복음의 본질 부분이며, 이는 곧 기독교 종말론이 "사실상 연대순"(그러나 시간의 실제 **척도**를 제시하지는 않는다)이자 "우주론적"임을 의미한다고 강조한다(Beker 강조). 이제 고백하지만, 나는 솔직히 이것이 무슨 말인지 모르겠다.
21 Baumgarten 1975, 10. 근래에 묵시라는 장르를 정의해 보려는 여러 시도에 관해서는 Collins 1979,

우리의 목적은 바울 신학이 묵시주의에 진 빚을 둘러싼 토론을 해결하고 마무리하는 것이 아니라, 바울이 이끌었던 기독교 운동의 일부가 묵시 언어를 훌륭하게 사용한 사례가 무엇인지 알아보고자 노력하는 것이다. 이 목적을 달성하려면 세계의 변화를 예언한 예언자들이 시도한 현대의 여러 운동을 연구한 인류학자의 언급을 빌려 오는 것도 도움이 될 것 같다. 인류학자들은 이런 운동들을 "토착주의"(nativistic) 운동, "갱신" 운동, "재생" 운동이나 "화물 숭배"(cargo cult: 조상이 보내 준 특별한 화물을 받으면 새 시대가 열리리라고 믿는 멜라네시아 원주민의 신앙—역주)로 다양하게 불렀으며, 마침내 "천년왕국" 운동이라는 이름표를 붙인 것 같다.[22] 이런 그룹들이 지닌 믿음은 묵시주의자가 지녔던 믿음과 아주 비슷하다. 따라서 인류학자들의 분석 결과가 제시하는 몇몇 공통된 특징이 바울계 그룹이 지녔던 묵시주의적 믿음의 기능을 분명하게 밝히는 데 도움을 줄 수도 있겠다.[23]

천년왕국 운동은 가까운 미래에 권력과 특권과 부에 얽힌 기존 관계를 철저하게 바꿔 버릴 사건들이 잇달아 일어나리라고 예상한다. 이 운동은 조상들이 원주민들에게 화물을 가득 실은 배를 보내 원주민들이 그들 땅을 식민지로 삼은 백인과 비교해 같은 수준의 삶 또는 우월한 삶을 살게 해 줄 것이다. 아니면 경이로운 무기 덕분에 카타르시스를 불러오는 전투를 통해 결국 그들의 권리를 쟁취할 수 있을 것이다. 역전 혹은 갱신을 표현하는 이 그림 전체는 전 세계의 변화를 상상하며, 이런 변화에 참여하는 이들이 현실에서 강한 불만을 품고 있음을 전제로 한다. 물론 이들은 십중팔구 기존

그리고 Hellholm 1982에 나오는 Collins, Hartman, Fiorenza, Sanders, Koch, Betz, Krause 등의 논문을 보라.
22 가령 Wallace 1956; Worsley 1957; Burridge 1969. 초기 활동을 두루 살펴본 중요한 자료를 보려면 Talmon 1962을 보라. 고전적 사회학 이론과의 관계와 관련한 여러 문제를 살펴본 자료를 보려면 Kovacs 1976을 보라.
23 참고. Isenberg 1974; Gager 1975, 특히 20-37.

사회 거래 구조에서 경쟁에 실패한 사람들이다. 그러나 그렇게 "곤궁한" 그룹이 단순히 천년왕국이라는 꿈을 발전시킨다고 말하는 것으로는 충분하지 않다. 첫째, 중요한 것은 그들의 절대적 빈곤이나 무능력이 아니다. 그들이 자신들의 지위를 다른 중요한 그룹과 비교하여 어떻게 인식했는지가 중요하다.[24] 예를 들면 원주민 사회에서 "중요 인사"였다가 나중에 식민지 관리에게 밀려난 사람들은 그런 지위를 아예 누린 적이 없던 사람보다 천년왕국 운동에 참여할 가능성이 높은 후보일 수 있다. 새로운 상황에서 성공할 기회를 발견했지만, 어느 순간 자신에게는 주류 문화가 요구하는 기술이 없어 높은 지위로 올라갈 가능성이 막혔음을 발견한 사람도 여기에 속한다.

따라서 묵시주의적 믿음을 현실의 곤궁한 삶을 판타지로 보상하려는 심리 곧 니체(Nietzsche)가 종교적 믿음, 특히 초기 기독교의 원천이라고 여긴 "원한"(resentment) 개념의 과학적 보급판으로 취급하는 것은 이런 믿음에 대한 적절한 설명이 아니다. 오히려 이런 연구에 관여한 인류학자들은 인지적 요인이나 상징적 요인이 핵심 요인이라고 주장한다. 현존하는 질서에서 잘못된 부분은, 타격을 입고 피해를 본 사람들에게 재화나 돈이 없다는 점만이 아니다. 권력과 특권을 얻고 사용하는 규칙, 사회 내부의 거래 행위에 완전히 참여하기 위한 규칙이 바뀌었다는 점도 잘못되었다. "남자다움의 내용을 평가하는 데 사용할 기준을 정의하는" 전통적 방식은 이제 더 이상 쓸모가 없다.[25] 그런 방식이 통하던 세계, 그런 방식이 통하던 상징적 우주는 더 이상 의미가 없다. 즉 그것은 현재 상황을 적절히 묘사한 그림을 더 이상 제공하지 않으며, 그런 현실에 대처할 수 있는 적절한 처방도 제공하지 않는다.

---

24 Aberle 1962.
25 Burridge 1969, 11.

따라서 천년왕국 신화는 반전의 판타지를 제공할 뿐 아니라 무엇이 잘못되었으며 왜 잘못되었는지 그리고 어떻게 삶이 구성되어야 하는지에 대한 포괄적 그림도 제공한다. 천년왕국 운동이 성공한다면 이 신화는 사회 내부의 관계들을 재배열하고 그 관계들을 오랫동안 지속시키며 새로운 제도들을 건설하는 기초가 된다. 물론 이런 신화와 그에 따르는 리더십 패턴은 그 과정에서 다소 급격한 변화를 겪을 수밖에 없을 것이다.

천년왕국 신화는 보통 예언자 개인 한 명 혹은 다수의 작품이다. 예언자가 제시하는 공식은 대개 꿈이나 환각 상태에서 본 환상—또는 계시—에 기초한다. 예언자는 이런 것들을 더 정교하게 다듬어 다소 복잡한 믿음 체계로 만들 수도 있다.

환상 그리고 사람들이 발전시킨 신화나 이데올로기는 언제나 전통적인 것과 완전히 새로운 것을 서로 결합한다. 많은 인류학자는 이것이 천년왕국 운동에서 가장 매력적인 측면이라고 여겼다. 그런 측면이 전통을 강하게 지향하는 문화 혹은 하위문화가 새로운 상황을 맞았을 때 과거와의 단절감을 느끼지 않으면서도 그 세계관과 정신을 철저하게 변혁시킬 수 있는 방법을 제공하기 때문이다.

결국 이 학자들은 베버가 말한 카리스마 개념이 크게 도움이 된다고 여기지 않는다. "카리스마가 넘치는" 지도자는 그가 나온 원천이자 새 신화를 구성하는 주요 이미지들을 제공하는 전통 안에서만 가능하다. 반대로, 그의 성공이 처음부터 공동체를 세워 준다. 따라서 카리스마와 일상화(routinization)—아니, 제도화라는 말이 더 낫겠다—는 서로 대립하지 않는다. 사실 천년왕국을 신봉하는 그룹에게 새로운 신화는 **천년왕국 운동 안에서** 권력과 새 정신의 새로운 관계를 강화해 주는 동시에 그 그룹 구성원들이 주류 사회가 주장하는 세계관을 갖지 못하게 만든다는 의미에서 매우 보수적일 수도 있다.[26]

천년왕국 운동이 지닌 전형적 특징 몇 가지를 이렇게 아주 단순하게 요약한 내용은 바울계 그룹이 사용한 언어에 들어 있는 묵시주의 요소 몇 가지를 정리하고 이 요소를 우리가 간파한 사회적 특징들과 연결해 줄 수 있는 체험적(heuristic) 체계를 제공한다. 이 모델이 모든 문제를 해결해 주지는 않겠지만, 종종 서로 모순되는 것처럼 보이는 바울계 기독교의 요소 몇 가지를 설명하는 데 도움을 줄지도 모른다.

우선 우리는 2장에서 바울계 그리스도인의 사회 내 수준을 묘사했는데, 이때 묘사한 그림은 종말론적 믿음과 종말론 운동이 보상을 희구하는 판타지였다는 더 오래된 개념들을 인정하는 데 필요한 사회적·경제적 박탈과 일치하지 않는다. 하지만 이 그림은 묵시주의 운동이 세계와 그 내부의 관계를 표현한 근본적 이미지들을 새롭게 혹은 완전히 바꾸어 제시함으로써 사람들을 인지 부조화에서 구해 낸다고 보는 견해와 들어맞는다.[27] 우리가 지위와 관련하여 찾아낼 수 있었던 실마리의 범위 안에서 본다면 바울계 그룹 내부의 전형적 유명인은 지위를 나타내는 표지의 불일치를 나타내곤 했으며, 바울계 그룹은 그 사회의 관점에서 특이할 정도로 사회 내 계층이 상이한 사람들이 뒤섞여 있었는데, 인지 부조화 이론은 바로 이런 사실들이 담고 있는 의미를 더 깊이 일러 줄지도 모른다. 우리는 그 사회에서 잘 나가던 사람들이나 몰락한 사람들, 그 사회의 위계 구조와 모호한 관계에 있던 사람들이 비정상 상태의 세상이 급격한 변화를 맞으려는 찰나에 있음을 보여 주는 상징을 잘 받아들였을 것이라고 짐작해 볼 수 있다. 이런 이들은 실재에 대한 새로운 그림을 삶의 모델로 삼고자 했던 그룹에 끌렸는지도 모른다. 물론 이를 증명하기는 불가능하다. 만일 사회 경험과 상징화 사이에

---

26 나는 이런 통찰을 Kovacs 1976, 21-22에서 얻었다. 또한 Wallace 1956, 270; Worsley 1957, 36와 다른 여러 곳; Burridge 1969, 141-164; Holmberg 1978, 175-181를 보라.
27 '인지 부조화' 개념을 알아보려면 Festinger 1957과 Festinger-Riecken-Schachter 1956을 보라.

그러한 상관관계가 존재한다면 어느 쪽이 원인이고 어느 쪽이 결과였는지 가려내기가 힘들 것이다.[28] 하지만 우리가 뒤에서 살펴볼 초기 기독교의 믿음 체계의 다른 측면들, 특히 그리스도 자신의 "능력"과 "성공"이 지닌 역설은 이런 추측에 설득력을 더해 줄 수도 있다.

바울 서신 자체를 놓고 볼 때 우리는 3장에서 그룹의 연대를 지향하는 태도를 강화하고자 묵시 언어를 종종 사용하는 것을 보았다. 이러한 모습은 데살로니가전서에서 특히 뚜렷하게 나타난다.[29] 바울이 구성원들의 회심을 표현하는 묵시 언어를 되새겨 주는 부분—예수가 하늘에서 오심을 기다림, 다가오는 진노에서 구원받음—이 서두에 있는 감사 부분의 중심 축에 자리한다. 이 언어는 감사 부분을 쓸 때 관습처럼 써 온, 아버지와 아들처럼 친밀한 문체—이런 문체는 서신을 쓰는 이와 받는 이 사이에 친밀한 분위기가 감도는 관계를 만들어 주었다—를 큰 주제 두 개와 연계한다. 이 두 주제 중 하나는 데살로니가에서 처음 설교할 때 이루어진 친밀한 관계의 시작을 데살로니가서 전체의 주요 내용을 구성하는 도덕적 암시와 권면의 패러다임으로 회상하는 것이며, 다른 하나는 그리스도인이 경험하는 "고초"(*thlipsis*)에 관한 해석이다. 앞에서 살펴보았듯이 바울은 회심자들이 일부 이웃으로부터 경험한 적대감을 아주 넓은 패턴, 곧 사도 자신이 겪은 고난, 다른 곳의 그리스도인들이 겪은 고난, 그리스도의 고난과 연계한다. 더구나 그는 그들이 처음 그리스도인으로 교육받을 때 그런 고초를 예상해야 한다는 경고를 들었음을 그들에게 되새겨 준다(3:2-4). 그들이 경험한 적대감—이 적대감이 박해의 수준까지 이르렀음을 보여 주는 증거는 없다—은

---

28 사회학자들은 현대 사회를 탐구하면서 지위 불일치와 종교적 헌신의 유형들 사이에 존재하는 관계의 문제를 때때로 제기했다. 그러나 아직 이 분야에서 확실한 연구 성과를 이룩하지는 못한 것 같다. Sasaki 1979과 그가 논평하는 문헌을 보라.
29 나는 Meeks 1982에서 묵시 언어가 데살로니가전서에서 수행하는 기능을 좀더 충실하게 탐구했다.

이제 그 가르침 및 그것에 속한 광범위한 이미지들이 타당하다는 것을 확인해 준다. 이런 이미지에는 십자가와 부활도 포함되는데, 이는 그들이 세상을 바라볼 때 기초가 된 은유였다. 이 서신은 그런 맥락에서 공동체를 향한 위협을, 신자들이 이전에 이웃 및 친척과 더불어 누렸던 관계 **대신** 공동체 내부의 신자끼리 연대를 공고히 다지고, 멀리 떨어져 있는 다른 그리스도인들과의 연대를 공고히 다지는(symphyletai, 2:14) 계기로 바꿔 놓는다. 일부 주석가들은 미래에 당할 고난을 일러 준 첫 경고가 유대 묵시 사상에서 빌려 온 것이라고 설득력 있게 주장했지만, 과연 거기서 빌려 온 것인지는 사실상 중요하지 않다. 여기서 중요한 것은 그 경고가 종말론을 묘사한 주된 그림의 일부로서 기능한다는 것이다. 이 그림은 현재 겪는 일을 설명하고 신자들이 가져야 할 구체적 시각과 태도를 권고한다.

묵시 문체를 아주 생생하게 드러내는 본문인 데살로니가전서 4:13-5:11도 비슷한 기능을 한다. 여기서 바울은 세 전승 조각을 결합하는데, 각 조각은 모두 묵시의 특성을 지녔다. 우선 4:15-17에 나오는 "주의 말씀"은 아주 특별한 사건을 묘사한다. 이 사건이 일어나면 "주가 몸소 호령과 천사장의 소리와 하나님의 나팔 소리와 더불어 하늘에서 내려오실 것이며, 그러면 그리스도 안에서 죽은 이들이 먼저 일어날 것이다." 두 번째 조각은 주의 날이 "밤의 도둑같이" 오리라는 말씀(5:2)인데, 후대의 기독교 문헌 가운데 몇몇 본문에서 이를 증언한다(계 3:3; 16:15; 벧후 3:10; 참고. 마 24:43; 눅 12:39). 세 번째 조각은 "어둠의 아들"과 구분되는 "빛의 아들"에게 "깨어 있으라"고 당부하는 이중 권면이다(5:4-8). 회중 가운데 죽은 구성원에 관한 염려가 생기자 바울은 이 모든 묵시 이미지를 인용하여 그 염려에 대응한다. 데살로니가 그리스도인들은 일찍 죽은 사람들이 하늘로부터 오실 하나님의 아들을 기다리는 이들에게 약속된 혜택을 나누어 가질 소망을 잃어버렸을까 우려했다. 바울의 답변은 이 죽음의 문제를 보편적 현상으로 다루지 않고, 다만 새 공동체의 독특한 결속을 깨 버리는 죽음의 힘만을 다룬다. 바울은 예수의 재림(*parousia*)을 다룬 묵시 시나리오를 사용하여 그리스도인 공동체가 죽음의 경계마저 넘어섰다며 다음과 같이 선언한다. "주의 강림 때까지 우리 살아남은 이들은 결코 죽은 이들을 앞서지 못하리라"(4:15). "그런 다음 우리 살아남은 이들은 **그들과 함께** 구름 속으로 붙잡혀 올라가…주를 만나리니, 이리하여 우리는 **늘 주와 함께 있으리라**"(4:17).

이 서신 전체를 살펴보면 묵시 언어가 그리스도인이 당연히 행해야 할 것을 되새겨 주고 독려하는 권면의 맥락이 된다. 1:10에 암시된 마지막 심판의 위협은 그런 권면을 뒷받침하는 근거의 역할을 했을 수도 있다. 실제로 바울은 로마서 14:10에서 그것을 그렇게 사용한다. "네가 왜 네 형제를 판단하느냐? 너는 왜 네 형제를 경멸하느냐? 우리는 모두 하나님의 심판대 앞에 설 것이다." 성 규범과 관련된 전통 규칙을 인용한 부분의 결론에도 이와 같은 근거를 암시하는 말이 있다. "이는 주가 이 모든 일의 원수를 갚아 주시는 분이기 때문이다"(살전 4:6; 참고. 8절). 하지만 마지막 운명의 날을 표현한 이런 언어의 주된 기능은 그리 명확하지 않다. 이 언어는 그 공동체가 유일무이하고 단단히 뭉쳐 있다는 의식을 강화시켜 준다. 따라서 공동체 구성원들이 이 권면을 지켰다면 이 권면은 공동체의 안녕에 적절한 방향으로 행동하려는 자세를 만들어 낸다. 적절한 행위에는 공동체 내부의 치리와 지도자에게 순종하는 것도 들어 있으며(5:13-22), 외부인에게 온화한 것처럼 보이는 조용한 삶도 들어 있다(4:11-12).

갈라디아서는 묵시 용어를 상당히 다르게 사용한다. 데살로니가 그리스도인들의 경우에는 그들이 회심이라는 사실을 통해 삶에 일어난 급격한 변화를 이해할 수 있게 도와주고 그런 혁신을 공유한 이들의 삶을 안정시킬 목적으로 묵시 이미지가 사용되었다. 그런 이미지가 처음부터 과감한 발걸음을 내디디려는 그들의 동기에 기여했는지 여부를 밝혀내는 것은 우리 능력 밖의 일이다. 바울은 갈라디아서에서 유대교가 내세우는 전통적 가치와 대조하여 그의 선교 전체가 지닌 혁신적 성격을 정당화하려는 노력의 일부로서 묵시 범주를 사용한다. 갈라디아서 1:4을 보면 데살로니가전서 1:10에서 시작하는 말과 아주 비슷하게 들리는 말이 나온다. "예수 그리스도가 악한 이 시대에서 우리를 구하시려고 우리 죄 때문에 자신을 내어 주셨다." 그러나 데살로니가전서는 예수를 **기다림**에 강조점을 두어 예수를 "**다가오는 진노에서 우리를 구하시는 분**"으로 묘사한다(저자 강조). 갈라디아서 본문은 예수가 우리를 "악한 이 시대"에서 구하고자 이미 무언가를 행하셨다고 말한다. 갈라디아서를 관통하는 강조점은 종말론적 소망이 현재 이루어졌다는 것이다.

바울은 나중에 갈라디아에 온 선교사들이 "다른 복음"을 소개했다고 비판한다. 바울은 이 복음이 거짓이라고 역설한다. 그가 앞서 설교한 복음 외에 다른 복음은 결코 있을 수 없기 때문이었다.[30] 하지만 바울과 경쟁한 사도들의 관점에서 보면 오히려 혁신자는 바로 바울이다. 바울은 이방인이 할례를 받지 않고 안식일과 절기를 지키라는 요구를 받지 않고도 공동체에 들어올 수 있게 허용함으로써 유대교의 기준을 철저하게 어겼다. 이런 양보는 이방인 개종자가 회심의 첫 단계를 더 쉽게 거쳐 갈 수 있게 하려는 조치라고 정당화할 수도 있었다. 하지만 회심자는 나중에 모든 계명을 준수함으로써 그들이 거쳐야 할 입교 과정을 완수해야 했다. 이와는 대조적으로, 앞에서 살펴본 바와 같이 바울은 이방인 그리스도인이 "율법 아래" 있기를 지금 원한다면 그것은 전진이 아니라 후퇴이며 이교로 돌아가는 것과 마찬가지라고 선언했다(4:8-11). 그렇게 하는 것은 하나님 뜻에 순종하는 행위가 아니라, 오히려 메시아가 오셔서 십자가에 못 박혀 죽음으로써 세우신 새

---

30 앞의 4장 '갈라디아의 개혁자들'을 보라.

질서에 불순종하는 행위가 될 것이다.

이 비범한 주장을 다시 살펴보면 바울은 계시(*apokalypsis*)라는 언어를 끌어들인다. 바울은 자신이 설교하는 복음을 인간을 통해 받지 않고 "예수 그리스도의 계시를 통해" 받았다고 주장한다(1:12; 참고. 1절). 이어서 그는 자기 이력과 관련하여 널리 알려져 있고 또 갈라디아 그리스도인들도 이미 "들었던"(13절) 사실, 곧 그가 지금 갈라디아 사람들을 혼란에 빠뜨리는 사람들보다 유대교 율법과 관습에 훨씬 더 열심을 냈던 "열심당"이었다는 사실(참고. 4:17)에 호소한다. 따라서 그의 삶에서 일어난 이 철저한 변화는 오직 하나님으로부터 온 이 계시만이 설명할 수 있었다(1:13-16). 바울이 율법과 무관한 복음의 정의(定義)를 받아들여 스스로 이방인에게 그 복음을 설교하기 시작한 것은 하나님이 그에게 특별한 계시를 주셨기 때문이지(16절), 예루살렘에서 그보다 앞서 사도가 된 이들에게 어떤 가르침이나 사명을 받았기 때문이 아니었다(1:16-2:10).

갈라디아서는 바울의 혁신이 또 다른 측면에서도 천년왕국 예언자의 모델과 닮았음을 보여 준다. 바울은 완전히 새로운 질서를 옛 질서에서 가져온 용어로 정의하고 변호한다. 그의 논증은 한 분 하나님이 약속하신 대로 미래를 통제하시고 계시하시며 세상을 심판하시는 등의 일을 행하신다는 관념을 독자들이 익히 잘 안다고 전제한다. 아울러 그의 논증은 성경과 이스라엘 전승으로부터 증거를 가져온다. 이 점은 특히 3장과 4장에서 분명하게 드러난다. 이 본문에서 그는 메시아 증거 본문에 관한 전통적 해석과 주해 규칙(이것들은 유대교 안에 널리 퍼져 있었음에 틀림없다. 훨씬 후대의 랍비 문헌에 이 내용이 명확한 문구로 정리되어 있기 때문이다)에 의존하는 방법을 통해 일련의 특정 본문과 암시를 결합함으로써 치밀한 논증을 구성했다.[31] 예를

---

31 Dahl 1973은 이 논지를 가장 충실하게 분석한 자료이지만, 너무 복잡하기에 여기서 되풀이할 수는

들면 사무엘하 7:12과 (따라서) 창세기 17:7에 나오는 '씨'라는 단어가 메시아를 가리킨다는 전승은 "그것을 소유한 이가 올 때까지"로 이해된 창세기 49:10의 약속과 결합된다. 이와 비슷한 창세기 49:10 해석이 쿰란 사본의 단편에 나온다. "다윗의 싹이요 기름부음 받은 정당한 이가 오실 때까지니, 이는 그와 그의 씨가 영원 무궁히 왕위에 있으리라는 언약을 받았기 때문이다"(4QPB 3-4). 유대교 자료에서는 어떤 규칙이나 제도가 하나님이 보내신 대리인이 "올 때까지"만 유효하다고 말하는 법적 문구가 종종 등장하는데, 방금 언급한 구절도 그런 문구의 의미를 따라 해석한다. 예를 들면 쿰란에서 나온 공동체 규칙(Rule of the Community)은 이 종파에 "선지자요 아론과 이스라엘의 기름부음 받은 이가 올 때까지 이 규정 안에서 행하라"라고 자세히 규정한다. 바울은 이보다 더 급진적이다. 그는 메시아가 이미 오셨다고 주장한다. 그뿐 아니라 그는 십자가에 못 박혀 돌아가신 예수가 토라의 저주 아래 있다는 사실(신 21:23; 갈 3:13)에서 선례가 없는 결론을 끌어낸다. 메시아가 오실 때까지만 잠시 유효한 규정에는 몇몇 특별한 규칙뿐 아니라 유대인과 이방인을 구분해 준 계명의 총체인 "율법" 자체도 포함된다. 성경이 이미 이렇게 완전히 새로운 것을 증언했다는 주장이 바로 바울이 성경을 권위의 근거로 사용할 때 나타나는 특징이다.[32] 아울러 이는, 쿰란의 성경 주석이 풍성히 증명하듯이, 묵시의 특징이기도 하다.

바울계 운동은 이처럼 계시와 종말론 언어를 사용하여 하나님-인간의 질서를 완전히 새롭게 바라보는 시각을 정당화하고, 그런 시각과 정당화 작업 속에 구약성경과 전승을 통합한다. 바울계 운동은 바로 이 두 가지 점에서 현대의 천년왕국 모델과 닮았다. 아울러 바울계 운동은 거의 같은 시대

없다. 참고. Dahl 1969.
32 앞의 4장 '권위를 뒷받침하는 근거'를 보라.

에 존재했던 모델, 곧 쿰란의 유대교 종파와도 비슷하다. 이 종파는 사해 근처 광야에 "새 언약 공동체"를 세우고자 유대교 주류 제도권을 등지고 은둔했다. 이들을 이끈 제사장들은, 예루살렘 성전을 책임진 제사장들이 자격 없는 이들이며 성전 자체가 오염되었다고 여긴 제사장들이었다. 이들은 "토라를 위한 자원자"로 구성된 새 공동체를 세우기 시작했다. 이 자원자들은 자신들을 모든 부정과 결별하고 그 종파의 제사장 지도자들 곧 의의 교사(Teacher of Righteousness)와 그 후계자들이 해석한 모세 율법에 철저히 순종하는, 새롭고 엄격한 훈련을 받는 이들로 여겨지곤 했다. 자신들이 종말에도 살아 있으리라는 믿음이 이 과격한 혁신에 정당성을 부여했다. 이와 비슷하게 우리는 바울계 그리스도인의 훨씬 더 철저한 혁신을 뒷받침해 준 것이 바로 메시아가 이미 오셨다는 주장임을 앞서 살펴보았다. 그 혁신 내용은 분명 크게 다르지 않았을 것이다. 바울계 사람들은 율법을 엄격하게 적용하고 모든 이와 담을 쌓은 채 오로지 이스라엘의 순수한 남은 자만 상대하는 대신, 율법을 법률로서 사용하는 일을 그만두고 유대인과 이방인이 하나가 되어야 한다고 가르쳤다. 그러나 쿰란 공동체와 바울계 운동 둘 다에서 종말론적 믿음은 전통적 맥락 속에서 기존 관습을 철저히 바꿔 놓을 만한 근거들을 제공했다.

고린도서에는 종말론 언어가 풍부한데, 그 가운데는 특히 묵시 언어라고 부를 수 있는 것이 많다. 고린도전서의 몇몇 예는 이 표현이 얼마나 폭넓게 사용되었으며 이 서신이 이 언어를 어떤 맥락에서 사용했는지를 보여 준다.

> 결국 너희가 우리 주 예수 그리스도의 나타나심[apokalypsis]을 기다릴 때 성령의 선물에 부족함이 없기 때문이다. 그가 너희를 우리 주 예수 그리스도의 날에 책망할 것이 없는 자로 끝까지 지켜 주시리라.
>
> (1:7-8, 서두 감사 부분의 일부)

하나님의 비밀이요 감추어졌던 지혜로서 하나님이 만세 전에 정해 두셨던 것이다.…"어떤 눈도 보지 못했고, 어떤 귀도 듣지 못했으며, 어떤 사람의 마음도 인식하지 못한 것, 하나님이 당신을 사랑하는 이들을 위해 준비해 두신 것"을 하나님이 성령을 통해 우리에게 계시하셨다. (2:7-10)

각 사람이 한 일이 훤히 드러나리니, 이는 그 일이 불로 말미암아 훤히 드러나기 때문에 그날이 그것을 드러내겠기 때문이다.…만일 어떤 이가 하나님의 전을 파괴한다면, 하나님이 그를 파괴하시리라. [3:13(참고. 10-15절); 3:17]

때가 오기 전에, 주가 오시기 전에는 심판을 선고하지 말라. 그가 지금은 어둠 속에 감추인 것들을 드러내고 마음의 목적들을 폭로하시리라. 그때에 모든 사람이 하나님에게서 칭찬을 받으리라. (4:5)

너희는 이 사람을 사탄에게 내주어 그 육이 파멸당하게 할지니, 이는 그 영이 주의 날에 구원받게 하려 함이다. (5:5)

너희는 성도가 세상을 판단하리라는 것을 알지 못하느냐?…너희는 우리가 천사를 판단하리라는 것을 알지 못하느냐?…너희는 불의한 자가 하나님 나라를 유업으로 받지 못하리라는 것을 알지 못하느냐? (6:2, 3, 9)

몸은 부도덕을 위하여 있지 않고 주를 위해 있으며 주는 몸을 위해 계신다. 하나님이 주를 일으키셨고 우리도 그의 능력으로 일으키시리라. (6:13-14)

나는 현재의 고초에 비춰 볼 때 사람이 지금 이대로 지내는 것이 좋다고 생각한다.…형제들아, 내 말은 정해진 때가 아주 가까워졌다는 말이니…이는 이

세상의 형태가 지나가기 때문이다. (7:26-31)

이는 너희가 이 빵을 먹고 이 잔을 마실 때마다 주가 오실 때까지 그의 죽음을 선포하기 때문이다.…그러나 우리가 주께 판단을 받음은 징계를 받는 것이니, 이는 우리가 세상과 함께 저주받는 일이 없게 하려 함이다. (11:26, 32)

그리고 끝이 오리니, 그때 그가 모든 통치와 모든 권위와 힘을 파멸시키신 뒤에 나라를 하나님 아버지께 넘겨드리리라. (15:24)

보라! 내가 너희에게 신비를 말한다. 우리가 다 잠들지 않고 마지막 나팔이 울릴 때 순식간에 변화되리라. 이는 나팔 소리가 울리면 죽은 자들이 썩지 않을 몸으로 부활하며 우리도 변화되겠기 때문이다. (15:51-52)

누구든지 주를 사랑하지 않으면 저주를 받을지어다. 주여! 오시옵소서. 마라나 타. (16:22)[33]

이 예들은 묵시적 표현이 이 서신 구조 속에서 특별한 기능을 폭넓게 수행할 수 있음을 보여 준다. 우선 서신을 보내는 이는 이 언어를 통해 수신인들을 칭송함으로써 친근한 관계를 수립한다. 이어서 그는 이 언어를 사용하여 그리스도인이 일반적·구체적 행위를 행해야 할 근거를 제시하며, 그다음에는 아주 반어적이고 심지어 조롱이 섞인 표현을 수신인과 공유한다. 방금 언급한 표현은 틀림없이 고린도 회중 안의 중요한 그룹이 가진 독특한 태도를 바꾸려고 쓴 말이었을 것이다. 고린도전서에서 독특하게 나타나는 반어

---

33 이 본문은 RSV에서 가져왔다.

적 용법의 가장 유명한 사례가 4:8이다. "너희가 이미 배가 불렀구나! 너희가 이미 부자가 되었구나! 너희가 우리 없이도 왕이 되었구나! 그래, 너희가 다스리기를 원한다. 그래야 우리가 너희와 함께 다스릴 테니까!"라는 이 본문은 근래에 와서 이 서신을 해석하는 열쇠가 되었다. 대다수 주석가는 문맥상 이 서신 전체(특히 15장)에서 미래와 시간의 순서를 강조하는 많은 말을 함께 고려하면 이 서신이 다루는 다양한 문제 배후에 자리한 한 가지 주요 이슈를 가려낼 수 있다는 데 의견을 같이한다. 흔히 이야기하듯이 이 이슈는 고린도에 있던 영의 사람들(*pneumatikoi*)이 주창한 "실현된 종말론"과 바울이 말하는 "미래 종말론" 혹은 "종말론적 유보" 사이의 대립이다.[34]

같은 이슈를 기능적 용어로 표현하면 이 이슈를 다른 서신에서 볼 수 있는 묵시 언어 용례와 비교할 수 있을 것이다. 고린도에 있던 영의 사람들은 종말론 언어를 사용하는데, 특히 세례 의식에 응용한 형태로 사용한다. 그들의 입장에서는 이 언어가 그들이 몇몇 일상적 행위 규범을 넘어선다는 그들의 주장을 뒷받침해 주며, 그들의 지위가 여전히 육의 세계와 관계를 맺고 있는 사람들, 곧 그들이 "약한" 그리스도인, "정신적"(psychic) 그리스도인이라고 부르는 이들의 지위보다 훨씬 우월하다는 그들의 확신을 지지해 준다.[35] 그러나 바울은 이들과는 대조적으로 그리스도인의 현재 지위가 불완전하며 그리스도인이 서로 책임을 져야 함을 강조하고자 할 때 주로 미래 시제인 종말론 언어를 사용한다.

따라서 겉으로만 보면 바울이 여기서 묵시 관련 범주를 활용한 것은 갈라디아서에서 보여 준 모습과 대립되는 것으로 보인다. 거기서 바울은 전통

---

34 특히 Käsemann 1960, 1962을 보라. 우리가 편히 이용할 수 있게 다른 문헌을 평한 글이 J. H. Wilson 1968과 Boers 1967에 있다. 또한 Koester 1961; Funk 1966, 279-305; Pearson 1973, 27-43; Dahl 1967; Thiselton 1978; Horsley 1978을 보라.
35 4장 '고린도의 혼란'을 보라.

적으로 메시아 시대와 결합한 요소들의 현재 경험을 철저한 혁신의 근거로 사용한다. 그리고 유대인과 이방인을 가르는 경계를 설정하는 모세 율법의 사용을 폐기한다. 그는 여기서 혁신을 제한하고 안정과 질서를 권고하고자 미래 시제의 종말론 언어를 사용한다. "현재의[또는 임박한] 고초에 비추어 볼 때 사람이 지금 이대로 지내는 것이 좋다고 생각한다." 하지만 여기서 특히 중요하게 인식해야 할 점은 이런 보수적 묵시 언어 사용과 영의 사람들의 혁신적 묵시 언어 사용이 상반된다는 점과, 영의 사람들이 보여 주는 혁신적 사용과 바울 자신이 갈라디아서에서 취하는 접근법이 구조상 유사하다는 점이다. 바울계 회중 구성원들은 바울이 묵시를 혁신의 근거로 사용함을 명백히 알고 있었다. 그러나 바울은 그들이 이 교훈을 응용하는 것은 싫어했다.

하지만 바울이 이렇게 다른 여러 상황에서 묵시 언어를 사용할 때 의도한 사회적 결과를 살펴보면 처음보다 일관성이 많이 보인다. 우리가 살펴본 이 세 서신은 모두 회중의 연대와 안정에 크게 초점을 맞추었다. 이 회중들이 보여 준 삶의 양식은 특별히 메시아가 연 새 시대의 관념들이 이전에 이방인이었던 사람이나 이전에 유대인이었던 사람들이 겪은 철저한 변화의 근거로 사용되었다는 의미에서 새로운 것이었다. 그러나 공동체 생활의 결속을 위협하는 혁신은 그것이 어떤 종류든 새 시대 이미지의 다른 측면들을 채택함으로써 거부되었다. 이것도 우리가 살펴본 천년왕국 모델과 들어맞는다. 이 모델에서는 세계의 변화가 다가온다고 말하는 신화가 전통적 사회관계에서 그 종파의 특별한 관계로 옮겨 가는 것을 지지할 뿐 아니라 그 종파 내부의 제도 건설에도 도움을 준다. 이런 변증법을 풍부하게 증명하는 사례가 바로 쿰란 공동체다.

아울러 우리는 우리가 묵시라고 여기는 요소들을 바울 서신에서 끌어내는 것은 추상 개념을 만들어 내는 일임을 유념해야만 한다. 바울계 운동에 속한 어느 누구도 그들이 믿는 것들을 구성하는 여러 측면을 가리키는 말로 "묵시"나 "종말론"이라는 이름표를 사용하지는 않았을 것이다. 천년왕국 운동 예언자의 가장 중요한 업적은 그 추종자들을 변화된 삶의 방식으로 인도할 광범위한 신화를 지어내는 것이다(이때 예언자가 받는 계시는 그가 의식하지 못하는 수단을 통해 일어나기도 하고 그가 의식하는 수단을 통해 일어나기도 한다). 이와 마찬가지로 우리가 바울주의에서 묵시라는 이름으로 묶은 요소들이 기능을 행하는 이유는 오로지 그것들이 더 크고 아주 섬세하며 유연한 믿음의 복합체를 구성하는 일부분이기 때문이다. 그런 의미에서 우리가 이번 장에서 논한 다른 모든 믿음도 기능상 묵시와 관련이 있다고 할 수 있을 것이다.

십자가에 못 박혀 죽은 메시아

바울계 신자가 믿은 것이 결정체로 굳어질 때 그 중심이 된 것은 메시아이신 하나님의 아들이 십자가에 못 박혀 돌아가신 것과 다시 부활하신 것이었다. 이 사건은 여태까지 종교사에서 나타난 가장 강력한 상징 가운데 하나임이 나중에 밝혀진다. 기독교 운동 초창기에 바울과 그 동역자들만큼 이 사건의 잠재된 생성력을 아주 빠르고 광범위하게 인식한 이는 아무도 없었던 것 같다. 우리는 "십자가의 말씀"과 공동체 생활의 여러 측면 사이에 존재하는 상동 관계들이 수많은 방식으로 계발되거나 선언되었음을 앞서 살펴보았다.

바울은 십자가에 못 박혀 죽은 메시아라는 역설이 로마 세계에서 예수를 따르는 이들이 펼치는 운동과 유대교의 기존 구조 사이에 존재하는 역설적 관계를 해명하는 열쇠가 되었다고 보았다. 그리스도인은 유대인이 예배하는 "한 분 하나님", 그 조상들의 하나님이 "예수를 죽은 자 가운데서 다시 살리신 분"이라고 밝힌다(롬 4:24; 8:11; 고후 4:14; 갈 1:1; 골 2:12; 살전 1:10; 참고. 고후 1:9). 그 결과, 믿음 패턴 전체의 구조가 바뀜으로써 결국 바울 신학은 좁은 의미에서 기독론과 분리될 수 없는 신학이 되었다. 십자가에 못 박혀 죽은 메시아를 믿는 믿음은 하나님의 행위 양식에 관하여 새로운 통제 패러다임을 소개한다.[36] 바울의 수많은 담화에서 독특하게 나타나는 특징인 변증 패턴은 바로 그리스도 예수가 십자가에 못 박혀 죽었다가 죽은 자 가운데서 부활하셨다는 주장을 기반으로 삼는다. 바울이 구사하는 언어에는 정반대 명제를 대립시키는 방식이 아주 흔히 등장하는데, 바울의 동역자와 후계자도 이런 방식을 그대로 받아들여 사용한다. 이 방식은 십중팔구 바울 이전의 전승에 속하며, 예수가 십자가에 못 박혀 죽은 사건이 지닌 역설을 강조한다. 이 사건이 함축하는 중요한 의미는 세상에게 감추어져 있었다. 이는 오직 그리스도인에게만 계시된 비밀(*mystērion*)이다(고전 2:1-2, 6-10; 참고. 롬 16:25-26).

이 새로운 선언은 이성이나 유대교 전승을 토대로 한 예상과 어긋나거나 적어도 그런 예상을 넘어서며(고전 1:18-25), 이런 새로움 덕분에 이 선언이 혁신의 근거 역할을 할 수 있다. 특히 바울은 유대인과 이방인을 가르는 토라의 경계 획정 기능에 마침표를 찍음으로써 유대인과 이방인이 하나가 되었고, 또 양자의 구분이 철폐되었음을 명백히 뒷받침하고자 할 때 메시아가

---

[36] 학자들이 이 점을 종종 다루었지만, 아무도 Dahl 1960; 1977, 95-120; 1978만큼 명쾌하게 다루지는 못했다. 근래에는 Beker 1980이 Dahl이 제시한 몇몇 공식을 받아들여 확대했다. 바울이 자신의 언어로 이를 아주 간명하게 진술한 것을 보려면 빌 3:10-11을 보라. 거기에는 "내가 그와 그 부활의 능력과 그가 겪은 고난과 함께함을 알고자 그 죽음의 형체를 본받았으니, 이는 내가 가능하면 죽은 자 가운데서 부활에 이르려 함이다"라는 보충 해설이 있는데, 이는 "믿음에 근거하여 하나님께 받은 의"라는 문구를 확장해 준다. 이것이 이 본문 전체의 절정이다. 유대교로 돌아가려는 이들에 맞서 "몸을 베고 잘라 내는 자들을 조심하라"고 일갈한 경고(2절) 뒤에 "**우리가**[ἡμεῖς] 할례당이니 우리는 영으로 하나님을 섬긴다"(3절)라는 대담한 주장이 나온다. 이런 급격한 용어 변화와 가치의 반전을 잘 보여 주는 곳이 바로 바울이 자신의 생애를 간결히 전달하는 내용(4-11절)이며, 이는 절정으로 이어진다.

십자가에 못 박혀 죽었다는 역설을 사용한다. 즉 이 역설은 갈라디아서 3-4장의 복잡한 논증은 물론 로마서, 특히 로마서 3:21-26에서 제시하는 논증에서도 중심을 이룬다. 에베소 사람들에게 회람용 서신을 써 보낸 바울의 제자는 이방인을 "하나님의 집안" 식구로 포함하는 것 자체가 **비밀**의 내용이라고 선언함으로써 이런 연관성이 바울학파 안에서 계속 힘을 보유하고 있었음을 보여 준다(엡 3:1-12; 2:11-22).

십자가에 못 박혀 죽음/부활을 은유로 사용하면 우리가 대략 신정론이라고 부를 수 있는 것을 해석하는 패턴이 되기도 한다. 즉 우리가 고난이나 적대감을 경험할 때 이 사건에서 하나님이 행하신 행위를 떠올리는 것이 위로의 수단이 된다. 바울 서신은 그리스도를 닮는 것이 그리스도인에게 허용되었음을 기뻐하라고 요구하는 동시에(롬 5:1-11; 고후 1:3-7이 바로 그 예다) 약함 가운데서 하나님의 능력이 나타난다는 보증을 받으라고 요구한다. "주 예수를 다시 살리신 이가 우리도 다시 살려 우리가 그와 함께 있게 하시리라"(고후 4:14).[37]

이와 똑같은 은유가 교회 안에서 행위를 평가하는 모델의 기능을 수행한다. 우리는 바울이 특히 자신이 사도로서 가진 정당성을 보여 주는 외부 표지를 원용하여 자신의 권위를 부인하는 이들을 반박하기 위해 자신의 사도 이력과 십자가에 못 박혀 죽음/부활 패턴이 상동 관계임을 역설하는 방식을 논했다.[38] 바울은 그가 제시한 권면에서 그리스도가 스스로 죽음에 복종하신 사례를 다른 이를 배려하는 행위와 태도의 본보기로 받아들인다. 그리하여 그는 이렇게 말한다. "강한 우리는 우리 자신을 기쁘게 하지 말고 약한 이의 약점을 견뎌야 한다. 우리 각자가 이웃을 기쁘게 할지니…이는 그

---

[37] 이것이 고린도후서 서두 송영의 주된 주제이자 현재 형태의 고린도후서의 첫 일곱 장의 주된 주제이기도 하다. Olson 1976을 보라.
[38] 4장 '고린도의 혼란'을 보라.

리스도가 자신을 기쁘게 하시지 않았기 때문이다"(롬 15:1-3; 참고. 갈 6:2). 그리스도인은 "그리스도가 우리를 받아 주셨듯이 서로 받아들여야" 한다(롬 15:7). "주가 우리를 용서하셨듯이 서로 용서하라"(골 3:13; 엡 4:32). "그리스도가 우리를 사랑하사 우리를 대신하여 자신을 하나님께 희생 제물로 내어 주셨으니 너희도 사랑으로 행하라"(엡 5:2).[39] 바울은 고린도 신자들에게 "부요하신데도 그의 가난으로 우리를 부요하게 하시려고 우리를 위해 가난해지신 우리 주 예수 그리스도의 은혜"(고후 8:9)를 되새겨 줌으로써 예루살렘 빈민을 위한 연보에 동참하라고 독려한다. 또 그리스도가 하나님의 형체에서 인간의 형체로 내려오시고 죽음에 복종하셨다가 그 후에 높임 받아 보좌에 앉으심을 이야기하는 신화적 패턴을 독자들이 익히 아는 찬송시 혹은 전례용 시를 인용하여 소개하면서, 이를 그리스도인이 하나가 되고 서로 존중할 것을 호소하는 근거로 사용한다(빌 2:5-11).

신자가 죽은 뒤에도 살아나리라는 소망을 갖게 해 준 강력한 근거는 분명 예수의 죽음과 부활을 믿는 믿음의 결과인 것 같다. 바울과 그의 주요 동역자들은 분명 그 믿음으로 말미암아 다시 살아나리라는 소망을 갖게 되었으며, 초기 기독교 안의 다른 무리도 그러했다. 현대의 많은 역사가가 각 사람이 부활하리라는 약속이 이교 세계에서 기독교가 사람들의 감성에 호소력을 발휘할 수 있는 주된 요인이었다고 주장한 것은 일리가 있다.[40] 그러나 회심자들이 교회 안으로 가져온 약속이나 선입관은 종종 겉으로 드러나는 것만큼 아주 딱 부러지게 명확하지는 않다. 최근에 맥멀런은 심지어 우리가 살펴보고 있는 시대 이후 두 세기 동안, 곧 사람들이 영혼에 대해 지나치게 걱정하고 어려운 세상에서 도피하려던 시기로 아주 빈번히 묘사한 그 시대

---

39 이 "본받음 패턴"(엡 5:25, 29에도 나타난다)은 초기 기독교 권면의 표준 형태이며, 바울만이 이 패턴을 따른 것은 아니다(Dahl 1954, 34).
40 예. Dodds 1965, 135; 최근에는 MacMullen 1981, 136-137. 이 두 학자는 2-4세기의 시기를 언급한다.

에도 사람의 불멸을 믿는 믿음이 로마 시대의 이교에 그렇게 널리 퍼져 있지 않았다고 주장했다. 맥멀런은 이렇게 말한다. "뜻밖에도 불멸을 보장하는 증거를 발견하기가 어려워 보인다. 심지어 불멸을 향한 열망을 증명하는 증거도 많지 않다."⁴¹ 묘비 비문들은 죽음과 관련하여 "나는 존재하지 않았고, 존재하지 않으며, 신경 쓰지 않는다"라는 농담을 반복하는데, 이 농담은 "n.f.n.s.n.c."(*non fui, non sum, non curo*-역주)로 줄여 적을 때가 아주 많다.⁴² 맥멀런 이전의 대다수 연구자는 오히려 이런 불멸이 로마 시대에 입교한 이들이 얻고자 한 주된 혜택이었다고 생각했지만 맥멀런은 밀의 종교들이 진짜 불멸을 약속했음을 보여 주는 확실한 증거를 많이 발견하지도 못한다.⁴³ 맥멀런은 학계를 지배하는 공감대를 수정하고자 대다수 비문에 또 다른 실존을 향한 소망이 나타나 있지 않음을 지나치게 강조했는지도 모른다. 다른 증거, 특히 위로를 다룬 철학 문헌과 수사학 문헌에서 두드러지게 나타나는 증거는 당시 인간 불멸에 대한 믿음이 널리 퍼져 있었다고 가정하는 것 같다.⁴⁴ 그렇다 할지라도 사람들이 품었던 믿음과 소망은 분명 상당

---

41 MacMullen 1981, 53.
42 Ibid., 57; p. 173, n. 30이 인용하는 증거.
43 Ibid., 53-57.
44 나는 MacMullen이 밀의 종교들에 관하여 지나치게 회의적인 것은 아닌지 의문이 든다. Apuleius *Met.* 11.6(Griffiths 1975, 271, 2)는 모종의 인간 불멸을 전제하며, 입교가 이런 불멸을 창조하지는 않지만 증진한다고 본다. 엘리시온 들판(Elysian Field)에, "지하 납골당"에 처음 들어가는 이는 여전히 이시스를 예배할 것이며 이시스의 보호를 받을 것이다. 어쩌면 MacMullen도 (켈수스가 이야기하는) 미트라교의 약속, 곧 영혼이 일곱 행성의 영역을 거쳐 위로 올라가리라는("불멸에 관한 모든 이의 취향에 맞지는 않을 것이다", 54) 약속에 너무 무심경한지도 모른다. Bousset가 묘사하는 "영혼의 하늘 여행"(1901)은 세부 내용에 오류가 있으며 그 묘사 내용도 너무 도식적이다. 그럼에도 이런 종류의 믿음은 분명 많은 이가, 적어도 그리스도인과 이제 나그함마디 문헌(Nag-Hammadi texts)을 통해 더 잘 알려진 비그리스도인 영지주의자도 공유했다. 수사학 교사들은 위로하는 말에 영혼이 신의 영역으로 돌아가리라는 것을 되새겨 주는 내용이 유족에게 위안을 안겨 주는 근거로 들어가야 한다고 조언한다: 예. Menander Rhet., "On Consolation"과 "On the Funeral Speech"[Russell and Wilson 1981, 160-165, 176-177(번역문도 함께 실려 있다)]. 또한 *Rhet. Gr.* (Spengel) 3:414, 16-25; 421, 15-17]. Seneca *Ad Marc. de consol.* 23,2와 Plutarch *Consol. ad ux.* 611D-612B는 이 주제가 실제로 어떻게 사용되었는지를 보여 주는 문헌이다. 나는 이 모든 문헌을 Abraham J.

히 다양했다. 심지어 유대교를 보아도 미래의 삶에 관한 믿음은 종파에 따라 다른 모습을 보였다. 우리가 관심을 두고 있는 시대에는 미래의 삶에 관한 여러 믿음이 나타났다가 사라졌으며, 심지어 비슷한 믿음조차도 정황과 때가 달라지면 다른 기능을 할 수도 있었다.[45]

이와는 정반대로 바울과 그 동역자들은 예수를 다시 살리신 하나님이 "우리도 다시 살리시리라"는 확신을 아주 분명하게 보여 준다. 우리가 이미 살펴보았듯이 데살로니가전서 4:13-18의 위로의 본문은 불안이 엄습하는 구체적 상황에서 어떻게 이런 확신을 주장할 수 있었는지, 그리하여 그리스도인 회중이 그런 점에서 "소망이 없는 나머지 사람들"과 어떻게 구분될 수 있는지를 보여 준다(13절). 그러나 바울이 이런 식으로 쓰면서 특별한 계시("주의 말씀", 15절)를 사용해야 했다는 사실은, 근자에 회심한 이들에겐 죽은 이들의 부활이 결코 자명한 사실이 아니었음을 보여 준다. 더구나 부활이라는 개념은 모호했다. 바울 이전의 기독교와 바울계 기독교가 예수의 부활을 생각하면 떠올리는 주된 이미지는 정경 복음서의 수난 내러티브와 사도행전이 묘사하는 것처럼 예수의 시신이 소생한 것이 아니라, 예수가 높임 받아 하늘 보좌에 앉으신 것으로 보인다.[46] 우주적 차원의 드라마라고 할 만한 이러한 모습은 우리가 이 책 5장에서 이미 살펴보았듯이 세례를 언급하는 자리에서 특히 자주 등장한다. 고린도에 있던 영의 사람들은 그들의 부활(세례 때 경험한 부활?)을 이와 비슷하게, 말하자면 그들의 영을 통해 이 평범한 세속 세계를 초월한 상태를 이미 누리는 것으로 인식했다. 그러나 바울은 고린도전서 15장에서 이러한 인식을 거부하고 미래에 있을 "영의 몸"

Malherbe의 글에서 참조했다. 그는 수사학 교과서가 새 사상을 소개하지 않지만 대중의 의견과 기대와 소망을 사용하기 때문에 특히 중요하다고 지적한다.
45 Nickelsburg 1972; Cavallin 1979를 보라.
46 Schweizer 1955, 56-67; Hahn 1963, excursus 2(129-135); Hay 1973; 참고. Schille 1962, 103.

의 부활에 관하여 훨씬 더 생생한 묵시적 그림을 제시했다. 이처럼 부활이라는 개념은 아주 다양하게 해석될 수 있었고, 서로 다른 이미지들이 사뭇 다른 사회적 상관성을 가질 수도 있었다. 고린도에 있던 "영의 사람들"은 그리스도와 함께 높임을 받는 것이 성령의 선물을 받은 이가 새 지위를 얻는 것, 관습의 속박에서 풀려나는 것을 의미할 수 있다고 보았다. 바울의 경우 그리스도의 부활을 "잠자는 자의 첫 열매"로 믿는 것은 공동체의 연대, 약해 보이는 것에게서 분명히 드러나는 권위, 관습에 따른 구조에 대한 변증법적 관계를 의미한다고 보았다.

앞서 논의한 내용을 고려하면 바울 시대 사람들이 일반적으로 혹은 심지어 바울 자신이 십자가에 못 박혀 죽음/부활이라는 패러다임을 역설적 의미로 사용했다는 말은 아주 정확한 것이 아님이 분명하게 드러난다. 즉 사람들이 보통 약함의 표지로 여기는 것들은 그것들이 그저 십자가에 못 박혀 죽은 예수의 약함과 닮았다는 이유로 강력한 것이라고 재정의되지는 않는다. 그래도 바울이 한 말 몇 가지는 그런 식으로 받아들이는 것이 더 타당할지도 모르겠다.[47] 이 패턴은 변증법적이거나 순차적이다. 그리스도는 처음에 약하셨다가 나중에 강력해지셨다. 그리스도인도 오늘날 약하고 고초를 겪지만 장차 그 정당성을 확인받고 영광을 누릴 것이다. 이것이 아주 흔한 묵시 패턴이라는 점이 명백히 드러나며, 바울 서신에서 묵시적 성격이 가장 강하게 드러나는 서신인 데살로니가후서, 그중에서도 특히 서두의 감사에서 사용한 위로의 언어(1:3-12)에서 분명하게 드러난다.[48] 데살로니가후서를 바울이 썼든 쓰지 않았든 바울계 그리스도인들은 이 패턴을 틀림없이

---

47 Güttgemanns 1966이 그렇다. 그는 이런 역설적 표현이 빈번하고 일관되게 나온다고 과장하면서 이러한 표현을 바울 신학의 규범처럼 만들 뿐 아니라, 사도의 고난을 십자가에 못 박혀 죽은 그리스도의 "현현"으로 보는 Käsemann의 생각을 끌어어 이 쟁점을 덮어 버린다. 그가 인용하는 텍스트 어느 곳에서도 현현의 특징이 나타나지 않는다. Jervell 1976과 Adams 1979, 209-217, 243를 보라.
48 Aus 1971.

잘 알고 있었을 것이다. 사실은 이와 아주 비슷한 언어가 바울이 쓴 서신임이 확실한 빌립보서에서 나타난다(빌 1:28-29). 예수의 죽음과 부활에 관한 선포가 아주 일찍부터 다른 상징 패턴, 곧 하늘에서 내려오신 후에 높임을 받아 하늘 보좌에 앉으심이라는 패턴과 섞였다는 사실[49]은 장차 보상을 얻으리라는 이런 소망을 강화했다.

그 자신의 말이 역설 쪽으로 흐르곤 하는 바울조차도 때로는 자신의 능력을 비역설적 방식으로 이야기한다. 사실 바울은 고린도서에서 십자가에 못 박혀 죽음/부활이라는 패러다임을 능력에 관한 새로운 해석을 지지하는 논거로 사용했다.[50] 하지만 야콥 예르벨(Jacob Jervell)이 지적했듯이 바울은 그의 이력에서 오직 약함만이 보이더라도 바로 그 약함이 하나님이 보시기에 능력이라고 주장하지 않는다. 오히려 역설은 그가 약하면서도 카리스마 있는 인물이라는 점이다. 그 사회를 지배하는 가치 체계에 비추어 볼 때 약한 자에 속하는 바울과 다른 이들은 그 약함에도 불구하고 능력 있는 일을 행한다. 이를테면 그들은 유례없이 지독한 압력과 고초를 이겨 내고 살아남는다. 따라서 이 능력은 그들 자신의 능력이 아니라 하나님의 능력이다.[51] 바울이 고린도후서 10-13장에서 "지극히 크다는 사도들"에 맞서 벌이는 수사의 싸움도 그렇다. 이 수사의 싸움은 십자가에 못 박혀 죽은 죽음과 부활이라는 패턴에서 끌어낼 수 있는 역설과 반어를 능숙하게 사용하며 고린도에 다시 가면 "내가 (너희를) 용서하지 않으리라"라는 경고에서 절정에 이른다. "이는 너희가 내 안에서 말씀하시는 이가 그리스도시라는 증거를 찾기 때문이다. 너희에게는 그리스도가 약하시지 않고 도리어 너희 안에서

---

49 이제 신약학자들은 이 패턴이 신성을 지닌 지혜에 관한 유대 신화나 은유에 그 뿌리를 두고 있다고 널리 믿는다. 가령 Harris 1917; Bultmann 1923; Hegermann 1961; Mack 1973; Feuillet 1966; Hameron-Kelly 1973을 보라.
50 4장 '고린도의 혼란' 그리고 Schütz 1975을 보라.
51 Jervell 1976.

강하시다. 실로 그가 약함 때문에 십자가에 못 박혔으나 하나님의 능력으로 살아 계시니 우리도 그 안에서 약하나 너희를 향해 하나님의 능력으로 그와 더불어 살고 있다"(고후 13:2-4).

제2 바울 서신인 골로새서와 에베소서는 그리스도의 높임 받으심을 우주적 차원의 승리이자 우주 안의 모든 세력의 화해를 나타내는 상징으로 사용하는 경향이 계속 이어졌음을 보여 준다. 이런 상징이 사회에 암시하는 의미는 여전히 모호했다. 어떤 골로새 그리스도인들은 이 상징에서 그들의 지나친 금욕 관습, "천사 숭배", 환상 체험을 옹호하는 근거를 발견했을지도 모르지만, 골로새서 저자는 바로 이 상징을 사용하여 일탈자들의 주장을 논박한다. 골로새서 저자와 그를 모방한 에베소서 저자는 우주적 차원의 이미지를 활용하여 교회의 내부 결속을 더더욱 공고히 다졌다.[52]

이처럼 우리는 믿음이 암시하는 의미가 누구에게나 자명한 것이 아니었음을 재차 발견한다. 심지어 그리스도의 부활이라는 아주 중요한 믿음의 의미를 천명하는 것도 변증법적 과정을 거쳤다. 우리가 그 믿음의 사회적 결과라고 뭉뚱그려 부르는 바도 그런 과정에 없어서는 안 될 한 부분이다.

악과 그 반전

바울은 한 서신 서두에서 정형화된 문구를 통해 예수 그리스도를 "악한 이 시대에서 우리를 구하시려고 우리 죄 때문에 자신을 내어 주신 분"으로 정의할 수 있었다(갈 1:4). 어찌하여 그는 그가 이 서신을 써 보내는 그리스도인들도 현존 세계가 악하다는 데 동의하리라고 가정할 수 있었을까? 여기서 말하는 악이란 무엇일까? 그리스도가 이루신 "구원"의 방법은 무엇이었을까?

---

[52] Meeks 1977.

우리는 그리스도인 '에클레시아'의 구성원이 된다는 것이 강력한 사회적 변화를 의미한다는 것을 이미 살펴보았다. 그 구성원이 되면 새 가족을 상징하는 모임으로 들어가면서 다른 관계와 정체성을 규정하는 근원도 모두 바뀌는 결과를 초래했다. 그것은 바깥 사회의 적대감을 예상하고 경험한다는 것을 의미했다. 이는 다른 종교의 제의 행위에 참여하지 않으며 다른 모든 의식을 피한다는 것을 의미했다. 충성의 배타적·포괄적 이동 곧 이 종파에만 헌신하는 것에 상응하는 상징은 "세상"을 악하거나 그릇된 장소로 묘사하는 것이었다. 바울의 견해에서는 이렇게 세상을 어둡게 보는 시각이 절대적이지는 않았으며, 바울계 그룹이 바깥의 더 큰 사회와 관련하여 설정한 경계도 침투 불가능한 것이 아니었다. 그럼에도 이 세상을 묘사한 그림을 뒤덮은 색채는 대체로 아주 어두웠다.

회심이라는 사회적 변화 그리고 악과 구원의 상징화 사이에 존재하는 상관관계는 오로지 한 방향으로만 작용하는 인과관계를 암시하지 않는다. 한편으로 보면 충성 대상의 철저한 변화, 정신과 근본적 상징의 철저한 변화를 의도하는 회심은 이전부터 현 상황에 대해 느껴 온 강한 불만을 전제한다고 생각하는 것이 타당할지도 모르겠다. 이 종파가 내건 악의 상징은 그런 불만에 초점을 맞추고 해석과 답변을 제시했을 것이다. 그러나 다른 한편으로 어떤 이가 자신이 속해 있던 모임과 삶의 방향을 완전히 바꾸었다면, 이전의 삶이 악했다는 믿음과 현재(혹은 미래)의 구원을 믿는 믿음을 원용하여, 자신은 물론 다른 이에게도 자신의 그런 전환을 설명하고 정당화해야 했을 것이다. 종교는 그런 필요에 부응함과 동시에 그런 필요를 만들어 낸다.

바울 서신은 악의 본질과 기원을 체계적으로 제시한 가르침이나 포괄적으로 다룬 신화를 제시하지 않는다. 아울러 분명한 진술 뒤에 존재한다고 말할 수 있을 체계적 견해를 재구성하려는 시도도 여전히 아주 문제가 많다. 우리는 더 온건한 일을 시도하고자 한다. 우선 바울 서신이 악의 현존이나 위협에 관하여 이야기하는 특별한 방식을 밝히고, 악의 반대로서 보통 악과 짝지어 제시되는 선을 언급하고, 악과 그 치유책에 관한 믿음들이 사회적 동기와 태도와 성향과 관련된 방식을 일러 주는 힌트가 있는지를 살펴보고자 한다. 우리는 이러한 다양한 은유를 속박과 해방, 죄책과 칭의, 불화와 화해, 기형과 변화라는 네 가지 항목으로 묶을 수 있겠다.[53]

속박과 해방

바울 서신은 인간 세상을 악마적 세력이 통제하는 곳으로 본다. 이 세력에는 "이 시대의 신"(고후 4:4)으로 부를 수 있는 사탄이 포함되며, "우주의 초등 학문"(갈 4:1-11; 골 2:20)이나 이교의 잡신(고전 10:20; 갈 4:8-9)과 동일시할 수 있는 다른 "통치자와 권위"(골 2:15; 엡 6:12-17)가 포함된다. 죽음도 인격을 지닌 세력으로 다루면서 인간을 폭압하는 "마지막 원수"로 여긴다(고전 15:26). 바울은 죄도 이와 비슷한 말로 묘사한다(롬 5:21-6:23; 7:7-8:2).[54] 심지어 그는 율법도 사람들을 노예로 사로잡은 인격적 세력으로 한 차례 묘사하지만(갈 4:1-11), 이는 갈라디아서의 독특한 논박 상황에서 사용한 경우이므로 그가 늘 제시하는 가르침의 일부라고 볼 수는 없다. 바울은 로마서 7장을 쓸 무렵에 이르러 율법과 (사람들을 노예로 사로잡는) 죄의 세력 간의 관계를 더욱 신중하게 서술할 방법을 찾아냈다.

이에 대항하는 은유들은 자유에 관해 이야기한다. 악마 같은 세력은 그들이 사로잡은 노예들을 "해방하거나" "속전을 받고 풀어 주어야" 한다(갈

---

[53] 이는 Theissen 1974a가 제시한 해석 체계를 상당히 느슨하게 따라가지만, 그가 구성하는 "구원론적 상징주의의 영역 구조" 전체는 Beker 1980, 256가 말하듯이 "아주 깔끔하다." 또한 Sanders 1977, 463-472를 보라.
[54] Schottroff 1979을 보라. 아울러 나는 로마서가 죄가 "귀신과 관련된" 특성을 지녔다고 이야기하는 점을 파고든 Paul Donahue의 논문에서 많은 것을 배웠다. 이 논문은 아직 출간되지 않았다.

4:4; 5:1과 여러 곳; 롬 8:21; 고전 6:20; 7:23; 롬 6:12-23; 골 1:13). 이 해방은 골로새서 2:15처럼 온 우주에 존재하는 세력들을 격파하는 것으로도 묘사할 수 있다. 우리는 이 모티프가 하강/승귀 기독론 및 세례 정황과 긴밀하게 이어져 있음을 보았다(참고. 엡 1:21; 2:2; 빌 2:10). 하지만 골로새서 1:20처럼 이 세력들의 화해라는 이미지도 해방과 관련하여 쓸 수 있는 또 다른 이미지다.

이러한 곤경의 주관적 측면은 약함이다. 대다수 회심자가 사회에서 힘이 없는 자라는 점이 이 약함을 증명하는 예일 수 있지만(고전 1:26-28), 동시에 신체의 약함과 취약성도 약함을 증명할 수 있다(고후 12:9; 4:7-12, 16-18). 여기서 필요한 것은 하나님의 능력을 받는 것이다. 그러나 우리는 바울이 이 능력을 십자가라는 근본 은유에 비추어 역설적으로 혹은 변증법적으로 이해했음을 살펴보았다. 그리스도인의 새로운 삶의 역설적 성격을 표현하는 또 다른 방법은 해방으로 보는 것이 아니라 주인의 교체로 보는 것이다. 즉 그리스도인은 그리스도의 노예(고전 7:22) 혹은 하나님의 노예(롬 6:13)가 되는 것이다.[55] 그러나 이 은유도 입양, 성인이 됨, 유업을 받음이라는 은유와 혼합하여 사용된다.[56]

하지만 이 그림의 객관적 측면은, 어떤 의미에서 이미 그들 자신을 속박한 우주의 세력들에게서 풀려나 하나님의 능력을 누린다고 믿는 이들에게조차 고난을 가하는 박해자들의 힘이다. 물론 이런 반대자 가운데는 그리스도인을 핍박하고 옥에 가두거나 다른 형벌을 가하는 인간도 들어 있다. 그러나 바울계 공동체를 반대하는 이들의 정체가 한 번도 상세하게 밝혀지지 않는다는 점은 흥미롭다. 증거는 조직적 또는 공식적 치안 조치보다는 국지적·산발적 반대 행위를 가리킨다. 바울의 권면에 의하면 이런 적대감은 이

---

[55] 하지만 Käsemann 1973이 그랬던 것처럼 이것을 바울 신학의 **유일한** 중심 이미지로 만드는 것은 적절치 않을 것이다. 참고. Theissen 1974*a*, 285, n. 6.
[56] Theissen 1974*a*, 286.

미 예상된 것이고 견뎌야 하는 것이다. 온 우주 차원에서 보면 이런 반대 행위는 마귀가 하나님의 능력에 반항하는 것에 해당한다. 사탄은 사소한 방법으로 해악을 끼쳐서 바울의 여행 계획도 "두세 차례" 방해한다(살전 2:18).[57] 사탄은 정욕이라는 수단으로 "유혹하거나" "시험한다"(고전 7:5). 잘못을 저지른 구성원에 대한 사탄의 계획은 용서로 좌절될 수 있다(고후 2:11). 그러나 바울 서신이 구사하는 언어에는 인간의 반대를 마귀의 활동을 묘사한 이런 이미지와 연계하는 말이 거의 없다. 이 그림은 2세기와 3세기에 활동한 변증가들이 묘사한 만큼 도식적이지 않다. 그 변증가들은 모든 핍박을 시기하는 마귀의 소행으로 여겼다.

죄책과 칭의

바울이 그의 서신에서 채택하는 전통적 언어는 속박에서 구원받는 것에 관해서도 이야기하지만 "다가오는 진노"에서 구원받는 것에 관해서도 이야기한다(살전 1:10; 참고. 5:9; 롬 5:9; 엡 2:3). 앞에서 이미 논의했지만, 여기서 우리는 유대 묵시 종말론의 전형적 요소를 볼 수 있다. 하나님은 의로우시며 인간에게 의를 요구하신다. 인간의 의는 모든 이가 심판대 앞에 설 마지막 심판 때 검증받을 것이다.

이러한 복합적 종말론에 대한 바울의 독특한 진술은, 그리스도의 신실한 죽음 그리고 하나님이 부활로써 그리스도의 정당함을 신실하게 확인해 주심을 통해, 믿음으로 그것을 받아들이는 모든 이에게 의가 값없는 선물로 주어진다는 것이다. 서구 기독교는 아우구스티누스 이후로 그리고 (더 편파적으로) 루터와 멜란히톤(Melanchthon) 이후로 이 가르침을 바울주의의 특

---

57 참고. 롬 15:22. 이 구절에서는 같은 동사가 수동태로 등장하며, 1:13에서는 동의어와 같이 등장한다. 이 두 곳에서 암시하는 주어는 아마도 사탄일 것이다.

징으로 여겨 왔다. 그러나 사실 바울은 교회 안에서 유대인과 이방인의 관계가 문제로 주목받았을 때만 그렇게 이야기한다. 그리고 갈라디아서와 로마서에서 그런 모습이 두드러지게 나타난다. 중요한 본문인 고린도후서 5:21은 부분적 예외일 뿐이다. "하나님이 죄를 모르는 그를 우리 대신 죄로 삼으신 것은 우리가 그 안에서 하나님의 의가 되게 하려 하심이다"라는 정형화된 진술은 바울이 자신의 선교 경력을 변호하는 변증의 절정에 자리한다. 3장과 4장이 분명하게 보여 주듯이 유대교와 바울의 관계의 문제도 이 변증과 아예 무관하지는 않았다. 분명 은혜로 의롭다 함을 받는다는 교리는 바울만의 특유한 가르침이 아니었으므로 그를 따르는 이들에게 아무런 흔적을 남기지 않았다. 그중에서 가장 탄탄한 진술은 (다소 정교한 편이지만) 에베소서 2:5, 8-9이다.

그렇지만 바울계 공동체가 죄책과 칭의라는 복합체를 더 널리 사용했다는 사실은, 로마서 3:24-25에서처럼 바울 서신이 때때로 인용하는 전승 진술에서 그리고 바울 서신의 권면 부분 중 비논박 인유(引喩)에서 발견할 수 있을 것 같다. 로마서 3:24-25은 그리스도 예수를 "속죄제", "죄를 처리하는 수단",[58] 곧 "이전에 지은 죄를 간과하시는 (하나님의) 의"로 이야기한다. 이런 종류의 진술을 가장 널리 사용한 상황은 선교 현장에서 이루어진 설교였을 것이다. 바울이 고린도전서 15:1-2에서 "그리스도가 우리 죄를 대속하기 위해 죽으셨다"는 전승을 되새겨 주는 부분이 이 점을 암시한다. 이 본문들에서 당시의 전형적 회심자들이 이전에 주관적 죄책감에 눌려 극심한 고통을 겪었다는 암시는 없으며, 바울이 동일한 경험을 했다는 암시도 없다. 바울은 아주 드물게 자신의 예전 삶을 이야기하지만, 그때마다 항상 이를 자

---

58 Barrett 1957, 72.

랑스럽게 이야기한다(갈 1:13-14; 빌 3:4-6).[59] 하지만 그리스도인 설교자들은 자신들의 말을 듣고자 하는 청중을 설복시켜 그들의 삶이 하나님이 보시기에는 죄로 가득하다는 것을 시인하게 할 방법을 찾으려 했던 것 같다. 이러한 확신은 이교 세계를 온갖 악으로 물든 곳으로 묘사하던 관행과도 일치한다. 바울 서신은 그리스도인에게 자주 열거되는 여러 가지 악(고전 5:11; 6:9-10; 갈 5:20; 엡 5:5; 골 3:5-14)을 피하라고 호소하는데, 이 호소는 "씻음을 받고…거룩해지고…의롭다 하심을 받은" 이들을 대상으로 한다(고전 6:11). 이들은 이전과 다른 힘의 영역, 곧 여러 미덕이 "성령의 열매"(갈 5:22)인 영역으로 옮겨 갔다.

소원해진 관계와 화해

바울계 회중 지도자들은 무시무시한 세력들에게 속박당한 채 도움도 받지 못하는 상태를 묘사한 신화적 그림 그리고 죄와 죄책과 칭의 같은 법정적·종교적 모티프 외에도 하나님에 대한 소외나 적대감을 이야기한다. 이런 소외나 대적은 하나님의 적극적 화해를 통해 극복되었다(고후 5:16-21; 롬 5:1-11). 바울 자신은 이 언어를 거의 사용하지 않으며, 이 언어를 사용할 때는 앞에서 인용한 두 본문처럼 칭의 언어와 긴밀하게 연관 지어 사용한다. 고린도후서 5:18-20에서는 이 말을 그의 선교 이력을 요약하는 데 사용한다. 이 말이 바울 자신과 고린도 교회의 화해를 촉구하는 섬세한 호소의 절정 근처에서 등장한다는 것은 의미심장하다. 로마서 5:11은 로마서 8장이 자세히 설명하는 주제들을 미리 천명한다.[60] 이 두 부분은 바울이 1-3장에서 논증을

---

59 롬 7:7-25이 반대 증거를 제시하지 않는다는 점은 이제 고전이 된 Kümmel 1929이 이미 보여 주었다. Bultmann 1932과 Stendahl 1963을 보라. 하지만 롬 7장에서 **모든** 자전적 요소를 제거하면 안 된다고 시기적절하게 경고한 글을 보려면 Beker 1980, 240-241를 보라.
60 Dahl 1956.

통해 제시한 일련의 문제에 대한 논의의 틀을 형성하며, 로마서 1-4장에서 (교회와 유대인의 관계를 다룬) 로마서 9-11장의 긴 담화로 넘어가는 이행 본문이다. 로마서 9-11장은 하나님과 그의 백성 이스라엘이 이룰 궁극적 화해를 내다보는 환상, 곧 그 어떤 것도 비길 수 없는 환상에서 정점에 이른다. 이스라엘은 "이방인의 충만한 수"가 "들어온" 뒤에 "[그 이방인 그리스도인들]로 말미암아 원수"가 되었다(11:25, 28). 이런 점으로 미루어 볼 때, 에베소서 저자도 유대인과 이방인을 가르는 장벽이 무너지고 이방인이 하나님의 집안으로 들어오는 것을 온 우주 차원의 화해가 이루어지는 가장 중요한 순간으로 본다는 점에서 바울계의 특징이 두드러진다(엡 2:11-22).

하지만 골로새서와 에베소서를 가득 채운 세례와 관련된 암시를 보면 바울계 그룹의 의식 언어와 교리문답 언어가 이런 은유들을 더욱더 널리 사용한 사례에 더 가까이 다가갈 수 있을지도 모른다. 여기서 우리는 앞서 관찰한 것처럼 우주적 차원에서 영적 세력들이 자기들끼리 싸우고 하나님과 싸우는 신화적 모습을 발견하지만, 이런 싸움은 그리스도가 별들이 가득한 영역을 거쳐 높임 받으심으로 말미암아 "진정되고" "화해를 이루게 된다." 높임받으신 그리스도께 온 우주의 세력들이 복종한다는 관념은 아마도 초창기 그리스도인들이 승귀 기독론을 형성할 때 큰 역할을 담당한 구절에서 착안한 것 같다.

주가 내 주께 말씀하셨으니,
너는 내가 네 원수들을 네 발 아래에
발등상으로 둘 때까지
내 오른편에 앉아 있으라.[61]

---

61 시 110:1=109:1 70인역; Hay 1973을 보라.

바울 자신도 "마지막 원수인 죽음"이 아직 "파멸당하지" 않았기 때문에 이와 똑같이 익숙한 본문을 사용하여 그리스도가 현재 행사하시는 통치가 불완전하다고 주장할 수 있었다(고전 15:25-28). 그러나 세례 전례가 암시한 일반적 관념은 바울이 여기서 반대하고 변화를 가하는 관념이었을 가능성이 더 높다. 바울 자신이 빌립보서 2:10에서 인용하는 찬송에 따르면 그리스도가 높임 받으심이 땅 아래와 땅 위와 하늘의 세력들을 복종하도록 만들었다. 앞에서 살펴보았듯이 골로새서 2:15도 이런 세력들이 그리스도께 복종하며 그리스도가 이들에게 승리하셨다는 관념을 경축하지만, 거기서는 이 관념을 전투적 성격이 덜한 화해, 평화, 통합의 이미지와 결합시킨다(골 1:15-20; 엡 1:10, 3:9-19). 그러나 이 두 서신 저자는 바로 이 우주 차원의 이미지를 채택하여 회중의 통일과 구성원들 간의 돌봄을 독려한다.[62]

기형과 변화

타이센은 에른스트 토피취(Ernst Topitsch)의 분류를 빌려 와 우리가 지금까지 논한 여러 종류의 상징을 "사회 친화 형태적"이라고 부른다. 그는 남아 있는 범주를 (토피취가 말한 "생물 형태적" 범주를 확장하여) "신체 형태의 변화를 표현하는 상징"(physiomorphic transformation symbolism)이라고 부른다.[63] 즉 이런 상징은 주인과 노예, 아버지와 아들, 재판관과 고소당한 자, 친구와 원수 같은 사회관계에서 나오는 것이 아니라, 성장과 부패, 삶과 죽음, 분열과 통합 같은 유기적 이미지에서 나오고 형태의 변화나 거울로 인한 상(像)의 변화를 나타내는 물리적 혹은 마술적 관념에서 나온다. 이런 이미지는 바울 서신에서 산발적·단편적으로 나타나며, 이 이미지에 대한 해석은 특

---

[62] Meeks 1977.
[63] Theissen 1974a.

히 골칫거리가 되어 왔다. 일부 해석자는 바울의 말이 암시한다고 생각되는 정교한 신화 체계를 가정한다. 반면 다른 학자들은 신비주의라는 모호한 범주를 채택한다. 하지만 타이센이 그리스도와 신자의 연합을 나타내는 이미지에 대해서 한 말은 이 복합적 이미지 전체에 적용된다. "혹자는 이를 신비주의라고 부를 수 있으나, 이것은 사회관계와 관련된 신비주의이며 많은 이가 그 사회관계에 참여한다."[64]

우리는 한 이미지 집합의 기원을 성경의 에덴·아담 창조·죄 이야기(전통적 해석들이 이 이야기를 자세하게 발전시켰다)와 예수의 죽음과 승귀에 관한 구체적인 기독교적 이해 사이의 상호 작용까지 추적할 수 있다. 앞서 살펴보았듯이 이 이미지 집합을 펼쳐 보인 무대는 바로 세례다. 인간의 삶은 왜곡되고 곤궁하며 부서진 삶으로 제시된다. 첫 인간 부부가 지음받을 때 모델이 된 하나님의 형상은 잃어버리거나 손상되었고 이로 말미암아 처음에 인간에게 있었던 통일성이 파괴되었다. 인간은 남성과 여성 사이에 존재하는 긴장과 정욕뿐 아니라 모든 사회적 존재의 구조를 결정하는 역할과 지위의 대립에서도 이런 부서짐을 아주 두드러지게 체험했다. 무엇보다 이 이야기들은 필멸성을 부자연스러운 것이자 저주 혹은 형벌로 인식한다. 따라서 구원은 인간이 잃어버린 창조주의 형상을 회복하는 것으로, 그리스도(그리스도 자신이 창조주의 형상과 동일시된다)와 연합함으로써 인간들도 다시 연합하는 것으로, 그리고 "다시 살게 되는 것"으로 묘사한다.

바울이 변화를 표현하는 상징을 활용한 예를 보면 거기에는 강력한 종말론적 요소가 들어 있다. 그리스도인들이 모였을 때 체험하는 성령은 미래의 실존을 보장하는 "첫 열매" 내지는 "보증금"이다. 그 미래에 살과 피를 가진 몸에서 "영의 몸"(고전 15:44)으로 "우리가 모두 변화될"(고전 15:51) 것이다.

64　Ibid., 300.

바울 사도와 모든 그리스도인의 실제 삶은 눈으로 볼 수 있는 삶이 아니라 하늘의 삶이다. 죽음을 맞이하면 틀림없이 그 삶을 "입게 되리니" 이는 "생명이 죽을 것을 집어삼키게 하려 함이다"(고후 5:4). 이런 변화를 상징하는 것이 세례 때 그리스도를 "입는 것"으로 이미 표현된 변화이며, 이때 성령이라는 "보증금"도 함께 받았다(고후 5:5). 바울이 예상하는 이 변화를 가장 분명하게 표현한 본문은 바로 빌립보서 3:20-21이다. "아울러 우리는 거기 [하늘]에서 구원자로 오실 주 예수 그리스도를 기다리나니, 그가 만물을 그 [자신]에게 복종시키실 수 있는 힘으로 우리의 비천한 몸을 바꾸어 그의 영광의 몸과 같은 형체로 만들어 주시리라." 이 본문은 빌립보서 2:6-11에 있는 기독론 찬송이 제시하는 이미지를 암시한다. 이와 마찬가지로 바울은 로마서 8:18-30에서 미래에 모든 피조물이 변화할 것을 묘사한 그림의 절정을 "하나님을 사랑하는 이들"에 관한 말로 다음과 같이 표현한다. "하나님은 그가 미리 아신 이들이 그 아들의 형상을 닮게 예정하셨으니, 이는 그 아들이 많은 형제 가운데 맏이가 되게 하려 하심이다"(29절). 골로새서 3:10—"그를 창조하신 분의 '형상을 따라' 지식이 새로워지는 새 (사람)을 입었으니"—은 이것이 세례 때 사용한 상징과 일치함을 보여 준다. 하지만 제2 바울 서신 저자는 바울이 미래에 강조점을 둔 것을 어느 정도 유지했다. "이는 너희가 죽었고 너희 생명이 그리스도와 함께 하나님 안에 감추어졌기 때문이다. 너희 생명이신 그리스도가 나타나시면 너희도 그와 함께 영광 가운데 나타나리라"(골 3:3-4). 반면 바울은 이런 종류의 이미지를 현재 자신의 이력을 이야기하는 데 사용할 수 있었다. "이는 우리가 살아 있는 동안에 늘 예수로 말미암아 죽음에 넘겨지기 때문이니, 이 역시 예수의 생명이 죽을 수밖에 없는 우리 육에서 나타나게 하려 함이다"(고후 4:11). 그러나 그가 이런 이미지를 사용한 목적은 바로 사회관계와 관련하여 고린도 그리스도인들에 대한 자신의 권위를 강조하고자 함이라는 점을 유념하는 것이 중요하다.

"따라서 죽음은 우리 안에서 역사하고 생명은 너희 안에서 역사한다"(고후 4:10-11, 12).

맥락

바울 서신이 사용하는 모든 부정적 이미지 가운데 사회적 요인이나 정치적 요인을 직접 가리키는 것은 거의 없다. 예를 들면 로마의 제국주의가 현세의 악한 상태를 발생시킨 원인이라고 암시하는 곳은 그 어디에도 없다.[65] 하나님의 질서를 거역하는 정치적 반대를 암시하는 본문은 데살로니가후서 2:3-4에 있는 묵시 시나리오뿐이다. 바울계 저자들이 이야기하는 악의 규모는 어떤 의미에서 보면, 즉 개인의 부도덕, 약함, 속박, 두려움, 고난 그리고 유대인과 이방인의 관계에서 발생하는 독특한 문제를 생각하면 정치 영역보다 훨씬 더 작다. 그러나 또 다른 의미에서 보면, 즉 사탄, 이 세상의 신, 온 우주 차원의 소외와 화해, 이 시대의 종말을 생각하면 악의 규모는 훨씬 더 광범위하다. 모든 사람을 역병처럼 괴롭히는 평범한 악에 대한 해결책이나 설명이 거의 나오지 않는다는 점은 놀랍다. 바울계 기독교는 적어도 현존하는 서신만 놓고 보면 신정론을 일반론으로 제시하지는 않는 것 같다. 오히려 바울 서신은 독자들이 그리스도인이 되었기 때문에 처음 등장하는 요인들에만 관심을 집중한다. 죽음에 관하여 확실한 보증을 제시하는 데살로니가전서 4:13-18; 고린도전서 15장; 고린도후서 5:1-10도 오

---

[65] 주권에 대한 부정적 견해가 세상 통치자를 죄의 은유로 사용하게 된 근원이라고 주장하는 Schottroff의 주장(Schottroff 1979, 499-500)은 옳지 않다. Schottroff는 로마 백성들이 보통 로마 제국이 절대 노예제를 강요한다고 이해했다고 주장하는데(502-507), 이는 믿기 어려우며 Schottroff가 인용하는 증거도 이 견해를 뒷받침하지 않을 것이다. 예루살렘 멸망을 반영한 에스라4서는 그런 증거의 전형이 아니다. 필론이 칼리굴라를 공격하는 연설을 하긴 했지만, 그렇다고 그가 아우구스투스를 찬미한 것이나 가이우스 치세 초기를 바람직한 왕권 행사의 범주에 들어간다고 서술한 것을 무시하기는 불가능하다. 타키투스가 스코틀랜드 전사 갈가쿠스가 했다고 말하는 유명한 연설(Tacitus *Agric.* 30-31)도 로마에 대한 식민 속주의 감정을 대변한다고 볼 수 없다.

직 그리스도인 내부의 특별한 문제에 관해서만 이야기한다. 여기서 다루는 문제는 죽음을 초월한 그리스도인 공동체의 지속적 연대, 혹은 죽음이 더 이상 실제가 아니라고 주장해서는 안 되는 이들의 현재의 연대, 혹은 사도의 능력에 관한 올바른 이해이지, 인간의 필멸성이라는 일반적 문제가 아니다. 그러나 이 사실 자체는 악과 구원에 관한 이야기가 그 의미와 타당성을 가지게 되는 사회적 맥락을 일러 준다.

악과 선에 대한 바울의 언어와 관련된 또 다른 사실도 같은 방향을 지시한다. 전체적 맥락은 신학적이다. 바울 서신은 "자연" 악을 이야기하지 않는다. 명백한 예외 곧 "썩을 것"과 "죽을 것"에 대한 언급(고전 15:42, 54; 고후 5:40)도 하나님의 허용과 행위 안에 놓여 있다(참고. 롬 8장). 법정 언어와 종말론 언어를 빈번히 사용한다는 사실은 신학적 맥락을 더욱 강조한다. 따라서 하나님의 심판이 세상의 악을 정의한다. 그리고 심판 때 잘못된 것들이 바로잡힐 것이다. 바울 서신은 현재 악을 경험할지라도 역설적 확신, 인내, 기쁨, 소망을 분명히 드러내라고 신자들에게 독려하면서 그들도 하나님의 종말론적 능력을 성령으로 말미암아 이미 나눠 가졌기 때문에 당연히 그렇게 할 수 있다고 말한다. 이 신학적·종말론적 맥락은 중요한 사회적 함의를 가진다. 악은 개인이 상대하기에 너무 강하기 때문에 각 사람은 악한 세력―마귀, 사탄, 죄 자체―의 힘이 지배하는 영역에서 하나님의 능력이 지배하는 영역으로, "그리스도 안으로" 옮겨 가는 것에 소망을 둔다. 이런 그림에 상응하는 삶의 양식은 스토아학파가 말하는 자율이나 무관심이 아니라 그리스도의 몸에 성실히 참여하는 것이다. 그리스도의 몸 안에서 하나님의 능력이 역사하며, 마지막 심판 때 정당성을 확인받으리라는 약속도 그 몸이 받았다.

상관관계

지금까지 바울 서신의 증거에서 조각조각 나타나는 믿음 패턴과 사회화 패턴을 여러 각도에서 살펴보았다. 우리가 살펴본 대상은 전통적 상징과 새로운 상징이 대단히 복잡하게 얽힌 혼합체다. 이 혼합체는 유연하고 모호하며 늘 변화하지만, 강력한 구심점 역할을 한다. 아울러 우리는 하나의 사회 운동을 살펴보았다. 이 운동은 다양한 지역적 특색을 지닌 여러 도시에 흩어져 있던 작은 그룹들로 구성되었으며, 안팎으로 갈등을 겪었지만 동시에 강한 유대감을 가졌고, 몇몇 복잡한 방식을 통해 그룹끼리 그리고 (끊임없이 이곳저곳 옮겨 다녔던) 지도자 그룹과 연결되어 있었다. 우리는 이제 이런 단편적—때로는 혼란스러운—그림들을 활용하여 그 사회적 과정의 양상들과 일치하는 것으로 보이는 상징 체계의 양상들을 열거할 수 있겠다. 이렇게 열거한 목록은 신성한 상징들이 사회 현실에 어떤 식으로 영향을 미치며 사회 경험이 상징화에 어떤 식으로 영향을 미치는지 좀더 자세히 살펴보는 데 도움을 줄 것이다.

바울계 그리스도인은 온 우주를 홀로 창조하신 분이자 모든 인간 행위를 판단하실 궁극적 재판관이신 한 분 하나님을 믿는다. 바울계 그리스도인의 유일신론은 아주 많은 점에서 유대교 유일신론과 정확히 일치한다. 이들은 가장 높으신 하나님이 아니라 유일하신 하나님을 예배하며, 다른 종교가 숭배하는 신들은 존재하지 않는다고 혹은 신에 반대되는 존재, 곧 마귀라고 여긴다. 그러면서도 이들은 십자가에 못 박혀 죽었다가 부활하신 메시아 예수에게 성경과 유대교 전승이 오직 하나님께만 부여했던 몇 가지 칭호와 기능을 부여한다. 그 사회적 상관관계를 보여 주는 것이 지역 그룹들로 구성된 관계망이다. 이 관계망은 온 세계를 통틀어 단일한 "하나님의 총회"로 존재하길 원한다. 지역별 소그룹 간의 관계는 그 규모를 고려하면 디아스포라 유대인 공동체의 관계보다 훨씬 더 강력하다. 지역 교회의 삶과 지역 교회들 사이의 관계를 살펴보면 통일성이 각 교회 지도자들의 강력하고도 변함없는 관심사였다. 지역 그리스도인 그룹은 친밀하면서도 배타적이었다. 이런 그룹은 강력한 경계를 가졌다. 동시에 이런 그룹의 구성원들은 일상 속에서 더 큰 도시 사회와 서로 영향을 주고받았으며, 각 지역 그룹은 물론 지도부 전체도 왕성하게 확장 활동을 펼쳤다.

유대인들이 믿은 한 분 하나님처럼 그리스도인들의 한 분 하나님도 인격적이며 능동적이시다. 그의 영 혹은 그를 대신할 그 아들의 영은 개개 신자와 공동체 전체 안에서 활동하고 그들에게 영향을 미치며 그들과 함께 활동한다. 그 사회적 상관관계를 보여 주는 것이 각 지역의 가정 교회의 친밀한 사귐이다. 높은 수위의 헌신이 요구되고, 사람과 사람이 직접 사귐을 나누는 정도도 강하며, 권위 구조는 유동적이고 (독점적이지는 않지만) 카리스마에 근거하며, 내부의 경계는 약하다(그러나 문제가 없지는 않았다).

바울의 세계관은 종말론적이다. 그리스도인들은 예수의 오심과 그가 십자가에 못 박혀 죽고 부활하심이 이미 세계 질서를 바꿔 놓기 시작했다고 믿는다. 그들은 이 시대의 종말, 예수의 재림, 인간과 온 우주의 세력에 대한 마지막 심판이 곧 이루어지리라 예상한다. 각 사람이 회심 때 체험한 사회 지위의 변화는 세상에서 일어나는 이런 변화에 상응한다. 이전에는 전통적 유대인 공동체나 그보다 느슨하지만 더 다양한 이교 사회의 여러 모임에 충성하던 사람이 이제는 유대가 강하고 배타성을 지닌 새로운 종교 공동체에 충성하게 되었다.

바울계 그리스도인들은 인간이 지은 죄 때문에 십자가에 못 박혀 죽었다가 죽은 자 가운데서 부활하여 높임을 받아 하늘에서 하나님과 함께 통치하시는 하나님의 아들이신 메시아 예수를 믿는다. 그리스도인들 자신은 사회의 여러 모순과 대립을 경험하는 공동체다. 이 그룹에서는 아주 다양한 사회 계층에 속한 사람들이 섞여서 친밀한 사귐을 나눈다. 바울계 그리스도인 개개인과 전체를 놓고 보면 대체로 사회적 권력과 지위가 약하다. 이들은 이웃의 무관심과 적대감을 경험한다. 그러나 이들은 모임에서 능력을 체험함으로써 활력을 얻는다. 그룹이 나름의 제도를 만들기 시작하면서 구축된 리더십의 일상적 형태들을 통해 능력을 체험하기도 하고, 성령을 소유했음을 특별히 생생하게 보여 주는 증거를 통해 능력을 체험하기도 한다.

방금 언급한 관찰 결과는 방향을 바꿔 다른 측면에서도 살펴볼 수 있다. 우리는 2장에서 바울계 기독교의 전형적 회심자가 속해 있던 사회 계층의 모습과 그룹 내부에 다양한 사회적 지위가 뒤섞여 존재하던 모습을 묘사하고자 노력했다. 전자는 결국 바울계 기독교에서 가장 두드러진 구성원들이 속한 사회 계층의 모습임이 드러났다. 그 이유는 이들이 그 이름이 언급되거나 다른 방법을 통해 그 신원을 밝혀질 수 있는 사람이었기 때문이다. 우리는 그들이 지닌 주된 특징이 지위 비일관성 혹은 사회 계층의 이동 가능성이었음을 발견했다. 전승에 근거한 변화를 표현한 강력한 상징들, 개인과 공동체의 변화를 표현한 상징들, 하나님의 심판과 은혜로 둘러싸인 악한 세계를 표현한 상징들이 사회 속의 모호한 지위에 따른 소망과 두려움을 경험한 사람들에게 특히 매력적이었을 것이라는 견해는 타당해 보이는가? 그렇지 않으면 바울계 공동체의 아주 많은 지도자가 겪은 이런 경험이 바울계 기독교의 믿음의 특징이 되는 역설적·변증법적 상징들을 강화하곤 했을까?

나아가 우리가 관찰한 다양한 종류의 지위 불일치—상당한 부를 소유한 독립 여성, 이교 사회에서 부를 소유한 유대인, 전문 기술과 돈을 가졌지만 출생 때문에 낙인찍힌 노예 출신 자유인 등—가 사회적 지위가 중요하고 늘 경직된 사회에서 그들에게 불안과 외로움을 함께 가져다주었으리라고 추측할 수 있지 않을까? 그렇다면 그리스도인 그룹의 친밀한 사귐은 반가운 쉼터가 되어 가족과 애정을 느끼게 하는 감성 충만한 언어와 따뜻하게 돌보시는 하나님의 이미지를 통해 강력한 해독제로서 작용했을까? 반면 십자가에 못 박히신 구주라는 주된 상징은 이 세상의 실제 작동 방식으로 보이는 바를 믿을 만한 그림으로 명확하게 제시했는가?

또 다른 한편으로 우리가 바울계 인물 연구를 통해 밝혀낸 다양한 사회적·물리적 이동 가능성은 일반적 사회 구조를 깨부수고 나오려는 어떤 담대함, 어떤 자신감, 또는 어떤 의지를 암시하기도 한다. 우리는 바울과 그 동역자들이 구사한 언어에서 새롭고 예상치 못했던 것, 위기와 기적적 생존, 자유를 주시는 강력한 성령, 변화의 길목에 선 세계를 생생하게 묘사한 이미지들을 목격한다.

교회도 다양한 사회적 지위를 지닌 구성원들이 모인 복합체였다. 교회 구성원들이 이전에 서로 맺었던 그리고 교회 밖에서는 여전히 맺고 있는 여러 유형의 관계―주인과 노예, 부자와 빈자, 노예 출신 자유인과 후견인, 남성과 여성 등―는 세례 의식과 주의 만찬을 통해 경축한 '코뮤니타스'와 긴장 관계를 나타냈다. 이런 역할들이 나타내는 익숙한 위계 구조 그리고 지위가 낮은 사람에게 카리스마를 통해 특별함을 부여하시는 성령의 자유 사이에도 긴장이 존재했다. 따라서 우리는 통일과 평등과 사랑을 표현하는 상징을 강조할 뿐 아니라 유동성과 다양성과 개별성을 표현하는 상관관계적 상징도 강조하는 모습을 바울 서신에서 발견한다.

로마 제국 동부 지역의 열두 개 남짓 도시에 있던 이 기이한 소그룹들은 (비록 그들 스스로 그렇게 표현하지는 않았겠지만) 새로운 세계를 건설하는 데 몰두했다. 머지않아 그들의 사상, 그들이 하나님을 표현한 이미지, 그들이 삶을 꾸려 간 방식, 그들이 행한 의식은 그들이 생각했던 시간보다 더 오랫동안 그들도 예측할 수 없었던 방식으로 지중해 유역과 유럽의 문화가 겪은 엄청난 변화의 일부가 된다.

약어

AJA	American Journal of Archaeology
AJT	American Journal of Theology
ANRW	Aufstieg und Niedergang der römischen Welt
ASR	American Sociological Review
b	Babylonian Talmud (followed by name of tractate)
BA	Biblical Archaeologist
BAGD	Walter Bauer, William F. Arndt, F. Wilbur Gingrich, and Frederick Danker, eds., *A Greek-English Lexicon of the New Testament and Other Early Christian Literature*
Barn.	The Epistle of Barnabas
BCH	Bulletin de correspondance hellénistique
BDF	Fredrich Blass, Albert Debrunner, and Robert W. Funk, eds., *A Greek Grammer of the New Testament and Other Early Christian Literature*
CDC	Cairo Geniza text of the Damascus Covenant
CBQ	Catholic Biblical Quarterly
CIG	Corpus Inscriptionum Graecarum (Boeckh)
CII	Corpus Inscriptionum Iudaicarum
CIL	Corpus Inscriptionum Latinarum
CIRB	Corpus Inscriptionum Regni Bosporani
Corinth: Results	Corinth: Results of Excavations Conducted by the American School of Classical Studies at Athens
CPJ	Corpus Papyrorum Judaicarum
DACL	Dictionnaire d'archéologie chrétienne et de liturgie
Did.	Didache (The Teaching of the Twelve Apostles)
EvT	Evangelische Theologie
FGH	Fragmente der griechischen Historiker (Jacoby)
G. Th.	The Gospel of Thomas
HR	History of Religions

HTR	*Harvard Theological Review*
HUCA	*Hebrew Union College Annual*
IDB	*The Interpreter's Dictionary of the Bible*
IDBS	*IDB*, supplementary volume
IESS	*International Encyclopedia of the Social Sciences*
IG	*Inscriptiones Graecae*
IGR	*Inscriptiones Graecae ad Res Romanus Pertinentes*
ILS	*Inscriptiones Latinae Selectae* (Dassau)
Int	*Interpretation*
JAAR	*Journal of the American Academy of Religion*
JAC	*Jahrbuch für Antike und Christentum*
JBL	*Journal of Biblical Literature*
JJS	*Journal of Jewish Studies*
JR	*Journal of Religion*
JRomST	*Journal of Roman Studies*
JSJ	*Journal for the Study of Judaism*
Le Bas-Waddington	Philippe Le Bas and W. H. Waddington, *Voyage archéologique en Grèce et en Asie Mineure*. Vol. 2: *Inscriptions*
Loeb	The Loeb Classical Library
LSJ	Henry George Liddell, Robert Scott, and Henry Stuart Jones, eds., *A Greek-English Lexicon*
LXX	The Septuagint
M	Mishnah (followed by name of tractate)
Mart. Polyc.	The Martyrdom of Polycarp
MDAI	*Mitteilungen des deutschen archäologischen Instituts* (A) Athens; (I) Istanbul.
NEB	*The New English Bible*
NovT	*Novum Testamentum*
NT	New Testament
NTS	*New Testament Studies*
1QH	*Hodayot* [Hymns] from Qumran Cave 1
1QM	*Serek ha-Milḥāmāh* [War Rule] from Qumran Cave 1

1QS	*Serek ha-Yaḥad* [Rule of the Communith] from Qumran Cave 1
1QSa	Appendix A of 1QS
p	Palestinian Talmud (followed by name of tractate)
POxy.	*Oxyrhynchus Papyri*
PRyl.	*Catalogue of the Greek Papyri in the John Rylands Library at Manchester*
PG	*Patrologia Graeca* (Migne)
PW	A. Pauly, G. Wissowa, and W. Kroll, eds., *Real-Encycläpedie der klassischen Altertumswissenschaft*
RAC	*Reallexikon für Antike und Christentum*
RB	*Revue biblique*
REG	*Revue des études grecques*
RGG³	*Religion in Geschichte und Gegenwart*, 3d ed.
Rhet. Gr.	*Rhetores Graeci* (Spengel)
RPh	*Revue de philologie*
RSV	Revised Standard version
SIG	*Sylloge Inscriptionum Graecarum*, 3d ed. (Dittenberger)
Silv.	The Teachings of Silvanus
T	Tosefta (followed by name of tractate)
TAPA	*Transactions of the American Philological Association*
TDNT	*Theological Dictionary of the New Testament*
TLZ	*Theologische Literaturzeitung*
TRu	*Theologische Rundschau*
TWNT	*Theologisches Wörterbuch zum Neuen Testament*
TZ	*Theologische Zeitschrift*
v.l.	varia lectio (a variant reading)
ZNW	*Zeitschrift für die neutestamentliche Wissenschaft*
ZPE	*Zeitschrift für Papyrologie und Epigraphik*
ZTK	*Zeitschrift für Theologie und Kirche*

일반적 약어와 기호는 성경의 각 책과 외경, 성경 사본, 성경의 여러 버전, 고대 저자들의 개별 작품을 나타내는 데 사용된다.

참고 도서: 인용한 2차 저작

Inscriptiones Graecae 같은 명문 표준 모음집과 다른 자료들 그리고 *Reallexikon für Antike und Christentum* 같은 참고 도서는 포함되지 않았다. 이 중 일부는 약어에 실려 있다.

Aberle, David. 1962. "A Note on Relative Deprivation Theory as Applied to Millenarian and Other Cult Movements." In *Millennial Dreams in Action: Studies in Revolutionary Religious Movements*, ed. Sylvia L. Thrupp, pp. 209-214. Comparative Studies in Society and History, supp. 2. The Hague: Mouton.

Adams, David. 1979. "The Suffering of Paul and the Dynamics of Luke-Acts." Ph.D. dissertation, Yale University.

Afanassieff, Nicolas. 1974. "L'Assemblée eucharistique unique dans l'église ancienne." *Klēronomia* 6: 1-36.

Aland, Kurt. 1979. "Der Schluss und die ursprüngliche Gestalt des Römerbriefes." In *Neutestmentliche Entwürfe*. Theologische Bücherei, Neues Testament, 63. Munich: Kaiser, pp. 284-301.

Albrecht, Michael von, ed. and trans. 1963. *Iamblichus, Pythagoras: Legende, Lehre, Lebensgestaltung*. Zurich and Stuttgart: Artemis.

Anderson, Bo, and Zelditch, Morris, Jr. 1964. "Rank Equilibration and Political Behavior." *Archives européenes de sociologie* 5:112-125.

Applebaum, Shimon. 1961. "The Jewish Community of Hellenistic and Roman Teucheira in Cyrenaica." *Scripta Hierosolymitana* 7:27-52.

_____. 1974. "The Organization of the Jewish Communities of the Diaspora." In *The Jewish People in the First Century*, ed. Samuel Safrai and Menahem Stern, vol. 1, pp. 464-503. Compendia Rerum Iudaicarum ad Novum Testamentum, 1. Assen: Van Gorcum; Philadelphia: Fortress.

_____. 1976 . "The Social and Economic Status of the Jews in the Diaspora." In *The Jewish People in the First Century*, ed. Samuel Safrai and Menahem Stern, vol. 2, pp. 701-727. Compendia Rerum Iudaicarum ad Novum Testamentum, 1. Assen: Van Gorcum; Philadelphia: Fortress.

_____. 1979. *Jews and Greeks in Ancient Cyrene*. Studies in Judaism in Late Antiquity, 28. Leiden: Brill.

Audet, J. P. 1958. "Esquisse historique du genre littéraire de la 'bénédiction' juive et de l' 'eucharistie' chrétienne." *RB* 65:371-399.

Aus, Roger D. 1971. "Comfort in Judgment: The Use of Day of the Lord and Theophany Traditions in Second Thessalonians 1." Ph.D. dissertation, Yale University.

Austin, J. L. 1975. *How to Do Things with Words*. Edited by J. O. Urmson and Marina Sbisà. 2d ed. Cambridge, Mass.: Harvard University Press. 『말과 행위』(서광사).

Bacchiocchi, Samuele. 1977. *From Sabbath to Sunday: A Historical Investigation of the Rise of Sunday Observance in Early Christianity*. Rome: Pontifical Gregorian University Press. 『안식일에서 주일로』(나무그루).

Badian, Ernst. 1958. *Foreign Clientelae (264-70 B.C.)*. Oxford: Clarendon.

Bailey, Cyril. 1926. *Epicurus: The Extant Remains*. Reprint. Hildesheim and New York: Olms, 1970.

Balch, David L. 1981. *Let Wives be Submissive: The Domestic Code in 1 Peter*. Society of Biblical Literature Monograph Series, 26. Chico, Calif.: Scholars.

Baldry, Harold C. 1965. *The Unity of Mankind in Greek Thought*. Cambridge: At the University Press.

Banks, Robert. 1980. *Paul's Idea of Community: The Early House Churches in Their Historical Setting*. Grand Rapids: Eerdmans. 『바울의 공동체 사상』(IVP).

Barber, Bernard. 1968. Introduction to "Social Stratification." *IESS*, vol. 15, pp. 288-296.

Barrett, Charles Kingsley. 1957. *A Commentary on the Epistle to the Romans*. Harper/Black New Testament Commentaries. London: Black; New York: Harper & Row.

———. 1962. *From First Adam to Last: A Study in Pauline Theology*. London: Black; New York: Scribner's.

———. 1968. *A Commentary on the First Epistle to the Corinthians*. Harper/Black New Testament Commentaries. London: Black; New York: Harper & Row.

———. 1969. "Titus." In *Neotestamentica et Semitica: Studies in Honour of Matthew Black*, ed. E. Earle Willis and Max Wilcox, pp. 1-14. Edinburgh: Clark.

———. 1971. "Paul's Opponents in II Corinthians." *NTS* 17:233-254.

———. 1973. *A Commentary on the Second Epistle to the Corinthians*. Harper/Black New Testament Commentaries. London: Black; New York: Harper & Row.

———. 1976. "The Allegory of Abraham, Sarah, and Hagar in the Argument of Galatians." In *Rechtfertigung: Festschrift für Ernst Käsemann zum 70. Geburtstag*, ed. Johannes Friedrich, Wolfgang Pöhlmann, and Peter Stuhlmacher, pp. 1-16. Tübingen: Mohr (Siebeck); Göttingen: Vandenhoeck & Ruprecht.

Barrow, Reginald H. 1928. *Slavery in the Roman Empire*. Reprint. New York: Barnes & Noble, 1964.

Bartchy, S. Scott. 1973. *Mallōn Chrēsai: First-Century Slavery and the Interpretation of 1 Corinthians 7:21*. Society of Biblical Literature Dissertation Series, 11. Missoula, Mont.: Scholars.

Bassler, Jouette M. 1979. "The Impartiality of God: Paul's Use of a Theological Axiom." Ph.D. dissertation, Yale University.

Bateson, Mary Catherine. 1974. "Ritualization: A Study in Texture and Texture Change." In *Religious Movements in Contemporary America*, ed. Irving I. Zaretsky and Mark P.

Leone, pp. 150-165. Princeton: Princeton University Press.

Baumgarten, Jörg. 1975. *Paulus und die Apokalyptik: Die Auslegung apokalyptischer Überlieferungen in den echten Paulusbriefen*. Wissenschaftliche Monographien zum Alten und Neuen Testament, 44. Neukirchen: Erziehungsverein.

Becher, Ilse. 1970. "Der Isiskult in Rom—ein Kult der Halbwelt?" *Zeitschrift für ägyptische Sprache und Altertumskunde* 96:81-90.

Becker, Jürgen. 1970. "Erwägungen zur apokalyptischen Tradition in der paulinischen Theologie." *EvT* 30:593-609.

Beker, J. Christiaan. 1980. *Paul the Apostle: The Triumph of God in Life and Thought*. Philadelphia: Fortress. 『사도 바울』(한국신학연구소).

Bell, Harold Idris. 1924. *Jews and Christians in Egypt: The Jewish Troubles in Alexandria and the Athanasian Controversy, Illustrated by Texts from Greek Papyri*. London: British Museum.

Berger, Klaus. 1976. "Volksversammlung und Gemeinde Gottes: Zu den Anfängen der christlichen Verwendung von 'ekklesia.'" *ZTK* 73:167-207.

_____. 1977. "Almosen für Israel: Zurn historischen Kontext der paulinischen Kollekte." *NTS* 23:180-204.

Berger, Peter L. 1967. *The Sacred Canopy: Elements of a Sociological Theory of Religion*. Garden City, N.Y.: Doubleday. 『종교와 사회』(종로서적).

Berger, Peter L., and Luckmann, Thomas. 1966. *The Social Construction of Reality: A Treatise in the Sociology of Knowledge*. Garden City, N.Y.: Doubleday. 『실재의 사회적 구성』 (문학과지성사).

Bergmeier, Roland. 1970. "Loyalität als Gegenstand paulinischer Paraklese: Eine religionsgeschichtlicher Untersuchung zu Röm. 13:1ff. und jos. B.J.2.140." *Theokratia: Jahrbuch des Institutum Judaicum Delitzschianum* 1:51-63.

Bernard, J. H. 1912. *The Odes of Solomon*. Texts and Studies, vol. 8, pt. 3. Cambridge: At the University Press.

Best, Ernest. 1955. *One Body in Christ: A Study in the Relationship of the Church to Christ in the Epistles of the Apostle Paul*. London: S.P.C.K.

_____. 1972. *A Commentary on the First and Second Epistles to the Thessalonians*. Harper/Black New Testament Commentaries. London: Black; New York: Harper & Row.

Betz, Hans Dieter. 1972. *Der Apostel Paulus und die sokratische Tradition: Eine exegetische Untersuchung zu seiner "Apologie" 2 Korinther 10-13*. Beiträge zur historischen Theologie, 45. Tübingen: Mohr (Siebeck).

_____. 1973. "2 Cor. 6: 14-7:1: An Anti-Pauline Fragment?" *JBL* 92:88-108.

_____. 1975. "The Literary Composition and Function of Paul's Letter to the Galatians." *NTS* 21:353-379.

_____. 1979. *Galatians: A Commentary on Paul's Letter to the Churches in Galatia*. Hermeneia. Philadelphia: Fortress.

Bickerman, Elias J. 1949. "Historical Foundations of Post-Biblical Judaism." In *The Jews: Their History, Culture, and Religion*, ed. Louis Finkelstein, vol. 1, pp. 70-114. Philadelphia: Jewish Publication Society.

———. 1962. "Bénédiction et prière." *RB* 69:524-532.

Bietenhard, Hans. 1977. "Die syrische Dekapolis von Pompeius bis Traian." *ANRW*, pt. 2, vol. 8:220-261.

Billerbeck, Paul. 1964. "Ein Synagogengottesdienst in Jesu Tagen." *ZNW* 55:143-161.

Blalock, Herbert M., Jr. 1967. "Status Inconsistency, Social Mobility, Status Integration, and Structural Effects." *ASR* 32:790-801.

Boehm, Fritz. 1924. "Lares." *PW*, vol. 12. 1:cols. 806-833.

Bömer, Franz. 1957-1963. *Untersuchungen über die Religion der Sklaven in Griechenland und Rom*. Akademie der Wissenschaften...Mainz...Abhandlungen der geistes- und sozialwissenschaftlichen Klasse. 4 vols. Mainz: Steiner.

Boers, Hendrick W. 1967. "Apocalyptic Eschatology in 1 Corinthians 15." *Int* 21:50-65.

Bogart, John. 1977. *Orthodox and Heretical Perfectionism in the Johannine Community as Evident in the First Epistle of John*. Society of Biblical Literature Dissertation Series, 33. Missoula, Mont.: Scholars.

Borgen, Peder. 1965. *Bread from Heaven: An Exegetical Study of the Concept of Manna in the Gospel of John and the Writings of Philo*. Supplements to Novum Testamentum, 10. Leiden: Brill.

Bornkamm, Günther. 1939. "Taufe und neues Leben bei Paulus." *Theologische Blätter* 18:233-242. References are to the reprint in *Das Ende des Gesetzes: Paulusstudien*. 4th ed. Munich: Kaiser, 1963, pp. 34-50.

———. 1963. "Das Anathema in die urchristlichen Abendmahlsliturgie." In *Das Ende des Gesetzes: Paulusstudien*. 4th ed. Munich: Kaiser, pp. 123-132. References are to the translation by Paul L. Hammer in *Early Christian Experience*. London: SCM; New York: Harper & Row, 1969, pp. 169-179.

Botte, Bernard. 1963. *La Tradition apostolique de Saint Hippolyte: Essai de reconstruction*. Liturgiewissenschaftliche Quellen und Forschungen, 39. Münster: Aschendorff.

Boulvert, Gérard. 1970. *Esclaves et affranchis impériaux sous le haut-empire romain: Rôle politique et administratif*. Naples: Jovene.

———. 1974. *Domestique et functionnaire sous le haut-empire romain: La Condition de l'affranchi et de l'esclave du prince*. Paris: BeHes Lettres.

Bousset, Wilhelm. 1901. "Die Himmelsreise der Seele." *Archiv für Refigionswissenschaft* 4:136-169, 229-273. References are to the separate reprint, Darmstadt: Wissenschaftliche Buchgesellschaft, 1960.

Bowersock, Glen W. 1965. *Augustus and the Greek World*. Oxford: Clarendon Press.

Brandis, C. G. 1905. "Ekklēsia." *PW*, vol. 5:cols. 2163-2200.

Braumann, Georg. 1962. *Vorpaulinische christliche Taufverkündigung bei Paulus*. Beiträge zur Wissenschaft vom Alten und Neuen Testament, 82. Stuttgart: Kohlhammer.

Broneer, Oscar. 1930. *Terracotta Lamps. Corinth: Results*, no. 4, pt. 2. Cambridge, Mass.: Harvard University Press.

———. 1954. *The South Stoa and Its Roman Successors. Corinth: Results*, vol. 1, pt. 4. Princeton: Princeton University Press.

———. 1962. "The Apostle Paul and the Isthmian Games." *BA* 25:1–31.

———. 1971. "Paul and the Pagan Cults at Isthmia." *HTR* 64:169–187.

———, ed. 1973. *Isthmia*. Vol. 2: *Topography and Architecture*. Princeton: American School of Classical Studies, Athens.

Brooten, Bernadette. 1977. "'Junia…outstanding among the Apostles' (Rom. 16:7)." In *Women Priests: A Catholic Commentary on the Vatican Declaration*, ed. Leonard Swidler and Arlene Swidler, pp. 141–144. New York: Paulist.

Brown, Peter R. L. 1970. "Sorcery, Demons, and the Rise of Christianity: From Late Antiquity into the Middle Ages." In *Witchcraft Confessions and Accusations*, ed. Mary Douglas, pp. 17–45. Association of Social Anthropologists Monographs, 9. London: Tavistock. References are to the reprint in *Religion and Society in the Age of St. Augustine*. London: Faber & Faber, 1972, pp. 119–146.

———. 1971. "The Rise and Function of the Holy Man in Late Antiquity." *JRomSt* 61:80–101.

Bruce, Frederick F. 1976. "The New Testament and Classical Studies." *NTS* 22:229–242.

———. 1977. *Paul, Apostle of the Heart Set Free*. Grand Rapids: Eerdmans. 『바울』(CH북스).

Bruneau, Philippe. 1970. *Recherches sur les cultes de Délos à l'époque hellénistique et à l'époque impériale*. Bibliothèque des Écoles françaises d'Athènes et de Rome, 217. Paris: Boccard.

Buckland, W. W. 1908. *The Roman Law of Slavery: The Condition of the Slave in Private Law from Augustus to Justinian*. Cambridge: At the University Press.

Bujard, Walter. 1973. *Stilanalytische Untersuchungen zum Kolosserbrief als Beitrag zur Methodik von Sprachvergleichen*. Studien zur Umwelt des Neuen Testaments, 11. Göttingen: Vandenhoeck & Ruprecht.

Bultmann, Rudolf K. 1923. "Der religionsgeschichtliche Hintergrund des Prologs zum Johannes-Evangelium." In *Eucharisterion: Festschrift für Hermann Gunkel*, ed. Hans Schmidt, pt. 2, pp. 1–26. Forschungen zur Religion und Literatur des Alten und Neuen Testamentes, n.s., 19. Göttingen: Vandenhoeck & Ruprecht.

———. 1932. "Römer 7 und die Anthropologie des Paulus." In *Imago Dei: Festschrift für Gustav Krüger*, ed. Hans Bornkamm, pp. 53–62. Giessen: Töpelmann. Translated as "Romans 7 and the Anthropology of Paul." In *Existence and Faith: Shorter Writings of Rudolf Bultmann*, ed. Schubert M. Ogden, pp. 147–157. New York: Meridian, 1960.

———. 1941. "Neues Testament und Mythologie." In idem, ed., *Offenbarung und Heilsgeschehen*. Beiträge zur evangelischen Theologie, 7. Munich: Lempp. References are to the translation by Reginald Fuller, "The New Testament and Mythology." In *Kerygma and Myth: A Theological Debate*, ed. Hans Werner Bartsch, vol. 1, pp. 1-44. 2d ed. London: S.P.C.K., 1964.

────── . 1948-1953. *Theologie des Neuen Testaments*. 2 vols. Neuetheologische Grundrisse. Tübingen: Mohr (Siebeck). References are to the translation by Kendrick Grobel, *Theology of the New Testament*. 2 vols. New York: Scribner's, 1951-1955. 『신약성서신학』(성광문화사).

────── . 1958. *Jesus Christ and Mythology*. New York: Scribner's. 『예수 그리스도와 신화』(한국로고스연구원).

Burford, Alison. 1972. *Craftsmen in Greek and Roman Society*. Aspects of Greek and Roman Life. London: Thames and Hudson; Ithaca, N.Y.: Cornell University Press.

Burkert, Walter. 1961. "Hellenistische Pseudopythagorica." *Philologus* 105:16-42, 226-246.

────── . 1962. *Weisheit und Wissenschaft: Studien zu Pythagoras, Philolaos und Platon*. Nuremberg: H. Carl. References are to the translation by E. L. Minar, Jr., *Lore and Science in Ancient Pythagoreanism*. Cambridge, Mass.: Harvard University Press, 1972.

Burr, Viktor. 1955. *Tiberius Julius Alexander*. Antiquitas, series 1. Abhandlungen zur alten Geschichte, 1. Bonn: Habelt.

Burridge, Kenelm. 1969. *New Heaven, New Earth: A Study of Millennarian Activities*. London and New York: Schocken.

Cadbury, Henry J. 1926. "Lexical Notes on Luke-Acts III: Luke's Interest in Lodging." *JBL* 45:305-322.

────── . 1927. *The Making of Luke-Acts*. Reprint. London: S.P.C.K., 1958.

Caird, George B. 1962. "The Chronology of the NT." *IDB*, vol. 1, pp. 599-607.

Callan, Terrance. 1976. "The Law and the Mediator: Gal. 3: 19b-20." Ph.D. dissertation, Yale University.

Cameron, Averil. 1980. "Neither Male nor Female." *Greece and Rome*, 2d ser. 27:60-68.

Campenhausen, Hans von. 1972. "Das Bekenntnis in Urchristentum." *ZNW* 63:210-253.

Carrington, Philip. 1940. *The Primitive Christian Catechism: A Study in the Epistles*. Cambridge: At the University Press.

Case, Shirley Jackson. 1913. "The Nature of Primitive Christianity." *AJT* 17:63-79.

Casson, Lionel. 1974. *Travel in the Ancient World*. London: Allen and Unwin.

Cavallin, Hans C. 1979. "Leben nach dem Tode in Spätjudentum und im frühen Christentum. I. Spätjudentum." *ANRW*, pt. 2, vol. 19.1: 240-345. 『켈수스를 논박함』(새물결).

Chadwick, Henry. 1965. *Origen, Contra Celsum*. Cambridge: At the University Press.

Chantraine, Heinrich. 1967. *Freigelassene und Sklaven im Dienst des römischen Kaiser: Studien zu ihrer Nomenklatur*. Forschungen zur antiken Sklaverei, 1. Wiesbaden: Steiner.

Charlesworth, M. P. 1926. *Trade Routes and Commerce in the Roman Empire*. 2d ed. Cambridge: At the University Press.

Chevallier, Raymond. 1972. *Les Voies romaines*. Paris: Armand Colin. References are to the translation by N. H. Field, *Roman Roads*. Berkeley: University of California Press, 1976.

Clark, Elizabeth, A. 1979. *Jerome, Chrysostom, and Friends: Essays and Translations*. Studies in Women and Religion, 1. New York and Toronto: Mellen.

Classen, C. Joachim. 1968. "Poetry and Rhetoric in Lucretius." *TAPA* 99:77-118.

Cohen, Benjamin. 1975. "La Notion d'"ordo' dans la Rome antique." *Bullétin de l'Association G. Budé* 1975:259-282.

Collart, Paul. 1937. *Philippes: Ville de Macédoine depuis ses origines jusqu'à la fin de l'époque romaine*. École française d'Athènes travaux et mémoires, 5. Paris: Boccard.

Collins, John J., ed. 1979. *Apocalypse: The Morphology of a Genre*. Semeia, 14. Chico, Calif.: Scholars.

Conzelmann, Hans. 1965. "Paulus und die Weisheit." *NTS* 12:231-244.

―――. 1966. "Luke's Place in the Development of Early Christianity." In *Studies in Luke-Acts: Essays Presented in Honor of Paul Schubert*, ed. Leander E. Keck and J. Louis Martin, pp. 298-316. Nashville and New York: Abingdon.

―――. 1969. *Der erste Briefan die Korinther*. 11th ed. Kritisch-exegetischer Kommentar über das Neue Testament, 5. Göttingen: Vandenhoeck & Ruprecht. References are to the translation by James W. Leitch, *1 Corinthians: A Commentary on the First Epistle to the Corinthians*. Hermeneia. Philadelphia: Fortress, 1975.

Corwin, Virginia. 1960. *St. Ignatius and Christianity in Antioch*. Yale Studies in Religion, 1. New Haven and London: Yale University Press.

Coser, Lewis. 1956. *The Functions of Social Conflict*. New York: Free Press. 『갈등의 사회적 기능』(한길사).

Cracco Ruggini, Lellia. 1980. "Nuclei immigrati e forze indigene in tre grande centri commerciali dell'impero." *Memoirs of the American Academy in Rome* 36:55-76.

Crouch, James E. 1973. *The Origin and Intention of the Colossian Haustafel*. Forschungen zur Religion und Literatur des Alten und Neuen Testamentes, 109. Göttingen: Vandenhoeck & Ruprecht.

Cullmann, Oscar. 1948. *Die Tauflehre des Neuen Testaments: Erwachsenenund Kindertaufe*. Zurich: Zwingli. References are to the translation by J. K. S. Reid, *Baptism in the New Testament*. Studies in Biblical Theology, 1. London: SCM; Chicago: Regnery, 1950.

―――. 1949. *Die ersten christlichen Glaubensbekenntnisse*. Theologische Studien, 15. Zollikon-Zurich: Evangelischer Verlag. References are to the translation by J. K. S. Reid, *The Earliest Christian Confessions*. London: Lutterworth, 1949.

―――. 1963. *The State in the New Testament*. Rev. ed. London: SCM. 『국가와 하나님의 나라』 (여수룬).

Cumont, Franz. 1933. "La Grande Inscription Bachique du Metropolitan Museum, II: Commentaire religieuse de l'inscription." *AJA*, 2d ser. 37:215-231.

Dahl, Nils Alstrup. 1941. *Das Volk Gottes: Eine Untersuchung zum Kirchenbewusstsein des Urchristentums.* Reprint. Darmstadt: Wissenschaftliche Buchgesellschaft, 1963.

⎯⎯⎯⎯. 1944. "Dopet i Efesierbrevet." *Svensk teologisk kvartalskrift* 21: 85-103.

⎯⎯⎯⎯. 1947. "Anamnesis: Mémoire et commémoration dans le christianisme primitif." *Studia Theologica* 1:69-95. References are to the translation, "Anamnesis: Memory and Commemoration in Early Christianity." In *Jesus in the Memory of the Early Church.* Minneapolis: Augsburg, 1976, pp. 11-29.

⎯⎯⎯⎯. 1951. "Adresse und Proömium des Epheserbriefs." *TZ* 7:241-264.

⎯⎯⎯⎯. 1954. "Formgeschichtliche Beobachtungen zur Christusverkündigung in der Gemeindepredigt." In *Neutestamentliche Studien für Rudolf Bultmann,* ed. Walter Eltester, pp. 3-9. Beihefte zur *ZNW* 21. Berlin: De Gruyter. References are to the translation, "Form-critical Observations on Early Christian Preaching." In *Jesus in the Memory of the Early Church.* Minneapolis: Augsburg, 1976, pp. 30-36.

⎯⎯⎯⎯. 1955. "The Origin of Baptism." In *Interpretationes ad Vetus Testamentum Pertinentes Sigmundo Mowinckel Septuagenario Missae,* ed. Nils A. Dahl and A. S. Kapelrud, pp. 36-52. Oslo: Land og Kirke.

⎯⎯⎯⎯. 1956. "Misjonsteologien i Romerbrevet." *Norsk Tidsskrift for Misjon* 10:44-60. References are to the translation, "The Missionary Theology in the Epistle to the Romans." In Dahl 1977, 70-94.

⎯⎯⎯⎯. 1960. "Der gekreuzigte Messias." In *Der historische Jesus und der kerygmatische Christus,* ed. Helmut Ristow and Karl Matthiae, pp. 149-169. Berlin: Evangelische Verlagsanstalt. Translated as "The Crucified Messiah." In Dahl 1974, 10-36.

⎯⎯⎯⎯. 1965. "The Particularity of the Pauline Epistles as a Problem in the Ancient Church." In *Neotestamentica et Patristica: Freundesgabe Oscar Cullmann.* Supplements to Novum Testamentum, 6. Leiden: Brill, pp. 261-271.

⎯⎯⎯⎯. 1967. "Paul and the Church at Corinth according to 1 Corinthians 1:10-4:21." In *Christian History and Interpretation: Studies Presented to John Knox,* ed. William R. Farmer, C. F. D. Moule, and Richard R. Niebuhr, pp. 313-335. Cambridge: At the University Press.

⎯⎯⎯⎯. 1969. "Motsigelser i Skrifren—et gammelt hermeneutiskt problem." *Svensk teologisk kvartalskrift* 45:22-36. References are to the translation, "Contradictions in Scripture." In Dahl 1977, 155-177.

⎯⎯⎯⎯. 1973. "Paul's Letter to the Galatians; Epistolary Genre, Content, and Structure." Paper presented at the annual meeting of the Society of Biblical Literature, Chicago 1973.

⎯⎯⎯⎯. 1974. *The Crucified Messiah and Other Essays.* Minneapolis: Augsburg.

⎯⎯⎯⎯. 1976a. "The Purpose of Luke-Acts." In *Jesus in the Memory of the Early Church.* Minneapolis: Augsburg, pp. 87-98.

⎯⎯⎯⎯. 1976b. "Letter." *IDBS,* pp. 538-541.

———. 1977. *Studies in Paul: Theology for the Early Christian Mission*. Minneapolis: Augsburg.

———. 1978. Review of Sanders 1977. *Religious Studies Review* 4:153-158.

Danby, Herbert, ed. and trans. 1933. *The Mishnah: Translated from the Hebrew with Introduction and Brief Explanatory Notes*. Oxford: Oxford University Press.

Davies, W. D. 1974. *The Gospel and the Land: Early Christianity and Jewish Territorial Doctrine*. Berkeley, Los Angeles, and London: University of California Press.

Deichgräber, Reinhard. 1967. *Gotteshymnus und Christushymnus in der frühen Christenheit*. Göttingen: Vandenhoeck & Ruprecht.

Deissmann, Gustav Adolf. 1911. *Paulus: Eine kultur- und religionsgeschichtliche Skizze*. Tübingen: Mohr (Siebeck). References are to the translation by William E. Wilson, *Paul: A Study in Social and Religious History*. 2d ed. New York: Harper & Row, 1957.

De Lacy, P. H. 1948. "Lucretius and the History of Epicureanism." *TAPA* 79:12-23.

Delling, Gerhard. 1965. "Zur Taufe von 'Häusern' im Urchristentum." *NovT* 7:285-311.

Deutsch, Morton. 1968. "Group Behavior." *IESS*, vol. 6, pp. 265-276.

DeWitt, Norman. 1936a. "Epicurean Contubernium." *TAPA* 67:59-60.

———. 1936b. "Organization and Structure of Epicurean Groups." *Classical Philology* 31:205-211.

———. 1954a. *Epicurus and His Philosophy*. Reprint. Cleveland and New York: Meridian, 1967.

———. 1954b. *St. Paul and Epicurus*. Minneapolis: University of Minnesota.

Dibelius, Martin. 1931. "Zur Formgeschichte des Neuen Testaments (ausserhalb der Evangelien)." *TRu*, n.s. 3:207-242.

———. 1937. *An die Thessalonicher I, II; An die Philipper*. Handbuch zum Neuen Testament, 11. Tübingen: Mohr (Siebeck).

———. 1951. *Aufsätze zur Apostelgeschichte*. Edited by Heinrich Greeven. Forschungen zur Religion und Literatur des Alten und Neuen Testamentes, n.s., 42. Göttingen: Vandenhoeck & Ruprecht. References are to the translation by Mary Ling, *Studies in the Acts of the Apostles*. London: SCM, 1956.

Dibelius, Martin, and Greeven, Heinrich. 1953. *An die Kolosser, Epheser, an Philemon*. 3d ed. Handbuch zum Neuen Testament, 12. Tübingen: Mohr (Siebeck).

Dinkler, Erich. 1952. "Zum Problem der Ethik bei Paulus." *ZTK* 49: 167-200.

———. 1954. "Jesu Wort vom Kreuztragen." In *Neutestamentliche Studien für Rudolf Bultmann*, ed. Walter Eltester, pp. 110-129. Beihefte zur *ZNW* 21. Berlin: De Gruyter.

———. 1962a. "Taufe, II. Im Urchristentum." RGG^3 vol. 6, cols. 627-637.

———. 1962b. "Die Taufterminologie in 2 Kor. 1:21f." In *Neotestamentica et Patristica: Freundesgabe Oscar Cullmann*. Supplements to Novum Testamentum, 6. Leiden: Brill, pp. 173-191.

Dix, Gregory. 1937. *The Treatise on the Apostolic Tradition of St. Hippolytus of Rome.*

London: S.P.C.K.

Dobschütz, Ernst von. 1909. *Die Thessalonicher-Briefe*. 7th ed. Kritischexegetischer Kommentar über das Neue Testament, 10. Göttingen: Vandenhoeck & Ruprecht.

Dodd, Charles Harold. 1952. *According to the Scriptures: The Substructure of New Testament Theology*. London: Nisbet.

Dodds, E. R. 1965. *Pagan and Christian in an Age of Anxiety: Some Aspects of Religious Experience from Marcus Aurelius to Constantine*. References are to the Norton Library edition, New York: Norton, 1970.

Doty, William G. 1973. *Letters in Primitive Christianity*. Philadelphia: Fortress.

Douglas, Mary. 1973. *Natural Symbols: Explorations in Cosmology*. 2d ed. London: Barrie & Jenkins. 『자연 상징』(이학사).

Downey, Glanville. 1958. "The Size of the Population of Antioch." *TAPA* 89:84-91. 『초기 기독교 서신』(한들출판사).

_____. 1961. *A History of Antioch in Syria*. Princeton: Princeton University Press.

Downing, J. D. H. 1964. "Possible Baptismal References in Galatians." In *Studia Evangelica*, ed. Frank L. Cross, pt. 1, pp. 551-556. Papers presented to the Second International Congress on New Testament Studies held at Christ Church, Oxford, 1961. Texte und Untersuchungen, 87. Berlin: Akademie.

Dungan, David. 1971. *The Sayings of Jesus in the Churches of Paul*. Philadelphia: Fortress.

Dupont, Jacques. 1955. "Chronologie paulinienne." *RB* 62:55-59.

Dupré, Louis. 1980. "Marx's Critique of Culture and Its Interpretations." *Review of Metaphysics* 24:91-121.

Durkheim, Émile. 1912. *Les Formes élémentaires de la vie religieuse: Le Système totémique en Australie*. Paris: Alcan. References are to the translation by J. W. Swain, *The Elementary Forms of the Religious Life*. 1915. Reprint. New York: Free Press, 1965. 『종교 생활의 원초적 형태』(한길사).

Eck, Werner. 1971. "Das Eindringen des Christentums in den Senatorenstand bis zu Konstantin d. Gr." *Chiron* 1:381-406.

Edson, Charles. 1948. "Cults of Thessalonica." *HTR* 41:153-204.

Elliger, Winfried. 1978. *Paulus in Griechenland: Philippi, Thessaloniki, Athen, Korinth*. Stuttgarter Bibelstudien, 92/92. Stuttgart: Katholisches Bibelwerk.

Ellis, E. Earle. 1957. "A Note on First Corinthians 10:4." *JBL* 76:53-56.

_____. 1971. "Paul and his Co-workers." *NTS* 17:437-452. References are to the reprint in *Prophecy and Hermeneutic in Early Christianity*, pp. 3-22. Wissenschaftliche Untersuchungen zum Neuen Testament, 18. Tübingen: Mohr (Siebeck); Grand Rapids: Eerdmans, 1978.

Evans, Donald. 1969. *The Logic of Self-Involvement*. New York: Herder.

Fascher, Erich. 1955. "Zur Taufe des Paulus." *TLZ* 80:cols. 643-648.

Feldman, Louis. 1950. "Jewish 'Sympathizers' in Classical Literature and Inscriptions." *TAPA*

81:200-208.

Festinger, Leon. 1957. *A Theory of Cognitive Dissonance*. Stanford: Stanford University Press. 『인지부조화 이론』(나남).

Festinger, Leon; Riecken, Henry W.; and Schachter, Stanley. 1956. *When Prophecy Fails: A Social and Psychological Study of a Modern Group That Predicted the Destruction of the World*. Reprint. New York: Harper & Row, 1964. 『예언이 끝났을 때』(이후).

Festugière, André Marie Jean. 1946. *Épicure et ses dieux*. Paris: Presses universitaires de France. References are to the translation by C. W. Chilton, *Epicurus and His Gods*. Cambridge, Mass.: Harvard University Press, 1956.

Feuillet, André. 1966. *Le Christ Sagesse de Dieu d'après les épîtres pauliniennes*. Études bibliques. Paris: Gabalda.

Filson, Floyd V. 1939. "The Significance of the Early House Churches." *JBL* 58:109-112.

Finegan, Jack. 1962. "Thessalonica." *IDB*, vol. 4, p. 629.

Finley, Moses I. 1973. *The Ancient Economy*. Sather Classical Lectures, 43. Berkeley: University of California Press. 『서양고대경제』(민음사).

Fitzmyer, Joseph A., S.J. 1961. "Qumran and the Interpolated Paragraph in 2 Cor. 6:14-7:1." *CBQ* 23:271-280. Reprinted in *Essays on the Semitic Background of the New Testament*, pp. 205-217. London: Chapman, 1971; Missoula, Mont.: Scholars, 1974.

Flory, Marleen B. 1975. "Family and 'Familia': A Study of Social Relations in Slavery." Ph.D. dissertation, Yale University.

Forkman, Göran. 1972. *The Limits of the Religious Community: Expulsion from the Religious Community within the Qumran Sect, within Rabbinic Judaism, and within Primitive Christianity*. Coniectanea Biblica, New Testament Series, 5. Lund: Gleerup.

Foucart, Paul. 1873. *Des associations religieuses chez les Grecs: Thiases, éranes, orgéons, avec le texte des inscriptions rélatives à ces associations*. Paris: Klincksieck.

Fowler, H. N., ed. 1932. *Introduction, Topography, Architecture. Corinth: Results*, vol. 1, pt. 1. Cambridge, Mass.: Harvard University Press.

Francis, Fred O., and Meeks, Wayne A. 1975. *Conflict at Colossae: A Problem in the Interpretation of Early Christianity Illustrated by Selected Modern Studies*. Rev. ed. Sources for Biblical Study, 4. Missoula, Mont.: Scholars.

Fraser, P. M. 1960. "Two Studies on the Cult of Sarapis in the Hellenistic World." *Opuscula Atheniensa* 3:1-54.

Frederiksen, M. W. 1975. "Theory, Evidence, and the Ancient Economy." *JRomSt* 65:164-171.

Frend, William H. C. 1952. *The Donatist Church: A Movement of Protest in Roman North Africa*. Oxford: Clarendon Press.

_____. 1965. *Martyrdom and Persecution in the Early Church: A Study of a Conflict from the Maccabees to Donatus*. Reprint. New York: New York University Press, 1967.

_____. 1979. "Town and Countryside in Early Christianity." In *The Church in Town and Countryside*, ed. Derek Baker, pp. 25-42. Studies in Church History, 16. Oxford:

Blackwell.

Friedländer, Ludwig. 1901. *Darstellungen aus der Sittengeschichte Roms in der Zeit von August bis zum Ausgang der Antonine.* 7th ed. rev. 2 vols. Leipzig: Hirzel. References are to the translation by L. A. Magnus and J. Freese, *Roman Life and Manners under the Early Empire.* 4 vols. Reprint. New York: Barnes & Noble, 1968.

Friedrich, Carl J. 1958. "Authority, Reason and Discretion." In *Authority.* Nomos, 1. Cambridge, Mass.: Harvard University Press, pp. 28-48.

Fritz, Kurt von. 1960. "Mathematiker und Akusmaciker bei den alten Pythagoreern." *Sitzungsberichte der bayerischen Akademie der Wissenschaften, philosophisch-historische Klasse* 11.

Funk, Robert W. 1966. *Language, Hermeneutic, and Word of God: The Problem of Language in the New Testament and Contemporary Theology.* New York: Harper & Row.

_____. 1967. "The Apostolic *Parousia*: Form and Significance." In *Christian History and Interpretation: Studies Presented to John Knox,* ed. William R. Farmer, C. F. D. Moule, and Richard R. Niebuhr, pp. 249-268. Cambridge: At the University Press.

Gärtner, Bertil. 1959. *John 6 and the Jewish Passover.* Coniectanea Neotestamentica, 17. Lund: Gleerup.

Gagé, Jean. 1964. *Les Classes sociales dans l'empire romain.* Bibliothèque historique. Paris: Payot.

Gager, John G. 1975. *Kingdom and Community: The Social World of Early Christianity.* Englewood Cliffs, N.J.: Prentice-Hall. 『초기기독교 형성과정연구: 하나님 나라와 공동체』(대한기독교출판사).

_____. 1979. Review of R. M. Grant 1977, Malherbe 1977a, and Theissen 1979. *Religious Studies Review* 5:174-180.

Gamble, Harry A., Jr. 1977. *The Textual History of the Letter to the Romans: A Study in Textual and Literary Criticism.* Grand Rapids: Eerdmans.

Garfinkel, Alan. 1981. *Forms of Explanation: Rethinking the Questions of Social Theory.* New Haven and London: Yale University Press.

Gayer, Roland. 1976. *Die Stellung des Sklaven in den paulinischen Gemeindenund bei Paulus: Zugleich ein sozialgeschichtlich vergleichender Beitrag zur Wertung des Sklaven in der Antike.* Europäische Hochschulschriften, series 23, Theologie, 78. Bern: Lang.

Gealy, Fred D. 1962. "Asiarch." *IDB*, vol. 1, p. 259.

Geertz, Clifford. 1957. "Ethos, World View, and the Analysis of Sacred Symbols." *Antioch Review* 17:421-437. Reprinted in Geertz 1973, 126-141.

_____. 1966. "Religion as a Cultural System." In *Anthropological Approaches to the Study of Religion,* ed. Michael Barton, pp. 1-46. Association of Social Anthropologists Monographs, 3. London: Tavistock.

_____. 1973. *The Interpretation of Cultures: Selected Essays*. New York: Basic Books. 『문화의 이해』(까치글방).

Gellner, Ernest. 1962. "Concepts and Society." In *Transactions of the Fifth World Congress of Sociology* 1:153-183. References are to the reprint in *Sociological Theory and Philosophical Analysis*, ed. Dorothy Emmet and Alasdair MacIntyre, pp. 115-149. London and New York: Macmillan, 1970.

Gennep, Arnold van. 1909. *Les Rites de passage: Étude systématique des rites de la porte...* Paris: Nourry. Translated by M. B. Vizedom and G. L. Caffee, *The Rites of Passage*. London: Routledge and Kegan Paul; Chicago: University of Chicago Press, 1960.

Georgi, Dieter. 1964a. *Die Gegner des Paulus im 2. Korintherbrief: Studien zur religiösen Propaganda in der Spätantike*. Wissenschaftliche Monographien zum Alten und Neuen Testament, 11. Neukirchen: Neukirchener Verlag.

_____. 1964b. "Der vorpaulinische Hymnus Phil. 2:6-11." In *Zeit und Geschichte: Dankesgabe an Rudolf Bultmann zum 80. Geburtstag*, ed. Erich Dinkier, pp. 263-293. Tübingen: Mohr (Siebeck).

_____. 1965. *Die Geschichte der Kollekte des Paulus fur Jerusalem*. Theologische Forschung, 38. Hamburg-Bergstedt: Evangelischer Verlag.

_____. 1976. "Socioeconomic Reasons for the 'Divine Man' as a Propagandistic Pattern." In *Aspects of Religious Propaganda in Judaism and Early Christianity*, ed. Elisabeth Schüssler Fiorenza, pp. 27-42. Notre Dame: University of Notre Dame Press.

Ginzberg, Louis. 1909-1938. *The Legends of the Jews*. 7 vols. Philadelphia: Jewish Publication Society.

Goffman, Irwin. 1957. "Status Consistency and Preference for Change in Power Distribution." *ASR* 22:275-281.

Goodenough, Erwin Ramsdell. 1928. "The Political Philosophy of Hellenistic Kingship." *Yale Classical Studies* 1:55-102.

_____. 1929. *The Jurisprudence of the Jewish Courts in Egypt: Legal Administration by the Jews under the Early Roman Empire as Described by Philo Judaeus*. New Haven and London: Yale University Press.

_____. 1938. *The Politics of Philo Judaeus: Practice and Theory*. New Haven and London: Yale University Press.

_____. 1953-1968. *Jewish Symbols in the Greco-Roman Period*. 13 vols. Bollingen Series, 37. New York: Pantheon; Princeton: Princeton University Press.

_____. 1962. *An Introduction to Philo Judaeus*. 2d ed. Oxford: Blackwell.

_____. 1966. "The Perspective of Acts." In *Studies in Luke-Acts*, ed. Leander E. Keck and J. Louis Martyn, pp. 51-59. Nashville and New York: Abingdon.

Goodman, Felicitas D. 1972. *Speaking in Tongues: A Cross-Cultural Study of Glossolalia*. Chicago and London: University of Chicago Press.

Goodspeed, Edgar J. 1950. "Gaius Titius Justus." *JBL* 69:382-383.

Goody, Jack. 1961. "Religion and Ritual: The Definitional Problem." *British Journal of Sociology* 12:142-164.

Gordon, Mary. 1931. "The Freedman's Son in Municipal Life." *JRomSt* 21:65-77.

Grail, Augustin, O. P. 1951. "Le baptême dans l'Épître aux Galates." *RB* 58:503-520.

Grant, Michael. 1971. *Cities of Vesuvius: Pompeii and Herculaneum*. London: Weidenfeld and Nicholson.

Grant, Robert M. 1948. "Pliny and the Christians." *HTR* 41:273-274. References are to the reprint in *After the New Testament: Studies in Early Christian Literature and Theology*. Philadelphia: Fortress, 1967, pp. 55-56.

―――. 1977. *Early Christianity and Society: Seven Studies*. New York: Harper & Row.

Greeven, Heinrich. 1952. "Propheten, Lehrer, Vorsteher bei Paulus." *ZNW* 44:1-43. References are to the reprint in Kertelge 1977, 305-361.

Griffiths, J. Gwyn. 1975. *Apuleius of Madauros, The Isis Book (Metamorphoses, Book XI)*. Études préliminaires aux religions orientales dans l'empire romain, 39. Leiden: Brill.

Gülzow, Henneke. 1969. *Christentum und Sklaverei in den ersten drei Jahrhunderten*. Bonn: Habelt.

―――. 1974. "Die sozialen Gegebenheiten der altchristlichen Mission." In *Kirchengeschichte als Missionsgeschichte*, ed. Heinzgiinther Frohnes and Uwe W. Knorr, vol. 1, pp. 189-226. Munich: Kaiser.

Güttgemanns, Erhardt. 1966. *Der leidende Apostel und sein Herr*. Göttingen: Vandenhoeck & Ruprecht.

Hadas, Moses, ed. and trans. 1964. *Three Greek Romances*. The Library of Liberal Arts. Indianapolis: Bobbs-Merrill.

Hadas, Moses, and Smith, Morton. 1965. *Heroes and Gods: Spiritual Biographies in Antiquity*. Religious Perspectives, 13. New York: Harper & Row.

Haenchen, Ernst. 1959. *Die Apostelgeschichte*. 12th ed. Kritisch-exegetischer Kommentar über das Neue Testament, 3. Göttingen: Vandenhoeck & Ruprecht. References are to the translation by Bernard Noble and Gerald Shinn, *The Acts of the Apostles: A Commentary*. Philadelphia: Westminster; Oxford: Blackwell, 1971.

―――. 1961. "Das 'Wir' in der Apostelgeschichte und das ltinerar." *ZTK* 58:329-366. References are to the reprint in *Gott und Mensch: Gesammelte Aufsätze*. Tübingen: Mohr (Siebeck), 1965, pp. 227-264.

―――. 1966. "The Book of Acts as Source Material for the History of Earliest Christianity." In *Studies in Luke-Acts: Essays Presented in Honor of Paul Schubert*, ed. Leander E. Keck and J. Louis Martyn, pp. 258-278. Nashville and New York: Abingdon.

Hahn, Ferdinand. 1963. *Christologische Hoheitstitel: Ihre Geschichte im frühen Christentum*. Forschungen zur Religion und Literatur des Alten und Neuen Testamentes, 83. Göttingen: Vandenhoeck & Ruprecht. References are to the translation by Harold Knight and George Ogg, *The Titles of Jesus in Christology: Their History in Early*

Christianity. London: Lutterwonh, 1969.

Hamerton-Kelly, Robert G. 1973. *Pre-Existence, Wisdom, and the Son of Man: A Study of the Idea of Pre-Existence in the New Testament.* Society for New Testament Studies Monograph Series, 21. Cambridge: At the University Press.

Hanfmann, George M. A. 1962. *Letters from Sardis.* Cambridge, Mass.: Harvard University Press.

Harder, Richard. 1944. "Karpocrates von Chalkis und die memphitische Isispropaganda." *Abhandlungen der Preussischen Akademie der Wissenschaften* 14:1-63.

Harnack, Adolf von. 1906. *Die Mission und Ausbreitung des Christentums in den ersten drei Jahrhunderten.* 2d rev. ed. Leipzig: Hinrichs. References are to the translation by James Moffatt, *The Mission and Expansion of Christianity in the First Three Centuries.* 2 vols. London: Williams & Norgate, 1908. Reprint, vol. 1. New York: Harper & Row, 1962.

Harris, J. Rendel. 1917. *The Origin of the Prologue to St. John's Gospel.* Cambridge: At the University Press.

Hatch, Edwin. 1892. *The Organization of the Early Christian Churches.* 4th ed. Bampton Lectures for 1880. London: Longmans, Green.

Hay, David M. 1973. *Glory at the Right Hand: Psalm 110 in Early Christianity.* Society of Biblical Literature Monograph Series, 18. Nashville and New York: Abingdon.

Hayes, John W. 1973. "Roman Pottery from the South Stoa at Corinth." *Hesperia* 42:416-470.

Hegermann, Harald. 1961. *Die Vorstellung vom Schöpfungsmittler im hellenistischen Judentum und Urchristentum.* Texte und Untersuchungen, 82. Berlin: Akademie.

Heinemann, Isaac. 1929-1932. *Philons griechische und jüdische Bildung: Kulturvergleichende Untersuchungen zu Philons Darstellung der jüdischen Gesetze.* Reprint. Darmstadt: Wissenschaftliche Buchgesellschaft, 1962.

Heinemann, Joseph. 1964. *Prayer in the Period of the Tannai'm and the Amora'im* [in Hebrew]. References are to the translation *Prayer in the Talmud: Forms and Patterns.* Studia judaica, 9. Berlin: De Gruyter, 1977.

Heinrici, [C. F.] Georg. 1876. "Die Christengemeinde Korinths und die religiösen Genossenschaften der Griechen." *Zeitschrift für Wissenschaftliche Theologie* 19:464-526.

———. 1888. *Kritisch-Exegetisches Handbuch über den ersten Brief an die Korinther.* 7th ed. Kritisch-exegetischer Kommentar über das Neue Testament, 5. Göttingen: Vandenhoeck & Ruprecht.

———. 1890. *Der Zweite Brief an die Korinther.* 7th ed. Kritisch-exegetischer Kommentar über das Neue Testament, 6. Göttingen: Vandenhoeck & Ruprecht.

Hellholm, David, ed. 1982. *Apocalypticism in the Mediterranean World and the Near East: Proceedings of the International Colloquium on Apocalypticism, Uppsala, August 12-17, 1979.* Tübingen: Mohr (Siebeck).

Hengel, Martin. 1966. "Die Synagogeninschrift von Stobi." *ZNW* 57:145-183.
_____. 1971*a*. "Die Ursprünge der christlichen Mission." *NTS* 18:15-38.
_____. 1971*b*. "Proseuche und Synagoge: Jüdische Gemeinde, Gotteshaus und Gottesdienst in der Diaspora und in Palästina." In *Tradition und Glaube: Das frühe Christentum in seiner Umwelt: Festgabe für Karl Georg Kuhn*, ed. Gert Jeremias, Heinz-Wolfgang Kuhn, and Hartmut Stegemann, pp. 157-183. Göttingen: Vandenhoeck & Ruprecht.
_____. 1972. "Christologie und neutestamendiche Chronologie: Zu einer Aporie in der Geschichte des Urchristentums." In *Neues Testament und Geschichte: Historisches Geschehen und Deutung im Neuen Testament: Oscar Cullmann zum 70. Geburtstag*, ed. Heinrich Baltensweiler and Bo Reicke, pp. 43-67. Zurich: Theologischer Verlag; Tübingen: Mohr (Siebeck).
_____. 1976. *Juden, Griechen, und Barbaren: Aspekte der Hellenisierung des Judentums in vorchristlicher Zeit*. Stuttgarter Bibelstudien, 76. Stuttgart: Katholisches Bibelwerk. References are to the translation by John Bowden, *Jews, Greeks, and Barbarians: Aspects of the Hellenization of Judaism in the Pre-Christian Period*. London: SCM; Philadelphia: Fortress, 1980. 『신구약 중간사』(살림).
_____. 1979. *Zur urchristlichen Geschichtsschreibung*. Stuttgart: Calver. References are to the translation by John Bowden, *Acts and the History of Earliest Christianity*. London: SCM; Philadelphia: Fortress, 1980. 『고대의 역사기술과 사도행전』(한신대학출판부).
_____. 1980. "Hymnus und Christologie." In *Wort in der Zeit: Neutestamentliche Studien: Festgabe für Karl Heinrich Rengstorf zum 75. Geburtstag*, ed. Wilfrid Haubeck and Michael Bachmann, pp. 1-23. Leiden: Brill.
Hennecke, Edgar, ed. 1959-1964. *Neutestamentliche Apokryphen*. 3d ed., revised by Wilhelm Schneemelcher. 2 vols. Tübingen: Mohr (Siebeck). References are to the translation, *New Testament Apocrypha*, ed. R. Mcl. Wilson. 2 vols. Philadelphia: Westminster; London: Lutterworth, 1963-1965.
Héring, Jean. 1959. *La Première Épître de Saint Paul aux Corinthiens*. 2d ed. Commentaire au Nouveau Testament, 7. Neuchâtel: Delachaux et Niestie. References are to the translation by A. W. Heathcote and P. J. Allcock, *The First Epistle of Saint Paul to the Corinthians*. London: Epworth, 1962.
Herzig, Heinz E. 1974. "Probleme des römischen Strassenwesens: Untersuchungen zur Geschichte und Recht." *ANRW*, pt. 2, vol. 1:593-648.
Heyob, Sharon Kelly. 1975. *The Cult of Isis among Women in the Graeco-Roman World*. Études préliminaires aux religions orientales dans l'empire romain, 51. Leiden: Brill.
Hickling, Colin J. A. 1975. "Is the Second Epistle to the Corinthians a Source for Early Church History?" *ZNW* 66:284-287.
Hill, David. 1976. "On Suffering and Baptism in 1 Peter." *NovT* 18:181-189.
Hock, Ronald F. 1978. "Paul's Tentmaking and the Problem of His Social Class." *JBL* 97:555-564.

_____. 1980. *The Social Context of Paul's Ministry: Tentmaking and Apostleship*. Philadelphia: Fortress. 『바울 선교의 사회적 상황』(대한기독교출판사).

Holladay, Carl H. 1977. *Theios Aner in Hellenistic Judaism*. Society of Biblical Literature Dissertation Series, 40. Missoula, Mont.: Scholars.

Holmberg, Bengt. 1978. *Paul and Power: The Structure of Authority in the Primitive Church as Reflected in the Pauline Epistles*. Coniectanea Biblica, New Testament, 11. Lund: Gleerup. American ed. Philadelphia: Fortress, 1980.

Homans, George C. 1968. "The Study of Groups." *IESS*, vol. 6, pp. 258-265.

_____. 1974. *Social Behavior: Its Elementary Forms*. Rev. ed. New York: Harcourt Brace Jovanovich.

Hommel, Hildebrecht. 1975. "Juden und Christen im kaiserzeitlichen Milet: Überlegungen zur Theaterinschrift." *MDAI* (I) 25:157-195.

Hornung, Carlton A. 1977. "Social Status, Status Inconsistency, and Psychological Stress." *ASR* 42:623-638.

Horsley, Richard A. 1978. "'How can some of you say that there is no resurrection of the dead?' Spiritual Elitism in Corinth." *NovT* 20:203-231.

Humphreys, Sally C. 1969. "History, Economics, and Anthropology: The Work of Karl Polanyi." *History and Theory* 8:165-212.

Hurd, John C. 1976. "Chronology, Pauline." *IDBS*, pp. 166-167.

Ibrahim, Leila; Scranton, Rohert; and Brill, Robert. 1976. *Kenchreai, Eastern Port of Corinth. Results of Investigations by the University of Chicago and Indiana University for the American School of Classical Studies at Athens*, vol. 2: *The Panels of Opus Sectile in Glass*. Leiden: Brill.

Isenberg, Sheldon. 1974. "Millenarism in Greco-Roman Palestine." *Religion* 4:26-46.

Jackson, Bernard. 1979. "Legalism." *JJS* 30:1-22.

Jackson, Elton F. 1962. "Status Consistency and Symptoms of Stress." *ASR* 27:469-480.

Jackson, Elton F., and Burke, Peter J. 1965. "Status and Symptoms of Stress: Additive and Interaction Effects." *ASR* 30:556-564.

Jeremias, Joachim. 1949. "Proselytentaufe und NT." *TZ* 5:418-428.

_____. 1954. "πάσχα." *TWNT* 5:895-903. References are to the translation in *TDNT* 5 (1967): 896-904.

Jervell, Jacob. 1972. *Luke and the People of God*. Minneapolis: Augsburg.

_____. 1976. "Der schwache Charismatiker." In *Rechtfertigung: Festschrift für Ernst Käsemann zum 70. Geburtstag*, ed. Johannes Friedrich, Wolfgang Pöhlmann, and Peter Stuhlmacher, pp. 185-198. Tübingen: Mohr (Siebeck).

Jewett, Robert. 1979. *A Chronology of Paul's Life*. Philadelphia: Fortress.

_____. 1982. "Romans as an Ambassadorial Letter." *Int* 36:5-20.

Jones, A. H. M. 1955. "The Economic Life of the Towns of the Roman Empire." In *La Ville*, ed. Jean Firenne, pt. 1, pp. 171-185. Recueils de la Société Jean Bodin, 6. Brussels:

Libraire encyclopédique.

———. 1970. "The Caste System in the Later Roman Empire." *Eirene* 8:79-96.

———. 1971. *The Cities of the Eastern Roman Provinces*. 2d ed., revised by Michael Avi-Yonah et al. Oxford: Clarendon Press.

Judge, Edwin A. 1960a. *The Social Pattern of Christian Groups in the First Century*. London: Tyndale.

———. 1960b. "The Early Christians as a Scholastic Community." *Journal of Religious History* 1:4-15, 125-137.

———. 1968. "Paul's Boasting in Relation to Contemporary Professional Practice." *Australian Biblical Review* 16:37-50.

———. 1972. "St. Paul and Classical Society." *JAC* 15:19-36.

———. 1979. "'Antike und Christentum': Towards a Definition of the Field. A Bibliographical Survey." *ANRW*, pt. 2, vol. 23.1:3-58.

———. 1980a. *The Conversion of Rome: Ancient Sources of Modern Social Tensions*. North Ryde, Australia: Macquarrie Ancient History Association.

———. 1980b. "The Social Identity of the First Christians: A Question of Method in Religious History." *Journal of Religious History* 11:201-217.

Judge, Edwin A., and Thomas, G. S. R. 1966. "The Origin of the Church at Rome: A New Solution?" *Reformed Theological Review* 25:81-94.

Juster, Jean. 1914. *Les Juifs dans l'empire romain: Leur Condition juridique, économique, et sociale*. 2 vols. Reprint. New York: Franklin, n.d.

Käsemann, Ernst. 1947. "Anliegen und Eigenart der paulinischen Abendmahlslehre." *EvT* 7:263-283. References are to the reprint in *Exegetische Versuche und Besinnungen*, vol. 2, pp. 11-34. 3d ed. Göttingen: Vandenhoeck & Ruprecht, 1964.

———. 1949. "Eine urchrisdiche Taufliturgie." In *Festschrift Rudolf Bultmann zum 65. Geburtstag überreicht*. Stuttgart: Kohlhammer, pp. 133-48. References are to the translation by W. J. Montague, "A Primitive Christian Baptismal Liturgy." In *Essays on New Testament Themes*. London: SCM, 1964, pp. 149-168.

———. 1950. "Kritische Analyse von Phil. 2, 5-11." *ZTK* 47:313-350. Reprinted in *Exegetische Versuche und Besinnungen*, vol. 1, pp. 51-95. 3d ed. Göttingen: Vandenhoeck & Ruprecht, 1964.

———. 1960. "Die Anfänge christlicher Theologie." *ZTK* 57:162-185. References are to the translation by W. J. Montague, "The Beginnings of Christian Theology." In *New Testament Questions of Today*. London: SCM; Philadelphia: Fortress, 1969, pp. 82-107.

———. 1961. "Grundsätzliches zur Interpretation von Römer 13." In *Unter der Herrschaft Christi*. Beiträge zur evangelischen Theologie 32. Munich: Kaiser, pp. 37-55. References are to the translation by W. J. Montague, "Principles of the Interpretation of Romans 13." In *New Testament Questions of Today*. London: SCM; Philadelphia: Fortress, 1969, pp. 196-216.

———. 1962. "Zum Thema der urchristlichen Apokalyptik." *ZTK* 59:257-284. References are to the translation by W. J. Montague, "On the Subject of Primitive Christian Apocalyptic." In *New Testament Questions of Today*. London: SCM; Philadelphia: Fortress, 1969, pp. 108-138.

———. 1973. *An die Römer*. Handbuch zum Neuen Testament, 8a. Tübingen: Mohr (Siebeck). References are to the translation by G. W. Bromiley, *Commentary on Romans*. Grand Rapids: Eerdmans, 1980.

Keck, Leander E. 1974. "On the Ethos of Early Christians." *JAAR* 42:435-452.

Kehnscherper, Gerhard. 1964. "Der Apostel Paulus als römischer Bürger." In *Studia Evangelica*, ed. Frank L. Cross, pt. 1, pp. 411-440. Papers presented to the Second International Congress on New Testament Studies at Christ Church, Oxford, 1961. Texte und Untersuchungen, 87. Berlin: Akademie.

Kennedy, George. 1978. "Classical and Christian Source Criticism." In *The Relationships among the Gospels: An Interdisciplinary Dialogue*, ed. William O. Walker, pp. 125-155. San Antonio: Trinity University Press.

Kent, J. H. 1966. *Inscriptions 1926-1960. Corinth: Results*, vol. 8, pt. 3. Princeton: Princeton University Press.

Kerényi, C. [Károly]. 1967. *Eleusis: Archetypal Image of Mother and Daughter*. Reprint. New York: Schocken, 1977.

Kertelge, Karl, ed. 1977. *Das kirchliche Amt im Neuen Testament*. Wege der Forschung, 439. Darmstadt: Wissenschaftliche Buchgesellschaft.

Kippenberg, Hans G. 1978. *Religion und Klassenbildung im antiken Judäa: Eine religionssoziologische Studie zum Verhältnis von Tradition und gesellschaftlicher Entwicklung*. Göttingen: Vandenhoeck & Ruprecht.

Kitzinger, Ernst. 1946. "The Town of Stobi." *Dumbarton Oaks Papers* 3:81-162 and plates 124-216.

Kléberg, Tönnes. 1957. *Hôtels, restaurants, et cabarets dans l'antiquité romaine: Études historiques et philologiques*. Bibliotheca Ekmaniana Universitatis Regiae Upsaliensis, 61. Uppsala: Almqvist & Wiksells.

Klijn, A. F. J. 1954. "An Early Christian Baptismal Liturgy." In *Charis kai Sophia: Festschrift Karl Heinrich Rengstorf*, ed. Ulrich Luck, pp. 216-228. Leiden: Brill.

Knox, John. 1942. *Marcion and the New Testament*. Chicago: University of Chicago Press.

———. 1950. *Chapters in a Life of Paul*. Nashville and New York: Abingdon.

———. 1964. "Romans 15:14-33 and Paul's Conception of His Apostolic Mission." *JBL* 83:1-11.

Koester, Helmut. 1961. Review of Ulrich Wilckens, *Weisheit und Torheit*. *Gnomon* 33:590-595.

———. 1965. "Gnomai Diaphoroi: The Origin and Nature of Diversification in the History of Early Christianity." *HTR* 58:279-319. References are to the reprint in James

M. Robinson and Helmut Koester, *Trajectories through Early Christianity*. Philadelphia: Fortress, 1971, pp. 114-157.

_____. 1979. "I Thessalonians—Experiment in Christian Writing." In *Continuity and Discontinuity in Church History: Essays Presented to George H. Williams*, ed. F. Forrester Church and Timothy George, pp. 33-44. Leiden: Brill.

_____. 1980. *Einführung in das Neue Testament im Rahmen der Religionsgeschichte und Kulturgeschichte der hellenistischen und römischen Zeit*. Berlin and New York: De Gruyter.

Kornemann, Ernst. 1900. "Collegium." *PW*, vol. 4.1: cols. 380-479.

Kovacs, Brian. 1976. "Contributions of Sociology to the Study of the Development of Apocalypticism: A Theoretical Survey." Paper presented at the annual meeting of the Society of Biblical Literature, St. Louis, October 1976.

Kowalinski, P. 1972. "The Genesis of Christianity in the Views of Contemporary Marxist Specialists of Religion." *Antonianum* 47:541-575.

Kraabel, Alf Thomas. 1968. "Judaism in Western Asia Minor under the Roman Empire, with a Preliminary Study of the Jewish Community at Sardis, Lydia." Th.D. dissertation, Harvard University.

_____. 1978. "Paganism and Judaism: The Sardis Evidence." In *Paganisme, Judaïsme, Christianisme: Influences et affrontements dans le monde antique: Mélanges offerts à Marcel Simon*, ed. André Benoit, Marc Philonenko, and Cyrille Vogel, pp. 13-33. Paris: Boccard.

_____. 1979. "The Diaspora Synagogue: Archaeological and Epigraphical Evidence since Sukenik." *ANRW*, pt. 2, vol. 19.1:477-510.

_____. 1981. "Social Systems of Six Diaspora Synagogues." In *Ancient Synagogues: The State of Research*, ed. Joseph Gutmann, pp. 79-121. Chico, Calif.: Scholars.

Kraeling, Carl H. 1967. *The Christian Building. The Excavations at DuraEuropos: Final Reports*, vol. 8, pt. 2. New Haven and London: Yale University Press.

Kramer, Werner. 1963. *Christos Kyrios Gottessohn*. Abhandlungen zur Theologie des Alten und Neuen Testaments, 44. Zurich: Zwingli. References are to the translation by Brian Hardy, *Christ, Lord, Son of God*. Studies in Biblical Theology, 50. London: SCM, 1966.

Krauss, Salomo. 1922. *Synagogale Altertümer*. Berlin and Vienna: Harz.

Kreissig, Heinz. 1967. "Zur sozialen Zusammensetzung der frühchristlichen Gemeinden im ersten Jahrhundert u.Z." *Eirene* 6:91-100.

_____. 1970. *Die sozialen Zusammenhänge des jüdischen Krieges: Klassen und Klassenkampf im Palästina des 1. Jh. v. u.Z*. Berlin: Akademie.

_____. 1977. "Das Frühchristentum in der Sozialgeschichte des Alterrums." In *Das Korpus der griechischen christlichen Schriftsteller: Historie, Gegenwart, Zukunft*, ed. Johannes Irmscher and Kurt Treu, pp. 15-19. Texte und Untersuchungen, 120. Berlin: Akademie.

Kümmel, Werner Georg. 1929. *Römer 7 und die Bekehrung des Paulus.* Untersuchungen zum Neuen Testament, 17. Leipzig: Hinrichs. Reprinted in *Römer 7 und Das Bild des Menschen im Neuen Testament: Zwei Studien.* Theologische Bücherei, 53. Munich: Kaiser, 1974.

———. 1973. *Einleitung in das Neue Testament.* 17th ed. Heidelberg: Quelle & Meyer. References are to the translation by Howard C. Kee, *Introduction to the New Testament.* Nashville and New York: Abingdon, 1975.

Kuhn, Karl Georg. 1959. "προσήλυτος." *TWNT* 6:727–745. References are to the translation in *TDNT* 6:727–744.

Kuhn, Karl Georg, and Stegemann, Hartmut. 1962. "Proselyten." PW, supp. vol. 9:cols. 1248–1283.

Lake, Kirsopp. 1933. "Proselytes and God-fearers." In Lake and Cadbury 1933, 5:74–96.

Lake, Kirsopp, and Cadbury, Henry J., eds. 1933. *The Acts of the Apostles.* Edited by F. J. Foakes Jackson and Kirsopp Lake. Vol. 4: *English Translation and Commentary.* Vol. 5: *Additional Notes.* Reprint. Grand Rapids: Baker, 1979.

Lampe, G. W. H. 1967a. "Church Discipline and the Interpretation of the Epistles to the Corinthians." In *Christian History and Interpretation: Studies Presented to John Knox,* ed. William R. Farmer, C. F. D. Moule, and Richard R. Niebuhr, pp. 337–361. Cambridge: At the University Press.

———. 1967b. *The Seal of the Spirit: A Study in the Doctrine of Baptism and Confirmation in the New Testament and the Fathers.* 2d ed. London: S.P.C.K.

Landvogt, Peter. 1908. *Epigraphische Untersuchungen über den* oikonomos: *Ein Beitrag zum hellenistischen Beamtenwesen.* Strasbourg: Schauberg.

Layton, Bentley. 1979. *The Gnostic Treatise on Resurrection from Nag Hammadi.* Harvard Dissertations in Religion, 12. Missoula, Mont.: Scholars.

Leach, Edmund. 1968. "Ritual." *IESS,* vol. 13, pp. 520–526.

Le Déaut, Roger. 1965. *La Nuit pascale.* Rome: Biblical Institute Press.

Lee, Clarence L. 1971. "Social Unrest and Primitive Christianity." In *The Catacombs and the Colosseum: The Roman Empire as the Setting of Primitive Christianity,* ed. Stephen Benko and John J. O'Rourke, pp. 121–138. Valley Forge: Judson.

Leenhardt, F. J. 1948. "La Place de la femme clans l'Église d'après le Nouveau Testament." *Études théologiques et religieuses* 23:3–50.

Leipoldt, Johannes. 1954. *Die Frau in der antiken Welt und im Urchristentum.* Leipzig: Koehler & Amelang.

Lemerle, Paul. 1934. "Inscriptions latines et grecques de Philippes." *BCH* 58:448–483.

———. 1945. *Philippes et la Macédoine orientale à l'époque chrétienne et byzantine.* Recherches à l'histoire et d'archéologie. Paris: Boccard.

Lenski, Gerhard E. 1954. "Status Crystallization: A Non-vertical Dimension of Social Status." *ASR* 19:405–413. Reprinted in *Sociology: The Progress of a Decade,* ed. Seymour Martin

Lipset and Neil J. Smelser, pp. 485-494. Engelwood Cliffs, N.J.: Prentice-Hall, 1961.

_____. 1956. "Social Participation and Status Crystallization." *ASR* 21:458-464.

Leon, Harry J. 1960. *The Jews of Ancient Rome*. Philadelphia: Jewish Publication Society.

Levick, Barbara M. 1967. *Roman Colonies in Southern Asia Minor*. Oxford: Clarendon Press.

Levine, Lee I. 1975. *Caesarea under Roman Rule*. Studies in Judaism in Late Antiquity, 7. Leiden: Brill.

_____. 1979. "The Jewish Patriarch (Nasi) in Third Century Palestine." *ANRW*, pt. 2, vol. 9.2:649-688.

Lewis, Ioan M. 1971. *Ecstatic Religion: An Anthropological Study of Spirit Possession and Shamanism*. Baltimore: Penguin.

Liebeschuetz, J. H. W. G. 1972. *Antioch: City and Imperial Administration in the Later Roman Empire*. Oxford: Oxford University Press.

Lietzmann, Hans. 1914. "Zur altchristlichen Verfassungsgeschichte." *Zeitschrift für Wissenschaftliche Theologie* 55:97-153. References are to the reprint in Kertelge 1977, 93-143.

_____. 1931. *An die Korinther I, II*. 3d ed. Handbuch zum Neuen Testament, 9. Tübingen: Mohr (Siebeck).

_____. 1933. *An die Römer*. 4th ed. Handbuch zum Neuen Testament, 8. Tübingen: Mohr (Siebeck).

Lifshitz, Baruch. 1969. "Notes d'épigraphie grecque." *RB* 76:92-98.

_____. 1970. "Du nouveau sur les 'Sympathisants'." *JSJ* 1:77-84.

Lifshitz, Baruch, and Schiby, J. 1968. "Une Synagogue samaritaine à Thessalonique." *RB* 75:368-378.

Lightfoot, Joseph Barber. 1879. *Saint Paul's Epistles to the Colossians and to Philemon*. Reprint. Grand Rapids: Zondervan, 1959.

_____. 1880. *The Epistle of St. Paul to the Galatians*. 6th ed. Reprint. Grand Rapids: Zondervan, 1978.

_____. 1913. *Saint Paul's Epistle to the Philippians*. Reprint. Grand Rapids: Zondervan, 1953.

Lindars, Barnabas, S. S. F. 1961. *New Testament Apologetic: The Doctrinal Significance of the Old Testament Quotations*. London: SCM; Philadelphia: Fortress.

Lindemann, Andreas. 1976. "Bemerkungen zu den Adressaten und zum Anlass des Epheserbriefes." *ZNW* 67:235-251.

_____. 1979. *Paulus im ältesten Christentum: Das Bild des Apostels in der frühchristlichen Literatur bis Marcion*. Beiträge zur historischen Theologie, 58. Tübingen: Mohr (Siebeck).

Linton, Olof. 1949. "The Third Aspect: A Neglected Point of View: A Study in Gal. i-ii and Acts ix and xv." *Studia Theologica* 3:79-95.

———. 1959. "Ekklesia I: Bedeutungsgeschichtlich." *RAC* 4:Cols. 905–921.
Lipset, Seymour Martin. 1968. "Social Class." *IESS*, vol. 15, pp. 296–316.
Lipsius, Richard Adelbert, and Bonnet, Maximilian, eds. 1891. *Acta Apostolorum Apocrypha*. 3 vols. Reprint. Darmstadt: Wissenschaftliche Buchgesellschaft, 1959.
Lohmeyer, Ernst. 1927. "Kyrios Jesus. Eine Untersuchungzu Phil. 2:5–11." *Sitzungsberichte der Heidelberger Akademie der Wissenschaften, Philosophisch-historische Klasse* 4 (1927–1928). References are to separate reprint, Darmstadt: Wissenschaftliche Buchgesellschaft, 1961.
———. 1930. *Die Briefe an die Philipper, an die Kolosser und an Philemon*. Kritisch-exegetischer Kommentar über das Neue Testament, 9. Göttingen: Vandenhoeck & Ruprecht.
Lohse, Eduard. 1968. *Die Briefe an die Kolosser und an Philemon*. 14th ed. Kritisch-exegetischer Kommentar über das Neue Testament, 9.2. Göttingen: Vandenhoeck & Ruprecht. References are to the translation by William R. Poehlmann and Robert J. Karris, *Colossians and Philemon: A Commentary on the Epistles to the Colossians and to Philemon*. Hermeneia. Philadelphia: Fortress, 1971.
Lüdemann, Gerd. 1979. "Antipaulinism in the First Two Centuries: A Contribution to the History and Theology of Jewish Christianity." Paper presented to the Studiorum Novi Testamenti Societas Seminar on Jewish Christianity, Durham, England, 22 August 1979.
———. 1980a. *Paulus, der Heidenapostel*. Vol. 1: *Studien zur Chronologie*. Forschungen zur Religion und Literatur des Alten und Neuen Testamentes, 123. Göttingen: Vandenhoeck & Ruprecht.
———. 1980b. "Zurn Antipaulinismus im frühen Christentum." *EvT* 40: 437–455.
Lührmann, Dieter. 1980. "Neutestamentliche Haustafeln und antike Ökonomie." *NTS* 27:83–97.
Lull, David J. 1980. *"Pneuma" in Paul's Letter to the Churches of Galatia: An Interpretation of the Spirit in Light of Early Christian Experience in Galatia, Paul's Message to the Galatians, and Theology Today*. Society of Biblical Literature Dissertation Series, 49. Chico, Calif.: Scholars.
Lutz, Cora. 1947. "Musonius Rufus: 'The Roman Socrates.'" *Yale Classical Studies* 10:3–147.
MacDonald, Dennis. 1979. "Virgins, Widows, and Paul in Second-Century Asia Minor." In *Society of Biblical Literature 1979 Seminar Papers*, ed. Paul J. Achtemeier, pp. 169–184. Missoula, Mont.: Scholars.
Mack, Burton. 1973. *Logos und Sophia: Untersuchungen zur Weisheitstheologie im hellenistischen Judentum*. Studien zur Umwelt des Neuen Testaments, 10. Göttingen: Vandenhoeck & Ruprecht.
MacMullen, Ramsay. 1971. "Social History in Astrology." *Ancient Society* 2:105–116.
———. 1974. *Roman Social Relations*. New Haven and London: Yale University Press.
———. 1980. "Women in Public in the Roman Empire." *Historia* (BadenBaden) 29:208–218.

_____. 1981. *Paganism in the Roman Empire.* New Haven and London: Yale University Press.

Magie, David. 1950. *Roman Rule in Asia Minor to the End of the Third Century after Christ.* 2 vols. Reprint. New York: Arno, 1975.

Makaronas, Ch. I. 1951. "Via Egnatia and Thessalonike." In *Studies Presented to D. M. Robinson,* ed. George E. Mylonas, vol. 1, pp. 380-388 and plate 21. St. Louis: Washington University Press.

Malewski, Andrzej. 1966. "The Degree of Status Incongruence and Its Effects." In *Class, Status, and Power: Social Stratification in Comparative Perspective,* ed. Reinhard Bendix and Seymour M. Lipset, pp. 303-308. 2d ed. New York: Free Press; London: Macmillan.

Malherbe, Abraham J. 1968. "The Beasts at Ephesus." *JBL* 87:71-80.

_____. 1970. "'Gentle as a Nurse': The Cynic Background of I Thess ii." *NovT* 12:203-217.

_____. 1976. "Cynics." *IDBS,* pp. 201-203.

_____. 1977a. *Social Aspects of Early Christianity.* Rockwell Lectures of 1975. Baton Rouge and London: Louisiana State University Press. 『초기 그리스도교의 사회적 이해』(대한기독교서회).

_____. 1977b. "The Inhospitality of Diotrephes." In *God's Christ and His People: Studies in Honour of Nils Alstrup Dahl,* ed. Jacob Jervell and Wayne A. Meeks, pp. 222-232. Oslo, Bergen, and Tromsö: Universitetsforlaget.

_____. forthcoming. "Hellenistic Moralists and the New Testament." *ANRW,* pt. 2, vol. 28.

_____. forthcoming. "Self-definition among Epicureans and Cynics." In *Jewish and Christian Self-Definition,* ed. E. P. Sanders, vol. 3. London: SCM; Philadelphia: Fortress.

Marrou, Henri. 1955. *Histoire de l'éducation dans l'antiquité.* 3d ed., rev. Paris: Éditions du Seuil. References are to the translation by George Lamb, *A History of Education in Antiquity.* New York: Sheed and Ward, 1956. 『서양 고대교육사』(교육과학사).

Martin, Ralph P. 1967. *Carmen Christi: Philippians in Recent Interpretation and in the Setting of Early Christian Worship.* Cambridge: At the University Press.

Mattusch, Carol C. 1977. "Corinthian Metalworking: The Forum Area." *Hesperia* 46:380-389.

Mau, August. 1904. *Pompeii: Its Life and Art.* Translated by F. W. Kelsey. Rev. ed. New York: Macmillan.

McCasland, S. Vernon, 1962. "Travel and Communication in the NT." *IDB,* vol. 4, pp. 690-693.

Meeks, Wayne A. 1972. "The Man from Heaven in Johannine Sectarianism." *JBL* 91 :44-72.

_____. 1974. "The Image of the Androgyne: Some Uses of a Symbol in Earliest Christianity." *HR* 13:165-208.

_____. 1976. "Moses in the NT." *IDBS,* pp. 605-607.

_____. 1977. "In One Body: The Unity of Humankind in Colossians and Ephesians." In *God's Christ and His People: Studies in Honour of Nils Alstrup Dahl,* ed. Jacob Jervell and Wayne A. Meeks, pp. 209-221. Oslo, Bergen, and Tromsö: Universitetsforlaget.

———. 1978. "Hypomnēmata from an Untamed Sceptic: A Response to George Kennedy." In *The Relationships among the Gospels: An Interdisciplinary Dialogue*, ed. William O. Walker, pp. 157-172. San Antonio: Trinity University Press.

———. 1982. "Social Functions of Apocalyptic Language in Pauline Christianity." In Hellholm 1982.

Meeks, Wayne A., and Wilken, Robert L. 1978. *Jews and Christians in Antioch in the First Four Centuries of the Common Era*. Society of Biblical Literature Sources for Biblical Study, 13. Missoula, Mont.: Scholars.

Mellink, Machfeld J. 1977. "Archaeology in Asia Minor." *AJA*, 2d ser. 81:281-321.

Merkelbach, Reinhold. 1973. "Zwei Texte aus dem Serapeum zu Thessalonike." *ZPE* 10:49-54.

Merritt, Benjamin Dean. 1931. *Greek Inscriptions 1896-1927. Corinth: Results*, vol. 8, pt. 1. Cambridge, Mass.: Harvard University Press.

Merton, Robert K. 1967. *Social Theory and Social Structure: Five Essays, Old and New*. New York: Free Press.

Merton, Robert K., and Rossi, Alice Kitt. 1950. "Reference Group Theory and Social Mobility." In *Continuities in Social Research*, ed. Robert K. Merton and Paul F. Lazarsfeld, pp. 40-105. Glencoe, Ill.: Free Press.

Michaelis, Wilhelm. 1951. "Zum jüdischen Hintergrund der Johannestaufe." *Judaica* 7:81-120.

Minar, Edwin L., Jr. 1942. *Early Pythagorean Politics in Practice and Theory*. Connecticut College Monographs, 2. Baltimore: Waverly.

Minns, Ellis H. 1913. *Scythians and Greeks: A Survey of Ancient History and Archaeology on the North Coast of the Euxine from the Danube to the Caucasus*. Cambridge: At the University Press.

Moe, Dean. 1977. "The Cross and the Menorah." *Archaeology* 30:148-157.

Momigliano, Arnaldo. 1972. "Popular Religious Beliefs and the Late Roman Historians." In *Popular Belief and Practice*, ed. C. J. Cuming and Derek Baker, pp. 1-18. Studies in Church History, 8. Cambridge: At the University Press.

Moore, George Foot. 1927. *Judaism in the First Centuries of the Christian Era: The Age of the Tannaim*. 3 vols. Cambridge, Mass.: Harvard University Press.

Mrozek, Stanislaw. 1975. "Wirtschaftliche Grundlagen des Aufstiegs der Freigelassenen im römischen Reich." *Chiron* 5:311-317.

Murphy-O'Connor, Jerome, O. P. 1976. "The Non-Pauline Character of 1 Corinthians 11:2-16?" *JBL* 95:615-621.

Mylonas, George F. 1961. *Eleusis and the Eleusinian Mysteries*. Princeton: Princeton University Press.

Nabers, Ned. 1969. "A Note on *Corinth* VIII, 2, 125." *AJA*, 2d ser. 73:73-74.

Neufeld, Vernon H. 1963. *The Earliest Christian Confessions*. New Testament Tools and Studies, 5. Leiden: Brill; Grand Rapids: Eerdmans.

Neusner, Jacob. 1964. "The Conversion of Adiabene to Judaism: A New Perspective." *JBL* 83:60-66.

_____. 1970. *Development of a Legend: Studies on the Traditions Concerning Yoḥanan ben Zakkai*. Studia Post-Biblica, 16. Leiden: Brill.

_____. 1971. *The Rabbinic Traditions about the Pharisees before 70*. 3 parts. Leiden: Brill.

_____. 1973a. *The Idea of Purity in Ancient Judaism*. Studies in Judaism in Late Antiquity, 1. Leiden : Brill.

_____. 1973b. "'Pharisaic-Rabbinic' Judaism: A Clarification." *HR* 12: 250-270.

_____. 1977. *A History of the Mishnaic Law of Purities*. Studies in Judaism in Late Antiquity 6. Part 22: *The Mishnaic System of Uncleanness*. Leiden: Brill.

_____. 1978. "Comparing Judaism." *HR* 18:177-191. Reprinted, with revisions, as "The Use of the Later Rabbinic Evidence for the Study of Paul." In *Approaches to Ancient Judaism*, ed. William S. Green, vol. 2, pp. 43-63. Brown Judaic Studies, 9. Chico, Calif.: Scholars.

_____. 1979a. "The Formation of Rabbinic Judaism: Yavneh (Jamnia) from A.D. 70 to 100." *ANRW*, pt. 2, vol. 19.2:3-42.

_____. 1979b. "Map without Territory: Mishnah's System of Sacrifice and Sanctuary." *HR* 19:103-127.

_____. 1980. "The Use of the Mishnah for the History of Judaism prior to the Time of the Mishnah." *JSJ* 11:1-9.

Nickelsburg, George W. E., Jr. 1972. *Resurrection, Immortality, and Eternal Life in Intertestamental Judaism*. Harvard Theological Studies, 26. Cambridge, Mass.: Harvard University Press.

Nickle, Keith. 1966. *The Collection: A Study in Paul's Strategy*. Studies in Biblical Theology, 48. London: SCM.

Nilsson, Martin P. 1954. "Roman and Greek Domestic Cult." *Opuscula Romana* 18:77-85.

_____. 1961. *Geschichte der griechischen Religion*. 2d ed. Vol. 2. Handbuch der Altenumswissenschaft, sec. 5, pt. 2. Munich: Beck.

Nock, Arthur Darby. 1924a. "The Christian *Sacramentum* in Pliny and a Pagan Counterpart." *Classical Review* 38:58-59.

_____. 1924b. "The Historical Importance of Cult-Associations." *Classical Review* 38:105-109.

_____. 1933a. *Conversion: The Old and the New in Religion from Alexander the Great to Augustine of Hippo*. Reprint. Oxford: Oxford University Press (Oxford Paperbacks), 1961.

_____. 1933b. "The Vocabulary of the New Testament." *JBL* 52:131-139. Reprinted in

Essays on Religion and the Ancient World, ed. Zeph Stewart, pp. 341-347. Cambridge, Mass.: Harvard University Press, 1972.

Norden, Eduard. 1912. *Agnostos Theos: Untersuchungen zur Formengeschichte religiöser Rede*. Reprint. Darmstadt: Wissenschaftliche Buchgesellschaft, 1956.

Ollrog, Wolf-Henning. 1979. *Paulus und seine Mitarbeiter: Untersuchungen zu Theorie und Praxis der paulinischen Mission*. Wissenschaftliche Monographien zum Alten und Neuen Testament, 50. Neukirchen: Erziehungsverein.

Olsen, Marvin E. 1968. *The Process of Social Organization*. New York: Holt, Rinehart.

Olson, Stanley N. 1976. "Confidence Expressions in Paul: Epistolary Conventions and the Purpose of 2 Corinthians." Ph.D. dissertation, Yale University.

Orr, William F., and Walther, James Arthur. 1976. *I Corinthians: A New Translation*. Anchor Bible, 32. Garden City, N.Y.: Doubleday.

Pagels, Elaine H. 1979. *The Gnostic Gospels*. New York: Random House.

Pearson, Birger A. 1971. "1 Thessalonians 2:13-16: A Deutero-Pauline Interpolation." *HTR* 64:79-94.

―――. 1973. *The Pneumatikos-Psychikos Terminology in 1 Corinthians*. Society of Biblical Literature Dissertation Series, 12. Missoula, Mont.: Scholars.

―――. 1975. "Hellenistic-Jewish Wisdom Speculation and Paul." In *Aspects of Wisdom in Judaism and Early Christianity*, ed. Robert L. Wilken, pp. 43-66. Notre Dame and London: University of Notre Dame Press.

Pelekanidis, Stratis. 1961. "Παλαιοχριστιανικοὶ τάφοι." *Archaiologikon Deltion* 17:257 and plate 314a, b.

Petsas, Photios M. 1968. "Ἡ ἀγορὰ τῆς Θεσσαλονικῆς." *Athens Annals of Archaeology* 1:156-162.

Pettigrew, Thomas F. 1967. "Social Evaluation Theory: Convergences and Applications." In *Nebraska Symposium on Motivation 1967*, ed. David Levine, pp. 241-311. Lincoln: University of Nebraska Press.

Pfitzner, Victor C. 1967. *Paul and the Agon Motif.* Supplements to Novum Testamentum, 16. Leiden: Brill.

Pöhlmann, Wolfgang. 1973. "Die hymnische All-Prädikationen in Kol. 1:15-20." *ZNW* 64:53-74.

Poland, Franz. 1909. *Geschichte des griechischen Vereinswesens*. Preisschriften...der fürstlich Jablonowskischen Gesellschaft, 38. Leipzig: Teubner.

Polanyi, Karl. 1968. *Primitive, Archaic, and Modern Economics*. Edited by George Dalton. Garden City, N.Y.: Doubleday (Anchor).

Pomeroy, Sarah B. 1975. *Goddesses, Whores, Wives, and Slaves: Women in Classical Antiquity*. New York: Schocken.

Pope, Marvin. 1976. "Homosexuality." *IDBS*, pp. 415-417.

Powell, Benjamin. 1903. "Inscriptions from Corinth." *AJA*, 2d ser. 7:26-71.

Préaux, Claire. 1955. "Institutions économiques et sociales des villes hellénistiques." In *La Ville*, ed. Jean Firenne, pt. 1, pp. 89-135. Recueils de la Société Jean Bodin, 6. Brussels: Libraire encyclopédique.

Preisker, Herbert. 1927. *Christentum und Ehe in den ersten drei Jahrhunderten: Eine Studie zur Kulturgeschichte der alten Welt.* Berlin: Trowitsch.

Puniet, P. de. 1907. "Baptême." *DACL*, vol. 2:cols. 251-346.

Radice, Betty, trans. 1969. *The Letters of the Younger Pliny.* Harmondsorth: Penguin.

Radke, Gerhard. 1973. "Viae publicae Romanae." *PW,* supp. 13:cols. 1417-1686.

Ramsay, William M. 1904. "Roads and Travel." In *A Dictionary of the Bible*, ed. James Hastings, supp. vol. pp. 375-402. Edinburgh and New York: Clark.

Redlich, E. Basil. 1913. *St. Paul and His Companions.* London: Macmillan.

Reekmans, Tony. 1971. "Juvenal's Views on Social Change." *Ancient Society* 2:117-161.

Reicke, Bo. 1951. *Diakonie, Festfreude, und Zelos in Verbindung mit der altchristlichen Agapenfeier.* Uppsala Universitets Årsskritt 1951, 5. Uppsala: Lundequist; Wiesbaden: Harrassowitz.

———. 1951*b*. "The Law and This World according to Paul." *JBL* 70:259-276.

Rensberger, David. 1978. "2 Corinthians 6:14-7:1—A Fresh Examination." *Studia Biblica et Theologica* 8, no. 2:25-49.

———. 1981. "As the Apostle Teaches: The Development of the Use of Paul's Letters in Second-Century Christianity." Ph.D. dissertation, Yale University.

Rese, Martin. 1970. "Formeln und Lieder im Neuen Testament: Einige notwendige Anmerkungen." *Verkündigung und Forschung* 15, no. 2:75-95.

Richard, Marcel. 1956. *Asterii sophistae. Commentariorum in Psalmos quae supersunt, accedunt aliquot homiliae anonymae.* Oslo: Brøgge.

Robert, Louis. 1937. *Études anatoliennes: Recherches sur les inscriptions grecques de l'Asie Mineure.* Paris: Boccard.

———. 1964. *Nouvelles Inscriptions de Sardes.* Vol. 1. Paris: Librairie d'Amerique et d'Orient A. Maisonneuve.

———. 1974. "Les Inscriptions de Thessalonique." *RPh* 48:180-246.

Robertis, Francesco M. de. 1973. *Storia delle corporazioni e del regime associativo nel mondo romano.* 2 vols. Bari: Adriatica editrice.

Robinson, James M. 1957. "A Formal Analysis of Col. 1:15-20." *JBL* 76:270-287.

———. 1964. "Die Hodajot-Formel in Gebet und Hymnus des Frühchristenturns." In *Apophoreta: Festschrift für Ernst Haenchen*, ed. Walther Eltester, pp. 194-235. Beihefte zur *ZNW* 30. Berlin: Töpelmann.

Robinson, John A. T. 1952. *The Body: A Study in Pauline Theology.* Studies in Biblical Theology, 5. London: SCM.

Romaniuk, Kazimierz. 1964. "Die 'Gottesfürchtigen' im Neuen Testament." *Aegyptus* 44:66-91.

Rose, H. J. 1957. "The Religion of a Greek Household." *Euphrosyne* 1:95-116.

Rostovtzeff, Mihail. 1957. *The Social and Economic History of the Roman Empire*. 2 vols. 2d ed., revised by P. M. Fraser. Oxford: Clarendon Press.

Rowley, H. H . 1940. "Jewish Proselyte Baptism and the Baptism of John." *HUCA* 15:313-334.

Russell, D. A., and Wilson, N. G., ed. and trans. 1981. *Menander Rhetor*. Oxford: Clarendon Press; New York: Oxford University Press.

Ste. Croix, G. E. M. de. 1975. "Early Christian Attitudes to Property and Slavery." In *Church, Society, and Politics*, ed. Derek Baker, pp. 1-38. Studies in Church History, 12. Oxford: Blackwell.

Salditt-Trappmann, Regina. 1970. *Tempel der ägyptischen Götter in Griechenland und an der Westküste Kleinasiens*. Études préliminaires aux religions orientales dans l'empire romain, 15 . Leiden: Brill.

Sampley, J. Paul. 1977. "*Societas Christi:* Roman Law and Paul's Conception of the Christian Community." In *God's Christ and His People: Studies in Honour of Nils Alstrup Dahl*, ed. Jacob Jervell and Wayne A. Meeks, pp. 158-174. Oslo, Bergen, and Tromsö: Universitetsforlaget.

———. 1980. *Pauline Partnership in Christ: Christian Community and Commitment in Light of Roman Law*. Philadelphia: Fortress.

Sanders, E. P. 1977. *Paul and Palestinian Judaism: A Comparison of Patterns of Religion*. Philadelphia: Fortress; London: SCM.『바울과 팔레스타인 유대교』(알맹e).

Sasaki, M. S. 1979. "Status Inconsistency and Religious Commitment." In *The Religious Dimension: New Directions in Quantitative Research*, ed. Robert Wuthnow, pp. 135-156. New York, San Francisco, and London: Academic.

Schachter, Stanley. 1968. "Social Cohesion." *IESS*, vol. 2, pp. 542-546.

Schaefer, Hans. 1962. "Prostatēs." PW, supp. vol. 9: cols. 1288-1304.

Schille, Gottfried. 1952. "Liturgisches Gut im Epheserbrief." D. Theol. dissertation, Göttingen.

———. 1962. *Frühchristliche Hymnen*. Berlin: Evangelische Verlagsanstalt.

———. 1967. *Die urchristliche Kollegialmission*. Abhandlungen zur Theologie des Alten und Neuen Testaments, 48. Zurich and Stuttgart: Zwingli.

Schlier, Heinrich. 1933. "ἀμήν." *TWNT* 1:339-342. References are to the translation in *TDNT* 1:335-338.

———. 1938. "Die Taufe nach dem 6. Kap. des Röm." *EvT* 5:335-347. Reprinted in *Die Zeit der Kirche*. Freiburg: Herder, 1956, pp. 47-56.

———. 1971. *Der Briefan die Galater*. 14th ed. Kritisch-exegetischer Kommentar über das Neue Testament, 7. Göttingen: Vandenhoeck & Ruprecht.

Schmidt, Karl Ludwig. 1938. "ἐκκλησία." *TWNT* 3:502-539. References are to the translation in *TDNT* 3:501-536.

Schoenebeck, Hans von. 1940. "Die Stadtplannung des römischen Thessalonike." In *Bericht über den 6. Internationalen Kongress für Archäologie*, ed. Max Wenger, pp. 478-482. Berlin: De Gruyter.

Schottroff, Luise. 1979. "Die Schreckensherrschaft der Sünde und die Befreiung durch Christus nach dem Römerbrief des Paulus." *EvT* 39:497-510.

Schreiber, Alfred. 1977. *Die Gemeinde in Korinth: Versuch einer gruppendynamischen Betrachtung der Entwicklung der Gemeinde von Korinth auf der Basis des ersten Korintherbriefes*. Neutestamentliche Abhandlungen, n.s., 12. Münster: Aschendorff.

Schroeder, David. 1959. "Die Haustafeln des Neuen Testaments: Ihre Herkunft und ihr theologischer Sinn." D. Theol. dissenation, Hamburg.

Schubert, Paul. 1939a. *Form and Function of the Pauline Thanksgivings*. Beihefte zur *ZNW* 20. Berlin: Töpelmann.

_____. 1939b. "Form and Function of the Pauline Letters." *JR* 19:365-377.

Schürer, Emil. 1973-. *The History of the Jewish People in the Age of Jesus Christ* (175 B.C.-A.D. 135). Edited and revised by Geza Vermes, Fergus Millar, and Matthew Black. Edinburgh: Clark. 2 vols. to date.

Schütz, John Howard. 1974. "Charisma and Social Reality in Primitive Christianity." *JR* 54:51-70.

_____. 1975. *Paul and the Anatomy of Apostolic Authority*. Society for New Testament Studies Monograph Series, 26. Cambridge: At the University Press.

_____. 1977. "Steps toward a Sociology of Primitive Christianity: A Critique of the Work of Gerd Theissen." Paper presented to the Social World of Early Christianity Group of the American Academy of Religion/Society of Biblical Literature, 27-31 December 1977.

_____. 1982. Introduction to Theissen 1982.

Schultz-Falkenthal, Heinz. 1970. "Zur Frage der organisatorischen Vorbilder für den korporativen Zusammenschluss in den *collegia opificium* u. ihre Verhältnis zu den minelalterlichen Zünften." *Wissenschaftliche Zeitschrift der Martin-Luther-Universität Halle-Wittenberg* 19, no. 2:41-50.

Schweitzer, Albert. 1930. *Die Mystik des Apostels Paulus*. Tübingen: Mohr (Siebeck). Translated by William Montgomery, *The Mysticism of Paul the Apostle*. 1931. Reprint. New York: Seabury, 1968.

Schweizer, Eduard. 1955. *Emiedrigung und Erböhung bei Jesus und seinen Nachfolgern*. Zurich: Zwingli. References are to the translation, *Lordship and Discipleship*. Studies in Biblical Theology, 28. London: SCM, 1960.

_____. 1961a. "Die Kirche als Leib Christi in den paulinischen Homologoumena." *TLZ* 86:161-174. References are to the reprint in *Neotestamentica: Deutsche und englische Aufsätze*. Zurich and Stuttgart: Zwingli, 1963, pp. 272-292.

_____. 1961b. "Die Kirche als Leib Christi in den paulinischen Antilegomena." *TLZ* 86:241-256. References are to the reprint in *Neotestamentica: Deutsche und englische Aufsätze*. Zurich and Stuttgart: Zwingli, 1963, pp. 293-316.

_____. 1964. "σῶμα, κτλ." *TWNT* 7:1024-1091. References are to the translation in *TDNT* 7:1024-1094.

Scranton, Robert L. 1951. *Monuments in the Lower Agora and North of the Archaic Temple. Corinth: Results*, vol. 1, pt. 3. Princeton: Princeton University Press.

Scranton, Robert L.; Shaw, Joseph W.; and Ibrahim, Leila. 1978. *Topography and Architecture. Kenchreai, Eastern Port of Corinth: Results of Investigations by the University of Chicago and Indiana University for the American School of Classical Studies at Athens*, vol. 1. Leiden: Brill.

Scroggs, Robin. 1980. "The Sociological Interpretation of the New Testament: The Present State of Research." *NTS* 26:164-179.

Seager, Andrew R. 1972. "The Building History of the Sardis Synagogue." *AJA* 76:425-435.

Sebesta, Judith Lynn. 1976. "Dine with Us as an Equal." *Classical Bulletin* 53:23-26.

Segelberg, Eric. 1958. *Maṣbūtā: Studies in the Ritual of the Mandaean Baptism*. Uppsala: Almqvist & Wiksells.

Sevenster, J. N. 1975. *The Roots of Pagan Anti-Semitism in the Ancient World*. Supplements to Novum Testamentum, 41. Leiden: Brill.

Sherwin-White, A. N. 1967. *Racial Prejudice in Imperial Rome*. Cambridge: At the University Press.

Siegert, Folker. 1973. "Gottesfürchtige und Sympathisanten." *JSJ* 4: 109-164.

Sivan, Hagith S. 1978. *The Painting of the Dura-Europos Synagogue: A Guidebook to the Exhibition* [sponsored by the New Haven Jewish Federation and the New Haven Jewish Community Center, 13 April-15 May, 1978].

Smallwood, E. Mary. 1976. *The Jews under Roman Rule: From Pompey to Diocletian*. Studies in Judaism in Late Antiquity, 20. Leiden: Brill.

Smith, Dennis E. 1980. "Social Obligation in the Context of Communal Meals: A Study of the Christian Meal in 1 Corinthians in Comparison with Graeco-Roman Communal Meals." Th.D. dissertation, Harvard University.

Smith, Jonathan Z. 1965. "The Garments of Shame." *HR* 5:224-230.

———. 1971. "Native Cults in the Hellenistic Period." *HR* 11:236-239.

———. 1975. "The Social Description of Early Christianity." *Religious Studies Review* 1:19-25.

Smith, Morton. 1978. *Jesus the Magician*. New York: Harper & Row.

———. 1980. "Pauline Worship as Seen by Pagans." *HTR* 73:241-249.

Soden, Hans von. 1931. "Sakrament und Ethik bei Paulus." In *Marburger Theologische Studien (Rudolf Otto-Festgruss)*. Vol. 1. Reprinted in *Urchristentum und Geschichte*. Tübingen: Mohr (Siebeck), 1951, pp. 239-275. Abridged translation in *The Writings of St. Paul*, ed. Wayne A. Meeks, pp. 257-268. New York: Norton, 1972.

———. 1933. "ἀδελφός, κτλ." *TWNT* 1:144-146. References are to the translation in *TDNT* 1:144-146.

Spiro, Melford E. 1966. "Religion: Problems of Definition and Explanation." In *Anthropological Approaches to the Study of Religion*, ed. Michael Banton, pp. 85-126.

Association of Social Anthropologists Monographs, 3. London: Tavistock.

Stählin, Gustav. 1938. "ἴσος, κτλ." *TWNT* 3:343-356. References are to the translation in *TDNT* 3:343-355.

Stauffer, Ethelbert. 1949. "Zur Kindertaufe in der Urkirche." *Deutscher Pfarrerblatt* 49: 152-154.

Stendahl, Krister. 1963. "The Apostle Paul and the Introspective Conscience of the West." *HTR* 56:199-215. Reprinted in *Paul among Jews and Gentiles and Other Essays*. Philadelphia: Fortress, 1976, pp. 78-96.

Stern, Menahem. 1974. *Greek and Latin Authors on Jews and Judaism*. Part 1: *From Herodotus to Plutarch*. Leiden: Brill.

⎯⎯⎯⎯. 1976. "The Jews in Greek and Latin Literature." In *The Jewish People in the First Century*, ed. Samuel Safrai and Menahem Stern, 2:1101-1159. Compendia Rerum Iudaicarum ad Novurn Testamentum, 1. Assen: Van Gorcum; Philadelphia: Fortress.

Stillwell, Richard, ed. 1941. *Architecture. Corinth: Results*, vol. 1, pt. 2. Cambridge, Mass.: Harvard University Press.

⎯⎯⎯⎯. 1952. *The Theater. Corinth: Results*, vol. 2. Princeton: Princeton University Press.

Stillwell, Richard, and Askew, H. Ess. 1941. "The Peribolos of Apollo." In Stillwell 1941, 1-54.

Stowers, Stanley K. 1981. *The Diatribe and Paul's Letter to the Romans*. Society of Biblical Literature Disseration Series, 57. Chico, Calif.: Scholars.

Strecker, Georg. 1964. "Redaktion und Tradition im Christushymnus Phil. 2, 6-11." *ZNW* 55:63-78.

Strobel, August. 1965. "Der Begriff des Hauses im griechischen und römischen Privatrecht." *ZNW* 56:91-100.

Stuhlmacher, Peter. 1975. *Der Brief an Philemon*. Evangelisch-Katholischer Kommentar zum Neuen Testament, 1. Zurich: Einsiedeln; Cologne: Benziger; Neukirchen: Erziehungsverein.

⎯⎯⎯⎯. 1977. "Zur paulinischen Christologie." *ZTK* 74:449-463.

Swidler, Leonard. 1979. *Biblical Affirmations of Women*. Philadelphia: Westminster.

Talmon, Yonina. 1962. "Pursuit of the Millennium: The Relation between Religious and Social Change." *Archives européenes de sociologie* 3:125-148. Reprinted in *Reader in Comparative Religion: An Anthropological Approach*, ed. W. A. Lessa and E. Z. Vogt, 2d ed., pp. 522-537. New York: Harper & Row, 1965.

Tannehill, Robert C. 1967. *Dying and Rising with Christ: A Study in Pauline Theology*. Beihefte zur *ZNW* 32. Berlin: Töpelmann.

Tanzer, Helen H. 1939. *The Common People of Pompeii: A Study of the Graffiti*. Johns Hopkins University Studies in Archaeology, 29. Baltimore: Johns Hopkins University Press.

Tarn, William W. 1952. *Hellenistic Civilization*. 3d ed., revised by the author and G. T.

Griffith. Reprint. Cleveland and New York: World (Meridian), 1961.

Taylor, Howard F. 1973. "Linear Models of Consistency: Some Extensions of Blalock's Strategy." *AJS* 78:1192-1215.

Taylor, L. R. 1933. "The Asiarchs." In Lake and Cadbury 1933, 5:256-262.

Tcherikover, Victor. 1961. *Hellenistic Civilization and the Jews*. Philadelphia: Jewish Publication Society.

Theissen, Gerd. 1973. "Wanderradikalismus: Literatursoziologische Aspekte der Überlieferung von Worten Jesu im Urchristentum." *ZTK* 70:245-271. Reprinted in Theissen 1979, 79-105. Translated by Anne C. Wire in *Radical Religion* 2, nos. 2-3 (1975): 84-93.

_____. 1974*a*. "Soteriologische Symbolik in den paulinischen Schriften: Ein strukturalistischer Beitrag." *Kerygma und Dogma* 20:282-304.

_____. 1974*b*. "Soziale Integration und sakramentales Handeln: Eine Analyse von 1 Cor. XI 17-34." *NovT* 24:179-205. References are to the reprint in Theissen 1979, 290-317."

_____. 1974*c*. "Soziale Schichtung in der korinthischen Gemeinde." *ZNW* 65:232-272. References are to the reprint in Theissen 1979, 231-271.

_____. 1975*a*. "Legitimation und Lebensunterhalt. Ein Beitrag zur Soziologie urchristlicher Missionare." *NTS* 21:192-221. References are to the reprint in Theissen 1979, 201-230.

_____. 1975*b*. "Die soziologische Auswertung religiöser Überlieferungen." *Kairos* 17:284-299. References are to the reprint in Theissen 1979, 35-54.

_____. 1975*c*. "Die Starken und Schwachen in Korinth: Soziologische Analyse eines theologischen Streites." *EvT* 35:155-172. References are to the reprint in Theissen 1979, 272-289.

_____. 1979. *Studien zur Soziologie des Urchristentums*. Wissenschaftliche Untersuchungen zum Neuen Testament, 19. Tübingen: Mohr (Siebeck). 『원시 그리스도교에 대한 사회학적 연구』(대한기독교출판사).

_____. 1982. *The Social Setting of Pauline Christianity: Essays on Corinth*. Edited and translated by John H. Schütz. Philadelphia: Fortress.

Thesleff, Holger. 1965. *The Pythagorean Texts of the Hellenistic Period*. Acta Academiae Aboensis, Humaniora, no. 30, pt. 1. Åbo: Åbo Akademi.

Thiselton, Anthony C. 1978. "Realized Eschatology at Corinth." *NTS* 24:510-526.

Tov, Emmanuel. 1974. "Une Inscription grecque d'origine samaritaine trouvé à Thessalonique." *RB* 81:394-399.

Towner, W. Sibley. 1968. "'Blessed be YHWH' and 'Blessed Art Thou, YHWH': The Modulation of a Biblical Formula." *CBQ* 30:386-399.

Treu, Kurt. 1973. "Christliche Empfehlungs-Schemabriefe auf Papyrus." In *Zetesis: Album amicorum door vrieden en collega's aangeboden aan Prof. Dr. E. de Stryker...* Antwerp: Nederlandsche Boekhandel, pp. 629-636.

Turner, E. G. 1954. "Tiberius Iulius Alexander." *JRomSt* 44:54-64.

Turner, Victor. 1964. "Betwixt and Between: The Liminal Period in *Rites de Passage*." In *Proceedings of the American Ethnological Society*, 1964. References are to the reprint in idem, ed., *The Forest of Symbols: Aspects of Ndembu Ritual*. Ithaca, N.Y.: Cornell University Press, 1977, pp. 93-111. 『상징의 숲』(지식을만드는지식).

─────. 1969. *The Ritual Process: Structure and Anti-Structure*. Reprint. Ithaca, N.Y.: Cornell University Press, 1977. 『의례의 과정』(한국심리치료연구소).

─────. 1974. *Dramas, Fields, and Metaphors: Symbolic Action in Human Society*. Ithaca, N.Y.: Cornell University Press. 『인간 사회와 상징 행위』(황소걸음).

Unnik, Willem C. van. 1964. "Die Rücksicht auf die Reaktion der Nicht-Christen als Motiv in der altchristlichen Paränese." In *Judentum, Urchristentum, Kirche: Festschrift für Joachim Jeremias*, ed. Walther Eltester, pp. 221-233. Beihefte zur *ZNW*, 26. Berlin: Akademie.

─────. 1974. "The Interpretation of Romans 12:8 'ὁ μεταδιδοὺς ἐν ἁπλότητι.'" In *On Language, Culture, and Religion: In Honor of Eugene A. Nida*, ed. Matthew Black and William A. Smalley, pp. 169-183. The Hague and Paris: Mouton.

Usener, Hermann Karl. 1887. *Epicurea*. Reprint. Stuttgart: Teubner, 1966.

Vacalopoulos, Apostolos E. 1963. *A History of Thessaloniki*. Thessalonica: Institute for Balkan Studies.

Vawter, Bruce. 1971. "The Colossians Hymn and the Principle of Redaction." *CBQ* 33:62-81.

Vermes, Geza. 1978. *The Dead Sea Scrolls: Qumran in Perspective*. Cleveland: Collins-World.

Vickers, Michael J. 1970. "Towards Reconstruction of the Town Planning of Roman Thessaloniki." In *Ancient Macedonia*, ed. Basileios Lourdas and Ch. I. Makaronas, pp. 239-251. Thessalonica: Institute for Balkan Studies.

Vielhauer, Philipp. 1939. "*Oikodomē*: Das Bild vom Bau in der christlichen Literatur vom Neuen Testament bis Clemens Alexandrinus." D.Theol. dissertation, Heidelberg. References are to the reprint in *Oikodome: Aufsätze zum Neuen Testament*, ed. Günter Klein, vol. 2, pp. 1-168. Theologische Bücherei, 65. Munich: Kaiser.

Vogel, C. J. de. 1966. *Pythagoras and Early Pythagoreanism: An Interpretation of Neglected Evidence on the Philosopher Pythagoras*. Assen: Van Gorcum.

Vogliano, Achille. 1933. "La grande iscrizione Bacchia del Metropolitan Museum: I." *AJA*, 2d ser., 37:215-231.

Vogt, Joseph. 1939. *Kaiser Julian und das Judentum: Studien zum Weltanschauungskampf der Spätantike*. Morgenland, 30. Leipzig: Morgenland.

─────. 1971. *Bibliographie zur antiken Sklaverei*. Bochum: Brockmeyer.

─────. 1975. "Der Vorwurf der sozialen Niedrigkeit des frühen Christenturms." *Gymnasium* 82:401-411.

Vööbus, Arthur. 1958-1960. *History of Asceticism in the Syrian Orient*. 2 vols. Corpus

Scriptorum Christianorum Orientalium, 184 and 197. Louvain: CSCO.

Walker, Sheila S. 1972. *Ceremonial Spirit Possession in Africa and AfroAmerica: Forms, Meanings, and Functional Significance for Individuals and Social Groups.* Supplements to Numen, 2d ser. 4. Leiden: Brill.

Walker, William O., Jr. 1975. "1 Corinthians and Paul's Views Regarding Women." *JBL* 94:94-110.

Wallace, Anthony F. C. 1956. "Revitalization Movements." *American Anthropologist* 58:264-281.

Walter, Nikolaus. 1977. "Die Philipper und das Leiden." In *Die Kirche des Anfangs: Festschrift für Heinz Schürmann*, ed Rudolf Schnackenburg, Josef Ernst, and Joachim Wanke, pp. 417-434. Leipzig: St. Benno.

_____. 1979. "Christusglaube und heidnische Religiosität in paulinischen Gemeinden." *NTS* 25:422-442.

Waltzing, Jean. 1895-1900. *Étude historique sur les corporations professionelles chez les Romains.* 4 vols. Louvain: Peeters.

Weaver, P. R. C. 1967. "Social Mobility in the Early Roman Empire: The Evidence of the Imperial Freedmen and Slaves." *Past and Present* 37:3-20. Reprinted in *Studies in Ancient Society*, ed. Moses I. Finley, pp. 121-140. London: Routledge and Kegan Paul, 1974.

_____. 1972. *Familia Caesaris: A Social Study of the Emperor's Freedmen and Slaves.* Cambridge: At the University Press.

Webber, Robert D. 1971. "The Concept of Rejoicing in Paul." Ph.D. dissertation, Yale University.

Weber, Max. 1922. *Grundriss der Sozialökonomik. Wirtschaft und Gesellschaft*, pt. 1, sec. 3. Tübingen: Mohr (Siebeck). References are to the translation by A. M. Henderson and Talcott Parsons, *The Theory of Social and Economic Organization.* New York: Free Press; London: Macmillan, 1947.『경제와 사회 1』(문학과지성사).

Weidinger, Karl. 1928. *Die Haustafeln: Ein Stück urchristlicher Paränese.* Untersuchungen zum Neuen Testament, 14. Leipzig: Hinrichs.

Weigandt, Peter. 1963. "Zur sogenannten 'Oikosformel.'" *NovT* 6:49-74.

Weiss, Johannes. 1910. *Der erste Korintherbrief*, 9th ed. Kritisch-exegetischer Kommentar über das Neue Testament, 5. Göttingen: Vandenhoeck & Ruprecht.

Wengst, Klaus. 1972. *Christologische Formeln und Lieder des Urchristentums.* Studien zum Neuen Testament, 7. Gütersloh: Mohn.

West, Allen Brown. 1931. *Latin Inscriptions, 1896-1926. Corinth: Results*, vol. 8, pt. 2. Cambridge, Mass.: Harvard University Press.

Westermann, William L. 1955. *Slave Systems of Greek and Roman Antiquity.* Memoirs of the American Philosophical Society, 40. Philadelphia: American Philosophical Society.

Widengren, Geo. 1968. "Heavenly Enthronement and Baptism: Studies in Mandaean Baptism." In *Religions in Antiquity: Essays in Memory of Erwin Ramsdell Goodenough*, ed. Jacob Neusner, pp. 551-589. Studies in the History of Religion, 14. Leiden: Brill.

Wilken, Robert L. 1970. "Toward a Social Interpretation of Early Christian Apologetics." *Church History* 39, no. 1:1-22.

———. 1971. "Collegia, Philosophical Schools, and Theology." In *The Catacombs and the Colosseum*, ed. Stephen Benko and John J. O'Rourke, pp. 268-291. Valley Forge: Judson.

———. 1976. "Melito, the Jewish Community at Sardis, and the Sacrifice of Isaac." *Theological Studies* 37:53-69.

Wilson, Brian R. 1973. *Magic and the Millennium: A Sociological Study of Religious Movements of Protest among Tribal and Third-World Peoples*. London: Heinemann.

Wilson, Jack H. 1968. "The Corinthians Who Say There Is No Resurrection of the Dead." *ZNW* 59:90-107.

Wilson, Robert R. 1979. "Prophecy and Ecstasy: A Reexamination." *JBL* 98:321-337.

Witt, Rex. 1970. "The Egyptian Cults in Ancient Macedonia." In *Ancient Macedonia*, ed. Basileios Lourdas and Ch. I. Makaronas, pp. 324-333. Thessalonica: Institute for Balkan Studies.

Worsley, Peter. 1957. *The Trumpet Shall Sound: A Study of 'Cargo' Cults in Melanesia*. References are to the 2d ed. New York: Schocken, 1968.

Wuellner, Wilhelm. 1967. *The Meaning of "Fishers of Men."* Philadelphia: Westminster.

———. 1979. "Greek Rhetoric and Pauline Argumentation." In *Early Christian Literature and the Classical Intellectual Tradition: In honorem Robert M. Grant*, ed. William Schoedel and Robert L. Wilken, pp. 177-188. Théologie historique, 53. Paris: Beauchesne.

보충 참고 도서

여기에 실린 저서들은 1982년 이후에 출간된 바울계 기독교와 그 환경에 대한 그리고 바울계 기독교를 연구하는 방법에 대한 더 중요한 저술 중 일부를 대표한다.

Adams, Edward. *Constructing the World: A Study in Paul's Cosmological Language.* Studies of the New Testament and Its World. Edinburgh: Clark, 2000.

Barclay, John M. G. *Jews in the Mediterranean Diaspora: From Alexander to Trajan (323 BCE-117 CE).* Edinburgh: Clark, 1996.

Blasi, Anthony J. *Making Charisma: The Social Construction of Paul's Public Image.* New Brunswick, N.J.; London: Transaction, 1991.

Cohen, Shaye J. D. *The Beginnings of Jewishness: Boundaries, Varieties, Uncertainties.* Berkeley: University of California Press, 1999.

Cohen, Shaye J. D., and Ernest S. Frerichs, eds. *Diasporas in Antiquity.* Brown Judaic Studies. Atlanta, Ga.: Scholars, 1993.

Collins, John J. *Between Athens and Jerusalem: Jewish Identity in the Hellenistic Diaspora.* New York: Crossroad, 1983.

Destro, Adriana, and Mauro Pesce. *Antropologia delle origini cristiane.* Rome: Laterza, 1995.

Elliott, John Hall. *Social-Scientific Criticism of the New Testament.* London: SPCK, 1995.

Engberg-Pedersen, Troels, ed. *Paul in His Hellenistic Context.* Minneapolis: Fortress, 1995.

Feldman, Louis. *Jew and Gentile in the Ancient World: Attitudes and Interactions from Alexander to Justinian.* Princeton: Princeton University Press, 1993.

Friesinger, Herwig, Fritz Krinzinger, Barbara Brandt, and Karl R. Krierer. *100 Jahre österreichische Forschungen in Ephesos: Akten des Symposions Wien 1995.* Vienna: Verlag der Österreichischen Akademie der Wissenschaften, 1999.

Garrett, Susan B. "Sociology of Early Christianity." In *The Anchor Bible Dictionary*, vol. 6, 89-99. New York: Doubleday, 1992.

Geertz, Clifford. *Local Knowledge: Further Essays in Interpretive Anthropology.* New York: Basic, 1983.

Goodman, Martin. *Mission and Conversion: Proselytizing in the Religious History of the Roman Empire.* Oxford: Oxford University Press, 1994.

Gruen, Erich S. *Heritage and Hellenism: The Reinvention of Jewish Tradition.* Hellenistic Culture and Society. Berkeley: University of California Press, 1998.

Gunther, Matthias. *Die Frühgeschichte des Christentums in Ephesus.* Arbeiten zur Religion und Geschichte des Urchristentums. Frankfurt am Main: Lang, 1995.

Hengel, Martin, and Ulrich Heckel, eds. *Paulus und das antike Judentum*. Wissenschaftliche Untersuchungen Zurn Neuen Testament. Tübingen: J. C. B. Mohr (Paul Siebeck), 1991.

Hill, Craig C. *Hellenists and Hebrews: Reappraising Division Within the Earliest Church*. Minneapolis: Augsburg Fortress, 1992.

Holmberg, Bengt. *Sociology and the New Testament: An Appraisal*. Minneapolis: Fortress, 1990.

Horrell, David G. *The Social Ethos of the Corinthian Correspondence: Interests and Ideology from 1 Corinthians to 1 Clement*. Studies of the New Testament and Its World. Edinburgh: Clark, 1996.

Horrell, David G., ed. *Social-Scientific Approaches to New Testament Interpretation*. Edinburgh: Clark, 1999.

Horsley, G. R. S. "A Fishing Cartel in First-Century Ephesos." In *New Documents Illustrating Early Christianity*, ed. G. R. S. Horsley, vol. 5, pp. 95-114. Macquarie, Australia: Ancient History Documentary Research Centre, Macquarie University, 1989.

_____. "Jews at Ephesos." In *New Documents Illustrating Early Christianity*, ed. G. R. S. Horsley, vol. 4, pp. 231-232. Macquarie, Australia: Ancient History Documentary Research Centre, Macquarie University, 1987.

Horst, Pieter W. van der, ed. *Ancient Jewish Epigraphs: An Introductory Survey of a Millennium of Jewish Funerary Epigraphy (300 BCE-700 CE)*. Contributions to Biblical Exegesis and Theology. Kampen: Kok Pharos, 1991.

Kloppenborg, John S., and Stephen G. Wilson, eds. *Voluntary Associations in the Graeco-Roman World*. London: Routledge, 1996.

Knibbe, Dieter. *Ephesus = Ephesos: Geschichte einer bedeutenden antiken Stadt und Portrait einer modernen Grossgrabung im 102. Jahr der Wiederkehr des Beginnes österreichischer Forschungen (1895-1997)*. Frankfurt am Main: Lang, 1998.

Knibbe, Dieter, and Helmut Engelmann. "Neue Inschriften aus Ephesos IX-X." *Jahreshefte des Österreichischen Archäologischen Instituts in Wien* 55 (1984): 107-149.

Koester, Helmut, ed. *Ephesos, Metropolis of Asia: An Interdisciplinary Approach to Its Archaeology, Religion, and Culture*. Valley Forge, Pa.: Trinity Press International, 1995.

Krause, Jens-Uwe. *Spätantike Patronatsformen im Westen des römischen Reiches*. Munich: Beck, 1987.

Kuck, David W. *Judgment and Community Conflict: Paul's Use of Apocalyptic Judgment Language in 1 Corinthians 3:5-4:5*. Supplements to Novum Testamentum. Leiden: Brill, 1992.

Kyrtaras, D. J. *The Social Character of the Early Christian Communities*. London: Verso, 1987.

Lampe, Peter. *Die stadtrömischen Christen in den ersten beiden Jahrhunderten*. Wissenschaftliche Untersuchungen zum Neuen Testament. Tübingen: Mohr (Paul

Siebeck), 1987.

_____. "Wissenssoziologische Annäherung an das Neue Testament." *New Testament Studies* 43 (1997): 347-366.

_____. "Zur gesellschaftlichen und kirchlichen Funktion der 'Familie' in neutestamentlicher Zeit: Streiflichter." *Reformatio* 10 (1982): 533-542.

Lieu, Judith, John North, and Tessa Rajak, eds. *The Jews Among Pagans and Christians in the Roman Empire.* London: Routledge, 1992.

Lüderitz, Gert. "What Is the Politeuma?" In *Studies in Early Jewish Epigraphy*, ed. Jan Willem van Henten and Piecer Willem van der Horst. Arbeiten Zur Geschichte Des Antiken judentums und Des Urchristentums, 183-225. Leiden: Brill, 1994.

MacDonald, Margaret Y. *Early Christian Women and Pagan Opinion: The Power of the Hysterical Woman.* Cambridge: Cambridge University Press, 1996.

_____. *The Pauline Churches: A Socio-Historical Study of Institutionalization in the Pauline and Deutero-Pauline Writings.* Cambridge: Cambridge University Press, 1988.

MacMullen, Ramsay. *Changes in the Roman Empire: Essays in the Ordinary.* Princeton: Princeton University Press, 1990.

Malina, Bruce J. *The New Testament World: Insights from Cultural Anthropology.* Louisville, Ky.: Westminster/Knox, 2001. 『신약의 세계』(솔로몬).

Markschies, Christoph. *Between Two Worlds: Structures of Earliest Christianity.* Trans. John Bowden. London: SCM Press, 1999.

Martin, Dale B. "The Construction of the Ancient Family: Methodological Considerations." *Journal of Roman Studies* 86 (1996): 40-60.

_____. *The Corinthian Body.* New Haven: Yale University Press, 1995.

_____. *Slavery as Salvation: The Metaphor of Slavery in Pauline Christianity.* New Haven: Yale University Press, 1990.

_____. "Tongues of Angels and Other Status Indicators." *Journal of the American Academy of Religion* 59 (1991): 547-589.

Meggitt, Justin. *Paul, Poverty and Survival.* Edinburgh: Clark, 1998.

Mitchell, Alan C. "Rich and Poor in the Courts of Corinth: Litigiousness and Status in 1 Corinthians 6.1-11." *New Testament Studies* 39 (1993): 562-586.

Mitchell, Margaret Mary. *Paul and the Rhetoric of Reconciliation: An Exegetical Investigation of the Language and Composition of 1 Corinthians.* Hermeneutische Unrersuchungen Zur Theologie. Tübingen: Mohr, 1992; Louisville, Ky.: Westminster/Knox, 1992.

Mödritzer, Helmut. *Stigma und Charisma im Neuen Testament und seiner Umwelt: Zur Soziologie des Urchristentums.* Novum Testamemum et Orbis Antiquus. Freiburg, Schweiz; Göttingen: Vandenhoeck and Ruprecht, 1994.

Moxnes, Halvor, ed. *Constructing Early Christian Families: Family as Social Reality and Metaphor.* London: Routledge, 1997.

Murphy-O'Connor, Jerome. *St. Paul's Corinth: Texts and Archaeology*. Good News Studies. Wilmington, Del.: Michael Glazier, 1983.

Neyrey, Jerome H. *Paul, in Other Words*. Louisville, Ky.: Westminster/Knox, 1990.

Osiek, Carolyn, and David L. Balch. *Families in the New Testament World: Households and House Churches*. Family, Religion, and Culture. Louisville, Ky.: Westminster/Knox 1997.

Peacock, James L. *The Anthropological Lens: Harsh Light, Soft Focus*. Cambridge: Cambridge University Press, 1986.

Plümacher, Eckhard. *Identitätsverlust und Identitätsgewinn: Studien zum Verhältnis von kaiserzeitlicher Stadt und frühem Christentum*. Biblisch-Theologische Studien. Neukirchen-Vluyn: Neukirchener Verlag, 1987.

Portefaix, Lilian. *Sisters Rejoice: Paul's Letter to the Philippians and Luke-Acts as Seen by First-Century Philippian Women*. Coniectanea Biblica, New Testament Series 20. Stockholm: Almqvist and Wiksell, 1988.

Reynolds, Joyce, and Robert Tannenbaum. *Jews and Godfearers at Aphrodisias*. Supplementary Series. Cambridge: Cambridge University Press, 1987.

Rohrbaugh, Richard L. "Methodological Considerations in the Debate Over the Social Class of Early Christians." *Journal of the American Academy of Religion* 52 (1985): 519-546.

Rokeah, D. *Jews, Pagans, and Christians in Conflict*. Studia Post Biblica. Leiden: Brill, 1982.

Rosaldo, Renato. *Culture and Truth: The Remaking of Social Analysis*. Boston: Beacon, 1989.

Saller, Richard. *Personal Patronage Under the Early Empire*. Cambridge: Cambridge University Press, 1982.

Schäfer, Peter. *Judeophobia: Attitudes Towards the Jews in the Ancient World*. Cambridge: Harvard University Press, 1997.

Schottoff, Luise. *Lydias ungeduldige Schwestern: Feministische Sozialgeschichte des frühen Christentums*. Gütersloh: Chr. Kaiser/Gütersloher Verlagshaus, 1994.

Schüssler Fiorenza, Elisabeth. *In Memory of Her: A Feminist Theological Reconstruction of Christian Origins*. New York: Crossroad, 1983. 『크리스찬 기원의 여성 신학적 재건』(태초).

_____. *Rhetoric and Ethic: The Politics of Biblical Studies*. Minneapolis: Fortress, 1999.

_____. *Wisdom Ways: Introducing Feminist Biblical Interpretation*. Maryknoll, N.Y.: Orbis, 2001.

Segal, Alan F. *Paul the Convert: The Apostolate and Apostasy of Saul the Pharisee*. New Haven: Yale University Press, 1990.

_____. *Rebecca's Children: Judaism and Christianity in the Roman World*. Cambridge: Harvard University Press, 1986.

Smit, Joop. *About the Idol Offerings: Rhetoric, Social Context, and Theology of Paul's Discourse in First Corinthians 8:1-11:1*. Contributions to Biblical Exegesis and Theology.

Leuven: Peeters, 2000.

Standhartinger, Angela. *Das Frauenbild im Judentum der hellenistischen Zeit: Ein Beitrag anhand von Joseph und Aseneth*. Arbeiten Zur Geschichte Des Antiken Judentums und Des Urchristentums. Leiden: Brill, 1995.

Stegemann, Ekkehard W., and Wolfgang Stegemann. *Urchristliche Sozialgeschichte: Die Anfänge im Judentum und die Christusgemeinden in der mediterranen Welt*. Stuttgart: Kohlhammer, 1995.

Theissen, Gerd. *The Religion of the Earliest Churches: Creating a Symbolic World*. Trans. John Bowden. Minneapolis: Fortress, 1999. 『기독교의 탄생』(대한기독교서회).

Thiessen, Werner. *Christen in Ephesus die Historische und Theologische Situation in Vorpaulinischer und Paulinischer Zeit und Zur Zeit der Apostelgeschichte und der Pastoralbriefe*. Texte und Arbeiten Zurn Neutestamentlichen Zeitalcer. Tübingen: Francke, 1995.

Trebilco, Paul R. *Jewish Communities in Asia Minor*. SNTS Monograph Series. Cambridge: Cambridge University Press, 1991.

Verner, David C. *The Household of God: The Social World of the Pastoral Epistles*. SBL Dissertation Series. Chico, Calif.: Scholars, 1981.

White, L. Michael, and O. Larry Yarbrough, eds. *The Social World of the First Christians: Essays in Honor of Wayne A. Meeks*. Minneapolis: Fortress, 1995.

Wiedemann, Thomas. *Adults and Children in the Roman Empire*. New Haven: Yale University Press, 1989.

Wire, Antoinette Clark. *The Corinthian Women Prophets: A Reconstruction Through Paul's Rhetoric*. Minneapolis: Fortress, 1990.

Witherington, Ben III. *Conflict and Community in Corinth: A Socio-Rhetorical Commentary on 1 and 2 Corinthians*. Grand Rapids, Mich.: Eerdmans, 1995.

Wolter, Michael. "Ethos und Identität in Paulinischen Gemeinden." *New Testament Studies* 3 (1997): 430-444.

Yuge, Tory, and Masaoki Doi, eds. *Forms of Control and Subordination in Antiquity*. Leiden: Brill, 1988.

주요 인물 소개

Afanassieff, Nicolas(Nikolai Afanassiev, 니콜라이 아파나시에프), 1893-1966. 러시아의 정교회 신학자다. 교회론과 바울 신학을 깊이 연구했으며, 제2차 바티칸 공의회 때는 정교회를 대표하여 참관하기도 했다.

Alger, Horatio(호레이쇼 알저), 1832-1899. 미국 작가다. 가난한 소년이 부지런하고 정직하고 용감하게 생활하여 결국 성공했다는 입지전 소설을 썼다.

Applebaum, Shimon(시몬 애플바움), 1911-2008. 영국 고고학자요 고대사학자다. 고대 그리스와 로마, 유대 역사를 깊이 연구했다.

Aus, Roger David(로저 아우스), 1940-. 미국 루터교 목사요 신약학자다. 복음서와 바울 서신을 당대 유대 상황 및 유대교 문헌과 연계하여 연구했다.

Austin, John Langshaw(존 오스틴), 1911-1960. 영국의 언어철학자다. 일상 언어철학을 연구했고 화행론을 주장했다.

Barrett, Charles Kingsley(찰스 킹슬리 배러트), 1917-2011. 영국 신약학자요 성경 주석가이며 감리교 목사다. 더럼 대학교 교수였으며, 사도행전, 로마서, 고린도 서신 등을 주석했다.

Bassler, Jouette(주에트 바슬러), 1942-. 미국의 성경신학자다. 특히 바울 신학과 서신을 깊이 연구했고, 페미니즘 신학에도 깊은 관심을 보였다.

Baumgarten, Jörg(외르크 바움가르텐), 1943- . 독일의 신약학자요 목회자다. 바울 서신을 깊이 연구했다.

Baur, Ferdinand Christian(페르디난트 바우어), 1792-1860. 독일 신학자다. 튀빙언학파를 창시한 인물이다. 헤겔 변증법의 영향을 받아 초기 기독교는 유대 기독교와 이방 기독교가 융합하여 만들어진 것이라고 주장했다.

Beker, Johan Christiaan(요한 크리스티안 베커), 1924-1999. 화란 신학자다. 바울 신학을 깊이 연구했으며, 미국 프린스턴 신학대학원 교수였다.

Berger, Klaus(클라우스 베르거), 1940-. 독일의 신약학자다. 하이델베르크 대학교에서 가르친다.

Berger, Peter Ludwig(피터 버거), 1929-2017. 오스트리아계 미국인 사회학자요 신학자다. 지식 사회학, 종교 사회학을 깊이 연구했다.

Best, Ernest(어니스트 베스트), 1917-2004. 스코틀랜드의 목회자요 신학자다. 영국 신약학회 창립에 기여했다.

Billerbeck, Paul(파울 빌러벡), 1853-1932. 독일 루터파 목사요 유대교 연구자다. 탈무드와 미드라시에 비춰 신약성경을 주석했다.

Bömer, Franz(프란츠 뵈머), 1911-2004. 독일의 고전어학자다. 특히 고전 그리스어와 라틴어를 깊이 연구했다.

Bousset, Wilhelm(빌헬름 부세트), 1865-1920. 독일의 신약학자다. 종교사학파의 거두였으며, 초기 기독교의 그리스도 섬김이 2세기에 헬레니즘의 영향으로 나타난 현상이라고 주장했다.

Bowersock, Glen Warren(글렌 바워속), 1936-. 미국 역사학자다. 고대 로마와 그리스, 근동 역사를 깊이 연구했다.

Broneer, Oscar Theodore(오스카 브로니어), 1894-1992. 스웨덴계 미국인 고고학자다. 고대 그리스를 깊이 연구했으며, 특히 이스트미아 신전을 발굴했다.

Brown, Peter Robert Lamont(피터 브라운), 1935-. 미국 역사학자다. 프린스턴대 명예 교수다. 로마 제국 쇠망기와 중세 초기 유럽의 종교 문화를 깊이 연구했다.

Bultmann, Rudolf(루돌프 불트만), 1884-1976. 독일의 신약학자요 해석학자다. 신약성경을 실존주의 관점에서 해석하려 했고, 그 연장선에서 신화의 요소를 성경에서 제거하는 비신화화 작업을 펼쳤다.

Cameron, Averil Millicent(에이브릴 캐머런), 1940-. 영국 역사학자다. 로마 제국 말기와 비잔틴 제국 역사를 깊이 연구했으며, 옥스퍼드대 명예 교수다.

Calder, William Moir(윌리엄 칼더), 1881-1960. 스코틀랜드 고고학자요 비문 연구가다. 맨체스터 대학교와 에든버러 대학교 교수를 지냈으며, 소아시아 지역의 고대 그리스 유적 발굴과 연구에 기여했다.

Case, Shirley Jackson(셜리 잭슨 케이스), 1842-1947. 캐나다 수학자요 초기 기독교 역사 연구자이며 신약학자다. 시카고 대학교 신학대학원 신약학 교수였다.

Charlesworth, Martin Percival(마틴 찰스워스), 1895-1950. 영국의 고전학자요 역사가다.

Collart, Paul(폴 콜아르), 1902-1981. 스위스 고고학자다. 스위스 로마연구소 소장을 지냈고, 로잔 대학교와 제네바 대학교 교수였다. 고전 시대 유적지를 조사하며 많은 사진 자료를 남겨 연구자들에게 큰 도움을 주었다.

Conzelmann, Hans(한스 콘첼만), 1915-1989. 독일의 신약학자다. 루돌프 불트만과 헬무트 틸리케에게 배웠다. 누가의 신학을 편집사의 시각으로 분석하여 편집사가 신약학계의 새로운 흐름으로 자리 잡는 데 큰 역할을 했다.

Cumont, Franz-Valéry-Marie(프란츠 퀴몽), 1868-1947. 벨기에 인류학자요 고전어학자이며 역사가다. 고전 시대 혼합주의 신비 종교를 깊이 연구했다.

Dahl, Nils Alstrup(닐스 달), 1911-2001. 노르웨이 신약학자다. 신약성경 속의 교회론과 바울 서신을 깊이 연구했다.

Deissmann, Gustav Adolf(아돌프 다이스만), 1866-1937. 독일 개신교 신학자. 신약성경이 사용한 코이네 헬라어를 깊이 연구했다.

Deutsch, Morton(모튼 도이취), 1920-2017. 미국의 사회심리학자다. 주로 사회 내부의 갈등 해소 방안을 깊이 연구했으며, 컬럼비아 대학교 교수였다.

Dobschütz, Ernst Adolf Alfred Oskar Adalbert von(에른스트 폰 돕쉬츠), 1870-1934. 독일 신학자다. 신약 사본비평의 권위자였으며, 그의 사본 연구는 신약 비평 본문을 편집한 쿠르트 알란트에게도 큰 영향을 주었다.

Douglas, Mary(메리 더글러스), 1921-2007. 영국의 사회인류학자다. 인류 문화와 상징을 깊이 연구했고, 비교 종교학에 관심이 많았다. 에밀 뒤르켐의 영향을 많이 받았다.

Durkheim, David Émile(다비드 에밀 뒤르켐), 1858-1917. 프랑스 사회학자다. 사회와 종교 내부의 유대 관계가 무너진 현대 사회가 어떻게 하면 통합과 결속을 유지할 수 있을까를 깊이 고민했다.

Eck, Werner(베르너 엑크), 1939-. 독일 역사학자다. 로마 제정기 역사를 깊이 연구했고, 쾰른 대학교 교수였다.

Edson, Charles Farwell(찰스 에드슨), 1905-1988. 미국 고고학자다. 고대 그리스 유적 발굴과 연구에 큰 공헌을 남겼다.

Evans, Donald Dwight(도널드 에번스), 1927-2018. 캐나다 교육자요 심리학자다. 캐나다 연합교회 목사이며 맥길대 교수였다. 믿음의 근거를 체험에서 찾았다.

Feldman, Louis Harry(루이스 펠드먼), 1926-2017. 미국 고전어학자요 고전문학자다. 헬레니즘 시대 문명을 깊이 연구했고, 요세푸스 연구 권위자로 알려져 있다.

Festinger, Leon(레온 페스팅거), 1919-1989. 미국의 사회심리학자다. 인지 부조화와 사회 비교 이론으로 잘 알려져 있으며, 인간의 행위를 자극과 반응이라는 개념으로 설명하는 것이 적절치 않음을 증명했다.

Filson, Floyd Vivian(플로이드 필슨), 1896-1980. 미국 신약학자다. 초기 기독교 역사와 신약 정경 및 외경을 깊이 연구했다.

Finley, Moses Isaac(모제스 핀리), 1912-1986. 미국계 영국인 역사학자다. 고대 로마 사회 경제를 깊이 연구했다. 그는 신분이 고대 로마 경제를 좌우한 중요 요인이라고 주장했다.

Flory, Marleen Boudreau(말린 플로리), ?-2001. 미국 역사학자다. 고대 로마 사회사를 깊이 연구했다.

Foucart, Paul-François(폴 프랑수아 푸카르), 1836-1926. 프랑스 고고학자다. 옛 그리스의 종교 의식, 특히 엘레우시스 입회 의식을 깊이 연구했다.

Fowler, Harold North(해롤드 파울러), 1859-1955. 미국 고언어학자요 고고학자다. 고전 그리스와 로마 시대 문헌을 영어로 번역하기도 했다.

Frei, Hans Wilhelm(한스 프라이), 1922-1988. 독일계 미국인 성경신학자이자 성경 해석학자다. 18세기와 19세기 독일과 영국의 성경 해석 역사를 정리했고, 예일대 신학대학원에서 오래 가르쳤다.

Friedrich, Carl Joachim(칼 프리드리히), 1901-1984. 독일계 미국인 정치 이론가다. 법과 헌법 사상을 깊이 연구했으며, 그의 전체주의 연구는 학계에 큰 영향을 미쳤다.

Gager, John Goodrich(존 게이저), 1937-. 미국 종교학자다. 초기 기독교와 유대교의 관계를 깊이 연구했다.

Geertz, Clifford James(클리포드 기어츠), 1926-2006. 미국 인류학자다. 특정 문화가 상징을 어떻게 사용하는지 깊이 연구하는 상징 인류학에 큰 영향을 끼쳤다.

Gellner, Ernest André(어니스트 겔너), 1925-1995. 체코 철학자요 사회인류학자다. 민족주의 문제를 깊이 연구했다.

Gennep, Arnold van(아르놀트 판 헤네프), 1873-1957. 독일에서 태어나 프랑스에서 활동했던 민담학자다. 프랑스 민담과 통과의례 같은 사회 의식을 깊이 연구했다.

Goodman, Felicitas Daniels(펠리시타스 굿맨), 1914-2005. 미국의 헝가리계 인류학자요 언어학자다. 멕시코에서 오순절파 회중의 방언 현상을 깊이 연구했다.

Goodspeed, Edgar Johnson(에드거 굿스피드), 1871-1962. 미국 신학자요 고전 그리스어 및 신약 사본 연구자다. 신약 사본을 깊이 연구했으며, 성경과 외경 번역에도 크게 공헌했다.

Goody, Jack(John Rankine Goody, 잭 구디), 1919-2015. 영국의 사회인류학자다. 케임브리지 대학교에서 가르쳤다. 음식, 꽃, 사랑, 가족, 유업 같은 말을 축으로 삼아 인류학을 연구했다.

Grant, Robert McQueen(로버트 그랜트), 1917-2014. 미국 신학자다. 시카고 대학교 교수였으며, 신약성경과 초기 기독교 역사를 깊이 연구했다.

Griswold, Alfred Whitney(알프레드 그리스월드), 1906-1963. 미국의 역사가요 교육자다. 16대 예일 대학교 총장이었다.

Güttgemanns, Erhardt(에르하르트 귀트게만스), 1935-2008. 독일 신학자다. 바울 신학을 기독론의 관점에서 조망하려고 했다.

Haenchen, Ernst(에른스트 핸헨), 1894-1975. 독일 성경신학자다. 신약성경과 영지주의 문헌을 깊이 연구했다.

Hanfmann, George Maxim Anossov(조지 한프만), 1911-1986. 러시아계 미국인 고고학자요 고대사가다. 고대 지중해 예술을 깊이 연구했으며, 하버드대 교수였다.

Harnack, Adolf von(아돌프 폰 하르낙), 1851-1930. 독일 종교사학자요 교회사가다. 헬레니즘 철학이 초기 기독교 신학에 미쳤다고 보고, 이를 깊이 연구했다.

Heinemann, Isaac(아이작 하이네만), 1876-1957. 이스라엘의 랍비 유대교 학자요 고전학자다. 헬레니즘 시대 고전 문헌과 고전어를 깊이 연구했고, 예루살렘 히브리 대학교 교수를 지냈다.

Hengel, Martin(마르틴 헹엘), 1926-2009. 독일의 종교사학자다. 헬레니즘 시대 유대교와 초기 기독교 역사를 깊이 연구했다.

Heuzey, Léon(레옹 외제), 1831-1922. 프랑스 고고학자요 역사가다. 고대 그리스 유적 연구와 발견에 공헌했다.

Hock, Ronald Francis(로널드 혹), 1944-. 미국의 신약학자다. 복음서와 바울 서신을 로마 제국 초기의 사회 관습 및 지식인 세계와 관련지어 연구했다.

Holmberg, Bengt(벵트 홀름베리), 1942-. 스웨덴 신약학자다. 룬드 대학교 교수를 지냈으며, 오슬로와 예루살렘에서도 가르쳤다.

Homans, George Casper(조지 호먼스), 1910-1989. 미국 사회학자다. 행태 사회학과 사회 변화 이론의 창시자다.

Jervell, Jacob Stephan(야콥 예르벨), 1925-2014. 노르웨이 신약학자다. 노르웨이 오슬로 대학교를 비롯하여, 미국 예일 대학교, 덴마크 오르후스 대학교, 스웨덴 룬드 대학교 교수를 지냈다.

Jones, Arnold Hugh Martin(아놀드 존스), 1904-1970. 영국 역사가다. 로마 제국 후기 역사를 깊이 연구했다.

Judge, Edwin Arthur(에드윈 저지), 1928- . 호주 역사학자다. 고전 시대 로마 역사와 초기 기독교 역사를 깊이 연구했다.

Käsemann, Ernst(에른스트 케제만), 1906-1998. 독일 신약학자다. 불트만의 제자였으나 불트만을 극복하려고 했던 인물이다. 역사 속 예수 연구의 새 장을 열었고, 복음서가 서술한 역사의 신빙성을 깊이 탐구했으며, 유대 묵시주의를 진지하게 연구했다.

Kautsky, Karl Johann(카를 카우츠키), 1854-1938. 체코계 오스트리아 철학자요 언론인이다. 엥겔스 이후에 마르크스주의를 확산하는 데 가장 크게 기여한 이론가였지만, 볼셰비키 혁명 때는 혁명의 성격을 놓고 레닌 등과 대립하기도 했다.

Kehnscherper, Gerhard Carl Martin(게르하르트 켄셰르퍼), 1903-1988. 독일 신학자다. 그의 스승이 유명한 교회사가요 교리사가인 라인홀트 제베르크다.

Kent, John Harvey(존 켄트), 1909-1966. 미국 역사가요 고전 시대 연구자다. 특히 고전 그리스 시대 명문(새김글)을 깊이 연구했다.

Knox, John(존 녹스), 1901-1990. 미국 신약 신학자다. 시카고 대학교와 유니온 신학대학원에서 가르쳤으며,『마르키온과 신약성경』같은 저서를 남겼다.

Koester, Helmut Heinrich(헬무트 쾨스터), 1926-2016. 독일계 미국인 신약학자다. 하버드 대 교수였으며, 초기 기독교 역사와 신약 해석학을 깊이 연구했다.

Koestermann, Erich(에리히 쾨스터만), 1901-1973. 독일의 역사가요 고전어학자다. 로마 제정 시대 역사를 깊이 연구했고, 타키투스 연구의 권위자였다.

Kreissig, Rolf Heinz(롤프 크라이시히), 1921-1984. 독일의 고대사 연구자다. 고대 그리스 역사, 특히 헬레니즘 시대 역사와 고대 이스라엘 역사를 깊이 연구했으며, 고대 경제사에 관심이 깊었다. 마르크스주의와 유물론의 관점으로 역사를 살펴본 학자다.

Leipoldt, Johannes(요하네스 라이폴트), 1880-1965. 독일 개신교 신학자요 종교학자다. 나치 집권기에는 나치에 가담하여 반유대 운동을 펼치기도 했다.

Levick, Barbara Mary(바바라 레빅), 1931-. 영국의 역사가다. 주로 로마 공화정 초기와 로마 제국 말기 역사를 깊이 연구했다.

Lightfoot, Joseph Barber(조지프 라이트푸트), 1828-1889. 영국 신학자요 잉글랜드 성공회 더럼 주교였다. 바울 서신과 사도 시대 이후 교부들의 작품을 주석했다.

Lindbeck, George Arthur(조지 린드벡), 1923-2018. 미국 루터교 신학자이며 예일 대학교 교수였다.

Lipset, Seymour Martin(세이모어 립세트), 1922-2006. 미국 사회학자다. 정치 사회학, 노조 운동, 사회 계층에 관심을 갖고 연구 활동을 펼쳤다.

Luckmann, Thomas(토마스 루크만), 1927-2016. 옛 유고슬라비아에서 태어나 오스트리아에서 세상을 떠난 사회학자다. 주로 독일에서 가르쳤는데, 종교 사회학, 지식 사회학, 과학 철학을 깊이 연구했다.

MacMullen, Ramsay(램지 맥멀런), 1928- . 미국 역사학자다. 로마 제국 시대 사회사를 깊이 연구했으며, 예일 대학교 교수였다.

Magie, David(데이비드 매지), 1877-1960. 미국 역사학자다. 고전 시대 역사를 깊이 연구했으며, 프린스턴 대학교 교수였다.

Malherbe, Abraham Johannes(에이브러햄 맬허비), 1930-2012. 남아프리카계 미국인 성경신학자다. 그리스-로마의 도덕철학이 바울과 초기 기독교에 미친 영향을 깊이 연구했으며, 예일 대학교 교수였다.

Marrou, Henri-Irénée(앙리-이레네 마루), 1904-1977. 프랑스 역사가다. 기독교 인문주의 관점에서 고전 시대 말기의 여러 영역을 탐구했으며, 고전 시대 교육을 깊이 연구했다.

Neusner, Jacob(제이콥 뉴스너), 1932-2016. 미국의 유대교 신학자다. 미슈나 시대와 탈무드 시대 랍비 유대교를 깊이 연구했고, 양식사(양식비평) 연구 방법을 랍비 문헌 연구에 적용했다.

Nock, Arthur Darby(아서 녹), 1902-1963. 영국의 고전학자이자 신학자다. 종교사를 깊이 연구했고, 28세 때 하버드대 교수가 된 뒤 평생 하버드에서 가르쳤다.

Peterson, Erich(에리히 페테르손), 1890-1960. 독일 신학자. 개신교 신학자였다가 가톨릭으로 개종했으며, 정치 신학과 기독교의 양립 가능성을 깊이 연구했다.

Poland, Franz(프란츠 폴란트), 1857-1945. 독일의 고전어 학자요 고전 문화 연구자다. 특히 그리스-로마 문화를 깊이 연구했다.

Pomeroy, Sarah Bo(세라 포머로이), 1938- . 미국 역사학자다. 고전 시대 여성의 삶을 깊이 연구했다.

Reekmans, Tony(토니 레이크만스), 1923-2004. 벨기에 역사학자다. 루뱅 대학교 교수였다.

Reicke, Bo Ivar(보 라이케), 1914-1987. 스웨덴 성경신학자요 루터교 목사였다. 스웨덴 웁살라 대학교와 스위스 바젤 대학교에서 신약학을 가르쳤다.

Rostovtzeff, Mikhail Ivanovich(미하일 로스토프체프), 1870-1952. 러시아계 미국인 역사가다. 고대 그리스와 로마 역사를 깊이 연구했다.

Schottroff, Luise(루이제 쇼트로프), 1934-2015. 독일 신약학자요 페미니즘 신학자다. 성경을 원어에서 독일어로 새롭게 번역한 역본 Bibel in gerechter Sprache의 편집자이자 번역자 중 한 사람이다.

Schütz, John Howard(존 쉬츠), 1933-2015. 미국의 종교학자요 역사가다. 노스캐롤라이나 대학교 교수를 지냈다.

Schwitzer, Albert(알베르트 슈바이처), 1875-1965. 독일계 프랑스인 의료 선교사요 신학자이며 철학자이자 오르간 연주가다. 바울 기독교 해석에서 가장 중요시해야 할 문제로 이신칭의론보다 오히려 바울의 신비주의를 들어 학계에 큰 도전을 던졌다.

Smallwood, Edith Mary(이디스 스몰우드), 1919- . 영국 역사학자다. 벨파스트 퀸스 대학교 교수를 지냈다.

Smith, Morton(모튼 스미스), 1915-1991. 미국 고대사학자다. 알렉산드리아의 클레멘스가 썼다는 마르 사바 서신을 발견한 사람으로 유명하다.

Smith, William Robertson(로버슨 스미스), 1846-1894. 스코틀랜드의 동양학자요 구약학자다. 비교종교학을 깊이 연구했다.

Spiro, Melford Elliot(멜포드 스피로), 1920-2014. 미국 문화인류학자다. 종교와 심리 인류학을 깊이 연구했으며, 문화 결정론과 문화 상대주의를 비판했다.

Tcherikover, Victor Avigdor(빅토르 체리코버), 1894-1958. 러시아에서 태어나 이스라엘

에서 활동한 유대인 역사학자다. 그리스 로마 시대 팔레스타인과 이집트의 유대인 역사를 깊이 연구했다.

Thackeray, Henry St. John(헨리 새커리), 1869-1930. 영국 성서학자다. 코이네 그리스어, 요세푸스, 70인역을 깊이 연구했다.

Theißen(Theissen), Gerd(게르트 타이센), 1943- . 독일의 신약학자다. 하이델베르크 대학교 교수다.

Topitsch, Ernst(에른스트 토피취), 1919-2003. 오스트리아 철학자요 사회학자다. 20세기를 대표하는 인식론 연구자이자 이데올로기 비평가였다. 헤겔에서 스탈린주의에 이르기까지 다양한 이데올로기를 분석하고 비평했다.

Turner, Victor Witter(빅터 터너), 1920-1983. 영국의 문화 인류학자다. 상징과 제의, 통과의례를 깊이 연구했다.

Weaver, Paul Richard Carey(폴 위버), ?-? 영국 역사학자다. 고대 로마 사회사를 연구했다.

Weber, Maximilian Karl Emil(막스 베버), 1864-1920. 독일 사회학자요 철학자이며 정치경제학자다.

Wilken, Robert Louis(로버트 윌켄), 1936- . 미국의 역사 신학자다. 예루살렘 히브리 대학교와 미국 노터데임 대학교에서 가르쳤다.

Wilson, Brian Ronald(브라이언 윌슨), 1926-2004. 영국의 종교 사회학자다. 옥스퍼드대에서 가르쳤으며, 국제종교사회학협회 회장을 지냈다.

Winch, Peter Guy(피터 윈치), 1926-1997. 영국 철학자다. 비트겐슈타인 철학을 원용하여 사회과학 내부의 실증주의를 비판했으며, 윤리학과 종교 철학도 깊이 연구했다.

성경 찾아보기

창세기
1:26 225
1:27 225, 371
2:21-22 225, 372
3:21 225
17:7 414
49:10 415

출애굽기
2:11 223
22:21 70인역 393
32:6 248, 249

레위기
14:51-52 362
15:13 362
18장 251
19:17 223
24:15-16 392

민수기
19:17 362
22:9 70인역 106
23:9 244

신명기
3:18 223
6:4-5 358
19:15 304
21:23 415
23:1-3 269

23:2-4 268
24:7 223

사사기
20:2 268

사무엘하
7:12 415

느헤미야
13:1 268

시편
47:21 70인역 348
78:6 70인역 240
88:8 70인역 348
94:3 70인역 348
95:4 70인역 348
98:2 70인역 348
110:1 436
144:3 70인역 348
146:5 70인역 348

이사야
55:5 240

예레미야
10:25 240

요엘
2:32 356

오바댜
20절 99

토빗서
8:5-8 253

솔로몬의 지혜
5:18-20 372
13-15장 239

집회서
24:2 268
50:13 268

마카베오2서
1:1 223

마태복음
5:31-32 253
18:15-18 312
19:3-12 253
24:43 411

마가복음
1:16-20 55
10:2-12 253

누가복음
6:24 141
8:2-3 164
12:39 411

16:18 253

요한복음
4:53 196

사도행전
4:36-37 163
5:28 43
8:36 362
9장 45
9:19-25 114
9:26-30 113
10:2 196
10:44-46 364
11:14 196
11:19-26 45
11:29 173
12:6-11 165
12:12 162
13:1 45
13:4-12 115
13:5 80
13:7-12 81, 164, 165
13:13 118
13:14-43 80
13:14-52 115
14:1 80
14:1-20 115
14:4 318
14:8-18 56, 81
14:14 318
14:22, 23 115
15장 114
15:2 277
15:20, 29 249, 252
15:22 154, 279
15:32 154
15:39 165
16장 118

16:1-17:14 151
16:6 118, 120
16:12-40 115
16:13 80, 87, 126
16:13-15 80, 362
16:14 59, 76
16:14-15 167
16:15 167, 196
16:16 126
16:16-34 81
16:23-34 165
16:31-34 196
16:33 362
16:37-38
16:40 167
17:1-4 80
17:1-9 116
17:4 81
17:5 151
17:5-9 80, 129, 167
17:9 151, 199
17:10-12 80
17:10-14 116
17:12 164
17:15-34 116
17:17 80, 81
17:19-34 81
17:34 164, 166
18장 134
18:1-3 59
18:1-17 116
18:2-3 87, 158
18:2-4 81
18:4 80
18:5 151
18:7 81, 168, 198
18:8 151, 196, 198, 293
18:12, 16-17 131
18:17 151

18:19 80
18:19-21 59, 116
18:23 118, 120
18:24 164, 190
18:24-28 116
18:26 323
19:1-40 116
19:8 80
19:9 211
19:9-10 81
19:21 272
19:22 151, 166
19:23-41 87
19:28 364
19:29 151, 166
20:1-6 272
20:4 115, 129, 151, 166
20:7 345
20:7-12 115
20:9-12 166
20:20 82
21:25 249, 252
21:29 166
21:37-22:24 81
21:39 43, 108
22:3 108
22:16 365
22:25-29 108
22:28 53
22:30-23:10 81
24장 81
24:17 272
24:26 164
25:6-12 82
25:13-26:29 82
26:2-31 164
27:2 151
28:7-10 165
28:16 30

로마서
1-3장 435
1:5 82, 209
1:7 219, 344, 401
1:13-14 209
1:13-15 82
1:14 138
1:16 402
1:18-32 239
1:23-27 252
1:26-27 252
3:21-26 423
3:22 245
3:24-25 434
3:29-30 233
3:30 358, 391
4:24 422
4:25 235
5:1-11 423, 435
5:5 219, 401
5:6 378
5:8 378, 219, 401
5:9 433
5:21-6:23 431
6장 369
6:3-4 370
6:4 235, 361, 370
6:8 370
6:12-23 432
6:17 355
6:17-22 240
7장 431
7:5-6 240
7:7-25 435
7:7-8:2 431
7:25 355
8장 435
8:9 401
8:11 422

8:12-17 369
8:14 401, 402
8:15 237
8:15-16 297, 364
8:15-17 224
8:16 401
8:17 401
8:18 243
8:18-30 439
8:19 401
8:21 223, 401, 432
8:28 401
8:29 439
8:30 219
8:33 219, 401
8:34 235
8:35 219, 401
8:39 219
9-11장 219, 399, 436
9:3 319
9:8 223, 401
9:24-26 219
9:26 401
10:1 319
10:9 364
10:13 364
10:22 245
11:12 239
11:13 209
11:13-14 82
11:15 239
11:25-26 265
11:25-32 400
11:28 436
11:30 240
11:36 355
12:1-15:13 229
12:3 401
12:3-8 229

12:6-8 326
12:8 325, 327, 351
13:1-7 110, 263, 403
13:3-4 110
13:11-14 264
13:12 372
14:1-23 245
14:10 402, 412
14:12 402
14:15 378
14:17 402
15장 138
15:1 182
15:1-3 424
15:4 332
15:7 424
15:14 351
15:14-21 209
15:15 401
15:15-21 82
15:19 43, 113, 137, 333,
15:22 433
15:23 43
15:24 270
15:25-26 219
15:26 116
15:30 219
16장 59, 132, 150, 151, 198,
   345
16:1 116, 206, 267
16:1-2 83, 136, 270
16:2 161, 206, 219
16:3 154
16:3-5 83, 158
16:4 158
16:5 59, 83, 117, 154, 196,
   267
16:6 151
16:7 153, 321

16:8 153
16:9 152
16:10-11 159, 196
16:10, 11, 14, 15 197
16:13 83, 162, 219
16:14-15 167, 196
16:15 154, 219
16:16 268, 358
16:21 151, 152
16:22 153
16:23 83, 133, 152, 154, 155, 168, 197, 198, 293, 345
16:25-26 422
16:25-27 353
16:26 117
16:27 355

고린도전서

1-4장 164, 199, 289, 311, 369
1:1 151
1:2 218, 266, 267, 268, 269, 344, 356
1:4 401
1:5, 7 177
1:7-8 164
1:9 219, 401
1:10-11 178
1:10-13 289
1:11 58, 153, 159, 197, 291
1:12 164, 291, 320
1:14 154, 155, 198
1:14-16 293
1:14-17 290
1:16 196, 198
1:18 402
1:20-28 239
1:24 402
1:26-27 182
1:26-28 432
1:26-3:17 302
1:27 141, 219
1:27-29 401
2:1 402
2:1-2 422
2:4 297
2:5 402
2:6-8 243
2:6-9 234
2:6-10 402, 422
2:7-10 417
2:12 239
3:1-4:16 164
3:10 401
3:16 369, 401
3:17 402, 417
3:19 239
3:21-22 320
4장 310
4:1 402
4:5 402, 417
4:6 290, 311, 314
4:8 175, 298, 372, 419
4:11-13 242, 303
4:12 83
4:14-15 222
4:15 302
4:17 58, 151, 222, 268, 305, 323
4:18 175
4:18-19 303, 311, 314
4:20 402
4:21 303
5장 251, 304
5-6장 312-316, 368
5:1 240, 305
5:1-6 311
5:2 314
5:4 317, 344, 358
5:4-5 267
5:5 417
5:6 314
5:6-8 313, 386
5:9 252
5:9-11 314
5:9-13 260, 368
5:10 239, 313, 329, 400
5:10-11 249
5:11 256, 315, 435
5:12-13 238
5:13 315, 402
6장 251
6:1 239
6:1-2 218
6:1-11 176, 208, 258, 314, 369, 400
6:2 239, 417
6:3 417
6:4 239, 268
6:6 239
6:9 249, 252, 417
6:9-10 402, 435
6:9-11 239
6:11 251, 256, 361, 365, 435
6:12-13 314
6:12-14 301
6:12-20 313, 369, 380
6:13-14 417
6:14 236
6:14-20 315
6:18 252, 314
6:20 432
7장 186, 383
7-15장 291
7:1 58, 290
7:1-16 251
7:2 251, 314

7:2-5 251, 255, 305	9:3-18 83	11:18 267, 344, 379
7:5 433	9:4-6 55, 182	11:20 197, 344
7:10 253, 304, 305	9:4-14 327	11:21 376
7:11-16 254	9:5 254	11:22 178
7:12 304	9:6 163	11:23-25 305
7:12-15 239	9:12, 18, 19 182	11:23-26 286, 377
7:12-16 91, 262, 400	9:19-23 262	11:26 235, 418
7:13 185	9:20 82, 279	11:29-30 257, 316
7:14 254	9:22 318	11:30 178
7:15 219, 254	9:27 178	11:32 239, 417
7:17 254, 305	10:1-22 247-248	11:33 344
7:17-24 219, 401	10:8 252	11:34 197, 344
7:18, 20-24 170	10:11 332	12장 297, 369, 394
7:22 383, 432	10:14-22 376	12-14장 298, 402
7:23 432	10:15-22 257	12:1 290
7:25 290, 304	10:16 379	12:2 240
7:25-40 255	10:17 380	12:8-10 301, 326, 351
7:26-31 417	10:19-20 247	12:10 297
7:31 239, 402	10:20 431	12:12-30 228
7:33-34 239	10:21 376, 380	12:13 224, 227, 371
7:39 386	10:23-24 182	12:23-24 229
7:40 304, 332, 402	10:23-11:1 247	12:28 229, 268
8장 441	10:25-27 381	12:28-30 301, 326, 351
8-10장 181-182, 229, 245-252, 261, 292, 381	10:27 182, 239, 400	12:30 295
	10:27-28 247	12:31 229
8:1 182, 245, 290, 311	10:28 381	13장 229, 301
8:1-3 301	10:28-29 247	13:4 311
8:3 209, 401	10:29 182	14장 346
8:4 182, 247, 249, 391	10:32 262, 268	14:1 80
8:4-6 393	11장 346	14:2-3 350
8:5-6 232, 247,	11:1 248	14:3 351
8:6 391, 401	11:2 286	14:4 268, 301
8:7 182, 381	11:2-16 185-186, 227, 295, 383	14:5 268
8:7-13 247		14:6-10 301
8:9 182	11:12 391	14:12 268
8:10 182	11:14 305	14:13-15 354
9장 172	11:16 268, 305	14:14 294
9:1 182	11:17-18 344	14:16 356
9:2 318	11:17-34 178, 292, 376, 378	14:18 297

14:19 267, 301, 351
14:22-24 239
14:23 197, 227, 262, 267, 295, 305, 344
14:23-24 238, 400
14:23-25 354
14:26 344, 346, 350
14:28 267
14:31 351
14:33 227
14:33-34 268, 305
14:33-36 185-186
14:34-36 268
14:35 197, 267
14:40 295
15장 298, 304, 310, 372, 419, 426, 440
15:1-2 434
15:1-8 286
15:3 378
15:3-11 332
15:5-9 320
15:8-9 333
15:8-11 305
15:9 268
15:24 417
15:25-28 438
15:26 431
15:28 391
15:29 202, 385
15:32 116
15:42 441
15:44 438
15:50 402
15:51 438
15:51-52 418
15:57 355
16:1 117, 219, 268, 290
16:1-3 346

16:1-4 173, 272
16:2 346
16:6 175
16:8 116, 386
16:10 58, 151, 323
16:10-12 270
16:11 176
16:12 164
16:15 83, 117, 155, 196
16:15-16 196, 198
16:15-18 203, 290, 293, 295
16:16 166
16:17 152
16:17-18 321
16:19 59, 83, 117, 158, 196, 268
16:19-21 270
16:20 358
16:21 306
16:22 237, 256, 359, 378, 418

고린도후서
1-8장 316
1:1 116, 151, 218, 267, 269, 344
1:3-4 355
1:3-7 302, 349, 423
1:8-11 116
1:9 422
1:16 176
1:19 151, 154, 323
1:21 363
2:5-11 316
2:9 178
2:11 433
2:13 58, 151, 323
2:14 355
2:14-7:4 302

3장 319
3:1-3 291
3:3 401
4:4 239, 243, 393, 431
4:7 402
4:7-12 432
4:8-12 242
4:10 236
4:10-12 440
4:14 422, 423
4:16-18 432
4:17 243
5:1-10 440
5:4-5 439
5:14 219
5:15 378
5:16-21 435
5:18 391
5:18-20 435
5:19 239
5:20 319
5:21 378, 434
5:40 441
6:4-10 242, 303
6:13 222
6:14 239
6:14-7:1 241, 302
7:6-16 58, 151, 323
7:8-11 302
7:8-12 316, 317
8-9장 272
8:1 268
8:1-6 116
8:2-3 174
8:4 219
8:6 58, 151, 323
8:7 175
8:9 174, 175, 236, 353, 424
8:14 175

8:16 355, 401
8:16-24 58, 151, 323
8:18 268
8:18-19 152
8:20 174
8:22-23 152
8:23 321
9:1 219
9:2 84, 117
9:2-4 116, 117, 175
9:8 401
9:12 219
9:15 355
10-13장 209, 291, 316, 333, 428
10:1-6 188
10:7 291
10:10 188, 291
10:12-18 302
10:13-18 189
10:18 178
11:5 187, 321
11:6 188, 291
11:7-9 221
11:7-11 291
11:7-12 188
11:8-9 116
11:9 84, 175, 282
11:9-10 117
11:13 321
11:20 188
11:22 291
11:22-23 189
11:23-27 60
11:23-29 242, 303
11:24 82
11:26 43
11:27 83
11:28 268

11:32 44, 45
11:32-33 114
12:1-10 189, 292
12:9 432
12:11 187
12:12 189, 292, 297-298, 333
12:13 268
12:13-15 188
12:14 177, 222
12:14-18 292
12:16-18 188
12:18 151
12:21 401
13장 304
13:1-4 303
13:2-4 429
13:4 402
13:5-7 178
13:11, 12, 13 219
13:12 219, 358
13:14 401

갈라디아서
1-2장 320, 332
1:1 286, 414, 318, 422
1:2 117, 268, 344
1:4 241, 378, 413, 429
1:5 355
1:6 219
1:7-9 279
1:10 287
1:12 286, 414
1:13 268, 414
1:13-14 435
1:13-17 45
1:15 219
1:15-16 319, 391
1:15-17 44

1:16 82, 286
1:16-2:10 45, 414
1:16-2:14 286
1:17 320
1:17-24 113
1:18 45, 114
1:18-19 45
1:19 320
1:21 45, 114
2:1 114
2:1-3 151
2:1-10 46, 209
2:1-14 45
2:2 277
2:6 279
2:7-8 279
2:7-9 82, 279
2:10 271, 279, 325
2:11-13 280
2:11-14 46, 209, 256, 322
2:12 383
2:14 287
2:20 378
3-4장 414, 423
3:1 119
3:1-15 287
3:1-4:11 288
3:5 297
3:13 378, 415
3:19-20 395
3:20 391
3:23이하 240
3:26 223
3:26-4:6 224, 369
3:26-4:8 401
3:28 224, 371
4:1-7 401
4:1-11 240, 431
4:3 239

4:3-5 240
4:4 431-432
4:6 237, 297, 364
4:8 239, 250
4:8-9 240, 287, 393, 431
4:8-11 395, 413
4:9 219, 401
4:10 386
4:12-14 287
4:13 83, 120
4:15-20 287
4:17 414
4:19 222
4:21-31 288
5:1 432
5:7 288
5:8 219
5:11 287
5:13 219
5:19 252
5:19-20 252
5:20 249, 435
5:21 402
5:22 435
6:1 315
6:2 424
6:6 327
6:11 306
6:14 239
6:17 371

에베소서
1:1 218, 345
1:3 372
1:3-14 230, 349
1:9 402
1:9-10 265
1:10 437
1:19 402

1:21 432
1:22 229, 268
2:1 370
2:1-10 240
2:2 239, 432
2:3 433
2:4 219, 401
2:4-7 372
2:5 370, 434
2:5-6 370
2:6 298, 371
2:7-11 230
2:8-9 434
2:11-22 240, 352, 398, 423, 436
2:12-22 241
3:1-12 423
3:8 333
3:9-19 437
3:10 268
3:19 219
3:21 268, 355
4:1-6 396
4:4 219
4:6 391
4:8-12 352
4:11 326
4:15 229
4:17 240
4:28 172
4:32 424
5:1 223
5:2 219, 378, 424
5:3 252
5:5 249, 252, 402, 435
5:7-14 241
5:15-16 263
5:18-20 346
5:19 350

5:20 356
5:21-33 352
5:21-6:9 199, 263
5:22-24 186
5:23 229, 268
5:24 268
5:25 219, 268, 378, 424
5:25-26 241
5:27 268
5:29 268, 424
5:32 268
6:5-9 171
6:10-17 372
6:11-18 243
6:12-17 431
6:21-22 152, 270

빌립보서
1:1 151, 160, 206, 218, 344, 345
1:5, 7 177
1:13 169
1:14 170
1:28-29 428
2:5-11 424
2:6-11 348, 349, 356, 373, 439
2:9 402
2:10 432, 437
2:10-11 364, 365
2:11 350
2:13 401
2:15 223, 401
2:19 151, 323
2:19-24 221
2:20-22 223
2:22 222
2:25 58, 151, 321
2:25-29 324

2:25-30 221, 270
2:27 401
2:29-30 321
3:2-3 422
3:4-6 435
3:4-11 422
3:6 268
3:7-8 177
3:10-11 422
3:14-15 401
3:17 240
3:18-20 239
3:20 329
3:20-21 439
4:1 240
4:2-3 152
4:3 152
4:10-20 221
4:14-19 175
4:15 221, 267
4:15-16 84
4:15-18 116
4:15-19 177
4:18 58, 151, 324
4:21-22 219
4:22 70, 169, 197

골로새서
1:1 151
1:2 122, 218, 345
1:4 218
1:5 372
1:7 151
1:7-8 324
1:12 372
1:12-20 349
1:13 432
1:15-16 230
1:15-20 349, 373, 437

1:18 229, 268
1:20 230, 432
1:21-22 240
1:24 268, 308
1:24-2:5 307
1:25 43
1:27 402
1:28 308, 399
2:1 122
2:2 402
2:6-7 309
2:8 239, 307
2:10 229
2:11 225, 307, 371
2:12 361, 371, 372, 402, 422
2:12-13 370
2:13-14 240
2:14 177
2:14-19 307
2:15 431, 432, 437
2:16 307, 386
2:18 307, 311
2:19 229
2:20 239, 256, 372, 3721
2:20-23 307
2:20-3:4 310
3:1 371
3:1-4 372
3:3 402
3:3-4 439
3:5 249, 252
3:5-14 435
3:10 439
3:10-11 371
3:11 137, 224
3:12 219, 401
3:13 350, 424
3:15 219
3:16 350, 351

3:16-17 346
3:17 356
3:18 186
3:18-4:1 199, 263, 309
3:22-25 170
3:25 171
4:1 170
4:5 238, 263
4:7-8 151
4:7-9 270
4:7-14 306
4:7-15 269
4:9 160, 306
4:10 151, 153
4:10-11 151
4:11 151, 402
4:12 151, 324
4:12-17 117
4:13 269, 307
4:13-16 122
4:14 151, 152, 153
4:15 83, 196, 198, 267, 345
4:16 122, 267, 269
4:17 151
4:18 306

데살로니가전서
1:1 151, 154, 267, 344
1:4 219, 220, 401
1:6 220, 243
1:6-7 84
1:7 117, 284
1:7-10 282
1:8-10 84
1:9 239, 358, 391
1:10 239, 403, 413, 422, 433
2장 83
2:2 116
2:7 220, 222

2:9 83, 172
2:11 222
2:12 219, 283, 284
2:13-16 242
2:14 242, 243, 268, 411
2:17-3:11 220
2:18 433
2:19-20 284
3:1 116
3:1-2 221
3:1-5 285
3:2 151, 323
3:2-4 284, 410
3:2-6 58
3:3-4 242
3:6 151, 221, 323
3:11-13 283
4:1 283
4:1-8 251
4:3-8 251, 305
4:4 251
4:5 231, 239, 240, 393
4:6 412
4:7 219
4:8 412
4:9-10 221
4:11 173
4:11-12 172, 262, 412
4:12 238, 263
4:13-18 243, 283, 385, 426, 440
4:13-5:11 202, 221, 411
4:15 412, 426
4:15-17 411
4:18 351
5:1-11 243
5:2, 4-8 411
5:4-11 241
5:8 372

5:9 433
5:11 351
5:12 161, 206, 213, 325, 351
5:12-27 359
5:13 221
5:13-22 412
5:14 351
5:24 219
5:26 221, 358
5:27 218, 344
5:28 359

데살로니가후서
1:1 151, 154, 267, 344
1:3-12 243, 427
1:4 268
1:5-7 402
1:8 239, 240
1:11 219
2:3-4 440
2:13 219, 401
2:14 219
2:16 219
3:5 401
3:6-13 172
3:7-9 83
3:9 172
3:14 256
3:14-15 315
3:17 306

디모데전서
1:2 223
1:3 117
1:12-16 333
1:17 355
1:18 223
2:1-6:2 200
2:9-15 186, 187

3:2 271
3:4, 5, 12 325
3:16 349
4:3 187
5:17 325

디모데후서
1:2 223
1:5 151
2:1 223
4:10 117
4:11 152
4:12, 13 117
4:18 355
4:20 166, 117

디도서
1:4 223
1:5 117
1:8 271
2:1-10 200
2:3-5 187
2:14 241
3:12 117

빌레몬서
1절 151
1-2절 117
2절 83, 151, 160, 196, 267, 345
5절 196, 218
5-7절 160
7절 218
8-14절 160
9절 319
10절 159, 222
11절 160
16절 383
17절 177

18절 176
22절 83, 160, 270
23절 151, 153
23-24절 117
24절 151, 152, 153, 162

히브리서
12:23 269
13:2 271

야고보서
2:1-7 141

베드로전서
1:14-15 240
2:10 240
2:13-14 403
2:13-3:7 199
3:7 251
4:9 271
5:1-5 200
5:12 154
5:14 358

베드로후서
3:10 411

요한일서
5:21 249

요한계시록
1:11 122
3:3 411
3:14 122
16:15 411

현대 저자 찾아보기

Aberle, David 407
Adams, David 45, 303, 371, 427
Afanassieff, Nicolas 198
Aland, Kurt 59
Anderson, B. 149
Applebaum, Shimon(시몬 애플바움) 101, 110, 111, 112
Audet, J. P. 355
Aus, Roger David 240, 243, 427
Austin, John Langshaw(존 오스틴) 342

Bacchiocchi, Samuele 346
Badian, Ernst 50
Bailey, John A. 44
Balch, David L. 74, 79, 80, 170, 213
Baldry, Harold. C. 215
Banks, Robert 197
Barber, Bernard 147
Barrett, Charles Kingsley(찰스 킹슬리 배럿) 187, 227, 258, 261, 262, 288, 311, 312, 313, 316, 317, 323, 346, 376, 377, 434
Barrow. Reginald H. 67
Bartchy, S. Scott 170
Bassler, Jouette M. 79, 107, 171, 233, 398
Bateson, Mary Catherine 237
Baumgarten, Jörg 405
Baur, Ferdinand Christian(페르디난트 바우어) 209-210, 289
Becher, Ilse 78, 79
Becker, Jürgen 405
Beker, Johan Christiaan 266, 405, 422, 431, 435
Bell, Harold Idris 108
Berger, Klaus(클라우스 베르거) 205, 207, 272
Berger, Peter Ludwig(피터 버거) 40, 230, 236, 342
Bergmeier, Roland 111
Bernard, J. H. 372
Best, Ernest(어니스트 베스트) 172, 227, 325
Betz, Hans Dieter 44, 83, 118, 210, 213, 241, 277, 278, 279, 286, 327, 371, 406
Bickerman, Elias J. 207, 355
Bietenhard, Hans 44
Billerbeck, Paul 352
Blalock, Herbert M. 149
Boehm, Fritz 200
Bömer, Franz 67, 77, 91, 92, 93, 204
Boers. Hendrick W. 419
Bogart, John 400
Borgen, Peder 248
Bornkamm, Günther 257, 360
Botte, Bernard 361
Boulvert, Gérard 71
Bousset, Wilhelm 425
Bowersock, Glen Warren(글렌 바워속) 48, 49, 50, 51, 52, 130, 132, 138, 152, 162
Brandis, C. G. 267
Braumann, Georg 349, 360
Broneer, Oscar Theodore 42, 130, 131, 133, 135, 376
Brooten, Bernadette 154

Brown, Peter Robert Lamont(피터 브라운) 34, 35, 295
Bruce, Frederick F. 26, 53
Bruneau, Philippe 51, 63, 94
Buckland, W. W. 67
Bujard, Walter(발터 부야르트) 306, 309
Bultmann, Rudolf(루돌프 불트만) 352, 353, 404, 405, 428, 435
Burford, Alison 93
Burkert, Walter 214
Burr, Viktor 53
Burridge, Kenelm 406, 407, 409

Cadbury, Henry J. 81, 82, 87, 166
Caird, George B. 46, 115
Callan, Terrance 395
Cameron, Averil Millicent(에이브릴 캐머런) 27, 209
Campenhausen, Hans von 364
Carrington, Philip 251
Case, Shirley Jackson(셜리 잭슨 케이스) 29
Casson, Lionel 58, 61, 62
Cavallin, Hans C. 426
Chantraine, Heinrich 71
Charlesworth, Martin Percival(마틴 찰스워스) 61, 62, 63, 128
Chevallier, Raymond 61, 62, 120
Clark, Elizabeth 154
Classen, C. Joachim 215
Cohen, Benjamin 146
Collart, Paul 62, 63, 125, 126, 127, 154
Collins, John J. 405, 406
Conzelmann, Hans(한스 콘첼만) 117, 173, 211, 227, 228, 246, 311
Corwin, Virginia 199
Coser, Lewis 241
Countryman, William 203
Cracco Ruggini, Lellia 103
Crouch, James E. 170

Cullmann, Oscar 264, 364, 367
Cumont, Franz-Valéry-Marie 92

Dahl, Nils Alstrup(닐스 달) 45, 117, 138, 171, 210, 211, 232, 233, 234, 237, 237, 238, 240, 241, 267, 285, 288, 290, 308, 309, 331, 334, 349, 353, 355, 360, 367, 370, 378, 383, 398, 414-415, 419, 422, 424, 435
Davies, W. D. 207
Deichgräber, Reinhard 350
Deissmann, Gustav Adolf(아돌프 다이스만) 141-142
De Lacy, P. H. 215
Delling, Gerhard 196
Deutsch, Morton 230
DeWitt, Norman 215, 216
Dibelius, Martin 87, 169, 170, 172, 319, 325, 347, 355
Dinkler, Erich 258, 360, 371
Dix, Gregory 361, 367
Dobschütz, Ernst Adolf Alfred Oskar Adalbert von 132, 325
Dodd, Charles Harold 347
Dodds, E. R. 424
Donahue, Paul 431
Doty, William G. 238
Douglas, Mary 243, 341-342
Downey, Glanville 86, 88
Downing, J. D. H. 360
Dungan, David 189, 253
Dupont, Jacques 115
Dupré, Louis 30
Durkheim, David Émile(에밀 뒤르켐) 36, 341

Eck, Werner 143, 153, 154, 166
Edson, Charles Farwell(찰스 에드슨) 128
Elliger, Winfried 124, 126
Ellis, E. Earle 248, 324

Erim, Kenan T. 101, 111
Evans, Donald Dwight(도널드 에번스) 402

Fascher, Erich 360
Feldman, Louis Harry 64, 105
Festinger, Leon(레온 페스팅거) 218, 409
Festugière, André Marie Jean 215
Feuillet, André 428
Filson, Floyd Vivian(플로이드 필슨) 142, 143
Finegan, Jack 127
Finley, Moses Isaac(모제스 핀리) 54, 66, 67, 70, 73, 145, 149
Fitzgerald, John 242
Fitzmyer, Joseph A. 241
Flory, Marleen Boudreau(말린 플로리) 67-68, 90, 92, 159
Forkman, Göran 311
Foucart, Paul-François 204
Fowler, Harold North(해롤드 파울러) 131, 134
Francis, Fred O. 307
Fraser, P. M. 63, 128
Frederiksen, M. W. 54
Frend, William H. C. 47, 201
Friedländer, Ludwig 59, 61, 62, 70
Friedrich, Carl Joachim 299
Fritz, Kurt von 214
Funk, Robert W. 270, 419

Gaebler, H. 125
Gärtner, Bertil 248
Gagé, Jean 158
Gager, John Goodrich 40, 146, 226, 406
Gamble, Harry A. 59, 211, 353
Garfinkel, Alan 34
Gayer, Roland 170
Gealy, Fred D. 165
Geertz, Clifford James(클리포드 기어츠) 34, 36, 37, 230, 342

Gellner, Ernest André(어니스트 겔너) 36, 37, 341
Gennep, Arnold van(아르놀트 판 헤네프) 225, 374
Georgi, Dieter 78, 161, 175, 187, 272, 349
Ginzberg, Louis 249
Goffman, Irwin 149
Goodenough, Erwin Ramsdell 53, 101, 106, 107, 259, 403
Goodman, Felicitas Daniels(펠리시타스 굿맨) 293, 294, 296, 297, 357
Goodspeed, Edgar Johnson 168
Goody, Jack(잭 구디) 341
Gordon, Mary 69-70
Grail, Augustin, O. P. 360
Grant, Michael 90
Grant, Robert McQueen(로버트 그랜트) 143, 146, 365
Greeven, Heinrich 319, 325, 328, 347
Griffiths, J. Gwyn 79, 425
Gülzow, Henneke 170, 197, 207
Güttgemanns, Erhardt 303, 371, 427

Hadas, Moses 214
Haenchen, Ernst 45, 87, 166, 167, 277
Hahn, Ferdinand 426
Hamerton-Kelly, Robert G. 428
Hanfmann, George Maxim Anossov 100
Harder, Richard 78
Harnack, Adolf von(아돌프 폰 하르낙) 266, 328
Harris, J. Rendel 428
Hatch, Edwin 201, 204, 223, 271
Hay, David M. 347, 426, 436
Hayes, John W. 131
Hegermann, Harald 349, 428
Heinemann, Isaac 105, 106, 253
Heinemann, Joseph 355
Heinrici, Georg 162, 201, 211, 311

Hellholm, David 406
Hengel, Martin(마르틴 헹엘) 26, 58, 80, 101, 102, 112, 135, 138, 208, 209, 224, 231, 347, 350
Héring, Jean 311
Herzig, Heinz E. 61
Heuzey, Léon 126
Heyob, Sharon Kelly 78
Hickling, Colin J. A. 187
Hill, David 242
Hock, Ronald Francis(로널드 혹) 43, 58, 59, 64-65, 81, 83, 88, 163, 172, 189, 213, 291
Holladay, Carl H. 187
Holmberg, Bengt(벵트 홀름베리) 272, 273, 281, 409
Homans, George Casper(조지 호먼스) 194
Hommel, Hildebrecht 101, 105
Hornung, Carlton A. 149
Horsley, Richard A. 419
Humphreys, Sally C. 54
Hurd, John C. 115

Ibrahim, Leila 63
Isenberg, Sheldon 406
Jackson, Bernard 334

Jackson, Elton F. 149
Jeremias, Joachim 367-368, 386
Jervell, Jacob Stephan(야콥 예르벨) 45, 427, 428
Jewett, Robert 34, 46, 115, 319, 322
Jones, Arnold Hugh Martin(아놀드 존스) 66, 67, 93, 119, 120, 121, 122, 211
Judge, Edwin Arthur(에드윈 저지) 26, 42, 64, 85, 89, 90, 143, 144, 152, 155, 159, 161, 162, 166, 167, 188, 201, 211-212, 213, 216, 271, 291, 320, 322, 324, 338-339, 345
Juster, Jean 101

Käsemann, Ernst(에른스트 케제만) 110-111, 349, 380, 404, 405, 419, 427, 432
Kautsky, Karl Johann(카를 카우츠키) 29
Keck, Leander E. 27, 29, 30, 132
Kehnscherper, Gerhard Carl Martin 166
Kennedy, Charles A. 378
Kennedy, George 26
Kent, John Harvey(존 켄트) 130, 131, 132, 133, 134, 135, 157, 158
Kerényi, C. 366
Kertelge, Karl 328
Kippenberg, Hans G. 29
Kitzinger, Ernst 101
Kléberg, Tönnes 90
Klijn, A. F. J. 363
Knox, John(존 녹스) 115, 137, 211
Koester, Helmut Heinrich 37, 46, 113, 283, 284, 419
Koestermann, Erich 154
Kornemann, Ernst 91
Kovacs, Brian 406, 409
Kowalinski, P. 29
Kraabel, Alf Thomas 100, 102, 108, 112, 123, 124, 129
Kraeling, Carl H. 361
Kramer, Werner 235, 364
Krauss, Salomo 101
Kreissig, Rolf Heinz 29, 141, 143
Kümmel, Werner Georg 59, 115, 118, 169, 435
Kuhn, Karl Georg 105, 167

Lake, Kirsopp 82, 105, 166
Lampe, G. W. H. 316, 363
Landvogt, Peter 156
Layton, Bentley 222
Leach, Edmund 340
Le Déaut, Roger 248

Lee, Clarence L. 190
Leenhardt, F. J. 161
Leipoldt, Johannes(요하네스 라이폴트) 79
Lemerle, Paul 126, 127
Lenski, Gerhard E. 149
Leon, Harry J. 88, 101, 102, 135, 158, 252
Levick, Barbara Mary(바바라 레빅) 49, 51, 52, 53, 56, 103, 118, 119, 125, 126
Levine, Lee I. 108
Lewis, loan M. 296
Liebeschuetz, J. H. W. G. 86
Lietzmann, Hans 153, 162, 206, 311
Lifshitz, Baruch 105, 128, 129
Lightfoot, Joseph Barber(조지프 라이트푸트) 44, 122, 168, 169, 319, 347, 350
Lindars, Barnabas, S. S. F. 347
Lindbeck, George Arthur(조지 린드벡) 37
Lindemann, Andreas 39, 117
Linton, Olof 205, 207, 268, 269, 279
Lipset, Seymour Martin(세이모어 립세트) 146, 147, 148
Lohmeyer, Ernst 349
Lohse, Eduard 319, 347
Luckmann, Thomas(토마스 루크만) 40, 230, 236, 342
Lüdemann, Gerd 46, 115, 210, 322
Lührmann, Dieter 170
Lull, David J. 297
Lutz, Cora 75, 253

MacDonald, Dennis 187, 252
Mack, Burton 428
MacMullen, Ramsay(램지 맥멀런) 47, 54, 55, 57, 60, 61, 63, 67, 68, 69, 76, 77, 78, 86, 88, 93, 146, 149, 326, 338-339, 345, 347, 376, 392, 424-425, 472, 477, 488
Magie, David 48, 49, 51, 60, 61, 70, 118, 119, 121, 122, 124, 156, 161, 165
Makaronas, Ch. I. 127

Malewski, Andrzej 148
Malherbe, Abraham Johannes(에이브러햄 맬허비) 26, 42, 59, 80, 83, 88, 89, 135, 142, 143, 146, 155, 167, 176, 177, 191, 199, 201, 211, 213, 215, 216, 220, 222, 238, 271, 283, 426
Marrou, Henri-Irénée(앙리-이레네 마루) 213
Martin, Ralph P. 350
Mattusch, Carol C. 132
Mau, August 90
McCasland, S. Vernon 61
Meeks, Wayne A. 26, 45, 75, 98, 102, 110, 155, 186, 209, 225, 227, 230, 265, 280, 307, 309, 319, 349, 372, 382, 396, 400, 410, 429, 437
Mellink, Machfeld J. 101, 105
Merkelbach, Reinhold 65, 128
Merritt, Benjamin Dean 135
Merton, Robert K. 148, 341
Michaelis, Wilhelm 367
Minar, Edwin L. 214
Minns, Ellis H. 224
Moe, Dean 129
Momigliano, Arnaldo 339
Moore, George Foot 367
Mrozek, Stanislaw 69
Murphy-O'Connor, Jerome, O. P. 186
Mylonas, George F. 366

Nabers, Ned 134
Neufeld, Vernon H. 364
Neusner, Jacob 64, 97, 244, 334, 362, 367
Nickelsburg, George W. E. 426
Nickle, Keith 272
Nilsson, Martin P. 200
Nock, Arthur Darby 63, 203, 223, 224, 238, 365
Norden, Eduard 232, 349

Ollrog, Wolf-Henning(볼프-헤닝 올로크) 46, 120, 159, 163, 166, 281, 306, 321, 322, 323, 324
Olsen, Marvin E. 217
Olson, Stanley N. 220, 302, 423
Orr, William F. 174

Pagels, Elaine H. 154
Pearson, Birger A. 211, 222, 242, 283, 394, 419
Pelekanidis, Stratis 128
Peterson, Erich 267
Petsas, Photios M. 128
Pettigrew, Thomas F. 148
Pfitzner, Victor C. 42
Pöhlmann, Wolfgang 349
Poland, Franz 76, 77, 91, 93, 94, 100, 161, 162, 204, 205, 206, 211, 223, 224, 259, 267, 325
Polanyi, Karl 54
Pomeroy, Sarah Bo(세라 포머로이) 74, 75-76, 77, 79
Pope, Marvin 252
Powell, Benjamin(벤저민 파월) 135
Préaux, Claire 93
Preisker, Herbert 253
Puniet, P. de 360

Radke, Gerhard 61
Ramsay, William M. 61
Redlich, E. Basil 324
Reekmans, Tony(토니 레이크만스) 72, 73, 149, 150, 181
Reicke, Bo Ivar(보 라이케) 201, 376, 377, 385, 395
Rensberger, David 39, 241
Rese, Martin 355
Reynolds, Joyce 101, 111
Robert, Louis 93, 100, 101, 105, 128

Robertis, Francesco M. de 91, 201, 205
Robinson, James M. 238, 349
Robinson, John A. T. 227
Romaniuk, Kazimierz 105
Rose, H. J. 200
Rostovtzeff, Mikhail Ivanovich(미하일 로스토프체프) 48, 49, 54, 61, 93
Rowley, H. H. 367

Ste. Croix, G. E. M. de 29, 47, 170, 382
Salditt-Trappmann, Regina 128
Sampley, J. Paul 177, 279, 321
Sanders, E. P. 334, 406, 431
Sasaki, M. S. 149, 410
Schachter, Stanley 218, 409
Schaefer, Hans 161
Schille, Gottfried 47, 322, 349, 360, 426
Schlier, Heinrich 45-46, 356, 360
Schmidt, Karl Ludwig 205, 268
Schoenebeck, Hans von 127
Schottroff, Luise 431, 440
Schreiber, Alfred 194
Schroeder, David 170
Schubert, Paul 238
Schürer, Emil 352
Schütz, John Howard(존 쉬츠) 27, 183, 184, 199, 276, 292, 299, 300, 303, 305, 318, 331, 333, 428
Schultz-Falkenthal, Heinz 325
Schwitzer, Albert(알베르트 슈바이처) 404
Schweizer, Eduard 227, 228, 349, 426
Scranton, Robert L. 63, 131
Scroggs, Robin 27, 29, 144
Seager, Andrew R. 100
Sebesta, Judith Lynn 181
Segelberg, Eric 372
Sevenster, J. N. 105
Sherwin-White, A. N. 72, 105
Siegert, Folker 105

Sivan, Hagith S. 101
Smallwood, Edith Mary(이디스 스몰우드) 53, 98, 100, 102, 103, 104, 110
Smith, Dennis E. 211, 259, 376
Smith, Jonathan Z. 27, 63, 363
Smith, Morton 214, 339
Smith, William Robertson(로버슨 스미스) 341
Soden, Hans von 222, 223, 245
Spiro, Melford Elliot(멜포드 스피로) 340
Stählin, Gustav 175
Stauffer, Ethelbert 196
Stendahl, Krister 435
Stern, Menahem 104-105, 108, 232
Stillwell, Richard 131, 132
Stowers, Stanley K. 300
Strecker, Georg 349
Strobel, August 89
Stuhlmacher, Peter 160, 307, 405
Swidler, Leonard 161

Talmon, Yonina 406
Tannehill, Robert C. 228
Tanzer, Helen H. 90
Tarn, William W. 103, 104
Taylor, Howard F. 149
Taylor, L. R. 165
Tcherikover, Victor Avigdor(빅토르 체리코버) 101, 102, 103, 107, 108, 393
Thackeray, Henry St. John 110, 253
Theissen, Gerd(게르트 타이센) 27, 29, 39, 43, 47, 90, 144, 146, 153, 155, 156, 157, 158, 159, 177, 179-184, 189, 246, 250, 258, 322, 378-379, 395, 431, 432, 437-438
Thesleff, Holger 214
Thiselton, Anthony C. 419
Thomas, G. S. R. 166, 345
Topitsch, Ernst(에른스트 토피취) 395, 437
Tov, Emmanuel 129

Towner, W. Sibley 355
Treu, Kurt 270
Turner, E. G. 53
Turner, Victor Witter(빅터 터너) 35, 225-226, 374, 375

Unnik, Willem C. van 172, 263, 326
Usener, Hermann Karl 216

Vacalopoulos, Apostolos E. 128, 129
Vawter, Bruce 349
Vermes, Geza 347
Vickers, Michael J. 127
Vielhauer, Philipp 351
Vogel, C. J. de 214
Vogliano, Achille 92
Vogt, Joseph 67, 141, 392
Vööbus, Arthur 255

Walker, Sheila S. 296
Walker, William O. 186
Wallace, Anthony F. C. 406, 409
Walter, Nikolaus 250, 394
Waltzing, Jean 91, 92, 93, 205, 223, 325
Weaver, Paul Richard Carey(폴 위버) 71, 74, 149
Webber, Robert D. 220
Weber, Maximilian Karl Emil(막스 베버) 34, 145, 408
Weidinger, Karl 170
Weigandt, Peter 196
Weiss, Johannes 311
Wengst, Klaus 350
West, Allen Brown 133, 135
Westermann, William L. 67, 70
White, L. Michael 201
Widengren, Geo 372
Wilken, Robert Louis(로버트 윌켄) 45, 98, 100, 102, 108, 110, 155, 201, 204, 210,

280
Wilson, Brian Ronald(브라이언 윌슨) 218, 400
Wilson, Jack H. 419
Wilson, Robert R. 296

Winch, Peter Guy 36, 37
Witt, Rex 128
Worsley, Peter 406, 409
Wuellner, Wilhelm 55, 213

주제 찾아보기

가르침, 사회 정황과 기능(Doctrine, social context and functions of) 391
가르침, 예배 모임에서의(Instruction, in worship meeting) 351; 또한 '권면'을 보라.
가이사랴(Caesarea) 169
가이오, 고린도의(Gaius of Corinth) 168, 181, 362; 바울과의 관계(relationship with Paul) 83, 293; 고린도에서의 역할(role in Corinth) 154, 156, 301; 교회가 있는 집 소유주(host of church) 198, 345, 354; 라틴식 이름(Latin name) 132
가이오, 더베의(Gaius of Derbe) 166
가이오, 마케도니아의(Gaius of Macedonia) 166
가정, 모임 장소로서의(Homes, as meeting places) 196-201
가정 규범(*Haustafel*) 74, 171, 199, 252, 263
간수, 빌립보의(Jailer in Philippi) 81, 165
갈라디아, 로마 속주(Galatia, Roman province of) 117-119
갈라디아 교회(Galatia, churches of) 117-119, 267; 바울의 선교(Paul's mission) 115, 120; 유대인의 요구 사항에 대한 분쟁(conflict over Jewish requirements in) 209, 330; 바울의 반대자들(Paul's opponents in) 241, 279, 287, 321, 397, 413
갈라디아서(Galatians, letter to): 수신 교회의 위치(location of churches addressed) 117-119, 136, 345; 예루살렘 공의회에 관한 보고(report about Jerusalem council in) 277-280; 저작 계기(occasion of) 285; 통일을 강조(emphasis on unity) 395, 398; 묵시 사용(use of apocalyptic) 412-413, 419; 사도행전 저자는 몰랐음(not known by author of Acts) 45
갈리아(Gaul) 117
개종자, 유대교로의(Proselytes, Jewish) 104, 365-367
게바(Cepas) '베드로'를 보라.
겐그레아(Cenchreae): 이시스 신전(temple of Isis at) 63, 135; 고린도의 항구(as port of Corinth) 130
—교회(church) 58, 116; 뵈뵈의 역할(role of Phoebe in) 160, 162, 206
견유학파(Cynics) 75, 220
경계, 그리스도인과 외부인 사이의(Boundaries, between Christians and outsides) 243, 400, 443; 또한 '정결, 공동체의', '의식상 경계, 유대의'를 보라.
경계성(Liminality) 225-227, 396
세례에서의(in baptism) 374; 주의 만찬에서의(in Lord's Supper) 382; 또한 '코뮤니타스'를 보라.
계시의 역할, 교회에서(Revelation, role of, in churches) 286, 331; 또한 '묵시, 기독교의'를 보라.
고린도(Corinth) 84, 86, 130, 132, 134, 152, 155, 159, 168, 206; 디도 유스도의 집에 머문 바울(Paul in house of Titus Justus) 81; 바울 그리고 브리스가와 아굴라(Paul and Prisca and Aquila) 81, 158; 바울의 선교(Paul's mission) 116, 166, 282, 323;

상업과 역사(commerce and history) 130-136; 그리스보(Crispus) 196
—교회(church) 117, 155; 구성원들의 사회 내 수준(social level of members) 144, 177-189, 191, 246, 292; 재정(finances) 176; 주의 만찬을 둘러싼 분쟁(conflict over Lord's Supper) 177-179, 247-249, 292, 378; 우상에게 바친 고기의 문제(issue of meat offered to idols) 181-185, 245-250, 262, 381; 여성의 역할(role of women) 185-187; 스데바나 집안(household of Stephanas) 198; 역할 구분(differentiation of roles) 227-230; 이혼 문제(issue of divorce) 253; 금욕주의 경향(tendency to asceticism) 255; 소송 문제(issue of civil lawsuits) 258, 315; 바울에게 보낸 서신(letters sent to Paul) 290, 323; 바울이 세례를 줌(Paul baptized) 293; 방언 문제(issue of glossolalia) 186, 293-298, 305, 350, 356-357, 363; 분파(factions) 298, 394; 바울이 문제에 보인 반응(response of Paul to problems) 299-306, 330; 디모데를 보냄(Timothy sent to) 305; 근친상간 사건(incest case) 310-317; 바울의 반대자들(Paul's opponents) 321; 가이오의 집(house of Gaius) 345; 예배 모임(worship meetings) 344; 부활에 관한 견해(views of resurrection) 426; 또한 '지극히 크다는 사도들'을 보라.
고린도전서(1 Corinthians): 에베소에서 써 보냄(written from Ephesus) 116; 통렬한 비판 스타일을 사용(use of diatribal style) 300; 묵시를 사용(use of apocalyptic) 405, 416-419
고린도후서(2 Corinthians): 서신의 상황(situation of letter) 291; 통렬한 비판 스타일을 사용(use of diatribal style) 300; 문헌적 문제들(literary problems) 299, 302; 바울이 경험을 보고함(Paul reports experiences in) 302
고린도3서(3 Corinthians) 39
고인을 기리는 식사, 기독교의(Meals for the dead, Christian) 377, 384
골로새(Colossae) 122, 123; 오네시모와 빌레몬의 도시(city of Onesimus and Philemon) 159-160, 171, 196
—교회(church) 사도행전이 언급하지 않음(unmentioned in Acts) 117; 빌레몬의 집에서 모인(in house of Philemon) 198; 내부 문제(internal problems of) 209, 307, 429; 라오디게아 교회와 관련된(associated with Laodicea) 269, 344; 바울이 보낸 서신(letters of Paul written to) 122
골로새서(Colossians): 저자와 저작 시기(authorship and date) 38, 122, 160, 306, 369; 내용(contents) 252, 307-309, 395-396, 403, 429, 436
교회 방문, 선교 기술로서(Visits to churches, as missionary technique) 269, 282
구아도(Quartus) 132, 152
권면(*Paraenesis*): 데살로니가전서의(in 1 Thessalonians) 283; 갈라디아서(in Galatians) 287; 골로새서의(in Colossians) 309; 서신의(in letters) 334, 353; 세례를 되새겨 주는 내용을 사용(use of reminders of baptism) 363, 369, 375, 395-396; 정부에 대한(on government) 403; 동기 부여 언어 사용(use of motivational language) 423, 434; 외부인의 적대감에 대한(on hostility from outsiders) 432
권위 구조, 그리스도인 그룹의(Authority structure for Christian groups) 228-229, 443; 또한 '직무, 교회의'를 보라.
규칙, 바울계 공동체의(Rules, in Pauline communities) 333-335
그레고리오스, 니사의(Gregory of Nyssa) 347

그리스(Greece) 115, 280
그리스도(Christ) '그리스도와 함께 죽었다가 부활함, 세례에서', '예수, 죽음과 부활'을 보라.
그리스도와 함께 죽었다가 부활함, 세례에서(Dying and rising with Christ, in baptism) 228, 361, 370-374
그리스도의 몸, 은유로서(Body of Christ, as metaphor) 227
그리스보(Crispus) 132, 151, 155-156, 196, 198, 293
그리스어(Greek language): 여러 도시에서 널리 사용됨(universal use in cities) 56; 디아스포라 유대인이 사용(used by Jews in Diaspora) 106
근친상간 사건, 고린도의(Incest case, in Corinth) 310-317
글레멘드(Clement) 152
글로에의 집 사람들(Chloe, people of): 바울에게 고린도의 소식을 전함(report to Paul about Corinth) 58, 153, 159, 178, 197, 291; 노예와 노예 출신 자유인(as slaves and freedpersons) 159, 170
기능주의 이론(Functionalist theory) 30, 36
기도, 예배 모임에서(Prayer, in worship meetings) 354-355
기독교, 초기(Christianity, early): 도시 운동(urban movement) 44, 46; 구성원들의 사회 내 수준(social level of members) 140, 141, 142, 143
길리기아(Cilicia) 45, 60, 114

나깃수(Narcissus) 59, 151, 159, 196
네레오(Nereus) 151, 196
노예(Slaves): 노예 출신 자유인과의 지위 구분(distinction in status of, from freedpersons) 67-72; 교회에서의 역할(role of, among churches) 170-171, 383; 종교(religion of) 91
노예 출신 자유인(Freedpersons) 69-72; 또한 '노예'를 보라.
누가(Luke, Lukas) 152, 153, 154
누기오(Lycius) '루기오, 구레네의'를 보라.
누메니오스(Numenius) 215
눔바(Nympha) 196, 198
니고볼리(Nicopolis) 117

다마리(Damaris) 166
다마스쿠스(Damascus) 44, 45, 114
달마디아(Dalmatia) 117
더디오(Tertius) 132, 153
더베(Derbe) 115, 118-119
데마(Demas) 151
데살로니가(Thessalonica): 520-521; 디모데를 보냄(Timothy sent to) 58, 323; 에그나티아 가도에 위치(on Egnatian Road) 61; 바울이 야손 집에 머무름(Paul in house of Jason) 80; 바울의 선교(Paul's mission at) 84, 115, 239; 역사와 중요성(history and importance of) 124, 127-130; 유명 여성들 가운데 믿는 이들이 생김(Christian belief among prominent women if) 164
—교회(church) 115, 282; 수공업자의 역할(role if manual workers in) 172; 지도자의 기능(function of leaders in) 213
데살로니가전서(1 Thessalonians): 형태의 특징(formal features) 282-285; 묵시 사용(use of apocalyptic) 410-412
데살로니가후서(2 Thessalonians): 저자(authorship) 38, 172, 427-428; 묵시 사용(use of apocalyptic) 427-428
도로 체계, 로마의(Road system, Roman) 60-61
도마복음(Thomas, Gospel of) 55, 255
도마행전(Thomas, Acts of) 255
도시, 그리스-로마(city, Greco-Roman) 46-52, 55-57, 86-88
동업자 협회(Trade associations) 93
동역자, 바울의(Associates of Paul) '바울의

동역자'를 보라.
동호회와 자발적 협회(Clubs and voluntary associations) 201-206; 도시에서의 역할(role in cities) 91; 음식 분배(distribution of food) 180, 379; 그리스도인 그룹의 모델(model for Christian groups) 201-206; 임원(officers) 325; 장례 관습(burial practices) 384; 가족 용어 사용(use of familial terms) 223, 224
두기고(Tychicus) 151, 307
두라-유로포스(Dura-Europus) 95, 207
두란노 서원(Tyrannus, scholē of) 81, 211
두아디라(Thyatira) 59; 또한 '루디아'를 보라.
드로비모, 에베소의(Trophimus of Ephesus) 166
드로아(Troas) 115, 117
드루배나(Tryphaena) 151
드루보사(Tryphosa) 151
디다케(Didache) 256, 361-362
디도(Titus) 80, 151; 바울과의 관계(relationship with Paul) 58, 323, 324; 가난한 이를 위한 연보를 거둘 때 바울을 도움(as Paul's helper in collection for poor) 272; 바울과 고린도의 관계에서 한 역할(role in Paul's relations with Corinth) 323; 검증 사례로 예루살렘에 데려감(taken to Jerusalem as test case) 278
디도 유스도(Titus Justus) 81, 132, 166, 168, 198
디모데(Timothy) 80, 84, 151, 166, 221; 바울과의 관계(relationship with Paul) 58, 166, 222, 223, 323, 324; 빌립보의(in Philippi) 115; 고린도의(in Corinth) 168, 323; 고린도의 도움(support of, by Corinth) 176; 서신 공저자(as coauthor of letters) 231, 282, 300, 323; 데살로니가로 보냄(sent to Thessalonica) 242, 323; 골로새서 저자?(author of Colossians?) 306; 고린도로 보냄(Sent to Corinth) 305
디아코노스(Diakonos) 160, 206

디오누시오, 아레오바고 관리(Dionysius, Areopagite) 164, 166

라오디게아(Laodicea) 122, 123; 양모 산업(wool industry) 122, 196
─교회(church): 사도행전이 언급하지 않음(unmentioned in Acts) 117; 골로새 교회와 관련된(connected with church in Colossae) 269; 골로새서 낭독(Colossians to be read in) 308, 344; 눔바 집에서 모임(meets in house of Nympha) 345
로마(Rome): 바울이 로마 사람들에게 전하는 인사(Paul's greetings to people at) 58, 152; 유대인(Jews in) 88; 동업자 협회의 중요성(importance of trade associations in) 93; 뵈뵈가 로마에 머무름(stay of Phoebe in) 162; 가정 교회(household assemblies in) 198, 345; 브리스가와 아굴라(Prisca and Aquila at) 132, 196; 바울의 선교에서 가지는 중요성(importance of, for Paul's mission) 138
로마서(Romans, letter to): 통렬한 비판 스타일 사용(use of diatribal style) 300; 유대인과 이방인의 하나 됨(unity of Jews and Gentiles in) 398; 서신의 완전성(literary integrity) 59
로마 제국(Roman Empire): 유대인의 보호자(as protector of Jews) 109; 법 질서(legal orders) 145-146; 그리스도인이 로마 제국을 악으로 봄(viewed as evil by Christians) 440
루가오니아(Lycaonia) 118
루기오, 구레네의(Lycius of Cyrene) 152, 154, 165
루디아, 두아디라의(Lydia of Thyatira) 59, 76, 80, 167, 196
루스드라(Lystra) 118, 119, 136
루포의 어머니(Rufus, mother of) 83, 162

리바니우스(Libanius) 140-141

마가(Mark) 162
마나엔(Manaen) 165
마르티알리스(Martial) 180
마리아(Mary, 롬 16:6) 151
마케도니아(Macedonia) 134; 바울의 선교(Paul's mission in) 115, 117; 역사(history) 124
—교회(church) 166, 267, 283; 재정(finances) 83, 175
모임, 교회의(meetings, of Christian church) 343-345, 346-359
목회 서신(Pastoral epistles): 저자(authorship) 150; 지리적 신빙성(reliability of geography) 117; 집안 질서를 위한 규칙(rules for ordering households) 252; 지도자의 역할을 제도화(leadership roles institutionalized) 327; 저작 당시 상황(situation of writing) 187, 333
묵시, 기독교의(Apocalyptic, Christian): 특징(characteristics of) 243, 415; 바울에게 묵시가 가지는 중요성에 대한 토론(debate about importance of, for Paul) 404-405; 기능(functions of) 405, 407, 409-412, 421; 바울의 사용(Paul's use of) 243, 410-412, 412-413, 415-420, 427-428, 440; 또한 '천년왕국 운동'을 보라.
묵시, 유대(Apocalyptic, Jewish) 95, 234, 243, 403, 411, 415, 433
미드라시(Midrash) 248, 288
밀교(Mystery religions): 입교(initiation) 365-366
불멸을 믿음(belief in immortality) 425
밀레도(Miletus) 117, 123

바나바(Barnabas): 바울(and Paul) 45, 165, 322, 324; 마가의 사촌(cousin of Mark) 162; 안디옥 교회 지도자(church leader in Antioch) 163; 독신(celibate) 255; 바울과 단절(break with Paul) 120, 256, 383; 예루살렘에서 바울과 함께함(with Paul in Jerusalem) 271, 279
바드로바(Patrobas) 151, 196
바울(Paul): 도시에 익숙함(at home in city) 42; 장인으로 일함(work as artisan) 43, 55, 64, 83, 88; 아라비아에서(in Arabia) 44, 114; 안디옥에서(in Antioch) 45, 120, 256, 280, 322; 회심(conversion) 45, 364; 로마 시민권(Roman citizenship) 53, 107-108; 유대교와의 관계(relationship with Judaism) 82; 선교의 특징(character of mission) 80, 413; 시리아와 길리기아(in Syria and Cilicia) 114; 연대(chronology) 45, 114-117; 사회 계층(social class) 142; 아볼로와의 관계(relationship with Apollos) 163; 바나바와의 관계(relationship with Barnabas) 120, 163, 322; 옥고를 치른 장소(location of imprisonment) 169, 307, 323; 유대인의 요구 사항을 둘러싼 분쟁(conflict over Jewish requirements) 209, 256, 277-281; 독신(celibacy) 255; 가난한 이들을 위한 연보의 중요성(importance of collection for poor to) 271; 예루살렘과의 관계(connection with Jerusalem) 45, 277-281; 갈라디아서에 나오는 자서전(autobiography in Galatians) 286; 고린도 문제를 다룸(dealings with Corinth) 288-291, 293, 298, 303; 교회 안에서 가지는 권위(authority in churches) 299-302, 329; 사도직(apostleship) 318-319; 신학(theology) 390; 신비주의(mysticism) 438; 갈라디아에 도착(arrival in Galatia) 120; 디모데와의 관계(relationship with Timothy) 223
바울계 기독교(Pauline Christianity): 자료(sources) 37-39; 도시 운동(urban movement) 39, 44, 190
바울과 테클라 행전(Paul and Thecla, Acts of)

39, 187, 252, 255
바울 서신의 진정성(Paul, authenticity of letters of) 38-39
바울의 동역자들(Paul, associates of) 321, 322-324
바울의 묵시록(Paul, Apocalypses of) 39
바울의 반대자(Paul, opponents of) 210; 또한 '고린도', '갈라디아 교회', '지극히 크다는 사도들'을 보라.
바울이 세네카와 주고받은 서신(Paul, correspondence with Seneca) 39
바울학교(school of Paul) 210, 211
바울행전(Paul, Acts of) 39
방언(Glossolalia): 고린도의(in Corinth) 186, 293-298, 305, 356-357; 바울의 재해석(reinterpretation of, by Paul) 301; 성령이 소유하신 사람이라는 표지(as sign of possession by Spirit) 332, 363; 의식 때 하는 말(as ritual speech) 350; 비교 문화 현상(as cross-cultural phenomenon) 293, 294, 297
버시(Persis) 151
베드로(게바)[Peter(Cephas)]: 안디옥에서 바울과 다툼(conflict with Paul in Antioch) 46, 279, 286, 383; 예루살렘 공의회에서의 역할(role in Jerusalem council) 279-280; 그의 이름을 딴 고린도의 분파(faction in name of, in Corinth) 289-290, 320; 선교사(as missionary) 55, 322
베드로전서(1 Peter) 252
베뢰아(Beroea) 86, 115, 116, 129
베스도(Festus) 81
벨릭스(Felix) 81, 164
변화를 표현하는 상징(Transformation symbolism) 438
뵈뵈(Phoebe) 219; 바울과의 관계(relationship with Paul) 58, 83; 겐그레아에서의 역할(role in Cenchreae) 116, 136, 162, 206; 칭호의 의미(meaning of titles) 160, 206

부활, 개인의(Resurrection of individual) 243, 424, 426-429
불멸(Immortality): 그리스도인의 믿음(Christian belief in) 424; 이교도의 믿음(pagan belief in) 425; 유대인의 믿음(Jewish belief in) 426; 신비 종교에서의(in mystery religions) 425; 또한 '부활, 개인의'를 보라.
브드나도(Fortunatus): 바울에게 보낸 사절(delegate to Paul) 58, 155, 293, 321; 라틴식 이름(Latin name) 132, 152
브리스가(브리스길라)[Prisca(Priscilla)] 158
브리스가와 아굴라(Prisca and Aquila) 154, 196; 로마의(in Rome) 59, 198; 천막 만드는 일(in tentmaking trade) 81; 바울과의 관계(relationship with Paul) 81, 83, 323, 324; 에베소의(in Ephesus) 211; 고린도의(in Corinth) 158, 198; 아볼로와의 관계(relationship with Apollos) 163; 라틴식 이름(Latin names) 132; 또한 '아굴라'를 보라.
블레곤(Phlegon) 151, 196
비시디아(Pisidia) 118, 119
빌레몬(Philemon): 바울을 초대함(as host of Paul) 83; 오네시모와의 관계(relationship with Onesimus) 160, 176; 노예 소유주(as slaveowner) 170, 383; 교회가 모이는 집 소유주(as host of church) 196, 198
빌레몬서(Philemon, letter to): 저작 장소와 시기(place and date of writing) 116, 122, 160; 골로새서와의 관계(relationship to Colossians) 306; 목적(purpose) 321
빌롤로고(Philologus) 151, 154, 196
빌립(Philip) 322
빌립보(Philippi) 84; 에바브로디도(Epaphroditus from) 58, 151; 바울과 루디아(Paul and Lydia in) 59, 80, 167; 에그나티아 가도에 위치(located on Egnatian road) 61; 신당과 종교(sanctuaries and cults at) 63, 126, 154; 바울과 간수(Paul and the jailer in) 81, 165; 바울에게 선물을 보낸 교회(church

in, sends gift to Paul) 86, 221, 282, 321; 특성(nature of) 124-127, 136, 152; 바울의 설교(Paul's preaching in) 115; 그리스도인 가운데 있던 노예 출신 자유인(freedpersons among Christians in) 191; 기도처(location of place of prayer at) 126

빌립보서(Philippians, letter to): 저작 장소 (place of writing) 116, 169; 서신의 완전성 (literary integrity) 177

사데(Sardis) 137; 유대인 공동체(Jewish community) 99, 103, 123, 259

사도, 직무와 기능(Apostles, offices and functions of) 317-322

사도 공의회(Apostolic council) 114-115; 또한 '안디옥, 오론테스강 가의', '예루살렘'을 보라.

사도행전(Acts of the Apostles): 저자(authorship) 7; 기사의 신빙성(reliability of accounts) 53, 82, 164-165, 278, 279; 바울과 그의 선교 묘사(portrayal of Paul) 45, 84, 116, 398; 자료(sources) 87, 113, 277, 354

사도행전, 외경(Acts of the Apostles, apocryphal) 255

사회 내 수준, 바울계 그리스도인의(Social levels of Pauline Christians): 분쟁의 근원(as a source of conflict) 177-189; 섞여 있음 (mixed) 143, 144, 146, 190, 204; 회심자들이 힘이 없음(powerlessness of converts) 432; 이동성(and mobility) 444

사회사, 초기 기독교의(Social history of early Christianity) 27-37

사회 서열, 다차원적(Social ranking, multidimensional) 145-150, 184

사회 이론, 기능주의(Social theory, functionalist) 30, 36

상인의 여행(Merchants, travel of) 59

서기오 바울(Sergius Paulus) 81, 164, 165, 166

서머나(Smyrna) 123

서신, 선교의 도구(Letters, as instrument of mission) 269, 282, 299

설교, 기독교의(Preaching, Christian) 241, 352-354

성경 사용(Scripture, use of): 갈라디아서의 (in Galatians) 288, 414-415; 권위를 뒷받침하는 근거(for authority) 331; 예배 모임에서(in worship meetings) 351; 또한 '미드라시'를 보라.

성에 관한 규칙, 교회에서(Sex, rules about, in churches) 250-255

성찬(Eucharist) '주의 만찬'을 보라.

세군도(Secundus) 129, 166

세례(Baptism): 관련된 이미지(images connected with) 224, 264, 399, 419, 432, 436; 관련된 전통(traditions connected with) 225, 286, 308-310; 죽음과 부활의 패턴 (pattern of dying and rising) 229, 235, 361, 365, 370-374, 378, 426, 439; 홍해를 건너는 것의 상징(symbolized by Red Sea crossing) 249; 권면과의 관계(connection with paraenesis) 242, 250, 354, 369, 375, 395-396; 기능(functions of) 255, 264, 334, 368-369, 445; 고린도의(in Corinth) 290, 293, 297; 성령의 관계(connection with Spirit) 297; 현대의 연구(modern study of) 343, 360; 의식 행위(actions of ritual) 360-365; 유대교 정결 의식과의 관계(relation to Jewish washings) 362; 또한 '입교', '예수, 죽음과 부활', '의식, 정의와 기능'을 보라.

세상, 악으로서의(World, as evil) 430

소바더, 부로의 아들 (Sopater, son of Pyrrhus) 129, 166

소송 문제, 고린도의(Lawsuits, issue of, in Corinth) 315

소스데네(Sosthenes) 151, 300, 323

소시바더(Sosipater) 151, 152

순교자 유스티노스(Justin Martyr) 210, 345

순두게(Syntyche) 152

스구디아인(Scythians) 137
스다구(Stachys) 151
스데바나(Stephanas): 고린도에서 바울에게로 서신을 전달함(as bearer of letter from Corinth to Paul) 58, 321; 아가야의 첫 회심자(as first convert of Achaia) 83, 155, 166, 330; 바울이 그 집 사람들에게 세례를 줌(household of, baptized by Paul) 196, 293, 361; 교회 후견인(as patron of church) 203, 290, 301, 330
스토아학파(Stoics) 75, 232, 247, 392
스트라본(Strabo) 130
시리아(Syria) 45, 114
시리아 기독교(Syriac Christianity) 255
시므온, 니게르라 하는(Symeon Niger) 165
신비주의, 바울의(Mysticism of Paul) 438
신약학계의 고립(New Testament scholarship, isolation of) 26
신정론(Theodicy) 423
실루아노(실라)[Silvanus(Silas)] 80; 빌립보에서 바울과 함께함(with Paul in Philippi) 88, 115, 167; 로마 신의 이름(name of Latin deity) 154, 158; 고린도의(in Corinth) 168, 323; 서신 공저자(coauthor of letters) 220, 231, 282, 323
심판, 마지막(Judgment, final) 404, 412

아가야(Achaia) 130; 바울의 선교(Pauline mission at) 117, 282; 첫 회심자(first converts) 155, 166, 196, 293; 역사(history) 131; 또한 '아테네', '겐그레아', '고린도'를 보라.
아가이고(Achaicus) 58, 152, 155, 293, 321
아굴라(Aquila) 159; 또한 '브리스가와 아굴라'를 보라.
아그립바왕(Agrippa, King) 82, 164
아리스다고(Aristarchus) 129, 151, 166
아리스도불로(Aristobulus) 59, 151, 159, 196
아벨레(Apelles) 151
아볼로(Apollos) 163, 178, 211, 289-291, 324

아순그리도(Asyncritus) 151, 196
아시아(Asia) 115, 117, 154, 267, 280
아일리우스 아리스티데스(Aelius Aristides) 60
아킵보, 골로새의(Archippo of Colossae) 151
아테네(Athens) 81, 116, 164, 166, 282, 323
아파메이아(Apameia) 122, 123, 124, 137
아풀레이우스, 『변신』(Apuleius, *Metamorphoses*) 136
아프리카(Africa) 137
악(Evil): 속박과 해방(bondage to and redemption from) 431-433; 정치 질서의(of political order) 440
안드로니고(Andronicus) 152, 153, 320
안디옥, 비시디아(Antioch by Pisidia) 115, 119, 136
안디옥, 오론테스강 가의(Antioch-on-the-Orontes) 86, 109-110
—교회(church): 이방인을 둘러싼 논쟁(controversy over Gentiles) 45, 209, 272-273, 277-281, 320, 397; 바울과의 관계(Paul's relationship with) 45, 120, 322; 지도자(leaders) 163, 165; 식탁 교제를 둘러싼 다툼(conflict over table fellowship) 256, 286, 324, 383
알렉산드리아(Alexandria) 72, 88, 98, 102, 109, 111, 259
알프스 저편 속주들(Transalpine provinces) 137
암블리아(Ampliatus) 153
압비아(Appia) 160, 170
앙키라(Anchyra) 119
야고보(James) 279-280, 320
야손(Jason, not of Thessalonica) 151,
야손, 데살로니가의(Jason of Thessalonica) 80, 129, 151, 152, 167-168, 199
언어(Language): 공동체에서의 의미(meaning of, in community) 30; 그룹 구성원들을 나타내는 특별한 용어 사용(use of special

terms for group members) 218-230; 은어의 사용(use of argot) 236-237; 의식에서의 사용(ritual use of) 237
에그나티아 가도(Via Egnatia) 62, 126, 127
에라스도(Erastus) 146, 362; 사회 내 수준(social level of) 133, 157-158, 292; 고린도 교회에서의 역할(role of, in church at) 183
에라스도(Erastus, not of Corinth) 166
에바브라, 골로새의(Epaphras of Colossae) 151, 154, 307, 324
에바브로디도(Epaphroditus) 58, 151, 154, 221, 321, 324
에배네도(Epaenetus) 59, 82, 154
에베소(Ephesus) 59, 115, 123, 153, 155, 158; 두란노 서원(scholē of Tyrannus in) 81; 바울의 선교(Pauline mission in) 116-117; 도시의 특성(character of city) 122, 136; '아시아 관리들'(Asiarchs) 165; 바울이 옥에 갇힌 곳?(Paul imprisoned there?) 169, 306, 323; 바울학교가 있었던 곳?(location of Pauline school) 211; 바울이 고린도에서 온 보고를 들음(Paul hears report from Corinth) 290; 디모데를 고린도로 보냄(Timothy sent to Corinth) 323; 브리스가와 아굴라가 머무름(stay of Prisca and Aquila at) 196
에베소서(Ephesians, letter to): 저자(authorship) 38, 382; 원래 수신인(original address) 117, 171, 308; 내용(content) 252, 395-396, 403, 429, 436
에우세비오스(Eusebius) 401
에클레시아(Ekklēsia): 사인의 집에 모임(meeting of, in private homes) 196; 70인역에서의 사용(use of term in Septuagint) 205; 그리스도인의 사용(use term by Christians) 266, 267, 268; 온 세계를 아우르는 통일성(worldwide unity of) 271; 그리스-로마 동호회에서의 사용(use term in Greco-Roman clubs) 205
에피스코포스(Episkopos) 206

에피쿠로스학파(Epicureans) 214-216
여성(Women): 그리스-로마 사회의(in Greco-Roman Society) 27, 73; 사업에서의(in business) 75; 동호회에서의(in clubs) 76; 종교 그룹에서의 역할(role of, in religious groups) 77-78; 고린도의 논쟁(controversy concerning, in Corinth) 185-187; 교회에서의 역할(roles of, in church) 186, 209, 383
여행(travel) 57, 270, 444; 바닷길(by sea) 60, 62
연보, 예루살렘을 위한(Collection for Jerusalem) 166, 173-174, 188, 219, 282, 424; 빌립보의(at Philippi) 116; 고린도의(at Corinth) 321, 346; 의미(significance of) 271; 사절의 동행(accompanied by delegates) 321; 규모(size) 175; 사도행전의 보고(reported in Acts) 272
연회(Banquets) 179, 379
영지주의, 유대(Gnosticism, Jewish) 95
예루살렘(Jerusalem) 43, 162, 163; 바울과의 관계(Paul's connection with) 45, 113; 이방인 문제를 다룬 공의회(council over Gentile issue) 114-115, 272-273, 277-281
예루살렘, 교회 지도자(Jerusalem, leaders of church in): 공의회에서의 역할(role in council) 278, 285; 바울과의 관계(relations with Paul) 45, 286; 사도라고 불린(called apostles) 318-319; 안디옥 위기 때의 역할(role in Antioch crisis) 320
예루살렘을 위한 연보 '연보, 예루살렘을 위한'을 보라.
예수, 죽음과 부활(Jesus, death and resurrection of): 기독교 믿음의 중심(central to Christian beliefs) 234-235, 333, 410, 421-429, 442-443; 세례와 주의 만찬에서 기억함(remembered in baptism and Lord's Supper) 235, 378, 397, 439; 또한 '그리스도와 함께 죽었다가 부활함, 세례에서'를 보라.

예수의 제자들(Jesus, disciples) 55
오네시모(Onesimus) 171, 198; 노예(as slave) 159-160, 170; 빌레몬서에서(in letter to Philemon) 176, 321; 골로새서의 정보(information about, in Colossians) 160, 306
올름바(Olympas) 151, 197
외부인(Outsiders): 교회와의 관계(relations of churches with) 258, 400; 그리스도인에 대한 인식(perception of Christians by) 262-265, 305, 354
요세푸스(Josephus) 64, 78, 99, 103, 107, 123, 352
요한(John) 279
요한계시록(Revelation, Apocalypse of John) 264
우르바노(Urbanus) 151
우상에게 바친 고기를 먹음(Meat offered to idols, eating of) 181-185, 245-250, 262
유니아(스)[Junia(s)] 152, 153, 320
유대교, 랍비(Judaism, Rabbinic) 95
유대교, 헬레니즘(Judaism, Hellenistic) 95
유대교 주해 전승(Jewish exegetical traditions) 331; 또한 '미드라시'를 보라.
유대 속주(Judea, province of) 267, 283
유대인(Jews): 법적 지위(legal status of) 52, 53, 108-110; 알렉산드리아의(in Alexandria) 72, 88, 98, 102, 108, 111, 259; 로마의(in Rome) 88; 디아스포라 인구(diaspora population of) 98; 사데의(in Sardis) 99, 103, 123, 259; 경제적 지위(economic status of) 111; 에베소의(in Ephesus) 123; 데살로니가의(in Thessalonica) 129; 고린도의(in Corinth) 133, 135
유두고, 드로아의(Eutychus of Troas) 166
유베날리스(Juvenal) 73, 78, 180, 185
유스도라 하는 예수(Jesus Justus) 151
유오디아(Euodia) 152
유일신론(Monotheism): 이교의(pagan) 232, 392; 유대교의(Jewish) 232, 392, 396; 기독교의(Christian) 393, 443
율리아(Julia) 151, 154, 196
'율법', 유대교의("Law" in Judaism) 333-334
은사, 성령의(*Charismata*) 295, 301, 326, 351
의, 하나님의(Righteousness of God) 433-434
의식, 정의와 기능(Ritual, definition and functions of) 340-342
의식상 경계, 유대교의(Ritual boundaries, Jewish) 234, 256; 또한 '정결, 공동체의'를 보라.
이고니온(Iconium) 61, 115, 118, 119, 136,
이그나티오스의 서신(Ignatius, letters of) 327, 345, 371
이동성, 사회적·경제적(Mobility, social and economic): 기회(opportunities for) 50, 65-67; 기독교로 개심한 이들의(of converts to Christianity) 444
이방인(Gentiles): 교회 구성원이 되고자 할 때 요구받는 사항(membership requirements in the churches) 209; 안디옥에서의 논쟁(dispute over, in Antioch) 278; 유대 율법에서 자유로움(freedom from Jewish law) 285; 교회 안에서 유대인과 하나 됨(unity with Jews in church) 397, 398, 422
이시스(Isis) 78, 79, 136, 362, 425
이암블리코스(Iamblichus) 214
이집트(Egypt) 137
이혼에 관한 주의 명령(Divorce, command of Lord concerning) 254, 305, 334
인지 부조화(Cognitive dissonance) 409; 또한 '묵시, 기독교의'를 보라.
일루리곤(Illyricum) 113
입교(Initiation) 227; 이교 신비주의로의(into pagan mysteries) 365-366; 또한 '세례', '회심'을 보라

장례식, 그리스도인의(Funeral rituals, Christian) 202, 377, 384

장인과 수공업자(Artisans and manual workers) 59, 172; 또한 '바울'을 보라.
전승, 바울의 사용(Traditions, use of, by Paul) 308, 332
정결, 공동체의(Purity, of community) 243, 261; 또한 '경계, 그리스도인과 외부인 사이의', '의식상 경계, 유대교의'를 보라.
정경, 신약의(Canon of New Testament) 26
정치 권세에 대한 기독교의 견해(Political authorities, Christian view of) 263
종교(Religion): 신학 모델(theological models of) 31; 기능주의 이론(functionalist theory about) 36; 정의(definition of) 340
종교 제의의 확산(Religious cults, spread of) 63-65
주의 만찬(Lord's Supper) 343; 고린도의 분쟁(conflict in Corinth over) 177-179, 247-249, 292, 378; 그리스도의 몸과 관련된(connected with Christ's body) 227; 그리스도의 죽음을 선포(as proclamation of death of Christ) 235, 377; 이방 신에게 바친 고기 문제를 다룰 때 사용(used to address issue of pagan meat) 247-249; 경계(boundaries connected with) 256, 380; 전승의 사용(use of traditions about) 305, 332; 부도덕한 사람을 배제함(immoral person barred from) 315; 의식 행위(actions of ritual in) 377-378; 장례 때 식사와의 관계(connection with funeral meals) 385; '코뮤니타스'를 만들어 냄(creation of *communitas*) 445
"지극히 크다는 사도들"(Superapostles): 고린도에서 바울과 다툼(conflict with Paul in Corinth) 187-188, 291, 299, 316; 바울이 자신을 변호(Paul's defense against) 302, 303, 333, 428
지도자, 지역 교회의(Leaders of local leaders) '권위 구조, 그리스도인 그룹의', '직무, 교회의'를 보라.
지위 불일치(status inconsistency): 유발되는 감정(feelings caused by) 72-73, 146, 410, 444; 방언과의 관계(connection of, with glossolalia) 296-297; 묵시의 요소(as factor in apocalyptic) 409
직무, 교회의(Offices in churches) 324-328; 또한 '사도, 직무와 기능', '디아코노스', '에피스코포스', '프로스타티스'를 보라.
집안(Household): 교회 설립에서 한 역할(role of, in establishing churches) 89-91, 196-201; 고린도에 있던 분파의 기반(factions in Corinth based in) 199; 위계 구조(hierarchical structure of) 199; 권면을 정립하는 데 사용됨(used to structure paraenesis) 263

찬송, 기독교의(Hymns, Christian) 348-349
"참으로 나와 멍에를 같이한 사람"(True yokefellow, 빌 4:3) 152
천년왕국 운동(Millenarian movements) 226, 406-408, 415, 420; 또한 '묵시, 기독교의'를 보라.
철학 학교(Philosophic schools) 210-217
초기 기독교 문헌, 사료로서(Literature, early Christian, as historical sources) 26

카이사르 집안(Caesar, household of, *familia caesaris*) 70-72, 169, 191, 197
켈수스(Celsus) 140, 339
코뮤니타스(*Communitas*) 226-227, 229; 의식의 입맞춤에 나타난(in ritual kiss) 270; 세례와 주의 만찬에 나타난(in baptism and Lord's Supper) 375, 379, 445; 또한 '경계성'을 보라.
콜레기아(*Collegia*) '동호회와 자발적 협회'를 보라.
쿰란 공동체(Qumran community at): 가족 언어 사용(use of family language by) 223; 분리와 정결(separation and purity of) 241, 244, 260, 313, 400; 정치 권세에 대한 견해(views on political authorities of)

264; '하나님의 총회'라는 말을 사용(use of "Assembly of God" by) 268; 주해 방법(exegetical method of) 332, 415; 찬송 사용(use of hymns by) 347; 묵시 사용(use of apocalyptic by) 420
크레타(Crete) 117
클레멘스1서(1 Clement) 327
키케로(Cicero) 89
키프로스(Cyprus) 115, 163, 165

타비움(Tavium) 119
타키투스(Tacitus) 72
타티아노스(Tatian) 401
테르툴리아누스(Tertullian) 46, 385

파우사니아스(Pausanius) 136
페르시아(Persia) 137
페시누스(Pessinus) 119
폴리카르포스의 빌립보서(Polycarp, letter of, to Philippians) 252
프로스타티스(*Prostatis*) 160, 206
프리에네(Priene) 123
플라톤학파, 중기(Platonism, middle) 392
플루타르코스(Plutarch) 78, 177
플리니우스(Pliny the younger) 71, 72, 180, 376; 비두니아 기독교에 대하여(on Christianity in Bithynia) 46, 141, 339, 365
피타고라스학파(Pythagoreans) 213
필로스트라토스, 『아폴로니오스의 생애』(Philostratus, *Life of Apollonius*) 214
필론(Philo): 유대인이라는 정체성(Jewish identity of) 53, 72, 105, 108; 개인의 견해(individual views of) 72, 75, 107; 역사 기록(historical accounts by) 88, 134, 208, 347, 352, 440; 유대인이 믿었던 것들을 증언(as witness of Jewish beliefs) 244, 392-393, 397

하나님에 대한 그리스도인의 언어(God, Christian language about) 401-403
허마(Hermas) 151, 196
허메(Hermes) 151, 196
헤로디온(Herodion) 151, 152
헤롯 아그립바(Herod Agrippa) 165
혼인(Marriage): 규칙(rules) 251-254, 262, 305, 383, 385-386; 기독교 의식(Christian ritual)
화해(Reconciliation) 435-437
환대(Hospitality) 271
회당, 유대교의(Synagogue, Jewish): 조직과 법적 지위(organization and legal status of) 101, 102; 그리스도인 그룹의 모델(as model for Christian groups) 207-210, 352; 교회와 접촉 없음(lack of contact with) 398; 단어 용례(usage of term) 101
회심(Conversion) 203, 224, 430; 또한 '세례', '입교'를 보라.
후견인, 교회의(Patrons of churches) 202; 특별한 칭호가 없음(no special titles) 209; 고린도의(in Corinth) 246, 293; 또한 '후원자, 교회에서의 역할'을 보라.
후원자, 교회에서의 역할(Benefactors, role in churches) 327, 330; 또한 '후견인, 교회의'를 보라.
히에라볼리 교회(Hierapolis, church at) 117, 122, 123
히폴리투스, 『사도 전승』(Hippolytus, *Apostolic Tradition*) 361-363

옮긴이 박규태는 번역이 생업인 전업 번역자다. 옮긴 책으로는 『두 지평』 『신학을 공부하는 이들에게』 『1세기 그리스도인의 공동 읽기』(이상 IVP), 『바울과 팔레스타인 유대교』(알맹e), 『바울의 종말론』(좋은씨앗), 『바울 평전』(비아토르) 등이 있다.

1세기 기독교와 도시 문화

초판 발행_ 2021년 3월 25일
초판 3쇄_ 2024년 4월 15일

지은이_ 웨인 믹스
옮긴이_ 박규태
펴낸이_ 정모세

펴낸곳_ 한국기독학생회출판부
등록번호_ 제2001-000198호(1978.6.1)
주소_ 04031 서울시 마포구 동교로 156-10
대표 전화_ (02)337-2257 팩스_ (02)337-2258
영업 전화_ (02)338-2282 팩스_ 080-915-1515
홈페이지_ http://www.ivp.co.kr 이메일_ ivp@ivp.co.kr
ISBN 978-89-328-1823-8

ⓒ 한국기독학생회출판부 2021

책값은 뒤표지에 있습니다.
무단 전재와 복제를 금합니다.